公務員試験 第2版
過去問攻略Vテキスト ❸
TAC公務員講座 編

憲法

●── はしがき

本シリーズのねらい──「過去問」の徹底分析による効率的な学習を可能にする

　合格したければ「過去問」にあたれ。

　あたりまえに思えるこの言葉の、ほんとうの意味を理解している人は、じつは少ないのかもしれません。過去問は、なんとなく目を通して安心してしまうものではなく、徹底的に分析されなくてはならないのです。とにかく数多くの問題にあたり、自力で解答していくうちに、ある分野は繰り返し出題され、ある分野はほとんど出題されないことに気づくはずです。ここまできて初めて、「過去問」にあたれ、という言葉が自分のものにできたといえるのではないでしょうか。

　頻出分野が把握できたなら、もう合格への道筋の半分まで到達したといっても過言ではありません。時間を効率よく使ってどの分野からマスターしていくのか、計画と戦略が立てられるはずです。

　とはいえ、教養試験も含めると20以上の科目を学習する必要がある公務員試験では、過去問にあたれといっても時間が足りない、というのが実状ではないでしょうか。

　そこでＴＡＣ公務員講座では、みなさんに代わり全力を挙げて、「過去問」を徹底分析し、この『過去問攻略Ｖテキスト』シリーズにまとめあげました。

　網羅的で平板な解説を避け、不必要な分野は思いきって削り、重要な論点に絞って厳選収録しています。また、図表を使ってわかりやすく整理されていますので、初学者でも知識のインプット・アウトプットが容易にできるはずです。

　『過去問攻略Ｖテキスト』の一冊一冊には、"無駄なく勉強してぜったい合格してほしい"という、講師・スタッフの思いが込められています。公務員試験は長く孤独な戦いではありません。本書を通して、みなさんと私たちは合格への道を一緒に歩んでいくことができるのです。そのことを忘れないでください。そして、必ずや合格できることを心から信じています。

2019年2月　ＴＡＣ公務員講座

●──第2版（大改訂版）　はしがき

　長年、資格の学校ＴＡＣの公務員対策講座で採用されてきた『過去問攻略Ｖテキスト』シリーズが、このたび大幅改訂されることになりました。

◆より、過去問攻略に特化

　資格の学校ＴＡＣの公務員講座チームが過去問を徹底分析。合格に必要な「標準的な問題」を解けるようにするための知識を過不足なく掲載しています。

　『過去問攻略Ｖテキスト』に沿って学習することで、「やりすぎる」ことも「足りない」こともなく、必要かつ充分な公務員試験対策を進められます。

　合格するために得点すべき問題は、このテキスト１冊で対策できます。

◆より、わかりやすく

　執筆は資格の学校ＴＡＣの公務員講座チームで、受験生指導に当たってきた講師陣が担当。受験生と接してきた講師が執筆するからこそ、どこをかみ砕いて説明すべきかがわかります。

　読んでわかりやすいこと、講義で使いやすいことの両面を意識した原稿づくりにこだわりました。

◆より、使いやすく

・本文デザインを全面的に刷新しました。

・「過去問 Exercise」などのアウトプット要素も備え、知識の定着と確認を往復しながら学習できます。

・TAC 公務員講座の講義カリキュラムと連動。最適な順序でのインプットができます。

　ともすれば 20 科目以上を学習しなければならない公務員試験においては、効率よく試験対策のできるインプット教材が不可欠です。『過去問攻略Ｖテキスト』は、上記のとおりそのニーズに応えるべく編まれています。

　本書を活用して皆さんが公務員試験に合格することを祈念しております。

　　　　　　　　　　　　　　　　　　　　　　　2022 年 2 月　ＴＡＣ公務員講座

●──〈憲法〉はしがき

　本書は、地方上級・国家一般職・国家専門職・裁判所職員一般職の公務員試験の合格に向けて、過去問（過去に出題された問題）を徹底的に分析して作成されています。過去問の分析を通じてわかることは、特定の分野から繰り返し出題されていることです。ですので、試験対策として頻出箇所を優先的に学習する必要があります。そのような受験学習のために、本書は以下の特長を有しています。

1．一冊で本試験に対応
　近時の公務員試験に対応するために充分な情報量を盛り込んであり、本書一冊で試験のインプット対策はOKです。本文中に各節の最後に掲載している過去問との対応を明示したことで、直ちに内容の確認を図ることができます。

2．重要判例・条文の重視
　憲法は、条文数が103条と民法などよりかなり少なく、特に人権の分野は文言が抽象的です。例えば、信教の自由（20条）の具体的な内容は憲法自体には書かれていません。それを補うのが判例です。したがって、人権の分野では特に判例が重要となります。本書は、判例を論点ごとに分割し、事案・問題提起・要約した結論・判旨の順に掲載しました。なお、判旨については、極力判例の原文の形を残して掲載しているため、一読しただけでは知識の定着が難しいと思われるかもしれません。しかし、近年の公務員試験では、「判例の原文を抜き出す形」での出題傾向が見られるため、普段の学習から判例の原文に接することで「本番の試験で素早く問題を読み解く」、「より正確に判例を理解して難問であっても得点していく」などの力を身につけていくことができます。

　その一方で、統治の分野では、手続的な事項が多いので条文の知識が重要になります。本書では、必要な条文は本文中に記載することで、関連条文の確認を容易にしました。

3．重要事項のゴシック化と赤字
　メリハリをつけて読めるようにするため、意義・要件・判例の規範部分や理由部分等の重要事項については文字をゴシックにしました。また、キーワードとして覚えるべき単語については、赤字としています。

4．重要事項一問一答、過去問チェック、章末の過去問Exerciseで確認
　公務員試験にあたり重要なことは、"本番の試験"で問題が解けることにあります。そのためには、知識を整理して頭にインプットしておく必要があります。「重要事項一問一答」や「過去問チェック」でインプットした知識を節ごとに確認し、章末の「過去問Exercise」で公務員試験のレベルを体感してください。

※本書は、2022年4月1日を執筆基準日として加筆・修正を行っています。

2022年2月　ＴＡＣ公務員講座

本書の使い方

　本書は、本試験の広範な出題範囲からポイントを絞り込み、理解しやすいよう構成、解説した基本テキストです。以下は、本書の効果的な使い方ガイダンスです。

本文

●アウトライン
その節のアウトラインを示しています。これから学習する内容が、全体の中でどのような位置づけになるのか、留意しておくべきことがどのようなことなのか、あらかじめ把握したうえで読み進めていきましょう。

●アイコン
法律科目の学習においては抽象的な概念が数多く登場します。これらを学習する際には、意義、趣旨などの要素に分けて捉えておくことで試験問題の求める切り口に対応しやすくなります。
これらのアイコンは、学習事項をそのような要素に切り分けて示したものです。

●過去問チェック用アイコン
節の末尾にある、後述の「過去問チェック」の問題番号に対応しています。「過去問チェック」の問題に関連する情報であることを示しています。

国般★★★／国専★★★／裁判所★★★／特別区★★★／地上★★★

1 生命、自由及び幸福追求の権利

本節では、総則的権利の一つである生命、自由及び幸福追求の権利（13条後段）を扱います。時代の変化や国民の価値観の変化に伴い、明文こそないものの人権として保障しなければならない利益が誕生しています。そのような利益をどうやって人権として保障していくのかを学習していきます。

1 幸福追求権の意義

第13条【個人の尊厳、幸福追求権、公共の福祉】
　すべて国民は、個人として尊重される。生命、自由及び幸福追求に対する国民の権利については、公共の福祉に反しない限り、立法その他の国政の上で、最大の尊重を必要とする。

意義 幸福追求権とは、生命、自由及び幸福追求に対する国民の権利をいう（13条後段）。

趣旨 憲法制定以後の社会の変化、国民の価値観の変化より、既存の人権規定では保障できない新たな権利・自由を新しい人権として保障するため、その根拠法としての人権として規定された。

2 憲法13条後段の法的性質

問題点 憲法13条後段はどのような性格の規定か。

結論 ①憲法に列挙されていない新しい人権の根拠となる一般的かつ包括的な権利であり、この幸福追求権を根拠とする個々の人権は、②裁判上の救済を受けることができる具体的な権利であると解する（通説、[01]）。

理由 ① 憲法13条は、憲法制定当初は憲法14条以下の人権の総称と考えられており、それ自体は法的な権利とは考えられていなかったが、これでは、社会の変化に対応すべく新しい人権を根拠付けることはできない。
② 憲法13条が幸福追求権を人権として保障したのは、新たに個人の尊厳確保にとって必要不可欠と考えられる生活利益が生じた場合に、それに人権としての根拠を与える点にある。

第2章　基本的人権Ⅱ

●受験先ごとの重要度

2012～2021年度の直近10年間の出題において、この節の内容の出題がどの程度あった
かを示していますので、学習にメリハリをつけるための目安として利用してください。

★★★ ：3問以上出題
★★ ：2問出題
★ ：1問出題
★なし ：出題なし

【試験の略称表記】

「国般」	：国家一般職
「国専」	：国税専門官、労働基準監督官、財務専門官
「裁判所」	：裁判所職員一般職
「特別区」	：特別区I類
「地上」	：道府県庁・政令市役所上級

〈語句〉●**一般的**とは、個別の人権規定を**特別法**と理解した場合にその対比として憲法13
条が**一般法**の関係にあるということである。したがって、憲法14条以下の人権
規定で保障することができない場合に憲法13条での保障が問題になることから
補充的な保障機能を果たす。[02]

●**包括的**とは、憲法13条が多様な権利や自由を含みうるということである。[02]

●**具体的な権利**とは、憲法の規定だけを根拠として裁判所に権利の実現を求める
ことができる権利のことをいう。具体的には、「憲法○○条に違反しています。
△△をお願いします。」と提訴できる権利である。

●**抽象的な権利**とは、憲法の規定だけを根拠として権利の実現を裁判所に請求で
きない権利のことをいう。

●**一般法と特別法の関係**とは、基礎法学の分野の用語である。一般法とは、人・
場所・事柄を特定せず、広く一般的に適用される法をいう。例えば、民法は、
私人同士の権利義務関係を定めた法律として、私人間の取引に広く一般的に適
用される。これに対し、特別法とは、特定の人・場所・事柄にのみ適用される
法をいう。例えば、商法は、商人間や商人・私人間といった限られた人同士の
権利義務関係を定めた法律として、商取引に適用される。そして、**一般法と特
別法が矛盾する場合、特別法が優先的に適用される**。

3 幸福追求権の保障の意味

問題点 憲法13条で新しい人権が保障されるとして、どのような権利や自由を
保障すべきか。

結論 新しい人権を認めるにあたっては、慎重に決定すべきであり、個人の**人
格的生存**に不可欠な権利を保障すべきである（**人格的利益説**）。

理由 あらゆる生活領域に関する行為の自由と考えると（**一般的行為自由説**）、①
人権といわれるものがたくさん登場して、**人権のインフレ化**を招くおそれが
ある。また、②新しい人権を認めるにあたって、裁判所の恣意的判断を許す
おそれもある。

〈解説〉一般的行為自由説において保障されるとする行為（一般的行為）について、
人格的利益説の立場からも当該行為が**全く保護されないとするわけではなく**、
十分に実質的な合理的理由がないのに当該行為を行う自由を一部の人につ
いて制限する場合には、憲法上の問題となりうると解されている。[03]

憲法13条後段に関連する判例としては、 🔖**発展** 賭博場を運営して利益を得る行
為を禁止する賭博開帳図利罪の合憲性が問題となった賭博開帳図利罪事件（最大判昭
25.11.22）がある。

●語句
重要な語句や概念は、初めて登場
したときにここで解説しています。

●発展アイコン
過去10年間に一度しか出題されて
いない論点を発展アイコンで示して
います。初学者は最後まで学習が
済んだ後に読むことをお勧めします。

1 生命、自由及び幸福追求の権利 71

（※図はいずれもサンプルです）

VII

判例 記事の読み方

● 〈事案〉部分
そのケースの概略や登場する主体どうしの関係をつかむ部分です。図解も併せて参照してください。

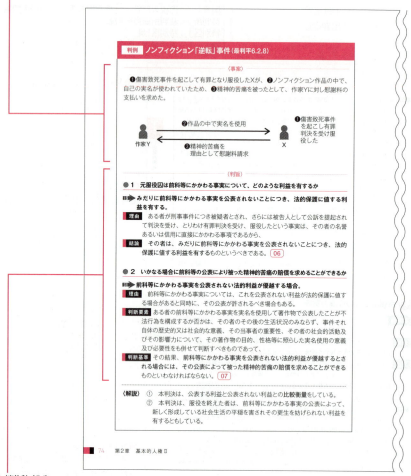

● 〈判旨〉部分
判決文のうち、特に試験で問われる要旨を抜き出したものです。判旨は問いを立て、それに対する答えを示すという形式を基本としています。
試験問題はこの判旨に近い言い回しで出題されますので、特徴的な表現に気を付けながら、本文と同じように各要素の要点を押さえるようにしましょう。

重要事項一問一答

節の最後に、学習内容を総復習できる一問一答を設けています。

重要事項 一問一答
- 01 憲法に列挙されていないいわゆる新しい人権の根拠規定は何条？
  13条後段
- 02 幸福追求権を保障する憲法13条後段の法的性格は？
  ①新しい人権の根拠となる一般的・包括的規定、②具体的権利である。
- 03 プライバシー権の内容は？
  自己に関する情報を自らコントロールする権利
- 04 前科等を公開されない利益はどのような利益か？
  みだりに前科にかかわる事実を公開されない法律上の保護に値する利益
- 05 講演会の参加者名簿を大学が警察へ無断提出することは？
  プライバシー侵害として違法であり、不法行為を構成する
- 06 承諾なしにみだりに容ぼう・姿態を撮影されない自由は保障されるか？
  保障される。
- 07 顧客吸引力を排他的に利用できる権利を何というか？
  パブリシティ権

過去問チェック

実際の試験での出題を、選択肢の記述ごとに分解して掲載したものです。本文の学習内容を正しく理解できているかを確認するのに利用してください。

冒頭の記号は本文中に埋め込まれたアイコンと対応していますので、答えがわからない場合は戻って確認しましょう。また、数字の問題は基本論点、アルファベットの問題は発展的な論点となっています。

出題のあった試験と出題年度を示しています。

過去問チェック
01 個人の尊厳の原理に基づく幸福追求権は、憲法に列挙されていない新しい人権の根拠となる一般的かつ包括的権利であり、この幸福追求権によって根拠付けられる個々の権利は、裁判上の救済を受けることができる具体的権利である。
○（国般2015）

02 幸福追求権は、人格的生存に必要不可欠な権利・自由を包括する包括的な権利であり、個別的人権規定との関係では、個別的人権の保障が及ばない場合における補充的な保障機能を果たすものとされている。
○（国般2015）

03 憲法第13条により保障される幸福追求権の意味について、個人の人格的生存に不可欠な利益を内容とする権利の総体をいうと解する立場にあれば、個人の自由な行為という意味での一般的行為の自由が侵害されても、憲法上問題となることはない。
×（財2017）「憲法上問題となることはない」が誤り。

04 前科及び犯罪経歴は、人の名誉信用に直接にかかわる事項であり、前科等のある者もこれをみだりに公開されないという法律上の保護に値する利益を有するが、弁護士会は、弁護士法に基づき、公務所又は公私の団体に照会して必要な事項の報告を求めることができるとされているから、市区町村長が、弁護士会から特定の人の前科や犯罪経歴の照会を受け、これらの事項を報告することは、照会の必要性の有無にかかわらず、許容されるものと解すべきである。
×（裁2008）「照会の必要性の有無にかかわらず、許容されるものと解すべきである」が誤り。

05 前科は、人の名誉、信用に関わる事項であり、前科のある者もこれをみだり

【試験の略称表記】

「国般」	：国家一般職	「労」	：労働基準監督官
「税」	：国税専門官および労働基準監督官	「財」	：財務専門官
	国税専門官、労働基準監督官および財務専門官	「裁」	：裁判所職員一般職
「財・労」	：財務専門官および労働基準監督官	「区」	：特別区Ⅰ類

過去問Exercise

章の終わりに、実際の過去問にチャレンジしてみましょう。
解説は選択肢（記述）ごとに詳しく掲載していますので、正解できたかどうかだけでなく、正しい基準で判断できたかどうかも意識しながら取り組むようにしましょう。

CONTENTS

はしがき　Ⅲ
第2版（大改訂版）　はしがき　Ⅳ
〈憲法〉はしがき　Ⅴ
本書の使い方　Ⅵ

序章　憲法総論

1 はじめに 2

2 法律科目で学ぶこと（法学入門） 3

3 憲法の基本原理と重要事項 6

4 憲法の分類 13

第1章　基本的人権Ⅰ― 総論

1 基本的人権の原理 16

2 基本的人権の主体 20

3 基本的人権の限界 43

■ 過去問Exercise 62

第2章　基本的人権Ⅱ― 総則的権利

1 生命、自由及び幸福追求の権利 70

2 法の下の平等① 88

3 法の下の平等② 93

■ 過去問Exercise 117

第3章　基本的人権Ⅲ― 精神的自由権

1 思想・良心の自由 124

2 信教の自由① 135

3 信教の自由② 146

4 学問の自由 164

5 表現の自由① 173

6 表現の自由② 192

7 表現の自由③ 212

8 表現の自由④ 232

■ 過去問Exercise 244

第4章　基本的人権Ⅳ ― 経済的自由権

1 職業選択の自由 252

2 居住・移転の自由 268

3 財産権 274

■ 過去問Exercise 293

第5章　基本的人権Ⅴ ― 社会権

1 社会権概説 302

2 生存権 303

3 教育を受ける権利 312

4 勤労者の権利 321

5 労働基本権 323

■ 過去問Exercise 338

第6章　基本的人権Ⅵ ― 受益権・参政権

1 受益権(国務請求権) 344

2 参政権 356

■ 過去問Exercise 368

第7章　基本的人権Ⅶ ― 人身の自由・国民の義務

1 基本原則 374

2 刑事手続上の権利保障①（捜査段階） 382

3 刑事手続上の権利保障②（公判段階） 388

4 刑事手続上の権利保障と行政手続 402

5 国民の義務 409

■ 過去問Exercise 411

第8章　統治Ⅰ ― 統治総論・国会

1 統治総論 420

2 国会の地位 423

3 国会の組織 430

4 国会議員の地位 437

5 国会の活動 447

6 国会の権能① 459

7 国会の権能② 467

8 国会の権能③ 478

9 議院の権能 488

■ 過去問Exercise 498

第9章　統治Ⅱ ― 内閣

1 内閣の組織・議院内閣制 508

2 内閣総理大臣 520

3 内閣の権能と責任 529

4 独立行政委員会 544

■ 過去問Exercise 547

第10章　統治Ⅲ ― 裁判所

1 司法権 554

2 司法権の独立・裁判所① 582

3 裁判所② 598

4 違憲審査権 611

■ 過去問Exercise 627

第11章　統治Ⅳ ― 地方自治・その他

1 地方自治 634

2 天　皇 654

3 前文・平和主義 662

4 憲法改正と憲法保障 668

■ 過去問Exercise 677

索引　683
判例索引　692

憲法総論

　本章では、公務員試験の情報、法律科目の学習事項、また、憲法総論として憲法を支える基本原理と重要事項、憲法の分類について学習します。本試験に出題されることはほとんどありませんが、一通り目を通しておきたいところです。

- ●憲法総論
  - はじめに　　　　　　　　　　1節
  - 法律科目で学ぶこと　　　　　2節
  - 憲法の基本原理と重要事項　　3節
  - 憲法の分類　　　　　　　　　4節

1 はじめに

本節では、公務員試験における憲法の出題数や傾向を扱います。

1 出題数

国家一般職	裁判所	国税専門官	財務専門官	労働基準監督官
5問/40問	7問/30問[1]	3問/40問[1,2]	6問/40問[1,2]	4問/40問[2]

地方上級[3]	東京都[4]	特別区	市役所[5]
4問・5問/40問	記述のみ1題	5問/40問	4問・5問/40問

[1] 記述式も課される。
[2] 国税・財務・労基は、国税の3問が共通問題である。
[3] 全国型・関東型・中部北陸型・独自型の全てを含む。
[4] 東京都は平成21年度から専門科目はすべて記述式に変更された。
[5] A日程(6月実施)、B日程(7月実施)、C日程(9月実施)の全てを含む。
※ 憲法は教養試験の「社会科学」の分野の「法律」でも出題される(1〜2問)。

2 傾向

- **過去問**が繰り返し出題される。
- 出題形式は、**単純正誤問題**がほとんどである。
- 学習内容は大きく「基本的人権」(人権)と、「統治機構」(統治)に分かれる。人権は**判例**(最高裁判所の判決)、統治は**条文**が中心である。
- 難易度は低く、やさしい問題が多い。
- 重要度は高く、**絶対落とせない科目**となる。

2 序章 憲法総論

序章　憲法総論

2 法律科目で学ぶこと（法学入門）

本節では、公務員試験の法律科目を初めて学習するために、必要な基礎的知識を扱います。

1 法とは

1 ルールの一つ

　世の中には、たくさんのルールが存在する。例えば、「人の物を盗ってはいけない」「借りた金は返さなければならない」等々である。このようなルールは、無人島で一人で暮らすなら、気ままに生活できるので、不要である。

　しかし、一般社会では大勢の人が暮らしている以上、他人とのトラブル（衝突・紛争）は避けられない。

　そこで、**トラブルを回避するために、人の行動を規制するルールが必要**であり、その一つが法である。

2 法以外のルール

　社会には、法以外にも様々なルールがある。例えば、「電車の中では携帯電話で通話してはならない」というのは**マナー**というルールである。車内での通話は他人の迷惑になりトラブルの元となるから、そのようなルールがある。**学校には校則**があり、サークルには**サークルの規約**がある。これらはすべて、他人とのトラブルを回避するためのルールである。

3 法と法以外のルールとの違い

　このように、ルールは数多く存在するが、法と他のルールとの違いは何か。それは、**公権力による強制力を伴うかどうか**という点である。例えば、マナーには強制力はない。守るかどうかは本人次第である。たとえ守らなくても、世間から白い眼で見られるくらいで強制はされない。

　これに対し、法を守らないと、例えば処罰されたり、財産を差し押さえられて競売にかけられたりというように公権力によって強制されるのである。

　では、なぜ法にだけ強制力があるのか。それは、国家があえて強制してでも守らせようとしたからである。すなわち、人間社会の中で特に重要とされる利益（例え

2　法律科目で学ぶこと（法学入門）　3

ば、人の生命や財産など)を守るため、国家はあえて法を制定するのである。

【法と法以外のルールとの違い】

法	法以外のルール
刑法、民法、行政法等	マナー、校則、規約等
公権力による強制力がある	公権力による強制力がない

2 憲法と法律の違い

法には制定者と名宛人(法を守らされる人)がいる。

憲法は、国民が国家(その担い手である公務員)に守らせる法である。国民が憲法の制定者だからである。

これに対して、**法律**は、国家が自ら守り、あるいは国民に守らせる法である。国家が法律の制定者だからである。

【憲法と法律の違い】

3 法律の種類

以下が、公務員試験に関連する憲法以外の主な法律である。

【法律の種類】

民法	財産関係と家族関係について規律している
行政法	行政の組織及び作用について規律している
刑法	犯罪と刑罰について規律している
労働法	労働関係、労使関係について規律している

4 法律学とは

　法律学とは、条文の文言が曖昧な場合やそもそも条文がない場合に、解釈によりルールを導き出す学問(法解釈学)のことをいう。

公務員試験の法律科目で学習することは、

　① 　条文※1
　② 　論点
　　・判例※1＝実際に起きた事件に対する裁判所(特に最高裁判所)の判断
　　　┌事案＝実際に起きた事件の概要
　　　└判旨＝判決文の要点
　　・通説＝学会で支配的な立場※2

①②を整理して記憶することである。

※1 条文、判例の表記について
　・条文の読み方…「13条１項4号」→「13条(じょう)１項(こう)4号(ごう)」
　・判例の読み方…「最判平7.2.28」→「最高裁判所平成7年2月28日判決」
　・条文番号、判例の年月日を覚える必要はない。
※2 学説について
　　一般的に論点に対しては、複数の立場(法律学者ごとの解釈)が存在する。学習の上では通説を覚えることが必須であるが、過去の出題などから通説以外の学説も併せて押さえることが必要となる場合もある。

2　法律科目で学ぶこと（法学入門）

3 憲法の基本原理と重要事項

本節では、憲法の役割や構造といった憲法学の導入部分から、基本原理や重要事項を扱います。憲法を学習するための基盤となる分野です。

1 憲法の役割

　社会の平和と秩序を保ち、国民の生命や自由などの**人権**を守るためには、個々人の力を超えた権力が必要である。例えば、犯罪を取り締まる警察権、犯罪者を罰する刑罰権、国の安全を守る防衛権等が必要である。
　そこで、**国民は、国家に権力の行使を委託した**。
　しかし、国家権力は、常に濫用（悪用）の危険を伴う。
　そこで、国民の権利や自由を守るため、国家権力の濫用を防止するためのルールが必要である。
　憲法とは、国家は国民の権利や自由を守るためにのみ権力を行使しなければならず、決して**権力を濫用してはならない**、と国民が国家に命じたルールである。

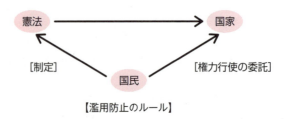

【濫用防止のルール】

2 憲法の構造

　憲法は、人権規定（人権保障に関する規定）と統治規定（統治機構に関する規定）で構成されている。

1 憲法の目的

第13条【個人の尊重】
すべて国民は、個人として尊重される。生命、自由及び幸福追求に対する国民の権利については、公共の福祉に反しない限り、立法その他の国政の上で、最大の尊重を必要とする。

一人の人間の命は1つだけである。そこに人間の尊さがある。これを個人の尊厳といい、これを尊重することが憲法の究極の目的といってよい。憲法が13条前段で、「すべて国民は、個人として尊重される」としているのはこの趣旨である。

2 目的と手段

個人の尊厳という究極の目的を達成するためには、何をおいてもまず国家権力の侵害から自由でなければならない。これを権利として保障したのが人権である。

そして人権保障を徹底するには、国の政治のあり方（統治）も、人権保障のためになければならない。このように、個人の尊厳のための人権と、そのための統治の仕組みについて定めたのが、憲法である。

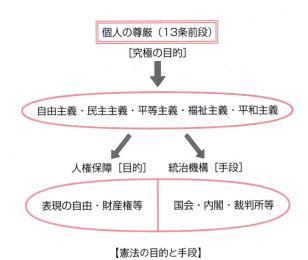

【憲法の目的と手段】

憲法は、まず最高の価値として個人の尊厳を掲げ、国家により国民の自由が侵されないように人権を保障しなければならない（自由主義）。

さらに自由主義を達成するためには、国王のような専制君主が恣意的な政治を行

うのではなく、国民が自ら政治のあり方を決定していかなければならない（民主主義）。すなわち、個人の尊厳を達成するためには、自由主義が必要であり、自由主義の達成手段として民主主義が採用されているという関係になる。

また、個人がすべて尊重され、自由であるということから、どの個人も等しく自由であるべきである（平等主義）。不平等な取扱いがなされる者は、そうでない者に比べてより自由が制限されているといえるからである。また民主主義も各人が平等でなければ、自ら政治のあり方を決めているとはいえない。

さらに、個人の尊厳を実質的に確保するためには、健康で文化的な最低限度の生活をすることができるようにしなければならない（福祉主義）。

そして、以上のような諸主義が意味をもつのは、平和であってこそである。そこで、平和主義が導かれる。

3 自由主義

意義 国民が国家から干渉されないことに価値を認める考え方を自由主義という。

趣旨 憲法は、個人の尊厳をその目的とするのであるから、各人が自分の言いたいことを自由に表現し、自分の好きな職業に就くといったさまざまな自由がなくてはならない。国家がこのような国民の自由を侵害しないことが必要である。

自由主義は、人権保障と統治機構の以下の点に具体化されている。

【自由主義の具体化】

人権保障	国家から干渉されない権利である自由権として表れる
統治機構	国家権力を分離して、国民の人権侵害をできるだけ防止しようとする各種の制度として表れている ① 立法、行政、司法の各国家権力を分立させる（権力分立） ② 立法府内においても権力を分立させる（二院制） ③ 中央と地方の政治権力を分立させる（地方自治における団体自治）

4 民主主義

意義 国を治める者と治められる者とが同じであるということ（治者と被治者の自同性）を基盤とする統治原理を民主主義という。

趣旨 治める者と治められる者が同じであれば、国民の人権を侵害する政治は行われにくい。民主主義は、自由主義という目的達成のための手段という

ことができる。

民主主義も、人権保障と統治機構の両場面において具体化される。

【民主主義の具体化】

人権保障	自ら政治に参加する権利としての参政権の保障として表れる
統治機構	国民自ら政治に参加するシステムとしての国民主権（地方においては住民自治）という形で表れる

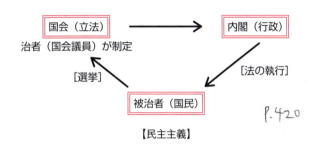

【民主主義】

5 国民主権

意義 国民主権とは、国の政治のあり方を最終的に決定する権力または国の権力行使を正当化する権威が国民にあるという原理である。

趣旨 民主主義の統治の場面における表れが国民主権である。

1 国民主権の2つの要素

この国民主権の原理には2つの要素が含まれている。

【国民主権の要素】

①直接民主制が原則 （権力性の側面） ＝ （権力的契機）	国の政治のあり方を最終的に決定する権力を国民自身が行使するという側面である。 「国民」とは、実際に政治的意思表示のできる有権者を意味する。
②間接民主制が原則 （正当性の側面） ＝ （正当性の契機）	主に国民自身が主権を行使することよりもむしろ国家の権力行使を正当化する究極的な権威が国民に存するという側面である。 「国民」には、有権者に限らずすべての日本国民をもれなく含める。

2 憲法の国民主権

問題点 日本国憲法の国民主権は、直接民主制と間接民主制のどちらを採用し

ているのか。

結論 間接民主制を原則としている(前文、43条1項)。

理由 ① 少数派も含めて国民の人権を保障する。すなわち、多数派と少数派の議論を通して、少数派の意見も国政に反映される可能性がある。

② 国民投票の危険がある。すなわち、実際に権力を行使する国民が、決定すべき事項の内容を十分に理解・自覚しないままに投票したり、ときには政権担当者がそれを悪用して個人的独裁の正当性を根拠付けるために利用されることにもなりかねない。

【憲法の国民主権】
【原則】 間接民主制を採用することを定めている
【例外】 直接民主主義的な制度を取り入れている

① 憲法改正の国民投票(96条)
② 最高裁判所裁判官の国民審査(79条2項、3項、4項)
③ 一の地方公共団体にのみ適用される特別法の住民投票(95条)

この３フォーマットで直接民主制を定めることは違憲である

---

⑥ 法治主義と法の支配

1 法治主義 *大陸法系*

意義 法治主義とは、伝統的には、国政が議会の定めた法律によってなされなければならないというものである。 *政府と裁判所に対する不信*

趣旨 ヨーロッパ大陸諸国においては、議会への信頼が厚かった。そのため、国民代表からなる議会が決めた法律によらなければ、自分たち国民の権利を害されることはない、とすることによって権力の行使を民主的にコントロールし、国民の人権を保障することを目指した。ここでの議会は、万能であり、議会は何ものにも拘束されないことを前提としている。*法律万能主義*

（憲法も法なし）

批判 議会が人権保障に対する配慮を怠れば人権保障は実効性のないものになってしまう。そればかりか、かつてのドイツや日本のように、近代化を図るために市民革命を経ずに形式的に法治主義を導入した国においては、法律によりさえすればどのような人権侵害も可能となる。そのため、法治主義がむしろ国民の人権を侵害する事態を招くこともあった。*違憲審査権がなかった*

〈解説〉 法治主義は現憲法の下でも妥当している(29条2項等)。

2 法の支配 *英米法系*

意義 法の支配とは、人ではなく正義の法によって国家権力は拘束されるという

反対を 人の支配という

10 序章 憲法総論

英米法の概念である。

趣旨 議会といえども正義の法に反する法律を制定することがありうることを前提とし、議会を含むあらゆる国家権力が正義の法による支配を受けなければならないとするものである。

〈解説〉 日本国憲法は、基本的人権を侵すことのできない永久の権利として厚く保障し（第3章、97条）、このような憲法自体を国の最高法規とし、違憲審査制度を採用して、法律といえども憲法に反することはできないとする（98条1項、81条）。まさしく日本国憲法は、憲法という正義の法による支配、つまり法の支配を採用しているといえる。

7 憲法の最高法規性

1 形式的最高法規性

第98条【最高法規】
① この憲法は、国の最高法規であつて、その条規に反する法律、命令、詔勅及び国務に関するその他の行為の全部又は一部は、その効力を有しない。

意義 本条は、憲法が、国の最高法規であって、憲法の条文に反する法律（国会が制定）、命令（行政機関が制定）、詔勅（天皇の発する証書等）及び国務に関するその他の行為の全部又は一部は、その効力を有しない（無効）ことを規定する。

趣旨 憲法が国内法の法体系において最も高い地位にあり、最も強い形式的効力を有することを示した。

憲法

・法律 ・命令 ・詔勅 ・その他
（国会）（内閣）（天皇）（裁判所・地方）

【憲法の最高法規性】
※ 法律・命令等にも形式的効力の優劣がある。

3 憲法の基本原理と重要事項 11

2 実質的最高法規性

第97条【基本的人権の本質】
　この憲法が日本国民に保障する基本的人権は、人類の多年にわたる自由獲得の努力の成果であつて、これらの権利は、過去幾多の試錬に堪へ、現在及び将来の国民に対し、侵すことのできない永久の権利として信託されたものである。

意義　本条は、憲法に規定する基本的人権が、現在及び将来の国民に対して、侵害されない永久の権利として信託されることを規定している。
趣旨　憲法は、国家権力が不可侵なものとして国民に保障される基本的人権を内容としていることから、法律とは異なるものであり、最高法規性の実質的根拠であると解されている。

8 違憲審査制度（81条）

第81条【法令審査権と最高裁判所】
　最高裁判所は、一切の法律、命令、規則又は処分が憲法に適合するかしないかを決定する権限を有する終審裁判所である。

意義　本条は、最高裁判所が法律等の憲法適合性を審査する終審裁判所であることを規定している。
趣旨　憲法の最高法規性（98条1項）を裁判所の違憲審査（憲法適合性の審査）を通じて担保し、国民の憲法上の権利の保障及び憲法規範の一般的保障（憲法秩序の維持）を行おうとするとともに、権力分立の観点から政治部門（立法府・行政府）の統制・監視を行おうとすることを趣旨とする。

〈語句〉●終審裁判所とは、審級制度における最終の審級を担当する裁判所をいう。

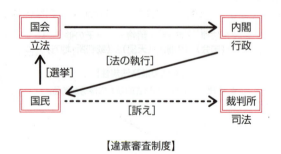

【違憲審査制度】

4 憲法の分類 /発展

本節は、憲法の分類を扱います。

1 憲法の意味による分類

憲法という言葉は多義的に使われるため、その意味に注意しなければならない。

1 形式的意味の憲法

形式的意味の憲法とは、**憲法という名前でよばれている成文の法典（憲法典）**を意味する。これは単に形式面に着目した名前であるから、その内容が人権保障のためにあるか否かはいっさい関係ない。

2 実質的意味の憲法

実質的意味の憲法とは、成文の法典（憲法典）の形をとるか否かにかかわらず、**ある特定の内容をもった法のことをいい、国家の組織や作用に関する基本的な規範**をいう。このなかにもさらに2つの種類がある。

① 固有の意味の憲法

国家のあるところには、国を治めるために必ず統治の仕組みがある。**国家統治の基本を定めた法**が固有の意味の憲法である。固有の意味の憲法は、その内容が人権保障をうたったものか否かは関係ない。

② 立憲的意味の憲法

立憲的意味の憲法とは、**自由主義に基づいて定められた国家統治の基本を定めた法**をいう。「権利の保障が確保されず、権力の分立が定められていない社会は、すべて憲法をもつものではない」と規定する1789年のフランス人権宣言はこの趣旨を表している。

2 憲法の形式による分類

1 成文憲法

憲法典として文章化されている（成文化されている）ものをいう。日本国憲法を含め、多くの国の憲法は成文憲法である。

2 不文憲法

憲法典として成文化されていないものをいう。イギリスの憲法は不文憲法である。

3 憲法の性質による分類

1 硬性憲法

憲法を改正する手続が、**通常の法律よりも厳格**である憲法をいう。日本国憲法を含め、多くの国の憲法は硬性憲法である。

2 軟性憲法

憲法を改正する手続が、**通常の法律と同様**である憲法をいう。

4 憲法の制定権力による分類

1 欽定憲法

君主主権の国で、**君主が制定権力**となって制定された憲法をいう。明治憲法は欽定憲法である。

2 民定憲法

国民主権原理に基づき、**国民が制定権力**となって制定された憲法をいう。日本国憲法は民定憲法である。

第 1 章

基本的人権 I ― 総論

　本章では、基本的人権の原理と限界について学習します。人権の種類に加えて、一定の主体には保障されない人権があること、人権は無制約のものではないが、制約は最小限でなければならないことを理解しましょう。

●総論 ── 基本的人権の原理　1節
　　　 ── 基本的人権の主体　2節
　　　 ── 基本的人権の限界　3節

基本的人権の原理

本節では、基本的人権の本質と基本的人権の分類を扱います。基本的人権の分類については、今日ではその分類法が相対化してきていますが、「人権編」を学習する際の整理の軸となるものです。

1 基本的人権の本質

第11条【基本的人権の享有】
　国民は、すべての基本的人権の享有を妨げられない。この憲法が国民に保障する基本的人権は、侵すことのできない永久の権利として、現在及び将来の国民に与へられる。

意義　国民は、すべての基本的人権の享有（人間であれば誰もが有すること）を妨げられない（**普遍性**）。この憲法が国民に保障する基本的人権は、侵すことのできない永久の権利として（**不可侵性**）、現在及び将来の国民に与えられる（**固有性**）。

趣旨　人権の不可侵性、永久性を宣言して、人権が自然権的性格を有することを強調している。

【基本的人権の本質】

固有性	人権は、国家から恩恵として与えられるものではなく（国家が存在しなくても）、人間であれば生まれながらに当然に有する権利であるという性質
不可侵性	人権は、公権力によって侵されないという性質
普遍性	人権は、人種や性別などにかかわりなく誰もが有するという性質

〈**語句**〉●**自然権**とは、人間が自然状態（国家ができる前）の段階から、保有している権利のことをいう。

2 基本的人権の分類

1 総則的権利

総則的権利とは、法の基本原則といえる権利をいう。

・幸福追求権(13条後段)　・法の下の平等(14条)

2 自由権（消極的権利）

国家からの活動（介入・干渉）の排除（不作為）を求める権利である。すなわち国家からの介入・干渉を否定する自由国家・消極国家の思想を基礎とする権利である（国家からの自由）。

① 精神的自由権

精神的自由権は、個人の精神活動における自由権である。

・思想および良心の自由(19条)　・信教の自由(20条)　・表現の自由(21条)
・学問の自由(23条)

② 経済的自由権

経済的自由権は、個人の経済活動における自由権である。

・居住・移転・職業選択の自由(22条)　・財産権の保障(29条)

③ 人身の自由

人身の自由は、人の身体を拘束しようとすることからの自由権である。

・奴隷的拘束および苦役からの自由(18条)　・適正手続の保障(31条)
・刑事手続に関する人権保障(33条〜39条)

3 社会権（積極的権利）

社会権は、社会的・経済的弱者のために、国家の積極的な活動（作為）を請求する権利である。すなわち、国家の関与を広く認める社会国家・積極国家の思想を基礎とする権利である（国家による自由）。

・生存権(25条)　・教育を受ける権利(26条)　・勤労の権利(27条)
・労働基本権(28条)

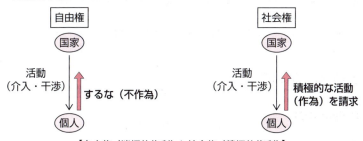

【自由権（消極的権利）と社会権（積極的権利）】

4 受益権

　受益権は、国民が国家機関の行動を請求する国務請求権である。必ずしも経済的・社会的弱者の利益の保護を目的とするわけではなく、この点で社会権と区別されている。

　　・請願権(16条)　・国家賠償請求権(17条)　・裁判を受ける権利(32条)
　　・刑事補償請求権(40条)

5 参政権

　参政権は、国政に参加する権利である(国家への自由)。
　　・公務員の選定罷免権(15条)　　　国民主権の現れ

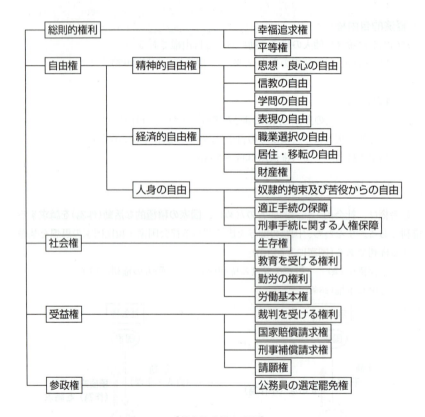

【基本的人権の分類】

3 分類の相対性 /発展

　人権の分類を絶対的なものと考えることはできない。例えば、知る権利は、表現の自由(21条)に含まれると解されているから、自由権に分類されるが、社会権・国務請求権としての性格も有している。

【知る権利の複合的性質】

知る権利 (自由権)	自由権的側面	情報の受領を妨害されない権利
	社会権的側面	情報の公開を請求する権利

　また、生存権(25条)は社会権に分類されるが、自由権としての性格も有している。

【生存権の複合的性質】

生存権 (社会権)	自由権的側面	健康で文化的な最低限度の生活を営む自由を侵害されない権利
	社会権的側面	健康で文化的な最低限度の生活を営むために、国家に対して積極的な配慮・作為を請求する権利

国般★★★／国専★★★／裁判所★★★／特別区★★★／地上★★★

2 基本的人権の主体
（享有主体）

本節では、基本的人権が保障される主体──①未成年者、②天皇・皇族、③外国人、④法人の４つについて学習します。そのうち、③外国人、④法人が頻出のテーマです。

1 総説

　人権は、人が生まれながらにして有する普遍的な権利であるが、憲法は、「国民の権利及び義務」（第３章）としていることから、一般国民以外の者も、基本的人権の主体(人権享有主体)であるのか、どの人権がどの程度保障されるのか(保障の有無や程度)が問題となる。

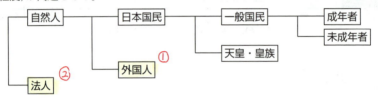

【基本的人権の主体】

2 未成年者 〔発展〕

未成年者も国民であるから、人権の主体となる。

問題点　未成年者に対して成年者と異なる人権制約は認められるか。
結論　未成年者の健全な成長をはかるための、必要最小限度の制約は許される。
　　　　（例）選挙権の制限（15条３項）、婚姻の自由の制限（民法731条）等 Ａ
理由　成熟した人間である成年者と異なり、未成年者は心身ともに未成熟であるから、未成年者の心身が健全に発達できるように保護する必要がある（限定されたパターナリスチックな制約）。

〈語句〉●パターナリズムとは、子の利益のために、親が子の行動に干渉して面倒を見るような方法で、私人の利益になるとして、国が私人の行動に干渉することをいう。このような国の干渉を限定的に捉える考え方（人格的自律が永続的に回復不能となる場合のみ干渉が認められるとする）を限定された「パターナリスチックな制約」という。

【未成年者の人権制約】

成年者の人権制約	・内在的制約＋政策的制約※
未成年者の人権制約	・内在的制約＋政策的制約 ・限定されたパターナリスティックな制約

※ 内在的制約や政策的制約については本章 **3** 節「基本的人権の限界」で扱う。

3 天皇・皇族 /発展

天皇・皇族も**国民**であり、**人権の主体となる**(通説)。

問題点 天皇・皇族に対して一般国民と異なる人権制約は認められるか。

結論 日本国の象徴たる地位や皇位の世襲制からくる、一般国民と異なった制約は認められる。 **B**

(例)選挙権・被選挙権がない、国籍離脱の自由(22条2項)がない、婚姻の自由の制限(皇室典範10条)、財産権の制限(8条、皇室経済法)等

理由 憲法が、天皇は日本国の象徴たる地位であること(1条)、国政に関する権能を有しないこと(4条)、皇位の世襲制(2条)を規定している。

4 外国人

意義 外国人とは、日本国籍を有しない者をいう。

問題点❶ 憲法第3章の表題は「国民の権利及び義務」とあるが、外国人は人権の主体となるか。

結論 外国人も人権の主体となる。

理由 ① 人権は、「人」であることから保障されるべきものである(人権の前国家的・前憲法的性格)。

② 憲法は**国際協調主義**(98条2項)をうたっている。

③ 人権の国際化の傾向(国際人権規約等)

問題点❷ 外国人も日本国民と同様に人権が保障されるのか。

結論 **権利の性質上**、日本国民のみを対象としているものを除き、外国人にも人権が保障されると解されている(**性質説**)(判例・通説)。 **01**

理由 外国人も人権の主体となるとする趣旨(天賦人権思想、国際協調主義)からすれば、個別の人権ごとにその性質上適用が可能なものは保障を及ぼすべきである。

〈解説〉 /発展 性質説に対して、憲法が「何人も」との文言を用いている規定は外国人にも保障が及び、「国民は」との文言を用いている規定は日本国民のみ

2 基本的人権の主体 21

※少数説

に保障されるとする見解を**文言説**という。 C

　なお、「人」であることから、人権が保障されるのだから、不法入国者にも人権の保障は及ぶ（最判昭25.12.28）。

以下、人権の分類に応じて、何が権利の性質上保障可能な人権かをみていく。

参政権

① 国政選挙権

問題点　国政について在留外国人に選挙権は保障されるか。また、法律によって選挙権を与えることは許されるか。

結論　国政について在留外国人に**選挙権は保障されない**（最判平5.2.26）。**法律によって選挙権を与えることも禁止される**（通説）。 02

理由　参政権は、国民が自己の属する国の政治に参加する権利であることから、国政について外国人に選挙権を与えることは**国民主権原理**に反する。

② 地方選挙権

問題点　地方公共団体の選挙について**永住外国人等の一定の外国人に選挙権は**保障されるか。また、法律によって選挙権を与えることは許されるか。

結論　地方公共団体における**選挙権は保障されていない**。しかし、永住外国人等について**法律によって選挙権を与えることは許容される**（判例）。 03 04

理由　（保障の有無について）憲法93条2項にいう「住民」とは、地方公共団体の区域内に住所を有する**日本国民**を意味するため。 04

　（法律による選挙権の付与について）憲法上の地方自治に関する規定は、地方自治体の事務については、その地方の住民の意思に基づきその区域の**地方公共団体が処理する**という政治形態を、憲法上の制度として保障しようとする趣旨（**住民自治**）であるため。

【外国人への参政権の保障に関する判例】

外国人への保障の可否	国政選挙権	地方選挙権
憲法上の保障	保障されない	保障されない
法律による保障（付与）	不明（通説は否定）	許容する

22　第1章　基本的人権 I

判例 定住外国人と地方自治体選挙の選挙権（最判平7.2.28）

〈事案〉

韓国国籍で永住資格者であるXが、❶選挙人名簿へ登録するように異議の申出をしたところ、❷選挙管理委員会により却下されたため、その取消しを求めて争った。

〈判旨〉

● 1　公務員を選定罷免する権利（15条 1 項）は在留外国人にも保障されるのか

▶ **在留外国人には保障されない。**

理由　主権が「日本国民」に存するものとする憲法前文及び 1 条の規定に照らせば、憲法の国民主権の原理における国民とは、日本国民すなわち我が国の国籍を有する者を意味することは明らかである。

結論　公務員を選定罷免する権利を保障した憲法15条 1 項の規定は、権利の性質上日本国民のみをその対象とし、右規定による権利の保障は、我が国に在留する外国人には及ばない。 05

● 2　憲法93条2項により地方公共団体の選挙権は在留外国人にも保障されるのか

▶ **在留外国人に対して選挙権を保障したものではない。**

理由　国民主権の原理及びこれに基づく憲法15条 1 項の規定の趣旨に鑑み、地方公共団体が我が国の統治機構の不可欠の要素を成すことをも併せ考えると、憲法93条2項にいう「住民」とは、地方公共団体の区域内に住所を有する日本国民を意味するものと解するのが相当である。 04

結論　憲法93条2項の規定は、我が国に在留する外国人に対して、地方公共団体の長、その議会の議員等の選挙の権利を保障したものということはできない。 03

● 3　永住外国人等に法律で地方公共団体の選挙権を認めることは憲法上許されるのか

▶ **憲法上禁止されているものではない（許される）。**

理由　憲法第8章の地方自治に関する規定は、民主主義社会における地方自治の重要性に鑑み、住民の日常生活に密接な関連を有する公共的事務は、その地方の住民の意思に基づきその区域の地方公共団体が処理するという政治形態を憲法上の制度として保障しようとする趣旨に出たものと解されるから、

> **結論** 我が国に在留する外国人のうちでも永住者等であってその居住する区域の地方公共団体と特段に緊密な関係を持つに至ったと認められるものについて、**法律**をもって、**地方公共団体の長、その議会の議員等に対する選挙権を付与する措置**を講ずることは、**憲法上禁止されているものではない**。 03 04
>
> 〈参照〉 ●第15条①：公務員を選定し、及びこれを罷免することは、国民固有の権利である。
> ●第93条②：地方公共団体の長、その議会の議員及び法律の定めるその他の吏員は、その地方公共団体の住民が、直接これを選挙する。

③ 公務就任権

判例は、在留外国人の公務就任権について、国民と異なる取扱いをすることを認めている。

判例 管理職選考受験資格確認等請求事件（最大判平17.1.26）

〈事案〉

X（在日韓国人）は、東京都に保健婦(当時)として採用されたが、❶東京都人事委員会の実施した管理職選考の受験申込書を提出したところ、❷日本国籍を有しないことを理由に申込書の受領を拒否されたので、東京都に対して慰謝料の支払いを請求した。

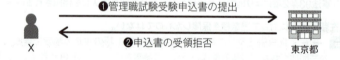

〈判旨〉

● 1 憲法は外国人が**公権力行使等地方公務員**に就任することを想定しているのか

▶ 想定していない。

理由 公権力行使等地方公務員の職務の遂行は、住民の生活に直接間接に重大なかかわりを有する。また、国民主権の原理に基づき、国及び普通地方公共団体による統治の在り方については日本国の統治者としての国民が最終的な責任を負うべきものである（憲法1条、15条1項参照）。

結論 原則として**日本の国籍を有する者が公権力行使等地方公務員に就任することが想定されている**とみるべきであり、外国人が公権力行使等地方公務員に就任することは、本来我が国の法体系の想定するところではない。 06

●**2** 管理職に昇任するための資格要件として日本国籍を有することを定めた措置は
憲法に違反しないか

▶▶▶ 違反しない（合憲）。

理由 普通地方公共団体が、公務員制度を構築するに当たって、公権力行使等地方
公務員の職とこれに昇任するのに必要な職務経験を積むために経るべき職とを包
含する**一体的な管理職の任用制度を構築**して人事の適正な運用を図ることも、そ
の判断により行うことができる。

結論 普通地方公共団体が上記のような管理職の任用制度を構築した上で、日本国
民である職員に限って管理職に昇任することができることとする措置を執ること
は、合理的な理由に基づいて日本国民である職員と在留外国人である職員とを
区別するものであり、上記の措置は、労働基準法3条（均等待遇）にも、**憲法14
条1項**にも違反するものではない。そして、この理は、**特別永住者**についても
異なるものではない。 07

- -

〈解説〉 本判決では、**公権力行使等地方公務員**とは、住民の権利義務を直接形成し、
その範囲を確定するなどの**公権力の行使**に当たる行為を行い、若しくは普通地方
公共団体の重要な施策に関する決定を行い、又はこれらに参画することを職務と
する公務員であると定義している。一般的には、地方公共団体の職員で、管理
職以上の者が公権力の行為に当たる行為を行っている。

社会権

問題点 外国人について社会権は保障されるか。 ※**立法政策**

結論 憲法上、外国人について**社会権は保障されない**。しかし、**法律により外国
人にこれを保障することは許される**（判例）。

理由 ① 社会権は、国に一定の行為を要求する権利であるから、**基本的には
各人の所属する国によって保障されるべき権利**である。

② 法律により外国人に社会権を保障することは、実質的平等を達成す
るという社会権の目的にかなう。

① 障害福祉年金

生存権（25条）について、在留外国人が障害福祉年金の支給対象から除外されたこ
との合憲性が争われた塩見訴訟は以下のように判示する。

2 基本的人権の主体

| 判例 | 塩見訴訟（最判平1.3.2） |

〈事案〉

日本で出生した在日韓国人のXは、幼いころの病気により全盲となった。その後、日本人と結婚し、帰化によって日本国籍を取得したXが障害福祉年金を請求したところ、廃疾（障害）認定日において日本国民ではなかったことを理由に受給資格が認められず、申請は却下された。Xは、国籍条項が憲法に違反するとして、却下処分の取消しを求めて提訴した。

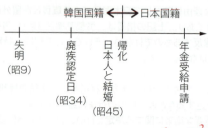

〈判旨〉 ※法律で決める

● 社会保障制度における在留外国人の処遇は立法府の裁量の範囲に属する事項なのか

▶ 在留外国人の処遇は立法府の裁量の範囲に属する。

理由 社会保障上の施策において在留外国人をどのように処遇するかについては、国は、特別の条約の存しない限り、当該外国人の属する国との外交関係、変動する国際情勢、国内の政治・経済・社会的諸事情等に照らしながら、その政治的判断により決定することができ、限られた財源の下で福祉的給付を行うに当たり、自国民を在留外国人より優先的に扱うことも、許されるべきことと解される。08

結論 障害福祉年金の支給対象者から在留外国人を除外することは、立法府の裁量の範囲に属する事柄と見るべきである。08

〈解説〉 本判決では、Xが障害福祉年金の制度発足前から失明状態にあったため、Xの廃疾認定日は制度発足日である昭和34年11月1日とした。そして、廃疾認定日より後に帰化によって日本国籍を取得した者に対し、障害福祉年金を支給するための特別の救済措置を講ずるかどうかは立法府の裁量事項に属するとして、廃疾認定日より後に帰化によって日本国籍を取得したXに障害福祉年金を支給しないことは、憲法25条に違反しないと結論付けた。

② 生活保護

在留外国人について、生活保護法に基づく受給権が認められるかについて、判例は以下のように判示している。

判例　生活保護法に基づく保護受給権（最判平26.7.18）

〈事案〉

共に中国籍のXとその夫は、永住者の在留資格を有していた。Xは、夫が体調を崩し入院した後に生活に困窮したため、❶大分市福祉事務所長に対し生活保護を申請した。しかし、夫名義の預金残高が相当額あることを理由に、❷申請が却下されたため、却下の取消と保護開始の義務付け等を求めて提訴した。裁判では、外国人であるXが生活保護法の適用対象となるのかが争点となった。

〈判旨〉

● 1　外国人は生活保護法の適用対象となるか

▶ 適用対象とならない。

理由　（旧生活保護法と異なり）現行の生活保護法は、1条及び2条において、その適用の対象につき「国民」と定めたものであり、上記各条に言う「国民」とは日本国民を意味するものであって、外国人はこれに含まれない。09

結論　生活保護法を始めとする現行法令上、生活保護法が一定の範囲の外国人に適用され又は準用されると解すべき根拠は見当たらない。

● 2　厚生省（当時）が各都道府県知事に発出した通知（以下、「本件通知」という）を根拠として、外国人は生活保護法の適用対象となるか

▶ 適用対象とならない。

理由　本件通知は行政庁の通達であり、それに基づく行政措置として一定範囲の外国人に対して生活保護が事実上実施されてきたとしても、そのことによって、生活保護法1条及び2条の規定の改正等の立法措置を経ることなく、生活保護法が一定の範囲の外国人に適用され又は準用されるものとなると解する余地はない。

結論　外国人は、行政庁の通達等に基づく行政措置により事実上の保護の対象となり得るにとどまり、生活保護法に基づく保護の対象となるものではなく、同法に基づく受給権を有しない。09

3　自由権

① 入国の自由

問題点　外国人に入国の自由は保障されるか。

| 結論 | 外国人に**入国の自由**は保障されない(判例・通説)。[10] |
| 理由 | 現在の国際慣習法上、自国の安全や秩序を保つために誰を入国させるかはその国の裁量に属する事項である(判例・通説)。 |

② 在留の自由(権利)

問題点	外国人に**在留の自由(権利)**は保障されるか。
結論	外国人に**在留の自由(権利)**は保障されない(判例)。
理由	① 一度入国した外国人が日本に在留をすることは、入国の継続と考えられる。 ② 入国の許否と同様、在留の許否は国の裁量に委ねられている(マクリーン事件●1参照)。

③ 再入国の自由

再入国の自由も入国の自由と同様に外国人には保障されていない(判例)。[10]

| 判例 | **森川キャサリーン事件**(最判平4.11.16) |

〈事案〉

p.31とセット

アメリカ国民Xは、日本に入国した後、日本人と結婚して永住資格を得た。その後、Xは海外旅行を計画し、❶日本を出国する前に再入国許可の申請をしたが、❷過去に指紋押捺を拒否したことを理由に不許可とされた。そこで、不許可処分の取消しと国家賠償を請求した。

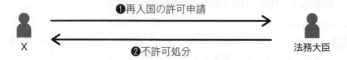

● 外国人に外国へ一時旅行する自由(再入国の自由)は保障されるか

▶ **一時旅行する自由は保障されない。**

| 結論 | 我が国に在留する外国人は、憲法上、**外国へ一時旅行する自由を保障されているものでないことは**、当裁判所大法廷判決(最大判昭32.6.19、最大判昭53.10.4)の趣旨に徴して明らかである。[10] |

当時 各国は指紋認証はなかった
犯罪者のみによるものだったため反対がタクサンに

④ 出国の自由

出国(外国移住)の自由は憲法22条2項によって保障されており、その**権利の性質**上外国人に対しても保障が及ぶ(最大判昭32.12.25)。[11]

自由	保障の有無
入国	×(保障されない) 争いなし
在留	×
出国	○
再入国	×(定住外国人)

必 憲法上

【出国の自由】

⑤ 精神活動の自由

精神活動の自由は基本的には外国人にも保障される。しかし、その保障の程度は国民と全く同一ではない。

問題点 表現の自由(21条)の一内容である政治活動の自由は外国人に保障されるか。

結論 わが国の政治的意思決定またはその実施に影響を及ぼす活動等外国人の地位に照らしこれを認めることが相当でないと解されるものを除き、保障される（マクリーン事件●2参照）。12 必 例外的制約

理由 政治活動の自由は参政権的な機能を有する。国民主権原理から外国人には国政についての参政権が認められないことからすれば、国民の参政権の行使に不当に干渉するような活動は制限される。

判例　マクリーン事件（最大判昭53.10.4）

〈事案〉

アメリカ国籍をもつX（マクリーン氏）は、❶在留期間の更新を申請したが、日本在留中に行った日米安保条約反対、ベトナム戦争反対等の政治活動を理由として、❷在留期間の更新を認められなかったため、在留期間更新の不許可処分の取消等を求めて提訴した。

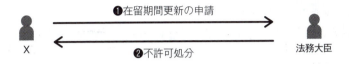

〈判旨〉

● 1　外国人に入国の自由、在留の権利は保障されるか

▶▶▶ 入国の自由、在留の権利ともに保障されない。

理由 憲法22条1項は、日本国内における居住・移転の自由を保障するにとどまる。

結論 憲法上、外国人は、日本に入国する自由を保障されているものでないことはもとより、在留の権利ないし引き続き在留することを要求しうる権利を保障されているものでもない。

● 2 外国人に政治活動の自由は保障されるか

▐▐▌➡ **相当でないと解される政治活動を除いて保障される。**

理由 憲法第3章による基本的人権の保障は、**権利の性質**上日本国民のみをその対象としていると解されるものを除き、わが国に在留する外国人に対しても等しく及ぶものと解すべきである。 12

結論 政治活動の自由についても、わが国の政治的意思決定またはその実施に影響を及ぼす活動等外国人の地位に照らしこれを認めることが相当でないと解されるものを**除き**、その保障が及ぶ。 12 13

● 3 在留期間の更新の際に憲法の保障を受ける行為が消極的な事情としてしんしゃくされるか

▐▐▌➡ **しんしゃくされる。**

理由 外国人に対する憲法の基本的人権の保障は、**外国人在留制度の枠内で与えられている**にすぎない。

結論 在留期間中の憲法の基本的人権の保障を受ける行為を、在留期間の更新の際に消極的な事情としてしんしゃくされないことまでの保障が与えられているものと解することはできない。 13

〈解説〉 「消極的な事情としてしんしゃくされない」とは、意訳すると、「マイナスポイントとして考慮されない」ということである。

⑥ 経済活動の自由

経済活動の自由についてもその性質上保障されるが、特定の職業への就職制限など、国家的政策との関係で日本国民と異なる制限を受ける場合が多い(公証人法12条、特許法25条等)。

4 その他の人権

プライバシーに関する権利も外国人に認められる。指紋はプライバシーに含まれる事項であるが、判例は、**指紋の押捺を強制されない自由**が外国人にも保障されることを前提に合憲性を判断している。

🖊**発展** 裁判を受ける権利も、権利の性質上外国人にもその保障が及ぶと解されている。裁判所では日本語を用いることになっているが(裁判所法74条)、被告人が外国人である刑事裁判では、被告人の人権を保障するために通訳人が選任される。 D

第1章 基本的人権Ⅰ

※P.28とセット

判例 指紋押捺義務を内容とする外国人登録制（最判平7.12.15）

〈事案〉

日系アメリカ人宣教師であるXが、❶新規の外国人登録の際、指紋押捺をしなかったため、❷外国人登録法（当時）違反で起訴された。戸籍制度のない外国人の身元確認のために、外国人登録の際に指紋押捺を義務付けていた。

〈判旨〉

● 1　みだりに指紋の押捺を強制されない自由は憲法上保障されるか

▶ 憲法13条により保障される。

理由　憲法13条は、国民の私生活上の自由が国家権力の行使に対して保護されるべきことを規定していると解される。

結論　個人の私生活上の自由のひとつとして、何人もみだりに指紋の押捺を強制されない自由を有するというべきであり、国家機関が正当な理由もなく指紋の押捺を強制することは、同条の趣旨に反して許されない。 14

※何人も…外国人含む

● 2　みだりに指紋の押捺を強制されない自由は外国人にも保障されるか

▶ 原則として、外国人にも等しく保障される。

原則　みだりに指紋の押捺を強制されない自由の保障は我が国に在留する外国人にも等しく及ぶ。 14

例外　右の自由も、国家権力の行使に対して無制限に保護されるものではなく、公共の福祉のため必要がある場合には相当の制限を受けることは、憲法13条に定められているところである。

● 3　指紋押捺制度は憲法13条に違反するか

▶ 違反しない（合憲）。

理由　外国人についての指紋押捺制度は、戸籍制度のない外国人の人物特定に最も確実な制度として制定されたもので、立法目的には十分な合理性があり、かつ、必要性も肯定できる。また、具体的な制度内容については、精神的、肉体的に過度の苦痛を伴うものとまではいえず、方法としても、一般的に許容される限度を超えない相当なものであったと認められる。 ※方法＝手段

結論　指紋押捺制度は憲法13条に違反するものではない。 14

2　基本的人権の主体　31

● 4 指紋押捺制度は憲法14条に違反するか

▸▸▸ 違反しない（合憲）。

理由 外国人については、日本人とは社会的事実関係上の差異があって、その取扱いの差異には合理的根拠がある。

結論 指紋押捺制度は憲法14条1項に違反するものではない。 14

〈解説〉 事件当時の制度内容は、押捺義務が3年に1度で、押捺対象指紋も一指のみであり、加えて、その強制も罰則による間接強制にとどまるものであった。この点が過度の苦痛を伴わないと判断された要素となっている。

〈参照〉 ●第13条：すべて国民は、個人として尊重される。生命、自由及び幸福追求に対する国民の権利については、公共の福祉に反しない限り、立法その他の国政の上で、最大の尊重を必要とする。

　　　　●第14条①：すべて国民は、法の下に平等であつて、人種、信条、性別、社会的身分又は門地により、政治的、経済的又は社会的関係において、差別されない。

〈語句〉 ●みだりにとは、「正当な理由なしに」という意味である。

【外国人の人権まとめ（判例）】

参政権	選挙権	国政選挙	憲法上保障されない。法律で与えることも禁止（通説）
		地方選挙	憲法上保障されない。永住者等に法律で与えることは可能
	公務就任権		公権力行使等地方公務員になる権利は保障されない
社会権	生存権		憲法上保障されない。法律で与えることは可能
自由権	政治活動の自由		原則保障される。我が国の政治的意思決定又はその実施に影響を及ぼす活動は保障されない
	入国・再入国の自由、在留の権利		保障されない
	出国の自由		保障される
幸福追求権	プライバシー権（指紋押捺を強制されない自由）		保障される（ただし、指紋押捺制度は合憲）

❺ 法人

意義 **法人**とは、自然人（人間）以外で**法により権利義務の帰属主体**（権利を有し、義務を負う）**たる地位が認められた存在**をいう。

問題点❶ 人権は、「人」の権利であることから、人間そのものではない法人が人権の主体になりうるのか。

結論 法人もその**性質上**可能なかぎり人権の主体になる（判例・通説）。[15]

理由
① 今日、法人は社会において重要な地位を占めて活動する実体である。
② 法人の活動は究極的にはその構成員である自然人に帰属する。

【法人の人権】

性質上法人には認められない人権	選挙権、生存権、一定の人身の自由等
性質上法人にも認められる人権 [16]	結社の自由（あらゆる団体）、信教の自由（宗教団体）、学問の自由や教育の自由（学校法人）、報道の自由（報道機関）等

問題点❷ 法人の人権についても自然人と同じ程度の保障が及ぶか。

結論 精神的自由権・経済的自由権ともに、**自然人とは異なった制約が許される。** [15]

理由 法人は自然人に比べ、経済的・社会的に巨大な実力をもつことから、法人の人権行使によって、自然人の人権が不当に制限されることは許されず、**法人と自然人の人権が衝突した際にはその調整が必要となるため。**

法人とその構成員の人権が衝突した事件として、以下の判例がある。

判例　八幡製鉄政治献金事件（最大判昭45.6.24）

〈事案〉

❶八幡製鉄（現在：日本製鉄）株式会社の代表取締役Yらは、同社名で政党（自由民主党）に対し政治資金を寄付した。❷寄付に反対する株主Xらは、Yらに対して、寄付金相当額と遅延損害金を会社に支払うよう求めて提訴した。

〈判旨〉

● 1 会社には政治資金の寄付をする自由が保障されるか

▮▮▮▶ 保障される。

理由 会社が、納税の義務を有し自然人たる国民とひとしく国税等の負担に任ずるものである以上、納税者たる立場において国や地方公共団体の施策に対し、意見の表明その他の行動に出たとしてもこれを禁ずべき理由はない。また、憲法第3章に定める国民の権利および義務の各条項は、性質上可能なかぎり、内国の法人にも適用されるものと解すべきである。17

結論 会社は、国や政党の特定の政策を支持、推進または反対するなどの政治的行為をなす自由を有するのであって、政治資金の寄付はその自由の一環である。

● 2 会社による政治資金の寄付は国民と別異に扱うべきか

▮▮▮▶ 別異に扱う憲法上の要請はない。

結論 会社によって政治資金の寄付がなされた場合、政治の動向に影響を与えることがあったとしても、これを自然人たる国民による寄付と別異に扱うべき憲法上の要請があるものではない。17 ※・要注意

〈解説〉 ① 憲法レベルの問題点と法律レベルの問題点が存在している。

憲法レベル	性質上可能な限り人権の主体となる
法律レベル	目的の範囲内であること（民法34条）

② 民法34条は、「法人は、法令の規定に従い、定款その他の基本約款で定められた目的の範囲内において、権利を有し、義務を負う」と規定しているため、前提として寄付行為が会社の目的の範囲内の行為か否かが争点となったが、本判決は、会社による政治資金の寄付は、客観的、抽象的に観察して、会社の社会的役割を果たすためになされたものと認められる限り会社の目的の範囲内の行為であるとしている。

③ ●2について、法人と自然人とでは経済的・社会的影響力が大きく異なることを考慮していないとの批判がある。

④ 学説により、以下のような説明がなされる。株主には脱退の自由がある（任意加入団体）。よって、会社の方針に従いたくない株主は、株式を売却し脱退できる。そうすると、会社は、株主の意思をそれほど尊重する必要はない。したがって、政治献金は、株式会社の目的の範囲内として有効である。

判例 南九州税理士会事件（最判平8.3.19）

〈事案〉

南九州税理士会は、税理士法改正運動に要する特別資金とするため、❶各会員から特別会費を徴収し、政治団体へ寄付する内容の決議を行った。その税理士法改正運動に反対していた会員である税理士が、❷本件決議は無効であることの確認を求める訴えを起こした。

〈判旨〉

● 1　政治団体への政治資金の寄付は税理士会の目的の範囲内の行為か

▶ **税理士会の目的の範囲外の行為である。**

結論　税理士会が政党など政治資金規正法上の政治団体に金員の寄付をすることは、税理士にかかる法令の制定改廃に関する政治的要求を実現するためのものであっても、税理士会の目的の範囲外の行為であり、その寄付をするために会員から特別会費を徴収する旨の決議は無効であると解すべきである。 18

理由　会社の場合は、その目的を遂行する上に直接または間接に必要な行為であれば、すべて目的の範囲内の行為に包含される。しかし、税理士会は、会社とはその法的性格を異にする法人であって、その目的の範囲については会社と同一に論ずることはできない。

● 2　税理士会に対する会員の協力義務には限界があるか

▶ **限界がある。**

理由　税理士会は**強制加入**の団体であり、その会員である税理士に実質的には**脱退の自由**が保障されていない。 19

結論　税理士会の目的の範囲を判断するに当たっては、会員の**思想・信条の自由**との関係で、税理士会の活動や、そのために会員に要請される**協力義務**にも、自ずから限界がある。 19

● 3　政治団体への寄付に関する事柄への協力を会員に義務づけることは許されるか

▶ **義務づけることはできない（決議は無効）**。

理由　政党などの政治資金規正法上の政治団体に対して金員の寄付をするかどうかは、選挙における投票の自由と表裏をなすものとして、会員各人が市民としての個人的な政治的思想、見解、判断などに基づいて自主的に決定すべき事柄である。20

結論　公的な性格を有する税理士会が、このような事柄（政治団体への寄付に関する事柄）を多数決原理によって団体の意思として決定し、構成員にその協力を義務づけることはできない（決議は無効）。19 20

〈解説〉　政治資金の寄付という点で、本判決は八幡製鉄政治献金事件と共通するが、八幡製鉄政治献金事件は「**任意に加入する営利法人である会社**」における紛争であるのに対し、本判決は「**強制加入の公益法人である税理士会**」における紛争であることが結論を異にする理由となっている。

判例　群馬司法書士会事件（最判平14.4.25）〈発展〉

〈事案〉

群馬司法書士会は、阪神・淡路大震災により被災した兵庫県司法書士会に復興支援拠出金（本件拠出金）を寄付することとし、そのための❶負担金（本件負担金）を会員から徴収する旨を決議した。これに対し、同会の会員が、本件拠出金の寄付は同会の目的の範囲外の行為であるから決議は無効であるとして、❷負担金支払義務の不存在を求めて出訴した。

司法書士

❷負担金支払義務不存在

群馬司法書士会
❶負担金の徴収決議

〈判旨〉

● 決議に反対する会員に対しても決議の効力が及ぶのか

▶ **決議の効力が及ぶ（決議は有効）**。

理由　本件負担金の徴収は、会員の政治的又は宗教的立場や思想信条の自由を害するものではなく、その負担額も社会通念上過大な負担を課するものではない。

結論　司法書士会が強制加入団体であることを考慮しても、それに対する会員の協力義務を否定すべきものとはいえないから、**本件負担金を徴収する旨の決議の効力は反対する会員にも及ぶ**（決議は有効）。E

第1章
総論

〈解説〉 ① 本判決は、本件拠出金の寄付が司法書士会の権利能力の範囲内であると
している。強制加入団体における紛争という点で、本判決と南九州税理士
会事件は共通するが、南九州税理士会事件は**政治資金の寄付**であったのに
対して、本判決は公的機能の回復に資することを目的とする趣旨の寄付であ
り、寄付金の内容が異なる。

② 拠出金の内容については、被災した司法書士の個人的ないし物理的被害
に対する直接的な金銭補てん又は見舞金という趣旨のものではなく、被災者
の相談活動等を行う同司法書士会ないしこれに従事する司法書士への経済
的支援を通じて司法書士の業務の円滑な遂行による公的機能の回復に資する
ことを目的とする趣旨のものであったとしている。

【法人に関する判例】

	八幡製鉄政治献金事件	南九州税理士会事件	群馬司法書士会事件 発展
種別	営利法人	公益法人	公益法人
加入方法	任意	強制	強制
問題となった行為	政治資金の寄付	政治資金の寄付	公的機能の回復のための寄付
効力	有効	無効	有効

重要事項 一問一答

01 外国人に人権は保障されるか?

権利の性質上日本国民を対象としているものを除き保障される。

02 永住者等の定住外国人に選挙権は保障されるか?

国政選挙については憲法上保障されず、法律で付与することも禁止される。地方選挙については
憲法上保障されないが、法律で付与することは許される。

03 外国人に公務就任権は保障されるか?

公権力行使等地方公務員になる権利は保障されない。

04 外国人に社会権は保障されるか?

憲法上、外国人について社会権は保障されないが、法律により外国人にこれを保障することは許
される。

05 外国人に入国・再入国の自由、出国の自由は保障されるか?

入国・再入国の自由は保障されないが、出国の自由は保障される。

2 基本的人権の主体 37

06 外国人に政治活動の自由は保障されるか？

我が国の政治的意思決定又はその実施に影響を及ぼす活動を除き保障される。

07 国家機関が正当な理由もなく指紋の押捺を強制することは？

憲法13条の趣旨に反して許されない。

08 法人に人権は保障されるか？

権利の性質上可能な限り保障される。

09 株式会社による政治献金は有効か？

会社は政治的行為をする自由を有し、その一環である政治献金をすることは会社の目的の範囲内の行為であるから有効。

10 税理士会の政治献金のための特別会費徴収決議は有効か？

政治献金をすることは税理士会の目的の範囲外の行為であり、税理士会が強制加入団体であることからすれば、会員に要請する協力義務にも限界があるから無効。

▶ 過去問チェック

01 憲法第3章の諸規定による基本的人権の保障は、権利の性質上日本国民のみをその対象としていると解されるものを除き、我が国に在留する外国人に対しても等しく及ぶ。

○（国般2013改題）

02 外国人にも、権利の性質上可能な限り人権規定が適用されるため、永住資格を有する定住外国人には国政の選挙権及び被選挙権が認められている。

×（税2020）「永住資格を有する定住外国人には国政の選挙権及び被選挙権が認められている」が誤り。

03 憲法第93条第2項は、我が国に在留する外国人に対して、地方公共団体における選挙の権利を保障したものではないが、当該外国人のうちでも永住者等であってその居住する区域の地方公共団体と特段に緊密な関係を持つに至ったと認められるものについては、その意思を日常生活に密接な関連を有する地方公共団体の公共的事務の処理に反映させるべく、法律をもって地方公共団体の長又は議会の議員等に対する選挙権を付与する必要がある。

×（国般2008）「法律をもって地方公共団体の長又は議会の議員等に対する選挙権を付与する必要がある」が誤り。

04 国民主権の原理にかんがみ、また、地方公共団体が我が国の統治機構の不可

38　第1章　基本的人権Ⅰ

欠の要素を成すものであることをも併せ考えると、憲法第93条第2項にいう「住民」とは、地方公共団体の区域内に住所を有する日本国民を意味すると解されるから、法律によって、地方公共団体の長、その議会の議員等の選挙について外国人に選挙権を付与することは許されない。

×（税2002）「許されない」が誤り。

05 憲法第3章の諸規定による基本的人権の保障は、権利の性質上日本国民のみを対象としていると解されるものを除き、我が国に在留する外国人に対しても等しく及ぶが、公務員を選定罷免する権利を保障した憲法第15条第1項の規定は、権利の性質上日本国民のみをその対象とする。

○（財・労2014）

06 地方公務員のうち、住民の権利義務を直接形成し、その範囲を確定するなどの公権力の行使に当たる行為を行い、若しくは普通地方公共団体の重要な施策に関する決定を行い、又はこれらに参画することを職務とするものについては、原則として日本国籍を有する者が就任することが想定されているとみるべきであり、外国人が就任することは、本来我が国の法体系の想定するところではない。

○（国般2013）

07 最高裁判所の判例では、地方公共団体が、公権力行使等地方公務員の職とこれに昇任するのに必要な職務経験を積むために経るべき職とを包含する一体的な管理職の任用制度を構築した上で、日本国民である職員に限って管理職に昇任できるとする措置を執ることは、合理的な理由に基づいて日本国民である職員と在留外国人である職員とを区別したとはいえず、憲法に違反するとした。

×（区2017）「合理的な理由に基づいて日本国民である職員と在留外国人である職員とを区別したとはいえず、憲法に違反するとした」が誤り。

08 社会保障上の施策における在留外国人の処遇については、国は、特別の条約の存しない限り、当該外国人の属する国との外交関係、変動する国際情勢、国内の政治・経済・社会的諸事情等に照らしながら、その政治的判断により決定でき、限られた財源下での福祉的給付に当たり自国民を在留外国人より優先的に扱うことも許され、障害福祉年金の支給対象者から在留外国人を除外することは、立法府の裁量の範囲に属する事柄であって、憲法第25条に違反するものではないとするのが判例である。

○（国般2012）

2 基本的人権の主体 39

09 最高裁判所の判例では、現行の生活保護法は、第1条及び第2条において、その適用の対象につき「国民」と定めたものであり、外国人はこれに含まれないと解され、外国人は、行政庁の通達等に基づく行政措置により事実上の保護の対象となり得るにとどまり、生活保護法に基づく保護の対象となるものではなく、同法に基づく受給権を有しないとした。

○（区2017）

10 我が国に在留する外国人には、入国の自由が保障されず、また、外国へ一時旅行する自由を保障されているものでもないから、再入国の自由も保障されないとするのが判例である。

○（税2020）

11 憲法第22条第2項にいう外国移住の自由はその権利の性質上外国人に限って保障しないという理由はなく、出国の自由は外国人にも保障されるとするのが判例である。

○（国般2014改題）

12 基本的人権の保障は、その権利の性質上許される限り外国人にも及び、わが国の政治的意思決定又はその実施に影響を及ぼす活動などを含む全ての政治活動について保障が及ぶ。

×（裁2020）「わが国の政治的意思決定又はその実施に影響を及ぼす活動などを含む全ての政治活動について保障が及ぶ」が誤り。

13 政治活動の自由に関する憲法の保障は、我が国の政治的意思決定又はその実施に影響を及ぼす活動など外国人の地位に鑑みこれを認めることが相当でないと解されるものを除き、我が国に在留する外国人に対しても及ぶことから、法務大臣が、憲法の保障を受ける外国人の政治的行為を、在留期間の更新の際に消極的な事情としてしんしゃくすることは許されない。

×（国般2013）「在留期間の更新の際に消極的な事情としてしんしゃくすることは許されない」が誤り。

14 個人の私生活上の自由の一つとして、何人もみだりに指紋の押なつを強制されない自由を有するものというべきであり、この自由の保障は我が国に在留する外国人にも等しく及ぶと解されるから、在留外国人のみを対象とする指紋押なつ制度は、憲法第13条及び第14条に違反し許されない。

× (税2002)「憲法第13条及び第14条に違反し許されない」が誤り。

15 判例、通説に照らすと、法人は自然人ではないが、その活動は自然人を通じて行われ、その効果が究極的に自然人に帰属し、現代社会において一個の社会的実体として重要な活動を行っていることから、法人にも自然人と同じ程度に全ての人権の保障が及ぶ。
× (区2017改題)「自然人と同じ程度に全ての」が誤り。

16 法人にも、権利の性質上可能な限り人権規定が適用されるため、宗教法人には信教の自由が、学校法人には学問及び教育の自由が保障される。
○ (税2020)

17 会社が、納税の義務を有し自然人たる国民と等しく国税等の負担に任ずるものである以上、納税者たる立場において、国や地方公共団体の施策に対し、意見の表明その他の行動に出たとしても、これを禁圧すべき理由はないが、会社による政治資金の寄付は、その巨大な経済的・社会的影響力に鑑みると、政治の動向に不当に影響を与えるおそれがあることから、自然人たる国民による寄付と別異に扱うべき憲法上の要請があるといえる。
× (国般2013)「自然人たる国民による寄付と別異に扱うべき憲法上の要請があるといえる」が誤り。

18 税理士会が政党など政治資金規正法上の政治団体に金員の寄付をすることは、税理士に係る法令の制定改廃に関する政治的要求を実現するためのものであれば、税理士法で定められた税理士会の目的の範囲内の行為であり、当該寄付をするために会員から特別会費を徴収する旨の決議は有効である。
× (税2007)「税理士法で定められた税理士会の目的の範囲内の行為であり、当該寄付をするために会員から特別会費を徴収する旨の決議は有効である」が誤り。

19 税理士会のような強制加入団体は、その会員に実質的には脱退の自由が保障されていないことや様々な思想・信条及び主義・主張を有する者の存在が予定されていることからすると、税理士会が多数決原理により決定した意思に基づいてする活動にもおのずから限界があり、特に、政党など政治資金規正法上の政治団体に対して金員の寄付をするなどの事柄を多数決原理によって団体の意思として決定し、構成員にその協力を義務付けることはできない。
○ (裁2018)

20 税理士会が政党等の政治資金規正法上の政治団体に対して金員の寄付をするかどうかは、選挙における投票の自由と表裏をなすものとして、会員各人が市民としての個人的な政治的思想、見解、判断等に基づいて自主的に決定すべき事柄であるから、これを多数決原理によって団体の意思として決定し、会員にその協力を義務付けることはできないとするのが判例である。

○（国般2007）

A 未成年者も日本国民である以上、当然に人権享有主体であると認められる。民法など未成年者に対して一定の制限規定を置いている法律もあるが、憲法上、未成年者に対する権利の制限規定は置かれていない。

×（財2015）「憲法上、未成年者に対する権利の制限規定は置かれていない」が誤り。

B 天皇や皇族も、日本国籍を有する日本国民であり、一般国民と同様の権利が保障されるため、選挙権及び被選挙権が認められている。

×（税2020）「一般国民と同様の権利が保障されるため、選挙権及び被選挙権が認められている」が誤り。

C 判例、通説に照らすと、人権の前国家的性格や憲法の国際協調主義の観点から、外国人は憲法の保障する人権の享有主体となり得るが、憲法の規定上「何人も」と表現される条項のみ外国人に保障される。

×（区2017改題）「憲法の規定上『何人も』と表現される条項のみ外国人に保障される」が誤り。

D 裁判を受ける権利については、その性質上外国人にもその保障が及ぶと一般に解されており、裁判所法は、被告人が外国人である刑事裁判においては、裁判所は、検察官の同意を得た上で、日本語以外の言語を用いて裁判を行うことを決定することができる旨規定している。

×（国般2018）「検察官の同意を得た上で、日本語以外の言語を用いて裁判を行うことを決定することができる旨規定している」が誤り。

E 強制加入団体である司法書士会が行った、大震災で被災した他県の司法書士会へ復興支援拠出金の寄付をすることとし、そのための特別負担金を徴収する旨の総会決議は、無効である。

×（裁2020）「無効である」が誤り。

国般 ★★★／国専 ★★★／裁判所 ★★★／地上 ★★★

3 基本的人権の限界

第1章 総論

本節では、①人権の一般的制約原理と考えられている**公共の福祉**、②公権力と特別な法律関係にある**公務員**並びに**在監者の人権**、③**私人間における人権保障**について学習していきます。本試験では、概ね判例が出題されています。

1 公共の福祉

第12条【自由・権利の保持の責任とその濫用の禁止】
　この憲法が国民に保障する自由及び権利は、国民の不断の努力によつて、これを保持しなければならない。又、国民は、これを濫用してはならないのであつて、常に**公共の福祉**のためにこれを利用する責任を負ふ。

第13条【個人の尊重・幸福追求権・公共の福祉】
　すべて国民は、個人として尊重される。生命、自由及び幸福追求に対する国民の権利については、**公共の福祉**に反しない限り、立法その他の国政の上で、最大の尊重を必要とする。

第22条【居住・移転及び職業選択の自由】
① 何人も、**公共の福祉**に反しない限り、居住、移転及び職業選択の自由を有する。

第29条【財産権の内容】
② 財産権の内容は、**公共の福祉**に適合するやうに、法律でこれを定める。

1 公共の福祉の意味 /発展

問題点　憲法の各条項の「公共の福祉」は、各人権に対していかなる意味をもつか。一元的外在制約説、内在・外在二元的制約説、一元的内在制約説（通説）が対立している。

2 通説の理解を前提とする公共の福祉の概念　※判例は基礎づけてない

意義　「公共の福祉」は、人権相互の矛盾・衝突を調整する**実質的公平の原理**で、**全ての人権に必然的に内在する**。そして、自由権を各人に公平に保障する

3　基本的人権の限界　43

ための制約を根拠付ける場合には**必要最小限度の制約のみを認め**(自由国家的公共の福祉)、社会権を実質的に保障するために自由権の制約を根拠付ける場合には**必要な限度の制約を認める**(社会国家的公共の福祉)。01

理由 基本的人権は、**永久不可侵の権利**(憲法11条参照)であるが、人は共同生活を営むことから、他の人権及び憲法が掲げる理念との関係で人権相互間及び憲法の理念との調整が避けられない。そこで、このような調整をする**実質的公平の原理**として「公共の福祉」という概念を憲法は用意した(12条、13条、22条1項、29条2項)。

【自由国家的公共の福祉と社会国家的公共の福祉の内容】

自由国家的公共の福祉 **(消極目的規制)**	各人権の共存を維持するという消極目的のための**人権制約原理**であり、**自由権を各人に公平に保障するために必要最小限度の制約を認める。**内在的制約ともいわれる。 →他者の人権を侵害させないようにするための制限 (例)他人の名誉を毀損した者を名誉毀損罪で処罰、薬物の製造販売の禁止等
社会国家的公共の福祉 **(積極目的規制)**	福祉国家理念(憲法25条参照)を実現するために、社会的弱者の経済的保護や、多くの国民の生活水準の向上を図るという積極目的のための**人権制約の原理**であり、**社会権を実質的に保障するために必要な限度で経済的自由権の制約を認める。**政策的制約ともいわれる。 →社会的弱者を保護するための経済的強者の経済活動の制限 (例)かつての、たばこ・塩の専売制、小売市場設置の許可制等

3 人権制約の合憲性判断基準

人権が公共の福祉により制約されるとしても、実際に行われた人権制約が憲法に適合するか否かを判断するためには、具体的な基準が必要となる。

① 比較衡量論 (通説の理解を前提とする合憲性判断基準①)

意義 人権を制限することによって得られる利益と人権を制限することによって失われる利益を比較して、前者の価値が高いと判断される場合には、人権の制限を合憲と判断する基準である。比較考量、較量も同義である。

理由 公共の福祉の概念では、「必要最小限度の」「必要な限度」という抽象的な基準しか示されず、具体的に人権の制約立法の合憲性をどのように判定していくかは明らかでない。そこで、裁判所が用いるべき審査基準として主張され、現在においても、**裁判所において用いられることが多い基準**である。

44 第1章 基本的人権Ⅰ

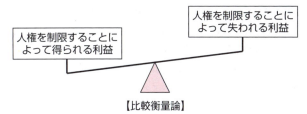

【比較衡量論】

② **二重の基準論**（通説の理解を前提とする合憲性判断基準②）

意義 精神的自由を規制する立法(ex.法律)の合憲性は、厳格な基準で審査しなければならないが(規制立法が「違憲」と判断されやすい)、経済的自由を規制する立法の合憲性は、緩やかな基準で審査しなければならない(規制立法が「合憲」と判断されやすい)とする考え方である。

理由 ① 精神的自由が立法により規制されると、経済的自由が侵害された場合と異なり、民主政の過程による救済が困難になるので、人権救済のため、裁判所が厳格な基準で審査する必要がある(民主政の過程論)(第3章 6 節「表現の自由②」参照)。
　　② 経済的自由の立法による規制については、社会・経済政策と関連することが多く、裁判所は政策の判断能力が乏しいことから、国会・内閣等の政治部門の判断を尊重し、緩やかな基準で審査すべきである(裁判所の能力論)。

〈解説〉　先の比較衡量論は、比較の基準が明確でないので、一元的内在制約説の趣旨を具体的な審査基準として準則化すべく主張された基準である。アメリカの判例理論に基づいて体系化されている。最高裁判所も一部を採用している。詳細は、第3章 6 節「表現の自由②」以降で扱う。

2 特別な法律関係における人権の限界

1 明治憲法下における人権制約の根拠（特別権力関係論）

【特別権力関係論】

① 特別権力関係論とは

人権は公権力との関係で保障される一般国民の権利であるが、一般国民と異なる公権力との特別な法律関係に入っている者の人権制約については、**特別権力関係論**なるものが妥当すると考えられていた(明治憲法下の通説)。

【特別権力関係論の内容】

包括的支配	公権力は包括的支配権を有し、個々の場合に法律の根拠なくして特別権力関係に属する者を包括的に支配(命令・懲戒)することができる
法治主義の排除	公権力は、特別権力関係に属する私人に対して、一般国民として有する人権を、法律の根拠なくして制限することができる
司法審査の排除	特別権力関係内部における公権力の行為は、原則として司法審査は排除される

② 日本国憲法の下での扱い

日本国憲法は、基本的人権を永久不可侵の権利(11条)として厚く保障するために法の支配の原理を採用しており、また、国会を唯一の立法機関としている(41条)ことから、特別権力関係論をそのままでは採用できない。現在では、このような理論は不要であり、公務員関係や在監関係などの各法律関係ごとに人権制約の根拠や程度を考えるべきであると解されている(通説)。

2 公務員の人権制約※

公務員は、一般国民と異なり、公権力と特別な法律関係の下にあり、特に政治的行為の自由と労働基本権が広汎に制約されている。※ 公務員の具体的な人権の制約について、"政治活動の自由"については第3章 **7** 節 **❸** 項「公務員の政治活動の制限」で、"団体行動権(争議権)"については第5章 **5** 節 **❹** 項「公務員に対する労働基本権の制限」で扱う。

問題点 🖊発展 **公務員の人権の制約根拠**は何か。職務性質説と全体の奉仕者説と憲法秩序構成要素説が対立している。

3 被収容者の人権制約

被収容者の人権制限として、判例上問題となったのは、喫煙の禁止と新聞閲読の自由の制限である。

判例 喫煙の禁止（最大判昭45.9.16）

〈事案〉

❶監獄法施行規則（当時）の規定により、喫煙を禁止された未決勾留により拘禁された者（未決拘禁者）が、❷憲法13条に違反すると争った。

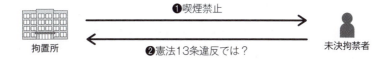

〈判旨〉

● 1　未決拘禁者の人権制約は、どのような目的で、どの程度許容されるのか

▶ 逃走または罪証隠滅の防止の目的のため、必要な限度において合理的制限が許容される。　火災などの恐れ

理由　未決勾留は、刑事訴訟法に基づき、逃走または罪証隠滅の防止を目的として、被疑者または被告人の居住を監獄内に限定するものであるところ、監獄内においては、その秩序を維持し、正常な状態を保持するよう配慮する必要がある。

結論　被拘禁者の身体の自由を拘束するだけでなく、逃走または罪証隠滅の防止の目的に照らし、必要な限度において、被拘禁者のその他の自由に対し、合理的制限を加えることもやむをえない。 02

● 2　喫煙の自由は憲法13条で保障されるのか

▶ 憲法13条が保障する基本的人権の一つに含まれるとしても、あらゆる時、所において保障されるものではない。　仮になので含まれるといってない

理由　煙草は生活必需品とまでは断じがたく、ある程度普及率の高い嗜好品にすぎず、喫煙の禁止は、煙草の愛好者に対しては相当の精神的苦痛を感ぜしめるとしても、それが人体に直接障害を与えるものではない。

結論　喫煙の自由は、憲法13条の保障する基本的人権の一に含まれるとしても、あらゆる時、所において保障されなければならないものではない。 03

● 3　被拘禁者に対する喫煙の禁止が憲法13条に違反するのか

▶ 違反しない（合憲）。

理由　拘禁の目的と制限される基本的人権の内容、制限の必要性などの関係を総合考察すると、喫煙禁止という程度の自由の制限は、必要かつ合理的なものである。

結論　未決勾留により拘禁された者に対し喫煙を禁止する監獄法施行規則の規定が憲法13条に違反するものとはいえない。 02 03

3　基本的人権の限界　47

〈解説〉 判例は、未決拘禁者の人権制約の違憲審査基準について比較衡量論によるとしている。また、喫煙の自由が人権に含まれるかどうかについては**明確な判断をしていない**。

〈語句〉●被収容者(旧：在監者)とは、刑事施設(刑務所や拘置所など)に収容されている者をいい、刑が確定していない嫌疑段階(裁判で係争中)の**未決拘禁者**と、刑が確定し服役している**既決拘禁者**に分かれる。

判例　よど号ハイジャック新聞記事抹消事件(最大判昭58.6.22)

〈事案〉

未決拘禁者が私費で新聞を購読していたところ、❶拘置所長が、よど号ハイジャック事件を伝える新聞記事を墨で塗りつぶし、読めなくした。そこで、❷閲読の自由の侵害であるとして国に対して国家賠償請求をした。　※知る権利

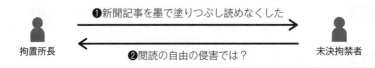

〈判旨〉

● 1　未決拘禁者は身体的行動の自由以外の自由も制約されるのか

▶**逃走または罪証隠滅の防止の目的のため、身体的行動の自由以外の自由も制約される**。

　理由　未決勾留は、刑事訴訟法の規定に基づき、**逃亡又は罪証隠滅の防止**を目的として、被疑者又は被告人の居住を監獄内に限定するものである。

　結論　この勾留により拘禁された者（未決拘禁者）は、その限度で身体的行動の自由を制限されるのみならず、逃亡又は罪証隠滅の防止の目的のために必要かつ合理的な範囲において、それ以外の行為の自由をも制限されることを免れない。

● 2　閲読の自由は憲法上保障されるか

▶**保障される**。

　結論　閲読の自由は憲法上保障される。

　理由　意見、知識、情報の伝達の媒体である新聞紙、図書等の**閲読の自由**が憲法上保障されるべきことは、思想及び良心の自由の不可侵を定めた憲法19条の規定や、表現の自由を保障した憲法21条の規定の趣旨、目的から、**いわばその派生原理として当然に導かれるところである**。 04

● 3　閲読の自由に対する制限の違憲審査基準

Ⅲ➡ 具体的事情のもとにおいて、監獄内の規律及び秩序の維持上放置することのできない程度の障害が生ずる相当の蓋然性があるかどうか。

理由　閲読の自由の制限が絶対に許されないものとすることはできず、それぞれの場面において、これに優越する公共の利益のための必要から、一定の合理的制限を受けることがあることもやむをえない。このことは、閲読の対象が新聞紙である場合でも例外ではない。

基準　監獄内における閲読の自由の制限が許されるためには、当該閲読を許すことにより監獄内の規律及び秩序が害される<mark>一般的、抽象的なおそれがあるというだけでは足りず</mark>、具体的事情のもとにおいて、その閲読を許すことにより監獄内の規律及び秩序の維持上放置することのできない程度の障害が生ずる<mark>相当の蓋然性</mark>があると認められることが必要である。 04　　　　　※ 十中八九

〈解説〉　当該未決拘禁者が、以前拘置所内の規律に頻繁に違反した事実や、抹消された記事の内容から、障害発生の相当の蓋然性があるとしたうえで、所長の判断に裁量権の逸脱又は濫用の違法はないとしている（適法）。

3　私人間における人権保障と限界

1　総論

　憲法の保障する人権規定は、**元来、公権力との関係で保障されるもの**である。しかし、現代社会では私人の間でも力関係に大きな差がある場合があり（企業などの社会的権力と従業員などの構成員との関係）、これらの**社会的権力からの人権侵害のおそれ**がある。

問題点　私人間において人権侵害のおそれがある場合に**人権規定を持ち出して争う**ことができるか。すなわち、私法が適用されるべき私人間の争いに、公法である憲法を適用することができるかという問題である。

〈語句〉●**公法**とは、国家と国民間や国家の規律など国家がらみの法律関係に適用されるルールである。

●**私法**とは、私人間の法律関係に適用されるルールである。

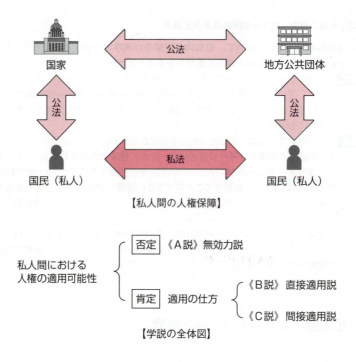

【私人間の人権保障】

【学説の全体図】

《A説》 無効力説
　私人間には、憲法の人権規定は**適用されない**。
　根拠 公法である憲法の人権規定は、公権力との関係を規律するものであり、私人間の問題を規律するものではない。
　批判 大企業やマスコミ等社会的権力(巨大な私人)による不当解雇や名誉毀損などの人権侵害への対処はもっぱら立法上の問題となり、裁判所による救済が受けられないことになりかねない。

《B説》 直接適用説
　私人間にも、憲法の人権規定を**直接適用する**。
　根拠 憲法の人権規定は、あらゆる分野に妥当する客観的な価値秩序である。
　批判 ① 私的自治の原則や契約自由の原則が広範囲に害されかねない。 05
　　　　② 公権力に対抗する人権の本来の性質を希釈化させるおそれがある。

《C説》 間接適用説(通説・判例)
　直接的には**私法**の一般条項(民法1条、90条、709条等)を適用するが、その私法規定の解釈に憲法の人権規定の趣旨を取り込み、**間接的に**憲法の人権規定を適用する。 06

根拠 個人の人権保障と私的自治の要請との調和を図る必要がある。

批判 憲法の人権規定の間接適用のあり方次第では、直接適用説や無効力説と変わらないことになりかねない。

憲法の人権規定

趣旨を 　↓　 取り込む

民法90条「公序良俗」等の一般条項

　↓　 適用

私人間の問題

【間接適用説】

① 直接適用説と間接適用説の結論の差異

間接適用説に立った場合の結論に注意が必要である。

【直接適用説と間接適用説の結論の差異】

直接適用説	○○は憲法×条に違反する（違憲） ○○は憲法×条に違反しない（合憲）
間接適用説（判例）	○○は民法×条に違反する（違法） ○○は民法×条に違反しない（適法）

② 間接適用説と直接適用される条文 発展

間接適用説に立っても、以下の規定は、**私人間に直接適用**されることが明文又は解釈によって予定されている。 07

① 投票の秘密（15条4項）

② 奴隷的拘束および苦役からの自由（18条）

③ 児童の酷使の禁止（27条3項）

④ **労働基本権**（28条）

2 私人間効力に関連する最高裁判例（各論）

私人間における人権保障に関する判例としては、以下の①三菱樹脂事件（最大判昭48.12.12）、②日産自動車事件（最判昭56.3.24）、③昭和女子大事件（最判昭49.7.19）が重要である。

3 基本的人権の限界 51

| 判例 | **三菱樹脂事件**（最大判昭48.12.12） |

〈事案〉

❶元学生Xが、学生運動歴を隠して就職活動し、採用されたが、試用期間中に、学生運動歴が発覚したので、❷Y会社は、それを理由として、本採用を拒否した。これに対して、Xは、❸本採用拒否は憲法19条（14条）に反し無効であると主張した。

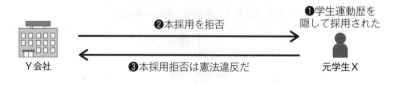

〈判旨〉

● 1　私人間において憲法の人権規定の直接(ないし類推)適用はあるか

▶ **直接適用も類推適用もない。**

| 理由 | 憲法の各規定は、同法第三章のその他の自由権的基本権の保障規定と同じく、国または公共団体の統治行動に対して個人の基本的な自由と平等を保障する目的に出たもので、もっぱら国または公共団体と個人との関係を規律するものであり、私人相互の関係を直接規律することを予定するものではない。 08

| 結論 | ①　国または公共団体と個人との関係についての憲法上の基本権保障規定を、そのまま私人相互間の関係についても適用ないしは類推適用すべきものとすることは、決して当をえた解釈ということはできない。
②　私人間の関係において、一方が他方に優越し事実上後者が前者の意思に服従せざるをえない場合があるが、この場合に限り憲法の基本権保障規定の適用ないしは類推適用を認めるべきとする見解も採用することはできない。 09

● 2　私人間において私的自治と人権保障(自由や平等の利益)はどのように調整するか

▶ **私的自治に対する一般的制限規定である民法1条、90条や不法行為に関する諸規定等を用いて調整する(間接適用説)。**

| 結論 | 私的支配関係においては、個人の基本的な自由や平等に対する具体的な侵害またはそのおそれがあり、その態様、程度が社会的に許容しうる限度を超えるときは、私的自治に対する一般的制限規定である民法1条、90条や不法行為に関する諸規定等の適切な運用によって、一面で私的自治の原則を尊重しながら、他面で社会的許容性の限度を超える侵害に対し基本的な自由や平等の利益を保護し、その間の適切な調整を図る方途も存する。

●3 会社が労働者の思想、信条を理由に雇入れを拒否することは違法か

▶ **当然に違法とすることはできない（適法）**。

理由 ① 憲法は、財産権の行使、営業その他広く経済活動の自由を基本的人権として保障している(22条、29条等)。[10]
② 企業者は、経済活動の一環としてする契約締結の自由を有し、自己の営業のために労働者を雇傭するにあたり、いかなる者を雇い入れるか、いかなる条件でこれを雇うかについて、法律その他による特別の制限がない限り、原則として自由にこれを決定することができる。

結論 企業者が特定の思想、信条を有する者をそのゆえをもって雇い入れることを拒んでも、それを当然に違法とすることはできない。[08][10]

●4 会社が労働者の採用にあたり思想、信条を調査することは違法か

▶ **違法とならない（適法）**。

理由 ●3にあるように、企業者が雇傭の自由を有し、思想、信条を理由として雇入れを拒んでもこれを目して違法とすることができない。

結論 企業者が、労働者の採否決定にあたり、労働者の思想、信条を調査し、そのためその者からこれに関連する事項についての申告を求めることも、これを**法律上禁止された違法行為とすべき理由はない**。[09][10]

〈解説〉① 元学生Xは、「会社が本採用を拒否したことが違憲である」との主張しているのに対し、最高裁は、「Y会社が元学生Xの雇入れを拒否できるか」ということを問題にしている。

② 最高裁は、本採用拒否は雇入れ後の解雇にあたるとして、原審に差戻しをしている。

> **判例** 日産自動車事件（最判昭56.3.24）

〈事案〉

❶Y会社の就業規則では、男子の定年年齢を60歳、女子の定年年齢を55歳と規定しており、定年年齢につき男女間で5歳の差があった。❷Y会社は、定年間近の女性従業員Xに対して、定年退職を命じる予告をした（定年に達したら退職するように命じた）ところ、❸Xは就業規則の定めが法の下の平等を定めた憲法14条に反し無効であると主張した。

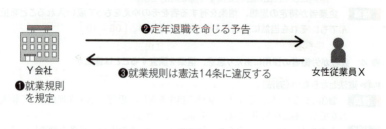

〈判旨〉

● Y会社の就業規則中女子の定年年齢を男子より低く定めた部分は有効か

▶ 民法90条の規定により無効である。

理由 会社の企業経営上の観点から定年年齢において女子を差別しなければならない合理的理由は認められない。

結論 Y会社の就業規則中女子の定年年齢を男子より低く定めた部分は、専ら女子であることのみを理由として差別したことに帰着するものであり、性別のみによる不合理な差別を定めたものとして民法90条の規定により無効であると解するのが相当である（憲法14条1項、民法1条2項参照）。 11

〈解説〉 本判決は、間接適用説を採用して、Y会社の就業規則が民法90条に違反するとしており、憲法14条1項に違反するとはしていない。 11

〈参照〉●民法90条（公序良俗）：公の秩序又は善良の風俗に反する法律行為は、無効とする。

〈語句〉●就業規則とは、労働基準法上作成及び所轄の労働基準監督署長への届出が義務付けられている労働条件等に関する細目的条項をいう。

判例 昭和女子大事件（最判昭49.7.19）

〈事案〉

❶学生Xが、Y大学の定める生活要録（学則）の規定で届出制とする政治活動（署名活動）を無届で行ったこと、許可なく学外の団体に加入したことなどから、❷Y大学の定める生活要録の規定違反を理由として大学から退学処分を受けた。これに対し、❸学生Xが生活要録の規定は、憲法19条、21条、23条、26条に違反するものであり、これに違反したことを理由とする本件退学処分は無効であると主張した。

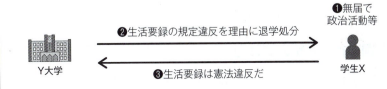

〈判旨〉

1　私立大学も学生を規律する包括的権能を有するか

▶ **包括的権能を有する。**

理由　大学は、**国公立であると私立であるとを問わず、学生の教育と学術の研究を目的とする公共的な施設である。**

結論　法律に格別の規定がない場合でも、その設置目的を達成するために必要な事項を学則等により一方的に制定し、これによって在学する**学生を規律する包括的権能を有する**ものと解すべきである。 12

2　Y大学の定めた生活要録（学則）は有効か

▶ **生活要録の規定を無効とすることはできない（有効）。**

理由　① 私立大学のなかでも、学生の勉学専念を特に重視しあるいは比較的保守的な校風を有する大学がその教育方針に照らし学生の政治的活動はできるだけ制限するのが教育上適当であるとの見地から、**学内及び学外における学生の政治的活動につきかなり広範な規律を及ぼすこととしても、これをもって直ちに社会通念上学生の自由に対する不合理な制限であるということはできない。**

② Y大学の生活要録の規定は、政治的目的をもつ署名運動に学生が参加し又は政治的活動を目的とする学外の団体に学生が加入するのを**放任しておくことは教育上好ましくない**とする大学の教育方針に基づき、このような学生の行動について**届出制あるいは許可制をとることによってこれを規制**しようとする趣旨を含むものと解される。

結論　このような規制自体を不合理なものと断定することができないから、生活要録の規定を無効とすることはできない。 13

〈解説〉 ① 本判決は、学生の各種憲法の人権規定に反するとの主張については、三菱樹脂事件の判決を引用しながら、自由権的基本権の保障規定は私人相互間の関係について当然に適用ないし類推適用されるものでないとして退けており、生活要録の規定についても直接自由権的基本権の保障規定に違反するかどうかを論ずる余地はないとした。 13

② 本判決は、**退学処分**について、懲戒権者に認められた裁量権の範囲内にあるものとして、社会通念上合理性を欠くものとはいえず、違法ではないとした。

4 国の行為と私人間効力

私法上の行為について、一方当事者が国の場合であっても、憲法の規定が直接適用されないとする判例(最判平1.6.20、百里基地訴訟)がある。

判例 百里基地訴訟(最判平1.6.20)

〈事案〉

❶土地の所有者Aは、自衛隊百里基地反対派のXとの間で土地の売買契約を締結した。しかし、❷Aは売買代金の一部が不払いであるとして、売買契約を解除したうえで、❸国に本件土地を売り渡した。そこで、Xは、❹国とAとの売買契約(本件売買契約)が、憲法98条1項の「国務に関するその他の行為」に該当して憲法9条に違反することから無効であると主張した。

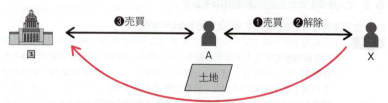

〈判旨〉

● 1　憲法98条1項の「国務に関するその他の行為」とは何か

▮▶ 公権力を行使して法規範を定立する国の行為

> **結論** 　憲法98条1項にいう「国務に関するその他の行為」とは、同条項に列挙された法律、命令、詔勅と同一の性質を有する国の行為、言い換えれば、公権力を行使して法規範を定立する国の行為を意味する。 [14]

● 2　本件売買契約は憲法98条1項の「国務に関するその他の行為」に該当するか

▮▶ 該当しない。

> **理由** 　国の行為であっても、私人と対等の立場で行う国の行為は、法規範の定立を伴わないから、憲法98条1項にいう「国務に関するその他の行為」に該当しないものと解すべきである。

> **結論** 　本件売買契約は、国が行った行為ではあるが、私人と対等の立場で行った私法上の行為であり、法規範の定立を伴わないことが明らかであるから、憲法98条1項にいう「国務に関するその他の行為」には該当しないものというべきである。 [14]

● 3　本件売買契約に憲法9条が直接適用され、同条に反し無効となるか

▮▶ 憲法9条が直接適用される余地はない。

> **理由** 　① 憲法9条は、私法上の行為の効力を直接規律することを目的とした規定ではなく、人権規定と同様、私法上の行為に対しては直接適用されるものではない。
>
> 　　② 国が私人と対等の立場に立って、私人との間で個々的に締結する私法上の契約は、公権力の発動たる行為となんら変わりがないといえるような特段の事情のない限り、憲法9条の直接適用を受けず、私人間の利害関係の公平な調整を目的とする私法の適用を受けるにすぎない。

> **結論** 　土地所有者Aと国との間で締結された本件売買契約は、私的自治の原則に則って成立した純粋な財産上の取引であるから、本件売買契約に憲法9条が直接適用される余地はない。 [15]

〈解説〉 　判例は、基地用地の取得のための土地の売買契約は、契約当時、「公序良俗」に反するとまではいえない（民法90条違反ではない）としている。

重要事項 一問一答

01 不可侵性を原則とする人権を例外的に制約できる憲法上の原理は？

公共の福祉

3　基本的人権の限界　57

02 特別権力関係論の3つの内容は?

①包括的支配、②法治主義の排除、③司法審査の排除

03 喫煙の自由は人権か?

判例は、人権かどうかについて明確な判断をしていない。

04 閲読の自由は人権か?

判例は、思想及び良心の自由の不可侵を定めた憲法19条の規定や、表現の自由を保障した憲法21条の規定の趣旨、目的から、いわばその派生原理として当然に導かれるとしており、人権として保障される。

05 間接適用説とは?

私人間の争訟につき直接的には私法法規を適用するが、その私法法規の解釈・適用に際し両当事者の人権の趣旨を反映させ、間接的に人権規定を適用させる立場のこと。

06 間接適用説に立つと、私人間に直接適用される人権はあるのか?

ある(投票の秘密、奴隷的拘束からの自由、児童の酷使の禁止、労働基本権)。

過去問チェック

01 「公共の福祉」は、全ての基本的人権に内在し、自由権を各人に公平に保障するための制約を根拠づける場合には必要最小限度の規制のみを認め、社会権を実質的に保障するために自由権の規制を根拠づける場合には必要な限度の規制を認めるものとして機能するとする見解は、権利の性質に応じて権利の制約の程度が異なるとする。

○(裁2015改題)

02 刑事施設内において未決勾留により拘禁された者の喫煙を禁止することは、逃走又は罪証隠滅の防止という未決勾留の目的に照らし、必要かつ合理的な制限とはいえず、憲法第13条に違反する。

×(国般2015)「必要かつ合理的な制限とはいえず、憲法第13条に違反する」が誤り。

03 喫煙の自由は、憲法第13条の保障する基本的人権の一つに含まれるとしても、あらゆる時、所において保障されなければならないものではなく、未決勾留により拘禁された者に対し喫煙を禁止する旧監獄法施行規則の規定は、同条に違反しない。

○(税2011)

04 未決勾留により拘禁されている者にも意見、知識、情報の伝達の媒体である

58　第1章　基本的人権Ⅰ

新聞、図書等の閲読の自由が憲法上認められるが、閲読を許すことにより刑事施設内の規律及び秩序が害される一般的、抽象的なおそれがある場合には、当該閲読の自由を制限することができる。

×（税2015）「閲読を許すことにより刑事施設内の規律及び秩序が害される一般的、抽象的なおそれがある場合には、当該閲読の自由を制限することができる」が誤り。

[05] 憲法の人権規定が私法関係においても直接適用され、私人間にも直接効力を有すると解する直接適用説に立つと、私人間の行為が憲法によって規律されることとなるため、私的自治の原則の保護に資すると一般に解されている。

×（税2019）「私的自治の原則の保護に資すると一般に解されている」が誤り。

[06] 人権保障規定の私人間効力に関して、民法90条のような私法の一般条項を媒介として、人権保障規定を私人間において間接的に適用するとの立場は、人権が、本来、「国家からの自由」として、国家権力に対抗する防御権であったという本質を無視していると批判される。

×（裁2014改題）「人権が、本来、『国家からの自由』として、国家権力に対抗する防御権であったという本質を無視していると批判される」が誤り。

[07] 人権保障規定の私人間効力に関して、民法90条のような私法の一般条項を媒介として、人権保障規定を私人間において間接的に適用するとの立場は、私人間に直接適用される人権保障規定はないと考えている。

×（裁2014改題）「私人間に直接適用される人権保障規定はないと考えている」が誤り。

[08] 憲法の各人権規定は、国又は地方公共団体と私人との関係を規律するのみならず、私人相互の関係をも直接規律するから、企業が特定の思想や信条を有する労働者をそれを理由として雇い入れることを拒めば、当然に違法となる。

×（税2007）「私人相互の関係をも直接規律するから」「当然に違法となる」が誤り。

[09] 私人間であっても一方が他方に優越する地位にある場合には、思想・信条の自由を保障する憲法第19条が類推適用されるから、労働者の採用に当たり、企業者が労働者に対して思想、信条に関係する事項の申告を求めるのは、公序良俗に反し、違憲である。

×（税2008）「思想・信条の自由を保障する憲法第19条が類推適用されるから、労働者の採用に当たり、企業者が労働者に対して思想、信条に関係する事項の申告を求めるのは、公序良俗に反し、違憲である」が誤り。

3　基本的人権の限界

10 企業には憲法により経済活動の自由が保障されているから、労働者を採用するに当たって、当該労働者の思想、信条を調査し、これらに関連する事項について当該労働者に申告を求めることは雇用活動の一環として原則的に認められているが、調査の結果、特定の思想、信条を有することをもって採用を拒否することは、当該労働者の思想、信条を侵害するものであるから認められないとするのが判例である。

×（国般2007）「当該労働者の思想、信条を侵害するものであるから認められないとするのが判例である」が誤り。

11 男女で異なる定年年齢を定める就業規則が、専ら性別のみを理由とした不合理な差別であると認められる場合には、民法等の私法における諸規定を適用して解決するまでもなく、当該就業規則は憲法第14条第1項に違反するため、当然に違憲であるとするのが判例である。

×（税2019）「民法等の私法における諸規定を適用して解決するまでもなく、当該就業規則は憲法第14条第1項に違反するため、当然に違憲であるとするのが判例である」が誤り。

12 国公立大学においては、その設置目的を達成するために学則等を一方的に制定し、学生を規律する包括的権能が認められるが、私立大学においては、そのような包括的権能は認められず、同様の行為を行うことは、社会通念に照らして合理的と認められる範囲を超え許されない。

×（税2015）「そのような包括的権能は認められず、同様の行為を行うことは、社会通念に照らして合理的と認められる範囲を超え許されない」が誤り。

13 私立学校の学則には直接憲法の基本権の保障は及ぶので、私立学校が学則に学生の学外における政治的活動等につき届出制ないし許可制を定め、それに違反した学生を退学処分に付する旨の内部規定は、憲法に違反し無効である。

×（労2000）「私立学校の学則には直接憲法の基本権の保障は及ぶので」「憲法に違反し無効である」が誤り。

14 憲法第98条第1項にいう「国務に関するその他の行為」とは、国の行う全ての行為を意味し、国が行う行為であれば、私法上の行為もこれに含まれるのであって、国が私人と対等の立場で行った売買契約も「国務に関するその他の行為」に該当するとするのが判例である。

×（国般2019）全体が誤り。

15 最高裁判所の判例に照らすと、国が私人と対等の立場で締結する私法上の契約であっても、憲法は国の行為に対する規範的枠組みの設定であるので、その行為は直接的に違憲審査の対象となる。

× (区2003改題)「憲法は国の行為に対する規範的枠組みの設定であるので、その行為は直接的に違憲審査の対象となる」が誤り。

第1章

総論

3 基本的人権の限界　61

過去問 Exercise

問題1 法人及び外国人の人権に関するア～オの記述のうち、判例に照らし、妥当なもののみを全て挙げているのはどれか。

国Ⅱ2013 [H25]

ア 憲法第3章に定める国民の権利及び義務の各条項は、性質上可能な限り、内国の法人にも適用され、また、同章の諸規定による基本的人権の保障は、権利の性質上日本国民のみをその対象としていると解されるものを除き、我が国に在留する外国人に対しても等しく及ぶ。

イ 法人は、自然人たる国民と同様、国や政党の特定の政策を支持、推進し、又は反対するなどの政治的行為をなす自由を有し、公益法人であり強制加入団体である税理士会が、政党など政治資金規正法上の政治団体に金員を寄付するために会員から特別会費を徴収することを多数決原理によって団体の意思として決定し、構成員にその協力を義務付けた上、当該寄付を行うことも、当該寄付が税理士に係る法令の制定改廃に関する政治的要求を実現するためのものである場合は、税理士会の目的の範囲内の行為として認められる。

ウ 会社が、納税の義務を有し自然人たる国民と等しく国税等の負担に任ずるものである以上、納税者たる立場において、国や地方公共団体の施策に対し、意見の表明その他の行動に出たとしても、これを禁圧すべき理由はないが、会社による政治資金の寄付は、その巨大な経済的・社会的影響力に鑑みると、政治の動向に不当に影響を与えるおそれがあることから、自然人たる国民による寄付と別異に扱うべき憲法上の要請があるといえる。

エ 政治活動の自由に関する憲法の保障は、我が国の政治的意思決定又はその実施に影響を及ぼす活動など外国人の地位に鑑みこれを認めることが相当でないと解されるものを除き、我が国に在留する外国人に対しても及ぶことから、法務大臣が、憲法の保障を受ける外国人の政治的行為を、在留期間の更新の際に消極的な事情としてしんしゃくすることは許されない。

オ 地方公務員のうち、住民の権利義務を直接形成し、その範囲を確定するなど

62　第1章　基本的人権Ⅰ

の公権力の行使に当たる行為を行い、若しくは普通地方公共団体の重要な施策に関する決定を行い、又はこれらに参画することを職務とするものについては、原則として日本国籍を有する者が就任することが想定されているとみるべきであり、外国人が就任することは、本来我が国の法体系の想定するところではない。

1 ア、イ

2 ア、オ

3 イ、エ

4 ウ、エ

5 ウ、オ

解説

正解 **2**

ア ◯ 判例により妥当である。判例は、法人の人権享有主体性について、憲法第3章に定める国民の権利および義務の各条項は、性質上可能なかぎり、内国の法人にも適用されるとしており（最大判昭45.6.24、八幡製鉄政治献金事件）、外国人の人権享有主体性について、憲法第3章の諸規定による基本的人権の保障は、権利の性質上日本国民のみを対象としていると解されるものを除き、わが国に駐留する外国人に対しても等しく及ぶとしている（最大判昭53.10.4、マクリーン事件）。どちらの判例も性質説を採用している点で共通している。

イ ✕ 「税理士会の目的の範囲内の行為として認められる」という部分が妥当でない。判例は、会社は、自然人たる国民と同様、国や政党の特定の政策を支持、推進し、又は反対するなどの政治的行為をする自由を有するとしている（最大判昭45.6.24、八幡製鉄政治献金事件）。しかし、税理士会が会社とは法的性格を異にする法人で、その目的の範囲について会社と同一に論ずることはできないとした上で、公的な目的を有し、会員には実質的に脱退の自由が保障されていない強制加入団体である税理士会が、政党など政治資金規正法上の政治団体に金員を寄付するために、会員から特別会費を徴収する旨の決議をすることは、税理士会の目的の範囲外の行為をするものとして無効であるとしている（最判平8.3.19、南九州税理士会事件）。

ウ ✕ 「政治の動向に不当に影響を与えるおそれがあることから、自然人たる国民による寄付と別異に扱うべき憲法上の要請があるといえる」という部分が妥当でない。判例は、会社が、納税の義務を有し自然人たる国民と等しく国税等の負担に任ずるものである以上、納税者たる立場で、国や地方公共団体の施策に対し、意見の表明その他の行動に出たとしても、これを禁圧すべき理由はないとしている。そして、会社は、自然人たる国民と同様、国や政党の特定の政策を支持、推進し、または反対するなどの政治的行為をする自由を有し、政治資金の寄付もまさにその自由の一環であり、会社によってそれがなされた場合、政治の動向に影響を与えることがあったとしても、これを自然人たる国民による寄付と別異に扱うべき憲法上の要請があるわけではないとしている（最大判昭45.6.24、八幡製鉄政治献金事件）。

エ ✕ 「法務大臣が、憲法の保障を受ける外国人の政治的行為を、在留期間の更新の際に消極的な事情としてしんしゃくすることは許されない」という部分が妥

64 第1章 基本的人権Ⅰ

当でない。判例は、外国人の政治活動の自由について、わが国の政治的意思決定又はその実施に影響を及ぼす活動等外国人の地位にかんがみこれを認めることが相当でないと解されるものを除き、その保障が及ぶとする。しかし、外国人に対する憲法の基本的人権の保障は、外国人在留制度のわく内で与えられているにすぎず、在留期間中の憲法の基本的人権の保障を受ける行為を在留期間の更新の際に消極的な事情としてしんしゃくされないことまでの保障が与えられているものと解することはできないとしている（最大判昭53.10.4、マクリーン事件）。

オ ◯ 判例により妥当である。判例は、国民主権の原理に基づき、国及び普通地方公共団体による統治の在り方については日本国の統治者としての国民が最終的な責任を負うべきものであること（1条、15条1項参照）に照らし、原則として日本の国籍を有する者が公権力行使等地方公務員に就任することが想定されているとみるべきであり、外国人が公権力行使等地方公務員に就任することは、本来我が国の法体系の想定するところではないとしている（最大判平17.1.26）。なお、同判例は、公権力行使等地方公務員を「地方公務員のうち、住民の権利義務を直接形成し、その範囲を確定するなどの公権力の行使に当たる行為を行い、若しくは普通地方公共団体の重要な施策に関する決定を行い、又はこれらに参画することを職務とするもの」と定義している。

　以上より、妥当なものは**ア**、**オ**であり、正解は❷となる。

過去問Exercise　65

問題2 人権保障規定の私人間効力に関する次のA・B各説についてのア～オの記述のうち、適当なもののみを全て挙げているものはどれか。 裁判所2014〔H26〕

A説　人権保障規定が私人間においても直接適用される。
B説　民法90条のような私法の一般条項を媒介として、人権保障規定を私人間において間接的に適用する。

ア　A説は、人権保障規定を私人間に直接適用することで、私的自治の原則や契約自由の原則がより保障されることになると考えている。

イ　A説は、私人間における人権保障規定の相対化を認めた場合には、B説と実際上異ならない結果になると批判される。

ウ　B説は、私人間に直接適用される人権保障規定はないと考えている。

エ　B説は、人権が、本来、「国家からの自由」として、国家権力に対抗する防御権であったという本質を無視していると批判される。

オ　判例は、思想・良心の自由を規定する憲法19条について、私人間を直接規律することを予定するものではないとして、A説を否定している。

1　ア、エ

2　イ、オ

3　ア、ウ、オ

4　イ、ウ、エ

5　イ、エ、オ

解説

正解 **2**

ア ✕ 「私的自治の原則や契約自由の原則がより保障されることになると考えている」という部分が適当でない。A説は直接適用説と呼ばれる見解である。A説は私人間においても人権保障規定が直接に効力を有すると説くため、私的自治の原則や契約自由の原則などの個人の自律的領域を害すると批判される。

イ ◯ 適当である。B説は間接適用説と呼ばれる見解である。B説によると、私法の一般条項を媒介して憲法を間接的に適用するため、人権保障規定の効力は当該関係のもつ性質の違いに応じて当然に相対化される。したがって、A説の立場から人権保障規定の相対化を認めた場合、本記述のような批判がなされる。

ウ ✕ 全体が適当でない。B説においても、人権保障規定の趣旨、目的ないし法文から直接的な私法的効力をもつものは直接に適用されるとする。憲法15条4項、18条、27条3項、28条が挙げられる。

エ ✕ 全体が適当でない。本記述はA説に対する批判である。私人間における人権侵害の増加を強調し、人権保障規定の直接適用を認めることは、人権保障規定が本来有する国家権力に対する防御権である本質を弱めるおそれがあるとの批判がなされる。

オ ◯ 適当である。学生運動などの活動歴の秘匿を理由に本採用を拒否された事案において判例は、憲法19条、14条はその他の自由権的基本権の人権保障規定と同じく、もっぱら国または公共団体と個人との関係を規律するものであり、私人相互の関係を直接規律することを予定するものではないとして、A説を否定している（最大判昭48.12.12、三菱樹脂事件）。

以上より、適当なものは**イ**、**オ**であり、正解は **2** となる。

第 2 章

基本的人権Ⅱ— 総則的権利

　　本章では、生命、自由及び幸福追求の権利(13条後段)と法の下の平等(14条)について学習します。自由及び幸福追求の権利は、新しい人権(肖像権等)の根拠として、また、法の下の平等は、他のすべての人権にあてはまるものとして、重要な分野です。

●総則的権利——生命、自由及び幸福追求の権利(13条)　　1節
　　　　　　　├法の下の平等①(14条)　　　　　　　　　　2節
　　　　　　　└法の下の平等②(14条)　　　　　　　　　　3節

国般★★★／国専★★★／裁判所★★★／特別区★☆☆／地上★★★

1 生命、自由及び幸福追求の権利

本節では、総則的権利の一つである**生命、自由及び幸福追求の権利**（13条後段）を扱います。時代の変化や国民の価値観の変化に伴い、明文こそないものの人権として保障しなければならない利益が誕生しています。そのような利益をどうやって人権として保障していくのかを学習していきます。

1 幸福追求権の意義

第13条【個人の尊厳、幸福追求権、公共の福祉】
　すべて国民は、個人として尊重される。生命、自由及び幸福追求に対する国民の権利については、公共の福祉に反しない限り、立法その他の国政の上で、最大の尊重を必要とする。

意義　幸福追求権とは、**生命、自由及び幸福追求に対する国民の権利**をいう（13条後段）。

趣旨　憲法制定以後の社会の変化、国民の価値観の変化より、既存の人権規定では保障できない新たな権利・自由を新しい人権として保障するため、その根拠法としての人権として規定された。

2 憲法13条後段の法的性質

問題点　憲法13条後段はどのような性格の規定か。

結論　①憲法に列挙されていない新しい人権の根拠となる一般的かつ包括的な権利であり、この幸福追求権を根拠とする個々の人権は、②裁判上の救済を受けることができる具体的な権利であると解する（通説）。 01

理由　①　憲法13条は、憲法制定当初は憲法14条以下の人権の総称と考えられており、それ自体は法的な権利とは考えられていなかったが、これでは、社会の変化に対応すべく新しい人権を根拠付けることはできない。

　　　②　憲法13条が幸福追求権を人権として保障したのは、新たに個人の尊厳確保にとって必要不可欠と考えられる生活利益が生じた場合に、それに人権としての根拠を与える点にある。

70　第2章　基本的人権Ⅱ

〈語句〉●**一般的**とは、個別の人権規定を特別法と理解した場合にその対比として憲法13条が一般法の関係にあるということである。したがって、憲法14条以下の人権規定で保障することができない場合に憲法13条での保障が問題になることから補充的な保障機能を果たす。02

●**包括的**とは、憲法13条が多様な権利や自由を含みうるということである。02

●**具体的な権利**とは、憲法の規定だけを根拠として裁判所に権利の実現を求めることができる権利のことをいう。具体的には、「憲法○○条に違反しています。△△をお願いします。」と提訴できる権利である。

●**抽象的な権利**とは、憲法の規定だけを根拠として権利の実現を裁判所に請求できない権利のことをいう。

●**一般法と特別法の関係**とは、基礎法学の分野の用語である。一般法とは、人・場所・事柄を特定せず、広く一般的に適用される法をいう。例えば、民法は、私人同士の権利義務関係を定めた法律として、私人間の取引に広く一般的に適用される。これに対し、特別法とは、特定の人・場所・事柄にのみ適用される法をいう。例えば、商法は、商人間や商人・私人間といった限られた人同士の権利義務関係を定めた法律として、商取引に適用される。そして、一般法と特別法が矛盾する場合、特別法が優先的に適用される。

3 幸福追求権の保障の意味

問題点 憲法13条で新しい人権が保障されるとして、どのような権利や自由を保障すべきか。

結論 新しい人権を認めるにあたっては、慎重に決定すべきであり、個人の人格的生存に不可欠な権利を保障すべきである（人格的利益説）。

理由 あらゆる生活領域に関する行為の自由と考えると（一般的行為自由説）、①人権といわれるものがたくさん登場して、人権のインフレ化を招くおそれがある。また、②新しい人権を認めるにあたって、裁判所の恣意的判断を許すおそれもある。

〈解説〉 一般的行為自由説において保障されるとする行為（一般的行為）について、人格的利益説の立場からも当該行為が全く保護されないとするわけではなく、十分に実質的な合理的理由がないのに当該行為を行う自由を一部の人について制限する場合には、憲法上の問題となりうると解されている。03

憲法13条後段に関連する判例としては、**発展** 賭博場を運営して利益を得る行為を禁止する賭博開帳図利罪の合憲性が問題となった賭博開帳図利罪事件（最大判昭25.11.22）がある。

1 生命、自由及び幸福追求の権利 71

4 幸福追求権によって保障される人権

1 プライバシーの権利 /発展

意義 従来は、**自己の私生活をみだりに公開されない権利**として理解されていた（東京地判昭39.9.28、「宴のあと」事件）。 A 　*自由権*

現在では、**自己に関する情報を自らコントロールする権利**とされている（**情報プライバシー権**）（通説）。 A 　*※判例は自由権のみ*

理由 今日の情報化社会の下では、行政機関等によって収集・保管されている個人に関する情報を当該個人が自らコントロールすることこそが必要であるから、自由権的側面だけでなく、自己の情報の保護について積極的に公権力に対して請求していく社会権的側面も重要になってきている。

〈解説〉 プライバシー権を明確に定義付けた最高裁判所判例はない。もっとも、近年は、プライバシー侵害という表現を用いている。 A

〈語句〉●自由権的側面とは、人権の自由権としての性格についてのことである。すなわち、自由権の性格は不作為請求権（〜しないことを求める権利）であることから、当該人権の不作為請求権としての性格を意味する。

●社会権的側面とは、人権の社会権としての性格についてのことである。すなわち、社会権の性格は作為請求権（〜することを求める権利）であることから、当該人権の作為請求権としての性格を意味する。

判例 **前科照会事件**（最判昭56.4.14）

〈事案〉

自動車教習所の指導員Xは解雇されたので、❶教習所を被告として指導員の地位の保全を求めて提訴した。❷教習所側の弁護士が弁護士会を通してXの前科を問い合わせたところ、❸区役所がXの前科をすべて回答した。❹Xが「自己の前科等を知られたくない権利」を侵害されたとして国家賠償を求めた。

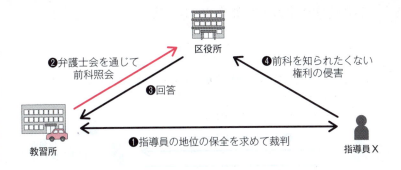

〈判旨〉

● 1 前科等の経歴を公開されない利益があるか

▶ みだりに公開されないという法律上の保護に値する利益がある。

理由 前科等は人の名誉、信用に直接にかかわる事項であり、
結論 前科等のある者もこれをみだりに公開されないという法律上の保護に値する利益を有するのであって、 04
市区町村長が、本来選挙資格の調査のために作成保管する犯罪人名簿に記載されている前科等をみだりに漏えいしてはならない。 05

（憲法ではない）

● 2 市区町村長が前科等を回答することは公権力の違法な行使にあたるか

▶ 漫然と回答することは公権力の違法な行使にあたる（違法）。 （せいぎが認められる）

理由 ① 前科等の有無が訴訟等の重要な争点となっていて、市区町村長に照会して回答を得るのでなければ他に立証方法がない場合、弁護士法に基づく照会に応じて報告することも許されないわけではないが、その取扱いには格別の慎重さが要求される。
② 弁護士の照会申出書に「中央労働委員会、京都地方裁判所に提出するため」とあったにすぎない。

結論 理由①②が認められる場合に、市区町村長が漫然と弁護士会の照会に応じ、犯罪の種類、軽重を問わず、前科等のすべてを報告することは、公権力の違法な行使にあたると解するのが相当である。 04

〈解説〉 判例は、前科をプライバシーとは述べていない。
〈語句〉●漫然とは、「注意もせずに」とか「不注意で」の意味である。

1 生命、自由及び幸福追求の権利 73

判例 ノンフィクション「逆転」事件（最判平6.2.8）

〈事案〉

❶傷害致死事件を起こして有罪となり服役したXが、❷ノンフィクション作品の中で、自己の実名が使われていたため、❸精神的苦痛を被ったとして、作家Yに対し慰謝料の支払いを求めた。

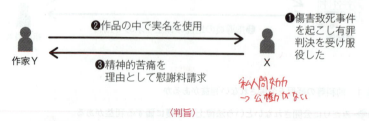

私人間効力
→公権力がない

〈判旨〉

● 1　元服役囚は前科等にかかわる事実について、どのような利益を有するか

▶ みだりに前科等にかかわる事実を公表されないことにつき、**法的保護に値する利益**を有する。

憲法 ×

理由　ある者が刑事事件につき被疑者とされ、さらには被告人として公訴を提起されて判決を受け、とりわけ有罪判決を受け、服役したという事実は、その者の名誉あるいは信用に直接にかかわる事項であるから、

結論　その者は、みだりに前科等にかかわる事実を公表されないことにつき、法的保護に値する利益を有するものというべきである。 06

● 2　いかなる場合に前科等の公表により被った精神的苦痛の賠償を求めることができるか

▶ 前科等にかかわる事実を公表されない法的利益が優越する場合。

理由　前科等にかかわる事実については、これを公表されない利益が法的保護に値する場合があると同時に、その公表が許されるべき場合もある。

判断要素　ある者の前科等にかかわる事実を実名を使用して著作物で公表したことが不法行為を構成するか否かは、その者のその後の生活状況のみならず、事件それ自体の歴史的又は社会的な意義、その当事者の重要性、その者の社会的活動及びその影響力について、その著作物の目的、性格等に照らした実名使用の意義及び必要性をも併せて判断すべきものであって、

判断基準　その結果、前科等にかかわる事実を公表されない法的利益が優越するとされる場合には、その公表によって被った精神的苦痛の賠償を求めることができるものといわなければならない。 07

〈解説〉
① 本判決は、公表する利益と公表されない利益との**比較衡量**をしている。
② 本判決は、服役を終えた者は、前科等にかかわる事実の公表によって、新しく形成している社会生活の平穏を害され、その更生を妨げられない利益を有するともしている。

> **判例** 早稲田大学名簿無断提出事件（最判平15.9.12）

〈事案〉

❶中国の国家主席の講演会に参加を希望する学生が名簿に学籍番号、氏名等を記入したが、警備上の必要性から、❷大学が参加者の承諾なく警察に提出した。これに対し、❸当該学生らが大学に対しプライバシー権侵害を理由に損害賠償請求を求めた。

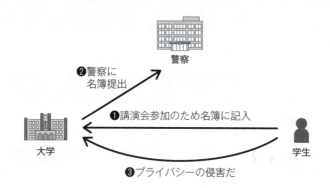

〈判旨〉

● 1　名簿に記載した学生らの個人情報は法的保護の対象か

▶ **法的保護の対象となる。**

理由　① 学籍番号、氏名、住所及び電話番号は、大学が個人識別等を行うための単純な情報であって、その限りにおいては、**秘匿されるべき必要性が必ずしも高いものではない。**

② しかし、このような個人情報についても、本人が、**自己が欲しない他者にはみだりにこれを開示されたくない**と考えることは自然なことであり、そのことへの期待は保護されるべきものである。08

結論　本件個人情報は、学生らのプライバシーに係る情報として法的保護の対象となるというべきである。08　　民法

● 2　大学の行為は不法行為を構成するか

▶ **不法行為を構成する。**　請求が認められる

理由　① プライバシーに係る情報は、取扱い方によっては、**個人の人格的な権利利益を損なうおそれのあるもの**であるから、慎重に取り扱われる必要がある。09

② 大学は、学生らの意思に基づかずにみだりに本件個人情報を他者に開示することは許されないというべきであるところ、大学は学生らから開示について事前に承諾を求めることは容易であったといえ、それが困難であった特別の事情もうかがわれない。

> **結論** 本件個人情報を開示することについて学生らの同意を得る手続を執ることなく、学生らに無断で本件個人情報を警察に開示した同大学の行為は、学生らが任意に提供したプライバシーに係る情報の適切な管理についての合理的な期待を裏切るものであり、学生らのプライバシーを侵害するものとして不法行為を構成するというべきである。 09

判例 指紋押捺事件（最判平7.12.15）

● 第1章 2 節 4 項「外国人」 参照。

判例 石に泳ぐ魚事件（最判平14.9.24）

● 第3章 6 節 3 項「事前抑制」 参照。

判例 住基ネット訴訟（最判平20.3.6）

〈事案〉

　Xらは、行政機関が住民基本台帳ネットワークシステム（以下「住基ネット」という）により自分たちの個人情報を収集、管理又は利用（以下「管理、利用等」という）することは、憲法13条の保障する自分たちのプライバシー権等を侵害するものであるなどと主張して、住民基本台帳を保管するY市に対し、慰謝料の支払いと住民票コードの削除を求めた。

住民X

●慰謝料の支払いと住民票コードの削除を求める→

Y市

〈判旨〉

● **1 個人に関する情報をみだりに第三者に開示又は公表されない自由は憲法上保障されるか**

▶ **憲法13条により保障される。**

> **理由** 憲法13条は、国民の私生活上の自由が公権力の行使に対しても保護されるべきことを規定しているものであり、

> **結論** 個人の私生活上の自由の一つとして、何人も、個人に関する情報をみだりに第三者に開示又は公表されない自由を有するものと解される。 10

● 2 　住基ネットがXらの個人に関する情報をみだりに第三者に開示又は公表されない自由を侵害するものであるか

▸▸▸侵害するものではない（合憲）。

理由
①　住基ネットによって管理、利用等される本人確認情報は、氏名、生年月日、性別及び住所から成る4情報に、住民票コード及び変更情報を加えたものにすぎない。このうち4情報は、人が社会生活を営む上で一定の範囲の他者には当然開示されることが予定されている個人識別情報であり、いずれも個人の内面に関わるような秘匿性の高い情報とはいえない。

②　住基ネットにシステム技術上又は法制度上の不備があり、そのために本人確認情報が法令等の根拠に基づかずに又は正当な行政目的の範囲を逸脱して第三者に開示又は公表される具体的な危険が生じているということもできない。

結論　そうすると、行政機関が住基ネットにより住民であるYらの本人確認情報を管理、利用等する行為は、個人に関する情報をみだりに第三者に開示又は公表するものということはできず、当該個人がこれに同意していないとしても、憲法13条により保障された上記の自由を侵害するものではないと解するのが相当である。 10

〈語句〉●住民基本台帳ネットワークシステム（住ネット）とは、行政サービスの合理化のため、市町村が保有する住民基本台帳を電子化し、コンピュータネットワークを介して都道府県のサーバーで共有するシステムである。

---

2 肖像権

意義　肖像権とは、承諾なしにみだりにその容ぼう、姿態を撮影されない自由をいう。（自由権）

判例は、正面から肖像権という概念を認めていないが、実質的に肖像権を認めていると解されている。

肖像権に関連する判例は、①警察によるデモ隊の写真撮影行為が問題となった京都府学連デモ事件（最大判昭44.12.24）、　**発展**　②自動速度監視装置（オービス）による写真撮影が問題となったオービス撮影事件（最判昭61.2.14）、③パブリシティ権の侵害が問題となったピンクレディー事件（最判平24.2.2）がある。

1　生命、自由及び幸福追求の権利　77

判例 京都府学連デモ事件（最大判昭44.12.24）

〈事案〉

❶デモ隊がデモの許可条件に違反したことの証拠保全として、❷警察官が裁判官の令状もデモ隊の承諾もなく行った写真撮影の合憲性が争いとなった。

❷写真撮影 →

❶デモ違反行為

← ❸写真撮影は肖像権の侵害だ

警察官　　　　　　　　　　　　　　　　　　　　　　デモ隊

〈判旨〉

● 1　個人がその容ぼう等を撮影されない自由は保障されるか

▮▮▶ 承諾なしにみだりに容ぼう等を撮影されない自由が保障される。

理由　憲法13条は、国民の私生活上の自由が、警察権等の国家権力の行使に対しても保護されるべきことを規定しているものということができる。

結論　個人の私生活上の自由の一つとして、何人も、その承諾なしに、みだりにその容ぼう・姿態（以下「容ぼう等」という。）を撮影されない自由を有するものというべきである。これを肖像権と称するかどうかは別として、少なくとも、警察官が、正当な理由もないのに、個人の容ぼう等を撮影することは、憲法13条の趣旨に反し、許されないものといわなければならない。 11 12

※原則保障

● 2　犯罪捜査のためであれば、令状がなく、対象者の承諾なしに、個人の容ぼう等の撮影が許されるのか

▮▮▶ 一定の要件を充たせば、個人の容ぼう等の撮影が許される。

理由　① 個人の有する上記の自由も、公共の福祉のため必要のある場合には相当の制限を受けることは同条の規定に照らして明らかである。

② 犯罪を捜査することは、公共の福祉のため警察に与えられた国家作用の一つであり、警察にはこれを遂行すべき責務があるので（警察法2条1項参照）、警察官が犯罪捜査の必要上写真を撮影する際、その対象の中に犯人のみならず第三者である個人の容ぼう等が含まれても、これが許容される場合がありうるものといわなければならない。 11

結論　① ⑦現に犯罪が行なわれもしくは行なわれたのち間がないと認められる場合であって、しかも①証拠保全の必要性および緊急性があり、かつ⑦その撮影が一般的に許容される限度をこえない相当な方法をもって行なわれるときには、撮影される本人の同意がなく、また裁判官の令状がなくても、警察官による個人の容ぼう等の撮影が許容されるものと解すべきである。 12

78　第2章　基本的人権Ⅱ

② このような場合に行なわれる警察官による写真撮影は、その対象の中に、犯人の容ぼう等のほか、犯人の身辺または被写体とされた物件の近くにいたためこれを除外できない状況にある**第三者である個人の容ぼう等**を含むことになっても、憲法13条、35条に違反しないものと解すべきである。 11

　芸能人やスポーツ選手などの著名な人物の氏名・肖像等は、商業的な活動において集客等の重要な役割を果たすことがある。氏名・肖像等が有しているこのような側面について争われた事案がピンクレディー事件である。

判例　ピンクレディー事件（最判平24.2.2）

〈事案〉

　ピンクレディーの元メンバーらが、❶元メンバーらを被写体とする写真を無断で週刊誌に掲載した出版社に対し、❷元メンバーらの肖像が有する顧客吸引力を排他的に利用する権利（パブリシティ権）が侵害されたと主張して、不法行為に基づく損害賠償を求めた。

元メンバー

❷パブリシティ権の侵害だ →

❶元メンバーの写真を無断で雑誌に掲載
出版社

〈判旨〉

● **顧客吸引力を排他的に利用する権利（パブリシティ権）は何に由来するものか**

▶ **人格権に由来する権利である。**

理由　人の氏名、肖像等は、個人の人格の象徴であるから、当該個人は、人格権に由来するものとして、これをみだりに利用されない権利を有すると解される。そして、肖像等は、商品の販売等を促進する顧客吸引力を有する場合があり、このような顧客吸引力を排他的に利用する権利（以下「**パブリシティ権**」という。）は、肖像等それ自体の商業的価値に基づくものである。 13

結論　**パブリシティ権**は、上記の**人格権に由来する**権利の一内容を構成するものということができる。 13

〈解説〉　本判例は、パブリシティ権を有する者は、肖像等の使用を正当な表現行為等として受忍すべき場合もあるとしたうえで、肖像等を無断で使用する行為が、**専ら肖像等の有する顧客吸引力の利用を目的とするといえる場合には、パブリシティ権を侵害するものとして、不法行為法上違法**となるとしている。

3 自己決定権

意義 自己決定権とは、個人の人格的生存に関わる重要な私的事項について公権力の介入・干渉なしに各自が、自律的に決定できる自由をいう（最高裁はこの点について正面から認めていない）。

通説
憲法上認めてない →

判例 エホバの証人輸血拒否事件（最判平12.2.29）

〈事案〉

❶患者Aが宗教上の信念から輸血を拒否していたが、❷手術を担当した病院XのB医師は、無輸血手術を行っても、輸血以外に救命手段がない場合は輸血する方針を採っている旨を伝えていなかった。❸手術中に出血多量となり輸血が行われたため、Aは精神的苦痛を理由に、B医師と病院Xに対し損害賠償請求をした（病院Xへの請求は出題がなく省略する）。

❷輸血なしで手術をするが
緊急時は輸血する方針

B医師

❸方針を説明せず輸血した →

❶宗教上の信念から
輸血を拒否

患者A

〈判旨〉

● 1　患者の輸血を望まない意思決定は法的保護に値するか

▶ **人格権の一内容として尊重されなければならない。**

結論 患者が、輸血を受けることは自己の宗教上の信念に反するとして、輸血を伴う医療行為を拒否するとの明確な意思を有している場合、このような**意思決定をする権利は、人格権の一内容として尊重されなければならない**。 14

● 2　輸血以外に救命手段がない場合は輸血する方針を説明せずに手術を行い、輸血したB医師は損害賠償責任を負うか

▶ **人格権侵害としてその精神的苦痛を慰謝すべき責任を負う。**

理由 ①　B医師は、手術の際に輸血を必要とする事態が生ずる可能性があることを認識したにもかかわらず、患者Aに病院Xが採用していた上記方針を説明せず、患者Aに輸血する可能性があることを告げないまま本件手術を施行し、上記方針に従って輸血をした。
② 　そうすると、B医師は、上記説明を怠ったことにより、患者Aが輸血を伴う可能性のあった本件手術を受けるか否かについて**意思決定をする権利を奪ったものといわざるを得ない**。 14

| **結論** | B医師は、患者Aの人格権を侵害したものとして、同人がこれによって被った精神的苦痛を慰謝すべき責任を負うものというべきである。 14 |

〈語句〉●**人格権**とは、人間が個人として人格の尊厳を維持して生活する上で有する、その個人と分離することのできない人格的諸利益の総称のことである。自由権、名誉権、プライバシー、身体のみならず、貞操、肖像、氏名、信用等も人格権に含まれるとされている。学説は、憲法13条後段の幸福追求権から導かれる基本的人権の一つと解しているが、最高裁は、人格権は私法上の権利として私人間に適用している。
●**精神的苦痛を慰謝すべき責任を負う**とは、慰謝料を支払う義務が認められたという意味である。

---

4 環境権

意義 **環境権**とは、健康で快適な生活を維持する条件としてよい環境を享受し、これを支配する権利と理解されている。

問題点 環境権は憲法上の人権か。

結論 環境権は人権として保障され、①**自由権的な側面については憲法13条**で、②**社会権的な側面については憲法25条**で保障されるとしている(通説)。最高裁は環境権が憲法上の人権かどうかを判断していない。 15

理由 ①よい環境は人格的生存に不可欠であるし、②豊かな自然環境が失われつつある現代社会においては、公権力への積極的な環境政策推進の要求を認めることが重要だからである。

〈参考〉 環境権に関連する判例は、🖊**発展**①自衛隊機の飛行行為により騒音公害が問題となった厚木基地事件(最判平5.2.25)、🖊**発展**②航空機の離発着により騒音公害が問題となった大阪空港公害訴訟(最大判昭56.12.16)がある。

5 名誉権

意義 **名誉権**とは、人の社会的評価に関する権利である。

問題点 名誉権は憲法上の人権か。

判例 「**人格権としての個人の名誉の保護(憲法13条)**」という表現で名誉権が人権であることを認めている(最大判昭61.6.11、北方ジャーナル事件)。

理由 名誉は生命、身体とともに極めて重大な保護法益である。

6 その他の新しい人権

その他の新しい人権に関する判例としては、🖊**発展**地下鉄内での商業宣伝放送が

1 生命、自由及び幸福追求の権利 81

問題となったとらわれの聞き手事件(最判昭63.12.20)と、図書館の司書が独断で書籍を廃棄したことが問題となった船橋市西図書館事件(最判平17.7.14)がある。

> **判例** 船橋市西図書館事件(最判平17.7.14)
>
> 〈事案〉
>
> 　公立図書館に司書として勤務していた職員が、❶独断で、同図書館の蔵書のうちXらの執筆又は編集に係る書籍を、「除籍対象資料」に該当しないのに除籍する処理をして廃棄した。これに対し、❷Xらが、本件廃棄によって著作者としての人格的利益等を侵害され精神的苦痛を受けことを理由に、市に対し慰謝料の支払を求めた。
>
>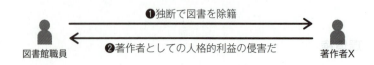
>
> 〈判旨〉
>
> ● 1　公立図書館の図書館職員による不公正な図書の廃棄はどのような利益を侵害するか
>
> ▶ 当該著作者が著作物によってその思想、意見等を公衆に伝達する利益を不当に損なう。
>
> **理由**　公立図書館が、住民に図書館資料を提供するための公的な場であるということは、そこで閲覧に供された図書の著作者にとって、その思想、意見等を公衆に伝達する公的な場でもあるということができる。16
>
> **結論**　公立図書館の図書館職員が閲覧に供されている図書を著作者の思想や信条を理由とするなど不公正な取扱いによって廃棄することは、当該著作者が著作物によってその思想、意見等を公衆に伝達する利益を不当に損なうものといわなければならない。17
>
> ● 2　著作者が著作物によって思想、意見等を公衆に伝達する利益は法的保護に値するか
>
> ▶ 法的保護に値する人格的利益である。
>
> **理由**　著作者の思想の自由、表現の自由は、憲法により保障された基本的人権である。
>
> **結論**　公立図書館において、その著作物が閲覧に供されている著作者が有する上記利益は、法的保護に値する人格的利益であると解するのが相当である。17

● 3 　図書館職員が、独断的な評価や個人の好みによって図書を廃棄することは、国家賠償法上違法となるのか

▐▐▶ 国家賠償法上違法となる。

理由 　公立図書館の図書館職員である公務員が、図書の廃棄について、基本的な職務上の義務（例えば、公正に図書館資料を取り扱うべき職務上の義務）に反し、著作者又は著作物に対する独断的な評価や個人的な好みによって不公正な取扱いをしたときは、当該図書の著作者の上記人格的利益を侵害するものである。

結論 　図書館職員が、閲覧に供されている図書について、独断的な評価や個人的な好みによってこれを廃棄することは、**国家賠償法上違法となる**というべきである。
[16]

- -

〈解説〉　① 　本判決は、公立図書館において閲覧に供されている図書の著作者の法的利益について判断しており、閲覧に供されていない（図書館が購入していない）図書の著作者の法的利益（例えば、自己の著作物を公立図書館に所蔵させること）については判断していない。
　　　　② 　国家賠償法とは、公務員の違法な行為によって損害を受けた者が、国又は公共団体（都道府県や市区町村等）に対し、その損害を金銭によって補塡するように請求する権利について規定している法律である。詳細は、第6章 **1** 節「受益権（国務請求権）」で扱う。

重要事項 一問一答

01 憲法に列挙されていないいわゆる新しい人権の根拠規定は何条？

13条後段

02 幸福追求権を保障する憲法13条後段の法的性格は？

①新しい人権の根拠となる一般的・包括的規定、②具体的権利である。

03 プライバシー権の内容は？

自己に関する情報を自らコントロールする権利

04 前科等を公開されない利益はどのような利益か？

みだりに前科等にかかわる事実を公開されない法律上の保護に値する利益

05 講演会の参加者名簿を大学が警察へ無断提出することは？

プライバシー侵害として違法であり、不法行為を構成する

06 承諾なしにみだりに容ぼう・姿態を撮影されない自由は保障されるか？

保障される。

07 顧客吸引力を排他的に利用できる権利を何というか？

パブリシティ権

1　生命、自由及び幸福追求の権利　83

08 輸血を拒否する権利は保障されるか？

人格権の一内容として尊重される。

09 環境権は憲法上の人権か（判例の立場）？

判例は認めていない（環境権について判断していない）。

10 著作者が著作物によってその思想、意見を公衆に伝達する利益はどのような利益か？

法的保護に値する人格的利益

◤ 過去問チェック

01 個人の尊重の原理に基づく幸福追求権は、憲法に列挙されていない新しい人権の根拠となる一般的かつ包括的な権利であり、この幸福追求権によって根拠付けられる個々の権利は、裁判上の救済を受けることができる具体的権利である。
○（国般2015）

02 幸福追求権は、人格的生存に必要不可欠な権利・自由を包摂する包括的な権利であり、個別的人権規定との関係では、個別的人権の保障が及ばない場合における補充的な保障機能を果たすものとされている。
○（国般2015）

03 憲法第13条により保障される幸福追求権の意味について、個人の人格的生存に不可欠な利益を内容とする権利の総体をいうと解する立場によれば、個人の自由な行為という意味での一般的行為の自由が侵害されても、憲法上問題となることはない。
×（財2017）「憲法上問題となることはない」が誤り。

04 前科及び犯罪経歴は、人の名誉信用に直接にかかわる事項であり、前科等のある者もこれをみだりに公開されないという法律上の保護に値する利益を有するが、弁護士会は、弁護士法に基づき、公務所又は公私の団体に照会して必要な事項の報告を求めることができることとされているから、市区町村長が、弁護士会から特定の人の前科及び犯罪経歴の照会を受け、これらの事項を報告することは、照会の必要性の有無にかかわらず、許容されるものと解すべきである。
×（裁2008）「照会の必要性の有無にかかわらず、許容されるものと解すべきである」が誤り。

05 前科は、人の名誉、信用に関わる事項であり、前科のある者もこれをみだり

84　第2章　基本的人権Ⅱ

に公開されないという法律上の保護に値する利益を有するのであって、市区町村長が、本来選挙資格の調査のために作成保管する犯罪人名簿に記載されている前科をみだりに漏えいしてはならない。

○（裁2015）

06 ある者が刑事事件について被疑者とされ、さらには被告人として公訴を提起されて有罪判決を受け、服役したという事実は、その者の名誉あるいは信用に直接にかかわる事項であるから、その者は、みだりに当該前科等にかかわる事実を公表されないことについて、法的保護に値する利益を有する。

○（税2005）

07 ある者の前科等にかかわる事実が著作物で実名を使用して公表された場合に、その者のその後の生活状況、当該刑事事件それ自体の歴史的又は社会的な意義、その者の当事者としての重要性、その者の社会的活動及びその影響力について、その著作物の目的、性格等に照らした実名使用の意義及び必要性を併せて判断し、当該前科等にかかわる事実を公表されない法的利益がこれを公表する理由に優越するときは、その者はその公表によって被った精神的苦痛の賠償を求めることができる。

○（国般2009）

08 学籍番号及び氏名は、大学が個人識別等を行うための単純な情報であって、秘匿されるべき必要性が必ずしも高いものではなく、自己が欲しない他者にはみだりにこれらの個人情報を開示されないことへの期待は、尊重に値するものではあるものの、法的に保護されるとまではいえないから、学籍番号及び氏名はプライバシーに係る情報として法的保護の対象とはならない。

×（国般2020）「法的に保護されるとまではいえないから、学籍番号及び氏名はプライバシーに係る情報として法的保護の対象とはならない」が誤り。

09 外国国賓による講演会の主催者として、大学が学生から参加者を募る際に収集した、参加申込者の学籍番号、氏名、住所及び電話番号に係る情報は、その性質上他者に知られたくないと感じる程度が低いので、大学が当該情報を本人に無断で警察に開示した行為は、社会通念上許容される限度を逸脱した違法な行為とまではいえず、不法行為を構成しない。

×（国般2009改題）「その性質上他者に知られたくないと感じる程度が低いので、社会通念上許容される限度を逸脱した違法な行為とまではいえず、不法行為を構成しない」が誤り。

1 生命、自由及び幸福追求の権利

10 憲法第13条は、国民の私生活上の自由が公権力の行使に対しても保護されるべきことを規定しており、個人の私生活上の自由の一つとして、何人も、個人に関する情報をみだりに第三者に開示又は公表されない自由を有することから、行政機関が住民基本台帳ネットワークシステムにより住民の本人確認情報を収集、管理又は利用する行為は、当該住民がこれに同意していない場合には、憲法第13条に違反する。

× (国般2009)「当該住民がこれに同意していない場合には、憲法第13条に違反する」が誤り。

11 個人の私生活上の自由の一つとして、何人も、その承諾なしにみだりにその容ぼうを撮影されない自由を有するものであるから、警察官が犯罪捜査の必要上写真を撮影するなど正当な理由がある場合であっても、その対象の中に犯人のみならず第三者である個人の容ぼうが含まれることは許されない。

× (裁2015)「その対象の中に犯人のみならず第三者である個人の容ぼうが含まれることは許されない」が誤り。

12 個人の私生活上の自由として、何人も、その承諾なしに、みだりにその容ぼう・姿態を撮影されない自由を有するというべきであるが、警察官が個人の容ぼう・姿態を撮影することは、現に犯罪が行われ又は行われたのち間がないと認められる場合であって、しかも証拠保全の必要性及び緊急性があり、かつその撮影が一般的に許容される限度を超えない相当な方法をもって行われるときは、撮影される本人の同意や裁判官の令状の有無にかかわらず、許容されるものと解すべきである。

○ (裁2008)

13 人の氏名、肖像等(以下、併せて「肖像等」という。)は、個人の人格の象徴であるから、当該個人は、人格権に由来するものとして、これをみだりに利用されない権利を有するところ、肖像等は、商品の販売等を促進する顧客吸引力を有する場合があり、このような顧客吸引力を排他的に利用する権利は、肖像等それ自体の商業的価値に基づくものであるから、当該人格権に由来する権利の一内容を構成するものということができる。

○ (国般2020)

14 患者が、輸血を受けることは自己の宗教上の信念に反するとして、輸血を伴う医療行為を拒否するとの明確な意思を有している場合であっても、そもそも医療が患者の治療と救命を第一の目的とするものであることにかんがみると、輸血を伴

86　第2章　基本的人権Ⅱ

う医療行為を拒否する意思決定をする権利なるものを人格権の一内容と認めることはできず、医師が、手術の際に他に救命手段がない場合には輸血することを告げないまま手術を行い、当該患者に輸血したとしても、不法行為責任を負うことはない。

×（税2009）「そもそも医療が患者の治療と救命を第一の目的とするものであることにかんがみると、輸血を伴う医療行為を拒否する意思決定をする権利なるものを人格権の一内容と認めることはできず」「不法行為責任を負うことはない」が誤り。

15 環境権について、最高裁判所は、健康で快適な生活を維持する条件として良い環境を享受し、これを支配する権利と定義した上、いくつかの公害訴訟において、憲法第13条、第25条を根拠に認めている。

×（裁2007）全体が誤り。

16 公立図書館は、そこで閲覧に供された図書の著作者にとって、その思想、意見等を公衆に伝達する公的な場ではあるものの、図書の廃棄について、公立図書館の職員が独断的な評価や個人的な好みによって不公正に取り扱ったとしても、そのことを理由として、当該図書の著作者が国家賠償法上の損害賠償を求めることはできない。

×（裁2017改題）「そのことを理由として、当該図書の著作者が国家賠償法上の損害賠償を求めることはできない」が誤り。

17 最高裁判所の判例に照らすと、公立図書館の図書館職員が閲覧に供されている図書を著作者の思想や信条を理由とするなど不公正な取扱いによって廃棄することは、当該著作者が著作物によって、その思想、意見等を公衆に伝達する利益を損なうものであるが、当該利益は、当該図書館が住民の閲覧に供したことによって反射的に生じる事実上の利益にすぎず、法的保護に値する人格的利益であるとはいえない。

×（区2016改題）「当該図書館が住民の閲覧に供したことによって反射的に生じる事実上の利益にすぎず、法的保護に値する人格的利益であるとはいえない」が誤り。

A プライバシー権について、最高裁判所は、かつては「私生活をみだりに公開されない法的保障ないし権利」と定義していたが、情報化社会の進展により「自己の情報をコントロールする権利」と定義するにいたった。

×（裁2007）全体が誤り。

1 生命、自由及び幸福追求の権利　87

国般★★★／国専★★★／裁判所★★★／特別区★★★／地上★★★

2 法の下の平等①

本節では、法の下の平等①として、**法の下の平等**の意味について学習します。「平等」とは何か、憲法で禁止されている「差別」といかに区別されるのかを理解しましょう。

1 総説

前段　　後段

第14条【法の下の平等、貴族制度の廃止、栄典に伴う特権の禁止】
① すべて国民は、**法の下に平等**であつて、**人種、信条、性別、社会的身分又は門地**により、政治的、経済的又は社会的関係において、**差別されない**。
② **華族その他の貴族の制度は、これを認めない**。
③ 栄誉、勲章その他の栄典の授与は、いかなる特権も伴はない。栄典の授与は、現にこれを有し、又は将来これを受ける者の一代に限り、その効力を有する。 01

意義 1項では、すべて国民は、**法の下に平等**であって、人種、信条、性別、**社会的身分又は門地**により、政治的、経済的又は社会的関係において、差別されないことを規定した（**法の下の平等**の基本原則）。2項では、**貴族制度の廃止**を規定した。3項では、勲章等の**栄典に伴う特権の禁止**を規定した。

趣旨 明治憲法においては、公務就任資格の平等という限定的な保障でしかなかったが(明治憲法19条)、日本国憲法では、法の下の平等の基本原則を規定し(14条1項)、さらに、個別に規定として、本条2項や3項の他に**普通選挙の保障**(15条3項、44条)、**夫婦の同等と両性の本質的平等**(24条)などの規定を設け、平等原則の徹底を図っている。 02

〈解説〉 近代国家成立当初においては、自由と平等が最大の理念であり、この時代の平等とは、**形式的平等（機会の平等）**を意味した。しかし、形式的平等は、資本主義の発展に伴い様々な社会矛盾をもたらし、その是正が国家に求められるようになった。そこで、現代国家においては、**実質的平等（条件又は結果の平等）**をも考慮するものとされている。

近代国家
形式的平等（機会の平等） 現代国家
実質的平等（条件又は結果の平等）

2 「法の下に」平等の意味

問題点 「法の下に」平等とは、いかなる意味か。

結論 立法者が定立した法を国民に対して平等に適用する法適用の平等（内閣・裁判所を拘束）のみならず、立法者は平等な内容の法の定立が求められるとする法内容の平等（立法者である国会も拘束）をも保障していると解する（立法者拘束説）（通説）。03

理由 内容が不平等な法律をいかに平等に適用しても、平等の保障は実現せず、個人尊重の原理が無意味になるおそれがある。

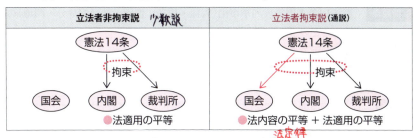

【「法の下に」平等の意味】

3 法の下に「平等」の意味

問題点 法の下に「平等」とはいかなる意味か。「差別」とどのように区別されるかが問題となる。

結論 「平等」とは、事柄の性質に即応した合理的とみられる区別を許容し、同一の事情と条件の下では均等に取り扱うことをいう。合理的な理由のない区別が「差別」である（相対的平等説）（通説）。04

（例）法律で20歳未満の者の飲酒を禁止すること→合理的な理由がある
法律で外国人の飲酒を一律に禁止すること→合理的な理由がない

理由 ① 公権力による異なる取扱いを一切認めないとする絶対的平等の考えでは、男女の差等、各個人には埋めがたい差異があり、これを無視して一律に扱うのは、かえって不平等となるおそれがある。
② 各人の性別、能力、年齢など種々の事実的・実質的差異を前提として、同一の事情と条件の下では均等に取り扱うことを意味する相対的平等の考えに立脚すべきである。
③ 相対的平等に立脚すれば、「平等」と「差別」との区別は取扱いの合理性の有無に求められる。

【絶対的平等と相対的平等の違い】

絶対的平等	区別が生じれば、それだけで「差別」にあたる
相対的平等	区別が生じても、その区別に**合理性**が認められれば「**差別**」にあたらない

④ 憲法14条1項後段列挙事由

1 憲法14条1項後段列挙事由の法的性格

問題点　憲法14条1項後段列挙事由(人種・信条・性別・社会的身分・門地)の法的性格をどのように解するか。

結論　単なる例示である(例示列挙説)(判例・通説)。したがって、後段列挙事由以外の事由(例えば、年齢、出身地、学歴等)についても**不合理な取扱いは許されない**。〔05〕

理由　①　平等原則の徹底を図る憲法の立場からは、後段列挙事由を含むあらゆる事由において不合理な取扱いは許されないと解される。
　　　　②　後段列挙事由は、歴史的に典型的な差別事由となりうるものを例示したものである。

【憲法14条1項後段列挙事由に関する学説の理解】

	列挙事由	非列挙事由
例示列挙説	不合理な取扱いは不可	不合理な取扱いは不可
限定列挙説	不合理な取扱いは不可	不合理な取扱いは可

2 個々の列挙事由の意味

①　人種の意味

　皮膚の色、毛髪、目、体形等の身体的特性により区別される人類学上の種別を意味する。

②　信条の意味

　宗教上の信仰を意味するとする考え方もあるが、それにとどまらず、**広く思想上・政治上の主義信念をも含む**と一般に解されている。〔06〕

90　第2章　基本的人権Ⅱ

③ 性別の意味

男女の別を意味する。

④ 社会的身分の意味

出生によって決定され自己の意思で変えられない社会的な地位であるとする見解もあるが、判例は、広く社会においてある程度継続的に占めている地位であるとして、高齢であることは、社会的身分に当たらないとする（最大判昭39.5.27）。 07

⑤ 門地の意味

家系や血統などによる家柄を意味する。

重要事項 一問一答

01 「法の下」の意味とは？

法適用の平等のみならず、法内容の平等も意味する。

02 「平等」の意味とは？

事柄の性質に即応した合理的とみられる区別を許容し、同一の事情と条件の下では均等に取り扱うことを意味する（相対的平等説）。

03 後段列挙事由は限定列挙か例示列挙か？

例示列挙である。

過去問チェック

01 憲法14条3項は、国が栄誉、勲章その他の栄典を国民に授与することを認めているが、これらは特権を伴うものではない。
○（裁2002）

02 日本国憲法は、法の下の平等の基本原則を規定し、さらに、個別的に、貴族制度の廃止、栄典に伴う特権の禁止、普通選挙の保障、夫婦の同等と両性の本質的平等などの規定を設け、平等原則の徹底を図っている。
○（税2006）

03 判例、通説に照らすと、法の下の平等は、法の適用においての平等を意味するだけでなく、法の定立における平等も意味するものであり、行政と司法を拘束するのみならず、立法者をも拘束するものである。
○（区2007改題）

[04] 憲法第14条第1項における平等とは、法を執行し適用する行政権・司法権が国民を差別してはならないという意味であり、社会的通念からみて合理的なものであっても、事実的・実質的な差異に基づいて、その法上取扱いに差異を設けることは許されないと解されている。

× (財2012) 全体が誤り。

[05] 判例は、憲法第14条第1項後段に列挙された事項は例示的なものであるとし、法の下の平等の要請は、事柄の性質に即応した合理的な根拠に基づくものでない限り、差別的な取扱いをすることを禁止する趣旨と解すべきとしている。

○ (国般2016改題)

[06] 憲法第14条第1項後段の「信条」は、宗教上の信仰を意味し、思想上・政治上の主義はここにいう「信条」には含まれない。

× (裁2020) 全体が誤り。

[07] 憲法第14条第1項の「社会的身分」とは、自己の意思をもってしては離れることのできない固定した地位というように狭く解されており、高齢であることは「社会的身分」には当たらない。

× (裁2019)「自己の意思をもってしては離れることのできない固定した地位というように狭く解されており」が誤り。

国般★★★／国専★★★／裁判所★★★／特別区★★★／地上★★☆

3 法の下の平等②

本節では、法の下の平等に関係する判例を学習します。違憲判決もあることから、本試験では、頻出の分野となっています。

1 平等違反の審査の方法と違憲審査基準（判例） *違反はない*

　法の下の平等への違反が問題となる法令の違憲審査をする際には、①**立法目的に合理性**（目的の合理性）があるか、②立法目的に合理性があったとしても、**異なる取扱いの手段に合理性**（手段の合理性）があるか（なお事案によっては著しく不合理でないかを問題とする）、の２段階に分け、合理性の観点から審査を行っている。

【法の下の平等への違反】　　〇＝あり　×＝なし

目的の合理性	手段の合理性	合憲か違憲か
〇	〇	合憲
〇	×	違憲
×	—	違憲

2 身分・家族関係に関する最高裁判例

　身分・家族関係に関する最高裁判例として、以下の７つが重要である。①尊属殺人罪の刑罰の合憲性が問題となった尊属殺重罰規定違憲判決、【発展】②尊属傷害致死罪の刑罰の合憲性が問題となった尊属傷害致死事件、③日本国籍取得の要件が問題となった国籍法3条1項違憲判決、④法定相続分の違いが問題となった非嫡出子相続分規定事件、⑤女性に対する再婚禁止期間の合憲性、⑥夫婦で異なる氏の使用が問題となった夫婦同氏規定の合憲性、【発展】⑦出生届の記載が問題となった戸籍法49条2項1号の合憲性である。

1 尊属殺重罰規定違憲判決

　尊属とは、本人の父母、祖父母、おじ・おば等をいう。尊属を殺害した場合、普通殺人罪とは別個の規定である尊属殺人罪が適用されていたが、普通殺人罪に比べて重い刑を定めていた尊属殺人罪の合憲性が問題となった事案である。

3　法の下の平等②　　93

| 判例 | **尊属殺重罰規定違憲判決**（最大判昭48.4.4） |

〈事案〉

父の性的虐待に耐えかねた娘（父から見れば卑属）が父（娘から見れば尊属）を殺害し尊属殺人罪に問われた。当時の普通殺人罪の法定刑は死刑または無期もしくは3年以上の懲役であったのに対し、尊属殺人罪は死刑又は無期懲役であった。

〈判旨〉

● 1 旧刑法200条の立法目的には合理性があるか

▶ **立法目的には合理性がある。**

| 理由 | ① 刑法200条の立法目的は、尊属を卑属またはその配偶者が殺害することをもって一般に高度の社会的道義的非難に値するものとし、かかる所為を通常の殺人の場合より厳重に処罰し、もって特に強くこれを禁圧しようとするにあるものと解される。01（立法目的）
② 尊属に対する尊重報恩は、社会生活上の基本的道義というべく、このような自然的情愛ないし普遍的倫理の維持は、刑法上の保護に値するものといわなければならない。 |

| 結論 | 尊属の殺害は通常の殺人に比して一般に高度の社会的道義的非難を受けて然るべきであるとして、このことをその処罰に反映させても、あながち不合理であるとはいえない。01 02 |

● 2 刑を加重する規定が立法目的達成の手段として合理性があるか（死刑（無期のみ））

▶ **直ちに不合理とは言えず14条1項に違反しないが、加重の程度が極端な場合は著しく不合理なので14条1項に違反する。**（加重規定でも直ちに違憲にならない）

| 原則 | 被害者が尊属であることを犯情の一つとして具体的事件の量刑上重視することが許され、このことを類型化し、法律上、刑の加重要件とする規定を設けても、かかる差別的取扱いをもってただちに合理的な根拠を欠くものと断ずることはできず、憲法14条1項に違反するということもできない。02 |

| 例外 | しかしながら、加重の程度が極端であって、立法目的達成の手段として甚だしく均衡を失し、これを正当化しうべき根拠を見出しえないときは、その差別は著しく不合理なものといわなければならず、かかる規定は憲法14条1項に違反して無効である。 |

● 3 　旧刑法200条の立法目的達成の手段には合理性があるか

▶▶▶ 合理性がない（違憲）。

理由 　旧刑法200条は、尊属殺の法定刑を死刑または無期懲役刑のみに限っている点において、その立法目的達成のため必要な限度を遥かに超え、**普通殺に関する刑法199条の法定刑に比し著しく不合理な差別的取扱いをするものと認められる。**

結論 　旧刑法200条は、**憲法14条1項に違反して無効であるとしなければならない**（違憲）。 `03`

〈解説〉 【旧刑法200条の合理性】

	内容	判例
立法目的	尊属に対する尊重・報恩（このような自然的情愛や普遍的倫理の維持）	合理性ある
目的達成手段	①普通殺と異なる刑	合理性ある
	②死刑・無期懲役のみ	著しく不合理

〈語句〉●**刑の加重**とは、ある犯罪の法定刑を基本犯罪（本件では普通殺人罪）の法定刑よりも重い法定刑にすることをいう。

---

2 尊属傷害致死事件 /発展

　傷害致死罪よりも重い刑を定めていた尊属傷害致死罪の合憲性が問題となった事案である。上記の尊属殺重罰規定違憲判決と判断の枠組みは同様であるが、法定刑の加重の程度は合理的範囲内であるとして、合憲としている（最大判昭49.9.26）。

（手書き）立法目的は合理性がある　　　立法目的達成手段

3 国籍法3条1項違憲判決

　婚姻関係にない父（日本国籍）と母（外国籍）の間に生まれた子の日本国籍の取得について定めた、旧国籍法の規定の合憲性が問題となった事案である。なお、**認知**とは、**婚姻外で生まれた子と親の間に法的な親子関係を生じさせるもの**であり、認知の届出を子が生まれた後にすることを生後認知（出生後認知）、子が生まれる前にすることを胎児認知（出生前認知）という。

3　法の下の平等②　　95

判例 国籍法3条1項違憲判決（最大判平20.6.4）

〈事案〉

日本人男性とフィリピン人女性との間に生まれたXは、出生後父に認知されたことを理由に日本国籍の取得届を提出した。しかし、旧国籍法3条1項では、父のみが日本国民の場合、父母が婚姻関係になく出生後に父から認知された場合、父母が婚姻し嫡出子たる身分を取得したときに限り日本国籍を取得するとされていた。もっとも、胎児認知を受けた場合には、出生時に日本国民の父との法律上の親子関係が成立し、日本国籍を取得できた。そこで、Xは、旧国籍法3条1項が不合理な差別を定めたもので憲法14条1項に違反するとして出訴した。

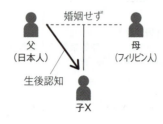

〈判旨〉

● 1　旧国籍法3条1項の立法目的には合理的な根拠（合理性）があるか

▶ **立法目的には合理的な根拠がある。**

理由　旧国籍法3条1項は、国籍法の基本的な原則である血統主義を基調としつつ、日本国民との法律上の親子関係の存在に加え、家族生活に通じた我が国との密接な結び付きの指標となる一定の要件を設けて、これらを満たす場合に限り出生後における日本国籍の取得を認めることとしたものと解される。04

結論　立法目的自体には、合理的な根拠があるというべきである。04

● 2　旧国籍法3条1項の立法目的達成の手段には合理的関連性があるか

▶ **立法目的達成の手段には合理的関連性がない。**

理由　準正を出生後における届出による日本国籍取得の要件としておくことについて、かつては、上記の立法目的との間に一定の合理的関連性があったものということができる。しかし、我が国を取り巻く国内的、国際的な社会的環境等の変化に照らすと、上記の立法目的との間に合理的関連性を見いだすことがもはや難しくなっているというべきである。04

結論　本件区別は、遅くともXが法務大臣あてに国籍取得届を提出した当時には、立法府に与えられた裁量権を考慮しても、なお**その立法目的との間において合理的関連性を欠くもの**となっていたと解される。

● 3 国籍法3条1項は憲法14条1項に違反するか

▶憲法14条1項に違反する(違憲)。

結論 上記時点において、本件区別は合理的な理由のない差別となっていたといわざるを得ず、**国籍法3条1項の規定が本件区別を生じさせていることは、憲法14条1項に違反するものであったというべきである。** 04

〈解説〉 発展 本判決は、旧国籍法3条1項を違憲としたうえで、**父の生後認知と国籍取得届をもって子が日本国籍を取得することを認めた。** A

〈語句〉●準正とは、非嫡出子の父と母が婚姻をすることによって、非嫡出子が嫡出子となることである。準正、認知ともに詳細は、民法の親族編で学習する。

4 非嫡出子相続分規定事件

嫡出でない子(非嫡出子、婚姻関係にない男女間の子)の法定相続分を嫡出子(婚姻関係にある男女間の子)の2分の1とする民法の規定の合憲性が問題となった事案である。原告の相続は平成13年に開始していたことから、平成13年から平成25年(本件決定が出されたとき)までに行われていた遺産分割(本事案と類似する他の事案)への影響についても判断が示されている。

判例 非嫡出子相続分規定事件(最大決平25.9.4)

〈事案〉

旧民法900条4号ただし書前段の規定のうち嫡出でない子(非嫡出子)の法定相続分を嫡出子の法定相続分の2分の1とする部分(以下「本件規定」という)が憲法14条1項に違反し無効であるかが争われた。

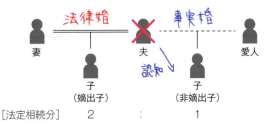

〈判旨〉

● 1 本件規定は憲法14条1項に違反するか

▶平成13年7月当時において、**憲法14条1項に違反する(違憲)。**

理由 法律婚という制度自体は我が国に定着しているとしても、家族とその中の個人の関係の認識の変化に伴い、**父母が婚姻関係になかったという、子にとっては自ら選択ないし修正する余地のない事柄を理由としてその子に不利益を及ぼすことは許されず**、子を個人として尊重し、その権利を保障すべきであるという考えが確立されてきているものということができる。 05 06

結論 遅くとも（相続が開始した）平成13年7月当時においては、立法府の裁量権を考慮しても、嫡出子と嫡出でない子の法定相続分を区別する合理的な根拠は失われており、本件規定は、遅くとも平成13年7月当時において、憲法14条1項に違反していたものというべきである。 05 06

● **2** **平成13年から12年経過した現在までに行われた遺産分割は、本決定の影響を受けるのか**

▶▶▶ **確定的なものとなった法律関係に影響を及ぼすものではない。**

理由 ① 本決定の違憲判断が、先例としての事実上の拘束性という形で既に行われた遺産の分割等の効力にも影響し、いわば**解決済みの事案にも効果が及ぶ**とすることは、著しく法的安定性を害することになる。

② 既に関係者間において裁判、合意等により確定的なものとなったといえる法律関係までをも現時点で覆すことは相当ではないが、関係者間の法律関係がそのような段階に至っていない事案であれば、本決定により違憲無効とされた本件規定の適用を排除した上で法律関係を確定的なものとするのが相当であるといえる。

結論 したがって、本決定の違憲判断は、原告の相続の開始時から本決定までの間に開始された他の相続につき、本件規定を前提としてされた遺産の分割の審判その他の裁判、遺産の分割の協議その他の合意等により**確定的なものとなった法律関係に影響を及ぼすものではない**と解するのが相当である。 06

〈解説〉 本決定は、判例変更である。最高裁は、平成7年の大法廷決定（最大決平7.7.5）において、旧民法900条4号ただし書前段が憲法14条1項に違反しないとしていた。

〈参照〉●旧民法900条④：…。ただし、嫡出でない子の相続分は、嫡出である子の相続分の2分の1とし…。

---

5 再婚禁止期間の合憲性

分娩という事実により明らかである母子関係と異なり、父子関係の証明は困難な場合もあることから、民法は、婚姻の成立・解消の日から一定の期間に生まれた子について父性を推定する規定を置いている。この推定が重複する期間が生じることを防ぐために設けられた女性の再婚禁止期間の規定の合憲性が問題となった事案である。

判例 再婚禁止期間の合憲性（最大判平27.12.16）

〈事案〉

❶前夫A男と離婚をし、❷後夫B男と再婚をしたC女は、女性について6か月の再婚禁止期間を定める(旧)民法733条1項の規定(以下「本件規定」という。)により、望んだ時期から遅れて再婚が成立したことから、本件規定が憲法14条1項及び24条2項に違反すると主張した。

〈判旨〉

● 1　本件規定の立法目的には合理性があるか

▶ **合理性を認めることができる。**

理由　本件規定の立法目的は、**女性の再婚後に生まれた子につき父性の推定の重複を回避し、もって父子関係をめぐる紛争の発生を未然に防ぐことにある**と解するのが相当である。

結論　父子関係が早期に明確となることの重要性に鑑みると、このような立法目的には合理性を認めることができる。[07]

● 2　本件規定のうち100日の部分の立法目的達成手段には合理性があるか

▶ **合理性を有し、憲法14条1項、憲法24条2項に違反しない（合憲）。**

理由　女性の再婚後に生まれる子については、計算上100日の再婚禁止期間を設けることによって、父性の推定の重複が回避される。

父性の推定の重複を避けるため上記の100日について一律に女性の再婚を制約することは、婚姻及び家族に関する事項について国会に認められる合理的な立法裁量の範囲を超えるものではなく、立法目的との関連において合理性を有するものということができる。

結論　本件規定のうち**100日**の再婚禁止期間を設ける部分は、憲法14条1項にも、憲法24条2項にも違反するものではない。

● 3 本件規定のうち100日超過部分の立法目的達成手段には合理性があるか

▶▶▶ **合理性がなく憲法14条1項、憲法24条2項に違反する（違憲）。→一部**

理由 ① 再婚の場合に限って、厳密に父性の推定が重複することを回避するための期間を超えて婚姻を禁止する期間を設けることを正当化することは困難である。他にこれを正当化し得る根拠を見いだすこともできないことからすれば、本件規定のうち100日超過部分は合理性を欠いた過剰な制約を課すものとなっているというべきである。

② 本件規定のうち100日超過部分は、遅くともC女が前婚を解消した日から100日を経過した時点までには、婚姻及び家族に関する事項について国会に認められる合理的な立法裁量の範囲を超えるものとして、その立法目的との関連において合理性を欠くものになっていたと解される。

結論 本件規定のうち100日超過部分が憲法24条2項にいう両性の本質的平等に立脚したものでなくなっていたことも明らかであり、再婚当時において、同部分は、憲法14条1項に違反するとともに、憲法24条2項にも違反するに至っていたというべきである。 07

【民法772条に基づく嫡出推定の重複期間】

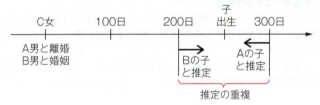

〈参照〉
- 旧民法733条①：女は、前婚の解消又は取消しの日から6か月を経過した後でなければ、再婚をすることができない。
- 民法772条①：妻が婚姻中に懐胎した子は、夫の子と推定する。
  ②：婚姻の成立の日から200日を経過した後又は婚姻の解消若しくは取消しの日から300日以内に生まれた子は、婚姻中に懐胎したものと推定する。

※ 本判決にある嫡出推定等は、民法の親族編で学習する。

6 夫婦同氏規定の合憲性

夫婦は婚姻の際に定めるところに従い、夫または妻の氏を称すると定める民法の規定の合憲性が問題となった事案である。わが国では夫の氏が選択されることが多いという事実を背景として、女性に対する差別である等の主張がされた。

| 判例 | 夫婦同氏規定の合憲性（最大判平27.12.16） |

〈事案〉

❶婚姻届を提出したところ、❷婚姻後の氏の選択がされていないとして婚姻届を不受理とされた者が、夫婦が婚姻の際に定めるところに従い夫又は妻の氏を称すると定める民法750条の規定（以下「本件規定」という。）は、女性にのみ不利益を負わせる効果を有するとして憲法13条、14条1項、24条1項及び2項等に違反すると主張した。

〈判旨〉

● 民法750条の規定は、**憲法14条1項に違反しないか**

▶ **憲法14条1項に違反しない（合憲）**。

| 理由 | ① 本件規定は、夫婦が夫又は妻の氏を称するものとしており、**夫婦がいずれの氏を称するかを夫婦となろうとする者の間の協議に委ねているのであって、その文言上性別に基づく法的な差別的取扱いを定めているわけではなく、本件規定の定める夫婦同氏制それ自体に男女間の形式的な不平等が存在するわけではない**。 08
② 我が国において、夫婦となろうとする者の間の個々の協議の結果として夫の氏を選択する夫婦が圧倒的多数を占めることが認められるとしても、それが、**本件規定の在り方自体から生じた結果であるということはできない**。 08 |

| 結論 | **本件規定は、憲法14条1項に違反するものではない**。 08 |

〈解説〉 本判決では、憲法14条1項以外にも、憲法13条、24条1項及び2項等への違反が主張されたが、いずれも違反しないと結論付けている。
〈参照〉 ●民法750条：夫婦は、婚姻の際に定めるところに従い、**夫又は妻の氏を称する**。

7 戸籍法の規定の合憲性 発展

　嫡出子または嫡出でない子の別を出生届の記載事項とする、戸籍法の規定の合憲性が問題となった判例（最判平25.9.26）がある。

3 選挙関係に関する最高裁判例

　選挙関係に関する最高裁判例は、①衆議院議員選挙、②参議院議員選挙、③地方議会議員選挙の3種類となる。いずれも議員定数不均衡が問題となっている。

　議員定数不均衡問題とは、公職選挙法の別表である定数配分規定により各選挙区に割り与えられた定数(当選者数のこと)と選挙人数※の比である一人当たりの投票価値に合理的でない較差が生じている問題をいう(地方議会議員の場合には、条例に基づく定数配分規定)。この場合に、定数配分規定は憲法14条1項に反し無効となるのか。無効であった場合、当該規定の下で行った選挙も無効となるかが問題となる。※ 最高裁は、厳密には選挙人数を基準とすべきものと考えられるけれども、選挙人数と人口数とはおおむね比例するとみてよいから、人口数を基準とすることも許されるとしている。

```
┌─────────────┐        ┌─────────────┐
│   [A区]      │        │   [B区]      │
│  当選者1人    │        │  当選者1人    │
│  選挙人1万人   │        │  選挙人5万人   │
└─────────────┘        └─────────────┘
        5       ：        1
```

【投票の価値の差】

1 衆議院議員選挙

　衆議院議員選挙に関連する判例としては、衆議院議員定数不均衡訴訟(最大判昭51.4.14)が重要である。

判例 **衆議院議員定数不均衡訴訟**(最大判昭51.4.14)

〈事案〉

　議員1人当たりの選挙人数の比が最大1対4.99の公職選挙法の定数配分規定(以下「本件定数配分規定」という)が8年間是正されないまま行われた衆議院議員選挙が、一部の国民を不平等に取り扱ったとして憲法14条1項に反し無効であるかが争われた。

〈判旨〉

● 1 投票価値の平等が憲法上保障されるか

▶ 憲法上保障される。

理由 憲法14条1項に定める法の下の平等は、選挙権に関しては、国民はすべて政治的価値において平等であるべきであるとする徹底した平等化を志向するものであり、

結論 憲法15条1項、3項、44条但し書の規定の各規定の文言上は単に選挙人資格における差別の禁止が定められているにすぎないけれども、単にそれだけにとどまらず、選挙権の内容、すなわち各選挙人の投票の価値の平等もまた、憲法の要求するところである。 09

● 2 投票価値の平等は絶対的基準か

▶ 絶対的基準ではない。

理由 ① 両議院の議員の各選挙制度の仕組みの具体的決定を原則として国会の裁量にゆだねている。

② 憲法は、投票価値の平等について、これを選挙制度の決定について国会が考慮すべき唯一絶対の基準としているわけではなく、国会は、衆議院及び参議院それぞれについて他にしんしゃくすることのできる事項をも考慮して、公正かつ効果的な代表という目標を実現するために適切な選挙制度を具体的に決定することができる。 10 *非人口的要素*

結論 投票価値の平等は、原則として、国会が正当に考慮することのできる他の政策的目的ないしは理由との関連において調和的に実現されるべきものと解されなければならない。 10

● 3 議員定数配分規定の合憲性の判断基準は

▶ ①投票価値の較差の大きさと、②法改正に必要な期間を経過したかで判断する。

原則 選挙人の投票価値の不平等が、国会において通常考慮しうる諸般の要素をしんしゃくしてもなお、一般的に合理性を有するものとはとうてい考えられない程度に達しているときは、もはや国会の合理的裁量の限界を超えているものと推定されるべきものであり、このような不平等を正当化すべき特段の理由が示されない限り、憲法違反と判断するほかはない。 09 11

修正 しかし、選挙権の平等の要求に反する程度となったとしても、これによって直ちに当該議員定数配分規定を憲法違反とすべきものではなく、合理的期間内における是正が憲法上要求されていると考えられるのにそれが行われない場合に始めて憲法違反と断ぜられるべきものと解するのが、相当である。 11

● 4　本件議員定数配分規定は憲法違反か

▶▶▶ ①較差が約1対5＋②8年間放置していた＝憲法に違反する。

理由　①　本件議員定数配分規定の下における人口数と議員定数との比率上の著し
い不均衡（1対4.99）は、かなり以前から選挙権の平等の要求に反すると推定
される程度に達しており、本件選挙の時まで8年余にわたって改正がなんら
施されていなかった。

②　以上をしんしゃくするときは、**本件議員定数配分規定は、憲法の要求する
ところに合致しない状態になっていたにもかかわらず、憲法上要求される合
理的期間内**における是正がされなかったものと認めざるをえない。

結論　本件議員定数配分規定は、本件選挙当時、憲法の選挙権の平等の要求に違
反し、違憲と断ぜられるべきものであったというべきである。 [11]

● 5　違憲となるのは本件議員定数配分規定の一部の選挙区についてなのか全体なのか ☆

▶▶▶ 本件議員定数配分規定の全体が違憲となる。

理由　選挙区割及び議員定数の配分は、相互に有機的に関連し、一の部分における
変動は他の部分にも波動的に影響を及ぼすべき性質を有するものと認められ、そ
の意味において**不可分の一体**をなすと考えられるから、

結論　本件議員定数配分規定は、単に憲法に違反する不平等を招来している部分の
みでなく、**全体として違憲の瑕疵を帯びる**ものと解すべきである。

● 6　本件議員定数配分規定の下での本件選挙の効力は

▶▶▶ 本件選挙は違法であるが、選挙自体は無効としない（＝有効）。

理由　①　憲法98条1項により…憲法に違反する法律は、原則としては当初から無効
であり、また、これに基づいてされた行為の効力も否定されるべきものであ
るが、　※ 国政の混乱をさけるため

②　本件議員定数配分規定及びこれに基づく選挙を当然に無効であると解した
場合、その選挙により選出された議員がすべて当初から議員としての資格を
有しなかったこととなる結果、その議員によって組織された衆議院の議決を
経て成立した法律等の効力にも問題が生じ、また、今後の衆議院の活動が
不可能となり、本件定数配分規定を憲法に適合するように改正することもで
きなくなるという明らかに憲法の所期しない結果を生じさせる。 [12]

結論　行政事件訴訟法31条の**事情判決の法理**にしたがい、**本件選挙は憲法に違反
する議員定数配分規定に基づいて行われた点において違法である旨を判示する
にとどめ、選挙自体はこれを無効としない**こととするのが、相当である。 [12]

〈解説〉　①　●2では、投票価値の平等を達成する手段として、①定数（当選者数）の増減、②選挙区割りの変更があり、これらは国会の裁量にゆだねられている。

②　●3では、較差が非常に大きければ直ちに違憲というわけではない。是正に必要な合理的期間が経過していなければ、合憲である（ただし、判例は**違憲状態**と評価する）。

③　本判決における判断の流れは、参議院や地方議会における議員定数不均衡問題においても同様である。

〈参照〉●憲法47条：選挙区、投票の方法その他両議院の議員の選挙に関する事項は、法律でこれを定める。

〈語句〉**事情判決**とは、本来、原告（訴えた人）の主張に理由があって裁判所により請求認容判決（勝訴判決）がなされるはずであるが、公共の福祉の見地から、原告の請求を棄却する判決（敗訴判決）である（行政法で学習する）。

発展 判例の投票価値の較差の数字的基準について、衆議院で3倍程度、参議院で6倍程度が違憲状態とされると考えられてきた。しかし、平成21年8月30日施行の衆議院議員総選挙の最大較差2.304倍（最大判平23.3.23）、平成26年12月14日施行の衆議院議員総選挙の最大較差2.129倍（最大判平27.11.25）では、**違憲状態である**と判断している。　まだ合憲

2 参議院議員選挙 **発展**

参議院議員選挙に関連する判例としては、参議院議員定数不均衡事件（最大判平24.10.17）がある。

3 地方議会議員選挙 **発展**

地方議会議員選挙について、投票価値の平等が問題となった最高裁判例としては、東京都議会議員選挙無効請求事件（最判昭59.5.17）がある。

4 公職関係に関する最高裁判例 **発展**

公職関係に関する最高裁判例としては、①香川県職員退職手当条例事件（最判平12.12.19）と②管理職選考受験資格確認等請求事件（最大判平17.1.26）がある。

5 租税関係に関する最高裁判例

租税関係に関する最高裁判例には、**サラリーマン税金訴訟**がある。判例は、立法府の政策的・技術的な判断を尊重するため、緩やかな判断基準を示している。

判例 サラリーマン税金訴訟（最大判昭60.3.27）

〈事案〉

サラリーマン（給与所得者）の課税方式（給与所得控除制度＝必要経費の扱いは法所定額による概算控除）は、❶事業所得者の方式（確定申告制度＝必要経費の扱いは実額控除）に比べ著しく不公平な税負担を課している、❷給与所得者の捕捉率に比べ事業所得者の捕捉率が低いとして、大学教授（サラリーマン）が提訴した。

サラリーマン
（大学教授）

❶必要経費を実額控除できないのは不合理
❷事業所得者に比べ捕捉率が高いのは不合理

国

〈判旨〉

● 1　所得の性質の違い等を理由とする取扱いの区別は憲法14条に違反しないか

▶ 違反しない（合憲）。

理由　租税法の定立については、国家財政、社会経済、国民所得、国民生活等の実態についての正確な資料を基礎とする立法府の政策的、技術的な判断にゆだねるほかはなく、裁判所は、基本的にはその裁量的判断を尊重せざるを得ないものというべきである。 13　裁判所は司法審査ができない

結論　そうであるとすれば、租税法の分野における所得の性質の違い等を理由とする取扱いの区別は、その立法目的が正当なものであり、かつ、当該立法において具体的に採用された区別の態様が立法目的との関連で著しく不合理であることが明らかでない限り、その合理性を否定することができず、これを憲法14条1項の規定に違反するものということはできないものと解するのが相当である。 13

● 2　給与所得における控除制度（概算控除制度）は、憲法14条に違反しないか

▶ 違反しない（合憲）。

理由　①　旧所得税法の目的は、給与所得者と事業所得者等との租税負担の均衡に配意しつつ、税務執行上の弊害を防止することにあるところ、租税負担を国民の間に公平に配分するとともに、租税の徴収を確実・的確かつ効率的に実現することは、租税法の基本原則であるから、その目的は正当性を有するものというべきである。 14

② 本件訴訟における全資料に徴しても、給与所得者において自ら負担する必要経費の額が一般に旧所得税法所定の前記給与所得控除の額を明らかに上回るものと認めることは困難であって、**給与所得控除の額は給与所得に係る必要経費の額との対比において相当性を欠くことが明らかであるということはできない。** [14]

結論 旧所得税法が必要経費の控除について事業所得者等と給与所得者との間に設けた前記の区別は、合理的なものであり、**憲法14条1項の規定に違反するものではないというべきである。** [14]

● 3 所得の捕捉率の較差は、憲法14条に違反しないか

▸ 違反しない（合憲）。

理由 所得の捕捉の不均衡の問題は、原則的には、**税務行政の適正な執行により是正されるべき性質のものである。**

結論 **捕捉率の較差が正義衡平の観念に反する程に著しく、かつ、それが長年にわたり恒常的に存在して租税法制自体に基因していると認められる場合であれば格別、そうでない限り、租税法制そのものを違憲ならしめるものとはいえないから、捕捉率の較差の存在をもって本件課税規定が憲法14条1項の規定に違反するということはできない。** [15]

〈解説〉 ① 事業所得者は、必要経費を実額で控除してもらえるが、給与所得者は、必要経費を概算で控除してもらえるだけなので、課税対象額が多く算定されてしまう可能性がある。

収入
－支出 ｛ 必要経費の概算控除　給与所得者
　　　必要経費の実額控除　事業所得者
────────────
残額×税率＝課税金額

② 判例は、給与所得者と事業所得者を区別する理由について、①給与所得者の勤務上必要な費用は使用者負担が通例である。②給与所得者はその数が膨大で、実額控除を行うこと等は、税務執行上混乱を生ずる懸念がある等を挙げている。

〈語句〉 ●**概算控除**とは、収入の金額に応じた段階で分けた基準を設け、一律に計算して控除する方法である。

●**所得の捕捉率**とは、課税対象とされるべき所得のうち、税務当局がどの程度の割合を把握しているかを示す数値をいう。給与所得者は、源泉徴収をされているため、所得の捕捉率が高い。他方、事業所得者は、そのような制度がないため、所得の捕捉率が低い。

6 社会的給付関係に関する最高裁判例

社会的給付関係に関する最高裁判例には、①**堀木訴訟**(最大判昭57.7.7)、🔺発展②**台湾人戦死傷補償請求事件**(最判平4.4.28)、🔺発展③**塩見訴訟**(最判平1.3.2)、④**学生無年金訴訟**(最判平19.10.9)の4つがある。

①③④については、租税関係と同様に、立法府の政策的・技術的な判断を尊重するため、緩やかな判断基準を示している。

判例　堀木訴訟(最大判昭57.7.7)

〈事案〉

❶全盲の視力障害者で障害福祉年金を受けていた堀木氏(上告人)は、離婚後2人の子供を育てていた。このとき、さらに児童扶養手当を請求したところ、❷児童扶養手当法には年金との併給を禁止する規定(以下「本件併給調整条項」という。)がおかれていたためにその請求が退けられた。そこで、堀木氏は本件併給調整条項は憲法14条違反であると主張した(憲法25条に関する部分は、第5章 **2** 節「生存権」で扱う)。

役所

❶障害福祉年金支給 →
← ❷児童扶養手当は本件併給調整条項により不可

堀木氏

〈判旨〉

● **本件併給調整条項により併給を禁止することは、憲法14条に違反しないか**

▶ **憲法14条に違反しない(合憲)。** P.308

理由　本件併給調整条項の適用により、上告人のように障害福祉年金を受けることができる地位にある者とそのような地位にない者との間に児童扶養手当の受給に関して差別を生ずることになるとしても、さきに説示したところ(社会保障給付の全般的公平を図るため公的年金相互間における併給調整を行うかどうかは、立法府の裁量の範囲に属する事柄と見るべき)に加えて原判決の指摘した諸点、とりわけ身体障害者、母子に対する諸施策及び生活保護制度の存在などに照らして総合的に判断すると、

結論　右差別がなんら合理的理由のない不当なものであるとはいえないとした原審の判断は、正当として是認することができる。 16

〈解説〉　堀木氏は、児童扶養手当は、母子家庭に給付されるものであるところ、給付されないのは、他の給付されている母子家庭との間に差別を生じさせていると主張した。

〈語句〉●障害福祉年金(現：障害基礎年金)とは、病気やけがによって障害の状態となり、生活や仕事に制限が生じている場合に受け取れる年金である。

判例　学生無年金訴訟（最判平19.10.9）

〈事案〉

Xは、❶大学在学中障害を負ったため、❷障害基礎年金の支給裁定を申請したところ、国民年金に任意に加入しておらず、被保険者資格が認められないなどとして、❸同年金を支給しない旨の処分を受けたため、国に対し、処分の取消しを求めるとともに、国家賠償を求めた。

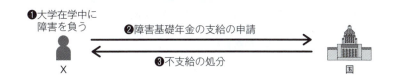

〈判旨〉

● 20歳以上の学生について、国民年金の強制加入被保険者にするなどの措置を講じなかったことは、憲法25条、14条に違反しないか

▶ 違反しない（合憲）。

理由
① 平成元年改正前の法が、**20歳以上の学生の保険料負担能力**、国民年金に加入する必要性ないし実益の程度、加入に伴い学生及び学生の属する世帯の世帯主等が負うこととなる経済的な負担等を考慮し、保険方式を基本とする国民年金制度の趣旨を踏まえて、20歳以上の学生を国民年金の強制加入被保険者として一律に保険料納付義務を課すのではなく、**任意加入を認めて国民年金に加入するかどうかを20歳以上の学生の意思にゆだねることとした措置は、著しく合理性を欠くということはできず**、加入等に関する区別が何ら合理的理由のない不当な差別的取扱いであるということもできない。

② 確かに、加入等に関する区別によって、前記のとおり、**保険料負担能力のない20歳以上60歳未満の者のうち20歳以上の学生とそれ以外の者との間に障害基礎年金等の受給に関し差異が生じていた**ところではあるが、いわゆる拠出制の年金である障害基礎年金等の受給に関し保険料の拠出に関する要件を緩和するかどうか、どの程度緩和するかは、**国民年金事業の財政及び国の財政事情にも密接に関連する事項**であって、**立法府は、これらの事項の決定について広範な裁量を有する**というべきであるから、上記の点は上記判断を左右するものとはいえない。

結論　そうすると、平成元年改正前の法における強制加入例外規定を含む20歳以上の学生に関する上記の措置及び加入等に関する区別並びに立法府が平成元年改正前において20歳以上の学生について国民年金の強制加入被保険者とするなどの所論の措置を講じなかったことは、憲法25条、14条1項に違反しない。 17

〈解説〉 ① 　国民年金法（平成 1 年改正前のもの）が、⑦20歳以上の学生等につき国民年金の強制加入被保険者とせず、任意加入のみを認め、強制加入被保険者との間で加入及び保険料免除規定の適用に関し区別したこと、及び⑦立法府が上記改正前に上記学生等を強制加入被保険者とするなどの措置を講じなかったことが憲法25条、14条1項に違反するかどうかが争点となった。

② 　国民年金の現在の制度との比較は以下である。

平成 1 年

[20歳以上]
学生　　任意加入
その他　強制加入

[20歳以上]
強制加入

7　地方自治法関係に関する最高裁判例

　地方自治法関係に関する最高裁判例としては、①東京都売春等取締条例事件（最大判昭33.10.15）、🖉発展②福岡県青少年保護育成条例事件（最大判昭60.10.23）がある。いずれも地域によって規制が異なることについて憲法14条の問題となっている。

判例　東京都売春等取締条例事件（最大判昭33.10.15）

〈事案〉

　東京都売春等取締条例に違反するとして罰金刑を課せられた者が、地域によって異なる取り扱いをするのは、憲法14条1項に違反すると主張した。

[東京都]
条例により売春禁止
売春をすると条例違反

[〇〇県]
条例に売春を
取り締まる規定なし

不平等では？

〈判旨〉

● 　地方公共団体が各別に条例を制定することによる差別は違憲か

▶▶▶ 地域差を理由に違憲にはできない（合憲）。

理由 　憲法が各地方公共団体の条例制定権を認める以上、地域によって差別を生ずることは当然に予期されることであるから、かかる差別は憲法みずから容認するところであると解すべきである。 18

| 結論 | 地方公共団体が売春の取締について各別に条例を制定する結果、その取扱に差別を生ずることがあっても、地域差の故をもって違憲ということはできない。 18 |

〈解説〉　①　本判例は、終戦後売春防止法が施行される昭和32年4月1日までは、一部の自治体が売春取締条例により規制をしていたことから、条例違反事件として争われた。

　　　　②　**発展** 条例で罰則（懲役刑を含む）を設けることの可否を直接判示していないが、上記の判旨からは条例制定権（憲法94条、地方自治法14条5項）に反しない限り憲法14条1項違反とはならない。 B

〈参照〉　●地方自治法14条5項（当時）：条例に違反した者に対し、2年以下の懲役若しくは禁錮、10万円以下の罰金、拘留、科料又は没収の刑を科する旨の規定を設けることができる。

8 外国人に関連する最高裁判例 /発展

　外国人に関連する判例としては、指紋押捺義務※を内容とする外国人登録制（最判平7.12.15）がある。　※ 第1章 2 節 4 項「外国人」を参照。

重要事項 一問一答

01 刑法の尊属殺重罰規定は合憲か？

　立法目的及び立法手段として加重規定を設けることには合理性があるが、立法手段としての刑の加重が著しく不合理であるとして違憲と判断された。

02 父母の婚姻を日本国籍取得の要件とする（旧）国籍法3条1項は合憲か？

　違憲である。

03 非嫡出子の相続分を嫡出子の2分の1とする（旧）民法900条4号ただし書前段は合憲か？

　平成13年7月当時において違憲である。

04 6か月の再婚禁止期間を規定する（旧）民法733条1項（再婚禁止期間）は合憲か？

　100日を超える部分の再婚禁止期間については違憲である。

05 投票価値の平等は憲法上保障されるか？

　憲法上保障される。

06 議員定数不均衡の合憲性の判断基準は？

　①投票価値の不平等が国会において通常考慮しうる諸般の要素をしんしゃくしてもなお一般的に合理性を有するとは到底考えられない程度に達している場合で、かつ、②人口の変動の状態を考慮

3　法の下の平等② 111

して合理的期間内における是正が憲法上要求されていると考えられるのにそれが行われないかどうか。

07 投票価値の較差が違憲と判断された場合、選挙は有効か？

事情判決の法理により選挙自体は有効である。

08 所得税法の給与所得課税制度は合憲か？

合憲である。

09 併給調整条項により年金との併給を禁止する児童扶養手当法の規定は合憲か？

合憲である。

10 東京都売春等取締条例は合憲か？

合憲である。

過去問チェック

01 尊属殺重罰規定は、尊属を卑属又はその配偶者が殺害することを一般に高度の社会的道義的非難に値するものとし、かかる所為を通常の殺人の場合より厳重に処罰し、もって特に強くこれを禁圧しようとするものであるが、かかる立法目的は、一種の身分制道徳の見地に立脚するものであって、個人の尊厳と人格価値の平等を基本理念とする憲法に違反する。

×（財・労2013）「一種の身分制道徳の見地に立脚するものであって、個人の尊厳と人格価値の平等を基本理念とする憲法に違反する」が誤り。

02 尊属を卑属又はその配偶者が殺害することをもって刑の加重要件とする規定を設けることは、人格の平等を否定する不合理な差別に当たり、憲法に定める法の下の平等に反し違憲である。

×（税2010）「人格の平等を否定する不合理な差別に当たり、憲法に定める法の下の平等に反し違憲である」が誤り。

03 最高裁判所の判例に照らすと、尊属殺の法定刑を死刑又は無期懲役刑に限ることは、立法目的達成のため必要な限度の範囲内であり、普通殺に関する法定刑に比し著しく不合理な差別的取扱いをするものと認められず、法の下の平等に反しない。

×（区2003改題）全体が誤り。

04 国籍法の規定が、日本国民である父と日本国民でない母との間に出生した後に父から認知された子について、家族生活を通じた我が国との密接な結び付きをも

第2章　基本的人権Ⅱ

考慮し、父母の婚姻により嫡出子たる身分を取得した（準正のあった）場合に限り届出による日本国籍の取得を認めることによって、認知されたにとどまる子と準正のあった子との間に日本国籍の取得に関する区別を生じさせていることは、その立法目的自体に合理的な根拠は認められるものの、立法目的との間における合理的関連性は我が国の内外における社会的環境の変化等によって失われており、今日においては、憲法第14条第1項に違反する。

○（国般2010）

[05] 最高裁判所の判例に照らすと、法律婚という制度自体は我が国に定着しているとしても、父母が婚姻関係になかったという、子にとっては自ら選択ないし修正する余地のない事柄を理由としてその子に不利益を及ぼすことは許されないが、嫡出子と嫡出でない子の法定相続分を区別することは、立法府の裁量権を考慮すれば、相続が開始した平成13年7月当時において、憲法に違反しない。

×（区2018改題）「憲法に違反しない」が誤り。

[06] 嫡出でない子の相続分を嫡出子の相続分の2分の1とする民法の規定は、父母が婚姻関係になかったという、子が自ら選択する余地のない事柄を理由として不利益を及ぼすものであって、憲法第14条第1項に違反するものである。したがって、当該規定の合憲性を前提として既に行われた遺産の分割については、法律関係が確定的なものとなったものも含め、当該規定が同項に違反していたと判断される時点に遡って無効と解するべきである。

×（国般2018）「法律関係が確定的なものとなったものも含め、当該規定が同項に違反していたと判断される時点に遡って無効と解するべきである」が誤り。

[07] 女性のみに前婚解消後6か月の再婚禁止を規定した民法第733条は、父性の推定の重複を回避し、父子関係をめぐる紛争の発生を未然に防ぐという目的は正当であるものの、その手段はやむを得ないものとは認められず問題があるが、極めて明白に合理性を欠くとまではいえないから、憲法第14条に違反しない。

×（税2009）「その手段はやむを得ないものとは認められず問題があるが、極めて明白に合理性を欠くとまではいえないから、憲法第14条に違反しない」が誤り。

[08] 判例は、夫婦が婚姻の際に定めるところに従い夫または妻の氏を称することを定める民法第750条について、同条は、夫婦がいずれの氏を称するかを夫婦となろうとする者の間の協議に委ねており、夫婦同氏制それ自体に男女間の形式的な不平等が存在するわけではないものの、氏の選択に関し、これまでは夫の氏を選択す

る夫婦が圧倒的多数を占めている状況にあることに鑑みると、社会に男女差別的価値観を助長し続けているものであり、実質的平等の観点から憲法第14条1項に違反するものとした。

×（裁2019）「社会に男女差別的価値観を助長し続けているものであり、実質的平等の観点から憲法第14条1項に違反するものとした」が誤り。

[09] 各選挙人の投票価値の平等は憲法の要求するところであり、投票価値の不平等が、一般的に合理性を有するとは到底考えられない程度に達しているときは、特段の正当化理由がない限り、憲法違反となる。

○（裁2017）

[10] 憲法は、国会の両議院の議員を選挙する制度の仕組みの具体的決定を原則として国会の裁量に委ねているのであるから、投票価値の平等は、憲法上、選挙制度の決定のための唯一、絶対の基準となるものではなく、原則として、国会が正当に考慮することのできる他の政策的目的ないしは理由との関連において調和的に実現されるべきものと解さなければならない。

○（国般2020）

[11] 最高裁判所の判例に照らすと、選挙人の投票価値の不平等が、国会において通常考慮しうる諸般の要素をしんしゃくしてもなお、一般的に合理性を有するものとはとうてい考えられない程度に達しているときは、国会の合理的裁量の限界を超えているものと推定されるが、最大較差1対4.99にも達した衆議院議員選挙当時の衆議院議員定数配分規定は、憲法上要求される合理的期間内における是正がされなかったとはいえず、憲法に違反しない。

×（区2018改題）「憲法上要求される合理的期間内における是正がされなかったとはいえず、憲法に違反しない」が誤り。

[12] 憲法第98条第1項により、憲法に違反する法律は、原則として当初から無効であり、また、これに基づいてされた行為の効力も否定されるべきものであると解されるため、投票価値の不平等が憲法の選挙権の平等の要求に反する程度となっていた議員定数配分規定の下における選挙は無効であるとするのが判例である。

×（国般2019）「選挙は無効であるとするのが判例である」が誤り。

[13] 国民の租税負担を定めるには、国政全般からの総合的政策判断と、極めて専門技術的な判断が必要となるので、租税法の分野における取扱いの区別は、立法目

114　第2章　基本的人権Ⅱ

的が正当で、区別の態様が目的との関連で著しく不合理でない限り、憲法第14条第1項に違反しない。

○（裁2020）

[14] 最高裁判所の判例に照らすと、旧所得税法が必要経費の控除について事業所得者等と給与所得者との間に設けた区別は、所得の性質の違い等を理由としており、その立法目的は正当なものであるが、当該立法において採用された給与所得に係る必要経費につき実額控除を排し、代わりに概算控除の制度を設けた区別の態様は著しく不合理であることが明らかなため、憲法に違反して無効である。

×（区2018改題）「著しく不合理であることが明らかなため、憲法に違反して無効である」が誤り。

[15] 最高裁判所の判例に照らすと、旧所得税法の規定による事業所得等と給与所得との間の所得捕捉率の較差は、それが正義衡平の観念に著しく反し、かつ、それが長年にわたり恒常的に存在して租税法自体に基因していると認められるような場合であっても違憲にはならない。

×（区2010改題）「違憲にはならない」が誤り。

[16] 障害福祉年金と児童扶養手当の併給を調整する規定は、障害福祉年金を受けることができる地位にある者とそうでない者との間に児童扶養手当の受給に関し差別を生じさせるものであり、憲法第14条第1項に違反する。

×（財2020）「憲法第14条第1項に違反する」が誤り。

[17] 保険料負担能力のない20歳以上60歳未満の者のうち、学生とそれ以外の者との間で、国民年金への加入及び保険料納付義務の免除規定の適用に関し区別したことは、当該区別によって20歳以上60歳未満の者のうち20歳以上の学生とそれ以外の者との間に障害基礎年金等の受給に関し差異が生じるため、何ら合理的理由のない不当な差別的取扱いであるとするのが判例である。

×（財2012）「何ら合理的理由のない不当な差別的取扱いであるとするのが判例である」が誤り。

[18] 最高裁判所の判例に照らすと、憲法が各地方公共団体の条例制定権を認める以上、地域によって差別を生ずることは当然に予期され、憲法自ら容認するところであると解すべきであるが、その結果生じた各条例相互間の差異が合理的なものと是認せられて始めて合憲と判断すべきであり、売春取締に関する法制は、法律によって全国一律に統一的に規律しなければ、憲法に違反して無効である。

×（区2018改題）「その結果生じた各条例相互間の差異が合理的なものと是認せられて始めて合憲と

3 法の下の平等② 115

判断すべきであり、売春取締に関する法制は、法律によって全国一律に統一的に規律しなければ、憲法に違反して無効である」が誤り。

A 日本国民である父の嫡出でない子について、父母の婚姻及びその認知により嫡出子たる身分を取得したことを届出による日本国籍取得の要件とする国籍法の規定は、父母の婚姻及び嫡出子たる身分の取得を要件としている部分が憲法第14条第1項に違反し、無効である。しかし、そのことから日本国民である父の嫡出でない子が認知と届出のみによって日本国籍を取得し得るものと解することは、裁判所が法律に定めのない新たな国籍取得の要件を創設するという立法作用を行うことになるから、許されない。

×（国般2018）「そのことから日本国民である父の嫡出でない子が認知と届出のみによって日本国籍を取得し得るものと解することは、裁判所が法律に定めのない新たな国籍取得の要件を創設するという立法作用を行うことになるから、許されない」が誤り。

B 罰則のうち懲役刑は、直接身体への拘束を伴うものであり、地域によって取扱いに差異が生じてはならないから、全国にわたり画一的な効力を持つ法律によって定められるべきであり、条例において違反者に対して懲役刑を科すことを定めることは、憲法第14条に違反する。

×（国般2002）「地域によって取扱いに差異が生じてはならないから、全国にわたり画一的な効力を持つ法律によって定められるべきであり、条例において違反者に対して懲役刑を科すことを定めることは、憲法第14条に違反する」が誤り。

第2章　基本的人権Ⅱ

過去問 Exercise

第2章 総則的権利

問題1　次の文章は、ある最高裁判所判決の一部である。（ア）〜（オ）までに【語群】から適切な語句を選んで挿入した場合、挿入すべき語句の組合せとして正しいものは、次のうちどれか（なお、同じ記号には同じ語句が入る。）。

裁判所2003［H15］

「いわゆる（**ア**）の制度は、名誉あるいはプライバシーの保護に資するものがあることも否定しがたいが、新聞を発行・販売する者にとっては、（**イ**）の掲載を強制されることになり、また、そのために、紙面を割かなければならなくなる等の負担を強いられるのであって、これらの負担が、（**ウ**）、ことに（**エ**）に関する（**ウ**）の掲載をちゅうちょさせ、憲法の保障する（**オ**）を間接的に侵す危険につながるおそれも多分に存するのである。このように、（**ア**）の制度は、民主主義社会において極めて重要な意味を持つ新聞等の（**オ**）に対し重大な影響を及ぼすものであって、日刊全国紙による情報の提供が一般国民に対し強い影響力を持ち、その記事が特定の者の名誉ないしプライバシーに重大な影響を及ぼすことがあるとしても、（**ア**）の制度について具体的な成文法がないのに、（**ア**）を認めるに等しい（**イ**）掲載請求権をたやすく認めることはできない。」

【語群】
a　十分な取材に基づかない記事　　　b　批判的記事　　　c　広告
d　表現の自由　　　e　取材の自由　　　f　国民の関心事項　　　g　私的事項
h　公的事項　　　i　反論権　　　j　謝罪請求権　　　k　謝罪広告　　　l　反論文

	ア	イ	ウ	エ	オ
1	i	l	a	g	e
2	i	l	b	h	d
3	i	l	c	f	d
4	j	k	b	h	d
5	j	k	a	g	e

解説

正解 ②

　本問の最高裁判所判決は、反論文掲載請求権の有無が問題となったサンケイ新聞意見広告事件(最判昭62. 4.24)である。**ア**にｉ：反論権、**イ**にｌ：反論文、**ウ**にｂ：批判的記事、**エ**にｈ：公的事項、**オ**にｄ：表現の自由が入り、したがって、正解は②となる。

　本問のような穴埋め問題については、一気に全部を埋めようとせずに、容易に分かるところから埋めていくというのが第一の鉄則である。また、本問のごとく選択肢に使われる語句が並べられている場合には、これを有効に利用するのが第二の鉄則である。例えば、**ア**に使われる語句は、ａ〜ｌの全てを見渡してもｉとｊの２つしかないのであるから、いずれが適切かという観点から判断していけばよい。

| 問題2 | 憲法第14条に関する教授の質問に対して、学生A ～ E のうち、妥当な発言をした学生のみを全て挙げているのはどれか。 |

国Ⅱ2016［H28］

教　授：今日は、法の下の平等を定めた憲法第14条の文言の解釈について学習しましょう。同条第1項は「すべて国民は、法の下に平等であつて、人種、信条、性別、社会的身分又は門地により、政治的、経済的又は社会的関係において、差別されない」と規定していますが、同項にいう「法の下に平等」とはどのような意味ですか。

学生A：同項にいう「法の下に平等」とは、法を執行し適用する行政権・司法権が国民を差別してはならないという法適用の平等のみを意味するのではなく、法そのものの内容も平等の原則に従って定立されるべきという法内容の平等をも意味すると解されています。

学生B：また、同項にいう「法の下に平等」とは、各人の性別、能力、年齢など種々の事実的・実質的差異を前提として、法の与える特権の面でも法の課する義務の面でも、同一の事情と条件の下では均等に取り扱うことを意味すると解されています。したがって、恣意的な差別は許されませんが、法律上取扱いに差異が設けられる事項と事実的・実質的差異との関係が社会通念から見て合理的である限り、その取扱上の違いは平等原則違反とはなりません。

教　授：では、同項にいう「信条」とはどのような意味ですか。

学生C：同項にいう「信条」が宗教上の信仰を意味することは明らかですが、それにとどまらず、広く思想上・政治上の主義、信念を含むかについては、ここにいう信条とは、根本的なものの考え方を意味し、単なる政治的意見や政党的所属関係を含まないとして、これを否定する見解が一般的です。

教　授：同項にいう「社会的身分」の意味についてはどうですか。

学生D：社会的身分の意味については、見解が分かれており、「出生によって決定され、自己の意思で変えられない社会的な地位」であるとする説や、「広く社会においてある程度継続的に占めている地位」であるとする説などがありますが、同項後段に列挙された事項を限定的なものと解する立場からは、後者の意味と解するのが整合的です。

教　授：同項後段に列挙された事項を、限定的なものと解するか、例示的なものと解するかについて、判例の見解はどうなっていますか。

学生E：判例は、同項後段に列挙された事項は例示的なものであるとし、法の下の

過去問Exercise　　119

平等の要請は、事柄の性質に即応した合理的な根拠に基づくものでない限り、差別的な取扱いをすることを禁止する趣旨と解すべき、としています。

1. A、B、D
2. A、B、E
3. C、D、E
4. A、B、D、E
5. B、C、D、E

解説

正解 **2**

A ◯ 通説により妥当である。憲法14条1項の「法の下に平等」とは、法の執行、法の適用の平等のみならず、法そのものの内容も平等の原則に従って定立されるべきという法内容の平等をも意味すると解するのが通説である。内容が不平等な法を平等に執行・適用しても不平等な結果を招来してしまい、憲法14条1項の保障の意味が失われてしまうからである。

B ◯ 通説により妥当である。憲法14条1項の「法の下に平等」とは、各人の性別、能力、年齢など種々の事実的・実質的差異を前提として、同一の事情と条件の下では均等に取り扱うこと(相対的平等)を意味し、社会通念上合理的な区別は許されると解するのが通説である。

C ✕ 「信条とは、根本的なものの考え方を意味し、単なる政治的意見や政党的所属関係を含まないとして、これを否定する見解が一般的です」という部分が妥当でない。「信条」に基づく差別とは、宗教や信仰に基づく差別が典型であるが、それに限られるものではなく、思想・世界観に基づく差別も含むとするのが通説である。他方、「信条」は根本的なものの考え方を意味し、単なる政治的意見や政党的所属関係を含まないとする見解もあるが、両者の区別は相対的なものであり、単なる政治的意見や政党的所属関係を「信条」から排除する理由はないと解するのが通説である。

D ✕ 「同項後段に列挙された事項を限定的なものと解する立場からは、後者の意味と解するのが整合的です」という部分が妥当でない。「社会的身分」の意味については、学生Dの言うように、諸説あるが、判例は、憲法14条1項後段列挙事由を例示列挙と解した上で、「社会的身分」を社会において占める継続的な地位と解しており(最大判昭39.5.27)、必ずしも学生Dの発言のように、両者の関係が論理必然というわけではない。

E ◯ 判例により妥当である。Dの解説で述べたように、判例は、憲法14条1項後段を例示列挙と解しており、また、事柄の性質に即応した合理的な根拠に基づくものでない限り、差別的な取扱いをすることを禁止する趣旨と解すべきとしている(最大判昭39.5.27、相対的平等説)。

以上より、妥当な発言をしたのは学生**A**、**B**、**E**であり、正解は **2** となる。

第 3 章

基本的人権Ⅲ ― 精神的自由権

　本章では、精神的自由権について学習します。精神的自由権は人権の花形で、最も重要な分野です。試験対策としては、基本事項の確認に加えて、判例の整理と記憶を心がけてください。

●精神的自由権 ── 思想・良心の自由(19条)　　1節
　　　　　　　② 信教の自由(20条)　　　　2節・3節
　　　　　　　── 学問の自由(23条)　　　　4節
　　　　　　　① 表現の自由(21条)　　　　5節～8節

国般★★★／国専★★★／裁判所★★★／特別区★★★／地上★★★

思想・良心の自由

本節では、他の精神的自由権の母体とされる思想・良心の自由を学習します。この思想・良心の自由は絶対的に保障されるという特徴があります。

1 総説

第19条【思想・良心の自由】
　思想及び良心の自由は、これを侵してはならない。

意義　思想・良心の自由は、個人の人格形成の核心をなす内心の活動を保障するものである（信条説）。思想・良心の自由は、外面的な精神的自由の基礎となるもので、宗教的色彩を帯びると信教の自由、外部に表出されると表現の自由、学問的色彩を帯びると学問の自由となる。 01

趣旨　わが国では、明治憲法下における治安維持法の運用に見られるように、内面的精神作用そのものが侵害されてきた歴史があった。そこで、日本国憲法では、精神的自由に関する諸規定のはじめに、思想・良心の自由を特に保障した。

【思想・良心の自由の位置付け】

〈解説〉　諸外国の憲法において、特に思想・良心の自由を保障する例はほとんど見られない。それは、内心の自由が絶対的なものと考えられていたことや、思想の自由が表現の自由と密接に結びついているために表現の自由を保障すれば十分と考えられたことに基づく。明治憲法下でも思想・良心の自由は保障されていなかった。

2 「思想及び良心」の意味

1 「思想」と「良心」の区別の要否 /発展

問題点　「思想」と「良心」は区別して捉える必要があるか。
結論　「思想」と「良心」を区別する必要はなく、両者を一体的に捉える(通説)。
A
理由　憲法19条で「思想」と「良心」が全く同じに扱われているので、両者を区別する必要性に乏しい。

2 「思想及び良心」の意味する範囲 ★

問題点　「思想」と「良心」を一体的に捉えるとして、「思想及び良心」はどのような意味をもっているか。
結論　「思想及び良心」は、世界観、人生観、思想体系等、個人の**人格形成の核心をなす内心の活動**(個人の人格形成に役立つ内面的精神作用)に限定される(**信条説**)。したがって、単なる事実の知・不知や、事物に関する是非・弁別の判断は、「思想及び良心」に含まれない。 02
理由　個人の内心一般(内心の活動)を広く「思想及び良心」に含める(**内心説**)ならば、単なる事実の知・不知や、事物に関する是非・弁別の判断のように、人格形成に関係のない内心の活動まで含まれる。これでは、思想・良心の自由の価値を希薄化させるので、「思想及び良心」の意味を限定すべきである。 03

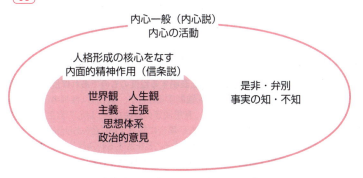

【「思想及び良心」の意味する範囲】

　判例は、事態の真相を告白し陳謝の意思を表明する程度の謝罪広告が思想・良心の自由を侵害しないとしているので(最大判昭31.7.4、謝罪広告事件)、「思想及び良心」

の意味については信条説の立場を採用していると評価するのが一般である。

信条説によると、例えば、裁判所が目撃者を召喚し（呼び出し）、目撃したことを証言させるのは、事実の知・不知の問題にすぎず、思想・良心の自由を侵害しないことになる。

① 謝罪広告事件

判例　謝罪広告事件（最大判昭31.7.4）

〈事案〉

選挙運動中に、ラジオ・新聞を通じて❶対立候補者Aの名誉を傷つけたとして、❷Aから提訴された候補者Bが、❸民法723条に基づき、「右放送及記事は真相に相違しており、貴下の名誉を傷け御迷惑をおかけいたしました。ここに陳謝の意を表します。」という謝罪広告を命じられた。これに対し、Bは、❹当該謝罪広告の強制が憲法19条に違反すると主張して争った。

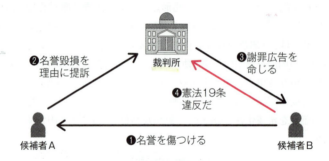

〈判旨〉

● 謝罪広告の強制は思想・良心の自由を侵害するか

▶▶▶ 単に事態の真相を告白し陳謝の意を表明する程度のものであれば侵害しない。

理由　新聞紙への謝罪広告の掲載を強制することが、債務者（候補者B）の人格を無視し、著しくその名誉を毀損し、意思決定の自由ないし良心の自由を不当に制限することとなり、強制執行に適さない場合に該当することもありうる。[04]

結論　しかし、新聞紙に謝罪広告を掲載することを命ずる判決は、その広告の内容が単に事態の真相を告白し陳謝の意を表明する程度のものにあっては、憲法19条に違反せず、代替執行（強制執行の方法の一つ）によりこれを強制することができる。[04]

〈解説〉　① 民法723条は、「他人の名誉を毀損した者に対しては、裁判所は、被害者の請求により、損害賠償に代えて、又は損害賠償とともに、**名誉を回復するのに適当な処分**を命ずることができる。」と規定する。本事案の謝罪広告は、名誉回復のための処分として裁判所が命じたものである。
② 本事案の謝罪広告について判例は、憲法19条に違反しないとした。

② ポストノーティス命令事件

ポストノーティス命令とは、不当労働行為(労働組合に対する妨害行為)に対する救済命令の一つであり、使用者に対して、一定の内容(不当労働行為と認定されたこと、今後同様の行為を繰り返さない等)を記載した文書を掲示させることをいう。この文書の内容に「深く反省する」などの文言を用いることが謝罪の強制に当たるかが争われたのが次の判例である。

判例　ポストノーティス命令事件(最判平2.3.6)

〈事案〉

❶労働組合が不当労働行為を受けたとして地方労働委員会に救済を申し立て、❷同委員会が使用者に対してポストノーティス命令を発したため、それが憲法19条に違反するとして争われた。

地方労働委員会

❷ポストノーティス命令の発出

❶組合に対して不当労働行為をした
使用者

〈判旨〉

● ポストノーティス命令は、憲法19条に違反しないか

▶ 19条に違反しない(合憲)。

理由　労働委員会が使用者に対して発する「深く反省する」「誓約します」などの文言を含んだポストノーティス命令は、使用者の行為が**不当労働行為と認定された**ことを関係者に周知徹底させ、同種行為の再発を抑制しようとする趣旨のものであり、使用者に反省等の意思表明を要求することを本旨とするものではない。 05

結論　ポストノーティス命令は、憲法19条に違反しない。 05

3 思想・良心の自由の保障内容

思想・良心の自由は、内心にとどまる限り絶対的に保障される。内心にとどまっていれば、他の誰の人権も侵害しないからである。例えば、憲法を否定する思想、民主主義などの憲法の根本理念を否定する思想、公共の福祉に反する思想であっても、それが内心にとどまる限り、思想・良心の自由の保障が及ぶことになる。 06

もっとも、人の内心に直接踏み込むことは(科学技術や精神医学の発達により技術的に可能になれば別であるが)、通常は無理である。実際には、思想・良心の自由の保障は、次のような場面において問題となる。

1 特定の思想を強制することの禁止

特定の思想をもつことを国家が強制することは思想・良心の自由の侵害となる。ある人がどのような思想を形成するかは、個人の尊厳に直接結び付くものであるから、その人自身が決定すべき問題であり、国家から干渉されるべきものではないからである。

問題点 公務員に、職務遂行にあたり憲法尊重擁護義務を負うことを宣誓させることは、憲法19条に違反しないか。

結論 直ちに違憲であるとはいえないが、特定の憲法解釈を内容とする宣誓や人の政治的関係や信条を推知させ、又は許容される政治的信条を枠付けそれに従った行動を強要するような内容の宣誓は認められない(通説)。 07

理由 ① 公務員には憲法尊重擁護義務がある(99条)。
② 特定の憲法解釈を押し付けるようなものでなければ問題ない。

宣 誓 書

私は、国民全体の奉仕者として公共の利益のために勤務すべき責務を深く自覚し、日本国憲法を遵守し、並びに法令及び上司の職務上の命令に従い、不偏不党かつ公正に職務の遂行に当たることをかたく誓います。

　　　年　　　月　　　日

　　　　　　　　　氏名

【宣誓書書式例】

2 特定の思想に基づいた不利益の禁止

1 の裏返しとして、特定の思想をもつ者に対し、それに基づいて国家が不利益を課すことも、思想・良心の自由の侵害となる。

3 沈黙の自由

1 2 を担保するものとして、自己がいかなる思想を抱いているのかについて、国家から表明することを強制されない自由も、思想・良心の自由の保障に含まれる。これを**沈黙の自由**という。 08 09

例えば、江戸時代に行われた「踏み絵」のようなものは、踏み絵を踏ませることにより、自己の思想・良心の表明を強制することになるから、沈黙の自由を侵害するものとして許されない。

❹ 思想・良心の自由に関連する判例

思想・良心の自由に関連する判例として、①内申書の政治活動の記載が問題となった**麴町中学校内申書事件**(最判昭63.7.15)、 発展 ②公立小学校で音楽教諭の伴奏が問題となった「君が代」ピアノ伴奏拒否事件(最判平19.2.27)、③公立高校で卒業式に教員に対し起立斉唱を命じた**「君が代」起立斉唱命令事件**(最判平23.5.30)、④**国民審査**の法的性質(最大判昭27.2.20)がある。国民審査の法的性質(最大判昭27.2.20)については、第10章 2 節「司法権の独立・裁判所①」で扱う。

判例 麴町中学校内申書事件(最判昭63.7.15)

〈事案〉

Xは、❶内申書に中学在学中の政治活動を記載されたことにより、❷高校受験に失敗したと考え、内申書の記載が憲法19条に違反するとして、東京都や千代田区を被告として国家賠償請求訴訟を提起した。

〈判旨〉

● 内申書への政治活動の記載が学生の思想・良心の自由を侵害するか

▶ Xに関する内申書の記載は思想・良心の自由を侵害しない（合憲）。

理由 Xに関する内申書の記載（「麹町中全共闘」を名乗り機関紙「砦」を発行、文化祭粉砕を叫んで校内でビラ配布、大学生ML（マルクス・レーニン）派の集会に参加など）は、Xの思想、信条そのものを記載したものではないことは明らかであり、その記載に関わる外部的行為によってはXの思想、信条を了知しうるものではないし、また、Xの思想、信条自体を高等学校の入学者選抜の資料に供したものとは到底解することができないから、10

結論 違憲の主張は、その前提を欠き、採用できない。10

判例 「君が代」起立斉唱命令事件（最判平23.5.30）

〈事案〉

元教諭Xは、❶都立高校の卒業式における「君が代」斉唱時の不起立を理由に、❷東京都教育委員会が自身の定年後の再雇用を拒否したのは、憲法19条に違反するとして、東京都に対して国家賠償請求訴訟を提起した。

〈判旨〉

● 1 起立斉唱行為を求める職務命令は、個人の思想・良心の自由に対する間接的な制約になるのか

▶ 思想及び良心の自由についての間接的な制約となる面があることは否定し難い。

理由
① Xに対して「君が代」斉唱時の起立斉唱行為を求める職務命令は、Xの歴史観ないし世界観それ自体を否定するものということはできない。また、起立斉唱行為は、特定の思想又はこれに反する思想の表明として外部から認識されるものと評価することは困難である。
② 本件職務命令は、特定の思想を持つことを強制したり、これに反する思想を持つことを禁止したりするものではなく、特定の思想の有無について告白することを強要するものということもできない。そうすると、本件職務命令は、個人の思想及び良心の自由を直ちに制約するものと認めることはできない。

③　しかし、自らの歴史観ないし世界観との関係で否定的な評価の対象となる「日の丸」や「君が代」に対して敬意を表明することには応じ難いと考える者が、これらに対する敬意の表明の要素を含む行為を求められることは、**個人の歴史観ないし世界観に由来する行動**（敬意の表明の拒否）**と異なる外部的行為**（敬意の表明の要素を含む行為）**を求められる**こととなる。 [11]

結論　個人の歴史観ないし世界観に由来する行動と異なる外部的行為を求められる限りにおいて、その者の思想及び良心の自由についての**間接的な制約**となる面があることは否定し難い。 [11] [12]

● 2　本件職務命令は憲法19条に違反するのか、その判断基準は何か

▶▶▶ 総合的に較量する。憲法19条に違反しない（合憲）。

理由　個人の歴史観ないし世界観が内心にとどまらず、それに由来する行動の実行又は拒否という外部的行動として現れ、当該外部的行動が社会一般の規範等と抵触する場面において制限を受けることがあるところ、その制限が必要かつ合理的なものである場合には、その制限を介して生ずる上記の**間接的な制約**も許容され得る。

基準　本件職務命令については、外部的行動の制限を介してXの思想及び良心の自由についての間接的な制約となる面はあるものの、**本件職務命令の目的及び内容並びに上記の制限を介して生ずる制約の態様等を総合的に較量**すれば、上記の制約を許容し得る程度の必要性及び合理性が認められる。 [12]

結論　本件職務命令は、Xの思想及び良心の自由を侵すものとして**憲法19条に違反**するとはいえない。 [12]

〈解説〉　起立斉唱行為を命じる職務命令が、思想及び良心の自由についての間接的な制約となる面があることに言及しているのが特徴である。これに対し、「君が代」ピアノ伴奏拒否事件では、ピアノ伴奏を命じる職務命令が思想・良心の自由に対する間接的な制約になるか否かには言及していない。

5　私人間における思想・良心の自由

判例・通説の**間接適用説**によると、思想・良心の自由の保障は、私人間においては及ばないものの、私法の一般条項（公序良俗など）を通じて間接的に及ぶことになる。

もっとも、判例は、私企業の雇入れの場面において志願者の思想・良心の自由よりも**使用者の採用の自由を重視**している（最大判昭48.12.12、三菱樹脂事件）。 [13]

発展　また、従業員に対して所属政党の回答を要求したことが問題となった東京電力塩山事件（最判昭63.2.5）でも、従業員の思想・良心の自由よりも企業の調査の必要性を重視している。

重要事項 一問一答

01 信条説とは？

憲法19条の「思想及び良心」は、個人の内心一般のうち、信仰に準ずるような世界観や人生観などの個人の人格形成の核心部分に限ると解する説である。

02 裁判所による謝罪広告の命令は思想・良心の自由を侵害するか？

謝罪広告が単に事態の真相を告白し陳謝の意を表明する程度のものにあっては、憲法19条に違反せず、代替執行により強制することができる。

03 憲法を否定する思想には思想・良心の自由の保障が及ぶのか？

思想・良心の自由は、内心にとどまる限り絶対的に保障されるので、憲法を否定する思想であっても、内心にとどまる限り思想・良心の自由の保障が及ぶ。

04 特定の思想をもつ者に対し国家が不利益を課してよいか？

特定の思想をもつことを国家が強制することが禁止されるだけでなく、特定の思想をもつ者に対し国家が不利益を課すことも禁止される。

05 沈黙の自由とは何か？

自己がいかなる思想・良心を抱いているのかについて、国家から表明することを強制されない自由である。

06 公立学校の教諭に「君が代」斉唱時の起立斉唱行為を求める職務命令は、その教諭の思想・良心の自由の間接的制約になる面はあるか？

「君が代」「日の丸」への敬意の表明の拒否という教諭の歴史観・世界観に由来する行動と異なる外部的行為を求められる限りにおいて、教諭の思想・良心の自由についての間接的制約となる面がある。

過去問チェック

01 思想、及び良心の自由は、表現の自由などの外面的な精神的自由の基礎をなすものである。

○（裁2002）

02 憲法の保障する思想及び良心の自由における「思想及び良心」には、世界観、人生観、主義、主張などの個人の人格的な内面的精神作用が広く含まれる。

○（裁2002）

03 「良心」とは、世界観、思想等に限られず、単なる事実の知不知や、事物に関する是非善悪の判断等を含む内心領域を広く包摂するものであるとの見解に対しては、思想良心の自由の高位の価値を希薄にしてその自由の保障を軽くするものであるとの批判がある。

○（裁2005改題）

132　第3章　基本的人権Ⅲ

04 謝罪広告を強制執行することは、それが単に事態の真相を告白し陳謝の意を表するにとどまる程度のものであっても、当人の人格を無視し著しくその名誉を毀損し意思決定の自由ないし良心の自由を不当に制限することになるため、憲法第19条に違反するとするのが判例である。

× (税2020)「当人の人格を無視し著しくその名誉を毀損し意思決定の自由ないし良心の自由を不当に制限することになるため、憲法第19条に違反するとするのが判例である」が誤り。

05 労働組合法第7条に定める不当労働行為に対する救済処分として労働委員会が使用者に対して発するポストノーティス命令は、労働委員会によって使用者の行為が不当労働行為と認定されたことを関係者に周知徹底させ、同種行為の再発を抑制しようとする趣旨のものであるが、当該命令が掲示することを求める文書に「深く反省する」、「誓約します」などの文言を用いることは、使用者に対し反省等の意思表明を強制するものであり、憲法第19条に違反するとするのが判例である。

× (国般2014)「使用者に対し反省等の意思表明を強制するものであり、憲法第19条に違反するとするのが判例である」が誤り。

06 判例、通説に照らすと、思想及び良心の自由は、絶対的に保障されるものではなく、憲法そのものを否認したり、憲法の根本理念である民主主義を否定するような思想については、それが内心にとどまる場合であっても、制約することが許される。

× (区2019改題)「絶対的に保障されるものではなく」「制約することが許される」が誤り。

07 公務員は憲法を尊重し、擁護する義務を負うことから、公務員に憲法の尊重擁護を宣誓させることは直ちに違憲であるとはいえないが、特定の憲法解釈を内容とする宣誓や人の政治的関係や信条を推知させ、又は許容される政治的信条を枠付けそれに従った行動を強要するような内容の宣誓は認められないと解されている。

○ (国般2007)

08 国家権力が、個人がいかなる思想を抱いているかについて強制的に調査することは、当該調査の結果に基づき、個人に不利益を課すことがなければ、思想及び良心の自由を侵害するものではない。

× (国般2019)「当該調査の結果に基づき、個人に不利益を課すことがなければ、思想及び良心の自由を侵害するものではない」が誤り。

09 判例、通説に照らすと、思想及び良心の自由には、国家権力が人の内心の思

想を強制的に告白させ、又は何らかの手段によってそれを推知することまでは禁止されておらず、内心における思想の告白を強制されないという意味での沈黙の自由は含まれない。

×（区2019改題）全体が誤り。

[10] 特定の学生運動の団体の集会に参加した事実が記載された調査書を、公立中学校が高等学校に入学者選抜の資料として提供することは、当該調査書の記載内容によって受験者本人の思想や信条を知ることができ、当該受験者の思想、信条自体を資料として提供したと解されることから、憲法第19条に違反する。

×（国般2019）「当該調査書の記載内容によって受験者本人の思想や信条を知ることができ、当該受験者の思想、信条自体を資料として提供したと解されることから、憲法第19条に違反する」が誤り。

[11] 日の丸や君が代に対して敬意を表明することには応じ難いと考える者が、これらに対する敬意の表明の要素を含む行為を求められるなど、個人の歴史観ないし世界観に由来する行動と異なる外部的行為を求められる場合、その者の思想及び良心の自由についての間接的な制約が存在する。

○（裁2018）

[12] 卒業式における国歌斉唱の際の起立斉唱行為を命ずる公立高校の校長の職務命令は、思想及び良心の自由についての間接的な制約となる面はあるものの、職務命令の目的及び内容並びに制約の態様等を総合的に較量すれば、当該制約を許容し得る程度の必要性及び合理性が認められ、憲法第19条に違反しないとするのが判例である。

○（税2020）

[13] 最高裁判所の判例に照らすと、企業が採用に当たって、志願者の思想やそれに関連する事項を調査すること及び特定の思想、信条の持主の採用をその故を以って拒否することは、違憲である。

×（区2011改題）「違憲である」が誤り。

[A] 憲法第19条が保障する「思想」と「良心」の保障範囲は異なり、思想の自由とは、世界観、人生観、主義、主張などの個人の人格的な内面的精神作用を意味し、良心の自由とは、内心における信仰の自由を意味する。

×（裁2019）全体が誤り。

国般★★☆／国専★★★／裁判所★★☆／特別区★★★／地上★☆☆

2 信教の自由①

「信教の自由」の学習内容としては、①（狭義の）信教の自由、②政教分離原則、の2つが
あります。本節では、①（狭義の）信教の自由を扱います。

1 総説

第20条【信教の自由】
① 信教の自由は、何人に対してもこれを保障する。いかなる宗教団体も、国から特権
を受け、又は政治上の権力を行使してはならない。
② 何人も、宗教上の行為、祝典、儀式又は行事に参加することを強制されない。

意義 信教の自由とは、特定の宗教を信じる自由、又は、一般に宗教を信じない
自由をいう(20条1項前段)。権利の性質上、外国人もその保障の享有主体と
なり得る(詳しくは第1章2節4項「外国人」を参照)。2項は、何人も、宗教上
の行為、祝典、儀式又は行事に参加することを強制されないとして、宗教
的行為の自由を規定している。

趣旨 明治憲法の下では、国家神道を事実上の国教として、国民に強制してお
り、そのような過去への決別も含め、信教の自由が保障された。

〈解説〉 /発展 信教の自由は明治憲法において保障されてはいたが(明治憲法28条)、
「安寧秩序を妨げず、臣民の義務に反しない限り」という**法律の留保すら伴
わない形の保障**であったことから、法律ではなく命令(行政機関が制定する
法規範)によっても制約できる非常に不十分な保障であった。 **A**

2 信教の自由の内容

信教の自由の内容としては、**内心における信仰の自由**、**宗教的行為の自由**、**宗教
的結社の自由**がある。 **01**

1 内心における信仰の自由

意義 宗教を信仰し又は信仰しないこと、信仰する宗教を選択し又は変更するこ
とについての自由をいう。

2 信教の自由① 135

内心における信仰の自由の保障は絶対的なものであり、国が、信仰を有する者に対してその信仰の告白を強制したり、信仰を有しない者に対して信仰を強制したりすることは許されない。 [02]

2 宗教的行為の自由

意義 信仰の告白としてなされる行為（礼拝、祈祷、宗教的儀式・行事、布教等）を行う自由をいう。この自由のなかには、宗教的行為をしない自由（消極的自由）を含み、憲法20条2項は、これを具体的に重ねて規定している。

宗教的行為の自由は、内心における信仰の自由と異なり、公共の安全、公の秩序、公衆の健康若しくは道徳又は他の者の基本的な権利及び自由を保護するために必要な制約に服すると解されている。 [03]

3 宗教的結社の自由

意義 特定の宗教を宣伝し、又は共同で宗教的行為を行うことを目的とする団体を結成する自由をいう。

結社の自由(21条)でも保障されるが、宗教上の結社については、複数の人が集合して信仰を深めることが信教の自由にとって特に重要なので、宗教的結社の自由が認められる。 [04]

この自由も上記 2 と同様に、公共の安全、公の秩序、公衆の健康若しくは道徳又は他の者の基本的な権利及び自由を保護するために必要な制約に服すると解されている。

【信教の自由と公共の福祉】

信教の自由の内容	公共の福祉による制約
①内心における信仰の自由	不可
②宗教的行為の自由	可能
③宗教的結社の自由	可能

3 信教の自由の保障の限界に関する最高裁判例

信教の自由の保障の限界に関する最高裁判例としては、①加持祈祷事件(最大判昭38.5.15)、②自衛官合祀事件(最大判昭63.6.1)、③宗教法人オウム真理教解散命令事件(最決平8.1.30)、④剣道実技拒否事件(最判平8.3.8)がある。

136　第3章　基本的人権Ⅲ

判例 加持祈祷事件（最大判昭38.5.15）

〈事案〉

僧侶Xが、精神障害者Yの治療をその母から依頼され、❶加持祈祷行為として線香であぶったところ、暴れたので手足を縛り、さらに殴るなどして暴行を加えたところ、❷Yは急性心臓まひで死亡した。そこで、❸Xは傷害致死罪（刑法205条）で処罰された。

〈判旨〉

● 1　信教の自由の保障は絶対無制限のものか

▶ **絶対無制限のものではない。**

理由　① 基本的人権は、国民はこれを濫用してはならないのであって、常に公共の福祉のためにこれを利用する責任を負うべきことは憲法12条の定めるところであり、
② また同13条は、基本的人権は、公共の福祉に反しない限り立法その他の国政の上で、最大の尊重を必要とする旨を定めており、これら憲法の規定は、決して所論のような教訓的規定というべきものではなく、

結論　したがって、信教の自由の保障も絶対無制限のものではない。

● 2　僧侶の行為を傷害致死罪で処罰することは、信教の自由の保障に反するのか

▶ **保障に違反しない（合憲）。**

理由　僧侶Xの行為は、被害者Yの精神異常平癒を祈願するため、線香護摩による加持祈祷の行としてなされたものであるが、僧侶Xの加持祈祷行為は、一種の宗教行為としてなされたものであったとしても、それが**他人の生命、身体等に危害を及ぼす違法な有形力の行使に当る**ものであり、これにより被害者を死に致したものである以上、被告人の右行為が著しく反社会的なものであることは否定し得ないところであって、憲法20条1項の信教の自由の保障の限界を逸脱したものというほかはなく、 05 06

結論　僧侶Xの行為を刑法205条に該当するものとして処罰したことは、何ら憲法20条1項に反するものではない。 06

判例 自衛官合祀事件（最大判昭63.6.1）

〈事案〉

❶隊友会（自衛隊のOB会）が自衛隊地方連絡部（地連）の協力のもと行った合祀（他人の遺骨と一緒に埋葬すること）申請により、❷県の護国神社が殉職した自衛官の合祀をした。その結果、精神的苦痛を受けたとして、殉職自衛官の妻（キリスト教信者）が、損害賠償請求をした。

〈判旨〉（私人間効力）

● 静謐な宗教的環境の下で信仰生活を送るべき利益は法的利益か

▶ **法的利益として認めることができない（否定）**。

理由 ① 信教の自由の保障は、何人も自己の信仰と相容れない信仰をもつ者の信仰に基づく行為に対して、それが強制や不利益の付与を伴うことにより自己の信教の自由を妨害するものでない限り**寛容**であることを要請しているものというべきである。 07
② なぜなら、何人かをその信仰の対象とし、あるいは自己の信仰する宗教により何人かを追慕し、その魂の安らぎを求めるなどの宗教的行為をする自由は、誰にでも保障されているからである。

結論 原審が宗教上の人格権であるとする**静謐な宗教的環境**の下で信仰生活を送るべき利益なるものは、これを直ちに法的利益として認めることができない性質のものである。 07

〈解説〉 ① 原審（広島高判昭57.6.1）は、殉職自衛官の妻は合祀申請による夫の県護国神社への合祀によって静謐な宗教的環境の下で信仰生活を送るべき法的利益、すなわち宗教上の人格権を侵害されたと認定し、損害賠償を認めていた。しかし、本判決は、妻には本件において**何ら保護されるべき法的利益がなく、何らの法的利益も侵害されていない**として**損害賠償請求を否定した**。

②　合祀申請行為について、本判決は、宗教とのかかわり合いが間接的で、職員の宗教的意識もどちらかといえば希薄であり、その行為の態様からして国又はその機関として特定の宗教への関心を呼び起こし、あるいはこれを援助、助長、促進し、又は他の宗教に圧迫、干渉を加える効果をもつものと一般人から評価される行為とは認められず、憲法20条3項にいう宗教的活動に当たらないとしている※。　※ 政教分離に関する部分は出題がない。

〈語句〉●静謐な宗教的環境の下で信仰生活を送るべき利益とは、意訳すると自分の信仰生活を他の宗教に邪魔されないことを意味する。

判例　宗教法人オウム真理教解散命令事件（最決平8.1.30）

〈事案〉

❶東京都はオウム教団に対して宗教法人格を付与したが、サリン事件を起こしたことを理由として、❷監督官庁として東京地方裁判所に宗教法人の解散の請求を行い、❸東京地方裁判所は、宗教法人法81条に基づきオウム教団に対して解散命令（以下「本件解散命令」という）をした。これに対し、オウム教団は、本件解散命令は信者の信教の自由を侵害するから憲法20条に違反すると主張した。

〈判旨〉

● 1　宗教法人の解散命令の制度の目的は合理的か

Ⅲ▶ 合理的である。

理由　①　解散命令によって宗教法人が解散しても、信者は、法人格を有しない宗教団体を存続させ、あるいは、これを新たに結成することが妨げられるわけではなく、また、宗教上の行為を行い、その用に供する施設や物品を新たに調えることが妨げられるわけでもない。すなわち、解散命令は、信者の宗教上の行為を禁止したり制限したりする法的効果を一切伴わない。[08] [09]

②　もっとも、宗教法人の解散命令が確定したときはその清算手続が行われ、その結果、宗教法人に帰属する財産で礼拝施設その他の宗教上の行為の用に供していたものも処分されるから、これらの財産を用いて信者らが行っていた宗教上の行為を継続するのに何らかの支障を生ずることがあり得る。そこで、信教の自由の重要性に思いを致し、憲法がそのような規制を許容するものであるかどうかを慎重に吟味しなければならない。[08][09]

結論　上記のような観点から本件解散命令についてみると、宗教法人法81条に規定する宗教法人の解散命令の制度は、専ら宗教法人の世俗的側面を対象とし、かつ、専ら世俗的目的によるものであって、宗教団体や信者の精神的・宗教的側面に容かい（口出し）する意図によるものではなく、その制度の目的も合理的であるということができる。[08]

● 2　本件解散命令は、憲法20条1項に反するか

Ⅲ▶ 憲法20条1項に反しない（合憲）。

理由　①　本件解散命令によって宗教団体であるオウム真理教やその信者らが行う宗教上の行為の支障は、解散命令に伴う間接的で事実上のものであるにとどまるので、本件解散命令は、宗教団体であるオウム真理教やその信者らの精神的・宗教的側面に及ぼす影響を考慮しても、必要でやむを得ない法的規制である。

②　宗教上の行為の自由は、もとより最大限に尊重すべきものであるが、絶対無制限のものではない。[10]

結論　本件解散命令は、憲法20条1項に違背するものではない。[09][10]

- -

〈解説〉　①　「専ら宗教法人の世俗的側面を対象とし、かつ、専ら世俗的目的による」とは、「専ら宗教法人の宗教的側面を対象とせず、かつ、専ら宗教的目的よるものではない」という意味である。

②　「解散命令に伴う間接的で事実上のものであるにとどまる」とは、「解散命令に伴う直接的で法律上のものではない」という意味である。

③　本決定でいう法的効果（法律上の効果）とは、解散命令によって宗教上の行為が禁止・制限されることを意味し、事実上の効果とは、解散命令によって宗教施設がなくなる場合に、宗教上の行為がその宗教施設で行えなくなることを意味する。

| 判例 | 剣道実技拒否事件（最判平8.3.8） |

〈事案〉

神戸市立工業高等専門学校の生徒Xは、❶信仰上の理由から格闘技である剣道の実技の履修を拒否したため、必修である体育科目の修得認定を受けられず、❷2年連続して原級留置処分（いわゆる留年）を受け、❸さらにこれを理由に校長から退学処分を受けた。そこでこれらの処分の取消しを求めてXが出訴した。学校側は、履修拒否の真偽を確かめるためにXの信仰を調査することや、Xに対してだけ代替措置を講じることは困難であったことなどを反論として主張した。

〈判旨〉

● 1　原級留置処分・退学処分が違法と判断されるのはどのような場合か

▶ 裁量権の範囲を超え又は裁量権を濫用してされたと認められる場合に限り、違法と判断する。

| 理由 | 校長が学生に対し原級留置処分又は退学処分を行うかどうかの判断は、校長の合理的な教育的裁量にゆだねられるべきものであり、[11]　原則適法

| 結論 | 校長の裁量権の行使としての処分が、全く事実の基礎を欠くか又は社会観念上著しく妥当を欠き、裁量権の範囲を超え又は裁量権を濫用してされたと認められる場合に限り、違法であると判断すべきものである。[11]（イタッテ）

● 2　代替措置を採ることは憲法20条3項に違反するか※

▶ 憲法20条3項に違反しない（合憲）。※ 政教分離原則については本章 3 節「信教の自由②」で扱う。

| 基準適用 | 信仰上の真摯な理由から剣道実技に参加することができない学生に対し、代替措置として、例えば、他の体育実技の履修、レポートの提出等を求めた上で、その成果に応じた評価をすることが、その目的において宗教的意義を有し、特定の宗教を援助、助長、促進する効果を有するものということはできず、他の宗教者又は無宗教者に圧迫、干渉を加える効果があるともいえないのであって、[12]

| 結論 | およそ代替措置を採ることが、その方法、態様のいかんを問わず、憲法20条3項に違反するということはできない。[12]

● 3 公立学校が剣道実技を拒否する生徒の信仰を調査することは公教育の宗教的中立性に反しないか

||||▶ 宗教的中立性に反しない。

原則 公立学校において、学生の信仰を調査せん索し、宗教を序列化して別段の取扱いをすることは許されない。

例外 しかし、学生が信仰を理由に剣道実技の履修を拒否する場合に、学校がその理由の当否を判断するため、単なる怠学のための口実であるか、当事者の説明する宗教上の信条と履修拒否との合理的関連性が認められるかどうかを確認する程度の調査をすることが公教育の宗教的中立性に反するとはいえない。 [13]

● 4 生徒Xに対する原級留置処分・退学処分は違法か

||||▶ 裁量権の範囲を超え違法である（違法）。

理由 信仰上の理由による剣道実技の履修拒否を、正当な理由のない履修拒否と区別することなく、代替措置が不可能でもないのに何ら検討することもなく、原級留置処分や退学処分をしている。

結論 原級留置処分や退学処分は、考慮すべき事項を考慮せず、又は考慮された事実に対する評価が明白に合理性を欠き、社会観念上著しく妥当を欠く処分をしたものであり、裁量権の範囲を超える違法なものといわざるを得ない。 [11]

重要事項 一問一答

01 信教の自由を構成する3つの自由は？

①内心における信仰の自由、②宗教的行為の自由、③宗教的結社の自由

02 僧侶の加持祈祷行為を傷害致死罪で処罰することは、信教の自由の侵害とならないか？

侵害とならない（判例）。

03 静謐な宗教的環境の下で信仰生活を送るべき利益は法的な利益か？

法的な利益ではない（判例）。

04 宗教法人の解散命令は信教の自由を侵害するか？

侵害しない（判例）。

05 公立高等専門学校の校長が宗教上の理由により剣道の授業を拒否したことを理由として原級留置処分・退学処分を行ったことは校長の裁量の範囲内か？

校長の裁量の範囲を超えており違法である（判例）。

過去問チェック

01 憲法第20条第1項前段は、「信教の自由は、何人に対してもこれを保障する」と規定している。ここにいう信教の自由には、内心における信仰の自由及び宗教的行為の自由が含まれるが、宗教的結社の自由は、憲法第21条第1項で保障されていることから、信教の自由には含まれないと一般に解されている。

×（国般2017）「宗教的結社の自由は、憲法第21条第1項で保障されていることから、信教の自由には含まれないと一般に解されている」が誤り。

02 内心における信仰の自由とは、宗教を信仰し又は信仰しないこと、信仰する宗教を選択し又は変更することについて、個人が任意に決定する自由をいう。内心における信仰の自由の保障は絶対的なものであり、国が、信仰を有する者に対してその信仰の告白を強制したり、信仰を有しない者に対して信仰を強制したりすることは許されない。

○（国般2017）

03 宗教上の行為の自由は、内心における信仰の自由と異なり、公共の安全、公の秩序、公衆の健康若しくは道徳又は他の者の基本的な権利及び自由を保護するために必要な制約に服すると解されている。

○（税2012）

04 憲法第20条が保障する信教の自由とは内心における信仰の自由及び宗教的行為の自由のことであり、特定の宗教を宣伝し、又は共同で宗教的行為を行うことを目的とする団体を結成する自由（宗教的結社の自由）は同条から直接導き出せる権利ではないが、同条の精神に照らし、十分尊重しなければならないと一般に解されている。

×（国般2010）「特定の宗教を宣伝し、又は共同で宗教的行為を行うことを目的とする団体を結成する自由（宗教的結社の自由）は同条から直接導き出せる権利ではないが、同条の精神に照らし、十分尊重しなければならないと一般に解されている」が誤り。

05 最高裁判所の判例に照らすと、憲法は信教の自由を絶対無制限に保障しており、宗教行為として行われた加持祈祷は、その行為が他人の生命や身体などに危害を及ぼす違法な有形力を行使し死に致した場合であっても、信教の自由の保障の限界を逸脱したものとまではいえない。

×（区2007改題）全体が誤り。

2　信教の自由①　143

06 宗教行為として加持祈祷行為がなされた場合でも、それが他人の生命、身体等に危害を及ぼす違法な有形力の行使に当たるものであり、これにより被害者を死に至らしめた場合には、処罰の対象になり得る。

○（裁2003）

07 信教の自由の保障は、何人も自己の信仰と相容れない信仰を持つ者の信仰に基づく行為に対して、それが自己の信教の自由を妨害するものでない限り寛容であるべきことを要請しているが、他方、いわゆる宗教的人格権である静謐な宗教的環境の下で信仰生活を送るべき利益も法的利益として認められるとするのが判例である。

×（税2012）「いわゆる宗教的人格権である静謐な宗教的環境の下で信仰生活を送るべき利益も法的利益として認められるとするのが判例である」が誤り。

08 宗教法人の解散命令の制度は、専ら世俗的目的によるものであって、宗教団体や信者の精神的・宗教的側面に容かいする意図によるものではなく、信者の宗教上の行為を禁止ないし制限する法的効果を一切伴わないものであるから、信者の宗教上の行為に何らの支障も生じさせるものではない。

×（裁2015）「信者の宗教上の行為に何らの支障も生じさせるものではない」が誤り。

09 宗教法人法上の解散命令によって、宗教法人が解散すると、その清算手続が行われ、宗教上の行為の用に供していた宗教法人の財産も処分されることになるから、信者らが行っていた宗教上の行為を継続するのに何らかの支障が生ずることはあり得るけれども、その解散命令自体は、信者の宗教上の行為を禁止したり制限したりする法的効果を一切伴うものではないため、信教の自由に対する制限として憲法適合性が問題となる余地はない。

×（裁2017）「信教の自由に対する制限として憲法適合性が問題となる余地はない」が誤り。

10 宗教上の行為の自由は、信仰の自由と異なり、公共の安全や他の者の基本的な権利及び自由を保護するために必要な制約に服するが、その制約は必要最小限度のものでなければならず、宗教法人の解散を命ずることは、信者の宗教上の行為に重大な支障が生じ、憲法第20条第1項に反し許されない。

×（税2015）「宗教法人の解散を命ずることは、信者の宗教上の行為に重大な支障が生じ、憲法第20条第1項に反し許されない」が誤り。

11 市立高等専門学校の校長が、信仰上の真摯な理由により剣道実技の履修を拒

否した学生に対し、代替措置について何ら検討することもなく、必修である体育科目の修得認定を受けられないことを理由として2年連続して原級留置処分をし、さらに、それを前提として退学処分をしたとしても、これらの処分は、校長の教育的裁量に委ねられるべきものであるため、社会通念上著しく妥当性を欠き、裁量権の範囲を超える違法なものであるということはできない。

×（税2016）「社会通念上著しく妥当性を欠き、裁量権の範囲を超える違法なものであるということはできない」が誤り。

12 公立学校において、信仰する宗教の教義に基づいて必修科目である剣道実技の履修を拒否する生徒に対し、他の体育実技の履修、レポート提出等の代替措置を課した上で、その成果に応じた評価を行い単位の認定をすることは、特定の宗教を援助、助長、促進する効果を有するものであり、憲法第20条第3項に違反する。

×（税2001）「特定の宗教を援助、助長、促進する効果を有するものであり、憲法第20条第3項に違反する」が誤り。

13 公立学校において、学生が信仰を理由に剣道実技の履修を拒否する場合であっても、その理由の当否は外形的事情により判断すべきであって、当事者の説明する宗教上の信条と履修拒否との合理的関連性が認められるかどうかを確認する調査は、公教育の宗教的中立性に反するものであるから許されない。

×（裁2015）「その理由の当否は外形的事情により判断すべきであって、当事者の説明する宗教上の信条と履修拒否との合理的関連性が認められるかどうかを確認する調査は、公教育の宗教的中立性に反するものであるから許されない」が誤り。

A 明治憲法下においても信教の自由は保障されていたが、日本国憲法とは異なり、法律の範囲内において保障されていたにすぎない。

×（国般2004）「法律の範囲内において保障されていたにすぎない」が誤り。

第3章 精神的自由権

2 信教の自由① 145

国般★★☆／国専★★★／裁判所★★☆／特別区★★☆／地上★☆☆

3 信教の自由②

本節では、「信教の自由」のうち、②政教分離原則について学習します。政教分離原則については、その法的性格や分離の程度、違反かどうかの判断基準について学説が対立しており、また多くの裁判例が存在する分野でもあります。

1 政教分離原則（20条1項後段、3項、89条前段）

1 総説

第20条【信教の自由】
① 信教の自由は、何人に対してもこれを保障する。いかなる宗教団体も、国から特権を受け、又は政治上の権力を行使してはならない。
③ 国及びその機関は、宗教教育その他いかなる宗教的活動もしてはならない。

第89条【公の財産の支出又は利用の制限】
公金その他の公の財産は、宗教上の組織若しくは団体の使用、便益若しくは維持のため、（又は公の支配に属しない慈善、教育若しくは博愛の事業に対し、）これを支出し、又はその利用に供してはならない。

意義 政教分離とは、国家（地方公共団体も含む。以下「公権力」と表記）の非宗教性ないし宗教的中立性を意味し、憲法は、①政治面として、宗教団体に対する特権付与の禁止、公権力による宗教的活動の禁止を規定し（20条1項後段、3項）、②財政面として、公の財産を宗教上の組織・団体のために支出・利用に供することの禁止を規定している（89条前段）。

趣旨 信教の自由を無条件に保障し、更にその保障を一層確実なものとするため政教分離規定を設けた（最大判昭52.7.13、津地鎮祭事件）。

2 政教分離原則の法的性格と「政教分離」の在り方

① 法的性格

問題点 政教分離原則は、人権なのか。

A説 間接的に信教の自由の保障を確保する制度的保障である（制度的保障説）（判例）。 01

146 第3章 基本的人権Ⅲ

政教分離に反する公権力の行為に対して、法律に特別の規定がない限り訴訟を提起することができない※。　※ 政教分離に違反する公権力の行為が、個人の信教の自由を侵害する態様の場合には、信教の自由の侵害として訴訟を提起することができる。

理由　政教分離原則は、公権力に対して宗教的中立性を求めるものであり、個人の権利を直接保障するものではない。

B説　**発展** 政教分離原則は、信教の自由を強化ないし拡大する人権である（人権説）。

政教分離原則に反する公権力の行為は、政教分離という人権を侵害するものとして、直ちに訴訟を提起することが可能となる。

理由　政教分離原則違反により信教の自由に対して間接的圧迫が生じるので、信教の自由を強化するには、政教分離原則を人権と捉えるべきである。

〈解説〉　制度的保障とは、基本的人権には属さないが、一定の制度（客観的制度）を保障することによって、間接的に特定の人権の保障をより強固にする保障のあり方をいう。この点、判例は、国家と宗教との分離を制度として保障し、もって間接的に信教の自由を保障しようとする規定であるとしている。

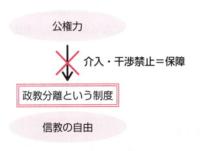

【判例のイメージ図】

② 「政教分離」の在り方（分離の程度）

問題点　政教分離原則を厳格に解すべきか。

結論　国家と宗教とのかかわり合いを一切禁止するものではなく、宗教とのかかわり合いがある行為の目的及び効果にかんがみ、そのかかわり合いが相当とされる限度を超えるものと認められる行為が禁止される（相当分離説）（判例）。 02

理由　宗教は、多方面にわたる外部的な社会事象としての側面を伴い、教育、福祉、文化、民俗風習など広汎な場面で社会生活と接触することになるので、国家と宗教との完全な分離を実現することは、実際上不可能に近く、政教分離原則を完全に貫こうとすれば、かえって社会生活の各方面に不合

3　信教の自由②　147

理な事態を生ずることを免れない。

　例えば、特定宗教と関係のある私立学校に対し一般の私立学校と同様の助成をする。文化財である神社、寺院の建築物や仏像等の維持・保存のため国が宗教団体に補助金を支出している。

③ 政教分離違反の判断基準（目的効果基準）

問題点　宗教とのかかわり合いが相当とされる限度を超えているか否かをどのように判断するのか。

結論　政教分離違反が問題とされる公権力の行為につき、①その目的が宗教的意義をもち、かつ、②その効果が宗教に対する援助、助長、促進または圧迫、干渉等になる場合に、公権力の行為が宗教とのかかわり合いが相当とされる限度を超え、禁止される宗教的活動（20条3項）や公金支出（89条）に当たると判断される（目的効果基準）。02

発展　例えば、寺院が所有する建築物が文化財として指定されている場合、その建築物の維持・保存を図るための修繕費を補助金として支出することは、目的が文化財保護であり宗教的意義をもたず、特定の宗教に対する援助、助長又は促進にならないので、憲法20条3項及び89条に違反しないことになる。A

理由　社会生活上における公権力と宗教とのかかわり合いの問題なので、公権力の行為の外形的側面のみにとらわれることなく、諸般の事情を考慮し、社会通念に従って、客観的に判断しなければならない。

【目的効果基準の使い方】

公権力の行為が「宗教的活動」にあたるためには、
　① 目的：宗教的意義をもち、かつ
　② 効果：宗教に対する援助、助長、促進または圧迫、干渉等になる必要がある。
　①と②の基準双方に該当してはじめて禁止される宗教的活動にあたり、①もしくは②のどちらか一方では「宗教的活動」にはあたらない。

2　政治面での結び付きの禁止①（20条1項後段、特権付与の禁止）

第20条【特権の付与の禁止】
① 信教の自由は、何人に対してもこれを保障する。いかなる宗教団体も、国から特権を受け、又は政治上の権力を行使してはならない。

意義　本条は、宗教団体が国から特権を受けることを禁止するとともに、宗教団

体が政治上の権力を行使することを禁止している。

趣旨 国の宗教的中立性を維持するために、規定された。

〈解説〉 **発展** 本規定は、特定の宗教団体に対し他の宗教団体から区別して特権を付与することを禁止しているが、宗教団体すべてに対し宗教団体以外の他の団体から区別して特権を与えることも禁止していると解されている。**B**

例えば、宗教法人に対する非課税措置は、公益法人等に対する免税措置の一環として行われていれば問題ないが、他の公益法人にはない免税措置を行うと、特権に当たる可能性がある。

〈語句〉 ●宗教団体とは、特定の宗教の信仰、礼拝又は普及等の宗教的活動を行うことを本来の目的とする組織ないし団体を指す。

3 政治面での結び付きの禁止②（20条3項）

第20条【宗教的活動の禁止】
③ 国及びその機関は、宗教教育その他いかなる宗教的活動もしてはならない。

意義 本条は、公権力による宗教教育・宗教的活動を禁止した。

趣旨 国の宗教的中立性を維持するために、規定された。

1 宗教教育の禁止

公権力は、「宗教教育」を行うことが禁止される。これは、特定の宗教のための宗教教育を行うことを憲法上禁止するものであり、例えば国公立学校において、宗教の社会生活上の意義を解明し、一般に宗教を研究し教授することは禁止されていないと解されている。**03**

2 宗教的活動の禁止

①「宗教的活動」の意義

意義 判例は、前述の制度的保障説及び相当分離説の立場に立ったうえで、宗教的活動とは、当該行為の目的が宗教的意義をもち、その効果が宗教に対する援助、助長、促進又は圧迫、干渉等になるような行為をいうとしている（最大判昭52.7.13、津地鎮祭事件）。

②「宗教的活動」に当たるか否かの判断基準

判例は、公権力による宗教とのかかわり合いがある行為が「宗教的活動」にあたる

3 信教の自由② 149

かにつき、上記の目的効果基準を判断基準として採用しているが、近年、目的効果基準を用いない判例も出されている(後述)。

4 宗教的活動(20条3項)が問題となった最高裁判例

宗教的活動が問題となった最高裁の判例としては、①地鎮祭費用を公金から支出したことが問題となった津地鎮祭事件(最大判昭52.7.13)、 発展 ②市有地の無償使用が問題となった大阪地蔵訴訟(最判平4.11.16)、③忠魂碑の移設と移転用地の無償貸与が問題となった箕面忠魂碑訴訟(最判平5.2.16)、④玉串料等を公金から支出したことが問題となった愛媛玉串料訴訟(最大判平9.4.2)、⑤県知事の大嘗祭への参列が問題となった鹿児島県大嘗祭事件(最判平14.7.11)、 発展 ⑥孔子廟の設置の許可と使用料の免除が問題となった孔子廟訴訟(最大判令3.2.24)がある。

判例 津地鎮祭事件(最大判昭52.7.13)

〈事案〉

❶三重県津市が市体育館の起工式を神式(地鎮祭)で行い、❷その費用として神官への謝礼を公金から支出した行為が、憲法が禁止する政教分離原則に反するかが問題となった。

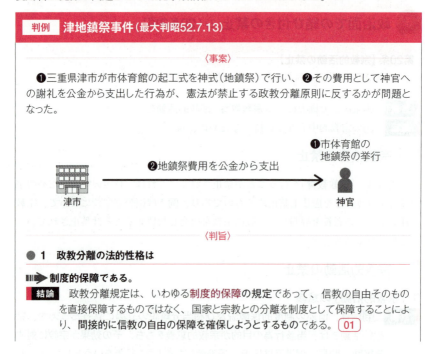

〈判旨〉

● 1 政教分離の法的性格は

▶ 制度的保障である。

結論 政教分離規定は、いわゆる制度的保障の規定であって、信教の自由そのものを直接保障するものではなく、国家と宗教との分離を制度として保障することにより、間接的に信教の自由の保障を確保しようとするものである。 01

● 2 政教分離の程度は

▸ **相当とされる限度を超えるものと認められる場合に許さない（相当分離説）。**

理由 政教分離原則は、国家が宗教的に中立であることを要求するものではあるが、国家が宗教とのかかわり合いをもつことを全く許さないとするものではなく、02 04

結論 宗教とのかかわり合いをもたらす行為の目的及び効果にかんがみ、そのかかわり合いが諸条件に照らし相当とされる限度を超えるものと認められる場合にこれを許さないとするものである。02

● 3 憲法20条3項の「宗教的活動」の意義は

▸ **当該行為の目的が宗教的意義をもち、その効果が宗教に対する援助、助長、促進又は圧迫、干渉等になるような行為をいう。**

理由 政教分離の意義に照らしてこれをみれば、およそ国及びその機関の活動で宗教とのかかわり合いをもつすべての行為を指すものではなく、そのかかわり合いが相当とされる限度を超えるものに限られるというべきであって、

結論 宗教的活動とは、当該行為の目的が宗教的意義をもち、その効果が宗教に対する援助、助長、促進又は圧迫、干渉等になるような行為をいうものと解すべきである。05

● 4 宗教的活動に該当するかどうかの判断基準 /発展

▸ **諸般の事情を考慮し、社会通念に従って、客観的に判断する。**

基準 ある行為が宗教的活動に該当するかどうかを検討するにあたっては、当該行為の主宰者が宗教家であるかどうか、その順序作法（式次第）が宗教の定める方式に則ったものであるかどうかなど、当該行為の外形的側面のみにとらわれることなく、当該行為の行われる場所、当該行為に対する一般人の宗教的評価、当該行為者が当該行為を行うについての意図、目的及び宗教的意識の有無、程度、当該行為の一般人に与える効果、影響等、諸般の事情を考慮し、社会通念に従って、客観的に判断しなければならない。C

● 5 本件起工式は「宗教的活動」にあたるか

▸ **あたらない（合憲）。**

基準適用 本件起工式は、宗教とかかわり合いをもつものであることを否定しえないが、その目的は建築着工に際し土地の平安堅固、工事の無事安全を願い、社会の一般的慣習に従った儀礼を行うという専ら世俗的なものと認められ、その効果は神道を援助、助長、促進し又は他の宗教に圧迫、干渉を加えるものとは認められないのであるから、　　合憲

結論 憲法20条3項で禁止される宗教的活動にあたらない。04

3 信教の自由② 151

> **判例** 箕面忠魂碑訴訟（最判平5.2.16）

〈事案〉

　市が小学校増改築により忠魂碑の移設が必要となり、❶公費で移転用地を取得して移転させたうえ、❷碑を管理する遺族会に移転用地（市有地）を無償で貸与した行為、❸遺族会の下部組織である地区遺族会が神式又は仏式で挙行した忠魂碑前での慰霊祭に市の教育長が参列した行為が政教分離に反するかが問題となった事件である。

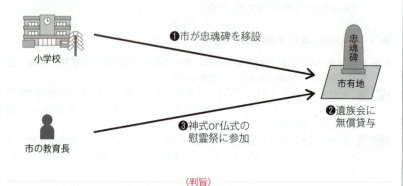

〈判旨〉

● 1　忠魂碑の性格は何か

▶▶▶ **戦没者記念碑的な性格のもの。**

結論　旧忠魂碑は、戦没者の慰霊、顕彰のために設けたもので、**戦没者記念碑的な性格のものであり**、本件移設・再建後の本件忠魂碑も同様の性格を有し、**特定の宗教とのかかわりは希薄である**。 06　07

● 2　遺族会は宗教的活動を目的とする団体か

▶▶▶ **宗教的活動を本来の目的とする団体ではない。**

結論　本件忠魂碑を所有・維持管理する遺族会は、戦没者遺族の相互扶助・福祉向上と英霊の顕彰を主たる目的として活動している団体であり、**宗教的活動を本来の目的とする団体ではない**。 06

● 3 　忠魂碑の移設・移転の各行為は宗教的活動に当たるか

▶宗教的活動に当たらない（合憲）。

基準適用 ① 　各行為の目的は、小学校の校舎の建替え等のため、公有地上に存する戦没者記念碑的な性格を有する施設を他の場所に移設し、その敷地を学校用地として利用することを主眼とするもので、専ら世俗的なものと認められる。
② 　その効果も、特定の宗教を援助、助長、促進し又は他の宗教に圧迫、干渉を加えるものとは認められない。 06

結論 　各行為は、我が国の社会的、文化的諸条件に照らし、宗教とのかかわり合いの程度が信教の自由の保障の確保との関係で相当とされる限度を超えるとは認められず、憲法20条3項により禁止される宗教的活動には当たらない。 06 07

● 4 　忠魂碑前で神式又は仏式で挙行した慰霊祭に市の教育長が参列した行為が政教分離原則に違反するか

▶違反しない（合憲）。

基準適用 ① 　慰霊祭への参列の目的は、地元の戦没者の慰霊、追悼のための宗教的行事に際し、戦没者遺族に対する社会的儀礼を尽くすという、専ら世俗的なものである。
② 　その効果も、特定の宗教に対する援助、助長、促進又は圧迫、干渉等になるような行為とは認められない。

結論 　本件各慰霊祭への参列は、宗教とのかかわり合いの程度が我が国の社会的、文化的諸条件に照らし、信教の自由の保障の確保という制度の根本目的との関係で相当とされる限度を超えるものとは認められず、憲法上の政教分離原則及びそれに基づく政教分離規定に違反するものではないと解するのが相当である。 07

判例 　**愛媛玉串料訴訟**（最大判平9.4.2）

〈事案〉

　愛媛県が、靖国神社又は護国神社の挙行する例大祭等へ数回にわたり玉串料等を奉納するため公金を支出したことの違法性（政教分離原則に反するか）が問題となった事件である（本判決は津地鎮祭事件を踏まえていることから同判例で問題となった論点は割愛する）。

愛媛県

●玉串料等を公金から支出した

靖国神社・護国神社

〈判旨〉

● 1 　一般人の意識において玉串料等の奉納は宗教的意義を有するか

▶▶▶ **宗教的意義を有する。**

理由 　神社自体がその境内において挙行する恒例の重要な祭祀に際して右のような玉串料等を奉納することは、建築主が主催して建築現場において土地の平安堅固、工事の無事安全等を祈願するために行う儀式である起工式の場合とは異なり、時代の推移によって既にその宗教的意義が希薄化し、慣習化した社会的儀礼にすぎないものになっているとまでは到底いうことができず、一般人が本件の玉串料等の奉納を社会的儀礼の一つにすぎないと評価しているとは考え難いところである。 08 09

結論 　玉串料等の奉納者においても、それが宗教的意義を有するものであるという意識を大なり小なり持たざるを得ない。

● 2 　玉串料等の奉納は一般人に対して特定宗教への関心を呼び起こす効果を持つか

▶▶▶ **効果を持つ。**

理由 　県が他の宗教団体の挙行する同種の儀式に対して同様の支出をした事実がうかがわれないので、県が特定の宗教団体との間にのみ意識的に特別のかかわり合いを持ったことは否定できない。

結論 　本件のように玉串料等を奉納する形で特別のかかわり合いを持つことは、一般人に対して、県が当該特定の宗教団体を特別に支援しており、それらの宗教団体が他の宗教団体とは異なる特別のものであるとの印象を与え、特定の宗教への関心を呼び起こすものといわざるを得ない。 08

● 3 　玉串料等の奉納は宗教的活動に当たるか

▶▶▶ **宗教的活動に当たる（違憲）。**

基準適用 　県が靖国神社等に対して玉串料等を奉納したことは、その目的が宗教的意義を持つことを免れず、その効果が特定の宗教に対する援助、助長、促進になると認めるべきであり、 10

結論 　① 　これによってもたらされる県と靖国神社等とのかかわり合いが我が国の社会的・文化的諸条件に照らし相当とされる限度を超えるものであって、憲法20条3項の禁止する宗教的活動に当たる（同条項に違反する）。 08 10
　　　　② 　玉串料等を奉納するための公金支出は、同条項の禁止する宗教的活動を行うためにしたものとして、違法というべきである。 09

〈解説〉　判例は、①目的効果基準を採用し、②玉串料等を奉納するための公金支出は憲法89条にも反するとしている。 10

154　第3章　基本的人権Ⅲ

判例　鹿児島県大嘗祭事件（最判平14.7.11）

〈事案〉

❶皇居で行われた大嘗祭に、❷鹿児島県知事が参列したことが政教分離原則に反しないかが問題となった事件である（本判決は津地鎮祭事件を踏まえていることから同判例で問題となった論点は割愛する）。

〈判旨〉

● 1　大嘗祭へ参列し拝礼した行為は、宗教とかかわり合いを持つものか

▶ **宗教とかかわり合いを持つものである。**

理由　大嘗祭は、神道施設が設置された大嘗宮において、神道の儀式にのっとり行われたのであるから、

結論　鹿児島県知事がこれに参列し拝礼した行為は、**宗教とかかわり合いを持つもの**である。

● 2　大嘗祭への参列は政教分離原則に違反するか

▶ **違反しない（合憲）。**

事実　①　大嘗祭は、皇位継承の際に通常行われてきた**皇室の重要な伝統儀式**である。
　　　　②　知事は、三権の長、国務大臣、各地方公共団体の代表等と共に参列して拝礼したにとどまる。
　　　　③　大嘗祭への参列は、地方公共団体の長という公職にある者の社会的儀礼として、天皇の即位に祝意を表する目的で行われた。

基準適用　大嘗祭への参列の**目的**は、天皇の即位に伴う皇室の伝統儀式に際し、日本国及び日本国民統合の象徴である**天皇に対する社会的儀礼を尽くすもの**であり、その**効果**も、**特定の宗教に対する援助、助長、促進又は圧迫、干渉になる**ようなものではない。

結論　大嘗祭への参列は、宗教とのかかわり合いの程度が我が国の社会的、文化的諸条件に照らし、信教の自由の保障の確保という制度の根本目的との関係で相当とされる限度を超えるものとは認められず、**憲法上の政教分離原則及びそれに基づく政教分離規定に違反するものではない**と解するのが相当である。

5 財政面での結び付きの禁止（89条前段）

第89条【公の財産の支出又は利用の制限】
　公金その他の公の財産は、宗教上の組織若しくは団体の使用、便益若しくは維持のため、又は公の支配に属しない慈善、教育若しくは博愛の事業に対し、これを支出し、又はその利用に供してはならない。

意義　本条は、公の財産を宗教上の組織又は団体の使用、便益若しくは維持のために支出し、又はその利用に供してはならないとして、政教分離の財政面を規定している。

趣旨　国家が宗教的に中立であることを要求するいわゆる政教分離の原則を、公の財産の利用提供等の財政的な側面において徹底させるところにあり、これによって、憲法20条1項後段の規定する宗教団体に対する特権の付与の禁止を財政的側面からも確保し、信教の自由の保障を一層確実なものにしようとしたものである（最大判平22.1.20、空知太神社訴訟）。

6 財政面（89条）が問題となった最高裁判例

　従来、判例は津地鎮祭事件（最大判昭52.7.13）で示された目的効果基準を採用してきたが、空知太神社訴訟（最大判平22.1.20）では、「施設の性格や無償提供の経緯、一般人の評価などの諸般の事情を考慮し、社会通念に照らして総合判断する」との新しい基準を示している。もっとも、その後の白山ひめ神社訴訟（最判平22.7.22）では、目的効果基準を用いて判断している。

判例 空知太神社訴訟（最大判平22.1.20）

〈事案〉

北海道砂川市は、町内会（管理は氏子集団）に対して、❶市有地を神社施設の敷地として無償で使用させていた（以下「本件利用提供行為」という）。これが憲法89条及び20条1項後段に違反するか否かが問題となった。

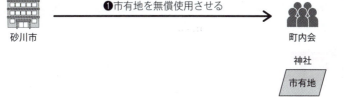

〈判旨〉

● 1　憲法89条の政教分離の程度は

▶ 相当とされる限度を超えると認められる場合に許さない（相当分離説）。

理由　国家と宗教とのかかわり合いには種々の形態があり、およそ国又は地方公共団体が宗教との一切の関係を持つことが許されないというものではない。

結論　憲法89条も、公の財産の利用提供等における宗教とのかかわり合いが、我が国の社会的、文化的諸条件に照らし、信教の自由の保障の確保という制度の根本目的との関係で相当とされる限度を超えると認められる場合に、これを許さないとするものと解される。

● 2　政教分離原則に違反するか否かの判断基準は

▶ 諸般の事情を考慮し、社会通念に照らして総合的に判断すべき。

基準　国公有地が無償で宗教的施設の敷地としての用に供されている状態が、上記の根本目的との関係で相当とされる限度を超えて憲法89条に違反するか否かを判断するに当たっては、当該宗教的施設の性格、当該土地が無償で当該施設の敷地としての用に供されるに至った経緯、当該無償提供の態様、これらに対する一般人の評価等、諸般の事情を考慮し、社会通念に照らして総合的に判断すべきものと解するのが相当である。 12 13

● 3　本件利用提供行為は政教分離原則に違反するか

▶▶▶ **違反する（違憲）**。

基準適用 社会通念に照らして総合的に判断すると、本件利用提供行為は、市と神社ないし神道とのかかわり合いが、我が国の社会的、文化的諸条件に照らし、信教の自由の保障の確保という制度の根本目的との関係で相当とされる限度を超えている。[13]　目的効果基準論 ×

結論 本件利用提供行為は、憲法89条の禁止する公の財産の利用提供に当たり、ひいては憲法20条１項後段の禁止する宗教団体に対する特権の付与にも該当する。[13]　　違憲

判例　冨平神社訴訟（最大判平22.1.20）

〈事案〉

❶町内会が戦前に教員用住宅用地として砂川市に土地を寄付したが、❷不要になったので共同目的のために貸し出されたため、❸町内会がその土地の上に冨平神社を設置した。そこで、市が、❹冨平神社の敷地となっている市有地を町内会に無償で譲与（贈与）した行為（以下「本件譲与」という）について、政教分離原則（20条3項、89条）に違反しないかが問題となった。

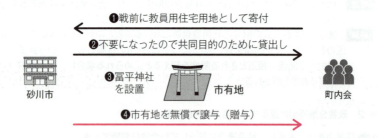

〈判旨〉

● **本件譲与は憲法20条3項及び89条に違反しないか**

▶ **違反しない（合憲）。**

理由　① 市有地に建っているのは神道の神社施設で、神道の方式にのっとった宗教的行事が行われており、市有地の提供行為をそのまま継続することは、一般人の目から見て、市が特定の宗教に対して特別の便益を提供し、これを援助していると評価されるおそれがあった。

② 本件譲与は、市が、監査委員の指摘を考慮し、憲法の趣旨に適合しないおそれのある状態を是正解消するために行ったものである。 14

③ 市有地は、もともと町内会の前身の団体から戦前に小学校の教員住宅用地として寄付されたものであるが、戦後、教員住宅の取壊しに伴いその用途が廃止されたものである。

結論　以上の事情を考慮し、社会通念に照らして総合的に判断すると、本件譲与は、市と本件神社ないし神道との間に、我が国の社会的、文化的諸条件に照らし、信教の自由の保障の確保という制度の根本目的との関係で相当とされる限度を超えるかかわり合いをもたらすものということはできず、憲法20条3項、89条に違反するものではない。 14

〈解説〉　本判決も目的効果基準を採用していないが、空知太神社訴訟（最大判平22.1.20）とは異なり、政教分離原則に違反するか否かの判断基準を示すことなく、事案の検討を行っている。

重要事項 一問一答

01 政教分離原則とは？

国家（地方公共団体を含む）の非宗教性ないし宗教的中立性を意味する。

02 政教分離原則の法的性格は？

制度的保障である（判例）。

03 政教分離原則について判例はどのような行為が憲法上禁止されると考えているか？

行為の目的と効果にかんがみ、そのかかわり合いが相当とされる限度を超えるものと認められる行為が憲法上禁止される（相当分離説）。

04 津地鎮祭事件最高裁判決で用いられた審査基準は？

目的効果基準である。

05 箕面市による忠魂碑の移設・移転の各行為は20条3項の「宗教的活動」に当たるか？

当たらない（合憲）。

第3章　精神的自由権

3　信教の自由② 159

06 愛媛県による玉串料等の奉納は一般人から見て社会的儀礼にすぎないと評価されていると考えられるか？

一般人が玉串料等の奉納を社会的儀礼の一つにすぎないと評価しているとは考え難い(判例)。

07 愛媛県による玉串料等の奉納は憲法20条3項の「宗教的活動」に当たるか？

当たる(違憲)。

08 鹿児島県知事の大嘗祭への参列は政教分離に違反するか？

違反しない(合憲)。

09 空知太神社訴訟最高裁判決で用いられた審査基準は？

諸般の事情を考慮し、社会通念に照らして総合的に判断する基準である。

10 砂川市が富平神社の敷地を町内会に無償譲与したことは政教分離に違反するか？

違反しない(合憲)。

過去問チェック

01 憲法第20条第3項の定める政教分離の原則は、国家と宗教との分離を制度として保障するもので、私人に対して信教の自由そのものを直接保障するものではないから、この規定に違反する国又はその機関の宗教的活動も、憲法が保障している信教の自由を直接侵害するに至らない限りは、私人に対する関係では当然に違法と評価されるものではない。

○ (国般2001)

02 政教分離原則は、国家が宗教的に中立であることを要求するものではあるが、国家が宗教とのかかわり合いを持つことを全く許さないとするものではなく、宗教とのかかわり合いをもたらす行為の目的及び効果にかんがみ、そのかかわり合いが相当の限度を超える場合に許さないとするのが判例である。

○ (国般2004)

03 憲法20条3項は国が宗教教育を行うことを禁止するが、国が、宗教の社会生活上の意義を明らかにし、宗教に関する寛容の態度を養うことを目的とする教育を行うことは禁止していない。

○ (裁2003)

04 地方公共団体が、神式にのっとり挙行された市の体育館の起工式に当たり、神官への謝礼や供物代金として公金を支出したことは、宗教との一切のかかわりを否定する政教分離の原則に反し、違憲であるとするのが判例である。

160 第3章 基本的人権Ⅲ

×（税2010）「宗教との一切のかかわりを否定する政教分離の原則に反し、違憲であるとするのが判例である」が誤り。

05 最高裁判所の判例に照らすと、政教分離の原則に基づき、憲法により禁止される国及びその機関の宗教的活動には、宗教の教義の宣布、信者の教化育成等の活動だけでなく、宗教上の祝典、儀式、行事等を行うこともそれ自体で当然に含まれる。

×（区2003改題）「宗教上の祝典、儀式、行事等を行うこともそれ自体で当然に含まれる」が誤り。

06 最高裁判所の判例に照らすと、市が忠魂碑の存する公有地の代替地を買い受けて当該忠魂碑を移設、再建し、当該忠魂碑を維持管理する戦没者遺族会に対し当該代替地を無償貸与した行為は、当該忠魂碑が宗教的性格のものであり、当該戦没者遺族会が宗教的活動をすることを本来の目的とする団体であることから、特定の宗教を援助、助長、促進するものと認められるため、憲法の禁止する宗教的活動に当たる。

×（区2017改題）「当該忠魂碑が宗教的性格のものであり、当該戦没者遺族会が宗教的活動をすることを本来の目的とする団体であることから、特定の宗教を援助、助長、促進するものと認められるため、憲法の禁止する宗教的活動に当たる」が誤り。

07 市が忠魂碑の存する公有地の代替地を買い受けて当該忠魂碑の移設・再建をした行為は、当該忠魂碑が宗教的施設ではないことなどから、憲法第20条第3項の宗教的活動には当たらない。しかし、当該忠魂碑を維持管理する戦没者遺族会の下部組織である地区遺族会が当該忠魂碑前で神式又は仏式で挙行した慰霊祭に市の教育長が参列した行為は、政教分離原則に違反する。

×（税2018）「政教分離原則に違反する」が誤り。

08 最高裁判所の判例に照らすと、県が、神社の挙行した例大祭等に際し、玉串料、献灯料又は供物料をそれぞれ県の公金から支出して神社へ奉納したことは、玉串料等の奉納が慣習化した社会的儀礼にすぎないものであり、一般人に対して県が特定の宗教団体を特別に支援している印象を与えるものではなく、また、特定の宗教への関心を呼び起こすものとはいえないので、憲法の禁止する宗教的活動には当たらない。

×（区2012改題）「玉串料等の奉納が慣習化した社会的儀礼にすぎないものであり、一般人に対して県が特定の宗教団体を特別に支援している印象を与えるものではなく、また、特定の宗教への関心を呼び起こすものとはいえないので、憲法の禁止する宗教的活動には当たらない」が誤り。

09 玉串料等を奉納することは、建築着工の際に行われる起工式の場合と同様に、時代の推移によって既にその宗教的意義が希薄化し、一般人の意識において慣習化した社会的儀礼にすぎないものになっていると評価することができるため、県が靖国神社等に対して玉串料等を公金から支出したことは憲法第20条第3項に違反しない。

× (税2016) 全体が誤り。

10 県知事が、神社が挙行する例大祭に対し玉串料を県の公金から支出する行為に関し、神社の参拝の際に玉串料を奉納することは、特定の宗教に対する援助、助長、促進又は他の宗教への圧迫、干渉にはならないから、憲法第20条第3項及び第89条に違反しない。

× (国般2001改題)「特定の宗教に対する援助、助長、促進又は他の宗教への圧迫、干渉にはならないから、憲法第20条第3項及び第89条に違反しない」が誤り。

11 知事が大嘗祭に参列した行為は、それが地方公共団体の長という公職にある者の社会的儀礼として、天皇の即位に伴う皇室の伝統儀式に際し、日本国及び日本国民統合の象徴である天皇の即位に祝意を表する目的で行われたものであるとしても、大嘗祭が神道施設の設置された場所において神道の儀式にのっとり行われたことに照らせば、宗教との過度の関わり合いを否定することはできず、憲法第20条第3項に違反するとするのが判例である。

× (国般2017)「宗教との過度の関わり合いを否定することはできず、憲法第20条第3項に違反するとするのが判例である」が誤り。

12 国公有地が無償で宗教的施設の敷地としての用に供されている状態が、信教の自由の保障の確保という制度の根本目的との関係で相当とされる限度を超えて憲法89条に違反するか否かを判断するに当たっては、当該宗教的施設の性格、当該土地が無償で当該施設の敷地としての用に供されるに至った経緯、当該無償提供の態様、これらに対する一般人の評価等、諸般の事情を考慮し、社会通念に照らして総合的に判断すべきものと解するのが相当である。

○ (裁2017)

13 最高裁判所の判例に照らすと、市が連合町内会に対し、市有地を無償で神社施設の敷地として利用に供している行為は、当該神社施設の性格、無償提供の態様等、諸般の事情を考慮して総合的に判断すべきものであり、市と神社ないし神道とのかかわり合いが、我が国の社会的、文化的諸条件に照らし、相当とされる限度を

162　第3章　基本的人権Ⅲ

超えるものではなく、憲法の禁止する宗教団体に対する特権の付与に該当しない。

× (区2017改題)「相当とされる限度を超えるものではなく、憲法の禁止する宗教団体に対する特権の付与に該当しない」が誤り。

14 市が町内会に対し無償で神社施設の敷地としての利用に供していた市有地を当該町内会に譲与したことは、当該譲与が、市の監査委員の指摘を考慮し、当該神社施設への市有地の提供行為の継続が憲法の趣旨に適合しないおそれのある状態を是正解消するために行ったものであっても、憲法第20条第3項及び第89条に違反するとするのが判例である。

× (国般2017)「憲法第20条第3項及び第89条に違反するとするのが判例である」が誤り。

A ある寺院が所有する建築物が文化財として指定されている場合であっても、その建築物の維持・保存を図るための修繕費を補助金として支出することは、特定の宗教に対する援助、助長又は促進になるから、憲法第20条第3項及び第89条に違反する。

× (国般2001)「特定の宗教に対する援助、助長又は促進になるから、憲法第20条第3項及び第89条に違反する」が誤り。

B 憲法20条1項後段は、特定の宗教団体に対し他の宗教団体から区別して特権を付与することを禁止しているほか、宗教団体すべてに対し他の団体から区別して特権を与えることも禁止している。

○ (裁2003)

C ある行為が、憲法により国及びその機関が行うことが禁止されている宗教的活動に該当するかどうかを検討するに当たっては、当該行為の主宰者が宗教家であるかどうか、その順序作法が宗教の定める方式に則ったものであるかどうかなど当該行為の外形的側面を考慮してはならず、当該行為が行われる場所の近辺に居住する者の当該行為に対する宗教的評価を中心として、当該行為者が当該行為を行うについての意図、目的及び宗教的意識の有無、程度等、諸般の事情を考慮し、社会通念に従って、客観的に判断しなければならないとするのが判例である。

× (税2019)「当該行為の外形的側面を考慮してはならず、当該行為が行われる場所の近辺に居住する者の当該行為に対する宗教的評価を中心として」が誤り。

国般★★★／国専★★★／裁判所★★★／特別区★★★／地上★★★

4 学問の自由

教育を受ける権利とセット　p312

学問の自由は、頻出分野とはいえませんが、教育を受ける権利とともに出題されることが多い分野です。

1 総説

第23条【学問の自由】
学問の自由は、これを保障する。

意義 学問の自由とは、学問的活動について、公権力の干渉・介入を受けない自由のことをいう。

趣旨 真理の探究を通じて法則を探求・発見することで、研究者の個人の人格の発展に直結するとともに（個人的価値）、そのような法則により社会を合理的に管理することができる点で、人類文化に格別の貢献を果たすことができるからである（社会的価値）。

〈解説〉**発展** 明治憲法下では、学問の自由が独立の条項で保障されておらず、直接国家権力によって真理探究の過程が侵害されてきた歴史があった。
A

2 学問の自由の内容

学問の自由には、①学問研究の自由、②研究発表の自由、③教授の自由が含まれる。 01
　内面的自由　　　　　　　外面的自由
　　　　　　　　　　　※公共福祉にもとづく制約

【学問の自由の内容】

種類	内容
①学問研究の自由	真理を追求するための研究活動の自由 *※原則 無制約*
②研究発表の自由	学問研究の成果を発表する自由
③教授の自由	研究者がその成果を学生に授ける自由

学問の自由の保障は、すべての国民に対しそれらの自由を保障するとともに、大

164　第3章　基本的人権Ⅲ

学が学術の中心として真理探究を本質とすることから、特に大学におけるそれらの自由を保障することを趣旨としている。 02

1 研究発表の自由と教科書検定

問題点 研究発表の自由に関連して、教科書検定が憲法23条に反しないか。
結論 教科書検定は研究発表の自由を制限するものではなく、**憲法23条に反しない**（最判平5.3.16）。 03
理由 教科書は、普通教育の場で使用される児童、生徒用の図書であって、学術研究の結果の発表を目的とするものではない。

〈語句〉●教科書検定とは、小学校・中学校・高等学校等で使用される教科書となるための文部大臣（現在は文部科学大臣）の審査制度である。

判例 第一次教科書訴訟（最判平5.3.16） P.202

〈事案〉
日本史の教科書を執筆した大学教授が、❶教科書として発行すべく文部大臣（当時）の検定に申請したところ、❷検定不合格処分を受けたので、教科書検定は憲法23条に違反するなどとして提訴した。

〈判旨〉

● **教科書検定は、憲法23条に違反しないか**

▶ **違反しない（合憲）**。
理由 ① 教科書は、教科課程の構成に応じて組織配列された教科の主たる教材として、**普通教育の場において使用される児童、生徒用の図書であって、学術研究の結果の発表を目的とするものではない**。
② 教科書検定は、申請図書に記述された研究結果が、たとい執筆者が正当と信ずるものであったとしても、いまだ学界において支持を得ていなかったり、あるいは当該学校、当該教科、当該科目、当該学年の児童、生徒の教育として取り上げるにふさわしい内容と認められないときなど旧検定基準の各条件に違反する場合に、**教科書の形態における研究結果の発表を制限するにすぎない**。 03
結論 教科書検定が学問の自由を保障した憲法23条の規定に違反しないことは、当裁判所の判例の趣旨に徴して明らかである。 03

4 学問の自由　165

2 普通教育機関の教師の教授の自由

問題点 普通教育機関の教師にも**教授の自由**が保障されるのか。

結論 大学教授のような**完全なものとまではいかないが、一定範囲での教授の自由**が保障される(最大判昭51.5.21)。 **04**

理由 ① 一定範囲での教授の自由が保障される点について
　　　　教育は教師と子供との直接の人格的接触を通じ、その個性に応じて行われなければならない。
　　② 大学教授のように完全なものとはいかない点について
　　　　児童生徒には**教授内容を批判する能力**がなく、子供の側に学校や教師の選択の余地が乏しい。
　　　　教育の機会均等の観点から、全国的に一定の水準を確保すべき強い要請がある。

〈語句〉● 普通教育とは、社会で自立して生きていくために必要な基礎的・一般的な知識などを得るための教育のことをいう。小学校等では基礎的な普通教育が、中学校等では普通教育が、高等学校等では高度な普通教育が実施されている。

判例　旭川学力テスト事件（最大判昭51.5.21）　P.313

〈事案〉

被告人ら(教職員を含む労働組合員)は文部省(当時)の指示に基づいて行われた全国学力テストに対し、❶実力阻止行動に赴き、❷暴行、脅迫を用いて校長らの業務を妨害したため、公務執行妨害罪等で起訴された。そこで、文部省の指示によって学力テストを強制することが、憲法23条の学問の自由に反しないかが問題となった。

旭川市立の中学校
❷校長たちの業務が妨害された

❶全国学力テストの妨害活動

被告人

〈判旨〉

● 普通教育機関の教師にも教授の自由が保障されるのか

▶ 一定範囲の教授の自由が保障され、完全な教授の自由は保障されない。

理由 ① 憲法の保障する学問の自由は、単に学問研究の自由ばかりでなく、その結果を教授する自由をも含むと解される（保障される理由）。
② 専ら自由な学問的探究と勉学を旨とする大学教育に比してむしろ知識の伝達と能力の開発を主とする普通教育の場においても、例えば、教師が公権力によって特定の意見のみを教授することを強制されないという意味において、また、子どもの教育が教師と子どもとの間の直接の人格的接触を通じ、その個性に応じて行わなければならないという本質的な要請に照らし、教授の具体的内容及び方法につきある程度自由な裁量が認められなければならないという意味においては、一定の範囲における教授の自由が保障されるべきことを肯定できないではない（保障される理由）。 `04` `05`
③ しかし、大学教育の場合に、学生が一応教授内容を批判する能力を備えていると考えられるのに対し、普通教育においては、児童生徒にこのような能力がなく、教師が児童生徒に対して強い影響力、支配力を有することを考え、また、普通教育においては、子どもの側に学校や教師を選択する余地が乏しく、教育の機会均等をはかる上からも全国的に一定の水準を確保すべき強い要請がある（保障されない理由）。 `04`

結論 普通教育における教師に完全な教授の自由を認めることは、とうてい許されないところといわなければならない。 `05`

---

③ 大学の自治

① 概念

意義 大学の自治とは、大学の組織、運営に外部からの干渉を許さないとすることをいう。

趣旨 学問研究の主な担い手が大学であったことから、大学における学問の自由を保障するために、伝統的に大学の自治が認められているので（最大判昭38.5.22、東大ポポロ事件）、大学の自治は憲法23条により保障されると解されている。 `06`

大学の自治の内容としては、以下の2つがある。

【大学の自治の内容】

人事の自治	大学の学長、教授その他の研究者が大学の自主的判断に基づいて選任される(判例)
施設や学生の管理・運営の自治	大学の施設と学生の管理についてもある程度で認められ、これらについてある程度で大学に自主的な秩序維持の権能が認められている(判例) **07**

2 法的性質 / 発展

大学の自治は、**人権ではなく**、大学での学問研究活動を保障するため、**国家が守るべきシステムとする制度的保障**であると解されている。

3 限界

警察が大学内部の問題に関与する場合、大学の自治が侵害されたといえるのかが問題となる。

問題点❶ 大学内部における司法警察活動は許されるか。

結論 正規の捜索令状が出ているような場合には、大学は、警察が構内に立ち入ることを拒否できない(通説)。

理由 犯罪捜査の必要があるのにいっさい大学構内への立入りを許さないとするのは一種の治外法権を大学に認めることになり、行き過ぎた保護といわざるをえない。

問題点❷ 大学内部における**警備公安警察活動**(組織犯罪の予防・鎮圧のための警察による情報収集活動)は許されるか。

結論 原則として、**大学の了解**がなければ許されない(通説)。

理由 治安維持の名目で、大学の学問研究が侵害される危険が大きいため。

問題点❷ に関しては、以下の判例が重要である。

判例 東大ポポロ事件(最大判昭38.5.22)

〈事案〉

東京大学の学生の団体が、大学構内で松川事件に題材を求めた演劇を一般公開して上演していたところ(以下「本件集会」という)、❶入場券を買って観劇をしている私服警察官を発見した。そこで、❷学生が警察官を追及したところ、もみあいになり、暴行を加えて警察手帳を取り上げるなどした。このため、この学生らが起訴された。そこで、学生らは憲法23条で保障されている大学の自治を守るための正当な行為であると主張した。

168 第3章 基本的人権Ⅲ

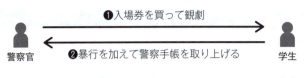

〈判旨〉

● 1 教授らに加えて学生も大学の自治の主体となるか

▶ **学生は大学の自治の主体ではない。**

理由 ① 大学の学問の自由と自治は、大学が学術の中心として深く真理を探求し、専門の学芸を教授研究することを本質とすることに基づくから、**直接には教授その他の研究者の研究、その結果の発表、研究結果の教授の自由とこれらを保障するための自治とを意味する**と解される。

② 大学の施設と学生は、これらの自由と自治の効果として、施設が大学当局によって自治的に管理され、**学生も学問の自由と施設の利用を認められる**。 08

結論 憲法23条の学問の自由は、学生も一般の国民と同じように享有する。しかし、大学の学生としてそれ以上に学問の自由を享有し、また大学当局の自治的管理による施設を利用できるのは、大学の本質に基づき、**大学の教授その他の研究者の有する特別な学問の自由と自治の効果としてである**。 08

● 2 本件集会は大学の自治を享有するか

▶ **実社会の政治的社会的活動の場合は大学の自治を享有しない。**

理由 ① 学生の集会が真に学問的な研究またはその結果の発表のためのものでなく、実社会の政治的社会的活動に当る行為をする場合には、大学の有する特別の学問の自由と自治は享有しない。

② 本件集会は決して特定の学生のみの集会とはいえず、むしろ公開の集会と見なさるべきであり、すくなくともこれに準じるものというべきである。

結論 そうして見れば、**本件集会は、真に学問的な研究と発表のためのものでなく、**実社会の政治的社会的活動であり、かつ公開の集会またはこれに準じるものであって、**大学の学問の自由と自治は、これを享有しないといわなければならない**。 09

したがって、本件集会に警察官が立ち入ったことは、大学の学問の自由と自治を犯すものではない。

〈語句〉● 松川事件とは、国鉄の労使紛争をめぐる三大怪事件の一つで、当時の大きな社会問題であった。

重要事項 一問一答

01 学問の自由の内容は？

学問研究の自由、研究発表の自由、教授の自由が含まれる。

02 教科書検定は、研究発表の自由を侵害しないか？

侵害しない（合憲）。

03 普通教育機関の教師にも教授の自由は保障されるか？

保障されるが、大学の教授に比べ制限される。

04 大学の自治の内容は？

①人事の自治、②施設や学生の管理・運営の自治

05 学生は、大学の自治の主体か？

施設の利用者にすぎない。

06 学生の演劇発表の集会に私服警察官が立ち入ることは合憲か（東大ポポロ事件）？

合憲である。

過去問チェック

01 憲法第23条の学問の自由には、学問的研究の自由は含まれるが、その研究結果の発表の自由については、研究結果の発表という形態をとった政治的社会的活動になる可能性が否定できないことから含まれない。

×（税2000）「その研究結果の発表の自由については、研究結果の発表という形態をとった政治的社会的活動になる可能性が否定できないことから含まれない」が誤り。

02 憲法第23条の学問の自由は、学問的研究の自由とその研究結果の発表の自由を含み、学問の自由の保障は全ての国民に対してそれらの自由を保障するとともに、大学が学術の中心として真理探究を本質とすることから、特に大学におけるそれらの自由を保障することを趣旨とする。

○（国般2016）

03 教科書検定制度は、教科書の形態における研究結果の発表を著しく制限するから、学問の自由を保障した憲法第23条に反する。

×（裁2020）「教科書の形態における研究結果の発表を著しく制限するから、学問の自由を保障した憲法第23条に反する」が誤り。

04 教授の自由は、大学その他の高等学術研究教育機関においてのみ認められる

170 第3章 基本的人権 Ⅲ

ものであり、初等中等教育機関においては、たとえ一定の範囲であっても、これを認めると教育の機会均等と全国的な教育水準を確保する要請に応えることが難しくなるため、教師の教授の自由は保障されていない。

×（税2015）全体が誤り。

05 普通教育における学問の自由については、教師が公権力によって特定の意見のみを教授することを強制されない必要があることから、大学教育と同様、普通教育における教師にも完全な教授の自由が認められる。

×（国般2016）「大学教育と同様、普通教育における教師にも完全な教授の自由が認められる」が誤り。

06 大学の自治は、憲法第23条には明文の規定はないことから、同条により保障されているものではなく、憲法第21条第1項が規定する結社の自由により保障されていると解するのが通説である。

×（国般2001）「同条により保障されているものではなく、憲法第21条第1項が規定する結社の自由により保障されていると解するのが通説である」が誤り。

07 大学の自治は、専ら研究又は教育の自由を確保するために保障されているから、施設の管理に関する自治は認められず、大学構内における警察権の行使の範囲については構外における場合と異ならないとするのが判例である。

×（国般2001）「施設の管理に関する自治は認められず、大学構内における警察権の行使の範囲については構外における場合と異ならないとするのが判例である」が誤り。

08 今日の大学は、高度な科学技術の発達や社会の複雑多様化を背景として、政府や産業界と人事・財政面で強く結び付いており、大学が学問の自由を確保するためには学生を含めた大学に所属する者全体の一致した協力が不可欠であるから、学生も教授その他の研究者と同様に大学の自治の主体に含まれるとするのが判例である。

×（国般2007）全体が誤り。

09 大学における学生の集会は、大学の自治の一環として認められるものであるから、大学が許可した学内集会であるならば、当該集会が真に学問的な研究又はその結果の発表のためのものでなく、実社会の政治的社会的活動に当たる行為をする場合であっても、大学の有する学問の自由と自治を享有するとするのが判例である。

4 学問の自由　171

× (国般2007)「大学の有する学問の自由と自治を享有するとするのが判例である」が誤り。

A 学問の自由は、真理の発見や探究を目的とする内面的精神活動の自由たる性格を有し、明治憲法においても一応は学問の自由を保障する明文の規定が設けられていたが、ある学説を主張する学者の著書が国の安寧秩序を害するものとして発売禁止の処分を受け、その学説を大学で教えることが禁止されたりするなど、政府により学問の統制が厳しく行われていた。

× (国般2007)「明治憲法においても一応は学問の自由を保障する明文の規定が設けられていたが」が誤り。

国般 ★★★／国専 ★★★／裁判所 ★★★／特別区 ★★★／地上 ★★★

5 表現の自由①

5 節から 8 節までは、表現の自由を学習します。本節では、表現の自由の内容が中心となります。本試験では多くの判例が頻繁に出題されている分野です。

1 総説

第21条【表現の自由、検閲の禁止、通信の秘密】
① 集会、結社及び言論、出版その他一切の表現の自由は、これを保障する。
② 検閲は、これをしてはならない。通信の秘密は、これを侵してはならない。

意義 表現の自由とは、人の内心における精神作用を、方法のいかんを問わず、外部に公表する精神活動の自由をいう。

趣旨 内心における精神作用（思想・良心、芸術など）は、外部に公表されて初めて社会的に意味のあるものであるから、このような外部に対して自己の精神作用を公表する自由として規定された。

2 表現の自由を支える価値

表現の自由を支える価値として、自己実現の価値及び自己統治の価値という2つの価値が挙げられる。これら2つの価値を有する表現の自由は、個人の人格形成にとって重要であるとともに、とりわけ民主主義にとって不可欠の前提をなす人権である。したがって、表現の自由は、憲法が規定する人権（人権カタログ）の中で優越的地位を有するといわれる。（通説）

【表現の自由の2つの価値】

自己実現の価値	個人が表現活動を通じて自己の人格を成長発展させるという個人的な価値のこと
自己統治の価値	表現活動によって国民が政治的意思決定に関与するという民主政に資する社会的な価値のこと

5 表現の自由① 173

3 表現の自由の内容

ここでは、表現の自由の内容として、①知る権利、②アクセス権、③報道の自由、④取材の自由、⑤営利的言論の自由を見ていく。また、取材の自由に関連する事項として、取材源秘匿の自由、取材活動の自由、筆記行為の自由(メモを取る自由)がある。

1 知る権利

① 総説

意義 知る権利とは、情報を受領することができる権利である。表現の自由はコミュニケーションをする自由であって、本来、情報の受け手の存在を前提にしているから、知る権利は憲法21条1項により保障される(通説)。判例も

趣旨 現代におけるマス・メディアの目覚しい発達による、情報価値の飛躍的増大だけでなく、積極国家化に伴う政府保有の情報量も増大している。そこで、表現の自由を情報の受け手の側から再構成して、情報の受け手の自由を保障するために、それを知る権利として捉えることが必要となっている。

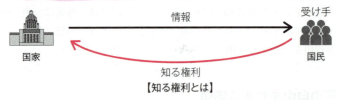

【知る権利とは】

② 知る権利の複合的性質　発展

知る権利は、表現の自由の一つとして保障されるから、情報の受領について国家からの干渉を受けないという自由権的側面がある。さらに、現代の情報化社会の下で、国家はさまざまな情報を保有していることから、知る権利は、情報を受領するための手段として、国家に対し、その保有する情報の開示を請求することができる(情報公開請求ができる)という社会権的側面も有する。通説

2 アクセス権

① 総説

意義 アクセス権とは、マス・メディアに対し、自己の意見を発表する場を提供するように要求する権利である。具体例として、意見広告や反論文の掲載、紙面や番組への参加が挙げられる。情報の受け手である国民から情報の送り手であるマス・メディアに向けられるという性質があるので、「マス・メ

ディアに対する知る権利」ともいわれる。

趣旨 マス・メディアにより名誉を傷つけられ、又はプライバシーを侵害された国民にとって、マス・メディアを通じて反論などをする権利を認めることが、その名誉あるいはプライバシーの保護に資することになる。

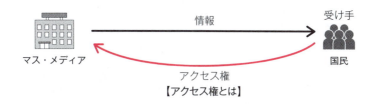
【アクセス権とは】

② アクセス権に関する判例

アクセス権に関しては、サンケイ新聞事件(最判昭62.4.24)において、マス・メディアに対する反論文掲載請求権が認められるかどうかが争われた。

意義 上記のアクセス権のうち、反論文掲載などの形で、**マス・メディアの紙面上や放送上において反論する機会を要求する権利**のことを、反論権と呼ぶことがある。

問題点 マス・メディアに対する反論文掲載請求権が認められるか。

結論 不法行為が成立する場合は別論として、反論権の制度について具体的な成文法がないのに、反論権の制度を認めるに等しい反論文掲載請求権を認めることはできない。

理由 反論権の制度は、マス・メディアによる公的事項の批判的記事の掲載を躊躇させるなど、民主主義社会で極めて重要な意味をもつマス・メディアの表現の自由に重大な影響を及ぼすので、このような制度を成文法がないのに認めることはできない。

> 判例　**サンケイ新聞事件**（最判昭62.4.24）

〈事案〉

　サンケイ新聞は、❶共産党を批判する自民党の意見広告を掲載した。共産党は、これに回答するべく、❷無料かつ無修正で反論文を掲載することを求めたが、❸サンケイ新聞はこれを拒否した。共産党は、憲法21条1項、条理又は人格権に基づいて、マス・メディアに対し無償かつ無修正で反論文を掲載することを要求するという反論文掲載請求権が認められると主張し、サンケイ新聞を訴えた。

私人間効力の問題

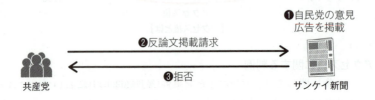

〈判旨〉

● 1　憲法21条を直接の根拠として日刊新聞紙に対する反論文掲載請求権が生じるか

▶▶▶ **私人間に憲法21条を根拠とする反論文掲載請求権は生じない。**

理由　私人相互の関係については、たとえ相互の力関係の相違から一方が他方に優越し事実上後者が前者の意思に服従せざるをえないときであっても、憲法21条等の自由権的基本権の保障規定が適用ないし類推適用されるものでない。

結論　したがって、私人間において、当事者の一方が情報の収集、管理、処理につき強い影響力をもつ日刊新聞紙を全国的に発行・発売する者である場合でも、憲法21条の規定から直接に反論文掲載請求権が他方の当事者に生ずるものでない。 01

● 2　条理又は人格権に基づく反論文掲載請求権は認められるのか

▶▶▶ **不法行為の成立の前提なしに反論文掲載請求権を認めることはできない。**

理由　① 反論文掲載請求権を認める法の明文の規定は存在しない。
　② 民法723条に基づく名誉回復処分又は人格権としての名誉権に基づく差止請求権は、人格権としての名誉の毀損による不法行為の成立を前提としてはじめて認められるものであって、 02

結論　この前提なくして条理又は人格権に基づき反論文掲載請求権を認めることは到底できない。 02

● 3 　成文法がないのに反論文掲載請求権は認められるのか

▸▸▸ 認められない。

理由 　反論権の制度は、民主主義社会において極めて重要な意味をもつ新聞等を発行・発売する者の表現の自由に対し重大な影響を及ぼすものである。

結論 　日刊全国紙による情報の提供が一般国民に対し強い影響力をもち、その記事が特定の者の名誉ないしプライバシーに重大な影響を及ぼすことがあるとしても、不法行為が成立する場合にその者の保護を図ることは別論として、反論権の制度について具体的な成文法がないのに、反論権を認めるに等しい反論文掲載請求権をたやすく認めることはできない。 03

〈解説〉 【反論権の制度のメリット・デメリット】

メリット	名誉・プライバシーの保護に資する（名誉毀損の不法行為の成否と無関係に反論文の掲載を請求できる）
デメリット	表現の自由を間接的に侵害する危険がある（新聞発行者等が批判的記事の掲載を躊躇する）

　我が国では現在、反論権の制度を認める成文法は存在しない。判例は、反論権の制度を成文法で認めることを否定していないが、成文法によってマス・メディアに対し萎縮的効果が及ぶことが懸念されている。

〈参照〉●民法723条：他人の名誉を毀損した者に対しては、裁判所は、被害者の請求により、損害賠償に代えて、又は損害賠償とともに、名誉を回復するのに適当な処分を命ずることができる。

〈語句〉●条理とは、物事のすじみち・道理という意味であり、法源（法の存在形式）の一つと考えられている。基礎法学の分野で学習する用語である。

📝**発展** もう一つ、アクセス権に関連して、放送事業者がした真実でない事項の放送により権利の侵害を受けた者は、放送事業者に対し、**放送法の規定に基づく訂正又は取消しの放送を求める私法上の権利を有しない**とした判例がある（最判平16.11.25、訂正放送等請求事件）。

3 報道の自由

意義 　報道の自由とは、**客観的な事実を知らせる自由**のことをいう。報道は客観的な事実を知らせることであり、思想や意見などを表明するものではないという特徴がある。

問題点 　表現の自由は、本来的には、思想や意見などを表明する自由であることから、報道の自由が表現の自由として保障されるか。

5　表現の自由① 　177

| 結論 | 報道の自由は**表現の自由として保障される**(最大決昭44.11.26、博多駅事件)。
| 理由 | 事実と思想の区別が必ずしも明確ではなく、**知る権利**の充足という観点から事実の伝達も憲法上保護に値する。

| 発展 | 報道の自由に関連して、少年法が禁止している推知報道に該当するかどうかが争われた判例がある(最判平15.3.14、長良川事件報道訴訟)。

4 取材の自由

① 総説

| 意義 | **取材の自由**とは、事実を報道するために報道機関が情報を収集する自由のことである。報道は「取材→編集→発表」という一連の行為によって成立しており、事実の正確な報道の前提として十分な取材が必要となる。
| 問題点 | 報道の自由とあわせて取材の自由も憲法21条で保障されるか。
| 結論 | 報道の自由は憲法21条で保障されるが、**取材の自由は憲法21条の精神に照らし、十分尊重に値する**にとどまり、**憲法21条で保障されない**(最大決昭44.11.26、博多駅事件)。04
| 理由 | 取材の自由は、公正な裁判の実現、適正迅速な捜査の遂行、取材対象者の名誉・プライバシーなど、報道の自由よりも他の権利・利益との調整が必要となる場面が多い(学説による理由)。

判例 博多駅事件(最大決昭44.11.26) ★

〈事案〉

デモ活動に参加するために博多駅で下車した過激派の学生と、待機していた機動隊が博多駅構内で衝突するという事件があり、❶テレビ局が撮影をした。当該事件が裁判となったため、❷裁判所は、テレビ局に対し、当該事件の状況を撮影したフィルム全部について提出命令を発した(本件提出命令)。テレビ局は、報道の自由・取材の自由を侵害すること、及び提出の必要性が希薄であることなどを理由に、この提出命令を争った。

〈判旨〉

● 1 報道の自由と取材の自由は憲法で保障されるのか

▸ 報道の自由は憲法21条で保障されるが、取材の自由は十分尊重に値するものにとどまる。

理由 報道機関の報道は、民主主義社会において、国民が国政に関与するにつき、重要な判断の資料を提供し、国民の「知る権利」に奉仕するものである。 04 05

結論 ① したがって、思想の表明の自由とならんで、事実の報道の自由は、表現の自由を規定した憲法21条の保障のもとにあることはいうまでもない。
② また、このような報道機関の報道が正しい内容をもつためには、報道の自由とともに、報道のための取材の自由も、憲法21条の精神に照らし、十分尊重に値するものといわなければならない。 04

P.186

● 2 取材の自由は公正な刑事裁判の実現との関係で制約されるのか

▸ ある程度の制約を被ることとなってもやむを得ない。

理由 ① 取材の自由は、公正な裁判の実現というような憲法上の要請があるときは、ある程度の制約を受けることがある。
② 公正な刑事裁判を実現することは、国家の基本的要請であり、刑事裁判においては、実体的真実の発見が強く要請される。

結論 公正な刑事裁判を実現するために、報道機関の取材活動によって得られたものが、証拠として必要と認められる場合には、取材の自由がある程度の制約を被ることとなってもやむを得ない。 05

● 3 本件提出命令が認められるための要件は何か

▸ 必要性等が取材の自由や報道の自由に及ぼす影響を上回ること（比較衡量）。

基準 本件提出命令の可否は、一面において、審判の対象とされている犯罪の性質、態様、軽重および取材したものの証拠としての価値、ひいては公正な刑事裁判を実現するにあたっての必要性の有無を考慮するとともに、他面において、取材したものを証拠として提出されることによって報道機関の取材の自由が妨げられる程度およびこれが報道の自由に及ぼす影響の度合いその他諸般の事情を比較衡量して決せられるべきであり 06 、これを刑事裁判の証拠として使用することがやむを得ないと認められる場合においても、それによって受ける報道機関の不利益が必要な限度をこえないように配慮されなければならない。 制限される

〈解説〉 本件では、現場を中立的な立場から撮影した報道機関のフィルムが証拠上極めて重要な価値を有する一方で、フィルムはすでに放映されたものを含む放送のために準備したもので、将来の取材の自由が妨げられるおそれがあるにとどまり、その他諸般の事情を考慮して、本件提出命令は憲法21条に違反しないとした。

博多駅事件(最大決昭44.11.26)は、取材の自由の制約と公正な刑事裁判の実現の必要性とを比較衡量して、裁判所が行った取材フィルム提出命令を合憲と判断している。 **発展** 同様に、取材の自由の制約と適正迅速な捜査の遂行の要請とを比較衡量して、警察官が行った取材テープの差押えを合憲とした判例がある(最決平2.7.9、TBS事件)。

② 取材源秘匿の自由

意義 取材の自由を十分尊重するためには、取材を行った記者が、どこから情報を取得したのかという取材源を秘匿する自由が認められなければならないことを取材源秘匿の自由という。

問題点 裁判の審理で証人となった記者が、取材源の秘匿を理由に証言を拒絶することが認められるか。

結論 ①刑事裁判(刑事事件)では証言拒絶が認められない(最大判昭27.8.6、石井記者事件)。②民事裁判(民事事件)では取材源が「職業の秘密」に該当するときに証言拒絶が認められる場合がある(最決平18.10.3)。

刑事裁判	×
民事裁判	△(認められる場合がある)

理由 記者の取材源について、刑事訴訟法には証言拒絶権を認める規定が存在しない。しかし、民事訴訟法には「職業の秘密」を理由とする証言拒絶権を認める規定があるから、この規定の適用により民事裁判では証言拒絶が認められる場合がある。

判例 石井記者事件(最大判昭27.8.6)☆

〈事案〉

脱税に関する刑事裁判において、❶地方裁判所の裁判官がA新聞の記者を証人として召喚した(刑事訴訟法226条)。記者Xは、地方裁判所に出頭したものの、取材源の開示の求めに対し、❷刑事訴訟法の規定する取材源秘匿権を理由に証人としての宣誓及び証言を拒否したため、証言拒絶罪(刑事訴訟法161条)で起訴された。

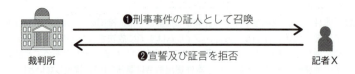

〈判旨〉

● 1 刑事裁判において証言拒絶権を認める旨の例外規定(刑事訴訟法)が新聞記者に類推適用されるか

▶ 類推適用されない。

理由 ① 法律は一般国民の証言義務を原則とし、その証言義務が免除される場合を例外的に認めているが、一般国民の証言義務は国民の重大な義務である点に鑑み、証言拒絶権を認められる場合は極めて例外に属するのであり、また制限的である。
② 証言拒絶権を認める旨の例外規定は限定的列挙であって、これを他の場合に類推適用すべきものでない。 医師・弁護士

結論 刑事訴訟法は新聞記者を証言拒絶権あるものとして列挙していないから、刑事訴訟法で列挙する医師等と比較して新聞記者に当該例外規定を類推適用することのできないことはいうまでもない。 07

● 2 憲法21条は新聞記者の証言拒絶権を保障しているか

▶ 保障していない。

理由 ① 憲法21条は一般人に対し平等に表現の自由を保障したものであって、新聞記者に特種の保障を与えたものではない。
② 憲法21条の保障は、公の福祉に反しない限り、いいたいことはいわせなければならないということである。

結論 未だいいたいことの内容も定まらず、これからその内容を作り出すための取材に関しその取材源について、公の福祉のため最も重大な司法権の公正な発動につき必要欠くべからざる証言の義務をも犠牲にして、証言拒絶の権利までも保障したものとは到底解することができない。 07 08

判例 民事事件における取材源の秘匿(最決平18.10.3)

〈事案〉

❶地方裁判所が民事事件の証人尋問をしたところ、❷証人となった記者Yが職業の秘密に当たるとして取材源の特定に関する証言を拒絶した。そこで、証言拒絶に理由があるかどうかが争いとなった(学習の便宜のため事案を簡易化している)。

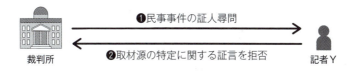

〈判旨〉

● 1　民事訴訟法で証言拒絶が許される「職業の秘密」とは何か

■■▶ **「職業の秘密」とは、その事項が公開されると、当該職業に深刻な影響を与え以後その遂行が困難になるものをいう。そして、「保護に値する秘密」についてのみ証言拒絶が認められる。**

条文　民事訴訟法は、何人も、証人として証言をすべき義務を負うとしつつ（民事訴訟法190条）、民事訴訟法197条1項3号は、職業の秘密に関する事項について尋問を受ける場合に、証人が証言を拒むことができる旨を規定する。⑨

結論　「職業の秘密」とは、その事項が公開されると、当該職業に深刻な影響を与え以後その遂行が困難になるものをいうと解される。⑨

もっとも、ある秘密が「職業の秘密」に当たる場合でも、そのことから直ちに証言拒絶が認められるものではなく、そのうち「保護に値する秘密」についてのみ証言拒絶が認められる。⑨

● 2　「保護に値する秘密」であるか否かの判断基準

■■▶ **比較衡量により決する。**

基準　「保護に値する秘密」であるかどうかは、秘密の公表によって生ずる不利益と証言の拒絶によって犠牲になる真実発見及び裁判の公正との比較衡量により決せられる。⑩

● 3　取材源の秘密は「職業の秘密」に当たるか

■■▶ **当たる。**

理由　報道関係者の取材源は、それがみだりに開示されると、報道関係者と取材源となる者との間の信頼関係が損なわれ、将来にわたる自由で円滑な取材活動が妨げられ、報道機関の業務に深刻な影響を与え以後その遂行が困難になる。

結論　取材源の秘密は「職業の秘密」に当たる。⑩　　証言拒絶が認められる

〈解説〉　本件では、記者Yによる証言拒絶が認められている。

③ 取材活動の自由

　取材活動の自由については、**国家機密に対する取材活動**（最決昭53.5.31、**外務省秘密電文漏洩事件**）や**法廷内の取材活動**（最大決昭33.2.17、**北海タイムス事件**）が争点となった判例がある。

182　第3章　基本的人権Ⅲ

判例 外務省秘密電文漏洩(西山記者)事件(最決昭53.5.31)

〈事案〉

沖縄返還に関する日米間の密約の存在を裏付ける資料について、B記者が外務省の女性事務官であるAに対して、❶秘密文書の持ち出しを男女の関係を用いて懇願し、❷Aは秘密文書を持ち出した。そこで、❶の行為が国家公務員法111条の「秘密漏えいのそそのかし罪」に当たるとして起訴された。

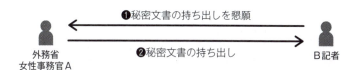

外務省女性事務官A　❶秘密文書の持ち出しを懇願　❷秘密文書の持ち出し　B記者

〈判旨〉

● 1　国政に対する取材(国家秘密の探知)はどの程度まで許容されるか　総論

▶ ①真に報道の目的から出たもので、②手段・方法が社会観念上是認されるものであれば、正当な業務行為(刑法35条)として違法性が阻却される。

理由　報道機関の国政に関する取材行為は、国家秘密の探知という点で公務員の守秘義務と対立拮抗するのであり、時としては誘導・唆誘的性質を伴うものであるから、報道機関が取材の目的で公務員に対し秘密を漏示するようにそそのかしたからといって、直ちに当該行為の違法性が推定されるものと解するのは相当ではなく、

結論　報道機関が公務員に対して根気強く執拗に説得ないし要請を続けることは、それが真に報道の目的から出たもので、その手段・方法が法秩序全体の精神に照らし相当なものとして社会観念上是認されるものであるかぎりは、実質的に違法性を欠き正当な業務行為というべきである。　11　成立しない

● 2　取材の手段・方法が違法となるのはどのような場合か　各論(本件へあてはめ論)

▶ 手段・方法が一般に刑罰法令に触れなくても、社会観念上是認することができない状態のものである場合。

結論　取材の手段・方法が贈賄、脅迫、強要等の一般の刑罰法令に触れる行為を伴う場合はもちろん、その手段・方法が一般の刑罰法令に触れないものであっても、取材対象者の個人としての人格の尊厳を著しく蹂躙する等法秩序全体の精神に照らし社会観念上是認することのできない態様のものである場合にも、正当な取材活動の範囲を逸脱し違法性を帯びる。　12

犯罪成立

〈解説〉 ①　●1での「違法性」「正当な業務行為」とは、刑法の概念である。
　　　　　犯罪とは、刑法の①構成要件に該当する②違法な行為であり、行為者に③責任があるものとされている。この②違法な行為のことを**違法性**といい、違法性は、正当防衛や正当な業務行為の場合には、阻却（＝消滅）され、犯罪は成立しない。正当な業務行為の具体例は、医師による手術である。
　　　　②　本件では、B記者の取材の手段・方法がAの個人としての人格の尊厳を著しく蹂躙しており、正当な取材活動の範囲を超える範囲を逸脱していると認定され、B記者の「秘密漏えいのそそのかし罪」としての有罪が確定した。

判例　北海タイムス事件（最大決昭33.2.17）

〈事案〉

　刑事裁判において、公判廷における写真撮影は、審理の都合上、公判開始後は許されない旨が裁判所から告げられていた（刑事訴訟規則215条）。しかし、公判開始後、北海タイムスのA記者は、裁判長の許可なく裁判官席のある壇上にのぼり、裁判長の制止を振り切って、被告人の写真1枚を撮影した。そのため、裁判所はA記者に対して制裁を課した。

〈判旨〉

● 公判廷の写真撮影を制限する刑事訴訟規則215条は憲法に違反するか

▶ **憲法に違反しない（合憲）。**

理由 ①　公判廷の状況を一般に報道するための取材活動であっても、その活動が公判廷における審判の秩序を乱し、被告人その他**訴訟関係人の正当な利益を不当に害することは許されない**。
　　　　②　公判廷における写真の撮影等は、その行われる時、場所等のいかんによって、上記のような好ましくない結果を生ずる恐れがある。

結論　刑事訴訟規則215条は、写真撮影の許可等を裁判所の裁量に委ね、その許可に従わないかぎりこれらの行為をすることができない旨を明らかにしたのであって、**当該規則は憲法に違反するものではない**。 13

〈参照〉●刑事訴訟規則215条：公判廷における写真の撮影、録音又は放送は、裁判所の許可を得なければ、これをすることができない。但し、特別の定のある場合は、この限りでない。

④ 筆記行為の自由（メモをとる自由）

意義 筆記行為の自由とは、端的に言うとメモをとる自由をいう。筆記行為に関しては、取材に際して行う場合に限定されないが、取材に際しては不可欠の行為であるといえる。

筆記行為の自由は、憲法21条1項で保障されるのか。法廷におけるメモ採取との関連で問題となった（最大判平1.3.8、レペタ事件）。

判例　レペタ事件（最大判平1.3.8）　P.604

〈事案〉

アメリカ人弁護士であるレペタ氏は、ある刑事裁判の審理を傍聴した際、❶メモ採取を希望して許可申請を行ったが、❷裁判所は申請を認めなかった。レペタ氏は、裁判所の措置が憲法21条に違反すると主張して提訴した。

〈判旨〉

● 1　情報等を摂取する自由が憲法21条1項で保障されるか

▶ 保障される。

理由　各人が自由にさまざまな意見、知識、情報に接し、これを摂取する機会をもつことは、その者が個人として自己の思想及び人格を形成、発展させ、社会生活の中にこれを反映させていく上において欠くことのできないものであり、民主主義社会における思想及び情報の自由な伝達、交流の確保という基本的原理を真に実効あるものたらしめるためにも必要であって、[14]

結論　このような情報等に接し、これを摂取する自由は、憲法21条1項の規定の趣旨、目的から、いわばその派生原理として当然に導かれるところである。[14]

● 2　筆記行為の自由が憲法21条1項で保障されるか

▶ 保障されないが、尊重される。

理由　筆記行為は、一般的には人の生活活動の一つであり、生活のさまざまな場面において行われ、極めて広い範囲に及んでいるから、そのすべてが憲法の保障する自由に関係するものということはできない。

結論　さまざまな意見、知識、情報に接し、これを摂取することを補助するものとしてなされる限り、筆記行為の自由は、憲法21条1項の規定の精神に照らして尊重されるべきである。15

P.179

● 3　傍聴人がメモを取ることは、尊重されるのか

▶ 尊重に値し、故なく妨げられてはならない（理由がない限り自由に取らせなければならない）。

理由　裁判の公開が制度として保障されていることに伴い、傍聴人は法廷における裁判を見聞することができる。

結論　傍聴人が法廷においてメモを取ることは、その見聞する裁判を認識、記憶するためになされるものである限り、尊重に値し、故なく妨げられてはならない。15　　裁判官はできるだけ認めなければならない

- -

〈解説〉　本判例は、一般傍聴人による法廷内でのメモ行為が問題となっているところ、報道機関のメモ行為は許可されていたことから、憲法14条に反するとの主張もされたが、合理性を欠く措置とはいえないと判示している。

P.605

【取材の自由に関する裁判】

公正な裁判の実現	博多駅事件	裁判所によるテレビフィルムの提出命令
	TBS事件 **発展**	警察官によるビデオテープ押収
取材源の秘匿	石井記者事件	刑事事件における取材源の秘匿
	民事事件における取材源の秘匿	民事事件における取材源の秘匿
国家秘密	外務省秘密電文漏洩事件	国家機密に対する取材行為
法廷	北海タイムス事件	法廷における写真撮影
	レペタ事件	法廷傍聴人のメモの採取

4　営利的言論の自由

意義　**営利的言論**とは、広告等の**営利を目的とした表現活動**のことをいう。営利的言論の自由に対しては、広告事項の制限、誇大広告や虚偽広告の禁止な

どが、消費者保護を目的とした法律で定められている。

問題点　営利的言論の自由は憲法21条1項で保障されるか。

結論　営利的言論の自由は**憲法21条1項で保障される**ものの、非営利的言論（政治的な言論）と比べて保障の程度は低い(通説)。

理由　国民が消費者として広告等を通じて得る情報は、非営利的言論と同様に重要であるが、非営利的言論の自由と異なり、営利的言論の自由は**自己統治の価値と直接の関係を有しない**。

🖉**発展**　営利的言論の自由が問題となった最高裁の判例としては、広告事項の制限について争われたあん摩師等法違反事件(最大判昭36.2.15)がある。

重要事項 一問一答

01 知る権利とは人権か？

憲法21条1項により保障される人権である(通説)。

02 具体的成文法がない場合におけるマス・メディアに対する反論文掲載請求権は認められるか？

(不法行為が成立する場合は別論ではあるが)認められない(判例)。

03 報道の自由と取材の自由は憲法21条で保障されるか？

報道の自由は憲法21条で保障されるが、取材の自由は憲法21条で保障されず、憲法21条の趣旨に照らし十分尊重に値するにとどまる(判例)。

04 取材の自由は公正な裁判の実現という憲法上の要請により制約されうるか？

ある程度の制約を被ることになってもやむを得ない(判例)。

05 裁判所による取材フィルム提出命令の可否はどのように判断するか？

諸般の事情を比較衡量して決する(判例)。

06 刑事裁判の証人となった記者は、取材源の秘匿を理由に証言を拒絶できるか？

証言拒絶はできない(判例)。

07 民事裁判の証人となった記者は、取材源の秘匿を理由に証言を拒絶できるか？

証言拒絶ができる場合がある(判例)。

08 国政に対する取材の手段・方法が違法となるのはどのような場合か？

取材の手段・方法が法秩序全体の精神に照らし社会観念上是認できない状態のものである場合(判例)。

09 公判廷での写真撮影を制限するのは憲法違反か？

憲法違反ではない(判例)。

10 憲法21条1項の派生原理として、情報等に接し、これを摂取する自由が導かれるか？

派生原理として当然に導かれる(判例)。

第3章 精神的自由権

5　表現の自由①　187

11 筆記行為の自由は憲法21条で保障されるか？

憲法21条１項の規定の精神に照らして尊重されるべきものにとどまる(判例)。

過去問チェック

01 私人間において、当事者の一方が情報の収集、管理、処理につき強い影響力を持つ日刊新聞紙を全国的に発行・発売する者である場合、新聞に取りあげられた他方の当事者には、不法行為の成否にかかわらず、反論文を無修正かつ無料で新聞紙上に掲載することを請求できる権利が憲法21条１項の規定から直接に生じるというべきである。

× (裁2017)「不法行為の成否にかかわらず、反論文を無修正かつ無料で新聞紙上に掲載することを請求できる権利が憲法21条１項の規定から直接に生じるというべきである」が誤り。

02 最高裁判所の判例に照らすと、新聞記事に取り上げられた者は、その記事の掲載により名誉ないしプライバシーに重大な影響を及ぼされた場合には、名誉毀損の不法行為が成立しなくても、当該新聞を発行・販売する者に対し、条理又は人格権に基づき、当該記事に対する自己の反論文を無修正かつ無料で掲載することを求めることができる。

× (区2020改題)「当該記事に対する自己の反論文を無修正かつ無料で掲載することを求めることができる」が誤り。

03 政党間の批判・論評は、表現の自由において特に保障されるべき性質のものであることから、政党は、自己に対する批判的な記事が他の政党の意見広告として新聞に掲載されたという理由のみをもって、具体的な成文法がなくとも、その記事への反論文を掲載することを当該新聞を発行・販売する者に対して求める権利が憲法上認められるとするのが判例である。

× (税2019)「その記事への反論文を掲載することを当該新聞を発行・販売する者に対して求める権利が憲法上認められるとするのが判例である」が誤り。

04 報道機関の報道は、民主主義社会において、国民が国政に関与するにつき、重要な判断の資料を提供し、国民の知る権利に奉仕するものである。したがって、事実の報道の自由は、思想の表明の自由と並んで、表現の自由を規定した憲法第21条により保障されることはいうまでもなく、さらに、報道機関の報道が正しい内容を持つためには、報道のための取材の自由も報道の自由と同程度に憲法第21条により保障されると解すべきである。

188 第3章 基本的人権 Ⅲ

×（国般2006）「報道のための取材の自由も報道の自由と同程度に憲法第21条により保障されると解すべきである」が誤り。

05 報道機関の報道は、国民の知る権利に直接奉仕する極めて重要なものであることから、報道のための取材の自由は、公正な裁判の実現という憲法上の要請がある場合であっても、制約を受けることがあってはならない。

×（税2004）「制約を受けることがあってはならない」が誤り。

06 最高裁判所の判例に照らすと、裁判所による報道機関に対する取材フィルムの提出命令が許容されるか否かの決定では、公正な刑事裁判を実現するに当たっての必要性の有無を考慮すればよく、これによって報道機関の取材の自由が妨げられる程度や報道の自由に及ぼす影響の度合その他諸般の事情との比較衡量をする必要はない。

×（区2008改題）「公正な刑事裁判を実現するに当たっての必要性の有無を考慮すればよく、これによって報道機関の取材の自由が妨げられる程度や報道の自由に及ぼす影響の度合その他諸般の事情との比較衡量をする必要はない」が誤り。

07 憲法第21条は、新聞記者に対し、その取材源に関する証言を拒絶し得る特別の権利までも保障したものではないが、報道機関にとって、情報提供者との信頼関係を保護し将来における取材の自由を確保することは必要不可欠であるから、刑事訴訟法の規定が類推適用され、新聞記者には刑事裁判における取材源の秘匿が認められている。

×（国般2004）「情報提供者との信頼関係を保護し将来における取材の自由を確保することは必要不可欠であるから、刑事訴訟法の規定が類推適用され、新聞記者には刑事裁判における取材源の秘匿が認められている」が誤り。

08 報道関係者の取材源は、一般に、それがみだりに開示されると、報道関係者と取材源となる者との間の信頼関係が損なわれ、報道機関の業務に深刻な影響を与え、以後その遂行が困難になると解されるため、憲法第21条は、報道関係者に対し、刑事事件において取材源に関する証言を拒絶し得る権利を保障していると解される。

×（国般2016）「刑事事件において取材源に関する証言を拒絶し得る権利を保障していると解される」が誤り。

09 民事訴訟法は、職業の秘密に関する事項について尋問を受ける場合には、証

5 表現の自由① 189

人は証言を拒むことができると規定しているところ、ここにいう「職業の秘密」とは、その事項が公開されると、当該職業に深刻な影響を与え、以後その遂行が困難になるものをいう。もっとも、ある秘密が、このような意味での職業の秘密に当たる場合においても、そのことから直ちに証言拒絶が認められるものではなく、そのうち保護に値する秘密についてのみ証言拒絶が認められる。

○（国般2019）

[10] 報道機関の取材源は、一般に、それがみだりに開示されると将来にわたる自由で円滑な取材活動が妨げられることになるため、民事訴訟法上、取材源の秘密については職業の秘密に当たり、当該事案における利害の個別的な比較衡量を行うまでもなく証言拒絶が認められる。

×（裁2021）「当該事案における利害の個別的な比較衡量を行うまでもなく証言拒絶が認められる」が誤り。

[11] 報道の自由は、憲法第21条が保障する表現の自由のうちでも特に重要なものであり、報道のための取材の自由も、同条の精神に照らし、十分尊重に値するものであるが、報道機関が公務員に対し根気強く執ような説得や要請を続けることは、それが真に報道の目的から出たものであっても、正当な取材活動の範囲を逸脱するものとして直ちに違法性を帯びる。

×（税2015）「正当な取材活動の範囲を逸脱するものとして直ちに違法性を帯びる」が誤り。

[12] 報道機関が公務員に対し秘密を漏示するようそそのかした行為は、その手段・方法が、取材対象者の人格を蹂躙する等法秩序全体の精神に照らし相当なものとして社会観念上是認することができない態様のものであっても、刑罰法令に触れない限り、実質的に違法性を欠き正当な業務行為である。

×（区2012）「刑罰法令に触れない限り、実質的に違法性を欠き正当な業務行為である」が誤り。

[13] 最高裁判所の判例に照らすと、新聞が真実を報道することは、憲法の認める表現の自由に属し、また、そのための取材活動も認められなければならないことはいうまでもないため、公判廷の状況を一般に報道するための取材活動として行う公判開廷中における自由な写真撮影の行為を制限する刑事訴訟規則の規定は、憲法に違反する。

×（区2010改題）「憲法に違反する」が誤り。

[14] 各人が自由に様々な意見、知識、情報に接し、これを摂取する機会を持つこ

とは、個人として自己の思想及び人格を形成、発展させ、社会生活の中にこれを反映させていく上において欠くことのできないものであり、民主主義社会における思想及び情報の自由な伝達、交流の確保という基本的原理を真に実効あるものたらしめるためにも必要であって、このような情報等に接し、これを摂取する自由は、憲法第21条第1項の趣旨、目的から、その派生原理として当然に導かれるとするのが判例である。

○（国般2011）

[15] 筆記行為の自由は、様々な意見、知識、情報に接し、これを摂取することを補助するものとしてなされる限り、憲法第21条第1項により保障されるものであることから、傍聴人が法廷においてメモを取る自由も、その見聞する裁判を認識、記憶するためになされるものである限り、同項により直接保障される。

×（国般2016）「憲法第21条第1項により保障されるものであることから」「同項により直接保障される」が誤り。

国般★★★／国専★★★／裁判所★★★／特別区★★★／地上★★★

6 表現の自由②

本節では、表現の自由の規制態様に合わせた違憲審査基準を学習していきます。判例の出題が多い分野ですので、**6**節・**7**節にわたって、違憲審査基準がどのように用いられているのかを判例を通じて学習してください。

1 表現の自由の限界

表現の自由といえども、表現行為という外部的行為を伴い、他者の人権との衝突は避けられないから、**絶対無制約のものではなく公共の福祉による制約に服する**(検閲の禁止を除く)。そこで、表現の自由を規制する立法などの国家行為の合憲性をどのように判断するのかという**違憲審査基準**が問題となる。

2 二重の基準（二重の基準論）

1 総説

意義 　**二重の基準(二重の基準論)**とは、表現の自由を中心とした**精神的自由を規制する国家行為**については、経済的自由を規制する国家行為よりも、**厳しい違憲審査基準によって合憲性を審査しなければならない**とする考え方のことである。 01

趣旨 　① 　精神的自由が侵害された場合には、経済的自由が侵害された場合と異なり、**民主政の過程による是正が困難となるから**、傷つけられた民主政の過程を回復するために、**裁判所が積極的に介入する必要がある**。

　② 　経済的自由の規制は政策的要素が強く、立法府の判断の尊重が求められる場合が多いのに対し、精神的自由の規制は、このような**裁判所の審査能力が問題となることは少ない**。

2 二重の基準の役割

二重の基準は、精神的自由が規制される場合か、経済的自由が規制される場合かによって、違憲審査基準を使い分けるための、いわば道しるべの役割を有しているのであって、二重の基準そのものが具体的な違憲審査基準というわけではない。具

192 　第3章　基本的人権Ⅲ

体的な違憲審査基準は後述の❸以降のものである。

3 民主政の過程

意義 民主政の過程とは、国民が選挙を通じて、自らの意思を国会に反映させる過程のことをいう。二重の基準によれば、精神的自由を規制する国家行為は、民主政の過程そのものを傷つけるので、厳格な違憲審査基準によって審査すべきことになる。

民主制の過程そのものが傷つけられると、国会による不当な立法の是正(❶法律の制定・改廃)が困難となるので、裁判所による積極的な介入(❹厳格な基準による違憲審査)により民主政の過程を正常な状態に回復する必要がある。

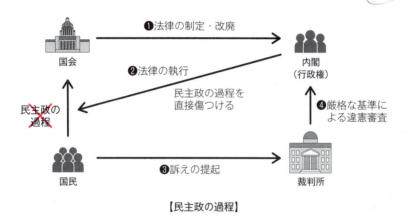

【民主政の過程】

4 判例の立場

二重の基準は学説によって展開された理論である。**精神的自由の規制が争われた場面で、二重の基準を採用した最高裁判例は存在しない。**したがって、精神的自由を規制する国家行為の合憲性が、必ずしも厳しい基準によって審査されるわけではない。

なお、経済的自由の規制が争われた場面では、判例が二重の基準を採用したといわれている。例えば、「職業の自由は、それ以外の憲法の保障する自由、殊にいわゆる精神的自由に比較して、公権力による規制の要請がつよ(い)」(最大判昭50.4.30、薬事法距離制限事件)と述べた判例がある。

【表現の自由の規制の態様と審査基準】

表現の自由の規制の態様	審査基準
事前抑制	事前抑制禁止の理論（判例・通説） 検閲の禁止（21条2項前段）
不明確な規制	明確性の理論（判例・通説）
表現内容に対する規制	明白かつ現在の危険の法理（通説） 定義付け較量論（通説）
表現の内容中立規制（表現行為の時、所、方法等の外形規制）	合理的関連性の基準（判例） LRA（より制限的でない他の選び得る手段）の基準（通説）

3 事前抑制

1 事前抑制の原則的禁止（事前抑制禁止の理論）

① 総説

意義 　事前抑制とは、表現行為がなされる前の段階で、公権力が何らかの方法でその表現行為を抑制することをいい、事前抑制が原則として禁止されることを事前抑制の原則的禁止（事前抑制禁止の理論）という。事前抑制の原則的禁止は憲法21条1項から導かれる。

趣旨 　①思想の自由市場の確保の要請から、さらには、②事後規制に比べて公権力による規制が広範になりやすく表現行為に対する萎縮的効果が大きいことから、表現行為が思想の自由市場に出される前に規制を行うべきでない。

② 思想の自由市場論

意義 　思想の自由市場論とは、表現行為については、思想の自由市場に登場して、他人の耳目に触れることによって、批判を含めたあらゆる評価を受け、より真実に近いものが生き残っていくという考え方である。

解説 　経済の自由市場を喩えている。民主主義は、価値相対主義（すべての思想が対等な価値を有しているとの考え方）を前提とするから、思想の自由市場の確保が不可欠とされている。

【思想の自由市場論】

③ 事前抑制の原則的禁止に関する判例

　事前抑制の原則的禁止を採用したとされる判例として、裁判所による事前差止めが争われた**北方ジャーナル事件**(最大判昭61.6.11)があり、**厳格かつ明確な要件のもとにおいてのみ事前抑制が許容される**としている。

判例　北方ジャーナル事件(最大判昭61.6.11)

〈事案〉

　北海道知事選挙の立候補予定者Aが知事にふさわしくないと批判攻撃をすべく、出版社BがAの人格及び私生活を脚色した月刊誌を出版しようとしていた。そこで、❶Aは、裁判所に対して当該月刊誌の出版の事前差止めを求める仮処分申請を行い、❷これが認められた。そこで、B社は、当該仮処分が憲法21条2項前段の禁止する「検閲」に該当するか、又は、検閲に該当しなくとも表現の自由を保障した憲法21条1項に違反すると主張して提訴した。なお、下図の「債権者」とは、事前差止めの仮処分を申請した者を意味し、「債務者」とは、当該仮処分命令を受けた者を意味する。

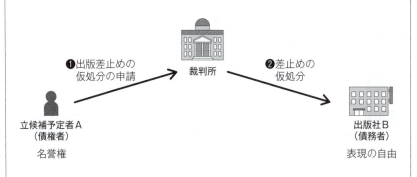

6　表現の自由②　195

〈判旨〉

● 1 裁判所の仮処分による事前差止めは検閲に該当するか

Ⅲ▶ 該当しない。

理由 裁判所の仮処分による事前差止めは、個別的な私人間の紛争について、司法裁判所により、当事者の申請に基づき差止請求権等の私法上の被保全権利の存否、保全の必要性の有無を審理判断して発せられるものである。

結論 裁判所の仮処分による事前差止めは、憲法21条2項前段が禁止する「検閲」には当たらない。 02

● 2 表現行為に対する事前抑制は一切許容されないのか 発展

Ⅲ▶ 厳格かつ明確な要件のもとで許容される。

理由 ① 表現行為に対する事前抑制は、新聞、雑誌その他の出版物や放送等の表現物がその自由市場に出る前に抑止してその内容を読者ないし聴視者の側に到達させる途を閉ざし又はその到達を遅らせてその意義を失わせ、公の批判の機会を減少させるものである。

② 事前抑制の性質上、予測に基づくものとならざるをえないこと等から事後制裁の場合よりも広汎にわたり易く、濫用のおそれがあるうえ、実際上の抑止的効果が事後制裁の場合より大きい。

結論 したがって、表現行為に対する事前抑制は、表現の自由を保障し検閲を禁止する憲法21条の趣旨に照らし、厳格かつ明確な要件のもとにおいてのみ許容されうる A 。そして、裁判所による出版物の頒布等の事前差止めは、このような事前抑制に該当する。

● 3 公的立場にある者を対象とする出版物の頒布等の事前差止めは、いかなる要件の下で許容されるか

Ⅲ▶ 表現内容が真実でない又は公益を図る目的がない、かつ、被害者の回復困難な損害のおそれ、という要件を具備する場合に許容される。

理由 出版物の頒布等の事前差止めの対象が、公務員又は公職選挙の候補者に対する評価、批判等の表現行為に関するものである場合には、そのこと自体から、一般にそれが公共の利害に関する事項であるということができ、憲法21条1項の趣旨に照らし、その表現が私人の名誉権に優先する社会的価値を含み憲法上特に保護されるべきものである。 03

原則 当該表現行為に対する事前差止めは、原則として許されないものといわなければならない。

例外 ただし、その表現内容が真実でなく、又はそれが専ら公益を図る目的のものではないことが明白であって、かつ、被害者が重大にして著しく回復困難な損害を被るおそれがあるときは、当該表現行為はその価値が被害者の名誉に劣後することが明らかであるうえ、有効適切な救済方法としての差止めの必要性も肯定されるから、かかる実体的要件を具備するときに限って、例外的に事前差止めが許される。 03

〈解説〉 本件は「公務員又は公職選挙の候補者に対する評価、批判等」という公的立場にある者を対象とする出版物の事前差止めが争点であった。そこで、事前差止めを原則禁止としたうえで、「表現内容が真実でなく、又はそれが専ら公益を図る目的のものではないことが明白」であることなどを要件にして、**事前差止めを許容する要件を厳しく設定した**と考えられる。

判例　石に泳ぐ魚事件（最判平14.9.24）

〈事案〉

❶作家Xが執筆した小説（「石に泳ぐ魚」）の発行等によって名誉を毀損され、プライバシー及び名誉感情を侵害されたとする女性Yが、作家らに対して慰謝料の支払を求めるとともに、❷同小説の出版等の差止めを求めた。

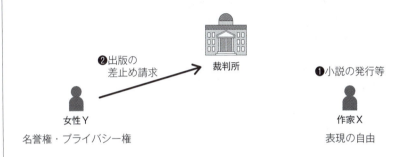

❷出版の差止め請求　　裁判所　　❶小説の発行等

女性Y　　　　　　　　　　　　　　　作家X
名誉権・プライバシー権　　　　　　　表現の自由

〈判旨〉

● 1　侵害行為の差止めを認めるべきか否かの判断基準

▶ 被害者の不利益と侵害者の不利益との比較衡量による。

基準　どのような場合に侵害行為の差止めが認められるかは、**侵害行為の対象となった人物の社会的地位や侵害行為の性質**に留意しつつ、予想される侵害行為によって受ける被害者側の不利益と侵害行為を差し止めることによって受ける侵害者側の不利益とを**比較衡量**して決すべきである。

結論　そして、侵害行為が明らかに予想され、その侵害行為によって被害者が重大な損失を受けるおそれがあり、**かつ**、その回復を事後に図るのが不可能ないし著しく困難になると認められるときは侵害行為の差止めを肯認すべきである。04

● 2　小説の出版等の差止めを求めることは適法か

⫸ 被害者に回復困難な損害のおそれがあるので適法である。

理由　公共の利益に係わらない女性のプライバシーにわたる事項を表現内容に含む本件小説の公表により公的立場にない女性の名誉、プライバシー、名誉感情が侵害されたものであって、本件小説の出版等により女性に重大で回復困難な損害を被らせるおそれがある。 04

結論　人格権としての名誉権等に基づく女性の各請求を認容した判断に違法はなく、この判断が憲法21条1項に違反するものでないことは、当裁判所の判例の趣旨に照らして明らかである。 04

〈解説〉　本事件は、既に雑誌で掲載されていた小説について、単行本での出版の差止めを求めた事案である。

🖊**発展** 事前抑制との関連で、政見の一部を削除して放送したことが争われた事案がある。しかし、判例は、政見の一部削除が事前抑制であるかどうかについては言及していない（最判平2.4.17、政見放送削除事件）。

2 検閲の禁止

① 総説

第21条　【検閲の禁止】
②　検閲は、これをしてはならない。通信の秘密は、これを侵してはならない。

意義　憲法21条2項前段は、検閲を禁止している。検閲とは、一般的には、国家権力が表現物を審査して、不適当なものを取り締まることをいう。

趣旨　明治憲法下における表現行為の事前抑制の経験を踏まえ、明文で検閲を禁止した。

② 検閲の定義

問題点　憲法21条2項前段が禁止している「検閲」とは何か。

結論　行政権が主体となって、思想内容等の表現物を対象とし、その全部又は一部の発表の禁止を目的として、対象とされる一定の表現物につき網羅的一般的に、発表前にその内容を審査した上、不適当と認めるものの発表を禁止することを、その特質として備えるものを指す。 02 05

　　そして、検閲の禁止は公共の福祉を理由とする例外を認めない絶対的なもの（絶対的禁止）である（判例）。 05

198　第3章　基本的人権Ⅲ

理由 ①検閲の意味を狭く解釈することで絶対的禁止を貫くことができ、表現の自由の保護につながる。また、②憲法21条1項から導かれる事前抑制の原則的禁止とは別に、あえて検閲を禁止する同条2項前段を定めた趣旨から、両者に差異を設けるべきである。

批判 判例による検閲の定義はあまりに限定的すぎて、検閲の禁止の保障の到達範囲が狭くなってしまう。

【判例による検閲の定義】

主　体	**行政権**が行う場合に限定される →裁判所による事前差止めは検閲に該当しない
対　象	**思想内容等の表現物**
目　的	表現物の**発表の禁止** →発表の禁止を目的としない処分は検閲に該当しない
時　期	**発表前**に行われるものに限る →発表後の差止めは検閲に該当しない
方　法	**網羅的一般的**に思想内容等の表現物の内容の審査を行う →思想内容等の審査を目的としない処分は検閲に該当しない

【事前抑制の禁止と検閲の禁止との関係】

	事前抑制の禁止	検閲の禁止
根拠規定	21条1項	21条2項前段
主体	公権力全般	行政権のみ
例外の有無	例外あり	例外なし（絶対的禁止）

③ 検閲の禁止に関する判例

　検閲であるか否かが争われたものとして、①**裁判所による事前差止め**(最大判昭61.6.11、北方ジャーナル事件)、②**税関検査**(最大判昭59.12.12、税関検査訴訟)、③**教科書検定**(最判平5.3.16、第一次教科書訴訟)、④**自動販売機への有害図書の収納禁止**(最判平1.9.19、岐阜県青少年保護育成条例事件)、**発展** ⑤**政見の一部を削除して放送すること**(最判平2.4.17、政見放送削除事件)がある。しかし、いずれの判例も**検閲に該当しない**と判断している。

6　表現の自由②　199

> **判例** 税関検査訴訟（最大判昭59.12.12）

〈事案〉

❶Aが海外から8ミリフィルムを輸入したが、❷税関検査が行われた結果、関税定率法（当時）が輸入禁制品として定める「風俗を害すべき書籍、図画」に該当すると判断され、❸税関長がその旨をAに通知した。Aは、当該通知によって当該フィルムの輸入が禁止されるため、税関検査が憲法21条2項の「検閲」にあたると主張し、当該通知の取消訴訟を提起した。

〈判旨〉

● 1　憲法21条2項の「検閲」とは何か

▶▶▶ 結論参照。

結論　憲法21条2項にいう「検閲」とは、行政権が主体となって、思想内容等の表現物を対象とし、その全部又は一部の発表の禁止を目的として、対象とされる一定の表現物につき網羅的一般的に、発表前にその内容を審査した上、不適当と認めるものの発表を禁止することを、その特質として備えるものを指すと解すべきである。02 05

● 2　検閲は絶対的に禁止されるか

▶▶▶ 絶対的禁止である。

理由　憲法が、表現の自由につき、広くこれを保障する旨の一般的規定を同条1項に置きながら、別に検閲の禁止についてかような特別の規定を設けたのは、検閲がその性質上表現の自由に対する最も厳しい制約となるものであることにかんがみたものである。

結論　検閲については、公共の福祉を理由とする例外の許容（憲法12条、13条参照）をも認めない趣旨を明らかにしたものと解すべきである。05

● 3　税関検査は事前規制に該当するか

Ⅲ▶該当しない。

理由　①　税関検査により輸入が禁止される表現物は、一般に、国外においては既に発表済みのものであって、その輸入を禁止したからといって、当該表現物につき、事前に発表そのものを一切禁止するものではない。06

　　　　②　当該表現物は、輸入が禁止されるだけであって、税関により没収、廃棄されるわけではないから、発表の機会が全面的に奪われてしまうものでもない。06

結論　税関検査は、事前規制そのものということはできない。

● 4　税関検査は検閲に該当するか

Ⅲ▶該当しない。

理由　①　税関検査は、関税徴収手続の一環として、これに付随して行われるもので、思想内容等の表現物に限らず、広く輸入される貨物及び輸入される郵便物中の信書以外の物の全般を対象としており、思想内容等それ自体を網羅的に審査し規制することを目的とするものではない。07

　　　　②　税関検査は行政権によって行われるとはいえ、その主体となる税関は、関税の確定及び徴収を本来の職務内容とする機関であって、特に思想内容等を対象として規制することを独自の使命とするものではない。

　　　　③　思想内容等の表現物につき税関長の通知がされたときは司法審査の機会が与えられているのであって、行政権の判断が最終的なものとされるわけではない。06

結論　以上の諸点を総合して考察すると、税関検査は、憲法21条2項にいう「検閲」に当たらない。06 07

〈**解説**〉　現在は、関税法69条の11第1項に「輸入してはならない貨物」として輸入禁制品が列挙されている。その一つに「公安又は風俗を害すべき書籍、図画、彫刻物その他の物品」(同条項7号)が含まれている。

判例 第一次教科書訴訟（最判平5.3.16） p.165

〈事案〉

❶日本史の教科書を執筆した大学教授が、❷教科書として発行すべく文部大臣（当時）の検定に申請したところ、❸検定不合格処分を受けたので、教科書検定が憲法21条2項及び同条1項に違反すると主張して提訴した。

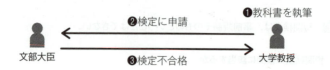

〈判旨〉

● 教科書検定は検閲に該当するか

▶▶▶ 該当しない。

理由 不合格とされた図書は、教科書としての発行の道が閉ざされることになるが、右制約は、普通教育の場において使用義務が課せられている教科書という特殊な形態に限定されるのであって、不合格図書をそのまま一般図書として発行し、教師、児童、生徒を含む国民一般にこれを発表すること、すなわち思想の自由市場に登場させることは、何ら妨げられるところはない。 08

結論 一般図書としての発行を何ら妨げるものではなく、発表禁止目的や発表前の審査などの特質がないから、教科書検定は検閲に当たらず、憲法21条2項前段の規定に違反するものではない。 08

判例 岐阜県青少年保護育成条例事件（最判平1.9.19）

〈事案〉

岐阜県青少年保護育成条例（当時、以下「本件条例」という）には、有害図書（知事が指定した青少年の健全な育成を阻害するおそれがある図書）の自動販売機への収納を罰則をもって禁止する規定がある。自動販売機により図書を販売することを業とする会社の代表取締役Aは、❶知事により有害図書として指定された本を、❷自動販売機に収納したとして本件条例違反の罪で起訴された。

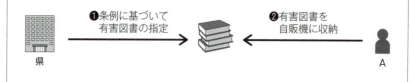

〈判旨〉

● 有害図書の指定は検閲に該当するか

■■▶ 該当しない。

結論 有害図書の指定について憲法21条2項前段違反をいう（検閲に該当すると主張する）点は、**本件条例による有害図書の指定が同条項前段の検閲に当たらないことは、当裁判所の各大法廷判例の趣旨に徴し明らかである。** 09

〈解説〉 現在、本件条例は「岐阜県青少年健全育成条例」と名称を改めているが、有害図書の自動販売機への収納を罰則をもって禁止する規定は廃止されていない。

---

4 不明確な規制（明確性の理論） 違憲審査

1 総説

意義 明確性の理論とは、法令の文言が明確でなければならないとするものであり、審査基準でもある（明確性の基準）。明確性の理論については、**精神的自由を規制する立法に対して適用されるほか（憲法21条の問題）、刑罰法規に対しても適用される（憲法31条の問題）。法令の文言があいまい（漠然）不明確であるときは、それだけで違憲無効とされる。** 通説のみ

趣旨 ① 法令の文言があいまい不明確であると、国民に規制対象となる行為を事前に告知する機能が果たされないことに加え、国家による恣意的な取締りが行われかねない。

② 特に表現の自由を規制する法令が漠然不明確であるときは、国民が必要以上に表現活動を自粛するという萎縮的効果が生じる。

〈語 句〉●表現活動への萎縮的効果とは、規制法令が不明確な場合、規制を受ける表現行為がわからないので、刑罰を科されるのは嫌だと考えると、表現行為自体をしなくなるということである。

2 明確性の理論に関する判例

刑罰法規の明確性が争われた判例として、**徳島市公安条例事件**（最大判昭50.9.10）、**広島市暴走族追放条例事件**（最判平19.9.18）がある。その他、前述した**税関検査訴訟**（最大判昭59.12.12）においても、法令の文言の不明確性が争われている。

問題点 法令の文言の明確性はどのような基準で判断すべきか。

結論 通常の判断能力を有する**一般人（一般国民）**の理解を基準とし、具体的場

6 表現の自由② 203

合に国民の行為が**法令の適用を受けるものかどうかの判断を可能にさせる基準が読みとれる**のであれば、その法令の文言が**不明確とはいえない**（最大判昭50.9.10、徳島市公安条例事件）。 10

理由 法令の規定は、文言の表現力に限界がある他、その性質上、**抽象性を有する**ので、法令が適用される行為とそうでない行為との区別を可能にさせる基準として、常に絶対的な基準を要求することはできない。

判例　徳島市公安条例事件（最大判昭50.9.10）

〈事案〉

❶デモ隊が「だ行進（ジグザグ行進）などの交通の秩序を乱すおそれがある行為をしないこと」という条件付きでデモ行進の許可を受けたところ、❷Aは、自らだ行進を行い、かつ、集団にだ行進を行うようせん動した。この行為が、集団行進又は集団示威運動を行おうとする者に対して「交通秩序を維持すること」を罰則をもって要求する徳島市公安条例（以下「本条例」という）の規定に違反したとして起訴された。Aは、本条例の規定があいまい不明確である故に無効であると主張して争った。

　❶「交通秩序を乱すおそれがある行為をしないこと」
　　　を条件にデモ行進を許可　→　
警察署　　　　　　　　　　　　　　　　　　　A
　　　　　　　　　　　　　　　　　　　　　❷だ行進をした

〈判旨〉

● 1　刑罰法規があいまい不明確として憲法31条違反となるか否かをどのように判断するか

▶ **一般人の理解で基準を読みとれるかどうかで判断する。**

理由　一般に法規は、規定の文言の表現力に限界があるばかりでなく、その性質上多かれ少なかれ**抽象性**を有し、刑罰法規もその例外をなすものではないから、禁止される行為とそうでない行為との識別を可能ならしめる基準といっても、必ずしも常に絶対的な基準を要求することはできず、合理的な判断を必要とする場合がある。

結論　ある刑罰法規があいまい不明確のゆえに憲法31条に違反するものと認めるべきかどうかは、通常の判断能力を有する**一般人**の理解において、**具体的場合に当該行為がその適用を受けるものかどうかの判断を可能ならしめるような基準が読みとれるかどうかによって決定すべきである**。 10

● 2　本条例の「交通秩序を維持すること」という規定は、憲法31条に違反しないか

▶ **違反しない（合憲）。**

> **理由** 通常の判断能力を有する一般人が、具体的場合において、自己がしようとする行為が右条項による禁止に触れるものであるかどうかを判断するにあたっては、その行為が秩序正しく平穏に行われる集団行進等に伴う交通秩序の阻害を生ずるにとどまるものか、あるいは==殊更な交通秩序の阻害をもたらすようなものであるか==を考えることにより、**通常その判断にさほどの困難を感じることはないはず**であり、
>
> 合憲限定解釈
>
> **結論** 本条例の規定は、確かにその文言が**抽象的**であるとのそしりを免れないとはいえ、**集団行進等における道路交通の秩序遵守についての基準を読みとることが可能**であり、犯罪構成要件の内容をなすものとして**明確性を欠き憲法31条に違反するものとはいえない**。 11

〈解説〉 ❷の理由部分で判例は、だ行進、うず巻行進、すわり込み等の行為が禁止に触れるものであるということは、容易にわかるはずであるとしている。

判例 広島市暴走族追放条例事件（最判平19.9.18）

〈事案〉

❶Aは、他の暴走族構成員と共謀し、広島市が管理する公共広場で、無許可で、特攻服を着用し、円陣を組み、旗を立てるなど威勢を示して、公衆に不安又は恐怖を覚えさせる集会を行ったため、❷広島市長から集会を中止して公共広場から退去するよう命令を受けたが、これに従わず、引き続き集会を継続した。この命令違反行為（罰則あり）が広島市暴走族追放条例（以下「本条例」という）に違反するとして、Aが起訴された。ここでは「暴走族」の定義の不明確性が争われた。

　❷集会の中止・退去の命令　　❶特攻服を着て集会

広島市　　　　　　　　　　　　　　　　　　　　　A

〈判旨〉

● 1 本条例の「暴走族」の定義は不明確であるか

▶ **限定解釈ができるので不明確ではない**。

> **理由** ① 本条例は、処罰の対象を市長の中止命令等（中止命令、退去命令）に違反する行為に限定するとともに、本条例には、暴走行為自体の抑止を眼目としている規定も数多く含まれている。
> ② 本条例の委任規則である本条例施行規則は、服装、旗、言動などに着目した中止命令等を発する際の判断基準を挙げている。 12

結論 本条例の全体から読み取ることができる趣旨、さらには本条例施行規則の規定等を総合すれば、本条例が規制の対象としている「暴走族」は、暴走行為を目的として結成された集団である本来的な意味における暴走族の外には、服装、旗、言動などにおいてこのような暴走族に類似し社会通念上これと同視することができる集団に限られるものと解される。 [12]

● 2 本条例の規制は憲法に違反するか

▥▶ 違反しない（合憲）。

結論 以上のように「暴走族」を限定的に解釈すれば、本条例の規制は、その弊害を防止しようとする規制目的の正当性、弊害防止手段としての合理性、この規制により得られる利益と失われる利益との均衡の観点に照らし、いまだ憲法21条1項、31条に違反するとまではいえない。

〈解説〉 ① 本条例の「暴走族」の定義は、社会通念上の暴走族以外の集団が含まれる文言となっている。
② 本判例は、本条例の「暴走族」に該当する集団を限定解釈することが可能であることを理由に、文言の不明確性を否定している。

〈参照〉 ●広島市暴走族追放条例2条7号：暴走族 暴走行為をすることを目的として結成された集団又は公共の場所において、公衆に不安若しくは恐怖を覚えさせるような特異な服装若しくは集団名を表示した服装で、い集、集会若しくは示威行為を行う集団をいう。

〈語句〉 ●限定解釈（合憲限定解釈）とは、文字通り読めば違憲になる可能性がある法文の文言を限定的に捉え、違憲判断を避ける解釈である。第10章 **4** 節「違憲審査権」で扱う。

判例 税関検査訴訟（最大判昭59.12.12）

〈事案〉

〈省略〉

〈判旨〉

● 1 表現の自由を規制する法律の規定の限定解釈が許されるのはどのような場合か

▥▶ 規制対象か否かを明確に区別できる、合憲的に規制できるもののみが規制対象、一般国民が規制対象か否かを読みとれる、という要件を満たす場合である。

結論 表現の自由を規制する法律の規定について限定解釈をすることが許されるのは、その解釈により、規制の対象となるものとそうでないものとが明確に区別され、かつ、合憲的に規制し得るもののみが規制の対象となることが明らかにされる場合でなければならず、また、一般国民の理解において、具体的場合に当該表現物が規制の対象となるかどうかの判断を可能ならしめるような基準をその規定から読みとることができるものでなければならない。 [13]

206 第3章 基本的人権Ⅲ

● 2　関税定率法の「風俗を害すべき書籍、図画」は不明確であるか

■■▶ **明確であり憲法21条１項に違反しない（合憲）。**

理由　「風俗を害すべき書籍、図画」とある文言が専ら猥褻な書籍、図画を意味することは、現在の社会事情の下において、**わが国内における社会通念に合致する**ものといって妨げない。 14

結論　右規定は広汎又は不明確の故に違憲無効ということはできず、当該規定による猥褻表現物の輸入規制が憲法21条１項の規定に違反するものでない。 14

〈解説〉　本判例は、関税定率法の文言のうち「風俗」の意味を限定解釈することが可能であることを理由に、文言の不明確性を否定している。

重要事項 一問一答

01 二重の基準とは？

精神的自由を規制する国家行為は、経済的自由を規制する国家行為よりも厳格に審査されるべきとする考え方をいう。

02 事前抑制は禁止されるか？

原則として禁止されるが、厳格かつ明確な要件の下でのみ許容される（判例）。

03 裁判所は検閲の主体になるか？

主体にならない（判例）。

04 裁判所の仮処分による出版社に対する事前差止めは検閲に該当するか？

検閲には当たらない（判例）。

05 小説『石に泳ぐ魚』の出版差止めを認めるべきか否かの判断基準は？

被害者側の不利益と侵害者側の不利益との比較衡量（判例）。

06 検閲は絶対的に禁止されるか？

絶対的に禁止される（判例）。

07 税関検査や教科書検定は検閲に当たるか？

どちらも検閲に当たらない（判例）。

08 有害図書の指定は検閲に当たるか？

検閲に当たらない（判例）。

09 明確性の理論とは？

法令の文言は明確でなければならず、あいまい不明確な場合は、それだけで違憲無効とする考え方であり、違憲審査基準でもある（明確性の基準）。

10 法令の文言の明確性は誰の理解を基準とするか？

通常の判断能力を有する一般人（一般国民）の理解を基準とする（判例）。

6　表現の自由②　207

過去問チェック

01 表現の自由を中心とする精神的自由を規制する立法の合憲性は、経済的自由を規制する立法よりも特に厳しい基準によって審査されなければならないとされている。

○（裁2015改題）

02 憲法第21条第2項が禁止する「検閲」とは、公権力が主体となって、思想内容等の表現物を対象とし、その全部又は一部の発表の禁止を目的として、対象とされる一定の表現物につき網羅的一般的に、発表前にその内容を審査した上、不適当と認めるものの発表を禁止することをいい、裁判所の仮処分による出版物の頒布等の事前差止めは、同項にいう「検閲」に当たり、許されない。

×（税2013）「公権力が主体となって」「同項にいう『検閲』に当たり、許されない」が誤り。

03 表現の自由が自己実現及び自己統治の価値に資する極めて重要な権利であることに鑑み、出版物の頒布等の事前差止めは、その対象である評価・批判等の表現行為が公務員又は公職選挙の候補者に対するものであるか私人に対するものであるかにかかわらず、当該表現内容が真実でない場合又は専ら公益を図る目的でないことが明白である場合を除き、許されない。

×（国般2019）「公務員又は公職選挙の候補者に対するものであるか私人に対するものであるかにかかわらず、当該表現内容が真実でない場合又は専ら公益を図る目的でないことが明白である場合を除き、許されない」が誤り。

04 小説の出版等によるプライバシー侵害行為が明らかに予想され、その侵害行為によって被害者が重大な損失を受けるおそれがあり、かつ、その回復を事後に図るのが不可能ないし著しく困難になると認められるときであっても、小説の出版等の差止めを認めることは憲法21条1項に反し許されない。

×（裁2015）「小説の出版等の差止めを認めることは憲法21条1項に反し許されない」が誤り。

05 憲法第21条第2項にいう検閲は、行政権が主体となって、思想内容等の表現物を対象とし、その全部又は一部の発表の禁止を目的として、対象とされる一定の表現物につき網羅的一般的に、発表前にその内容を審査した上、不適当と認めるものの発表を禁止することをその特質としてそなえるものを指し、公共の福祉を理由とする例外を除き、原則として禁止される。

×（税2011）「公共の福祉を理由とする例外を除き、原則として」が誤り。

208　第3章　基本的人権Ⅲ

06 税関検査により輸入を禁止される表現物は、国外において既に発表済みのものであるし、税関により没収、廃棄されるわけではないから、発表の機会が事前に全面的に奪われているわけではないこと、税関検査は、関税徴収手続に付随して行われるもので、思想内容等それ自体を網羅的に審査し規制することを目的とするものではないこと、税関長の通知がされたときは司法審査の機会が与えられているのであって、行政権の判断が最終的なものとされているわけではないことを踏まえると、税関検査は憲法が絶対的に禁止している検閲には当たらないとするのが判例である。

○（税2019）

07 税関において公安又は風俗を害すべき書籍等を検査することは、関税徴収手続の一環として行われ、思想内容等を網羅的に審査し規制することを目的とするものではないが、国民が当該書籍等に接する前に規制がなされ、発表の自由と知る自由が著しく制限されることになるので検閲に当たり、違憲である。

×（区2012）「国民が当該書籍等に接する前に規制がなされ、発表の自由と知る自由が著しく制限されることになるので検閲に当たり、違憲である」が誤り。

08 教科用図書検定（教科書検定）の対象となる図書は、教科書としてでなければ刊行できないのが通常であるから、文部科学大臣の検定に合格しなければ教科書として出版できないこととしている教科用図書検定制度は、表現物の発表を事前に禁止するものとして、憲法21条2項前段にいう「検閲」に当たる。

×（裁2011）「表現物の発表を事前に禁止するものとして、憲法21条2項前段にいう「検閲」に当たる」が誤り。

09 知事によって有害図書として指定されると、青少年への販売、配布、貸付及び自動販売機業者が自動販売機に納入することが禁じられる旨の規定が条例に定められている場合、知事が、著しく性的感情を刺激し、または著しく残忍性を助長するため、青少年の健全な育成を阻害するおそれがある図書を有害図書として指定することは、憲法第21条第2項前段の検閲に該当する。

×（裁2018）「憲法第21条第2項前段の検閲に該当する」が誤り。

10 犯罪の構成要件として明確かどうかは、通常の判断能力を有する一般人の理解において、具体的場合に当該行為がその適用を受けるかどうかの判断を可能ならしめるような基準が読み取れるかどうかにより決すべきである。

○（労2000）

11 市の条例で、集団行進及び集団示威運動の秩序を保ち、公共の安寧を保持するための遵守事項の一つとして、「交通秩序を維持すること」を定め、これに違反して行われた集団行進の主催者等を処罰する旨の規定は、いかなる作為又は不作為を命じているのか義務内容が具体的に明らかにされておらず、構成要件が不明確であるゆえに、憲法第31条に違反し、無効であると解するのが相当である。

×（労2002）「いかなる作為又は不作為を命じているのか義務内容が具体的に明らかにされておらず、構成要件が不明確であるゆえに、憲法第31条に違反し、無効であると解するのが相当である」が誤り。

12 ある条例がその文言どおりに適用されることになると、規制の対象が広範囲に及び、憲法第21条第1項及び第31条との関係で問題がある場合に、当該条例を限定解釈によって合憲と判断することができるかどうかの判断に当たっては、当該条例の規定それ自体から、通常人の判断能力をもって限定解釈をすることができる可能性等を考慮すべきであり、当該条例の委任規則である施行規則の規定までも考慮することは許されない。

×（財2018）「当該条例の規定それ自体から、通常人の判断能力をもって限定解釈をすることができる可能性等を考慮すべきであり、当該条例の委任規則である施行規則の規定までも考慮することは許されない」が誤り。

13 表現の自由を規制する法律の規定について、その解釈により規制の対象となるものとそうでないものとを明確に区別することができず、かつ、合憲的に規制し得るもののみが規制の対象となることを明らかにすることができない場合であっても、一般国民の理解において具体的場合に当該表現物が規制の対象となるかどうかの判断を可能ならしめる基準をその規定から読み取ることができるものであれば、当該法律の規定について限定解釈をすることが許される。

×（税2013）「その解釈により規制の対象となるものとそうでないものとを明確に区別することができず、かつ、合憲的に規制し得るもののみが規制の対象となることを明らかにすることができない場合であっても」が誤り。

14 関税定率法が輸入禁制品として挙げている「風俗を害すべき書籍、図画」は、「風俗」という用語の意味が多義にわたるため、それが法的規制の対象となる場合であっても、当該文言が専ら「わいせつな書籍、図画」を意味することは、我が国内における社会通念に合致するとはいえないが、表現物の規制についての関係法令における用語例から判断すれば、「わいせつな書籍、図画」を意味することは明らかであり、明確性に欠けるところはない。

×（国般2003）「我が国内における社会通念に合致するとはいえないが、表現物の規制についての関係法令における用語例から判断すれば」が誤り。

A 　最高裁は、北方ジャーナル事件において、表現行為に対する事前抑制は、表現の自由を保障し検閲を禁止する憲法21条の趣旨に照らし、厳格かつ明確な要件のもとにおいてのみ許容されうるものといわなければならないと判示して、事前抑制禁止の理論と同様の趣旨を明らかにしている。

○（裁2015改題）

第3章

精神的自由権

6　表現の自由②

国般★★★／国専★★★／裁判所★★★／特別区★★★／地上★★★

7 表現の自由③

本節では、前節に続いて表現の自由の規制態様に合わせて、違憲審査基準を学習します。また、公務員の政治活動の制限についても扱いますが、どちらも、本試験では判例の出題が多い分野となっています。

1 表現内容に対する規制

1 総説

意義 **表現内容に対する規制**とは、ある表現が**伝達する内容に着目し、それがもたらす害悪を理由に規制する**ものをいう。性表現や名誉毀損的表現等が問題となる。

〈解説〉 表現内容に対する規制の合憲性については、学説は、**明白かつ現在の危険の法理**や**定義付け較量論**を用いて判断する。

〈語句〉 ●/発展 **明白かつ現在の危険の法理**とは、①表現行為が近い将来、実質的害悪を引き起こす蓋然性が明白である、②実質的害悪が極めて重大であり、その重大な害悪の発生が時間的に切迫している、③規制手段が害悪を避けるのに必要不可欠である、という3つの要件が認められる場合に限り、表現内容の規制を認めるとする基準である(最高裁判例はこの基準を採用していない)。

●/発展 **定義付け較量論**とは、性表現や名誉毀損的表現も表現の自由に含まれると解した上で、最大限保護の及ぶ表現の範囲を画定していくという考え方である。最高裁判例も同様のアプローチをしていると評価されている。

2 性表現の規制※ /発展

判例においては、刑法175条の適用に際して、文書のわいせつ性の判断をどのような基準によって行うべきであるかが争われた。※ 20年間出題なし。

3 名誉毀損的表現の規制

判例においては、名誉毀損的表現が処罰されない場合を規定する刑法230条の2第1項について、それが適用される場面などが争われた。

212 第3章 基本的人権Ⅲ

刑法第230条【名誉毀損】 名誉権の保障

① 公然と事実を摘示し、人の名誉を毀損した者は、その事実の有無にかかわらず、3年以下の懲役若しくは禁錮又は50万円以下の罰金に処する。
② 死者の名誉を毀損した者は、虚偽の事実を摘示することによってした場合でなければ、罰しない。

刑法230条の2【公共の利害に関する場合の特例】 表現の自由

① 前条第1項の行為が**公共の利害に関する事実**に係り、かつ、その**目的が専ら公益を図ることにあった**と認める場合には、事実の真否を判断し、**真実であることの証明**があったときは、これを罰しない。

原則 人(生存者)の名誉を毀損する行為は、公然と摘示した事実が**虚偽**であっても真実であっても処罰される(刑法230条1項)。

例外 ①事実の公共性(ex. 政治・犯罪)、②目的の公益性(ex. 報道)、③真実性の証明という3要件を全て満たせば、人の名誉を毀損する行為であっても**処罰されない**(刑法230条の2第1項)。

　発展 判例は、①〜③の要件を全て満たすことで、民法上の不法行為も成立しないとしている(最判昭41.6.23)。 A

理由 公共性・公益性のある表現行為は、国民の知る権利に奉仕するものであり、容易に処罰すべきではないからである。

刑法230条の2第1項に関連して、**月刊ペン事件**(最判昭56.4.16)は、事実の公共性の判断基準を示したものである。

判例 月刊ペン事件(最判昭56.4.16) ☆

〈事案〉

❶月刊誌Aが社会的に影響力を有する宗教団体の会長B(当時)の私的行動を批判する記事を掲載したところ、❷Aの編集局長が名誉毀損罪で起訴された。❸Aの編集局長は、Bの行動が「公共の利害に関する事実」に該当し、目的の公益性・真実性も満たす(3要件を全て満たす)として無罪を主張した。

7 表現の自由③　213

〈判旨〉

● **私生活上の行状が「公共の利害に関する事実」に該当する場合があるか**

▮▮▯▶ 社会的活動の性質などによって該当する場合がある。 イシワト

結論 　私人の私生活上の行状であっても、そのたずさわる社会的活動の性質及びこれを通じて社会に及ぼす影響力の程度などのいかんによっては、その社会的活動に対する批判ないし評価の一資料として、刑法230条の2第1項にいう「公共の利害に関する事実」にあたる場合があると解すべきである。01

〈解説〉 　私人であるBの行状について、第一審及び第二審が「公共の利害に関する事実」に該当しないと判断したのに対し、最高裁判所が「公共の利害に関する事実」に該当することを認めたという経緯がある。

これに対して、**夕刊和歌山事件**(最大判昭44.6.25)は、3要件のうち真実性の証明を満たさないため、刑法230条の2第1項を適用することができない場合であっても、名誉毀損罪で処罰されないための要件を示したものである。この要件については、インターネット上の表現であっても緩和されないとするのが判例である(最決平22.3.15)。

判例 夕刊和歌山事件(最大判昭44.6.25) ☆

〈事案〉

❶Bは「Aが市役所職員を脅迫した」ことに関する記事を自ら発行する新聞に掲載したところ、❷名誉毀損罪で起訴された。裁判において、❸BはAの脅迫の事実を証明すること(真実性の証明)ができなかった。

❶Aが犯罪行為をしたとする記事を掲載

B発行の新聞

❷名誉毀損罪で起訴

検察 → B

Aが市役所職員を脅迫した記事

❸真実性の証明ができない

〈判旨〉

● **真実性の証明ができない場合は名誉毀損罪が成立するか**

▮▮▯▶ 名誉毀損罪が成立しない場合もある。

理由 　刑法230条の2の規定は、人格権としての個人の名誉の保護と、憲法21条による正当な言論の保障との調和をはかったものである。

214 第3章 基本的人権Ⅲ

結論 これら両者間の調和と均衡を考慮するならば、刑法230条の2第1項にいう事実が真実であることの証明がない場合でも、行為者がその事実を真実であると誤信し、その誤信したことについて、**確実な資料、根拠に照らし相当な理由がある**ときは、犯罪の故意がなく、名誉毀損の罪は成立しないものと解するのが相当である。02

<small>表現の自由がより保障されるようになった</small>

〈解説〉 ① 「犯罪の故意がなく」とは、意訳すると、犯罪をわざと犯す意識がないという意味である。名誉毀損罪は、故意犯とされており、名誉毀損罪をわざと犯す意思がなければ、犯罪が成立しない。

② 本件では、Aが新聞発行者であること等から、名誉毀損罪で処罰されないための要件のうち、事実の公共性及び目的の公益性を満たすことが前提となっていた。争点は、もう一つの要件である真実性の証明を満たさないときに、名誉毀損罪が成立するかどうかであった。

判例 インターネット上の名誉毀損表現（最決平22.3.15）

〈事案〉

❶Aは、B社が虚偽の広告をしているかのような内容を記載した文章を、自ら制作したホームページ上に掲載し続けることで、B社の名誉を傷つけた。これにより、❷Aは名誉毀損罪（刑法230条）で起訴されたが、真実であることの証明がなく、Aが真実と信じたことについて相当の理由（相当性）も認められないとして有罪判決を受けた。そこで、Aは、インターネットでの表現行為について信頼性が低いものが多いから、相当性の要件を緩く判断すべきとして上告した。

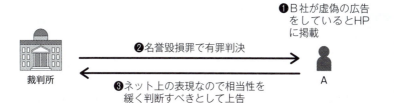

〈判旨〉

● 1　相当の理由の存否を判断するに際し、インターネット上の表現と他の表現は区別されるか

▮▮▷ 区別されない。

理由　個人利用者がインターネット上に掲載したものであるからといって、閲覧者において信頼性の低い情報として受け取るとは限らない。

結論　相当の理由の存否を判断するに際し、これを一律に、個人が他の表現手段を利用した場合と区別して考えるべき根拠はない。 03

● 2　インターネットによる表現行為において、いかなる場合に名誉毀損罪が成立しないのか

▮▮▷ 確実な資料・根拠に照らし真実の誤信に相当の理由がある場合。

理由　① インターネット上に載せた情報は、不特定多数のインターネット利用者が瞬時に閲覧可能で、これによる名誉毀損の被害は深刻なものとなり得る。
② 一度損なわれた名誉の回復は容易ではなく、インターネット上での反論によって十分にその回復が図られる保証があるわけでもない。

結論　インターネットの個人利用者による表現行為の場合においても、他の場合と同様に、行為者が摘示した事実を真実であると誤信したことについて、確実な資料、根拠に照らして相当の理由があると認められるときに限り、名誉毀損罪は成立しないものと解するのが相当であって、より緩やかな要件で同罪の成立を否定すべきものとは解されない。 03

4 ▷ せん動を処罰する法律

意義　せん動（煽動）とは、人々の気持ちを刺激して、特定の行動を起こすように仕向けることをいう。

判例では、現住建造物等放火罪や激発物破裂罪などの重大犯罪のせん動を処罰する破壊活動防止法39条及び40条の合憲性が争われた（最判平2.9.28、渋谷暴動事件）。

判例　渋谷暴動事件（最判平2.9.28）

〈事案〉

1971年（昭和46年）に渋谷駅周辺で過激派が大量の火炎瓶を警備に当たっている警察官に投げ込むなどした、いわゆる渋谷暴動事件について、❶暴動をせん動したとされるAが、❷破壊活動防止法違反の罪で起訴された。

❶「機動隊をせん滅し、建物を焼き尽くして渋谷大暴動を実現する」とせん動

❷破壊活動防止法違反で起訴

検察 → A

〈判旨〉

● 1　破壊活動防止法39条・40条のせん動(以下「せん動」という)は表現活動の性質を有するか

▶ 表現活動の性質を有する。

理由　せん動は、政治目的をもって、各条所定の犯罪を実行させる目的をもって、文書若しくは図画又は言動により、人に対し、その犯罪行為を実行する決意を生ぜしめ又は既に生じている決意を助長させるような勢のある刺激を与える行為をすることであるから、

結論　表現活動としての性質を有している。 04

● 2　せん動を処罰することは憲法21条に違反するか

▶ 違反しない(合憲)。

理由　①　表現活動といえども、絶対無制限に許容されるものではなく、公共の福祉に反し、表現の自由の限界を逸脱するときには、制限を受けるのはやむを得ない。
　　②　せん動は、公共の安全を脅かす現住建造物等放火罪、騒擾罪(騒乱罪)等の重大犯罪をひき起こす可能性のある社会的に危険な行為であるから、公共の福祉に反し、表現の自由の保護を受けるに値しないものとして、制限を受けるのはやむを得ない。 04

結論　せん動を処罰することは憲法21条1項に違反するものでない。

〈参照〉●破壊活動防止法39条(政治目的のための放火の罪の予備等)：政治上の主義若しくは施策を推進し、支持し、又はこれに反する目的をもって、刑法第108条(現住建造物等放火)、第109条第1項(非現住建造物等放火)、第117条第1項前段(激発物破裂)、第126条第1項若しくは第2項(汽車転覆等)、第199条(殺人)若しくは第236条第1項(強盗)の罪の予備、陰謀若しくは教唆をなし、又はこれらの罪を実行させる目的をもってするその罪のせん動をなした者は、5年以下の懲役又は禁こに処する。

2 表現の時・場所・方法の規制（表現の内容中立規制）

1 総説

意義 表現の時・場所・方法の規制とは、表現行為によって伝達される内容とは直接関係なく、表現が行われる時・場所・方法を理由としてなされる規制のことをいう。表現の内容中立規制とも呼ばれる。

〈解説〉 表現の時・場所・方法の規制の違憲審査基準として、学説は、LRAの基準を用いて判断する。もっとも、最高裁判例はLRAの基準を採用していない。後述のように、判例は合理的関連性の基準などを採用している。

〈語句〉● LRAの基準とは、立法目的を達成するためのより制限的でない他の選び得る手段 (Less Restrictive Alternative) が存在するかどうかを具体的・実質的に審査し、それがあり得る場合には、表現の時・場所・方法を規制する立法を違憲とする基準である。　違憲となりやすい

2 表現の時・場所・方法の規制に関する判例

表現の時・場所・方法の規制の典型例として、電柱などへのビラ貼りの禁止がある。判例は、ビラ貼り禁止の程度にとどまる規制は、**公共の福祉のための必要かつ合理的な制限**であるから、憲法違反ではないとしている（最大判昭43.12.18）。

判例　屋外広告物条例違反事件（最大判昭43.12.18）

〈事案〉

大阪市屋外広告物条例によって張り紙の表示を禁止された❶大阪市内の電柱などに対し、Aがビラを貼り付けた。これにより、❷Aは条例違反の罪で起訴された。

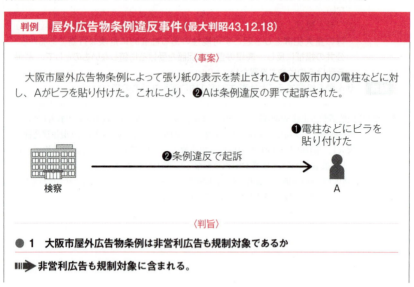

〈判旨〉

● 1　大阪市屋外広告物条例は非営利広告も規制対象であるか

▶ 非営利広告も規制対象に含まれる。

理由 　大阪市屋外広告物条例は、屋外広告物法に基づいて制定されたもので、当該法律と条例の両者相まって、**大阪市における美観風致を維持し、および公衆に対する危害を防止する**ために、屋外広告物の表示の場所および方法ならびに屋外広告物を掲出する物件の設置および維持について必要な規制をしている。

結論 　ビラの貼付が営利と関係のないものであるとしても、当該法律および条例の規制の対象とされているものと解すべきである。　05

● 2　ビラの貼り付けを禁止する規定は憲法に違反するか

⅏⟩ 違反しない（合憲）。

理由 　国民の文化的生活の向上を途とする憲法の下においては、**都市の美観風致を維持する**ことは、公共の福祉を保持する所以であるから、この程度の規制は、公共の福祉のため、表現の自由に対し許された必要かつ合理的な制限と解することができる。　05

結論 　大阪市屋外広告物条例の規定を憲法に違反するものということはできない。

　次に、**戸別訪問**（選挙の際、候補者等が有権者の家を訪ねること）**の一律禁止**について、判例は、以下の**3つの要件を検討**することにより、**目的と手段との間の関連性を審査する**合理的関連性の基準によって当該禁止の合憲性を審査している。合理的関連性の基準は**緩やかな違憲審査基準**であるため、合憲との判断を導きやすい。合理的関連性の基準は、後述する猿払事件（最大判昭49.11.6）などでも採用されている。

【合理的関連性の基準において検討する3つの要件】

①**目的**	規制目的（立法目的）の正当性
②**手段**	規制目的と規制手段（目的達成手段）との間の合理的関連性 →関連性は抽象的・観念的なものでよい
③**比較衡量**	規制によって得られる利益が失われる利益よりも大きいこと

第3章　精神的自由権

7　表現の自由③　　219

| 判例 | 戸別訪問の一律禁止（最判昭56.6.15） ☆（合理的） |

〈事案〉

❶Xは、衆議院議員総選挙に際し、A選挙区から立候補したYに投票してもらう目的で有権者宅に戸別訪問を行い、Yに投票するよう依頼した。これにより、❷Xは、戸別訪問を一律禁止する公職選挙法に違反するとして起訴された。

〈判旨〉

● 1　戸別訪問の一律禁止（規制手段）の目的は正当であるか

▶▶▶ **正当である。**

理由　戸別訪問の禁止は、意見表明そのものの制約を目的とするものではなく、**意見表明の手段方法のもたらす弊害**、すなわち、戸別訪問が買収、利害誘導等の温床になり易く、選挙人の生活の平穏を害するほか、これが放任されれば、候補者側も訪問回数等を競う煩に耐えられなくなるうえに多額の出費を余儀なくされ、**投票も情実に支配され易くなるなどの弊害を防止して選挙の自由と公正を確保することを目的としている。** 06

結論　戸別訪問の一律禁止の目的は正当である。

● 2　戸別訪問の一律禁止（手段）と目的との間の合理的関連性が認められるか

▶▶▶ **合理的関連性が認められる。**

理由　上記の弊害を総体としてみるときには、
結論　戸別訪問を一律に禁止することと禁止目的との間に合理的な関連性があるということができる。 06

● 3　規制によって得られる利益が失われる利益よりも大きいか　比較衡量論

▶▶▶ **規制によって得られる利益の方が大きい。**

理由　① 戸別訪問の禁止によって**失われる利益**は、それにより戸別訪問という手段方法による意見表明の自由が制約されるが、それは、もとより戸別訪問以外の手段方法による意見表明の自由を制約するものではなく、**単に手段方法の禁止に伴う限度での間接的、付随的な制約にすぎない。**
② 禁止により**得られる利益**は、戸別訪問という手段方法のもたらす弊害を防止することによる**選挙の自由と公正の確保**である。

| 結論 | 戸別訪問の禁止によって得られる利益は失われる利益に比してはるかに大きい。 06

● 4　戸別訪問の一律禁止は憲法21条に違反するか

▶ 違反しない（合憲）。
| 結論 | 戸別訪問を一律に禁止する公職選挙法の規定は、合理的で必要やむをえない限度を超えるものとは認められず、憲法21条に違反しない。 06

　他人が管理する施設で断りなくビラ配布や演説をする行為については、**住居侵入罪**（刑法130条前段）または**不退去罪**（刑法130条後段）に該当するかどうかが問題となる。判例は、**施設の管理権を重視**しており、無断でビラ配布や演説をした者を処罰しても憲法21条1項に違反しないとする（最判昭59.12.28、 発展 最判平20.4.11）。

| 判例 | **鉄道営業法違反事件**（最判昭59.12.18）

〈事案〉

❶鉄道の駅構内で、駅員の許諾を受けないで乗降客にビラを配布して演説を繰り返したうえ、退去要求を無視して駅構内に滞留したAらが、❷鉄道営業法違反の罪及び刑法130条後段の罪（不退去罪）で起訴された。

検察

❷鉄道営業法違反・不退去罪で起訴

Aら

❶駅の構内で無許可でビラ配布・退去要求を無視

〈判旨〉

● Aらの行為を処罰することは憲法21条1項に違反するか

▶ 違反しない（合憲）。
| 理由 | 憲法21条1項は、表現の自由を絶対無制限に保障したものではなく、公共の福祉のため必要かつ合理的な制限を是認するものであって、たとえ思想を外部に発表するための手段であっても、**その手段が他人の財産権、管理権を不当に害するごときものは許されない**。
| 結論 | Aらの行為につき、鉄道営業法の規定及び刑法130条後段を適用して処罰しても、**憲法21条1項に違反するものではない**。 07

〈解説〉　伊藤正己裁判官の補足意見では、道路・公園・広場など一般公衆が自由に出入りできる場所を**パブリック・フォーラム**と呼ぶことができ、パブリック・フォーラムが表現の場所として用いられるときは、所有権や本来の利用目的のための管理権に基づく制約を受けるとしても、その機能にかんがみて、表現の自由の保障に可能な限り配慮する必要があることに言及している。

〈語句〉●補足意見とは、法廷意見（多数意見のこと）に加わった最高裁裁判官が法廷意見に補足・追加をするものである。本判決の法廷意見にはパブリック・フォーラムの記載がない。
07

3 公務員の政治活動の制限

　国家公務員法102条1項では、**一般職の国家公務員は、選挙権の行使を除き、人事院規則で定める**政治的行為**をしてはならない**と規定し、同条項の委任に基づき、**人事院規則14-7（政治的行為）**において禁止される政治的行為の具体的内容が列挙されている。

　猿払事件(最大判昭49.11.6)は、一般職の国家公務員の政治活動を制限する国家公務員法102条1項及び人事院規則の合憲性を、**合理的関連性の基準**を用いて違憲審査をする旨を示したうえで、同条項が合憲であると判断している。

| 判例 | **猿払事件**（最大判昭49.11.6） |

〈事案〉

　❶北海道宗谷郡猿払村の郵便局員Aが、衆議院議員総選挙に際し、特定の政党を支持する目的で、当該政党の公認候補者の選挙用ポスターを掲示・配布した。この行為が、一般職の国家公務員（以下「公務員」という）による政治的行為を禁止する国家公務員法102条1項に違反するとして、❷Aが起訴された。なお、当時の郵便局員は国家公務員であった。

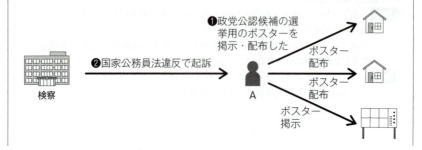

〈判旨〉

● 1 政治的行為の禁止の合憲性について、どのような違憲審査基準を用いるか

▶ 合理的関連性の基準を用いる。

理由 行政の中立的運営が確保され、これに対する国民の信頼が維持されることは、憲法の要請にかなうものであり、公務員の政治的中立性が維持されることは、国民全体の重要な利益にほかならないから、公務員の政治的中立性を損なうおそれのある公務員の政治的行為を禁止することは、それが合理的で必要やむをえない限度にとどまるものである限り、憲法の許容するところである。 08

基準 公務員に対する政治的行為の禁止が合理的で必要やむをえない限度にとどまるものか否かを判断するにあたっては、①禁止の目的、②この目的と禁止される政治的行為との関連性、③政治的行為を禁止することにより得られる利益と禁止することにより失われる利益との均衡、の3点から検討することが必要である。

● 2 ①禁止の目的は正当か

▶ 正当である。

結論 行政の中立的運営とこれに対する国民の信頼を確保するため、公務員の政治的中立性を損なうおそれのある政治的行為を禁止するという目的は正当である。

● 3 ②禁止の目的と禁止される政治的行為との関連性があるか

▶ 関連性がある。

結論 公務員の政治的中立性を損なうおそれがあると認められる政治的行為を禁止することは、禁止目的との間に合理的な関連性がある。

● 4 ③禁止により得られる利益と失われる利益との均衡はあるか　比較衡量論

▶ 利益の均衡がある。

理由 ① 公務員の政治的中立性を損なうおそれのある政治的行為を禁止することは、単に行動の禁止に伴う限度での間接的、付随的な制約に過ぎない。
② 政治的行為の禁止により得られる利益は、公務員の政治的中立性を維持し、行政の中立的運営とこれに対する国民の信頼を確保するという国民全体の共同利益である。

結論 政治的行為の禁止により得られる利益が失われる利益に比べて重要であり、その禁止は利益の均衡を失するものではない。

● 5 政治的行為の禁止は憲法に違反するか

▶ 違反しない（合憲）。

結論 政治的行為の禁止に関する国家公務員法102条1項及び人事院規則の規定は、合理的で必要やむをえない限度を超えるものとは認められず、憲法21条に違反するものということはできない。

● 6　Aに対して罰則を適用することは憲法に違反するか

▶▶▶ 違反しない（合憲）。

理由　原判決（札幌高判昭44.6.24）は、Aの行為に対する制裁は懲戒処分で足り、罰則までも法定することは合理的にして必要最小限度を超え、違憲であるとしたが、政治的行為の禁止の違反行為に対し懲戒処分のほか罰則を法定することが不合理な措置とはいえない。09

結論　Aの行為に対して罰則を適用することは、憲法21条、31条に違反しない。09

〈解説〉　① Aについては、特定の政党を支持することを目的とする文書の掲示又は配布という政治的行為（人事院規則14−7第5項3号、6項13号）を行ったと認定され、国家公務員法違反で有罪となった。
　　　　② ●4での「利益の均衡」とは、比較衡量の結果を意味する。判例は、図の状態で、利益の均衡がとれているとする。

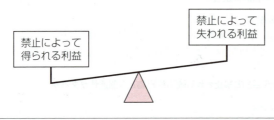

　これに対して、猿払事件と類似する行為について国家公務員法違反が問われた**堀越事件**（最判平24.12.7）及び**世田谷事件**（最判平24.12.7）は、猿払事件とは異なり、**違憲審査基準として合理的関連性の基準を用いていない。**

　これらの判例では、一般職の国家公務員に禁止される政治的行為を、**公務員の職務の遂行の政治的中立性を損なうおそれが実質的に認められるもの**と限定的に解釈したうえで、事案に即した**利益衡量**による違憲審査を行っている（結論としては合憲と判断している）。

（地位の高い人）

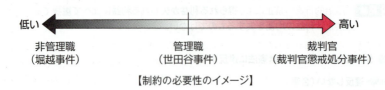

【制約の必要性のイメージ】

判例 堀越事件（最判平24.12.7） 合理的 ✕

〈事案〉

❶非管理職で職務権限に裁量のない一般職の国家公務員（以下「公務員」という）であるAが、衆議院議員総選挙に際し、特定の政党を支持する目的で、休日に当該政党の機関紙を配布した。❷この行為が、公務員による政治的行為を禁止する国家公務員法102条1項に違反するとして、Aが起訴された。

（手書き注記：地位があまり高くない）

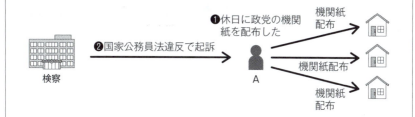

〈判旨〉

● 1　公務員が禁止されている政治的行為とは何か

▶ 政治的中立性を損なうおそれが実質的に認められるものである。

理由　国家公務員法102条1項の文言、趣旨、目的や規制される政治活動の自由の重要性に加え、同項の規定が刑罰法規の構成要件となることを考慮する。

結論　同項にいう「政治的行為」とは、公務員の職務の遂行の政治的中立性を損なうおそれが、観念的なものにとどまらず、現実に起こり得るものとして実質的に認められるものを指し、同項はそのような行為の類型の具体的な定めを人事院規則に委任したものと解するのが相当である。10

● 2　政治的中立性を損なうおそれが実質的に認められるかどうかは、どのように判断するか

▶ 諸般の事情を総合して判断する。

理由　本件罰則規定（公務員の政治的行為を処罰する国家公務員法及び人事院規則の関連規定）は、それぞれが定める行為類型に文言上該当する行為であって、公務員の職務の遂行の政治的中立性を損なうおそれが実質的に認められるものを、禁止の対象となる政治的行為と規定したものである。

結論　公務員の職務の遂行の政治的中立性を損なうおそれが実質的に認められるかどうかは、当該公務員の地位、その職務の内容や権限等、当該公務員がした行為の性質、態様、目的、内容等の諸般の事情を総合して判断するのが相当である。10

〈解説〉

【堀越事件と世田谷事件（最判平24.12.7）の比較】

事件名	公務員の種類	職務の遂行の政治的中立性を損なうおそれ	
堀越事件	**非管理職**で職務権限に裁量のない一般職の国家公務員	実質的に認められない	無罪
世田谷事件 /発展	**管理職**で職務権限に裁量のある一般職の国家公務員	実質的に認められる	処罰対照

　裁判官の政治活動を制限する裁判所法の規定の合憲性については、**合理的関連性の基準**を用いて違憲審査をする旨を示したうえで、**当該規定が合憲であると判断している**（最大決平10.12.1、裁判官懲戒処分事件）。

判例　裁判官懲戒処分事件（最大決平10.12.1）

〈事案〉

　仙台地方裁判所の裁判官Aが、組織的犯罪対策法案反対集会にパネリストとして参加予定であったが、❶所属裁判所長Bから裁判所法52条１号の禁止する「積極的に政治運動をすること」に該当するおそれがあるから出席を見合わせるよう警告を受けた。そのため、❷Aは、当該集会で一般参加者席から上記事情を説明する発言をした。これに対して、Bが分限裁判を申し立て、❸仙台高等裁判所はAを戒告の懲戒処分に付した。これを不服としてBが最高裁判所に抗告した。

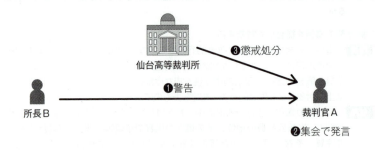

〈判旨〉

● 1 裁判官にも表現の自由の保障が及ぶのか

Ⅲ▶ 表現の自由の保障が及ぶが一定の制約はある。

理由 表現の自由の保障は裁判官にも及び、裁判官も一市民として表現の自由を有することは当然であるが、表現の自由も絶対的なものではなく、憲法上の他の要請により制約を受けることがある。[11]

結論 憲法上の特別な地位である裁判官の職にある者の言動については、おのずから一定の制約を免れない。[12]

● 2 裁判官の積極的な政治運動を禁止する規定の合憲性について、どのような違憲審査基準を用いるか

Ⅲ▶ 合理的関連性の基準を用いる。

理由 裁判官の積極的な政治運動の禁止は、必然的に裁判官の表現の自由を一定範囲で制約することになるが、その制約が合理的で必要やむを得ない限度にとどまる限り、憲法の許容するところである。[12]

結論 ①禁止の目的が正当であって、②その目的と禁止との間に合理的関連性があり、③禁止により得られる利益と失われる利益との均衡を失するものでないならば、憲法21条1項に違反しない。[12]　∴比較衡量論

〈解説〉　本判決は、合理関連性の基準を採用して裁判官の積極的な政治運動を禁止することは、憲法21条1項に違反するものではないとしている。

重要事項 一問一答

01 表現内容に対する規制とは？具体例は？

ある表現が伝達する内容に着目し、それがもたらす害悪を理由に規制すること。性表現に対する規制や名誉毀損的表現に対する規制。

02 刑法230条の2第1項の適用により名誉毀損行為が処罰されないための3つの要件は？

①事実の公共性(公共の利害に関する事実)、②目的の公共性、③真実性の証明

03 私生活上の行状に事実の公共性が認められる場合があるか？

携わる社会的活動の性質やそれを通じて社会に及ぼす影響力の程度によっては、事実の公共性が認められる場合がある(判例)。

04 真実性の証明がなくても犯罪の故意がないとして名誉毀損罪で処罰されないための要件は？

事実を真実であると誤信し、誤信したことについて確実な資料、根拠に照らし相当の理由がある

場合(判例)。

05 **電柱などへのビラ貼りの禁止は憲法違反か?**

公共の福祉のため必要かつ合理的な制限なので憲法違反でない(判例)。

06 **合理的関連性の基準とは?**

①規制目的の正当性、②規制目的と規制手段との間の合理的関連性、③規制によって得られる利益と失われる利益との比較衡量、を検討する違憲審査基準

07 **戸別訪問の一律禁止は憲法21条に違反するか?**

合理的で必要やむをえない限度を超えるものとは認められず、憲法21条に違反しない(判例)。

08 **判例が猿払事件で採用した政治的行為の禁止が許容されるための基準は?**

合理的関連性の基準

09 **裁判官の積極的な政治運動を禁止する規定を判断する審査基準は?**

合理的関連性の基準(判例)

過去問チェック

01 人の名誉を毀損する表現にも表現の自由の保障は及ぶが、私人の私生活上の行状については、私人の携わる社会的活動の性質及びこれを通じて社会に及ぼす影響力の程度のいかんにかかわらず、刑法第230条の2第1項に規定する「公共の利害に関する事実」には当たらない。

×(税2015)「私人の携わる社会的活動の性質及びこれを通じて社会に及ぼす影響力の程度のいかんにかかわらず、刑法第230条の2第1項に規定する『公共の利害に関する事実』には当たらない」が誤り。

02 刑法第230条の2の規定は、個人の名誉の保護と表現の自由の保障との調和を図ったものであり、同法第230条の2第1項にいう事実が真実であることの証明がない場合は、行為者がその事実を真実であると誤信し、その誤信したことについて、確実な資料、根拠に照らして相当の理由があったとしても、名誉毀損の罪が成立する。

×(税2013)「名誉毀損の罪が成立する」が誤り。

03 最高裁判所の判例に照らすと、インターネットの個人利用者による表現行為の場合においては、他の表現手段を利用した場合と区別して考えるべきであり、行為者が摘示した事実を真実であると誤信したことについて、確実な資料、根拠に照らして相当の理由があると認められなくても、名誉毀損罪は成立しないものと解するのが相当である。

× (区2020改題)「他の表現手段を利用した場合と区別して考えるべきであり」「名誉毀損罪は成立しないものと解するのが相当である」が誤り。

04 公共の安全を脅かす現住建造物等放火罪、騒乱罪等の重大犯罪のせん動は、表現活動としての性質を有しているが、社会的に危険な行為であるから、公共の福祉に反し、表現の自由の保護を受けるに値しない。
○ (裁2012)

05 都市の美観風致の維持と公衆に対する危害の防止を目的として屋外広告物の表示の場所、方法等を規制する場合に、非営利広告を含めて規制対象とすることは、立法目的に照らして必要最小限度の規制を超えるものであり、表現の自由に対して許された必要かつ合理的な制限と解することはできない。
× (税2013)「立法目的に照らして必要最小限度の規制を超えるものであり、表現の自由に対して許された必要かつ合理的な制限と解することはできない」が誤り。

06 戸別訪問の禁止は、意見表明そのものの制約を目的とするものではなく、意見表明の手段方法のもたらす弊害を防止して、選挙の自由と公正を確保することを目的としているところ、その目的は正当であり、戸別訪問を一律に禁止することと禁止目的との間には合理的な関連性がある。また、選挙の自由と公正の確保という戸別訪問の禁止によって得られる利益は失われる利益に比してはるかに大きいといえるから、戸別訪問を一律に禁止している公職選挙法の規定は、憲法第21条に違反しない。
○ (国般2020)

07 一般公衆が自由に出入りできる場所は、それぞれ本来の利用目的を備えているが、それは同時に、表現のための場(パブリック・フォーラム)として役立つことが少なくなく、駅前広場は、具体的状況によってはこのような場としての性質を強く持つことがあることから、そこでのビラ配布を鉄道営業法違反として処罰することは、表現の自由を保障する憲法に違反するとするのが判例である。
× (国般2003改題)「表現のための場(パブリック・フォーラム)として役立つことが少なくなく、駅前広場は、具体的状況によってはこのような場としての性質を強く持つことがあることから、そこでのビラ配布を鉄道営業法違反として処罰することは、表現の自由を保障する憲法に違反するとするのが判例である」が誤り。

08 行政の中立的運営が確保され、これに対する国民の信頼が維持されること

は、憲法の要請にかなうものであり、公務員の政治的中立性が維持されることは、国民全体の重要な利益にほかならないというべきであるから、政治的中立性を損なうおそれのある公務員の政治的行為を禁止することは、合理的で必要やむを得ない限度にとどまるものである限り、憲法の許容するところであるとするのが判例である。

○（国般2008）

09 公務員の政治活動の自由の制限は、公務員の職務上の地位やその職務内容、行為の具体的態様を個別的に検討し、その行為によってもたらされる弊害を除去するための必要最小限度の制限が許されるにすぎず、その制限違反に対して刑事罰を科すことは許されない。

×（税2015）全体が誤り。

10 国家公務員法において禁止されている公務員の政治的行為は、公務員の職務遂行の政治的中立性を損なうおそれが、観念的なものにとどまらず、現実的に起こり得るものとして実質的に認められるものを指しており、こうしたおそれが実質的に認められるか否かは、当該公務員の地位、職務の内容や権限等、当該公務員がした行為の性質、態様、目的、内容等の諸般の事情を総合して判断するのが相当であるとするのが判例である。

○（税2019）

11 裁判官も、私人としては一市民として表現の自由が保障されているから、個人的意見の表明であれば、積極的に政治運動をすることも許容されるとするのが判例である。

×（国般2001）「積極的に政治運動をすることも許容されるとするのが判例である」が誤り。

12 憲法第21条第1項の表現の自由の保障は裁判官にも及ぶが、憲法上の特別な地位にある裁判官の表現の自由に対する制約は、合理的で必要やむを得ない限度にとどまるものである限り憲法の許容するところであり、裁判官に対して積極的な政治運動を禁止することは、禁止の目的が正当であって、目的と禁止との間に合理的関連性があり、禁止によって得られる利益と失われる利益との均衡を失するものでないなら、憲法第21条第1項に違反しないとするのが判例である。

○（国般2008）

A 公共的事項に関する表現の自由は、特に重要な憲法上の権利として尊重され

なければならないものであることに鑑み、当該表現行為が公共の利害に関する事実に係り、その目的が専ら公益を図るものである場合には、当該事実が真実であることの証明があれば、当該表現行為による不法行為は成立しない。

○（国般2016）

国般★★★／国専★★★／裁判所★★★／特別区★★★／地上★★★

8 表現の自由④

本節では、集会の自由、結社の自由、通信の秘密を扱います。

1 集会の自由

1 総説

第21条【集会の自由】
① 集会、結社及び言論、出版その他一切の表現の自由は、これを保障する。

意義 集会の自由とは、多数人が、共同の目的のために、一時的に集団を形成して活動する自由をいう。集会をする場所は、公園や広場などの屋外に限らず、市民会館や公会堂などの屋内も含む。 01

趣旨 「現代民主主義社会においては、集会は、国民が様々な意見や情報等に接することにより自己の思想や人格を形成、発展させ、また、相互に意見や情報等を伝達、交流する場として必要であり、さらに、対外的に意見を表明するための有効な手段であるから、憲法21条1項の保障する集会の自由は、民主主義社会における重要な基本的人権の一つとして特に尊重されなければならない」(最大判平4.7.1、成田新法事件)。 02

2 集会の自由と集団行動の自由

意義 集団行動の自由とは、集団行進やデモ行進(集団示威運動)などの場所の移動を伴う表現活動をする自由である。

解説 集団行動の自由については、動く公共集会として「集会」の自由(21条1項)に含まれると解することも、「その他一切の表現の自由」(21条1項)に含まれると解することもできる。

232 第3章 基本的人権Ⅲ

3 > 集会の自由の保障内容と限界

保障内容		
集会を主催又は指導する行為	について	①公権力が制限を加えることの禁止
集会に参加する行為		②公権力によって強制されない 03
集会をするために		③公共施設の利用を要求できる

　もっとも、集会は多数が一つの場所に集まる表現活動であり、他者の権利・利益と衝突する場面が多いから、集会の自由は絶対無制約のものではなく、**公共の福祉による制約**に服する。

　また、土地や建物の所有者である私人は、その土地や建物における集会を容認しなければならないわけではない。 04

4 > 集団行動の自由の制限

　集団行動の自由については、道路の利用者、他の集団行進などと衝突するおそれがあるので、多くの自治体において公安条例に基づく許可制による制限を設けている。許可制の合憲性が争われた判例としては、**新潟県公安条例事件**(最大判昭29.11.24)及び**東京都公安条例事件**(最大判昭35.7.20)がある。

【集団行動の届出制・許可制の合憲性】

規制方法		結論	根拠
届出制		合憲	届出さえすれば集団行動ができる ＝一般的に許されていて届出が必要なだけ →この程度の制限は公共の福祉の現れとして許される
許可制	一般的許可制	違憲	許可を得ないと集団行動ができない ＝一般的に禁止されていて例外的に許される →本来自由であるはずの集団行動への重大な制限である
	実質的届出制	合憲	条件に該当しなければ許可することが義務付けられており、不許可の場合が厳格に制限されている →実質的には届出制と変わらない

8　表現の自由④　　233

判例 新潟県公安条例事件（最大判昭29.11.24）

〈事案〉

❶無許可で集団行進をしたAらが、❷新潟県公安条例（以下「本件条例」という）違反として起訴された。そこでは、憲法21条1項で保障される集団行動の自由に対する制約のうち、本件条例のように許可制を採用することは憲法21条1項に反するのではないかが争われた。

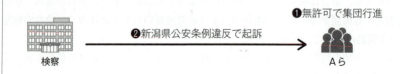

〈判旨〉

● 1 集団行動の許可制は憲法に違反するか

▶ 一般的な許可制は憲法の趣旨に反し許されない（違憲）。

理由 行列行進又は公衆の集団示威運動（以下「これらの行動」という）は、公共の福祉に反するような不当な目的又は方法によらないかぎり、本来国民の自由とするところである。

結論 条例においてこれらの行動につき単なる届出制を定めることは格別、そうでなく一般的な許可制を定めてこれを事前に抑制することは、憲法の趣旨に反し許されない。 05

● 2 集団行動の許可制が憲法の趣旨に反しない場合とは

▶ 特定の場所又は方法につき、合理的かつ明確な基準の下での許可制。 合憲

結論 公共の秩序を保持し、又は公共の福祉が著しく侵されることを防止するため、特定の場所又は方法につき、合理的かつ明確な基準の下に、予じめ許可を受けしめ、又は届出をなさしめてこのような場合にはこれを禁止することができる旨の規定を条例に設けても、これをもつて直ちに憲法の保障する国民の自由を不当に制限するものと解することはできない。 06

理由 けだしかかる条例の規定は、なんらこれらの行動を一般に制限するのでなく、前示の観点から単に特定の場所又は方法について制限する場合があることを認めるに過ぎないからである。

〈解説〉 **発展** 本判決では、公共の安全に対し明らかな差し迫った危険を及ぼすことが予見されるときは、許可しない又は禁止できるとする規定を設けてよいとしている。

判例 東京都公安条例事件（最大判昭35.7.20）

〈事案〉

❶Aらは、無許可で集会及び集団行進を指導し、さらに、❷許可条件に反した集団行進を指導したため、❸東京都公安条例（以下「本件条例」という）に違反したとして起訴された。そこでは、道路等での集団行動に対し公安委員会の許可を受けることを義務づけていた本件条例が憲法21条に違反しないかが問題になった。

検察

❸東京都公安条例違反で起訴 →

Aら

❶無許可で集会及び集団行進を指導
❷許可条件に反した集団行進を指導

〈判旨〉

● 集団行動を公安条例で規制することはできるか

▶ 不測の事態に備えて規制することはやむを得ない。

理由 集団行動には、表現の自由として憲法によって保障されるべき要素が存在することはもちろんである。しかし、平穏静粛な集団であっても、時に昂奮、激昂の渦中に巻きこまれ、甚だしい場合には一瞬にして暴徒と化し、勢いの赴くところ実力によって法と秩序を蹂躙し、集団行動の指揮者はもちろん警察力を以てしても如何ともし得ないような事態に発展する危険が存在すること、群集心理の法則と現実の経験に徴して明らかである。07

結論 地方公共団体が、集団行動による表現の自由に関するかぎり、いわゆる「公安条例」を以て、地方的情況その他諸般の事情を十分考慮に入れ、不測の事態に備え、法と秩序を維持するに必要かつ最小限度の措置を事前に講ずることは、けだし止むを得ない次第である。

〈解説〉 📝発展 本判決は、本件条例が実質的に届出制と異ならないので憲法に違反しないとしている。

5 公共施設の利用の制限

集会の自由については、公共施設の利用の制限の合憲性が問題になる。さらに、地方公共団体が設置した公共施設の利用の制限は、正当理由のない公の施設の利用拒否の禁止（地方自治法244条2項）に該当するかどうかも問題となる。

地方自治法第244条【公の施設】
① 普通地方公共団体は、住民の福祉を増進する目的をもつてその利用に供するための施設（これを**公の施設**という。）を設けるものとする。
② 普通地方公共団体（次条第三項に規定する指定管理者を含む。次項において同じ。）は、正当な理由がない限り、住民が公の施設を利用することを拒んではならない。

代表的な判例として、①いわゆる過激派による市民会館の使用許可申請の不許可処分が問題なった**泉佐野市民会館事件**(最判平7.3.7)がある他、／発展 ②これと類似する判例として労働組合による福祉会館の使用許可申請の不許可処分が問題となった上尾市福祉会館事件(最判平8.3.15)がある。

判例 泉佐野市民会館事件（最判平7.3.7）

〈事案〉

❶Aは、関西新空港建設反対集会の実施を目的とした市立泉佐野市民会館（以下「本件会館」という）の使用許可申請を提出したが、主催者Aがいわゆる過激派であったことから、❷市立泉佐野市民会館条例（以下「本件条例」という）が定める不許可事由である「公の秩序をみだすおそれがある場合」にあたるとして不許可処分となった。そのため、Aが不許可処分の違憲性を主張して国家賠償請求を行った。

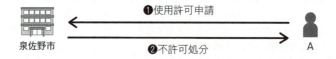

〈判旨〉

● 1 本件条例の適用により公共施設の利用を拒否する場合、どのような点を検討すべきか

▶ 集会の自由を実質的に否定することにならないかどうかを検討すべき。

理由 地方自治法244条にいう普通地方公共団体の公の施設として、本件会館のように集会の用に供する施設が設けられている場合、住民は、その施設の設置目的に反しない限りその利用を原則的に認められるので、管理者が正当な理由なくその利用を拒否するときは、憲法の保障する**集会の自由**の不当な制限につながるおそれが生ずる。 08

結論 本件条例を解釈適用するに当たっては、本件会館の使用を拒否することによって憲法の保障する集会の自由を実質的に否定することにならないかどうかを検討すべきである。

● 2 集会の用に供される公共施設の利用拒否の合憲性について、どのような違憲審査基準を用いるか

▶ 集会の自由の重要性と侵害される基本的人権との比較衡量による。

| 理由 | ①　利用を不相当とする事由が認められないにもかかわらず公共施設の利用を拒否し得るのは、利用の希望が競合する場合のほかは、施設をその集会のために利用させることによって、他の基本的人権が侵害され、公共の福祉が損なわれる危険がある場合に限られる。 |

②　このような場合には、その危険を回避し、防止するために、公共施設における集会の開催が必要かつ合理的な範囲で制限を受けることがあるといわなければならない。

| 基準 | 制限が必要かつ合理的なものとして肯認されるかどうかは、基本的には、基本的人権としての集会の自由の重要性と、当該集会が開かれることによって侵害されることのある他の基本的人権の内容や侵害の発生の危険性の程度等を較量して決められるべきものである。 |

● 3　本件条例の「公の秩序をみだすおそれがある場合」は、どのような場合を意味するか

ⅢⅢ▶ 集会の開催で生じる危険の回避・防止の必要性が優越する場合を意味する。

| 結論 | 本件条例は「公の秩序をみだすおそれがある場合」を本件会館の使用を許可してはならない事由として規定しているが、この規定は、広義の表現を採っているとはいえ、本件会館における集会の自由を保障することの重要性よりも、本件会館で集会が開かれることによって、人の生命、身体又は財産が侵害され、公共の安全が損なわれる危険を回避し、防止することの必要性が優越する場合をいうものと限定して解すべきである。 09 |

● 4　「危険」とはどの程度の危険性を必要とするか

ⅢⅢ▶ 明らかな差し迫った危険の発生が具体的に予見されることが必要。

| 結論 | 危険性の程度としては、単に危険な事態を生ずる蓋然性があるというだけでは足りず、明らかな差し迫った危険の発生が具体的に予見されることが必要であると解するのが相当である。 09 10 |

8　表現の自由④　237

〈解説〉 ① ●3の結論の図

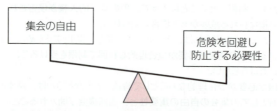

② ●4の危険性の基準は、新潟県公安条例事件判決で用いられた基準(最大判昭29.11.24)を使っている。なお、学説が使う明白かつ現在の危険の法理と用語が似ているが、判例の基準とは異なる。
③ 発展 本判決は、会館の職員、通行人、付近住民等の生命、身体又は財産が侵害されるという事態を生ずることが、具体的に明らかに予見されるとして、**不許可処分が憲法21条に違反するということはできない**としている。

発展 なお、道路や公民館とは異なり、一般国民の利用に提供されない学校施設の使用について、判例は、使用の可否について施設管理者の裁量的判断を認めている(最判平18.2.7、広島県教職員組合事件)。また、皇居外苑使用不許可事件(最大判昭28.12.23)がある。

2 結社の自由

1 総説

意義 結社の自由とは、多数人が、共同の目的のために、継続的に結合する自由をいう。11

宗教団体は憲法20条1項(宗教的結社の自由)、労働組合は憲法28条(団結権)のように、結社の自由が憲法の他の条文で重ねて保障されている場合がある。

議会制民主主義を支えるのに不可欠の要素である政党については、明文の規定はないものの、結社の自由によって保障される。12

趣旨 集会の自由と同様の趣旨が当てはまる。すなわち、結社の自由は、①自己の思想・人格の形成・発展、②意見・情報等の伝達・交流の場、③対外的に意見を表明する手段として重要である。

2 結社の自由の保障内容と限界

保障内容	
①団体を結成するか結成しないか、 　団体に加入するか加入しないか、 　団体の構成員としてとどまるか脱退するか	公権力による干渉を受けない 13
②団体が自らの意思を形成し、 　その意思を実現するために活動する	

　もっとも、結社は多数人が結合する表現活動であり、他者の権利・利益と衝突する場面が多いから、結社の自由は絶対無制約のものではなく、**公共の福祉による制約**に服する。結社の自由に対する主な法的規制として、破壊活動防止法、無差別大量殺人行為を行った団体の規制に関する法律がある。

3 強制加入団体の合憲性

意義　**強制加入団体**とは、弁護士会、税理士会、司法書士会などのように、**法律上、その職業を行うには加入が強制されている団体**のことをいう。

問題点　強制加入団体は、団体不加入の自由を否定するものなので、結社の自由を侵害しないか。

結論　強制加入団体が**専門的技術を必要とし公共的性格を有する職業の団体**であれば、必ずしも結社の自由を侵害しない(通説)。 13

理由　専門技術水準・公共性を維持確保するためには、その職業を行う者に対して団体への加入を強制する措置が必要となる場合がある。

3 通信の秘密

1 総説

第21条【通信の秘密】

② 検閲は、これをしてはならない。通信の秘密は、これを侵してはならない。

原則・例外保障

意義　**通信の秘密**とは、信書・電話・電子メールなどの**一切の方法による通信の内容のみならず、通信の存在自体に関する事柄を知られずに、秘密のうちに通信を行うことを保障する**ものである。通信の全ての過程における情報が、通信の秘密の保障の範囲に広く含まれる。 14

趣旨　①他者に対して意思を伝達するという表現活動を保障することと、②特

第3章　精神的自由権

8　表現の自由④　239

定人間のコミュニケーションの内容を他者に知られないというプライバシーの保護にある。

2 通信の秘密の保障内容と限界

通信の秘密の保障は、①一切の通信の内容や存在に関わる事項が、公権力による調査の対象とされないことが含まれる。さらに、②職務上知りえた通信に関する情報を他者に漏えいされないことも含まれる。

しかし、通信の秘密といっても絶対無制約ではなく、公共の福祉による制約に服する。例えば、次のような場合に通信の秘密が制約を受ける。

【通信の秘密を制約する主な法律の規定】 発展

① 裁判所や捜査機関による郵便物の押収（刑事訴訟法100条、222条）
② 破産管財人による破産者に宛てた郵便物の開封（破産法82条）**A**
③ 刑事施設の長による受刑者の信書の検査（刑事収容施設及び被収容者等の処遇に関する法律127条）　*検閲*

---

3 通信傍受の合憲性

発展 通信の秘密に関連して、通信傍受（電話傍受）の合憲性が争われた判例がある（最決平11.12.16）。もっとも、現在では「犯罪捜査のための通信傍受に関する法律」（通信傍受法）に基づき、捜査機関は、特定の犯罪に限定して、裁判官から傍受令状の発付を受けることで、通信傍受を行うことができる。

■ 重要事項 一問一答

01 集団行動の自由は憲法で保障されるか？

憲法21条1項によって保障される。

02 集団行動の許可制は憲法違反か？

一般的な許可制は憲法違反であるが、実質的に届出制と異ならない許可制であれば憲法違反でない（判例）。

03 市立泉佐野市民会館条例の「公の秩序をみだすおそれがある場合」は、どのような場合を意味するか？

集会の自由を保障することの重要性よりも、本件会館で集会が開かれることによって、人の生命、身体又は財産が侵害され、公共の安全が損なわれる危険を回避し、防止することの必要性が優越する場合をいう（判例）。

04 泉佐野市民会館事件判決で、「危険」とはどの程度の危険性を必要とするか？

明らかな差し迫った危険の発生が具体的に予見されることが必要である（判例）。

240 第3章 基本的人権Ⅲ

05 政党は結社の自由で保障されるか？

結社の自由で保障される。

06 強制加入団体は結社の自由を侵害するか？

専門的技術を必要とし公共的性格を有する職業の団体であれば、必ずしも結社の自由を侵害しない。

07 通信の存在自体に関する事項は通信の秘密で保障されるか？

通信の全過程における情報が保障対象なので、通信の存在自体に関する事項も通信の秘密で保障される。

▌過去問チェック

01 集会の自由における集会とは、不特定の多数人が共同の目的を持たずに一定の場所に集まる一時的な集合体である。

×（区2006）「共同の目的を持たずに」が誤り。

02 現代民主主義社会においては、集会は、国民が様々な意見や情報等に接することにより自己の思想や人格を形成、発展させ、また、相互に意見や情報等を伝達、交流する場として必要であり、さらに、対外的に意見を表明するための有効な手段であるから、憲法第21条第1項の保障する集会の自由は、民主主義社会における重要な基本的人権の一つとして特に尊重されなければならない。

○（税2017）

03 集会の自由を保障するとは、集会を主催し、指導し又は集会に参加する行為について、公権力が制限を加えることが禁止されることであり、これらの行為を公権力によって強制されないことを意味するものではない。

×（区2006）「これらの行為を公権力によって強制されないことを意味するものではない」が誤り。

04 集会は、多数人が政治・学問・芸術・宗教などの問題に関する共通の目的をもって一定の場所に集まることをいうところ、集会の自由は、表現の自由の一形態として重要な意義を有する人権であるから、原則として、土地・建物の所有権等の権原を有する私人は、その場所における集会を容認しなければならない。

×（裁2019）「原則として、土地・建物の所有権等の権原を有する私人は、その場所における集会を容認しなければならない」が誤り。

8 表現の自由④ 241

05 集団行動の実施について、都道府県の公安条例をもって、地方的情況その他諸般の事情を十分考慮に入れ、不測の事態に備え、法と秩序を維持するのに必要かつ最小限度の措置を事前に講ずることはやむを得ないから、公安委員会に広範な裁量を与え、不許可の場合を厳格に制限しない、一般的な許可制を定めて集団行動の実施を事前に抑制することも、憲法に違反しない。

×（国般2013）「公安委員会に広範な裁量を与え、不許可の場合を厳格に制限しない、一般的な許可制を定めて集団行動の実施を事前に抑制することも、憲法に違反しない」が誤り。

06 最高裁判所の判例に照らすと、行列行進又は集団示威運動について、公共の秩序の維持、公共の福祉の侵害防止のためであれば、合理的かつ明確な基準がなくても、公安条例によりあらかじめ許可を受けさせることは違憲ではない。

×（区2004改題）「合理的かつ明確な基準がなくても、公安条例によりあらかじめ許可を受けさせることは違憲ではない」が誤り。

07 デモ行進は、思想、主張、感情等の表現を内包するものであるが、純粋の言論と異なって、一定の行動を伴うものであり、その潜在的な力は、甚だしい場合は一瞬にして暴徒と化すことが群集心理の法則と現実の経験に徴して明らかであるから、表現の自由として憲法上保障される要素を有さず、デモ行進の自由は、憲法第21条第1項によって保障される権利とはいえない。

×（国般2013）「表現の自由として憲法によって保障される要素を有さず、デモ行進の自由は、憲法第21条第1項によって保障された権利とはいえない」が誤り。

08 地方自治法にいう普通地方公共団体の公の施設として、集会の用に供する施設が設けられている場合、住民は、その施設の設置目的に反しない限りその利用を原則的に認められることになるので、管理者が正当な理由なくその利用を拒否するときは、憲法の保障する集会の自由の不当な制限につながるおそれが生ずることになる。

○（財2018）

09 市民会館の使用について、「公の秩序をみだすおそれがある場合」を不許可事由とする規定は、当該会館における集会の自由を保障することの重要性よりも、当該会館で集会が開かれることによって、人の生命、身体又は財産が侵害され、公共の安全が損なわれる危険を回避し、防止することの必要性が優越する場合をいうものと限定して解すべきであるが、危険の発生が明らかに差し迫っていなくても、不許可とすることができる。

242　第3章　基本的人権Ⅲ

×（裁2014）「危険の発生が明らかに差し迫っていなくても、不許可とすることができる」が誤り。

10 地方自治法244条にいう公の施設として集会の用に供する施設が設けられている場合、集会の主催者が当該施設で集会を平穏に行おうとしていたとしても、他のグループ等がこれを実力で阻止・妨害しようとする可能性があるときは、その可能性が一般的抽象的なものであっても、当該施設の管理者は、施設の利用を許さないとすることができる。

×（裁2017）「その可能性が一般的抽象的なものであっても、当該施設の管理者は、施設の利用を許さないとすることができる」が誤り。

11 憲法第21条第1項が規定する結社とは、多数人が、政治、経済、宗教などの様々な共通の目的をもって継続的に結合することをいう。

○（裁2020）

12 憲法は、政党について明文で規定していないが、政党は、国民の政治意思を国政に実現させる最も有効な媒体であり、議会制民主主義を支えるのに不可欠な要素である。

○（裁2020）

13 結社の自由は、団体を結成しそれに加入する自由、その団体が団体として活動する自由に加えて、団体を結成しない、団体に加入しない又は加入した団体から脱退するという自由を含むものであるから、個々人に特定の団体への加入を強制する法律は許されない。

×（裁2019）「個々人に特定の団体への加入を強制する法律は許されない」が誤り。

14 通信の秘密は、公権力による通信内容の探索の可能性を断ち切るために保障されていることから、その保障は、通信の内容にのみ及び、通信の差出人や受取人の住所等の情報には及ばないと一般に解されている。

×（税2019）「通信の内容にのみ及び、通信の差出人や受取人の住所等の情報には及ばないと一般に解されている」が誤り。

A 通信の秘密にも一定の内在的制約があり、破産管財人が破産者に対する郵便物を開封することは、必ずしも通信の秘密を侵すものではない。

○（裁2020）

8 表現の自由④ 243

過去問 Exercise

問題1　思想及び良心の自由に関するア～オの記述のうち、妥当なもののみを全て挙げているのはどれか。

財務・労基・国税2014［H26］

ア　思想及び良心の自由は、いかなる内面的精神活動を行おうともそれが内心にとどまる限りは、絶対的に保障される。

イ　思想及び良心の自由は、人の内心の表白を強制されない、沈黙の自由も含むものであり、国民がいかなる思想を抱いているかについて、国家権力が露顕を強制することは許されない。

ウ　憲法上、公務員に対して憲法尊重擁護義務が課されているとまではいえず、公務員に対して憲法尊重擁護の宣誓を課すことは、思想及び良心の自由を制約するものとして違憲となる。

エ　民法第723条にいわゆる「他人の名誉を毀損した者に対して被害者の名誉を回復するに適当な処分」として謝罪広告を新聞紙等に掲載すべきことを加害者に命ずる判決は、その広告の内容が単に事態の真相を告白し陳謝の意を表明するにとどまる程度のものにあっては、これを強制執行することも許されるとするのが判例である。

オ　公務員が職務命令においてある行為を求められることが、当該公務員個人の歴史観ないし世界観に由来する行動と異なる外部的行為を求められることとなる場合、それが個人の歴史観ないし世界観に反する特定の思想の表明に係る行為そのものとはいえなくとも、当該職務命令が個人の思想及び良心の自由についての間接的な制約となる面があると判断されるときは、当該職務命令は直ちに個人の思想及び良心の自由を制約するものとして違憲となるとするのが判例である。

1 ア、イ　　**3** ア、イ、エ　　**5** イ、ウ、エ、オ

2 イ、ウ　　**4** ア、ウ、オ

解説

正解 **3**

ア ○ 通説により妥当である。思想及び良心の自由(19条)は、それが内心にとどまる限り、絶対的な自由として保障される。したがって、たとえ憲法そのものや民主主義を否定するような思想であっても、その思想が外部的行為となって現実の害悪を発生させないかぎり、絶対的に保障される。

イ ○ 通説により妥当である。思想及び良心の自由を保障する憲法19条は、国家権力が、人の内心を強制的に表白させることを禁止しており、いわゆる「沈黙の自由」を保障していると解されている。

ウ ✕ 全体が妥当でない。憲法19条は、国家権力が特定の思想を強制することを禁止しているが、憲法自身が公務員に対して、憲法の尊重擁護を義務付けている(99条)ので、憲法の尊重擁護の宣誓を課すことは、思想及び良心の自由を侵害するものではないと解されている。

エ ○ 判例により妥当である。判例は、「名誉を回復するに適当な処分」(民法723条)として新聞紙等に謝罪広告の掲載を命じる判決は、単に事態の真相を告白し陳謝の意を表明するに止まる程度のものであれば、これを強制執行することは、思想及び良心の自由を侵害するものではないとしている(最大判昭31.7.4、謝罪広告事件)。

オ ✕ 「当該職務命令は直ちに個人の思想及び良心の自由を制約するものとして違憲となるとするのが判例である」という部分が妥当でない。判例は、都立高校の教諭に対して、卒業式における国歌斉唱の際に起立斉唱することを命ずる校長の職務命令は、個人の歴史観ないし世界観に由来する行動との異なる外部的行為を求められることとなり、それによって本教諭の思想及び良心の自由を間接的に制約する面はあるものの、職務命令の目的及び内容並びに制限を介して生ずる制約の態様等を総合的に較量すれば、制約を許容し得る程度の必要性及び合理性が認められ、思想及び良心の自由を侵害するものではないとしている(最判平23.5.30、君が代起立斉唱事件)。

　以上より、妥当なものは**ア**、**イ**、**エ**であり、正解は **3** となる。

問題2 日本国憲法に規定する信教の自由又は政教分離の原則に関する記述として、最高裁判所の判例に照らして、妥当なのはどれか。

特別区2017［H29］

① 信教の自由の保障は、何人も自己の信仰と相容れない信仰をもつ者の信仰に基づく行為に対して、それが自己の信教の自由を妨害するものでない限り寛容であることを要請しているが、静謐な宗教的環境の下で信仰生活を送るべき利益は法的利益として認められるため、殉職自衛隊員をその配偶者の意思に反して県護国神社に合祀申請した行為は、当該配偶者の法的利益を侵害するとした。

② 市が忠魂碑の存する公有地の代替地を買い受けて当該忠魂碑を移設、再建し、当該忠魂碑を維持管理する戦没者遺族会に対し当該代替地を無償貸与した行為は、当該忠魂碑が宗教的性格のものであり、当該戦没者遺族会が宗教的活動をすることを本来の目的とする団体であることから、特定の宗教を援助、助長、促進するものと認められるため、憲法の禁止する宗教的活動に当たるとした。

③ 信仰上の理由による剣道実技の履修を拒否した学生に対し、正当な理由のない履修拒否と区別することなく、また、代替措置について何ら検討することもなく、原級留置処分及び退学処分をした市立高等専門学校の校長の措置は、社会観念上著しく妥当を欠く処分をしたものと評するほかはなく、裁量権の範囲を超える違法なものといわざるを得ないとした。

④ 知事の大嘗祭への参列は、天皇の即位に伴う皇室の伝統儀式に際し、天皇に対する社会的儀礼を尽くすことを目的としているが、その効果は特定の宗教に対する援助、助長、促進になり、宗教とのかかわり合いの程度が、我が国の社会的、文化的諸条件に照らし、相当とされる限度を超えるものと認められるため、憲法上の政教分離原則に違反するとした。

⑤ 市が連合町内会に対し、市有地を無償で神社施設の敷地として利用に供している行為は、当該神社施設の性格、無償提供の態様等、諸般の事情を考慮して総合的に判断すべきものであり、市と神社ないし神道とのかかわり合いが、我が国の社会的、文化的諸条件に照らし、相当とされる限度を超えるものではなく、憲法の禁止する宗教団体に対する特権の付与に該当しないとした。

解説

正解 **3**

❶ ✕ 「静謐な宗教的環境の下で信仰生活を送るべき利益は法的利益として認められるため、殉職自衛隊員をその配偶者の意思に反して県護国神社に合祀申請した行為は、当該配偶者の法的利益を侵害するとした」という部分が妥当でない。判例は、信教の自由の保障は、何人も自己の信仰と相容れない信仰をもつ者の信仰に基づく行為に対し、それが強制や不利益の付与を伴うことにより自己の信教の自由を妨害するものでない限り寛容であることを要請しているものというべきであって、静謐な宗教的環境の下で信仰生活を送るべき利益なるものは、これを直ちに法的利益として認めることはできないとして、死去した配偶者の追慕、慰霊に関して私人がした宗教上の行為によって信仰生活の静謐が害されたとしても、法的利益が侵害されたとはいえないとする（最大判昭63.6.1、殉職自衛官合祀事件）。

❷ ✕ 「当該忠魂碑が宗教的性格のものであり、当該戦没者遺族会が宗教的活動をすることを本来の目的とする団体であることから、特定の宗教を援助、助長、促進するものと認められるため、憲法の禁止する宗教的活動に当たるとした」という部分が妥当でない。判例は、憲法20条1項後段にいう「宗教団体」、憲法89条にいう「宗教上の組織若しくは団体」とは、特定の宗教の信仰、礼拝又は普及等の宗教的活動を行うことを本来の目的とする組織ないし団体を指すとして、戦没者遺族会はこれに該当しないとしている。また、本件無償貸与の目的は、小学校の校舎の建替え等のため、公有地上に存する戦没者記念碑的な性格を有する施設を他の場所に移設し、その敷地を学校用地として利用することを主眼とするものであり、専ら世俗的なものと認められ、その効果も、特定の宗教を援助、助長、促進し又は他の宗教に圧迫、干渉を加えるものとは認められないから、憲法の禁止する宗教的活動に当たらないとしている（最判平5.2.16、箕面市忠魂碑訴訟）。

❸ ◯ 判例により妥当である。判例は、信仰上の理由による剣道実技の履修拒否を、正当な理由のない履修拒否と区別することなく、代替措置が不可能というわけでもないのに、代替措置について何ら検討することもなく、原級留置処分及び退学処分をした学校長の措置は、考慮すべき事項を考慮しておらず、又は考慮された事実に対する評価が明白に合理性を欠き、その結果、社会観念上著しく妥当を欠く処分をしたものと評するほかはなく、裁量権の範囲を超える違法なものといわざるを得ないとしている（最判平8.3.8、剣道実技拒否事件）。

❹ ✕　「その効果は特定の宗教に対する援助、助長、促進になり、宗教とのかかわり合いの程度が、我が国の社会的、文化的諸条件に照らし、相当とされる限度を超えるものと認められるため、憲法上の政教分離原則に違反するとした」という部分が妥当でない。判例は、知事らが大嘗祭に参列した行為は、宗教とかかわり合いをもつ行為ではあるが、その目的が天皇の即位に伴う皇室の伝統儀式に際し、日本国および日本国民の統合の象徴である天皇に対する社会的儀礼を尽くすものであり、その効果も特定の宗教に対する援助、助長、促進又は圧迫、干渉等になるようなものではないと認められるので、憲法20条3項あるいは89条の規定に違反しないとする（最判平14.7.11、鹿児島県大嘗祭訴訟）。

❺ ✕　「市と神社ないし神道とのかかわり合いが、我が国の社会的、文化的諸条件に照らし、相当とされる限度を超えるものではなく、憲法の禁止する宗教団体に対する特権の付与に該当しないとした」という部分が妥当でない。判例は、憲法89条前段が禁止する宗教団体に対する特権の付与に当たるか否かを目的効果基準ではなく、諸般の事情を考慮して総合的に判断すべきものであるとする。その上で、社会通念に照らして総合的に判断すると、本件利用提供行為は、市と神社ないし神道とのかかわり合いが、我が国の社会的、文化的諸条件に照らし、信教の自由の保障の確保という制度の根本目的との関係で相当とされる限度を超えるものとして、憲法89条の禁止する公の財産の利用提供にあたるとしている（最大判平22.1.20、空知太神社事件）。

問題3

次の文章の空欄①〜⑤に語句群から適切な語句を入れると、表現の自由に対する規制に関する記述となる。空欄に入る語句の組合せとして適当なもののみを挙げているものはどれか。ただし、異なる空欄に同じ語句は入らない。

裁判所2017〔H29〕

一般的に、表現の内容に着目した規制は（　①　）、表現の内容に関係ない表現の手段・方法等に対する規制は（　②　）といわれる。

（　①　）の例としては、（　③　）に対する規制が挙げられる。

他方で、（　②　）には、表現活動の規制を直接の目的とする場合と、何らかの弊害をもたらす行為を規制した結果、付随的に表現活動も規制されることになり得る場合とを区別して考える見解もある。

前者の例としては、（　④　）が挙げられる。ここでは、ビラ配布という表現行為を一定の範囲で規制することが目的となっているからである。

他方で、後者の例としては、（　⑤　）などが挙げられる。

【語句群】

ア　内容規制　　　　　　　　　**イ**　内容中立規制

ウ　わいせつ表現や名誉毀損表現　**エ**　ビラ配布

オ　特定の時間帯や場所でのビラ配布を規制する場合や交通の重大な妨害となる態様でのビラ配布の規制

カ　ビラ配布のために他人の管理する建物などに立ち入った者を建造物侵入罪により処罰する場合

1　①－ア、③－ウ、⑤－オ

2　②－ア、④－オ、⑤－カ

3　①－イ、③－エ、④－オ

4　②－イ、③－ウ、⑤－カ

5　③－エ、④－カ、⑤－オ

過去問Exercise　249

解説

正解 **4**

　問題文に沿って、空欄に入る語句を検討していく。まず、表現の内容に着目した規制は内容規制であるから、①には**ア**が入る。この規制は、わいせつ表現や名誉毀損表現等に対する直接的な規制であり、表現の自由に対する強度な規制である。したがって、③には**ウ**が入る。他方で、表現内容ではなく、表現の手段や方法等に対する規制は内容中立規制であるので、②には**イ**が入る。

　表現活動の規制を直接の目的とする内容中立規制としては、表現行為の時間や場所等を規制するものがあり、ビラ配布の時間や場所を限定するような規制が挙げられる。したがって、④には**オ**が入る。さらに、規制に伴い付随的に表現行為が規制される例としては、ビラ配布行為自体を規制するわけではないが、建造物に侵入することを処罰することで、付随的に当該建造物内ではビラ配布行為ができなくなるようにする場合が挙げられる。したがって、⑤には**カ**が入る。

　以上より、②－**イ**、③－**ウ**、⑤－**カ**が適当な語句の組合せとなり、正解は **4** となる。

250　第3章　基本的人権Ⅲ

第4章

基本的人権IV ── 経済的自由権

　本章では、経済的自由権（職業選択の自由等）について学習します。経済的自由権も本試験での出題は多く、おろそかにできない分野です。判例を整理し、記憶することを心がけてください。

●経済的自由権 ─── 職業選択の自由(22条1項)　　1節
　　　　　　　├─ 居住・移転の自由(22条1項)　　2節
　　　　　　　└─ 財産権(29条)　　　　　　　　3節

国般★★★／国専★★★／裁判所★★★／特別区★★☆／地上★☆☆

職業選択の自由

職業選択の自由については、表現の自由と同じくらい出題頻度が高く、薬事法距離制限事件など重要な判例も多い分野です。

1 総説

第22条【職業選択の自由】
① 何人も、公共の福祉に反しない限り、居住、移転及び職業選択の自由を有する。

意義 職業選択の自由とは、自己の従事する職業を決定する自由を意味する。
趣旨 職業は、人の生計維持に関わる社会・経済的活動であると同時に、個人がその展開（人格的発展）を図る重要な場であるため、その選択の自由を保障することにある。
問題点 職業選択の自由には「営業の自由」が含まれるか。
結論 含まれる（判例・通説）。01
理由 憲法22条1項のいう職業選択の自由を保障するとは、自己の従事すべき職業を自由に選択できることに加えて、自己の選択した職業を遂行する自由（このうち営利を目的とする継続的活動として営業の自由）を保障する趣旨も含んでいる。01
〈解説〉 営業の自由の憲法上の根拠に関しては、判例・通説が憲法22条1項で保障されるとするのに対し、営業活動が財産権行使の側面をもつことから憲法22条1項と財産権の保障規定である憲法29条により保障されるとする見解もある。01

2 職業選択の自由の保障の限界

憲法22条1項は、職業選択の自由を「公共の福祉に反しない限り」保障するとしている。「公共の福祉に反しない限り」という留保を伴っているのは、職業活動は社会的相互関連性が大きく、精神的自由と比較して、公権力による規制の要請が強いことを強調する趣旨によるものである（最大判昭50.4.30、薬事法距離制限事件）。02
問題点 「公共の福祉」とはいかなる意味か。

結論 ①社会生活における安全保障や秩序維持のための消極的な内在的制約と、②経済の調和的発展を確保するための積極的な政策的制約という２つの意味をもつ。 [03]

理由 結論①について：職業活動は社会的相互関連性が大きい（商品やサービスの利用で多くの人が影響を受ける）ことから、個人の自由な経済活動によって、特に国民の生命・健康に対する危険が生じるため、これを防止・除去等する必要がある。

結論②について：憲法の要請する社会福祉国家的理想を実現するためには、特に経済的弱者を保護するといった政策的配慮が求められる。

1 内在的制約（消極目的規制）

意義 内在的制約（消極目的規制）とは、主として国民の生命・健康に対する危険を防止・除去等するために加えられる規制である。 [04] 18世紀 後半

(例)飲食店営業の許可(生命・健康被害防止)、医師の免許(生命・健康被害防止)

2 政策的制約（積極目的規制）

意義 政策的制約（積極目的規制）とは、社会福祉国家的理想に基づいて、経済の調和的発展を図り、特に経済的弱者を保護するために加えられる制約をいう。 [04] 20世紀前半

(例)かつてのたばこや塩の専売制(国家収益の確保)、小売商業調整特別措置法による小売市場の許可制(経済的弱者の保護を目的)

3 規制の態様 *発展*

規制の分類には、上記の「規制の目的」以外に「規制の態様（手段）」によるものもあり、①届出制、②許可制、③資格制、④特許制、⑤国家独占に分類できる。 [A]

【規制の態様】

規制態様	具体例
①届出制	理容業等
②許可制	飲食業、風俗営業、古物営業等
③資格制	医師、薬剤師、弁護士等
④特許制	鉄道、バス等
⑤国家独占	旧郵便事業、旧たばこの専売制等

3 違憲審査基準

立法府の行った判断に合理性があることを前提として(規制立法の**合憲性が推定される**)、**合理性の基準**が用いられる。

意義 合理性の基準とは、**立法目的及び目的達成手段の双方について、一般人を基準として、規制立法の合理性の有無を審査するものである**。厳格な基準を要求する精神的自由についての規制立法に対する違憲審査基準に比べて緩やかな**違憲審査基準**である(二重の基準)。

さらに、規制の目的に応じて、合理性の基準を分けて用いる。

1 目的二分論

意義 規制の目的(消極目的規制であるか積極目的規制であるか)に応じて、合理性の基準を2つに分けて用いる(**目的二分論**)。
① 消極目的規制については、**規制の必要性・合理性の有無を審査し、さらにその規制よりも緩やかな規制手段で同じ目的が達成できないかを審査する**(**厳格な合理性の基準**)。
② 積極目的規制については、**その規制措置が著しく不合理であることの明白である場合に限って違憲とする**(**明白性の原則**)。

理由 ① 消極目的規制について　生命・健康に対する弊害防止策の是非については、裁判所も十分に審査することができる。
② 積極目的規制について　いかなる社会経済政策が国民にとって望ましいかは、その性質上、国会・内閣などの政治部門の政策的・専門技術的判断にゆだねるべきであり、裁判所は政治部門の判断を尊重して緩やかに審査すべきである。

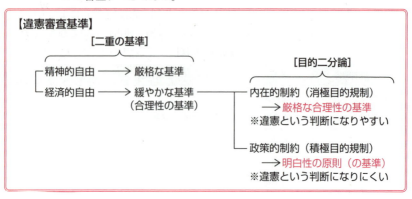

2 消極目的規制に関する判例

判例 薬事法距離制限事件（最大判昭50.4.30）

〈事案〉

❶株式会社Xは、県知事Yに対して、店舗における医薬品の一般販売業（薬局開設）の許可を申請した。❷Yは、薬事法（本件当時のもの）及び県条例の定める配置基準（既存薬局から100m以上離れていること）に適合していないことを理由として、当該申請を不許可とした。Xは、薬事法及び県条例の距離制限規定（適正配置規制）が憲法22条1項に違反するとして、不許可処分の取消しを求めて提訴した。

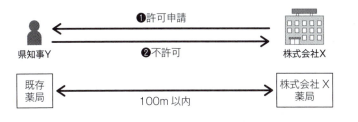

〈判旨〉

● 1　職業の許可制及び許可条件の違憲審査基準は

▶▶▶ **どちらも厳格な合理性の基準による。**

理由　一般に許可制は、狭義における職業の選択の自由そのものに制約を課するもので、職業の自由に対する強力な制限である。

基準　① その合憲性を肯定しうるためには、原則として、**重要な公共の利益のために必要かつ合理的な措置であることを要し**、 05

② また、それが社会政策ないしは経済政策上の積極的な目的のための措置ではなく、**自由な職業活動が社会公共に対してもたらす弊害を防止するための消極的、警察的措置である場合**には、許可制に比べて職業の自由に対するよりゆるやかな制限である**職業活動の内容及び態様に対する規制によっては目的を十分に達成することができないと認められることを要する**。 05

③ そして、この要件は、許可制そのものについてのみならず、その内容（個々の許可条件）についても要求される。

●2　本件の許可制は合憲か

▶▶▶ 必要かつ合理的な規制なので合憲である。

理由　医薬品は、国民の生命及び健康の保持上の必需品であるとともに、これと至大の関係を有するものであるから、

結論　不良医薬品の供給（不良調剤を含む）から国民の健康と安全とをまもるために、業務の内容の規制のみならず、供給業者を一定の資格要件を具備する者に限定し、それ以外の者による開業を禁止する許可制を採用したことは、それ自体としては公共の福祉に適合する目的のための必要かつ合理的措置として肯認することができる。 06

●3　許可条件の一つである適正配置規制は合憲か

▶▶▶ 必要かつ合理的な規制ではないので違憲である。

理由　①　適正配置規制は、主として国民の生命及び健康に対する危険の防止という消極的、警察的目的のための規制措置であり、あくまでも不良医薬品の供給の防止のための手段であるといえる。 07 08

　　　②　適正配置規制の必要性と合理性を裏付ける理由として、競争の激化―経営の不安定―法規違反という因果関係に立つ不良医薬品の供給の危険が指摘されているが、このような危険が相当程度の規模で発生する可能性があるとすることは、単なる観念上の想定にすぎず、確実な根拠に基づく合理的な判断とは認めがたい。 07

　　　③　仮に上記のような危険発生の可能性を肯定するとしても、例えば、薬局等の偏在によって競争が激化している一部地域に限って重点的に監視を強化することなど、行政上の監督体制の強化等の手段によって有効にこれを防止することが可能である。　　緩やかな規制手段

　　　④　薬局等の設置場所の地域的制限の必要性と合理性を裏づける理由としてXの指摘する薬局等の偏在→競争激化→一部薬局等の経営の不安定→不良医薬品の供給の危険又は医薬品乱用の助長の弊害という事由は、いずれもいまだそれによって右の必要性と合理性を肯定するに足りず、また、これらの事由を総合しても右の結論を動かすものではない。

　　　　　　　　　　　　　　　　　　　　　　　　立法事実論

結論　適正配置規制は、不良医薬品の供給の防止等の目的のために必要かつ合理的な規制を定めたものということができないから、憲法22条1項に違反し、無効である。 07 08

- -

〈解説〉　①　本判決は、医薬品の一般販売業を許可制とすること自体と、許可条件としての適正配置規制の合憲性についてそれぞれ判断しており、許可制自体については合憲としている。

　　　　②　●3の理由③の部分がより緩やかな規制手段の有無を検討している。また、理由②④では、必要性・合理性の有無を検討している。

3 積極目的規制に関する判例

積極目的規制に関する主な判例は、①小売市場距離制限事件(最大判昭47.11.22)、②西陣ネクタイ訴訟(最判平2.2.6)、 発展 ③たばこ小売販売業の許可制(最判平5.6.25)がある。

判例 小売市場距離制限事件(最大判昭47.11.22)

〈事案〉

小売商業調整特別措置法は、小売市場の開設には都道府県知事の許可が必要であること、また、許可条件の一つとして許可にかかる小売市場が既存の小売市場と700m以上離れていることを規定している。❶Xは、上記許可を受けることなく、小売市場とするために建物を建設し、店舗用に貸し付けたため起訴された。Xは公判において、小売市場の許可規制(許可制や許可条件としての距離制限規定)が憲法22条1項に違反すると主張した。

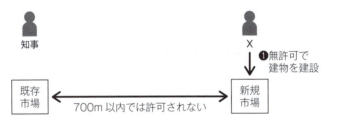

〈判旨〉

● 1 営業の自由は憲法上保障されるか

▶ 憲法22条1項で保障される。

結論 憲法22条1項は、国民の基本的人権の一つとして、職業選択の自由を保障しており、そこで職業選択の自由を保障するというなかには、広く一般に、いわゆる営業の自由を保障する趣旨を包含しているものと解すべきである。 01

1 職業選択の自由 257

● 2　積極目的規制の違憲審査基準は

Ⅲ▶ 明白性の原則による。

理由 ①　国は、積極的に、国民経済の健全な発達と国民生活の安定を期し、もって社会経済全体の均衡のとれた調和的発展を図るために、**立法により、個人の経済活動に対し、一定の規制措置を講ずること**（＝積極目的規制）も、それが目的達成のために必要かつ合理的な範囲にとどまる限り、許されるべきであって、決して、憲法の禁ずるところではない。国に広範囲に認められる

②　社会経済の分野における法的規制措置が適切妥当であるかは、主として立法政策の問題として、**立法府の裁量的判断にまつほかなく、立法府こそがこのような評価と判断の機能を果たす適格を具えた国家機関である**というべきである。

基準　個人の経済活動に対する法的規制措置については、立法府の政策的技術的な裁量に委ねるほかはなく、**裁判所は、立法府の裁量的判断を尊重するのを建前とし、ただ、立法府がその裁量権を逸脱し、当該法的規制措置が著しく不合理であることの明白である場合に限って、これを違憲として、その効力を否定することができる。** 09

● 3　小売市場の許可規制は22条１項に違反しないか

Ⅲ▶ 違反しない（合憲）。 社会的経済的弱者

理由 ①　小売市場が許可規制の対象とされているのは、小売市場の乱設に伴う小売商相互間の過当競争によって招来されるのであろう小売商の共倒れから小売商を保護するためにとられた措置であると認められる。 09

②　以上のような諸点からみると、小売市場の許可規制は、国が社会経済の調和的発展を企図するという観点から中小企業保護政策の一方策としてとった措置ということができ、

③　その目的において、一応の合理性を認めることができないわけではなく、また、その規制の手段・態様においても、それが著しく不合理であることが明白であるとは認められない。 09 明白性の原則

結論　小売市場の許可規制が憲法22条１項に違反するものとすることはできない。 09

〈語句〉●**小売市場**とは、１つの建物を10以上に区切って、野菜、生鮮魚介類を販売する小売店舗が含まれるものをいう。

判例 西陣ネクタイ訴訟（最判平2.2.6） 明白性の原則

〈事案〉

「生糸の一元的輸入措置及び生糸価格安定制度を内容とする法律」（以下、「本法」という）は、国内養蚕業者を保護することを目的として、❶日本蚕糸事業団以外による生糸の輸入を規制した。絹織物業者は、❷本法により国際糸価の約2倍となる国内価格で生糸を購入せざるを得なくなったとして、❸損害の賠償を求めて国家賠償請求訴訟を提起した。

国

❶日本蚕糸事業団以外による生糸の輸入を規制 →
← ❸国家賠償請求

絹織物業者
❷国際糸価の2倍で生糸の購入

〈判旨〉

● 本法の規制は憲法22条1項に違反するか

▶ 違反しない（合憲）。

理由 ① 積極的な社会経済政策の実施の一手段として、個人の経済活動に対し一定の合理的規制措置を講ずることは、憲法が予定し、かつ、許容するところであるから、裁判所は、立法府がその裁量権を逸脱し、当該規制措置が著しく不合理であることの明白な場合に限って、これを違憲としてその効力を否定することができるというのが、当裁判所の判例とするところである（最大判昭47.11.22参照）。

② 本法の各規定は、当分の間、当時の日本蚕糸事業団等でなければ生糸を輸入することができないとするいわゆる生糸の一元輸入措置の実施、及び所定の輸入生糸を同事業団が売り渡す際の売渡方法、売渡価格等の規制について規定しており、営業の自由に対し制限を加えるものではある。 10

結論 しかし、以上の判例の趣旨に照らしてみれば、本法各規定の立法行為が国家賠償法1条1項の適用上例外的に違法の評価を受けるものではない。また、違憲であるとの主張もするが、その実質は原判決の判断における法令違背の主張にすぎない（合憲）。 10

〈解説〉 本判例では、小売市場距離制限事件（最大判昭47.11.22）を引用していることから、生糸の輸入規制措置を国内養蚕業者の保護のための積極的な社会経済政策ととらえたうえで、当該規制措置が著しく不合理であることが明白とはいえないとして合憲の判断を示したといえる。

1 職業選択の自由

4 目的二分論の限界

規制目的の分類は相対的なものである。そのため、消極目的、積極目的の両方をもっているとされるものや、そのいずれにも分類できないものがある。

主な判例としては、①公衆浴場法の定める適正配置規制等が問題となった**公衆浴場距離制限事件**(最判平1.1.20)、②酒類販売業の免許制が問題となった**酒類販売免許制事件**(最判平4.12.15)、③司法書士法による司法書士の登記業務の独占を認めた規制が問題となった**司法書士法違反事件**(最判平12.2.8)、 発展 ④自家用車を用いた有償運送が問題となった白タク営業事件(最大判昭38.12.4)、 発展 ⑤無免許での治療行為が問題となったあん摩師等法違反事件(最大判昭35.1.27)がある。

判例 公衆浴場距離制限事件（最判平1.1.20）

〈事案〉

❶Xは、大阪市長に公衆浴場の営業許可申請をしたところ、❷公衆浴場の設置場所が配置の適正を欠くとして不許可処分とされたが、❸営業許可を受けないまま公衆浴場の営業を行っていた。Xは、公衆浴場法等に違反するとして起訴されたため、公衆浴場法の定める適正配置規制や大阪府公衆浴場法施行条例の定める距離制限が憲法22条1項に反すると主張した。

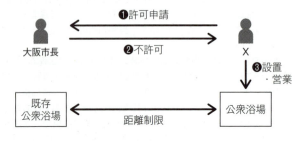

〈判旨〉

● 1　公衆浴場法の規制目的は

▶ **積極目的規制である。**

理由　公衆浴場が住民の日常生活において欠くことのできない公共的施設であり、これに依存している住民の需要に応えるため、**その維持、確保を図る必要のあること**は、立法当時も今日も変わりはない。むしろ、公衆浴場の経営が困難な状況にある今日においては、一層その重要性が増している。

目的　そうすると、公衆浴場業者が経営の困難から廃業や転業をすることを防止し、健全で安定した経営を行えるように種々の立法上の手段をとり、国民の保健福祉を維持することは、まさに公共の福祉に適合するところである。[11]

● 2　適正配置規制及び距離制限は、憲法22条1項に違反しないか

▷▷▶ 違反しない（合憲）。

理由　① 適正配置規制及び距離制限も、その手段として十分の必要性と合理性を有していると認められる。[11]
　　　② もともと、このような積極的、社会経済政策的な規制目的に出た立法については、立法府のとった手段がその裁量権を逸脱し、著しく不合理であることの明白な場合に限り、これを違憲とすべきである（最大判昭47.11.22参照）。[11]

結論　適正配置規制及び距離制限が上記の場合に当たらないことは、多言を要しない（合憲）。[11]

- -

〈解説〉　公衆浴場の適正配置規制の規制目的に関する最高裁判所の見解は一定ではない。本判例以外にも、消極目的規制とした判例（最大判昭30.1.26）、消極目的・積極目的が混在するとした判例（最判平1.3.7）があるが、いずれも適正配置規制は合憲であると結論付けている。

【公衆浴場法の適正配置規制についての判例（いずれも結論は合憲）】 発展

判例	規制目的	結論
最大判昭30.1.26	消極目的規制 国民保健及び環境衛生を保持するために、浴場経営の過当競争等を原因とする浴場の衛生設備の低下等を防止する	憲法22条1項に違反するものとは認められない　合憲✓
最判平1.1.20	積極目的規制　社会的・経済的弱者 公衆浴場業者が経営の困難から廃業や転業をすることを防止し、健全で安定した経営を行えるようにする	著しく不合理であることが明白な場合にあたらないから、憲法22条1項に違反しない　明白性の原則
最判平1.3.7	消極目的・積極目的が混在（両目的を達成するための必要かつ合理的な範囲内の手段といえるかを審査する） 国民保健及び環境衛生の確保にあるとともに、消極 既存公衆浴場業者の経営の安定を図り、公衆浴場自体を確保する　積極	必要かつ合理的な範囲内の手段と考えられるので、憲法22条1項に違反しない

第4章 経済的自由権

1　職業選択の自由　261

消極でも積極でもない第3の目的

> **判例** 酒類販売免許制事件（最判平4.12.15）

〈事案〉

❶XはY税務署長に対して、酒類販売業免許の申請をしたが、❷Y税務署長はXの経営の基礎が薄弱である（酒税法10条10号）として当該申請に対して拒否処分を行った。Xは、当該拒否処分の取消しを求めて提訴した。なお、酒税法の当該規定は、酒屋から製造者（メーカー）への商品代金の支払いを確保することで、製造者から国への納税を確保するために設けられている。

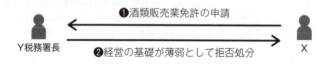

〈判旨〉

● 1　財政目的による職業の許可制に対する違憲審査基準は

▶ 立法府の判断が著しく不合理でない限り合憲である。

理由　租税法の定立については、国家財政、社会経済、国民所得、国民生活等の実態についての正確な資料を基礎とする立法府の政策的、技術的な判断にゆだねるほかはなく、裁判所は、基本的にはその裁量的判断を尊重せざるを得ない。

基準　租税の適正かつ確実な賦課徴収を図るという国家の財政目的のための職業の許可制による規制については、その必要性と合理性についての立法府の判断が、政策的、技術的な裁量の範囲を逸脱するもので、著しく不合理なものでない限り、これを憲法22条1項の規定に違反するものということはできない。 12

第3の目的

●2 酒類販売業の免許制は憲法22条1項に違反するか

違反しない（合憲）。

理由 ① 酒税の適正かつ確実な賦課徴収を図るという国家の財政目的のために、免許制度を採用したことは、当初は、その必要性と合理性があったというべきである。
② その後の社会状況の変化と租税法体系の変遷に伴い、酒類販売業について免許制度を存置しておくことの必要性及び合理性については、議論の余地があることは否定できないとしても、前記（①）のような**酒税の賦課徴収に関する仕組みがいまだ合理性を失うに至っているとはいえない**。 12

結論 当時においてなお酒類販売業免許制度を存置すべきものとした**立法府の判断が、政策的、技術的な裁量の範囲を逸脱するもので、著しく不合理であるとまでは断定し難い**。 12

〈解説〉

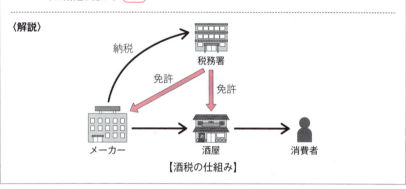

【酒税の仕組み】

判例 司法書士法違反事件（最判平12.2.8）

〈事案〉

司法書士法は司法書士以外の者が登記手続の代理業務を行うことを禁止し、これに違反した者を処罰することを規定している。❶行政書士Xは、17件の登記申請手続を行い司法書士の業務を行ったため、❷司法書士法に違反したとして起訴された。Xは、当該規定が憲法22条1項に違反するものであり無効であると主張した。

1 職業選択の自由　263

〈判旨〉

● 司法書士法による規制は、憲法22条1項に違反しないか

■■▶ **違反しない(合憲)。**

理由 司法書士法の各規定は、登記制度が国民の権利義務等社会生活上の利益に重大な影響を及ぼすものであることなどにかんがみ、法律に別段の定めがある場合を除き、司法書士及び公共嘱託登記司法書士協会以外の者が、他人の嘱託を受けて、登記に関する手続について代理する業務及び登記申請書類を作成する業務を行うことを禁止し、これに違反した者を処罰することにしたものである。 13

結論 当該規制は公共の福祉に合致した合理的なもので憲法22条1項に違反するものでない。 13

〈解説〉 本判決は、審査基準を示すことなく、規制は公共の福祉に合致した合理的なものとして、合憲との結論を出している。

重要事項 一問一答

01 職業選択の自由の内容は?

自己の従事する職業を決定する自由に加え、決定した職業を遂行する自由(営業の自由)も含む(判例)。

02 目的二分論における職業選択の自由の違憲審査基準は?

消極目的規制については厳格な合理性の基準、積極目的規制については明白性の原則を違憲審査基準としている(判例)。

03 薬局の適正配置規制は合憲か?

違憲である(判例)。

04 小売市場の許可制による規制は合憲か?

合憲である(判例)。

05 公衆浴場の適正配置規制は合憲か?

合憲である(判例)。

06 酒類販売業の免許制による規制は合憲か?

合憲である(判例)。

07 司法書士以外の者の登記手続の代理を禁止する司法書士法の規定は合憲か?

合憲である(判例)。

過去問チェック

01 職業選択の自由には、従事すべき職業を選択する自由のみでなく、選択した職業を遂行する自由も含まれるが、営利を目的とする自主的活動の自由である営業の自由は、職業選択の自由には含まれず、財産権行使の自由として憲法第29条により保障されるとするのが判例である。

×（国般2002）「営利を目的とする自主的活動の自由である営業の自由は、職業選択の自由には含まれず、財産権行使の自由として憲法第29条により保障されるとするのが判例である」が誤り。

02 憲法第22条第1項が「公共の福祉に反しない限り」という留保を伴っているのは、職業活動は社会的相互関連性が大きく、精神的自由と比較して、公権力による規制の要請が強いことを強調する趣旨によるものである。

○（裁2019）

03 職業選択の自由は、個人の尊厳と密接に関わる不可侵の人権であるため、社会生活に不可欠な公共の安全と秩序の維持を脅かす事態を防止する目的での規制は許されるが、政策的な配慮に基づいて積極的な規制を加えることは許されないと解されている。

×（税2012）「個人の尊厳と密接に関わる不可侵の人権であるため」「政策的な配慮に基づいて積極的な規制を加えることは許されないと解されている」が誤り。

04 職業選択の自由に対する規制の目的には、主として国民の生命及び健康に対する危険を防止又は除去ないし緩和するために課せられる積極目的規制と、福祉国家の理念に基づいて、経済の調和のとれた発展を確保し、特に社会的、経済的弱者を保護するために、社会経済政策の一環として実施される消極目的規制がある。

×（裁2019）「積極目的規制」「消極目的規制」が誤り。

05 職業の許可制は、職業選択の自由そのものに制約を課すもので、職業の自由に対する強力な制限であるから、その合憲性を肯定するためには、原則として、重要な公共の利益のために必要かつ合理的な措置であることを要し、また、それが、自由な職業活動が社会公共に対してもたらす弊害を防止するための消極的、警察的措置ではなく、社会政策ないしは経済政策上の積極的な目的のための措置である場合には、許可制に比べて職業の自由に対するより緩やかな制限である職業活動の内容及び態様に対する規制によっては目的を十分に達成することができないと認められることを要する。

1　職業選択の自由　265

× (国般2014)「消極的、警察的措置ではなく、社会政策ないしは経済政策上の積極的な目的のための措置である場合には」が誤り。

[06] 判例は、薬事法による適正配置を理由とする薬局設置の許可制について、許可制の目的が不良医薬品の供給防止という消極的、警察的なものであって重要な公共の利益であるとはいえないことを理由に、憲法第22条第1項に違反するとしている。

× (裁2018)「重要な公共の利益であるとはいえないことを理由に、憲法第22条第1項に違反するとしている」が誤り。

[07] 最高裁判所の判例に照らすと、薬事法の薬局の適正配置規制は、国民の生命及び健康に対する危険の防止という消極的、警察的目的のための措置ではなく、薬局の経営の保護という社会政策的目的のものであるが、薬局の偏在に伴う過当競争による不良医薬品の供給の危険は、観念上の想定にすぎず、公共の利益のために必要かつ合理的な規制を定めたものということができないから、憲法に違反し、無効である。

× (区2016改題)「国民の生命及び健康に対する危険の防止という消極的、警察的目的のための措置ではなく、薬局の経営の保護という社会政策的目的のものであるが」が誤り。

[08] 薬局及び医薬品の一般販売業(以下「薬局等」という)の開設に適正配置を要求する薬事法の規定は、不良医薬品の供給による国民の保健に対する危険を完全に防止するためには、薬局等の乱設による過当競争が生じるのを防ぎ、小企業の多い薬局等の経営の保護を図ることが必要であることなどに鑑みたものであり、公共の福祉に合致した合理的な規制を定めたものであって、憲法第22条第1項に違反しない。

× (国般2014)「薬局等の乱設による過当競争が生じるのを防ぎ、小企業の多い薬局等の経営の保護を図ることが必要であることなどに鑑みたものであり、公共の福祉に合致した合理的な規制を定めたものであって、憲法第22条第1項に違反しない」が誤り。

[09] 最高裁判所の判例に照らすと、小売商業調整特別措置法の小売市場の開設許可規制は、小売商の共倒れから小売商を保護するためにとられた措置であると認められるが、その目的、規制の手段及び態様において著しく不合理であることが明白であり、憲法に違反する。

× (区2016改題)「その目的、規制の手段及び態様において著しく不合理であることが明白であり、憲法に違反する」が誤り。

10 生糸の一元輸入措置等の生糸の輸入制限措置は、営業の自由に対し制限を加えるものであるが、当該措置が著しく不合理であることが明白とはいえず、違憲とならない。

○（税2008）

11 平成元年の公衆浴場法による公衆浴場の適正配置規制に関する判決では、当該規制は公衆浴場業者が経営の困難から廃業や転業をすることを防止し、国民の保健福祉を維持するという積極的、社会経済政策的な規制目的を有するが、その手段としての必要性と合理性を有していると認められず、憲法に違反し、無効であるとした。

×（区2016）「その手段としての必要性と合理性を有していると認められず、憲法に違反し、無効であるとした」が誤り。

12 酒税法による酒類販売業の許可制は、致酔性を有する酒類の販売を規制することで、国民の生命及び健康に対する危険を防止することを目的とする規制であり、当該許可制は、立法目的との関連で必要かつ合理的な措置であるといえ、より緩やかな規制によっては当該目的を十分に達成することができないと認められることから、憲法第22条第1項に違反しないとするのが判例である。

×（国般2017）「致酔性を有する酒類の販売を規制することで、国民の生命及び健康に対する危険を防止することを目的とする規制であり、当該許可制は、立法目的との関連で必要かつ合理的な措置であるといえ、より緩やかな規制によっては当該目的を十分に達成することができないと認められることから」が誤り。

13 法律に別段の定めがある場合を除き、司法書士及び公共嘱託登記司法書士協会以外の者が、他人の嘱託を受けて、登記に関する手続について代理する業務及び登記申請書類を作成する業務を行うことを禁止し、これに違反した者を処罰する司法書士法の規定は、登記制度が国民の権利義務等社会生活上の利益に重大な影響を及ぼすものであることなどに鑑みたものであり、公共の福祉に合致した合理的な規制を定めたものであって、憲法第22条第1項に違反しない。

○（国般2014）

A 職業選択の自由を規制する手段としては、届出制、許可制、資格制、特許制などがあるが、国家独占は職業選択の自由を害するものとして認められることはない。

×（裁2019）「国家独占は職業選択の自由を害するものとして認められることはない」が誤り。

1　職業選択の自由　**267**

国般★★☆／国専★★★／裁判所★☆☆／特別区★★★／地上★☆☆

2 居住・移転の自由

本節では、**居住・移転**、**外国移住**、国籍離脱の自由を扱います。条文事項とその解釈が学習の中心となります。一部の試験種を除いて本試験での出題頻度は低くなっています。

1 総説

1 意義と趣旨

第22条【居住・移転の自由、外国移住の自由】
① 何人も、公共の福祉に反しない限り、**居住**、**移転**及び職業選択の自由を有する。
② 何人も、**外国に移住**し、又は国籍を離脱する自由を侵されない。

意義 ① **居住・移転の自由**（1項）01
　　　　　個人が**自己の住所、居所を自由に決定**し、またはこれを変更する自由を意味する。一時的な移動である(国内)旅行の自由も含む。
　　　② **外国移住の自由**（2項）02
　　　　　個人が**外国に住居を移す自由**を意味する（移住先の外国の受入れがあることが前提となる）。**海外渡航の自由**（**外国旅行の自由**）を含む（判例・通説）。

趣旨 封建制社会では、人々は土地に緊縛されていたが、資本主義社会に移行するため、土地への緊縛から解放されて、人々が自由に職業を選択できるようにするため規定された。

2 居住・移転の自由の性格

居住・移転の自由は、以下の3つの性格をもつ（**複合的性格を有する人権**）。03 04

【居住・移転の自由の性格】

経済的自由の性格	近代社会は人が土地から解放されることを前提としており、人と物の自由な移動は資本主義経済の基礎的な要素である
人身の自由の性格	人の移動の自由を保障することは、身体の拘束を解くことを意味する
精神的自由の性格	活動領域が拡大することによって、様々な人と出会うなど、広く知的接触の機会を得ることができる

2 海外渡航の自由

1 憲法上の根拠

問題点 海外渡航の自由（外国旅行の自由）は保障されるか。

《A説》 憲法22条2項によって保障される（憲法22条2項説）（判例・通説）。02

理由
① 「外国に移住する自由」の文言は、外国に一時旅行する自由を含むと解される。
② 憲法22条1項は国内に関する移動等について、2項は外国に関する移動等について規定している。
③ 永住のための出国（外国移住）を保障しているのに、旅行のための出国を認めていないとすることは不合理である。

《B説》 発展 憲法22条1項によって保障される（憲法22条1項説）。 A

理由 「移転の自由」の文言に旅行の自由を含んでおり、これは国内外を問わない。

《C説》 発展 憲法13条によって保障される（憲法13条説）。

理由 旅行は「移転」とも「移住」とも異なる概念なので、新しい人権として憲法13条後段により保障される。

[憲法22条1項]　　　　　　　　[憲法22条2項]
（居住・移転の自由）　　　　　　（外国移住の自由）

国内旅行の自由　　　　　　　　外国旅行の自由

【憲法22条2項説のイメージ】

> **判例** 帆足計事件（最大判昭33.9.10）

〈事案〉

❶共産党幹部であるXが、モスクワで開催される国際経済会議に出席するために旅券（パスポート）の発給を外務大臣に申請したところ、旅券法13条1項5号（現在は7号）の「著しくかつ直接に日本国の利益又は公安を害する行為を行う虞があると認めるに足りる相当の理由がある者」にあたるとして、❷これを拒否する処分を行った。Xは、旅券発給拒否処分により国際経済会議に出席できなかったとして、損害賠償および慰謝料を請求した。

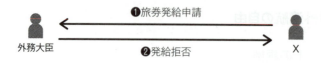

〈判旨〉

● 1 海外渡航の自由（外国旅行の自由）は憲法上保障されるか

▶ 憲法22条2項により保障される。

結論 憲法22条2項の「外国に移住する自由」には外国へ一時旅行する自由を含むものと解すべきであるが、外国旅行の自由といえども無制限のままに許されるものではなく、公共の福祉のために合理的な制限に服するものと解すべきである。 02

● 2 旅券の発給拒否を定める旅券法の規定は22条2項に違反しないか

▶ 公共の福祉のために合理的な制限を定めたもの（合憲）。

理由 旅券発給を拒否することができる場合として、旅券法13条1項5号が、「著しくかつ直接に日本国の利益又は公安を害する行為を行う虞があると認めるに足りる相当の理由がある者」と規定したのは、**外国旅行の自由に対し、公共の福祉のために合理的な制限を定めたものとみることができ**、05

結論 上記の規定が漠然たる基準を示す**無効のものであるということはできない**。05

〈解説〉 本判例は、サンフランシスコ講和条約の発効日（1952年4月28日）より前の事件であったことから、占領治下の我が国の当面する国際情勢の下においては、Xらが当該国際会議に参加することは、著しくかつ直接に日本国の利益又は公安を害するおそれがあるとして、旅券発給拒否処分は適法だと結論付けている。

2 外国人に対する保障

外国人には**出国の自由**は保障されているが、海外渡航の自由（外国旅行の自由）は

保障されない。海外渡航の自由は、再入国が認められることを前提とするが、判例（最判平4.11.16、森川キャサリーン事件）は、外国人について**再入国**※の自由は保障されていないとしているからである。 06 ※ 出国、入国の自由については、第1章 **2** 節 **4** 項「外国人」を参照。

3 国籍離脱の自由

1 総説

第22条【居住・移転の自由、外国移住及び国籍離脱の自由】
② 何人も、外国に移住し、又は**国籍を離脱する自由**を侵されない。

※何人も、日本人を指す

意義 **国籍**とは、特定の国家に所属することを示す資格である。憲法22条2項は、個人の意思で国籍を離脱することを保障している。

趣旨 明治憲法下の国籍法では個人の意思で国籍を離脱することは認められておらず、原則として政府の許可が必要とされていたが、憲法が外国移住の自由を保障したことからの当然の帰結として国籍の離脱を保障したものであり、国籍自由の原則に照応させたものである。

2 保障内容・限界

問題点 国籍離脱の自由は無国籍になる自由も含むか。

結論 無国籍になる自由は含まない。 07

理由 （判例はなく、学説上の理由である）

① 国際社会においては、無国籍になる自由は含まれないと一般に解されており、むしろ無国籍の積極的な防止が望まれている。

② 国籍法が、外国籍を取得したときに日本の国籍を失う旨の規定をしているのは、憲法22条2項が無国籍になる自由を含まないとする趣旨を受けてのものだと解される。

国籍法11条【国籍の喪失】
① 日本国民は、自己の志望によつて外国の国籍を取得したときは、日本の国籍を失う。
② 外国の国籍を有する日本国民は、その外国の法令によりその国の国籍を選択したときは、日本の国籍を失う。

重要事項 一問一答

01 居住・移転の自由の法的性質は?

経済的自由＋人身の自由＋精神的自由＝複合的性格

02 海外旅行の自由は保障されるか?

憲法22条2項により保障される(判例)。

03 旅券の発給拒否を定める旅券法の規定は22条2項に違反しないか?

違反しない。

04 無国籍になる自由は保障されるか?

保障されない。

過去問チェック

01 憲法第22条の保障する居住・移転の自由は、自己の住所又は居所を自由に決定し移動することを内容とするものであり、旅行のような人間の移動の自由は含まれない。

×(国般2014改題)「旅行のような人間の移動の自由は含まない」が誤り。

02 憲法第22条第2項は、外国に移住する自由を保障しているが、外国へ一時旅行する自由も同項により保障されるとするのが判例である。

○(税2016)

03 居住・移転の自由は、職業選択の自由及び財産権の保障と並んで、資本主義経済の基礎を支えるものとして、経済的自由の性質を有する。

○(裁2015)

04 居住・移転の自由は、広く人の移動の自由を保障するという意味において、人身の自由と密接に関連するが、精神的自由とは関連性を有しない。

×(裁2015)「精神的自由とは関連性を有しない」が誤り。

05 最高裁判所の判例は、著しくかつ直接に日本国の利益又は公安を害する行為を行うおそれがあると認めるに足りる相当の理由がある者に対して、外務大臣が旅券の発給を拒否できると定める旅券法上の規定につき、公共の福祉のために合理的な制限を定めたものであり、違憲ではないとした。

○(裁2015)

06 我が国に在留する外国人が、外国へ一時旅行した後、再入国する自由については、憲法上日本国民と全く同じく保障されている。

×（裁2003）「憲法上日本国民と全く同じく保障されている」が誤り。

07 憲法第22条第2項は、国籍離脱の自由を認めており、その中には無国籍になる自由も含まれていると一般に解されている。

×（税2016）「その中には無国籍になる自由も含まれていると一般に解されている」が誤り。

A 外国へ一時旅行する自由の憲法上の根拠規定については、憲法22条1項の移転の自由に含まれるとする見解と憲法22条2項の移住の自由に含まれるとする見解があるが、判例は、「旅行」を「移住」に含めるより「移転」に含める方が文言上自然であること、「移住」は国籍離脱とともに日本国の支配を脱する意味を有することから、憲法22条1項の移転の自由に含まれるとした。

×（裁2008）「判例は」が誤り。

第4章

経済的自由権

2 居住・移転の自由 273

国般★★★／国専★★★／裁判所★★★／特別区★★★／地上★★☆

3 財産権

財産権は、①保障、②制約、③補償と条文ごとに分けられており、学習の面からは整理しやすく、職業選択の自由と同様に、本試験では頻出の分野となります。

1 財産権の保障

1 総説

第29条【財産権】
① 財産権は、これを侵してはならない。

意義 憲法29条1項は、財産権を不可侵の権利として保障している。
趣旨 財産権を立法その他の国家権力の侵害から保護するために規定した。

2 財産権の保障内容

財産権とは、財産的価値を有するすべての権利をいい、**物権**(所有権等)、**債権**(貸金債権等)、**無体財産権**(著作権・特許権・商標権・意匠権等)、**特別法上の権利**(鉱業権・漁業権等)のほか、**公法的な権利**(水利権・河川利用権等)も含まれる。
`01`

問題点 憲法29条1項の「財産権」は何を保障しているのか。
結論 ①個人が現に有する具体的財産権の保障と、②個人が財産権を享有することができる法制度である私有財産制度の保障(制度的保障)を意味する(判例・通説)。`02`

2 財産権の制約

1 総説

第29条【財産権】
② 財産権の内容は、公共の福祉に適合するやうに、法律でこれを定める。

274 第4章 基本的人権Ⅳ

| **意義** | 憲法29条2項は、**公共の福祉**に適合するように、**法律**で財産権の内容を決定することを規定して、財産権が法律によって一般的に制約されるものであることを明示している(**財産権制約の根拠規定**)※。 ※ 財産権は、近代市民革命期においては絶対不可侵の神聖な権利とされていた。しかし、資本主義の高度化に伴う矛盾、弊害により社会国家思想が進展した結果、**財産権も社会的拘束を負ったものと理解されるようになった**。代表例として、「所有権は義務を伴う。その行使は、同時に公共の福祉に役立つべきである。」というワイマール憲法の規定がある。

(例)都市計画として、所有地に建築する建築物の高さ、種類等を、法律によって制限される等。

| **趣旨** | 社会全体の利益を考慮して財産権に対し制約を加える必要性が増大するに至ったため、立法府は公共の福祉に適合する限り財産権について規制を加えることができるとした(最大判昭62.4.22)。

| **問題点** | 「公共の福祉」とは、いかなる意味か。

| **結論** | ①自由国家的公共の福祉である**内在的制約**(消極目的規制)と、②社会国家的公共の福祉である**政策的制約**(積極目的規制)という2つの意味をもつ(通説)。 **03** ※ 判例は明確に言っていない

| **理由** | 財産権は経済的自由権であるから、社会公共の安全と秩序の維持という観点からの制約(結論①)と、社会福祉国家的理想の実現という観点から経済的弱者の保護等の政策的な制約(結論②)が求められる。

(例)内在的制約→建築基準法、消防法等

政策的制約→借地借家法、独占禁止法等

2 違憲審査基準

一般論としては、職業選択の自由と同じく、財産権の規制立法についても、規制目的が内在的制約の場合(消極目的規制)は**厳格**に、政策的制約の場合(積極目的規制)は**緩やか**に判断される(目的二分論)と解することができる。しかし、最高裁判例については、目的二分論を採用したか否かの評価が分かれている(森林法共有林事件参照)。

財産権の制約に関する判例としては、①森林法共有林事件(最大判昭62.4.22)、②短期売買利益返還請求事件(最大判平14.2.13)、/**発展**③区分所有と建替えのための議決要件の合憲性(最判平21.4.23)がある。

3 財産権 275

| 判例 | 森林法共有林事件（最大判昭62.4.22） |

〈事案〉

　Xは、父からの生前贈与によって、兄Yとともに森林を2分の1ずつ共有していたが、森林経営をめぐりYと対立したため、❶共有森林の分割を請求した。しかし、森林法は持分価額が2分の1以下の共有者からの分割請求を認めない規定（民法256条1項の共有物分割請求権の適用を排除する旨の規定）を置いていたことから分割請求が否定されたため、Xは、森林法の当該規定（旧森林法186条）が憲法29条に違反すると主張した。

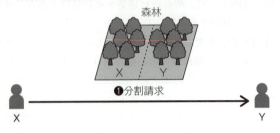

〈判旨〉

● 1　憲法29条1項の保障内容は

▶ 私有財産制度と個々の国民の財産権を保障する。

| 結論 |　憲法29条は、1項において「財産権は、これを侵してはならない。」と規定し、**私有財産制度**を保障しているのみでなく、社会的経済的活動の基礎をなす国民の個々の財産権につきこれを基本的人権として保障する、としているのである。02

● 2　憲法29条2項の内容は

▶ 公共の福祉に適合する限り財産権の規制ができる。

| 内容 |　憲法29条は、2項において「財産権の内容は、公共の福祉に適合するやうに、法律でこれを定める。」と規定し、社会全体の利益を考慮して財産権に対し制約を加える必要性が増大するに至ったため、立法府は公共の福祉に適合する限り財産権について規制を加えることができる、としているのである。

● 3　財産権に対する規制立法の違憲審査基準は

▶ 規制目的や規制される財産権の種類・性質などの比較考量による。

| 理由 |　財産権に対する規制は、財産権の種類、性質等が多種多様であり、また、規制の目的も社会政策及び経済政策上の積極的なものから、社会生活における安全の保障や秩序の維持等の消極的なものに至るまで種々様々である。

> **基準** 財産権に対して加えられる規制が憲法29条2項にいう公共の福祉に適合するものとして是認されるべきものであるかどうかは、規制の目的、必要性、内容、その規制によって制限される財産権の種類、性質及び制限の程度等を比較考量して決すべきものである。 04

● 4 比較考量をして違憲と判断するための具体的基準は

▶ ①規制目的が公共の福祉に合致しないことが明らかであるか、②規制手段が目的達成の手段として必要性若しくは合理性に欠けていることが明らかで、立法府の判断が合理的裁量の範囲を超える場合。

> **理由** 裁判所としては、立法府がした比較考量に基づく判断を尊重すべきものであるから、

> **具体的基準** 立法の規制目的が前示のような社会的理由ないし目的に出たとはいえないものとして公共の福祉に合致しないことが明らかであるか、又は規制目的が公共の福祉に合致するものであっても規制手段が目的を達成するための手段として必要性若しくは合理性に欠けていることが明らかであって、そのため立法府の判断が合理的裁量の範囲を超えるものとなる場合に限り、当該規制立法が憲法29条2項に違背するものとして、その効力を否定することができる（最大判昭50.4.30参照）。

● 5 旧森林法186条の規制目的は公共の福祉に合致するか

▶ 合致しないとはいえない。

> **理由** 旧森林法の目的は、森林の細分化を防止することによって森林経営の安定を図り、ひいては森林の保続培養と森林の生産力の増進を図り、もって国民経済の発展に資することにある。

> **結論** 旧森林法186条の立法目的は、以上のように解される限り、公共の福祉に合致しないことが明らかであるとはいえない。 05

● 6 旧森林法186条は規制目的達成手段として必要性・合理性があるか

▶ 必要な限度を超えた不必要な規制である。

> **理由** ① 旧森林法186条が共有森林につき持分価額2分の1以下の共有者に民法256条1項の規定の適用を排除した結果は、共有者間の対立による森林荒廃の事態の永続化を招くだけであって、当該森林の経営の安定化に資することにはならず、
> ② 旧森林法186条の立法目的と同条が共有森林につき持分価額2分の1以下の共有者に分割請求権を否定したこととの間に合理的関連性のないことは、これを見ても明らかである。

> **結論** 旧森林法186条が共有森林につき持分価額2分の1以下の共有者に一律に分割請求権を否定しているのは、同条の立法目的を達成するについて必要な限度を超えた不必要な規制というべきである。 05

● 7　旧森林法186条は憲法29条2項に違反しないか

▶▶▶ **憲法29条2項に違反し無効である（違憲）。**

理由　旧森林法186条が共有森林につき持分価額2分の1以下の共有者に民法256条1項所定の分割請求権を否定しているのは、森林法186条の立法目的との関係において、合理性と必要性のいずれをも肯定することのできないことが明らかであって、この点に関する立法府の判断は、その合理的裁量の範囲を超えるものであるといわなければならない。 05

結論　旧森林法186条は、憲法29条2項に違反し、無効というべきである。 05

〈解説〉　本判例については、目的二分論を使っているか否かの評価が分かれている。また、規制目的についても積極目的なのか消極目的なのかの評価も分かれている。

〈参照〉●旧森林法186条：森林の共有者は、民法第256条第1項の規定にかかわらず、その共有に係る森林の分割を請求することができない。但し、各共有者の持分の価格に従いその過半数をもって分割の請求をすることを妨げない。

●民法256条①：各共有者は、いつでも共有物の分割を請求することができる。

〈語句〉　共有とは、民法上の概念で、共同所有の一形態を意味する。例えば、AとBが二人で1個のパソコンを購入し、AとBは当該パソコンを共有し、2分の1ずつ持分を有しているとする。この「持分」が共有状態下での権利の比率を表している。分割請求とは、共有物を共有者間で分割することをいう。AがBにパソコンの分割請求をすると、パソコンは半分に割ると使用不可能となるので（現物分割）、第三者に売却して代金を割るか（代金分割）、自ら買い取って、Bの持分を金銭で返すことになる（価格賠償）。

判例　短期売買利益返還請求事件（最大判平14.2.13）

〈事案〉

証券取引法（現在の金融商品取引法）では、上場会社等の役員又は主要株主がその職務又は地位により取得した秘密を不当に利用して利益を得ること（インサイダー取引）を防止するため、一定の場合を除き、上場会社等が、その役員・主要株主に対して自社株式の短期売買で得た利益の提供を請求できる旨を規定する（以下「本件規定」という）。❶上場会社であるA社は、本件規定に基づき、主要株主であるXに対してA社株式の短期売買で得た利益の提供を請求したところ、Xは、A社株式の売買に本件規定を適用することは憲法29条に違反するとして争った。

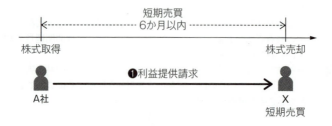

〈判旨〉

● 本件規定は29条に違反しないか

▶ 違反しない（合憲）。

理由 本件規定は証券取引市場の公平性、公正性を維持するとともにこれに対する一般投資家の信頼を確保するという目的による規制を定めるものであるところ、その規制目的は正当であり、規制手段が必要性又は合理性に欠けることが明らかであるとはいえないのであるから、06

結論 本件規定は、公共の福祉に適合する制限を定めたものであって、憲法29条に違反するものではない。06

3 条例による財産権の制約

問題点 憲法29条2項は財産権の内容を「法律でこれを定める」としているが、条例による財産権の制約は許されるか。

結論 条例による財産権の制約は許される（通説）。判例

理由 条例は、地方公共団体の議会という民主的基盤のうえで制定されるものであり、この点において国会で成立する法律と異なるものではない。（通説）

判例 奈良県ため池条例事件（最大判昭38.6.26）

〈事案〉

奈良県の制定した「ため池の保全に関する条例」（以下「条例」という）は、ため池（農業用水確保のために作られた人工池）の堤とう（土手）部分の耕作等を禁止し、違反者に対して罰金を科す規定を置いていた。Xらは、Aため池を代々耕作する者であり（Aため池は在住の農民らが一体として所有していた）、条例の施行後も堤とう部分の耕作を続けていたため条例違反で起訴された。Xらは、条例が憲法29条に違反する等として争った。

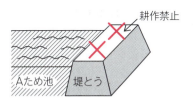

〈判旨〉

● **ため池を使用する財産上の権利を条例で制限することは許されるか**

▶ 許される。

理由 ① 条例の規定によって、ため池の堤とうを使用する財産上の権利を有する者は、その財産権の行使を殆んど全面的に禁止されることになるが、それは災害を未然に防止するという社会生活上のやむを得ない必要から来ることであって、

② ため池の堤とうを使用する財産上の権利を有する者は何人も、公共の福祉のため、当然これを受忍しなければならない責務を負う。

③ すなわち、ため池の破損、決かいの原因となるため池の堤とうの使用行為は、**憲法でも、民法でも適法な財産権の行使として保障されていない**ものであって、**憲法、民法の保障する財産権の行使の埒外にあるもの**というべきである。

結論 これらの行為を<u>条例</u>をもって禁止、処罰しても憲法および法律に牴触またはこれを逸脱するものとはいえない。[07]

〈解説〉 本判決は、財産権全般に対して条例による制限を認める判示ではなく、ため池の堤とうを使用する財産上の権利に対する判示であることに注意が必要である。

4 事後法による制約の可否

法律が制定、改正された場合、原則として、その法律は施行以前にさかのぼって適用されない。これを**事後法の禁止**や**法律不遡及の原則**という。刑事罰については憲法39条がこれを禁止する規定を置いているが、その他の法領域については憲法上の規定はない。

問題点 事後法による財産権の制約は許されるか。

結論 **公共の福祉に適合するようにされたものである限り、事後法による制約も許される**（判例・通説）。[08] P.396

理由 ① 憲法29条2項は、財産権の内容は、公共の福祉に適合するように、法律でこれを定めるとしているから、法律で定められた財産権の内容を事後の法律で変更することも認められる（判例）。

② 憲法上、禁止する明文規定はない。また、政策判断上、既得権者に不利益が生じるとしても新法をさかのぼって適用することが妥当といえる場合がある（学説）。

判例 国有農地売払特措法事件（最大判昭53.7.12）

〈事案の要約〉

農地改革（最大判昭28.12.23参照、自作農創設特別措置法事件）によって買収した農地が不要になったので、元の所有者に買い取らせることになったが、土地の値段が高騰したことから、特別措置法（国有農地売払特措法）により買取価格を時価の7割相当額に変更したため、買収時の価格では買取りができなくなったことが争われた事案である。

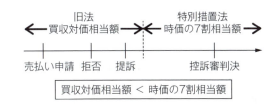

〈判旨〉

1 事後法による財産権の制約は許されるか

▶ **公共の福祉に適合する限り許される。**

理由 憲法29条1項は、「財産権は、これを侵してはならない。」と規定しているが、同条2項は、「財産権の内容は、公共の福祉に適合するやうに、法律でこれを定める。」と規定している。

結論 法律でいったん定められた財産権の内容を事後の法律で変更しても、それが公共の福祉に適合するようにされたものである限り、これをもって違憲の立法ということができないことは明らかである。 08

2 特別措置法を遡及適用することは憲法29条に違反しないか

▶ **違反しない（合憲）。**

理由 特別措置法及び同法施行令が売払いの対価を時価そのものではなくその7割相当額に変更したことは、社会経済秩序の保持及び国有財産の処分の適正という公益上の要請と旧所有者の買収の対価相当額で売払いを受ける権利との調和を図ったものであり、旧所有者の権利に対する合理的な制約として容認されるべき性質のものであって、公共の福祉に適合するものといわなければならない。 09

結論 以上の次第であって、特別措置法2条、同法附則2項及び同法施行令1条は、なんら憲法29条に違反するものではなく、論旨は、採用することができない。 09

3 財産権の制約に対する補償

1 総説

第29条【財産権】
③ 私有財産は、正当な補償の下に、これを公共のために用ひることができる。

意義 憲法29条3項は、公共のために必要があるときは、私有財産を収用または制限することができるが、その場合は、正当な補償をすることを必要とする旨を規定する。

(例)❶道路の敷設のために、国が、❷Xの所有する土地を❸3,000万円の補償金を支払って❹収用した。
→❶「公共のために」、❷「私有財産」、❸「正当な補償の下に」、❹「用ひる」

趣旨 本条は、①財産権の実質的な補償をするだけでなく、②個人に対する不平等な負担を是正するものとして規定された。

2 補償の要否

問題点❶ どのような場合に補償が必要となるか。

結論 特定の個人に対して、その財産権に内在する社会的制約を超えて、特別の犠牲を課した場合に補償が必要となる(通説)。 〔10〕

理由 損失補償制度は、適法な公権力の行使により生じた損害を個人の負担とせずに、平等原則に基づいて国民の一般的負担に転嫁することを目的としている。

問題点❷ 「特別の犠牲」といえるか否かは、どのように判断するか。

結論 ①侵害の対象が広く一般人か、特定の個人ないし集団かどうか、②侵害行為が財産権の本質を侵すほど強度なものかどうか、という2つの基準を総合的に考慮して決するべきである(従来の通説)。

| 判例 | **河川附近地制限令事件**（最大判昭43.11.27） |

〈事案〉

❶Xは砂利採取業者であり、河川に接した土地を賃借して砂利採取業を行っていたが、❷知事によりその土地が「河川附近地」に指定され、砂利採取には知事の許可を要するとする河川附近地制限令（当時）の適用を受けることとなった。❸Xは、許可申請を却下された以降も砂利採取を続けたため、河川附近地制限令違反に問われた。

❶賃借地で砂利
採取業を経営

❷河川附近地に指定 →

知事　　　　　　　　　　　　　　　　　X

❸許可申請の却下後も
砂利採取

〈判旨〉

● **河川附近地の使用の制限に対して損失補償を要件とすべきか**

ⅢⅢ▶ 損失補償を要件とするものではない。

| 理由 | ①　河川附近地制限令の定める制限は、河川管理上支障のある事態の発生を事前に防止するため、単に所定の行為をしようとする場合には知事の許可を受けることが必要である旨を定めているにすぎず、この種の制限は、公共の福祉のためにする一般的な制限であり、原則的には、**何人もこれを受忍すべきもの**である。
②　このように、同令の定め自体としては、**特定の人に対し、特別に財産上の犠牲を強いるものとはいえない。** |
| 結論 | この程度の制限を課するには**損失補償**を要件とするものではなく、したがって、補償に関する規定のない同令の規定が憲法29条3項に違反し無効であるとはいえない。 ⑩ |

〈解説〉　本判決は、Xが賃借料を支払い、労務者を雇い入れ、相当の資本を投入して営んできた事業が営み得なくなるために相当の損失を被るものといえ、その財産上の犠牲は、公共のために必要な制限によるものとはいえ、単に一般的に当然に受忍すべきものとされる制限の範囲をこえ、**特別の犠牲を課したものとみる余地が全くないわけではない**ので、Xの被った現実の損失については、その補償を請求することができるものと解する余地があるとしている。

3　財産権　283

> **判例　奈良県ため池条例事件**（最大判昭38.6.26）

〈事案〉

●本章 **2** 節 **3** 項「国籍離脱の自由」参照。

〈判旨〉

● **ため池の使用の制限に対して損失補償を要するか**

▶ 補償は不要である。

理由　① 本条例は、ため池の堤とうを使用する財産上の権利の行使を著しく制限するものではあるが、
② 結局それは、災害を防止し公共の福祉を保持する上に社会生活上やむを得ないものであり、そのような制約は、ため池の堤とうを使用し得る財産権を有する者が当然受忍しなければならない責務というべきものであって、[11]

結論　憲法29条3項の損失補償はこれを必要としない。[11]

3　「正当な補償」の意味

大別すると、以下の2つの見解がある。[12] [13]

【「正当な補償」の意味】

相当補償説	当該財産について**合理的に算出された相当な額**であれば、市場価格を下回ることがあっても許される
完全補償説	当該財産が有する**客観的な市場価格を全額**補償されなければならない

> **判例　自作農創設特別措置法事件**（最大判昭28.12.23）

〈事案〉

❶Xは、所有する農地を自作農創設特別措置法によって買収されたが、❷その際の価格が「正当な補償」にあたらないとして、買収価格の増額を求めて訴えた。

〈判旨〉

● 「正当な補償」の意味

▶ 相当補償説による。

結論 憲法29条3項にいうところの財産権を公共の用に供する場合の正当な補償とは、その当時の経済状態において成立することを考えられる価格に基づき、合理的に算出された相当な額をいうのであって、必ずしも常にかかる価格と完全に一致することを要するものでないと解するのを相当とする。[12]

理由 けだし財産権の内容は、公共の福祉に適合するように法律で定められるのを本質とするから（憲法29条2項）、公共の福祉を増進し又は維持するため必要ある場合は、財産権の使用収益又は処分の権利にある制限を受けることがあり、また財産権の価格についても特定の制限を受けることがあって、その自由な取引による価格の成立を認められないこともあるからである。

〈解説〉 本判例は、終戦後の農地改革（占領下における政策）に基づく土地収用であるという特殊な事情があった。

判例 土地収用法事件（最判昭48.10.18）

〈事案〉

❶Xらは、都市計画街路事業によって所有する土地を収用されたが、❷収用に対する補償額が近傍類地の取引実例の価格に比べ低すぎるとして訴えた。

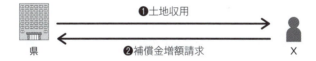

〈判旨〉

● 旧土地収用法における損失補償の内容は

▶ 完全な補償を要する。

理由 旧土地収用法における損失の補償は、特定の公益上必要な事業のために土地が収用される場合、その収用によって当該土地の所有者等が被る特別な犠牲の回復をはかることを目的とするものであるから、

結論 完全な補償、すなわち、収用の前後を通じて被収用者の財産価値を等しくならしめるような補償をなすべきであり、金銭をもって補償する場合には、被収用者が近傍において被収用地と同等の代替地等を取得することをうるに足りる金額の補償を要する。[13]

〈解説〉　①　自作農創設特別措置法事件(最大判昭28.12.23)が、憲法29条3項における補償についての判断であったのに対して、本判例は、土地収用法における補償についての判断である点に注意を要する。

②　現行の土地収用法が定める補償金の算定規定(事業認定の告示の時から権利取得裁決までの物価の変動に応じる修正率を乗じて、権利取得裁決の時における補償金の額を決定する)についても、「被収用者は、収用の前後を通じて被収用者の有する財産価値を等しくさせるような補償を受けられる」と述べて合憲とした判例がある(最判平14.6.11)。**14**

4 補償の時期 *発展*

問題点　補償は財産の提供と同時に行うべきか。

結論　補償は財産の提供と同時に行わなければならないわけではない(最大判昭24.7.13)。**A**
補償はあとりこうでもよい

理由　憲法29条3項は、補償を要する旨を定めるにすぎず、財産の提供前または提供と同時に補償すべきことまで要求していない。

5 「公共のために用ひる」の意味

①　「公共のために」の意味

病院・ダム・道路・鉄道の建設など、公共事業のために私有財産を供することが「公共のために」にあたることは明らかである。

問題点　特定の個人が受益者となる場合も「公共のために」といえるか。

結論　収用全体の目的が広く社会公共の利益のためであれば、特定の個人が受益者となっていても「公共のため」といえる(判例・通説)。**15**

理由　「公共のために」とは、私有財産を公共事業に直接に供する場合に限られず、広く社会公共の利益のために私有財産を供することを意味している。

> **判例** 「公共のために用ひる」の意味（最判昭29.1.22）
>
> 〈事案〉
> 　自作農創設特別措置法（以下「自創法」という）の規定により、❶地主X所有の宅地が買収の対象とされた。Xは、買収計画の取消を求めて提訴し、❷本件宅地が特定の個人に売り払われることは憲法29条3項の「公共のために用ひる」に反し違憲であると主張した。
>
>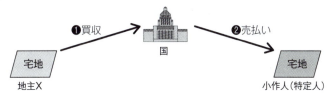
>
> 〈判旨〉
> ● 特定の個人が受益者となる場合も「公共のために用ひる」といえるか
> ▶ 「公共のために用ひる」といえる。
> **理由** 自創法による農地改革は、同法1条に、この法律の目的として掲げたところによって明らかなごとく、耕作者の地位を安定し、その労働の成果を公正に享受させるため自作農を急速かつ広汎に創設し、又、土地の農業上の利用を増進し、以て農業生産力の発展と農村における民主的傾向の促進を図るという公共の福祉の為の必要に基いたものであるから、
> **結論** 自創法により買収された農地、宅地、建物等が買収申請人である特定の者に売渡されるとしても、それは農地改革を目的とする公共の福祉の為の必要に基いて制定された自創法の運用による当然の結果に外ならないのであるから、この事象のみを捉えて本件買収の公共性は否定されない(合憲)。15

② 「用ひる」の意味
　公用収用（財産権を取り上げる）と、公用制限（財産権の行使を制限する）を意味する。
　　（例）重要文化財として指定（公用制限）

6 憲法に基づく直接請求の可否

補償請求は、通常、財産権制約の根拠となる法令の具体的規定に基づいて行う。
問題点 法令が補償規定を欠いている場合に、当該法令は憲法29条3項に違反し無効とならないか。16
結論 憲法29条3項を根拠に補償請求する余地があるから、補償規定を欠く法令は違憲とならない(判例・通説)。

> **判例　河川附近地制限令事件**（最大判昭43.11.27）

〈事案〉

● 本章 **3** 節 **3** 項「財産権の制約に対する補償」参照。

〈判旨〉

● **補償規定を欠く法令は、憲法29条3項に違反しないか**

▐▶ **憲法29条3項を根拠に補償請求する余地があるから違憲でない。**

理由　① 河川附近地制限令による制限について、同令に損失補償に関する規定が
ないからといって、同令があらゆる場合について一切の損失補償を全く否定
する趣旨とまでは解されず、

② 補償の請求をする者も、その損失を具体的に主張立証して、別途、**直接**
憲法29条3項を根拠にして、補償請求をする余地が全くないわけではない。
16

結論　同令の規定を直ちに違憲無効と解すべきではない。

7 予防接種禍 /発展

　予防接種によって死亡又は後遺症等の健康被害が生じた場合（予防接種禍）につい
て、憲法29条3項に基づく補償請求を認めた下級審判決が存在する（東京地判昭
59.5.18）。

重要事項 一問一答

01 財産権とは？

　財産的価値を有するすべての権利をいう。

02 憲法29条1項の「財産権の保障」は何を保障しているか？

　①個人の財産権と、②制度的保障としての私有財産制度の保障である。

03 憲法29条2項の「公共の福祉」の意味は？

　①自由国家的公共の福祉である内在的制約（消極目的規制）と、②社会国家的公共の福祉である政
策的制約（積極目的規制）を意味する。

04 持分価額2分の1以下の共有者の分割請求権を制限する旧森林法の規定は合憲
か？

　違憲である（判例）。

05 旧証券取引法の短期売買利益提供規定は合憲か？

　合憲である（判例）。

288　第4章　基本的人権Ⅳ

06 条例によって財産権を制約することは許されるか？

条例による財産権の制約は許される（通説）。

07 ため池の堤とう部分の耕作等を禁止する奈良県ため池条例は合憲か？

合憲である（判例）。

08 自作農創設特別措置法事件判決では、憲法29条3項の「正当な補償」をどのように定義したか？

当該財産について合理的に算出された相当な額をいう（相当補償説）。

09 土地収用法上の補償の意味は？

収用の前後を通じて被収用者の財産価値を等しくならしめるような補償をいう（完全補償説）（判例）。

10 特定の者が受益者となる場合も憲法29条3項の「公共のために」といえるのか？

収用全体の目的が広く社会公共の利益となる場合にはいえる。

11 公用収用の法令が補償規定を欠く場合は違憲無効か？

憲法29条3項を直接の根拠として補償請求ができることから違憲無効ではない（判例）。

▌ 過去問チェック

01 財産権とは、すべての財産的価値を有する権利を意味するものではなく、所有権その他の物権、債権のほか、著作権、意匠権などの無体財産権をいい、漁業権、鉱業権などの特別法上の権利は財産権には含まれない。

×（区2013）「すべての財産的価値を有する権利を意味するものではなく」「漁業権、鉱業権などの特別法上の権利は財産権には含まれない」が誤り。

02 憲法第29条第1項は「財産権は、これを侵してはならない」と規定するが、これは、個人の現に有する具体的な財産上の権利の保障を意味し、個人が財産権を享有し得る法制度の保障までも意味するものではない。

×（国般2015）「個人が財産権を享有し得る法制度の保障までも意味するものではない」が誤り。

03 憲法第29条第2項は「財産権の内容は、公共の福祉に適合するやうに、法律でこれを定める」と規定するが、この「公共の福祉」は、各人の権利の公平な保障を狙いとする自由国家的公共の福祉を意味し、各人の人間的な生存の確保を目指す社会国家的公共の福祉までも意味するものではない。

×（国般2015）「各人の人間的な生存の確保を目指す社会国家的公共の福祉までも意味するものではない」が誤り。

04 財産権に対する規制が憲法第29条第2項にいう公共の福祉に適合するものと

3 財産権 **289**

して是認されるべきものであるかどうかは、規制の目的、必要性、内容、その規制によって制限される財産権の種類、性質及び制限の程度等を比較考量して判断すべきものであるとするのが判例である。

〇（税2016）

05 最高裁判所の判例に照らすと、森林法が共有森林につき持分価額2分の1以下の共有者に民法所定の分割請求権を否定しているのは、森林の細分化を防止することによって森林経営の安定を図るとする森林法の立法目的との関係において、合理性と必要性のいずれをも肯定することができ、この点に関する立法府の判断は、その合理的裁量の範囲内であるというべきであるから、憲法に違反するものではない。

✕（区2018改題）「合理性と必要性のいずれをも肯定することができ、この点に関する立法府の判断は、その合理的裁量の範囲内であるというべきであるから、憲法に違反するものではない」が誤り。

06 最高裁判所の判例に照らすと、証券取引法によるインサイダー取引の規制は、一般投資家の信頼を確保するという目的によるものであり、その規制目的は正当であるが、上場会社の役員又は主要株主に対し一定期間内に行われた取引から得た利益の提供請求を認めるような規制手段が必要性又は合理性に欠けることが明らかであるから、憲法に違反する。

✕（区2021改題）「上場会社の役員又は主要株主に対し一定期間内に行われた取引から得た利益の提供請求を認めるような規制手段が必要性又は合理性に欠けることが明らかであるから、憲法に違反する」が誤り。

07 最高裁判所の判例では、条例をもって、ため池の堤とうに竹木若しくは農作物を植え、又は建物その他の工作物を設置する行為を禁止することは、財産権を法律ではなく条例で制限することになるので、財産権の内容は法律で定めるとする憲法の規定に違反するとした。

✕（区2013）「財産権の内容は法律で定めるとする憲法の規定に違反するとした」が誤り。

08 憲法第29条第1項は、「財産権は、これを侵してはならない。」と規定しているが、同条第2項は、「財産権の内容は、公共の福祉に適合するやうに、法律でこれを定める。」と規定している。したがって、法律で一旦定められた財産権の内容を事後の法律で変更しても、それが公共の福祉に適合するようにされたものである限り、これをもって違憲の立法ということはできない。

〇（国般2020）

09 農地改革による買収農地である国有農地のうち買収目的の消滅した農地を旧所有者に売り払う場合において旧所有者に売却する価格を買収の対価相当額から時価の7割に相当する額に変更することは、社会経済秩序の保持及び国有財産の処分の適正という公益上の要請と旧所有者の権利との調和を図ったものであったとしても、法律で一旦定められた財産権の内容を事後の法律で変更するものであり、憲法第29条第1項に違反するとするのが判例である。

×（税2012）「憲法第29条第1項に違反するとするのが判例である」が誤り。

10 憲法29条2項により公共の福祉に適合するように財産権の制限を受けた結果、その財産権の価値の減少が生じた場合、直ちに3項の「正当な補償」の対象となる。

×（裁2002）「直ちに3項の『正当な補償』の対象となる」が誤り。

11 ため池の堤とうを使用する財産上の権利に対する法令による制限が、当該権利の行使をほとんど全面的に禁止するものである場合は、それが災害を未然に防止するという社会生活上のやむを得ないものであっても、当該権利を有する者が当然に受忍しなければならないものとまではいうことはできないから、その制限に当たっては、憲法第29条第3項の補償を要するとするのが判例である。

×（国般2011）「当該権利を有する者が当然に受忍しなければならないものとまではいうことはできないから、その制限に当たっては、憲法第29条第3項の補償を要するとするのが判例である」が誤り。

12 憲法第29条第3項にいうところの財産権を公共の用に供する場合の正当な補償とは、買収によって生ずるすべての経済的損失に対する完全な補償を求めるものであり、いかなる社会経済的国家的な理由があったとしても、これに満たない価格による買収を正当化するものではない。

×（労2006）「買収によって生ずるすべての経済的損失に対する完全な補償を求めるものであり、いかなる社会経済的国家的な理由があったとしても、これに満たない価格による買収を正当化するものではない」が誤り。

13 最高裁判所の判例では、土地収用法における損失の補償は、収用の前後を通じて被収用者の財産価値を等しくならしめるような補償をなすべきであることから、合理的に算出された相当な補償をすれば足りるとした。

×（区2009）「合理的に算出された相当な補償をすれば足りるとした」が誤り。

14 最高裁判所の判例に照らすと、土地収用法が、事業認定の告示時における相当な価格を近傍類地の取引価格を考慮して算定した上で、権利取得裁決時までの物価の変動に応ずる修正率を乗じて、権利取得裁決時における土地収用に伴う補償金の額を決定するとしたことは、近傍類地の取引価格に変動が生ずることがあり、その変動率と修正率とは必ずしも一致せず、被収用者は収用の前後を通じてその有する財産価値を等しくさせる補償は受けられないため、同法の規定は憲法に違反する。

× (区2021改題)「被収用者は収用の前後を通じてその有する財産価値を等しくさせる補償は受けられないため、同法の規定は憲法に違反する」が誤り。

15 憲法第29条第3項は「私有財産は、正当な補償の下に、これを公共のために用ひることができる」と規定するが、この「公共のため」とは、ダムや道路などの建設のような公共事業のためであることを意味し、収用全体の目的が広く社会公共の利益のためであっても、特定の個人が受益者となる場合は該当しない。

× (国般2015)「特定の個人が受益者となる場合は該当しない」が誤り。

16 最高裁判所の判例では、財産上の犠牲が単に一般的に当然に受認すべきものとされる制限の範囲をこえ、特別の犠牲を課したものである場合であっても、法令に損失補償に関する規定がない場合は、直接憲法を根拠にして補償請求をすることはできないので、損失補償を請求する余地はないとした。

× (区2013)「直接憲法を根拠にして補償請求をすることはできないので、損失補償を請求する余地はないとした」が誤り。

A 財産権について、憲法は正当な補償に関して規定するのみで、補償の時期については規定していないが、補償が財産の供与と交換的に同時に履行されるべきことは、憲法の保障するところであるといえる。

× (国般2008)「補償が財産の供与と交換的に同時に履行されるべきことは、憲法の保障するところであるといえる」が誤り。

過去問 Exercise

第4章
経済的自由権

問題1 職業選択の自由に関するア～オの記述のうち、判例に照らし、妥当なもののみをすべて挙げているのはどれか。
国Ⅱ2010［H22］

ア 酒税法に基づく酒類販売の免許制度は、制度導入当初は、酒税の適正かつ確実な賦課徴収を図るという重要な公共の利益のためにとられた合理的措置であったが、その後の社会状況の変化と酒税の国税全体に占める割合等が相対的に低下したことにより、当該免許制度を存置しておくことの必要性及び合理性は失われていると解されるから、憲法第22条第1項に違反する。

イ 旧繭糸価格安定法（平成20年廃止）に基づく生糸の一元輸入措置及び価格安定制度は、養蚕業及び製糸業の保護政策としての規制措置であるが、外国産生糸を国際糸価で購入する途を閉ざされるなど、絹織物生地製造業者の経済的活動の自由を著しく制限するものであり、当該保護政策の目的達成のために必要かつ合理的な規制の範囲を逸脱するものであるから、憲法第22条第1項に違反する。

ウ 薬事法に基づく薬局開設の許可制及び許可条件としての適正配置規制は、主として国民の生命及び健康に対する危険の防止という消極的、警察的目的のための規制措置であるが、許可制に比べて職業の自由に対するより緩やかな制限である職業活動の内容及び態様に対する規制によっても、その目的を十分に達成することができると解されるから、許可制の採用自体が公共の利益のための必要かつ合理的措置であるとはいえず、憲法第22条第1項に違反する。

エ 小売商業調整特別措置法に基づく小売市場の許可規制は、国が社会経済の調和的発展を企図するという観点から中小企業保護政策の一方策としてとった措置ということができ、その目的において一応の合理性を認めることができ、また、その規制の手段・態様においても著しく不合理であることが明白であるとは認められないから、憲法第22条第1項に違反しない。

オ 公衆浴場法に基づく公衆浴場の許可制及び許可条件としての適正配置規則は、既存公衆浴場業者の経営の安定を図り、自家風呂を持たない国民にとって必要

過去問Exercise 293

不可欠な厚生施設である公衆浴場自体を確保するという積極的、政策的目的とともに、国民保健及び環境衛生の確保という消極的、警察的目的も有しているが、後者の目的との関係では、目的を達成するための必要かつ合理的な措置であるとはいえず、憲法第22条第１項に違反する。

1 ウ
2 エ
3 ア、イ
4 イ、オ
5 ウ、エ

解説

正解 **2**

ア ✕ 「当該免許制度を存置しておくことの必要性及び合理性は失われていると解されるから、憲法第22条第1項に違反する」という部分が妥当でない。判例は、酒税販売の免許制度は、その後の社会状況の変化と酒税の国税全体に占める割合等が相対的に低下するに至った本件処分当時においても、免許制度を存置しておくことの必要性・合理性は失うに至っているとはいえないとして、憲法22条1項に違反しないとしている(最判平4.12.15、酒類販売免許制事件)。

イ ✕ 「外国産生糸を国際糸価で購入する途を閉ざされるなど、絹織物生地製造業者の経済的活動の自由を著しく制限するものであり、当該保護政策の目的達成のために必要かつ合理的な規制の範囲を逸脱するものであるから、憲法第22条第1項に違反する」という部分が妥当でない。判例は、改正後の繭糸価格安定法(当時)は、原則として、当分の間、いわゆる生糸の一元輸入措置の実施、及び所定の輸入生糸を売り渡す際の売渡方法、売渡価格等の規制について規定しており、営業の自由に対し制限を加えるものではあるが、このような立法行為が国家賠償法1条1項の適用上例外的に違法の評価を受けるものではないとしており、違憲の判断はしていない(最判平2.2.6、西陣絹ネクタイ事件)。

ウ ✕ 「許可制に比べて職業の自由に対するより緩やかな制限である職業活動の内容及び態様に対する規制によっても、その目的を十分に達成することができると解されるから、許可制の採用自体が公共の利益のための必要かつ合理的措置であるとはいえず、憲法第22条第1項に違反する」という部分が妥当でない。判例は、薬局等の開設について旧薬事法が許可制を採用していることは、公共の福祉に適合する目的のための必要かつ合理的措置として肯認することができるとして、許可制それ自体は合憲であるとする。これに対して、薬局等の開設の許可条件の一つである設置場所の適正配置に関する制限(適正配置規制)が、不良医薬品の供給の防止等の目的のために必要かつ合理的な規制を定めたものということができないから、憲法22条1項に違反し、無効であるとしている(最大判昭50.4.30、薬事法距離制限事件)。したがって、薬局等の開設の許可制は合憲であるが、許可条件として適正配置規制を設けていることは違憲である。

エ ◯ 判例により妥当である。判例は、個人の経済活動に対する法的規制措置

過去問Exercise 295

については、立法府の政策的技術的な裁量に委ねるほかはなく、裁判所は、立法府の裁量的判断を尊重するのを建前とし、立法府がその裁量権を逸脱し、当該法的規制措置が著しく不合理であることの明白である場合に限って、これを違憲として、その効力を否定することができるものと解するのが相当との一般論を示している。そのうえで、小売市場の許可規制は、国が社会経済の調和的発展を企図するという観点から中小企業保護政策の一方策としてとった措置ということができ、その目的において、一応の合理性を認めることができないわけではなく、また、その規制の手段・態様においても、それが著しく不合理であることが明白であるとは認められない。そうすると、小売市場の許可規制が憲法22条1項に違反するものとすることができないことは明らかであるとしている(最大判昭47.11.22、小売市場距離制限事件)。

オ ✕ 「後者の目的との関係では、目的を達成するための必要かつ合理的な措置であるとはいえず、憲法第22条第1項に違反する」という部分が妥当でない。判例は、公衆浴場の適正配置規制の合憲性について、①消極目的規制としながら合憲と判断したもの(最大判昭30.1.26)、②積極目的規制として合憲と判断したもの(最判平1.1.20)、③積極目的・消極目的の両目的を含む規制としながら合憲と判断したもの(最判平1.3.7)がある。しかし、いずれの判決も公衆浴場の適正配置規制を合憲としている。

　以上より、妥当なものは**エ**のみであり、正解は **❷** となる。

問題2 日本国憲法に規定する財産権に関するA ～ Dの記述のうち、最高裁判所の判例に照らして、妥当なものを選んだ組合せはどれか。
特別区2018［H30］

A ため池の破損、決かいの原因となるため池の堤とうの使用行為は、憲法、民法の保障する財産権の行使のうち外にあり、これらの行為を条例によって禁止、処罰しても憲法に抵触せず、条例で定めても違憲ではないが、ため池の堤とうを使用する財産上の権利を有する者は、その財産権の行使をほとんど全面的に禁止されることになるから、これによって生じた損失は、憲法によって正当な補償をしなければならないとした。

B インサイダー取引の規制を定めた証券取引法は、証券取引市場の公平性、公正性を維持するとともにこれに対する一般投資家の信頼を確保するという目的による規制を定めるものであるところ、その規制目的は正当であり、上場会社等の役員又は主要株主に対し、一定期間内に行われた取引から得た利益の提供請求を認めることは、立法目的達成のための手段として、必要性又は合理性に欠けることが明らかであるとはいえないのであるから、憲法に違反するものではないとした。

C 森林法が共有森林につき持分価額2分の1以下の共有者に民法所定の分割請求権を否定しているのは、森林の細分化を防止することによって森林経営の安定を図るとする森林法の立法目的との関係において、合理性と必要性のいずれをも肯定することができ、この点に関する立法府の判断は、その合理的裁量の範囲内であるというべきであるから、憲法に違反するものではないとした。

D 財産上の犠牲が、公共のために必要な制限によるものとはいえ、単に一般的に当然に受認すべきものとされる制限の範囲をこえ、特別の犠牲を課したものである場合に、法令に損失補償に関する規定がないからといって、あらゆる場合について一切の損失補償を全く否定する趣旨とまでは解されず、直接憲法を根拠にして、補償請求をする余地が全くないわけではないとした。

① A、B
② A、C
③ A、D
④ B、C
⑤ B、D

第4章 経済的自由権

過去問Exercise　297

> **解説** 正解 ⑤

A ✕ 「これによって生じた損失は、憲法によって正当な補償をしなければならないとした」という部分が妥当でない。判例は、ため池の堤とうを使用する財産上の権利を有する者は、その財産権の行使をほとんど全面的に禁止されることになるが、それは災害を未然に防止するという社会生活上のやむを得ない必要からくることであって、ため池の堤とうを使用する財産上の権利を有する者は何人も、公共の福祉のため、当然これを受忍しなければならない責務を負うというべきであるとして、本条例は違憲ではないとする。そして、財産上の権利の行使を著しく制限する本条例は、災害を防止し公共の福祉を保持する上に社会生活上やむを得ないものであり、財産権を有する者が当然受忍しなければならない責務というべきであって、憲法29条3項の損失補償はこれを必要としないとしている(最大判昭38.6.26、奈良県ため池条例事件)。

B ○ 判例により妥当である。判例は、インサイダー取引の規制を定めた証券取引法(当時)の規定は、証券取引市場の公平性・公正性を維持するとともにこれに対する一般投資家の信頼を確保するという目的によるものであって、その規制目的は正当であり、上場会社等の役員又は主要株主に対し、一定期間内に行われた取引から得た利益の提供請求を認めることは、目的を達成するための規制手段の必要性または合理性に欠けることが明らかであるとはいえないので、公共の福祉に適合する制限を定めたものであって、憲法29条に違反しないとしている(最大判平14.2.13、短期売買利益返還請求事件)。

C ✕ 「合理性と必要性のいずれをも肯定することができ、この点に関する立法府の判断は、その合理的裁量の範囲内であるというべきであるから、憲法に違反するものではないとした」という部分が妥当でない。森林法186条(当時)の立法目的は、森林の細分化を防止することによって森林経営の安定を図り、ひいては森林の保続培養と森林の生産力の増進を図り、もって国民経済の発展に資することにあると解すべきであり、この目的が公共の福祉に合致しないことが明らかであるとはいえないとする。しかし、同条が共有森林につき持分価額2分の1以下の共有者に分割請求権を否定しているのは、同条の立法目的との関係において、合理性と必要性のいずれをも肯定することのできないことが明らかであって、この点に関する立法府の判断は、その合理的裁量の範囲を超えるものであるといわなければならないか

ら、同条は、憲法29条２項に違反し、無効というべきであるとしている（最大判昭62.4.22、森林法共有林事件）。

D　○　　判例により妥当である。判例は、財産上の犠牲が、公共のために必要な制限によるものとはいえ、単に一般的に当然に受忍すべきものとされる制限の範囲をこえ、特別の犠牲を課したものである場合、法令に損失補償に関する規定がないからといって、法令があらゆる場合について一切の損失補償を全く否定する趣旨とまでは解されず、別途、直接憲法29条３項を根拠にして、補償請求をする余地が全くないわけではないとしている（最大判昭43.11.27、河川付近地制限令事件）。

　以上より、妥当なものは**B**、**D**であり、正解は**5**となる。

第 5 章

基本的人権Ⅴ— 社会権

　本章では、社会権を学習します。第3章・第4章での自由権とは性格が異なり、国家に対して配慮を要求する人権です。

●社会権
- 社会権概説　　　　　　　1節
- 生存権(25条)　　　　　　2節
- 教育を受ける権利(26条)　3節
- 勤労の権利(27条)　　　　4節
- 労働基本権(28条)　　　　5節

国般★★★／国専★★★／裁判所★★★／特別区★★★／地上★★★

社会権概説

社会権は現代的権利といわれ、自由権とは異なる性質をもつ人権です。なぜそのような人権が登場することになったのかを確認しましょう。

1 社会権の誕生

　財産権が神聖不可侵とされる体制の下に資本主義が発展したものの、個人間の経済的格差が助長され、貧困・失業等の社会問題が深刻化するにつれて(資本主義の矛盾)、人間が社会を生きていくうえで人間らしく生きるための権利として、**国家に積極的な配慮を要求する権利**、すなわち**社会権**が唱えられるようになった。経済的または社会的弱者の利益を保護し、国民の間に実質的な平等を回復させるためである。

　初めて社会権を詳細に定めたのは、ドイツの1919年のワイマール憲法である。社会権は20世紀に登場し、20世紀を特徴付ける権利として、各国の憲法に規定されている。日本では、明治憲法には社会権は規定されておらず、日本国憲法において初めて規定された。

2 消極国家から積極国家へ

　近代国家においては、個人の尊厳を確保するためには、国家権力による自由と財産への干渉を防ぐことが重要だった。そこで、**国家は個人の領域にできるだけ介入せず、最低限度の警察活動などをすればよい**という**消極国家(夜警国家)** が要請されていた。

　ところが、資本主義の矛盾を経た現代国家において個人の尊厳を確保するためには、国家に一定の行為を請求する社会権も必要である。そこで、国家は国民の権利・自由を実質的に保障するために、社会保障制度や、労働関係法の整備、公共投資などの各種積極的施策をすることが必要になってくる。このように**積極的に国民生活に介入してくる国家**を**積極国家**という。

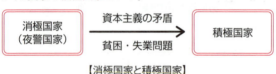

【消極国家と積極国家】

国般★★／国専★★／裁判所★★／特別区★★★／地上★★★

2 生存権

生存権については、生存権の法的性格について学説による結論の異同が出題されており、判例のみならず、学説の学習まで必要となる分野です。

1 総説

第25条【生存権、国の社会的使命】
① すべて国民は、健康で文化的な最低限度の生活を営む権利を有する。
② 国は、すべての生活部面について、社会福祉、社会保障及び公衆衛生の向上及び増進に努めなければならない。　努力義務

意義　生存権とは、健康で文化的な最低限度の生活を営む権利をいう（25条1項）。本条は、すべての国民に、生存権を保障するとともに（1項）、国は、生存権の具体化について努力義務を課されている（2項）。その具体化の例としては、生活保護法、児童福祉法、国民健康保険法、雇用保険法など各種の社会福祉・社会保険立法がある。

趣旨　社会権の中でも生存権は原則的な規定であり、国民は誰でも人間的な生活を送ることができることを権利として宣言した。

2 生存権の法的性質

1 自由権的側面

国民が健康で文化的な最低限度の生活を営む自由を有しているから、国家がその自由を侵害してはいけないという自由権的側面がある。 01

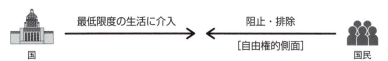

【自由権的側面】

この自由権的側面については、後述するプログラム規定説又は法的権利説のどちらの立場であっても、憲法25条1項を直接の根拠に違憲無効の主張ができると解されている。例えば、国民の健康で文化的な最低限度の生活を維持することを阻害する立法、処分等は、同条項に違反し無効となる。 02

2 社会権的側面（請求権的側面）

国民が健康で文化的な最低限度の生活を営むために、国家に対して積極的な配慮・作為を要求するという社会権的側面（請求権的側面）がある 01 。法的性質が問題となるのは、この社会権的側面についてである。

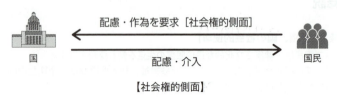

【社会権的側面】

```
├─ A説：プログラム規定説
└─ B説：法的権利説
    ├─ B1説：抽象的権利説（通説）
    └─ B2説：具体的権利説
```

【学説の全体図】

《A説》 プログラム規定説

憲法25条は、国民の生存を国が確保すべき政治的・道義的目標を定めたにすぎず、個々の国民に対して、憲法25条に基づく具体的権利を保障したものではない。 03

理由 ① 資本主義経済の下では、自分の生活は自分で立てていくべきであるという「自助の原則」が妥当するので、国に具体的な請求をすることは矛盾している。
② 生存権を実現するためには、実際上は予算が必要であるが、予算をどのように配分するかは、国の財政政策の問題である。
③ 「健康で文化的な最低限度の生活を営む権利」(25条1項)という文言は、裁判所が判断するには抽象的すぎる。

《B説》 法的権利説

生存権は、法的権利である。

理由 ① 資本主義経済の矛盾から、生存権の保障が必要となってきたのであるから、資本主義を理由として生存権の権利性を否定するのは矛盾で

ある。

② 予算の配分は、財政政策によりいかようにも定めうるわけではなく、生存権を保障する憲法原理によって制約されると考えるべきである。

③ 憲法25条1項が「権利」と明記している。

《B1説》　抽象的権利説(通説)

生存権は、**法的権利**であるが、国会が生存権を具体化する**法律**を作らないと、憲法25条に基づき直接その違憲性を裁判上で争うことはできず、**生存権を具体化する法律ができて初めて、憲法と一体となって裁判上で争うことができる具体的な権利**となる。 04

> **理由**　憲法25条1項の「健康で文化的な最低限度の生活」の内容は**抽象的**であり、それだけでは裁判の基礎とはならない。

《B2説》　具体的権利説

生存権は、**法的権利**であるが、国会が生存権を具体化する法律を作らなくても、**憲法25条に基づいて直接その違憲性を裁判上で争うことができる具体的権利**である（ただし、憲法25条に基づいて直接具体的な給付請求をすることはできず、生存権を具体化する法律がない場合に、**立法不作為の違憲確認訴訟を提起**することができるにとどまる）。 05

> **理由**　憲法25条1項の権利内容は、直接行政府を拘束するほどには明確ではないが、立法府を拘束するほどには明確である。

〈語句〉●**立法不作為**とは、国会が特定の法律の制定・改廃を行わないことをいう。また、違憲確認訴訟とは、違憲であることの確認を求める訴訟をいう。

【各学説の内容】

	プログラム規定説	抽象的権利説	具体的権利説
25条1項に基づく給付請求	不可	不可	不可
立法不作為の違憲確認訴訟	不可	不可	可能
具体化立法（既存の法律）の違憲性を争う（例）堀木訴訟	不可	可能	可能
処分（行政が行う生活扶助等）の違法性を争う（例）朝日訴訟	可能	可能	可能

2　生存権　305

3 生存権に関する最高裁判例

生存権に関する最高裁判例としては、①生活扶助の打ち切りが争われた朝日訴訟（最大判昭42.5.24）、②児童扶養手当の併給調整条項が問題となった堀木訴訟（最大判昭57.7.7）、/発展 ③給与所得に係る課税制度による源泉徴収が問題となった総評サラリーマン税金訴訟（最判平1.2.7）、/発展 ④学生無年金訴訟（最判平19.10.9）、/発展 ⑤老齢加算廃止訴訟（最判平24.2.28）、/発展 ⑥生活保護費の減額処分が争われた中嶋学資保険訴訟（最判平16.3.16）、⑦社会保障上の施策における在留外国人の処遇が争われた塩見訴訟（最判平1.3.2）がある。

判例 朝日訴訟（最大判昭42.5.24）☆ 行政府の裁量

〈事案〉

朝日氏は、生活保護法により医療扶助・生活扶助を受けていたが、❶その後昭和31年頃実兄から毎月仕送りを受けるようになった。❷そのため福祉事務所では、生活扶助を打ち切り、仕送りを医療費の一部として自己負担するよう朝日氏に通告した。そこで、朝日氏は当時生活費が600円では憲法25条1項にいう「健康で文化的な最低限度の生活」を営めないとして生活扶助を続けてくれるよう訴えた。最高裁判所への上告後に朝日氏が死亡したため、その相続人らが訴訟を続けた。

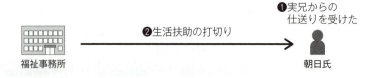

〈判旨〉

● 1 生存権は具体的権利として保障されているか（法的性格）

▶ 国民に対して具体的権利を付与したものではない。

理由 憲法25条1項は、すべての国民が健康で文化的な最低限度の生活を営みうるよう国政を運営すべきことを、国の責務として宣言したにとどまり、06

結論 直接個々の国民に対して具体的権利を付与したものではない。具体的権利としては、憲法の規定の趣旨を実現するために制定された生活保護法によって、はじめて与えられているというべきである。06 07　具体的権利説をとっていない

● 2 厚生大臣が設定する生活保護基準に対する司法審査（裁判所による裁判）の可否

▶ ①直ちに違法の問題は生じない。②裁量権の逸脱・濫用があれば司法審査の対象になる。

| 理由 | 健康で文化的な最低限度の生活なるものは、抽象的な相対的概念であり、その具体的内容は、文化の発達、国民経済の進展に伴って向上するのはもとより、多数の不確定的要素を総合考量してはじめて決定できるものである。

| 結論 | ① したがって、何が健康で文化的な最低限度の生活であるかの認定判断は、いちおう、厚生大臣の合目的的な裁量に委されており、その判断は、当不当の問題として政府の政治責任が問われることはあっても、直ちに違法の問題を生ずることはない。 適法

② ただ、現実の生活条件を無視して著しく低い基準を設定する等憲法および生活保護法の趣旨・目的に反し、法律によって与えられた裁量権の限界をこえた場合または裁量権を濫用した場合には、違法な行為として司法審査の対象となることをまぬかれない。 07

● 3 本件では厚生大臣の認定判断が違法となるか

▶ 違法とはならない(適法)。

| 結論 | 原判決(東京高判昭38.11.4)の確定した事実関係の下においては、本件の厚生大臣の認定判断は、与えられた裁量権の限界をこえまたは裁量権を濫用した違法があるものとはとうてい断定することができない。

〈解説〉 ① 法的性格における判例の立場については、プログラム規定説であるとする評価と、抽象的権利説であるとする評価に分かれている。

② 発展 判例は、生活保護法に基づく保護受給権は、被保護者個人に与えられた一身専属の権利であって、これを譲渡し得ないし、相続の対象ともなり得ないとしている。

判例 堀木訴訟(最大判昭57.7.7) 立法府の裁量

〈事案〉

❶全盲の視力障害者で障害福祉年金を受けていた堀木氏は、離婚後2人の子どもを育てていた。このとき、さらに児童扶養手当を請求したところ、❷児童扶養手当法には年金との併給を禁止する規定がおかれていたためにその請求が退けられた。そこで、堀木氏は併給調整条項は憲法25条違反であると主張した。

役所

❶障害福祉年金支給 →
❷児童扶養手当は併給調整条項により不可 →

堀木氏

〈判旨〉

● 1 憲法25条 1 項と2項の内容は　📎発展

■▶ **憲法25条 1 項は国に対する義務を規定したものではなく、2項は社会的立法などの創造拡充を国の責務としたものである。**

結論 　同条 1 項は、国が個々の国民に対して具体的・現実的に右のような義務（すべての国民が健康で文化的な最低限度の生活を営み得るように国政を運営すべき義務）を有することを規定したものではなく、同条2項によって国の責務であるとされている社会的立法及び社会的施設の創造拡充により個々の国民の具体的・現実的な生活権が設定充実されてゆくものであると解すべきことは、すでに当裁判所の判例とするところである（最大判昭23.9.29参照）。 **Ａ**

● 2 憲法25条に基づく国会の立法措置に対する司法審査の可否は

■▶ **裁量権の逸脱・濫用に当たる場合を除き司法審査の対象にならない。**

理由 　憲法25条の規定にいう「健康で文化的な最低限度の生活」なるものは、きわめて抽象的・相対的な概念であって、多方面にわたる複雑多様な、しかも高度の専門技術的な考察とそれに基づいた政策的判断を必要とするものである。

結論 　したがって、憲法25条の規定の趣旨にこたえて具体的にどのような立法措置を講ずるかの選択決定は、立法府の広い裁量にゆだねられており、それが著しく合理性を欠き明らかに裁量の逸脱・濫用と見ざるをえないような場合を除き、裁判所が審査判断するのに適しない事柄であるといわなければならない。 **08**

● 3 併給調整条項は憲法25条に違反しないか　P.108

■▶ **違反しない（合憲）。**

理由 　① 　社会保障法制上、同一人に同一の性格を有する二以上の公的年金が支給される場合について、社会保障給付の全般的公平を図るため公的年金相互間における併給調整を行うかどうかは、立法府の裁量の範囲に属する事柄と見るべきである。 **09**
　　　　② 　また、この種の立法における給付額の決定も、立法政策上の裁量事項であり、 **09**

結論 　それが低額であるからといって当然に憲法25条違反に結びつくものということはできない。 **09**

判例　塩見訴訟（最判平1.3.2）

● 第1章 **2** 節 **④** 「外国人」参照。 **10**

4 環境権 /発展

⇒第2章 1 節「生命、自由及び幸福追求の権利」参照。

重要事項 一問一答

01 生存権の法的性質におけるプログラム規定説とは?

憲法25条は、国民の生存を国が確保すべき政治的・道義的目標を定めたにすぎず、個々の国民に対して、憲法25条に基づく具体的権利を保障したものではないとする立場のこと。

02 生存権の法的性質における抽象的権利説とは?

生存権は、法的権利であるが、国会が生存権を具体化する法律を作らないと、憲法25条に基づき直接その違憲性を裁判上で主張することはできず、生存権を具体化する法律ができて初めて、憲法と一体となって具体的な権利となるとする立場のこと。

03 生存権の法的性質における具体的権利説とは?

生存権は、法的権利であるが、国会が生存権を具体化する法律を作らなくても、憲法25条に基づいて直接その違憲性を裁判上で争うことができる具体的権利であるとする立場のこと。

04 生存権の法的性質についての判例の立場は?

プログラム規定説であるとする評価と、抽象的権利説であるとする評価に分かれている。

05 厚生大臣(当時)が設定する生活保護基準に対する司法審査は?

①直ちに違法の問題は生じない。②裁量権の逸脱・濫用があれば司法審査の対象になる。

06 憲法25条に基づく国会の立法措置に対する司法審査の可否は?

著しく合理性を欠き明らかに裁量の逸脱・濫用と見ざるをえないような場合を除き、裁判所が審査判断するのに適しない事柄である。

07 障害福祉年金と児童扶養手当の併給調整条項の合憲性は?

合憲である。

過去問チェック

01 判例、通説に照らすと、生存権には、社会権的側面があるが、国民が自らの手で健康で文化的な最低限度の生活を維持する自由を有し、国家はそれを阻害してはならないという自由権的側面が認められることはない。

×(区2015改題)「自由権的側面が認められることはない」が誤り。

02 憲法25条1項は、国民の生存を確保すべき政治的・道義的義務を国に課したにとどまり、個々の国民に対して具体的権利を保障したものではないという見解を

2 生存権 **309**

前提にしても、健康で文化的な最低限度の生活を積極的に侵害するような国の具体的措置については違憲無効を主張しうる。

○（裁2009改題）

[03] プログラム規定説は、憲法の生存権の規定は、国民の生存を確保すべき政治的・道義的義務を国に課したにとどまらず、個々の国民に対して法的権利を保障したものである。

×（区2015）「にとどまらず、個々の国民に対して法的権利を保障したものである」が誤り。

[04] 抽象的権利説は、憲法の規定は、国家に対して立法その他の措置を通じて生存権を実現すべき法的義務を課しているので、直接憲法の規定を根拠に、裁判所に対し国家の立法の不作為の違憲性を争うことも、生存権を具体化する法律の存在を前提として憲法違反を主張することも許されないとしたものである。

×（区2015）「生存権を具体化する法律の存在を前提として憲法違反を主張することも」が誤り。

[05] 具体的権利説は、憲法の生存権の規定に具体的権利性を認めたもので、それを実現する法律が存在しない場合には、立法不作為の違憲確認訴訟を提起することができるとするものである。

○（区2008）

[06] 最高裁判所の判例では、憲法の生存権の規定は、すべての国民が健康で文化的な最低限度の生活を営み得るように国政を運営すべきことを国の責務として宣言したにとどまらず、直接個々の国民に対して具体的権利を賦与したものであるとした。

×（区2008）「直接個々の国民に対して具体的権利を賦与したものであるとした」が誤り。

[07] 生存権について規定する憲法第25条は、国民の生存を確保すべき政治的・道義的義務を国に課したにとどまらず、個々の国民に対し具体的な権利を直接賦与したものであり、厚生労働大臣の定める生活保護基準が最低限度の生活水準を維持する程度の保護に欠ける場合には、憲法第25条に違反する。

×（税2009）全体が誤り。

[08] 憲法25条の規定の趣旨にこたえて具体的にどのような立法措置を講ずるかの選択決定は、立法府の広い裁量にゆだねられており、それが著しく合理性を欠き明らかに裁量の逸脱・濫用に該当するか否かの点についても、裁判所が審査判断する

のに適しない。

×（裁2016）「それが著しく合理性を欠き明らかに裁量の逸脱・濫用に該当するか否かの点について
も、裁判所が審査判断するのに適しない」が誤り。

09 社会保障法制上、同一人に同一の性格を有する2以上の公的年金が支給され
ることとなるべき場合において、社会保障給付の全般的公平を図るため公的年金相
互間における併給調整を行うかどうかは、立法府の裁量の範囲に属する事柄と見る
べきであり、また、この種の立法における給付額の決定も、立法政策上の裁量事項
であり、その給付額が低額であるからといって当然に憲法第25条に違反するもの
ではないとするのが判例である。

○（国般2012）

10 障害福祉年金の給付に関し、自国民を在留外国人に優先させて在留外国人を
支給対象者から除くことは、法の下の平等を規定した憲法第14条、生存権を保障
した憲法第25条に違反し許されないとするのが判例である。

×（労2001）「法の下の平等を規定した憲法第14条、生存権を保障した憲法第25条に違反し許され
ないとするのが判例である」が誤り。

A 憲法第25条第1項は、国が個々の国民に対して具体的・現実的にすべての国
民が健康で文化的な最低限度の生活を営み得るよう国政を運営すべき義務を有する
ことを規定したものではなく、同条第2項によって国の責務であるとされている社
会的立法及び社会的施設の創造拡充により個々の国民の具体的・現実的な生活権が
設定充実されていくものであると解すべきであるとするのが判例である。

○（国般2003）

2　生存権　311

国般★★★／国専★★★／裁判所★★★／特別区★★★／地上★★★

3 教育を受ける権利

教育を受ける権利は、学問の自由と併せて出題されることが多くなっています。

1 教育を受ける権利（1項）

1 総説

第26条【教育を受ける権利】
① すべて国民は、法律の定めるところにより、その能力に応じて、ひとしく教育を受ける権利を有する。

（教育の機会均等）

意義 憲法26条1項は、国民が、自らの能力に応じて、等しく教育を受ける権利を有する旨を規定している。同条項の規定の背後には、後述する学習権が存在する。

趣旨 教育を受けることにより、自らの人格を形成し、また、将来の職業を含めて社会生活に対応できる能力を形成することができる。

2 法的性格 〔発展〕

①国の介入、統制を加えられることなく教育を受けることができるという**自由権**としての側面と、②国に対して教育制度と施設を通じた適切な教育の場を提供することを要求するという**社会権**としての側面をもつ。 A

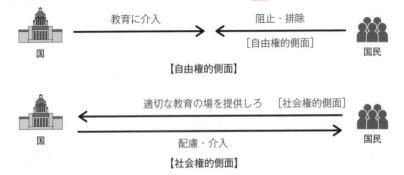

312　第5章　基本的人権Ⅴ

3 「能力に応じて」「ひとしく」

意義 「**能力に応じて**」とは、**教育を受ける能力に応じてという意味**である。障害のある者についても、その発達の態様に適合する教育が保障されなければならない。

意義 「**ひとしく**」とは、**差別なくという意味**である。教育の機会均等が要求され、人種、信条、性別、社会的身分、経済的地位又は門地によって、教育上差別されない(教育基本法4条1項)。

したがって、**各人の適性や能力の違いに応じて異なった内容の教育をすることは許される**。01

第5章 社会権

4 学習権

教育を受ける権利は、**国民各自の学習権**(特に**子ども**の**学習権**)を保障したものと考えられている。02

判例 旭川学力テスト事件(最大判昭51.5.21)

〈事案〉

●第3章4節2項「学問の自由の内容」参照。

〈判旨〉

● **憲法26条の教育を受ける権利の背後にあるものは**

➡**学習権が背後にある。**

結論 憲法26条の背後には、**国民各自が**、一個の人間として、また、一市民として、成長、発達し、自己の人格を完成、実現するために**必要な学習をする固有の権利を有すること**、**特に、みずから学習することのできない子どもは、その学習要求を充足するための教育を自己に施すことを大人一般に対して要求する権利を有する**との観念が存在していると考えられる。02

換言すれば、子どもの教育は、教育を施す者の支配的権能ではなく、何よりもまず、子どもの学習をする権利に対応し、その充足をはかりうる立場にある者の責務に属するものとしてとらえられているのである。

5 教育権の所在

教育内容について国が関与したり決定することができるのかという問題から、教

育権の所在が問題となる。この点については、教育内容については、国が決定することができるとする**国家教育権説**と、親および教師を中心とする国民全体であるとする**国民教育権説**があるが、判例・通説は、**教育権は、国と国民の両方にあるとする見解を採用している。**（中間説）

問題点　教育内容の決定権はどこにあるのか。✎**発展**

《A説》　国家教育権説

国家が教育内容を決定する。 B

理由　子どもの教育は、親を含む国民全体の共通関心事であり、公教育制度は、このような国民の期待と要求に応じて形成、実施されるものであって、そこにおいて支配し、実現されるべきものは国民全体の教育意思であるが、その教育意思は、憲法の採用する議会制民主主義の下においては、国会の法律制定を通じて具体化されるべきである。

《B説》　国民教育権説

親を中心とする国民全体が決定する。 C

理由　子どもの教育は、憲法26条の保障する子どもの教育を受ける権利に対する責務として行われるべきもので、そのような責務を担う者は、親を中心とする国民全体である。

《C説》　折衷説（判例・通説）

教師に一定の範囲で教授の自由が認められると同時に、国の側も一定の範囲で教育権を有する。 D

理由　憲法26条は、子どもの教育の内容及び方法を誰がいかにして決定するべきかという問題について直接一義的に決定しているとは解せない。この問題の憲法の次元における解釈としては、教師、親、国といった関係者らそれぞれのよって立つ憲法上の根拠に照らして各主張の妥当する範囲を画するべきである。

【判例による教育権の主体と内容】

主体	教育権の内容
教師	一定の範囲における教授の自由が保障される。具体的には、児童の能力に応じた具体的な教え方の決定、日々の個別指導等
親	家庭教育等学校外における教育や学校選択の自由
国	必要かつ相当と認められる範囲における決定権がある。具体的には、教育制度や施設の整備、教科書検定、学習指導要領の決定 決定権なし　　　必要かつ相当　　　包括的決定権 0%　　　　　　　　　　　　　　100%

314　第5章　基本的人権Ⅴ

| 判例 | 旭川学力テスト事件（最大判昭51.5.21） P.166

〈事案〉

●第3章 **4**節 **2**項「学問の自由の内容」参照。

〈判旨〉

● 1　普通教育の教師の教育権（教授の自由）の範囲は

▐▐▐▶ **一定範囲の教授の自由は保障されている。**

| 理由 | 　　知識の伝達と能力の開発を主とする**普通教育の場**においても、例えば、教師が公権力によって特定の意見のみを教授することを強制されないという意味において、また、子どもの教育が教師と子どもとの間の直接の人格的接触を通じ、その個性に応じて行わなければならないという本質的な要請に照らし、教授の具体的内容及び方法につきある程度自由な裁量が認められなければならないという意味においては、

| 結論 | 　　一定の範囲における**教授の自由**が保障されるべきことを肯定できないではない（普通教育における教師に完全な教授の自由を認めることは、とうてい許されない）。 **03**

● 2　親の教育の自由はどこにあらわれるか

▐▐▐▶ **学校外の教育や学校選択の自由にあらわれる。**

| 理由 | 　　親は、子どもに対する自然的関係により、子どもの将来に対して最も深い関心をもち、かつ、配慮をすべき立場にある者として、**子どもの教育に対する一定の支配権**、すなわち**子女の教育の自由**を有すると認められるが、 **04**

| 結論 | 　　このような親の教育の自由は、主として**家庭教育等学校外における教育**や**学校選択の自由**にあらわれるものと考えられる。 **04**

● 3　国の教育権の範囲は

▐▐▐▶ **必要かつ相当な範囲で教育内容の決定権を有する。**

| 理由 | 　　①一般に社会公共的な問題について国民全体の意思を組織的に決定、実現すべき立場にある国は、国政の一部として広く適切な教育政策を樹立、実施すべく、また、しうる者として、②憲法上は、あるいは子ども自身の利益の擁護のため、あるいは子どもの成長に対する社会公共の利益と関心にこたえるため、

| 結論 | 　　**必要かつ相当**と認められる範囲において、**教育内容についてもこれを決定する権能を有する**ものと解さざるをえず、これを否定すべき理由ないし根拠は、どこにもみいだせないのである。 **05**

3　教育を受ける権利　315

> **判例** 伝習館高校事件（最判平2.1.18）

〈事案〉

福岡県立伝習館高校で社会科を担当していた教師が、❶学校新聞に掲載した内容が学習指導要領に違反し、定められた教科書を使用しなかったこと等を理由として、❷教育委員会より懲戒免職処分を受けた。教師は処分の取消しを求めて争った。

教育委員会　──❷懲戒免職処分──▶　教師

❶学校新聞に掲載した内容が学習指導要領に違反、定められた教科書を使用しなかった

〈判旨〉

● 1　学習指導要領に法規としての性質が認められるか、法規とすることが憲法26条に違反しないか

〔情報の自由を制約する根拠〕

▶ **法規の性質**が認められる。法規としても憲法26条に違反しない（合憲）。

結論　高等学校学習指導要領（昭和35年文部省告示第94号）は**法規**としての性質を有するとした原審の判断は、正当として是認することができ、学習指導要領の性質をそのように解することが憲法23条、26条に違反するものでない。 06

● 2　教師に教科書の使用義務があるのか、使用義務は憲法26条に違反しないか

▶ **使用義務がある。使用義務は憲法26条に違反しない（合憲）**。

結論　学校教育法51条により高等学校に準用される同法21条が高等学校における教科書使用義務を定めたものであるとした原審の判断は、正当として是認することができ、当該規定をそのように解することが憲法26条、教育基本法10条に違反するものでない。 07

〈解説〉　本判決は、教科書使用義務等に違反したことを理由とする高校教諭に対する懲戒免職処分を、有効と判断した。 06

2 教育を受けさせる義務（2項前段）

> **第26条【教育を受ける権利、教育の義務】**
> ② すべて国民は、法律の定めるところにより、その保護する子女に普通教育を受けさせる義務を負ふ。義務教育は、これを無償とする。

意義 　教育を受けさせる義務とは、保護者が、その保護する子どもに普通教育を受けさせる義務のことをいう。 08

趣旨 　憲法26条1項の「教育を受ける権利」の実質化のために、成長途上にある子どもに普通教育を受けさせる国民（保護者）の義務を定めた。

〈解説〉 　保護者は、保護する子どもに9年の普通教育を受けさせる義務を負う。やむを得ない事由がないにもかかわらず学校に通わせないと法律により罰せられる。

3 義務教育の無償（2項後段）

　憲法26条2項は、「義務教育は、これを無償とする」とするが、ここで無償とは、授業料不徴収の意味である（最大判昭39.2.26）。憲法上、教科書や学用品等の費用が無償であることは保障されないが、現在は、法律により義務教育用の教科書は無償とされている。 09

重要事項 一問一答

01 教育を受ける権利の内容は？
学習権（国民各自が成長発展し、人格の完成に必要な学習をする権利）

02 普通教育の教師に教授の自由が保障されるのか？
憲法23条により一定の範囲で保障される。

03 親の教育の自由はどこにあらわれる？
家庭教育等学校外における教育や学校選択の自由にあらわれる。

04 国の教育内容の決定権は？
必要かつ相当と認められる範囲において、子どもの教育内容を決定することができる。

05 義務教育無償の範囲は？
授業料に限られる。

過去問チェック

01 憲法第26条第1項は「ひとしく教育を受ける権利を有する。」と規定し、教育基本法第4条第1項も「人種、信条、性別、社会的身分、経済的地位又は門地によつて、教育上差別されない。」と定めているから、教育を受ける子どもの適性や能力の違いに応じて異なった内容の教育をすることは許されない。

× (国般2003改題)「教育を受ける子どもの適性や能力の違いに応じて異なった内容の教育をすることは許されない」が誤り。

02 憲法第26条の規定の背後には、国民各自が、成長し、発達し、自己の人格を完成、実現するために必要な学習をする固有の権利を有すること、特に、自ら学習することのできない子供は、その学習要求を充足するための教育を自己に施すことを大人一般に対して要求する権利を有するとの観念が存在すると考えられる。

○ (国般2016)

03 教師の教育の自由については、憲法第23条が保障する学問の自由から導き出されるものであるが、子どもの教育は、教師と子どもとの間の直接の人格的接触を通じ、子どもの個性に応じて弾力的に行わなければならないという教育の本質的要請に照らせば、知識の伝達と能力の開発を主とする普通教育の場においても、大学における教授の自由と同程度の教授の自由が認められる。

× (国般2009)「大学における教授の自由と同程度の教授の自由が認められる」が誤り。

04 親は、子供に対する自然的関係により、子供の将来に対して最も深い関心を持ち、かつ、配慮をすべき立場にある者として、子供の教育に対する一定の支配権、すなわち子女の教育の自由を有すると認められるが、このような親の教育の自由は、主として家庭教育等学校外における教育や学校選択の自由にあらわれる。

○ (国般2014)

05 憲法の採用する議会制民主主義の下においては、国は、法律で、当然に、公教育における教育の内容及び方法についても包括的にこれを定めることができ、また、教育行政機関も、法律の授権に基づく限り、広くこれらの事項について決定権限を有する。

× (国般2014) 全体が誤り。

06 最高裁判所の判例に照らすと、学習指導要領に定められた内容を逸脱した授

318　第5章　基本的人権V

業等をし、所定の教科書を使用しなかった教師が懲戒処分を受けたことについて、学習指導要領の法的拘束力を認めず、教師の行為は裁量の範囲内であるとして、当該懲戒処分は妥当ではない。

× (区2008改題)「学習指導要領の法的拘束力を認めず、教師の行為は裁量の範囲内であるとして、当該懲戒処分は妥当ではない」が誤り。

07 最高裁判所の判例では、教科書の決定は教師の教育の自由に属するので、高等学校の教師は所定の教科書を使用する義務がないとした。

× (区2004改題) 全体が誤り。

08 すべて国民は、その保護する子女に普通教育を受けさせる義務を負い、普通教育は子女の人格の完成に不可欠であることから、子女には、義務教育を受ける義務が課せられている。

× (区2012)「義務教育を受ける義務が課せられている」が誤り。

09 憲法は、子女の保護者に対して普通教育を受けさせる義務を定めていることから、憲法の義務教育を無償とする規定は、教育の対価たる授業料及び教科書その他教育に必要な費用を無償としなければならないことを定めたものと解すべきである。

× (国般2016)「及び教科書その他教育に必要な費用」が誤り。

A 教育を受ける権利は、国の介入、統制を加えられることなく教育を受けることができるという自由権としての側面と、国に対して教育制度の整備とそこでの適切な教育を要求するという社会権としての側面をもつ。

○ (区2012)

B 子どもの教育は、親を含む国民全体の共通関心事であり、公教育制度は、このような国民の期待と要求に応じて形成、実施されるものであって、そこにおいて支配し、実現されるべきものは国民全体の教育意思であるが、その教育意思は、国会の法律制定を通じて具体化されるべきであるとの見解は、日本国憲法が議会制民主主義を採用していることを根拠の1つとする。

○ (裁2016改題)

C 最高裁判所の判例は、子どもの教育の内容を決定する権能の所在について、子どもの教育は、憲法26条の保障する子どもの教育を受ける権利に対する責務と

第5章
社会権

3 教育を受ける権利 319

して行われるべきもので、そのような責務を担う者は、親を中心とする国民全体であるとの見解を採用している。

× (裁2016改題)「親を中心とする国民全体であるとの見解を採用している」が誤り。

D 子どもの教育の内容及び方法を誰がいかにして決定するべきかという問題についての憲法の次元における解釈としては、親、教師、国といった関係者らそれぞれのよって立つ憲法上の根拠に照らして各主張の妥当すべき範囲を画する必要があるとする見解は、親、教師及び国のいずれにも、子どもの学習をする権利を充足させる責務があるが、憲法26条は、教育の内容及び方法について誰がいかにして決定するべきであるかについて直接一義的には決定していないとの理解を前提としている。

○ (裁2016改題)

国般★★★／国専★★★／裁判所★★★／特別区★★★／地上★★★

4 勤労の権利 /発展

勤労の権利は、一部の試験種のみのマイナー分野となります。

1 勤労の権利及び義務（1項）

第27条【勤労の権利及び義務】
① すべて国民は、勤労の権利を有し、義務を負ふ。

意義 本条は、国民に**勤労の権利**があるとともに**勤労の義務**があることを規定した。

趣旨 国は、国民に労働の機会を与え、それができないときは失業保険その他の対策を講じる政治的・道義的義務を負うとしたもので、国民に具体的な権利を認めたものではないと解されている。 A

2 勤労条件の基準（2項）

第27条【勤労条件の基準】
② 賃金、就業時間、休息その他の勤労条件に関する基準は、法律でこれを定める。

意義 本条は、**勤労条件に関する基準は、法律で定める**ことを規定した。労働基準法、最低賃金法、労働安全衛生法などが挙げられる。

趣旨 勤労条件は、本来使用者と勤労者との契約により定まるものであるが、経済的弱者である勤労者が不利な条件で契約を締結させられてきた。そこで、国が経済的弱者たる勤労者の保護のため、立法により、労使間の契約に介入し、労働条件の基準を定めることによって**契約自由の原則を修正**する。したがって、これらの法律の基準を下回ったものは有効とはならない。 B

4 勤労の権利　321

3 児童酷使の禁止（3項）

第27条【児童酷使の禁止】
③ 児童は、これを酷使してはならない。

意義 本条は、児童について、酷使することを禁止している。本条は、私人間にも直接適用される。

趣旨 歴史的に児童労働の害悪は認識されていたものの、その保護が不十分であったことから、条文として規定された。

過去問チェック

A 通説に照らすと、日本国憲法における勤労の権利とは、労働機会の提供について国に政治的な義務を課すとともに、国に対して完全な就労の保障を要求する具体的な権利を国民に認めたものである。

×（区2007改題）「国に対して完全な就労の保障を要求する具体的な権利を国民に認めたものである」が誤り。

B 賃金、就業時間、休息その他の勤労条件に関する最低限の基準は、法律で定めるものとされているが、個々の労働契約でその基準を下回った勤労条件を定めた場合でも、契約自由の原則により当該労働契約はすべて有効である。

×（区2007）「契約自由の原則により当該労働契約はすべて有効である」が誤り。

322 第5章 基本的人権Ⅴ

国般★★☆／国専★★★／裁判所★★★／特別区★★☆／地上★★★

5 労働基本権

本節では、労働基本権を扱います。勤労者に保障された権利であること、私人間にも直接適用される人権であることが特徴です。公務員の労働基本権の制限についてもここで学習します。

1 総説

1 労働基本権

第28条【勤労者の労働基本権】
勤労者の団結する権利及び団体交渉その他の団体行動をする権利は、これを保障する。

意義 憲法28条は、勤労者の労働基本権(団結権・団体交渉権・団体行動権)を保障した。労働基本権は「労働三権」とも呼ばれている。

趣旨 近代私法の原則である契約自由が全面的に妥当している場合には、現実の労使間の力の差のために、労働者は使用者に対して不利な立場に立たざるをえない。労働基本権の保障は、憲法25条の定める生存権の保障を基本理念として、劣位にある労働者を団結し、団体行動をすることで使用者と対等の立場に立たせようとした。 01

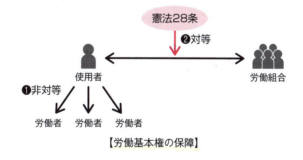

【労働基本権の保障】

2 「勤労者」とは

意義 勤労者とは、労働組合法上の「労働者」のことを指し、職業の種類を問わず、賃金、給料その他これに準ずる収入によって生活する者のことである(労働組合法3条)。 02

問題点 私企業(民間企業)の労働者は勤労者に含まれるが、公務員や現に職業をもたない失業者は勤労者に含まれるか。

結論 公務員や現に職業をもたない失業者も勤労者に含まれる。勤労者に含まれない者として、自己の計算で業を営む者(自営農民など)が挙げられる。 02 03

理由 公務員や失業者も自己の労務の提供により生活資金を得ているか、又は得ようとしている点で、賃金・給料に準じる収入によって生活しているといえるからである。

2 労働基本権の基本的性格(権利の側面)

1 自由権としての性格(主に刑罰権からの自由という側面)

国家は、団結や争議行為を制限する立法措置を講じるなど労働基本権を侵害する行為をしてはならず、また、正当な団体交渉や争議行為を刑事制裁の対象としてはならない(刑事免責)(労働組合法1条2項参照)。その意味で自由権としての性格をもつ。 04 11

【自由権としての性格】

2 社会権としての性格(立法等の措置を国に要求する権利という側面)

労働基本権の保障を確実にするために、国には立法その他による積極的措置を講じる義務が課せられ、勤労者はその措置を国に対して要求する権利を有する(労働組合法が不当労働行為について定め、労働委員会による救済を用意しているのはこの趣旨である)。その意味で社会権としての性格をもつ。 04

←適切な措置をとれ→
国　　配慮・介入（労働委員会による救済など）　　組合

【社会権としての性格】

3 使用者に対する民事上の権利（私人間適用）

　私人間（使用者と労働者間）において労働基本権を侵害する契約、事実行為による侵害は違法となり、また、正当な争議行為に対しては債務不履行責任や不法行為責任を負わない（民事免責）（労働組合法 8 条参照）※。 11

　その意味で憲法28条は私人間適用が肯定される。 05　※ 事実行為や債務不履行責任、不法行為責任については民法で学習する。

直接適用

【私人間適用】

3 労働基本権の内容

　労働基本権には、団結権、団体交渉権、団体行動権が含まれる。

1 団結権

意義　団結権とは、労働条件の維持改善のために交渉する団体を作る権利である。主な団体は労働組合である。 06

① ユニオン・ショップ協定（加入強制）

意義　ユニオン・ショップ協定とは、使用者は、組合員であるかどうかにかかわりなく労働者を採用できるが、採用した後は、一定期間内に労働組合に加入しない労働者や組合員資格を失った労働者を解雇しなければならないとする使用者と労働組合との間の合意のことである。

問題点　ユニオン・ショップ協定は、団結しない自由の侵害とならないか。

結論　団結しない自由の侵害とならない（合憲）。ただし、①協定の締結組合以外の他の労働組合に加入している者や、②締結組合から脱退し又は除名されたが他の労働組合に加入し又は新たな労働組合を結成した者について、使

用者の解雇義務を定める部分は、民法90条の規定により無効と解すべきである(最判平1.12.14、三井倉庫港運事件)。 07

理由 ①　労働組合の立場を強化するため、組織強制(加入強制など)を認める必要性がある。
②　しかし、労働者の組合選択の自由及び他の労働組合の団結権を侵害することは許されない。

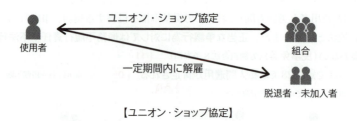

【ユニオン・ショップ協定】

②　労働組合の統制権

意義　労働組合の統制権とは、労働組合が、組合員の行動について一定の規制を加えることができる権利のことである(最大判昭43.12.4、三井美唄労組事件)。

趣旨　労働組合の統一と一体化を図り、その団結力の強化を図る。

労働組合の統制権の行使が問題となった判例が2つある。

| 判例 | 三井美唄労組事件（最大判昭43.12.4）

〈事案〉

市議会議員選挙の際、❶組合として統一候補者を組合員Aに決定したところ、❷独自に立候補を表明した組合員Bがいたため、票が割れるのをおそれた組合役員が、❸Bに対して1年間組合員の権利を停止する通告したため、それが、選挙に関し、組合との特殊な利害関係を利用して威迫したものであるとして、公職選挙法225条3号違反を理由に起訴された。

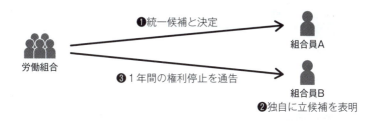

〈判旨〉

● 統制権の行使として立候補をした組合員を処分することが許されるのか

▶ 統制権の限界を超えるので許されない。

| 理由 | 憲法28条による労働者の団結権保障の効果として、労働組合は、その目的を達成するために必要であり、かつ、合理的な範囲内において、その組合員に対する統制権を有する。

| 結論 | ① 統一候補以外の組合員で立候補しようとする者に対し、組合が所期の目的を達成するために、立候補を思いとどまるよう、勧告または説得をすることは、組合としても、当然なし得るところである。 08
② しかし、当該組合員に対し、勧告または、説得の域を超え、立候補を取りやめることを要求し、これに従わないことを理由に当該組合員を統制違反者として処分するがごときは、組合の統制権の限界を超えるものとして、違法といわなければならない。 08

判例　国労広島地本事件（最判昭50.11.28）

〈事案〉

国鉄労働組合は、広島地方本部を脱退した元組合員に対して、❶未納の一般組合費と臨時組合費の支払いを請求した。臨時組合費の内訳として、安保反対闘争を実施するための資金（安保資金）や、安保反対闘争に参加して不利益な処分を受けた組合員を援助・救援するための資金（救援資金）が含まれていた。

　❶未納の一般組合費・臨時組合費の請求　
組合　　　　　　　　　　　　　　　　　　　　　元組合員

〈判旨〉

● 1　安保資金のために組合費の支払いを強制することが許されるのか

▶ 安保資金のために組合費の支払いを強制することは許されない。

理由　いわゆる安保反対闘争のような活動は、直接的には国の安全や外交等の国民的関心事に関する政策上の問題を対象とする活動であり、このような政治的要求に賛成するか反対するかは、本来、各人が国民の一人としての立場において自己の個人的かつ自主的な思想、見解、判断等に基づいて決定すべきことであるから、

結論　それについて組合の多数決をもって組合員を拘束し、その協力を強制することを認めるべきではない。09

● 2　救援資金のために組合費の支払いを強制することが許されるのか

▶ 救援資金のために組合費の支払いを強制することは許される。

理由
① 労働組合が共済活動として行う救援の主眼は、組織の維持強化を図るために、被処分者の受けている生活その他の面での不利益の回復を経済的に援助してやることにあり、
② 救援費用を拠出することが直ちに処分の原因たる政治的活動に積極的に協力することになるものではなく、また、その活動のよって立つ一定の政治的立場に対する支持を表明することになるものでもないというべきである。
③ したがって、その拠出を強制しても、**組合員個人の政治的思想、見解、判断等に関係する程度は極めて軽微なもの**であって、

結論　このような救援資金については、先に述べた政治的活動を直接の目的とする資金とは異なり、組合の徴収決議に対する組合員の協力義務を肯定することが相当である。09

2 ▶ 団体交渉権

意義 **団体交渉権**とは、労働者の団体が使用者と労働条件について交渉する権利である。 10

勤労者以外の団体や個人の集合にすぎないものについてまで団体交渉権の保障は及ばない。

3 ▶ 団体行動権 (争議権が中心)

意義 **団体行動権**とは、労働者の団体(労働組合など)が労働条件の実現を図るために団体として行動をする権利である。その中心は、同盟罷業(ストライキ)、怠業(サボタージュ)などの争議行為をする**争議権**である。

労働者の団体が行う正当な争議行為は、憲法の保障する権利の行使にほかならないから、民事上の債務不履行責任や不法行為責任を問われることはなく、刑事罰の対象ともならない(労働組合法1条2項、8条参照)。 11

① 政治スト

意義 **政治スト**とは、労働条件の改善等のためではなく、政治的目的のために行われる争議行為をいう。

問題点 政治ストは、争議権の行使として認められるのか。

結論 私企業の労働者たると、公務員を含むその他の勤労者たるとを問わず、使用者に対する経済的地位の向上の要請とは直接関係があるとはいえない政治的目的のために争議行為は、憲法28条の保障とは無関係なものというべきである(最大判昭48.4.25、全農林警職法事件)。 12 憲法21条(表現の自由)では保障障

理由 労働者の経済的地位の向上を目的として認められている争議権を政治的主張貫徹のための手段として使用できる特権をもつとはいえない。

② 生産管理

意義 **生産管理**とは、労働者が工場などの生産手段を乗っ取って自ら経営することをいう。

問題点 生産管理は争議権の行使として認められるのか。

結論 争議権の行使として**認められない**(最大判昭25.11.15、山田鋼業所事件)。 13

理由 企業の経営、生産行程の指揮命令は、資本家又はその代理人たる経営担当者の権限に属する。

4 公務員に対する労働基本権の制限

1 労働基本権の制限の概要

【現行法上の労働基本権の制限】

	警察官、消防職員、海上保安庁・刑事施設に勤務する職員、自衛隊員	非現業の国家公務員、非現業の地方公務員（地方公営企業以外の職員）	現業の国家公務員、現業の地方公務員（地方公営企業職員）
団結権	否定 14	肯定	肯定
団体交渉権	否定	制限（協約締結不可）15	肯定
争議権	否定	否定	否定 16

〈語句〉●**現業の公務員**とは、国または地方公共団体の業務のうち、非権力的な業務を行う公務員をいい、清掃作業員や調理員などがこれにあたる。

2 争議権の制限

　現行法上、公務員については争議行為が一律に禁止されていることから、争議権の制限についての判例が多い。**現在の判例は、現行法上の公務員の争議権の禁止規定は合憲**であるとしている。

【争議権の制限についての判例の移り変わり】

時期	判例の内容
第1期	公務員が「**全体の奉仕者である**」ことを根拠として、公務員の労働基本権の制限を肯定した。
第2期	公務員といえども「**勤労者**」であり、労働基本権の制限は、**合理性の認められる必要最小限度のもの**でなければならないとした。 *発展* 二重のしぼり論による「あおり」罪（ストライキをあおった罪）の合憲限定解釈をして、地方公務員の争議行為に刑事罰を適用することに一定の制限をかけた。無罪
第3期 （現在）	職務の公共性、勤務条件法定主義、市場抑制力の欠如、代償措置の整備という理由で国家公務員の**争議権の一律禁止は合憲**であるとした。また、**罰則規定の合憲限定解釈を否定**した。有罪

　発展 合憲限定解釈（第10章 4 説 4 項「違憲判決の方法・効力」）の機能は、違憲判断を避けることで法令を救済しつつ、被告人を無罪とすることで被告人を救済する点にある。公務員の争議行為を禁ずる法律の合憲性が問題となった一連の判例で、東

京都教職員組合事件（第2期）ではこの解釈が用いられたが、全農林警職法事件（第3期）では否定された。

判例　全農林警職法事件（最大判昭48.4.25）

〈事案〉

内閣が警職法改正案（警察官職務執行法改正案）を衆議院に提出した際、全農林労組（農林省の労働組合）の幹部が、❶反対運動（政治スト）に参加するよう組合員をそそのかしたので、国家公務員法違反で起訴された。

　❶政治ストに参加するようにそそのかした　

全農林労組　　　　　　　　　　　　　　　　　　　　組合員
幹部

〈判旨〉

● 1　公務員に憲法28条の保障が及ぶのか

▶ 保障が及ぶ（勤労者に該当する）。

理由　公務員は、私企業の労働者とは異なり、使用者との合意によって賃金その他の労働条件が決定される立場にないとはいえ、勤労者として、自己の労務を提供することにより生活の資を得ているものである点において一般の勤労者と異なるところはないから、

結論　憲法28条の労働基本権の保障は公務員に対しても及ぶものと解すべきである。
03　17

● 2　国家公務員による争議行為及びそのあおり行為等の禁止は憲法28条に違反しないか

▶ 違反しない（合憲）。

理由　公務員の従事する職務には公共性がある一方、法律によりその主要な勤務条件が定められ、身分が保障されているほか、適切な代償措置が講じられているのであるから、　　　　　　　　　　　　　人事院勧告

結論　国公法98条5項がかかる公務員の争議行為およびそのあおり行為等を禁止するのは、勤労者をも含めた国民全体の共同利益の見地からするやむをえない制約というべきであって、憲法28条に違反するものではないといわなければならない。

● 3 争議行為禁止への違反に対する罰則規定は憲法18条、28条に違反しないか

▶▶▶ 違反しない（合憲）。

理由 ① 公務員の争議行為の禁止は、憲法に違反することはないのであるから、何人であっても、この禁止を侵す違法な争議行為をあおる等の行為をする者は、違法な争議行為に対する原動力を与える者として、単なる争議参加者にくらべて社会的責任が重いのであり、
② また争議行為の開始ないしはその遂行の原因を作るものであるから、その者に対しとくに処罰の必要性を認めて罰則を設けることは、十分に合理性があるものということができる。

結論 したがって、国公法110条1項17号（罰則規定）は、憲法18条、28条に違反するものとはとうてい考えることができない。 [17]

● 4 争議行為禁止の合憲限定解釈の是非 ／発展

▶▶▶ 合憲限定解釈は是認できない。

理由 不明確な限定解釈は、かえって犯罪構成要件の保障的機能を失わせることとなり、その明確性を要請する憲法31条に違反する疑いすら存するものといわなければならない。

結論 公務員の行なう争議行為のうち、国公法によって違法とされるものとそうでないものとの区別を認め、さらに違法とされる争議行為にも違法性の強いものと弱いものとの区別を立て、あおり行為等の罪として刑事制裁を科されるのはそのうち違法性の強い争議行為に対するものに限るとすることは、とうてい是認することができない。 [A]

● 5 政治的目的のためのストライキは、憲法28条で保障されるのか

▶▶▶ 保障されない。

理由 私企業の労働者たると、公務員を含むその他の勤労者たるとを問わず、使用者に対する経済的地位の向上の要請とは直接関係があるとはいえない警職法の改正に対する反対のような政治的目的のために争議行為を行なうがごときは、もともと憲法28条の保障とは無関係なものというべきである。 [12]

| 判例 | 山田鋼業所事件（最大判昭25.11.15） |

〈事案〉

❶労働組合がストライキを開始し、生産管理をした。組合員らは、会社側に撤収された電気設備の復旧費用や賃金の支払その他の運転資金を得るために、❷工場内の会社所有の鉄板を搬出・売却したとして、業務上横領の罪で起訴された。

組合

❶ストライキを開始して生産管理 →

工場
❷工場内の鉄板を組合員が売却

〈判旨〉

● 1 労働者が争議行為によって使用者たる資本家の意思を抑圧してその要求を貫徹することは許されるのか

▶ 許されない。

| 理由 | 憲法は勤労者に対して団結権、団体交渉権その他の団体行動権を保障すると共に、すべての国民に対して平等権、自由権、財産権等の基本的人権を保障しているのであって、是等諸々の基本的人権が労働者の争議権の無制限な行使の前に悉く排除されることを認めているのでもなく、後者（労働者の争議権）が前者（基本的人権）に対して絶対的優位を有することを認めているのでもない。 18 |

| 結論 | 労働者が使用者側の自由意思を抑圧し、財産に対する支配を阻止することは許さるべきでない。 18 |

● 2 生産管理も同盟罷業と同様に違法性を阻却される争議行為といえるか

▶ 生産管理は違法性を阻却される争議行為とはいえない。

| 理由 | ① わが国現行の法律秩序は私有財産制度を基幹として成り立っており、企業の利益と損失とは資本家に帰する。従って企業の経営、生産行程の指揮命令は、資本家又はその代理人たる経営担当者の権限に属する。 13 |
| | ② 労働者が所論のように企業者と並んで企業の担当者であるとしても、その故に当然に労働者が企業の使用収益権を有するのでもなく、経営権に対する権限を有するのでもない。 |

| 結論 | 従って労働者側が企業者側の私有財産の基幹を揺がすような争議手段は許されない。 13 |

重要事項 一問一答

01 労働基本権の主体は?

「勤労者」(自営農民などは含まれないが、公務員や失業者は含まれる)

02 労働基本権の性格は?

自由権としての性格、社会権としての性格、使用者に対する民事上の権利としての性格がある。

03 ユニオン・ショップ協定は合憲か?

合憲である。ただし、他の労働組合に加入している者や新たな労働組合を結成した者を解雇する部分は、民法90条により無効である。

04 立候補をしようとする組合員に対する労働組合の統制権の限界は?

立候補を思いとどまるよう勧告・説得をすることは許されるが、統制違反者として処分することは許されない。

05 政治ストは憲法28条で保障されるか?

憲法28条の保障とは無関係である(保障されない)。

06 生産管理は争議行為として認められるか?

認められない。

07 公務員の争議行為の一律禁止は合憲か?

合憲である。

過去問チェック

01 憲法第28条の労働基本権の保障の狙いは、憲法第25条に定める生存権の保障を基本理念とし、経済上劣位に立つ勤労者に対して実質的な自由と平等とを確保するための手段として、その団結権、団体交渉権、争議権等を保障しようとするものである。

○(税2021改題)

02 労働基本権の権利主体は勤労者であり、勤労者とは、労働組合法上の労働者、すなわち職業の種類を問わず、賃金、給料その他これに準ずる収入によって生活する者を指す。したがって、現に職を持たない失業者は勤労者に含まれない。

×(国般2019改題)「現に職を持たない失業者は勤労者に含まれない」が誤り。

03 公務員は、憲法15条2項により「全体の奉仕者であって、一部の奉仕者ではない」と規定されている上、法律により主要な勤務条件が定められ、労働基本権行使の制約に対する適切な代償措置が講じられていることから、憲法28条の「勤労

334 第5章 基本的人権Ⅴ

者」には該当しない。

×（裁2005）「憲法28条の『勤労者』には該当しない」が誤り。

04 労働基本権は、社会権として、国に対して労働者の労働基本権を保障する立法その他の措置を要求する権利であると同時に、自由権として、団結や争議行為を制限する立法その他の措置を国に対して禁止するという意味を持つ。

○（国般2019改題）

05 憲法の人権規定は、国家権力と個人との関係を規律するものであり、私人相互の関係を直接規律することを予定していないことから、憲法28条も、私人間には、民法の一般条項を介して契約自由の原則を制限するという意味で間接的に適用されるに過ぎない。

×（裁2005）「民法の一般条項を介して契約自由の原則を制限するという意味で間接的に適用されるに過ぎない」が誤り。

06 通説に照らすと、勤労者の団結する権利とは、労働条件の維持及び改善のために使用者と対等の交渉ができる団体を結成し、又はこれに加入する権利である。

○（区2007改題）

07 労働協約により、労働組合に加入しない労働者又は組合員でなくなった労働者の解雇を使用者に義務付けるユニオン・ショップ協定は、労働者の団結しない自由を侵害するものであるから、有効なものとはなり得ない。

×（国般2019）「労働者の団結しない自由を侵害するものであるから、有効なものとはなり得ない」が誤り。

08 労働組合が、地方議会議員選挙の際に統一候補者を選出し、支持することを決定した場合には、統一候補者以外の組合員で当該選挙に立候補しようとする者に対し、組合が立候補を思いとどまるよう勧告又は説得をすること、さらに、これらに従わないことを理由に当該組合員を統制違反者として処分することも、組合の統制権の範囲内であり、認められる。

×（税2008）「これらに従わないことを理由に当該組合員を統制違反者として処分することも」が誤り。

09 労働組合がいわゆる安保反対闘争実施の費用として徴収する臨時組合費については、組合員は納付する義務を負わないが、労働組合がその実施したいわゆる安

保反対闘争により民事上又は刑事上の不利益処分を受けた組合員に対する生活等の
経済的な援助・救援費用として徴収する臨時組合費については、組合員は納付する
義務を負う。

○（労2004）

[10] 通説に照らすと、勤労者の団体交渉をする権利とは、労働者の団体が労働条
件の実現を図るために団体で交渉を行う権利であり、その中心は争議権である。

×（区2007改題）「その中心は争議権である」が誤り。

[11] 憲法第28条は団体行動をする権利を保障しており、団体行動とはストライキ
その他の争議行為をいう。労働組合が同条によって保障される正当な争議行為を
行った場合、刑事責任は免責されるが、民事上の債務不履行責任や不法行為責任は
免責されない。

×（国般2019）「民事上の債務不履行責任や不法行為責任は免責されない」が誤り。

[12] 憲法第28条は、行使の目的を限定することなく勤労者に団体行動権を保障し
ているから、使用者に対する経済的地位の向上の要請とは関係があるとはいえない
政治的目的のための争議行為も、憲法第28条の保障を受けるといえる。

×（税2008）全体が誤り。

[13] 同盟罷業は、違法性が阻却される争議行動であるが、企業経営の権能を権利
者の意思を排除して非権利者が行ういわゆる生産管理も、企業経営者の財産権の侵
害であるという点において、同盟罷業と同様であるので、違法性が阻却される争議
行動である。

×（税2004）「同盟罷業と同様であるので、違法性が阻却される争議行動である」が誤り。

[14] 勤労者に保障されている労働基本権のうち、団結権はすべての公務員に認め
られているが、団体交渉権は現業の国家公務員にのみ認められている。

×（国般2008）「団結権はすべての公務員に認められているが、団体交渉権は現業の国家公務員にの
み認められている」が誤り。

[15] 勤労者の団体交渉をする権利とは、労働者の団体が、労働条件について使用
者と対等の立場で交渉する権利であり、非現業国家公務員や地方公営企業職員以外
の地方公務員が組織する職員団体が、当局との交渉の結果、労働協約を締結するこ
とも含まれる。

336　第5章　基本的人権Ⅴ

×（区2014）「労働協約を締結することも含まれる」が誤り。

16 勤労者の団体行動をする権利は、労働者の団体が労働条件の実現を図るために団体行動をする権利であり、その中心は争議権であるが、現業の国家公務員や地方公営企業職員にもこの争議権が認められている。

×（区2014）「現業の国家公務員や地方公営企業職員にもこの争議権が認められている」が誤り。

17 公務員も憲法第28条にいう勤労者に当たり、原則として労働基本権の保障を受け、ただその担当する職務の内容に応じて、私企業における労働者とは異なる制限を受けるにすぎないから、その制限は合理性の認められる必要最小限度のものにとどめられなければならず、その制限違反に対して刑事罰を科すことは許されない。

×（税2015）「ただその担当する職務の内容に応じて、私企業における労働者とは異なる制限を受けるにすぎないから、その制限は合理性の認められる必要最小限度のものにとどめられなければならず、その制限違反に対して刑事罰を科すことは許されない」が誤り。

18 最高裁判所の判例に照らすと、憲法は、労働者の争議権が平等権、自由権、財産権等の基本的人権に対して絶対的優位を有することを認めているのであって、使用者側の自由権や財産権が労働者の団体行動権のため制限を受けるのは当然であり、労働者が使用者側の自由意思を抑圧し、財産に対する支配を阻止することは許される。

×（区2020改題）全体が誤り。

A 公務員の争議行為について、一律かつ全面的に制限することは許されないとしつつ、法律の規定は、可能なかぎり、憲法の精神に即し、これと調和しうるように合理的に解釈されるべきものであるという観点から、公務員の争議権を制限する法律の規定を合憲的に限定解釈して、憲法に違反しないとするのが判例である。

×（国般2008改題）「一律かつ全面的に制限することは許されないとしつつ、法律の規定は、可能なかぎり、憲法の精神に即し、これと調和しうるように合理的に解釈されるべきものであるという観点から、公務員の争議権を制限する法律の規定を合憲的に限定解釈して」が誤り。

5 労働基本権

過去問 Exercise

問題1 生存権に関する次のA説〜C説についてのア〜エの記述の正誤の組合せとして、最も適当なのはどれか。

裁判所2009［H21］

A説 憲法25条1項は、国民の生存を確保すべき政治的・道義的義務を国に課したにとどまり、個々の国民に対して具体的権利を保障したものではない。

B説 憲法25条1項は、国に立法・予算を通じて生存権を実現すべき法的義務を課している。

C説 憲法25条1項は、国に対する具体的な権利を定めたものである。

ア A説を前提にしても、健康で文化的な最低限度の生活を積極的に侵害するような国の具体的措置については違憲無効を主張しうる。

イ B説を前提にすれば、憲法25条1項が法律により具体化されていない場合であっても、生存権侵害を理由として憲法違反を主張できる。

ウ C説を前提にすれば、生存権を具体化する立法がなされていない場合に、立法不作為の違憲確認訴訟を提起することが可能である。

エ C説を前提にしても、直接、国に対し、憲法25条1項に基づいて具体的な生活扶助の請求をすることはできないと解することは可能である。

	ア	イ	ウ	エ
1	正	誤	正	正
2	正	誤	正	誤
3	正	正	誤	誤
4	誤	正	正	正
5	誤	正	誤	正

解説

正解 **1**

ア ○ 　A説の説明として正しい。A説はプログラム規定説である。A説は、憲法25条1項は単なるプログラムであり、国家に対する政治的義務以上のものは定めていないと考える。しかし、プログラム規定説であっても、憲法25条1項の保障する生存権の自由権的側面は有すると解されているので、A説を前提にしても、健康で文化的な最低限度の生活を積極的に侵害する具体的措置については違憲無効を主張しうる。

イ ✕ 　全体が誤っている。B説は、憲法25条1項の法的性格を国に立法・予算を通じて生存権を実現すべき法的義務を課すものと捉える抽象的権利説である(先述の、国民は直接憲法25条を根拠として具体的請求権を主張することはできず、生存権はそれを具体化する法律によって、その具体化立法の範囲ではじめて具体的な権利となるが、憲法25条1項だけでは、国民は人間に値する生存を保障されるという抽象的な権利を有するにすぎない、という説明と同じ意味である)。したがって、憲法25条1項が法律により具体化されていない場合は、生存権侵害を理由として憲法違反を主張することができない。

ウ ○ 　C説の説明として正しい。C説の中にも相違があるが、通常は憲法25条1項の権利内容は、憲法上行政権を拘束するほどには明確ではないが、立法府を拘束するほどには明確であり、その意味で具体的な権利を定めたものであると解するものである。このため、権利を実現する方法が存在しない場合には、国の立法不作為の違憲性を確認する訴訟を提起することができる。

エ ○ 　C説の説明として正しい。前述のように、C説は通常、憲法25条1項の権利内容は、憲法上行政権を拘束するほどには明確ではないと考える以上、C説を前提としても、直接、国に対し、憲法25条1項に基づいて具体的な生活扶助の請求をすることはできないと解することは可能である。

　以上より、**ア**－正、**イ**－誤、**ウ**－正、**エ**－正であり、正解は **1** となる。

問題2
　　　学問の自由及び教育を受ける権利に関するア〜オの記述のうち、判例に照らし、妥当なもののみを全て挙げているのはどれか。
　　　　　　　　　　　　　　　　　　　　　　　　　　　国Ⅱ2016［H28］

ア　憲法第23条の学問の自由は、学問的研究の自由とその研究結果の発表の自由を含み、学問の自由の保障は全ての国民に対してそれらの自由を保障するとともに、大学が学術の中心として真理探究を本質とすることから、特に大学におけるそれらの自由を保障することを趣旨とする。

イ　大学における学生の集会について、大学の許可した学内集会は、真に学問的な研究とその結果の発表のためのものでなくても、実社会の政治的社会的活動に当たる行為をする場合には、大学の有する特別の学問の自由と自治を享有する。

ウ　普通教育における学問の自由については、教師が公権力によって特定の意見のみを教授することを強制されない必要があることから、大学教育と同様、普通教育における教師にも完全な教授の自由が認められる。

エ　憲法第26条の規定の背後には、国民各自が、成長し、発達し、自己の人格を完成、実現するために必要な学習をする固有の権利を有すること、特に、自ら学習することのできない子供は、その学習要求を充足するための教育を自己に施すことを大人一般に対して要求する権利を有するとの観念が存在すると考えられる。

オ　憲法は、子女の保護者に対して普通教育を受けさせる義務を定めていることから、憲法の義務教育を無償とする規定は、教育の対価たる授業料及び教科書その他教育に必要な費用を無償としなければならないことを定めたものと解すべきである。

❶　ア、イ

❷　ア、エ

❸　イ、オ

❹　ウ、エ

❺　ウ、オ

解説

正解 **②**

ア ◯ 判例により妥当である。判例は、学問の自由（23条）の保障内容について、同条の学問の自由は、学問的研究の自由とその研究結果の発表の自由とを含むものであって、同条が学問の自由はこれを保障すると規定したのは、一面において、広くすべての国民に対してそれらの自由を保障するとともに、他面において、大学が学術の中心として深く真理を探究することを本質とすることにかんがみて、特に大学におけるそれらの自由を保障することを趣旨としたものであるとしている（最大判昭38.5.22、東大ポポロ事件）。これは、学問の自由が沿革的に大学の自由として発展してきた点を重視したものと一般に解されている。

イ ✕ 全体が妥当でない。判例は、大学の学問の自由と自治は、直接には教授やその他の研究者を主体とするものであり、これらの自由と自治の効果として学生も学問の自由と施設の利用が認められるとしたうえで、学生の集会が真に学問的な研究またはその結果の発表のためのものでなく、実社会の政治的社会的な活動に当たる行為をする場合には、大学の有する特別の自由と自治は享有しないとしている（最大判昭38.5.22、東大ポポロ事件）。

ウ ✕ 「大学教育と同様、普通教育における教師にも完全な教授の自由が認められる」という部分が妥当でない。判例は、教師が公権力によって特定の意見のみを教授することを強制されない必要があることなどから、普通教育における教師にも一定の範囲における教授の自由が保障されるが、児童の批判能力は不十分であること、児童の側に学校や教師を選択する余地が少ないこと、全国的に一定の教育水準を維持する必要があること、などの理由から、普通教育における教師に完全な教授の自由は認められないとしている（最大判昭51.5.21、旭川学力テスト事件）。

エ ◯ 判例により妥当である。判例は、憲法26条の規定の背後には、国民各自が、一個の人間として、また、一市民として、成長、発達し、自己の人格を完成、実現するために必要な学習をする固有の権利を有すること、特に、みずから学習することのできない子どもは、その学習要求を充足するための教育を自己に施すことを大人一般に対して要求する権利を有するとの観念が存在しているとしている（最大判昭51.5.21、旭川学力テスト事件）。

第5章

社会権

過去問Exercise　341

オ ✕ 「教育の対価たる授業料及び教科書その他教育に必要な費用を無償としなければならないことを定めたものと解すべきである」という部分が妥当でない。判例は、教育提供における対価とは授業料を意味するとして、憲法26条2項後段は授業料を無償とすることを規定したもので、授業料のほかに教科書、学用品その他教育に必要な一切の費用まで無償としなければならないことを規定したものと解することはできないとしている（最大判昭39.2.26）。なお、現在は法律により義務教育における教科書は無償となっている。

以上より、妥当なものは**ア**、**エ**であり、正解は **❷** となる。

342　第5章　基本的人権Ⅴ

第 6 章

基本的人権VI ― 受益権・参政権

　本章では、受益権と参政権を学習します。出題の少ない分野です。

●受益権・参政権 ―― 受益権（国務請求権）　1節
　　　　　　　　└― 参政権　　　　　　　　　2節

国般★★★／国専★★★／裁判所★★★／特別区★★★／地上★★★

 受益権（国務請求権）

受益権には、①裁判を受ける権利（32条）、②国家賠償請求権（17条）、③刑事補償請求権（40条）、④請願権（16条）があります。条文、基本事項から確認していきましょう。

1 受益権（国務請求権）とは

意義 受益権とは、人権保障をより確実なものとするために、国民が国家による行為を請求する権利であり、国務請求権又は人権を確保するための基本権とも呼ばれている。

〈解説〉 歴史的には絶対君主制の支配に対して国民が自己の権利を確保する手段として発達したもので、必ずしも経済的・社会的弱者の利益の保護を目的とするわけではなく、この点で社会権と区別されている。 01

2 裁判を受ける権利

1 総説

第32条【裁判を受ける権利】
何人も、裁判所において裁判を受ける権利を奪はれない。

意義 本条は、民事・刑事・行政の全ての事件について、裁判所において裁判を受ける権利を保障したものである。これを裁判を受ける権利という。

趣旨 裁判所による違憲審査権（81条）と相まって、個人の人権保障を確保するための手続上の権利を保障し、法の支配を実現することにある。

① 刑事裁判
　特に刑事事件については、被告人に対し、公平で迅速な公開裁判を受ける権利を保障している（37条1項）。

② 裁判制度 /発展
　裁判の制度として、裁判の公開は憲法で規定しているが（82条）、三審制の審級制

度(地方裁判所→高等裁判所→最高裁判所の順に上訴されるなどの三段階の裁判制度)は憲法で規定していない。　A

③ 明治憲法との違い　/発展

　明治憲法下でも、裁判を受ける権利は、法律に定めた裁判官の裁判を受ける権利として保障されていたが(明治憲法24条)、行政事件の裁判が特別裁判所(通常裁判所の系列に属さない裁判所)である行政裁判所の権限に属していた(明治憲法61条)。しかし、日本国憲法下では特別裁判所の設置が禁止されている(76条2項前段)。　B

④ 外国人への保障　/発展

　裁判を受ける権利は外国人にも保障されるが、現行の法律上、裁判所では日本語が用いられることになっているので(裁判所法74条)、外国語を用いて裁判を行うことはできない(外国人に通訳を付けることは可能である)。　C

2 「裁判」の意味

　憲法32条の「裁判」の意味については、憲法82条1項の「裁判」との関係で問題となる。この点判例は、憲法32条の「裁判」は、憲法82条1項の「裁判」と同じ意味であり、純然たる訴訟事件の裁判に限られ、家事審判のような非訟事件の裁判は含まれないとする(最大決昭40.6.30)　02。詳細は、第10章 3 節「裁判所②」で扱う。

3 「奪はれない」の意味　/発展

　憲法32条にいう裁判を受ける権利を「奪はれない」とは、民事・行政・刑事の各事件に応じて、次表のような意味を有すると解されている。

① 民事事件の場合

　裁判所に対し、自らの私法上の権利(貸金債権、損害賠償請求権等)を実現することを求めることができる(受益権)。

② 行政事件の場合

　裁判所に対し、違法な行政処分の取消しなどを求めることができる(受益権)。

③ 刑事事件の場合

　検察官によって起訴されても裁判所による裁判を経なければ刑罰が科されない(自由権)。

1　受益権（国務請求権）　345

【「奪われない」の意味】

民事事件の場合	受益権
行政事件の場合	
刑事事件の場合	自由権

④ 法律扶助制度 発展

　裁判を受ける権利を実質的に確保するため、**憲法に規定はないが**、資力の乏しい者に対する法律扶助制度として、総合法律支援法に基づき、いわゆる**法テラス**が民事法律扶助等の業務を行っている。 D E

4 裁判を受ける権利に関する判例

① 管轄権がない裁判所による判決

　裁判所の管轄は法律によって定められているが、管轄権を有しない裁判所による裁判が「裁判所による裁判」といえるのかが争われた事案である。

判例　管轄違いの裁判所がした判決の合憲性（最大判昭24.3.23）

〈事案〉

　裁判所の管轄が変更されたところ、❶検察官は変更後の管轄権のあるA裁判所ではなく、誤って変更前のB裁判所に公判請求書（現在の起訴状のこと）を提出してXを起訴した。❷B裁判所は管轄違いの言渡しをすべきところ、誤ってXに有罪判決を言い渡し、これを原審も是認した。そこで、Xは原判決（原審の判決）が憲法32条に違反すると主張して争った。

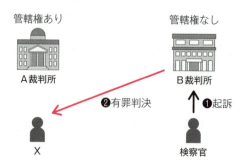

〈判旨〉

● 管轄違いの裁判は憲法32条に違反しないか

▶ 違反しない（合憲）。法律違反にすぎない。 訴訟法違反

理由 憲法32条の趣旨は、すべて国民は憲法又は法律に定められた裁判所においてのみ裁判を受ける権利を有し、裁判所以外の機関によって裁判をされることはないことを保障したものであって、訴訟法で定める管轄権を有する具体的裁判所において裁判を受ける権利を保障したものではない。[03]

結論 したがって、公判請求書がA裁判所において受理したものではなくて、B裁判所が受理したものであるとしても、その違法はただ管轄違いの裁判所のなした判決を原審が是認したという刑事訴訟法上の違背があることに帰着するだけであって、そのために原判決が憲法違反であるとはいい得ない。[03]

- -

〈解説〉　裁判所の管轄は、犯罪地又は被告人の住所地にある裁判所に起訴するなど、裁判所間における事件の分担の定めである。刑事事件の管轄は刑事訴訟法で決められている（刑事訴訟法第1章参照）。

② 法律上の利益と裁判を受ける権利 /発展

　法律上の利益とは、裁判所の判決を求める実益・利益のことをいう。裁判係属中に法律上の利益がなくなった場合、これを理由として請求を棄却することが許されるかが争われた事案がある（最大判昭35.12.7）。

③ 上告理由の制限と裁判を受ける権利 /発展

　民事訴訟法は、最高裁判所へ上訴できる事由（上告理由）を規定しているため、上告理由以外の理由では最高裁判所への上訴はできない。上告理由を制限することの合憲性が争われた事案がある（最判平13.2.13）。

3 国家賠償請求権

1 総説

第17条【国及び公共団体の賠償責任】

　何人も、公務員の不法行為により、損害を受けたときは、法律の定めるところにより、国又は公共団体に、その賠償を求めることができる。　郵便法

意義 本条は、公務員の違法な行為によって損害を受けた者が、国又は公共団体

第6章　受益権・参政権

1　受益権（国務請求権）　347

（都道府県や市区町村など）に対し、その損害を金銭によって補填するように**請求する権利を保障**している。これを**国家賠償請求権**といい、国家賠償請求権を保障するための「**法律**」が**国家賠償法**である。

趣旨 公務員の不法行為による損害について国民の泣き寝入りを許さず、国民の権利・利益の事後的救済手段として賠償請求を認めたものである。

① 明治憲法下での国家の責任

明治憲法の下では、国家無答責の原則により、一般的に公務員の不法行為に対する国家の責任が否定されていた。

〈語句〉●**国家無答責の原則**とは、国家の権力的作用に基づく行為によって損害が生じた場合でも、国家は賠償責任を負わないとするものである。

② 国家賠償法の法的性格 🖍発展

国又は公共団体に対し、本来責任を負うべき**公務員の代わりに責任を負わせる**ことを趣旨とする（代位責任）。 F

③ 外国人への保障 🖍発展

外国人については、その属する国が日本国民の被害者に対し国家賠償請求権を認めている場合に限り、国家賠償請求権が認められる（相互保証主義）（国家賠償法6条）。 G

2 国家賠償請求権に関する判例

国家賠償請求権に関しては、国が損害賠償責任を負う場合を過剰に免除・制限する郵便法の規定が憲法17条に違反するとした判例がある（最大判平14.9.11、**郵便法違憲判決**）。 04

判例 **郵便法違憲判決（最大判平14.9.11）**

〈事案〉

事案が複雑なため簡易化する。❶郵便局員（当時は国家公務員）の過失により郵便物の配達が遅れたため、❷X社は損害を被ったとして、❸国を被告として国家賠償請求訴訟を提起した。

郵便法には、書留郵便物について国が損害賠償責任を負う場合を、書留郵便物の全部又は一部を**亡失**し、又は**毀損**した場合に制限する旨の規定が存在していた。当該規定によれば、郵便業務従事者に故意又は過失があっても、**書留郵便物の遅延については国が損害賠償責任を負わない**ことになるため、当該規定が憲法17条に違反するかどうかが争われた。

---

348 第6章 基本的人権Ⅵ

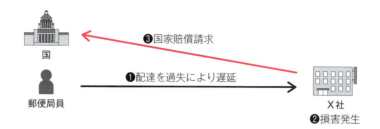

〈判旨〉

● 1　書留郵便物について郵便業務従事者の**故意又は重大な過失**による不法行為に基づく国の損害賠償責任を免除・制限するのは憲法17条に違反するか

▶ **故意・重過失の場合の免除・制限は憲法17条に違反する。**

理由　書留郵便物は大量であり、限られた人員と費用の制約の中で処理されなければならないから、

結論　① 郵便業務従事者の**軽過失**による不法行為に基づき損害が生じたにとどまる場合には、国の損害賠償責任を免除し、又は制限することは、やむを得ないものであり、**憲法17条に違反するものではない**。
② しかし、郵便法の規定のうち、**郵便業務従事者の故意又は重大な過失**による不法行為に基づく国の損害賠償責任を免除し、又は制限している部分は、**憲法17条が立法府に付与した裁量の範囲を逸脱しており、同条に違反し無効である。** 05

● 2　特別送達郵便物について郵便業務従事者の軽過失による不法行為による国の損害賠償責任を免除・制限するのは憲法17条に違反するか　／発展

▶ **軽過失の場合の免除・制限は憲法17条に違反する。**

理由　特別送達は、民訴訟法上の送達の実施方法であり、国民の権利を実現する手続の進行に不可欠なものであるから、特別送達郵便物については、適正な手順に従い確実に受送達者に送達されることが特に強く要請される。

結論　したがって、郵便法の規定のうち、特別送達郵便物について、**郵便業務従事者の軽過失**による不法行為に基づき損害が生じた場合に、国家賠償法に基づく国の損害賠償責任を免除し、又は制限している部分は、**憲法17条が立法府に付与した裁量の範囲を逸脱しており、同条に違反し無効である。**

〈解説〉　特別送達郵便物は、主として裁判所が訴状などの重要文書を送付するために使用する書留郵便物（一般書留）であるため、**書留郵便物のオプション**としての位置付けである。なお、現在は郵政民営化に伴い、郵便法に基づいて損害賠償責任を負うのは日本郵便株式会社である。

4 刑事補償請求権

1 総説

第40条【刑事補償】
　何人も、抑留又は拘禁された後、無罪の裁判を受けたときは、法律の定めるところにより、国にその補償を求めることができる。

意義　本条は、逮捕・勾留や懲役等の自由刑の執行によって①身柄を拘束された後に、②無罪の裁判を受けた被告人が、国に対し金銭による補償を請求する権利を保障している。これを刑事補償請求権といい、刑事補償請求権を保障するための「法律」が刑事補償法である。

趣旨　身柄拘束が被告人の心身に重大な影響を及ぼすにもかかわらず、無罪の裁判だけでは正義公平に反するので、たとえ身柄拘束が公務員の故意又は過失によらない適法なものであっても、金銭による補償により事後的救済をすることを明らかにしたものである。06　結果責任

2 刑事補償請求権に関する判例 /発展

　刑事補償請求権に関しては、不起訴となった事実に基づく勾留について刑事補償を請求する余地を認めた判例がある(最大決昭31.12.24)。

5 請願権

1 総説

第16条【請願権】
　何人も、損害の救済、公務員の罷免、法律、命令又は規則の制定、廃止又は改正その他の事項に関し、平穏に請願する権利を有し、何人も、かかる請願をしたためにいかなる差別待遇も受けない。

意義　本条は、国又は公共団体の機関に対して、平穏に、自らの希望や要求などを述べることができる権利を保障している。これを請願権といい、請願権を保障するための「法律」が請願法である。07

趣旨　国民が政治に関する現実の要求を直接訴える手段を確保することにあり、参政権的な機能を有する。08

〈解説〉　歴史的には、国民の政治参加が認められていなかった絶対君主制の下で、民意を為政者に伝える手段として発達した権利である。　*最も古い権利*

📝**発展** 明治憲法下でも、相当の敬礼を守り、別に定める規程に従って請願をする権利を認めており、請願権が保障されていた(明治憲法30条)。

2 請願権に関する主な項目

① 請願の主体

請願権は「何人」にも保障される権利であり、外国人、未成年者、法人にも保障される。 09

最も広く認められる権利
(請願権)

② 請願の内容

請願の内容(事項)には制限がない。請願者本人の利害に関係しない事項でもかまわない 10 。 📝**発展** 例えば、憲法改正を求める請願、天皇に関する請願をすることができる。 H I

③ 請願の方式

請願者の氏名(法人の場合は名称)及び住所(住所のない場合は居所)を記載し、請願書という文書の形で行わなければならない(請願法2条)。

④ 請願の相手方

請願書を請願の内容(事項)を所管する官公署に提出しなければならない(請願法3条前段)。天皇に対する請願も認められるが、請願書は内閣に提出しなければならない(同条後段)。

⑤ 請願の処理

請願の相手方は、**請願を受理し、誠実に処理する義務を負う**(請願法5条)。しかし、請願の内容に法的に拘束されないので、**請願の内容を審理・判定したり実現したりする義務は負わない。** 11

⑥ 請願をした者の扱い

請願をした者は、そのためにいかなる差別待遇も受けない(16条、請願法6条)。

1　受益権（国務請求権）　351

重要事項 一問一答

01 裁判を受ける権利を保障する憲法32条の「裁判」と裁判の公開を保障する憲法82条の「裁判」は同じ意味か?

同じ意味であり、純然たる訴訟事件の裁判を意味する(判例)。

02 管轄権がない裁判所による判決は、裁判を受ける権利を保障する憲法32条に違反するか?

違反しない(判例)。

03 書留郵便物について、郵便業務従事者の故意・重過失による不法行為に基づく国の損害賠償責任を免除・制限することは、国・公共団体の賠償責任を規定する憲法17条に違反するか?

違反する(判例)。

04 外国人・法人にも請願権が保障されるか?

保障される。

05 請願の相手方は、請願の内容を実現する義務を負うか?

義務は負わない。請願の相手方は、請願を受理し、誠実に処理する義務を負う(請願法5条)。

過去問チェック

01 国務請求権とは、国家による行為を請求する権利であり、受益権や人権を確保するための基本権などと呼ばれるものであるが、伝統的には社会権に分類される権利である。

×(裁2013)「伝統的には社会権に分類される権利である」が誤り。

02 憲法第32条でいう「裁判」とは、公開・対審の訴訟手続による裁判を指すと解されており、当事者間の権利義務に関する紛争を前提としないいわゆる非訟事件についても、公開・対審の手続が必要であるとするのが判例である。

×(税2003)「当事者間の権利義務に関する紛争を前提としないいわゆる非訟事件についても、公開・対審の手続が必要であるとするのが判例である」が誤り。

03 憲法第32条は、訴訟法で定める管轄権を有する具体的裁判所において裁判を受ける権利を保障したものであるが、管轄違いの裁判所がした裁判であっても、それが恣意的な管轄の間違いでない限り、同条に違反しないとするのが判例である。

×(国般2018)全体が誤り。

04 国家賠償請求権(憲法17条)は、「法律の定めるところにより」賠償を求めることができる権利であるが、判例は、郵便物の亡失等につき損害賠償責任を過剰に制限・免除していた郵便法の規定について、立法裁量の範囲を逸脱するものとして、違憲であるとした。

○ (裁2013)

05 書留郵便物について、郵便業務従事者の故意又は重大な過失による不法行為について免責又は責任制限を認めることは、憲法第17条が立法府に付与した裁量の範囲を逸脱しているとまではいえず、違憲とはならない。

× (労2007)「憲法第17条が立法府に付与した裁量の範囲を逸脱しているとまではいえず、違憲とはならない」が誤り。

06 刑事補償請求権(憲法40条)は、抑留又は拘禁された被告人について、無罪の裁判があった場合に、国に対し、補償を求めることができるとする権利であるが、この刑事補償請求権を具体化した刑事補償法は、官憲の故意・過失を要件としている。

× (裁2013)「官憲の故意・過失を要件としている」が誤り。

07 請願権は、憲法上、平穏に行使することが要請されている。

○ (裁2004)

08 請願権は、国政に民意を反映させることを目的とする点で、参政権としての性格が存在することは否定し難い権利ということができる。

○ (裁2004)

09 選挙権を有する日本国民は、請願権を有するが、選挙権を有しない外国人や未成年者は、請願権を有しない。

× (区2011)「選挙権を有しない外国人や未成年者は、請願権を有しない」が誤り。

10 請願は、国家機関の権限内に属する事項に関するものであれば、請願者本人の利害に関するものでなくてもすることができる。

○ (裁2004)

11 請願権の保障は、請願を受けた国や地方自治体の機関にそれを誠実に処理する義務を課し、請願の内容を審理及び判定する法的拘束力を生ぜしめる。

1 受益権(国務請求権) 353

×（区2011）「請願の内容を審理及び判定する法的拘束力を生ぜしめる」が誤り。

A 憲法は、歴史的に確立された近代的裁判制度を前提とした裁判を受ける権利を人権として保障し、裁判制度として、裁判の公開や三審制の審級制度を明文で規定している。

×（国般2018）「三審制の審級制度」が誤り。

B 裁判を受ける権利は、現行憲法においては、憲法上保障された権利として明文で規定されているが、明治憲法においては、裁判を受ける権利を保障する規定は存在せず、とりわけ行政事件の裁判は、通常裁判所の系列に属さない行政裁判所の権限に属し、出訴できる場合も限定されるなど、国民の権利保障という点では不十分なものであった。

×（国般2013）「明治憲法においては、裁判を受ける権利を保障する規定は存在せず」が誤り。

C 裁判を受ける権利については、その性質上外国人にもその保障が及ぶと一般に解されており、裁判所法は、被告人が外国人である刑事裁判においては、裁判所は、検察官の同意を得た上で、日本語以外の言語を用いて裁判を行うことを決定することができる旨規定している。

×（国般2018）「裁判所は、検察官の同意を得た上で、日本語以外の言語を用いて裁判を行うことを決定することができる旨規定している」が誤り。

D 経済的に困窮しているため弁護士に訴訟を依頼することができないと認められる者に対しては、民事裁判を受ける権利を実質的に保障するため、憲法は国に対し、国が弁護士費用を補助する等の法的扶助を行うべきことを義務づけている。

×（税2003）全体が誤り。

E 裁判を受ける権利を実質的なものにするためには、資力の乏しい者に対する法律扶助の制度が必要であるが、平成16年に制定された総合法律支援法では、資力の乏しい者にも民事裁判等手続の利用をより容易にする民事法律扶助事業の適切な整備及び発展が図られなければならないこととされ、新たに設立された日本司法支援センター（法テラス）が民事法律扶助等の業務を行うこととなった。

○（国般2013）

F 判例、通説に照らすと、国又は公共団体は、公権力の行使にあたる公務員の職務行為に基づく損害について、公務員の故意又は過失による責任を前提に、当該

公務員に代位して賠償責任を負う。

○（区2002改題）

G 国又は公共団体は、公権力の行使にあたる公務員の職務行為に基づく損害について、国際主義の精神から、すべての外国人に対して賠償責任を負う。

×（区2002）「国際主義の精神から、すべての外国人に対して賠償責任を負う」が誤り。

H 請願権は、日本国憲法で保障されたものであるから、日本国憲法の改廃は請願の対象とはならない。

×（区2011）「日本国憲法の改廃は請願の対象とはならない」が誤り。

I 請願は、国の機関に対して行うことができるが、天皇は国政に関する権能を有しないため、天皇に関する請願は認められない。

×（区2011）「天皇に関する請願は認められない」が誤り。

第6章 受益権・参政権

1 受益権（国務請求権） 355

国般★★★／国専★★★／裁判所★★★／特別区★★★／地上★★★

2 参政権

本節では、参政権を扱います。本試験出題の中心は選挙権です。

1 参政権

意義 参政権とは、国民が主権者として、直接又は代表者を通じて国の政治に参加する権利をいう。

趣旨 国民が国家権力の支配から自由であり得るためには、統治の客体の地位にある国民自らが、能動的に統治に参加する必要がある。そこで、憲法は、参政権を規定している。

【参政権】

参政権
- 狭義の参政権 ── 選挙権(15条1項)、被選挙権(解釈)
　　　　　　　　　　国民(住民)投票権(79条2項、95条、96条1項)
- 広義の参政権 ── 公務就任権(公務員の職に就く権利)

1 選挙権

第15条【公務員の選定罷免権】
① 公務員を選定し、及びこれを罷免することは、国民固有の権利である。

意義 選挙権とは、選挙人として選挙に参加することができる地位又は資格をいい、憲法15条1項は、国民に対し、主権者として、両議院の議員の選挙において投票をすることによって国の政治に参加することができる権利を保障している(最大判平17.9.14)。

趣旨 国民の代表者である議員を選挙によって選定する国民の権利は、国民の国政への参加の機会を保障する基本的権利として、議会制民主主義の根幹を成すものである(最大判平17.9.14)。

〈解説〉 憲法15条1項には、「選定」「罷免」とあるが、あらゆる公務員の終局的任免権が国民にあるとする国民主権原理を表明するもので、かならずしも、すべての公務員を国民が直接に選定し、罷免すべきだとの意味を有するも

356 第6章 基本的人権Ⅵ

のではないと解されている。

🖊発展 選挙権については、その法的性格について個人の権利と捉えるのか、権利とともに公務としての性格をもつと考えるのか争いがある。

① 選挙犯罪と選挙権及び被選挙権の停止

公職選挙法252条は、選挙犯罪により一定の刑に処せられた者に対して選挙権及び被選挙権を一定期間停止する旨を定めている。

> **判例** 選挙権及び被選挙権の停止（最大判昭30.2.9）
>
> 〈事案〉
>
> ❶衆議院議員総選挙に際し、立候補したAの選挙運動員Bらは、Aを当選させる目的で買収等を行い、公職選挙法に違反するとして起訴された。そして、❷有罪判決が下されたため、❸公職選挙法252条1項、3項（当時）の規定によりBらの選挙権・被選挙権が停止された。これに対して、Bらは、当該規定は国民の参政権を不当に奪うものであるとして争った。
>
>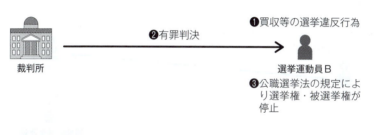
>
> 〈判旨〉
>
> ● 選挙犯罪を犯した者に対して選挙権及び被選挙権を一定期間停止する公職選挙法の規定は、国民の参政権を不当に奪うもので憲法に違反するか
>
> ▶ 不当に奪うものではなく憲法に違反しない（合憲）。
>
> **理由** 国民主権を宣言する憲法の下において、公職の選挙権が国民の最も重要な基本的権利の一であることは所論のとおりであるが、それだけに**選挙の公正**はあくまでも厳粛に保持されなければならないのであって、一旦この公正を阻害し、選挙に関与せしめることが不適当とみとめられるものは、しばらく、**被選挙権、選挙権の行使から遠ざけて選挙の公正**を確保すると共に、本人の反省を促すことは相当であるからこれを以て不当に国民の参政権を奪うものというべきではない。 01
>
> **結論** されば、所論公職選挙法の規定は憲法に違反するとの論旨は採用することはできない。 01

② 連座制

公職選挙法251条の3は、組織的選挙運動管理者等が、買収等の所定の選挙犯罪を犯して禁錮以上の刑に処せられた場合に、当該候補者等であった者の当選を無効とし、かつ、これらの者が5年間、同じ選挙で、同じ選挙区から立候補することを禁止する旨を定めている（連座制）。選挙スタッフ（等の一定の者）が選挙犯罪を犯した場合、当該犯罪に関与していなかった立候補者にも責任を負わせる旨の制度である。

> 判例　連座制の合憲性（最判平9.3.13）
>
> 〈事案〉
>
> ❶県議会議員選挙で当選したXの組織的選挙運動管理者Yが買収等の選挙犯罪を犯して有罪となったため、検察官がXに対する連座制の適用を求めて、公職選挙法（以下「法」という）211条1項に基づいて、❷Xを被告として行政訴訟（連座訴訟）を提起した。Xは、連座制の規定は、憲法前文・1条・15条・21条・31条に違反すると主張した。

> 〈判旨〉
>
> ● 連座制の規定は、憲法前文・1条・15条・21条・31条に違反するか
>
> ▶ 違反しない（合憲）。
>
> 理由　① 法251条の3の規定（連座制の規定）は、このように、民主主義の根幹をなす公職選挙の公明、適正を厳粛に保持するという極めて重要な法益を実現するために定められたものであって、その立法目的は合理的である。

② また、右規定は、組織的選挙運動管理者等が買収等の悪質な選挙犯罪を犯し禁錮以上の刑に処せられたときに限って連座の効果を生じさせることとして、連座制の適用範囲に相応の限定を加え、立候補禁止の期間及びその対象となる選挙の範囲も前記のとおり限定し（同じ選挙で同じ選挙区から5年間）、さらに、選挙犯罪がいわゆるおとり行為又は寝返り行為によってされた場合には免責することとしているほか、当該候補者等が選挙犯罪行為の発生を防止するため相当の注意を尽くすことにより連座を免れることのできるみちも新たに設けているのである。そうすると、このような規制は、これを全体としてみれば、前記立法目的を達成するための手段として必要かつ合理的なものというべきである。 02

結論 したがって、法251条の3の規定（連座制の規定）は、憲法前文、1条、15条、21条及び31条に違反するものではない。 02

2 被選挙権（立候補の自由）

被選挙権（立候補の自由）については、憲法上明文規定がない。

問題点 被選挙権は、憲法上規定がないが保障されるのか。

結論 憲法15条1項により保障される（最大判昭43.12.4、三井美唄労組事件）。 03

理由 立候補の自由は、選挙権の自由な行使と表裏の関係にあり、自由かつ公正な選挙を維持するうえで、きわめて重要であるから、憲法15条1項の保障する重要な基本的人権の1つと解すべきである。

3 政党

意義 政党とは、政治上の理念を実現するために、政治権力への参加をめざして結ばれた政治団体のことである。

根拠 結社の自由（21条）

〈解説〉 憲法は政党について規定するところがなく、これに特別の地位を与えてはいないが、憲法の定める議会制民主主義は政党を無視しては到底その円滑な運用を期待することはできないので、**憲法は、政党の存在を当然に予定しているものというべきであり、政党は議会制民主主義を支える不可欠の要素である**（最大判昭45.6.24、八幡製鉄事件）。 04

発展 政党に関連する最高裁の判例は、①候補者届出政党だけに一定の選挙運動を認めることの合憲性（最大判平11.11.10）、②非拘束名簿式比例代表制の合憲性（最大判平16.1.14）がある。

2 参政権 359

❷ 選挙に関する諸原則

【選挙原則】

選挙原則	意義	対立概念
普通選挙	財力、教育、性別などを選挙の要件としない制度	制限選挙
平等選挙	各選挙人の選挙権の価値が平等であるとする制度	等級選挙 複数選挙
自由選挙	棄権しても罰金や氏名公表等の制裁を受けない制度	強制選挙
秘密選挙	誰に投票したかを秘密にする制度	公開選挙
直接選挙	選挙人が公務員を直接に選挙する制度	間接選挙

1 ▶ 普通選挙（15条3項）

第15条【普通選挙の保障】
③ 公務員の選挙については、成年者による普通選挙を保障する。

> **意義** **普通選挙**とは、**成年者(18歳以上)であれば、性別や教育や財産の有無などにかかわりなく、選挙権を有する**というものである。 05 06

「公務員の選挙」とあるので、国政・地方の選挙の種類を問わない。 07

2 ▶ 平等選挙（14条1項、44条但書）

第44条【議員及び選挙人の資格】
　両議院の議員及びその選挙人の資格は、法律でこれを定める。但し、人種、信条、性別、社会的身分、門地、教育、財産又は収入によつて**差別してはならない**。

> **意義** **平等選挙**とは、そもそもは、**選挙権の数が1人1票**であることを意味したが、今日では、**投票価値の平等**まで意味すると考えられている(最判昭51.4.14参照)。投票価値の平等は、第2章 ❸ 節「法の下の平等②」を参照。
> 05

① 在宅投票制度の廃止

　在宅投票制度に関する最高裁判例としては、**在宅投票制度廃止事件**(最判昭60.11.21)がある。詳細は第10章 ❹ 節「違憲審査権」で扱う。

② 在外国民の選挙権の制限

> **判例** 在外日本人選挙権訴訟（最大判平17.9.14）

〈事案〉

従来、在外国民（国外に住んでいる国民）は選挙人名簿に登録されておらず、国政選挙において投票ができなかった。しかし、平成10年成立の公職選挙法改正により、在外国民にも国政選挙権を認める在外選挙制度が創設された（以下「**本件改正**」という）。しかし、在外選挙制度の対象となる選挙について、**当分の間は、衆議院・参議院ともに比例代表選出議員の選挙に限る**とされた。これに対して、在外国民であるAは、本件改正後の公職選挙法が違憲であると主張し、衆議院小選挙区選出議員及び参議院選挙区選出議員の選挙において投票することができる地位の確認を求める訴えなどを提起した。

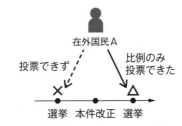

〈判旨〉

● 1 国民の選挙権の行使を制限することはどのような場合に違憲となるか

▶ 制限をすることがやむを得ないと認められる事由がないと違憲となる。

基準 自ら選挙の公正を害する行為をした者等の選挙権について一定の制限をすることは別として、**国民の選挙権又はその行使を制限することは原則として許されず**、国民の選挙権又はその行使を制限するためには、そのような制限をすることが**やむを得ないと認められる事由**がなければならない。 08

結論 そして、そのような制限をすることなしには選挙の公正を確保しつつ選挙権の行使を認めることが事実上不能ないし著しく困難であると認められる場合でない限り、上記のやむを得ない事由があるとはいえず、このような事由なしに国民の選挙権の行使を制限することは、**憲法15条1項及び3項、43条1項並びに44条ただし書に違反する**といわざるを得ない。 08

● 2 在外選挙制度の対象を両議院の比例代表選出議員の選挙に限定する部分は憲法に違反するか

▶ 遅くとも本判決言渡し後初めて行われる衆議院議員総選挙又は参議院議員通常選挙の時点では憲法に違反する（違憲）。

| 理由 | ①　本件改正後に在外選挙が繰り返し実施されてきていること、通信手段が地球規模で目覚ましい発達を遂げていることなどによれば、**在外国民に候補者個人に関する情報を適正に伝達することが著しく困難であるとはいえなくなったものというべきである。**
| | ②　**遅くとも、本判決言渡し後に初めて行われる衆議院議員の総選挙又は参議院議員の通常選挙の時点では、**衆議院小選挙区選出議員の選挙及び参議院選挙区選出議員の選挙について在外国民に投票をすることを認めないことについて、やむを得ない事由があるということはできない。

| 結論 | 公職選挙法の規定のうち、在外選挙制度の対象となる選挙を当分の間両議院の比例代表選出議員の選挙に限定する部分は、遅くとも、**本判決言渡し後に初めて行われる衆議院議員の総選挙又は参議院議員の通常選挙の時点においては、憲法15条1項及び3項、43条1項並びに44条ただし書に違反するものといわざるを得ない。** 09

〈解説〉　本判決は、上記の判断に基づき、次回の衆議院議員総選挙の小選挙区選出議員の選挙及び参議院議員通常選挙の選挙区選出議員の選挙において、Aが投票をすることができる地位にあることを確認した。

在外選挙制度に関しては、過去に投票ができなかった在外国民による国家賠償請求が認められている（最大判平17.9.14）。詳細は第10章 **4** 節「違憲審査権」で扱う。

3 直接選挙

| 意義 | **直接選挙**とは、**有権者が直接自ら公務員を選定する制度をいう。**

① 国会議員の直接選挙

明文の規定はないが、間接選挙を認める規定がない以上、**直接選挙が要請されており、複選制は違憲になると解されている。** 10

〈語句〉●**間接選挙**とは、まず**選挙人が選挙委員を選び**、次にその**選挙委員が公務員を選定する**選挙である。アメリカの大統領選挙は形式上は間接選挙である。

●**複選制**（準間接選挙）とは、すでに選挙されて公職にある者が公務員を選挙する制度である。例えば、都道府県議会議員が参議院議員を選挙するとした場合である。

② 地方公共団体の長、その議会の議員の直接選挙

第93条【地方公共団体の機関の直接選挙】

②　地方公共団体の長、その議会の議員及び法律の定めるその他の吏員は、その地方公共団体の住民が、直接これを選挙する。

憲法93条2項に規定がある。

4 秘密選挙（15条4項）

第15条【秘密投票の保障】
④　すべて選挙における投票の秘密は、これを侵してはならない。選挙人は、その選択に関し公的にも私的にも責任を問はれない。

意義　**秘密選挙**とは、誰に投票したかを秘密にする制度をいう。[11]
投票用紙に自発的に署名等をすることも秘密選挙に反するとして許されない（公職選挙法46条4項）。[11]

5 自由選挙（自由投票）

意義　**自由選挙**（自由投票）とは、有権者が罰則などで**投票を強制されずに**、自己の自由な意思によって選挙が行われる制度をいう。
投票を強制することは、自由な意思の表明を阻害する危険性があることから、自由投票制が採られている。

3 国民投票権（79条2項、95条、96条1項）

1 国民審査

第79条【国民審査】
②　最高裁判所の裁判官の任命は、その任命後初めて行はれる衆議院議員総選挙の際国民の審査に付し、その後十年を経過した後初めて行はれる衆議院議員総選挙の際更に審査に付し、その後も同様とする。

　最高裁判所の裁判官の国民審査における「**国民の審査**」が国民投票権の一つである。国民審査の詳細は、第10章 **2** 節「司法権の独立・裁判所①」で扱う。

2 ▶ 地方自治特別法の住民投票

第95条【特別法の住民投票】
　一の地方公共団体のみに適用される特別法は、法律の定めるところにより、その地方公共団体の**住民の投票**においてその過半数の同意を得なければ、国会は、これを制定することができない。

　一(特定)の地方公共団体のみに適用される特別法(地方自治特別法)は、その地方公共団体の住民の投票においてその過半数の同意が必要となるが、この「**住民の投票**」が国民投票権の一つである。この特別法の詳細は、第11章 **1** 節「地方自治」で扱う。

3 ▶ 憲法改正の国民投票

第96条【改正の手続】
① この**憲法の改正**は、各議院の総議員の３分の２以上の賛成で、国会が、これを発議し、国民に提案してその**承認**を経なければならない。この**承認**には、特別の国民投票又は国会の定める選挙の際行はれる投票において、**その過半数の賛成を必要と**する。

　憲法改正に関する国民の「**承認**」が国民投票権の一つである。憲法改正の詳細は、第11章 **4** 節「憲法改正と憲法保障」で扱う。

4 公務就任権

意義　　**公務就任権**とは、公務員になる能力・資格のことをいう。

〈解説〉　一般の公務員について、法律上、国籍の制限はない(外務公務員を除く)。もっとも、国家公務員については、人事院が受験資格を定める規則の中で国籍条項を定めている。また、地方公務員については、地方公共団体が、募集要項に国籍条項を設けているところが多い。

重要事項 一問一答

01 選挙違反者に対する選挙権及び被選挙権の一定期間の停止は、憲法に違反しないか?

違反しない。

02 連座制は憲法に違反しないか？

違反しない。

03 立候補の自由は憲法何条によって保障されるか？

立候補の自由は、憲法15条1項により保障されている（判例）。

04 選挙の諸原則は（5つ）？

①普通選挙、②平等選挙、③直接選挙、④秘密選挙、⑤自由選挙

過去問チェック

01 選挙に関する犯罪により一定以上の刑に処せられた者に対して、選挙権を所定の期間停止することは、選挙権が主権者としての市民の主権行使の権利であるので、憲法に違反するが、被選挙権を所定の期間停止することは、被選挙権は選挙されうる資格ないし地位であるので、憲法に違反しない。

×（区2013）「憲法に違反するが」が誤り。

02 公職選挙法が、同法所定の組織的選挙運動管理者等が買収等の所定の選挙犯罪を犯し禁錮以上の刑に処せられた場合に、公職の候補者であった者の当選を無効とし、かつ、これらの者が一定期間当該選挙に係る選挙区において行われる当該公職に係る選挙に立候補することを禁止する旨を定めていることは、いわゆる連座の対象者の範囲を必要以上に拡大し、公明かつ適正な公職選挙の実現という立法目的を達成するための手段として妥当性を欠いており、憲法第15条に違反する。

×（国般2020）「いわゆる連座の対象者の範囲を必要以上に拡大し、公明かつ適正な公職選挙の実現という立法目的を達成するための手段として妥当性を欠いており、憲法第15条に違反する」が誤り。

03 最高裁判所の判例に照らすと、憲法は立候補の自由について直接には規定していないが、立候補の自由も憲法の保障する基本的な人権の一つと解すべきである。

○（区2013改題）

04 憲法は政党について規定するところがなく、これに特別の地位を与えてはいないが、憲法の定める議会制民主主義は政党を無視しては到底その円滑な運用を期待することができないのであるから、憲法は、政党の存在を当然に予定しているものというべきであり、政党は議会制民主主義を支える不可欠の要素であるとともに国民の政治意思を形成する最も有力な媒体であるとするのが判例である。

○（国般2010）

2 参政権 365

05 平等選挙とは、財力、教育、性別等を選挙権の要件としないという原則であり、憲法は、成年者による平等選挙を保障する旨規定している。

× (裁2011改題)「平等選挙」が誤り。

06 国民は、その保護する子女に普通教育を受けさせる義務を負っているから、法律の定める免除事由によらず普通教育を終えていない者は選挙権を有しないとする法律を制定しても、憲法に違反しないと解するのが通説である。

× (国般2001)「憲法に違反しないと解するのが通説である」が誤り。

07 国会議員の選挙については憲法上普通選挙によることが求められているが、地方議会の議員の選挙についてはそのような規定がないから、地方議会の議員の選挙について、その選挙権を当該地方公共団体の地方税納税額について一定以上の金額を納めている者に限ることとしても、憲法に違反するものではない。

× (国般2003)「地方議会の議員の選挙についてはそのような規定がないから、地方議会の議員の選挙について、その選挙権を当該地方公共団体の地方税納税額について一定以上の金額を納めている者に限ることとしても、憲法に違反するものではない」が誤り。

08 憲法第47条は、選挙区、投票の方法その他両議院の議員の選挙に関する事項は法律でこれを定めると規定しており、その具体化は立法府の裁量に広く委ねられている。したがって、国民の選挙権又はその行使に対する制限は、当該制限が著しく合理性を欠き明らかに裁量の逸脱・濫用と見ざるを得ない場合を除き、憲法第15条に違反しない。

× (税2011)「当該制限が著しく合理性を欠き明らかに裁量の逸脱・濫用と見ざるを得ない場合を除き」が誤り。

09 最高裁判所の判例に照らすと、憲法は、国会議員の選挙制度の仕組みについての具体的な決定を国会の裁量にゆだねていると解され、国外に居住していて国内の市町村の区域内に住所を有していない日本国民に国政選挙における選挙権の行使を認める制度の対象となる選挙を比例代表選出議員の選挙に限定することは、違憲とはいえない。

× (区2013改題)「違憲とはいえない」が誤り。

10 選挙人が公務員を直接に選挙する直接選挙という原則があり、憲法は、衆議院及び参議院の議員の選挙につき、直接選挙を採用する旨明文で規定していないが、同選挙につき、既に選挙されて公職にある者が選挙人となるという複選制を採

ることは、国民意思との関係が間接的になりすぎ、違憲となると解される。
○（裁2011改題）

[11] 秘密選挙とは、誰に投票したかを秘密にする原則をいい、秘密選挙については、憲法上の明文規定はないが、公職選挙法において具体的な規定が置かれている。
×（裁2011改題）「憲法上の明文規定はないが」が誤り。

第6章

受益権・参政権

2　参政権　367

過去問 Exercise

問題1 国務請求権に関する次の記述のうち、最も適当なのはどれか（争いのあるときは、判例の見解による。）。

裁判所2013［H25］

1 国務請求権とは、国家による行為を請求する権利であり、受益権や人権を確保するための基本権などと呼ばれるものであるが、伝統的には社会権に分類される権利である。

2 請願権(憲法16条)とは、国又は地方公共団体の機関に対して、その職務に関する希望を述べる権利であり、請願を受けた国又は地方公共団体の機関は、これを受理し、採択をする義務を負うが、何らかの施策を行う義務までを負うものではない。

3 裁判を受ける権利(憲法32条)の「裁判」とは、憲法82条が定める公開・対審・判決という原則が保障される訴訟事件の裁判に限らず、家庭裁判所で行われる家事審判のような非訟事件の裁判も含まれると解されている。

4 国家賠償請求権(憲法17条)は、「法律の定めるところにより」賠償を求めることができる権利であるが、判例は、郵便物の亡失等につき損害賠償責任を過剰に制限・免除していた郵便法の規定について、立法裁量の範囲を逸脱するものとして、違憲であるとした。

5 刑事補償請求権(憲法40条)は、抑留又は拘禁された被告人について、無罪の裁判があった場合に、国に対し、補償を求めることができるとする権利であるが、この刑事補償請求権を具体化した刑事補償法は、官憲の故意・過失を要件としている。

解説

正解 ④

❶ ✕ 「伝統的には社会権に分類される権利である」という部分が適当でない。国務請求権とは国家の積極的な作為を要求する権利であり、「受益権」、「人権確保のための基本権」とも呼ばれる。したがって、国務請求権は、社会権とは別個の人権の分類である。なお、国務請求権に分類される人権として、請願権（16条）、裁判を受ける権利（32条）、国家賠償請求権（17条）、刑事補償請求権（40条）が挙げられる。

❷ ✕ 「採択をする義務を負うが」という部分が適当でない。請願権とは、国又は地方公共団体の機関に対し、その職務に関する事項について、希望等を申し出る権利である。請願を受けた機関は、請願内容を採択し、それに応じた措置をとるべき義務を負うものではなく、それを受理し誠実に処理する義務を負うにとどまる（請願法5条）。

❸ ✕ 「家庭裁判所で行われる家事審判のような非訟事件の裁判も含まれると解されている」という部分が適当でない。裁判を受ける権利（32条）の「裁判」について、訴訟事件に限らず非訟事件の審判も含むとする見解もある。しかし、判例は、憲法32条の「裁判」及び同法82条の「公開の原則の下における対審及び判決によるべき裁判」は、ともに純然たる訴訟事件の裁判に限られるとし、非訟事件の裁判は含まれないとしている（最大決昭35.7.6）。

❹ ◯ 条文、判例により適当である。憲法17条は国家賠償請求権を定めており、これを具体化するものとして国家賠償法が制定されている。また、郵便物の亡失について損害賠償責任を免除・制限していた郵便法の規定が憲法17条に反するのではないかが問題となった事件について、判例は、書留郵便物及び特別送達郵便物の亡失について、それぞれの責任を免除・制限する規定部分は憲法17条が立法府に付与した裁量の範囲を逸脱しており違憲であるとしている（最大判平14.9.11、郵便法違憲判決）。

❺ ✕ 「この刑事補償請求権を具体化した刑事補償法は、官憲の故意・過失を要件としている」という部分が適当でない。刑事補償を定めた憲法40条は、「何人も、抑留又は拘禁された後、無罪の裁判を受けたときは、法律の定めるところにより、国にその補償を求めることができる」と定めている。同条の趣旨は、身体拘束

を受け無罪となった者が被った身体的・精神的犠牲に対し補償を与え、事後的に人権保障を図ることにあり、公権力の違法行為に対する損害賠償請求権（国家賠償請求権）とは趣旨を異にする。したがって、官憲の故意・過失は具体的補償額の算定要素の一つではあるが（刑事補償法４条２項）、刑事補償請求の要件とはなっていない。

問題2 参政権に関する記述として、最高裁判所の判例に照らして、妥当なのはどれか。

特別区2013［H25］

1 憲法は、国会議員の選挙制度の仕組みについての具体的な決定を国会の裁量にゆだねていると解され、国外に居住していて国内の市町村の区域内に住所を有していない日本国民に国政選挙における選挙権の行使を認める制度の対象となる選挙を比例代表選出議員の選挙に限定することは、違憲とはいえない。

2 戸別訪問が不正行為を助長するおそれがあるというのは、抽象的な可能性にとどまり、被訪問者の生活の平穏を害するという点は、制限を置くことによってその弊害を除くことができるので、戸別訪問を一律に禁止している公職選挙法の規定は、合理的で必要やむを得ない限度を超えており、憲法に違反する。

3 憲法は立候補の自由について直接には規定していないが、立候補の自由も憲法の保障する基本的な人権の一つと解すべきであり、労働組合が、組合の方針に反して立候補しようとする組合員に対し、立候補を取りやめることを要求し、これに従わないことを理由に当該組合員を統制違反者として処分するのは、組合の統制権の限界を超えるものであり、違法である。

4 選挙に関する犯罪により一定以上の刑に処せられた者に対して、選挙権を所定の期間停止することは、選挙権が主権者としての市民の主権行使の権利であるので、憲法に違反するが、被選挙権を所定の期間停止することは、被選挙権は選挙されうる資格ないし地位であるので、憲法に違反しない。

5 選挙運動の総括主宰者だけでなく、組織的選挙運動管理者等が、買収等の悪質な選挙犯罪を犯し禁錮以上の刑に処せられたときに、候補者であった者の当選無効や立候補の禁止という連座の効果を生じさせる公職選挙法の規定は、投票者の選挙権を侵害し、候補者の立候補の自由と被選挙権を侵害するものであり、憲法に違反する。

過去問Exercise 371

解説

正解 **3**

① ✕ 「違憲とはいえない」という部分が妥当でない。判例は、在外国民に選挙区選出議員の選挙の投票を認めず、比例代表選出議員の選挙に限って認めていることは、国民の選挙権またはその行使を制限するためのやむを得ない事由があるとはいえないとして、違憲であるとしている(最大判平17.9.14、在外日本人選挙権訴訟)。

② ✕ 全体が妥当でない。判例は、戸別訪問の禁止が、買収、利益誘導、生活の平穏侵害、投票の情実支配などの弊害を防止し、それによって選挙の自由と公正を確保するという正当な目的を有しており、またそのような禁止目的と訪問の一律禁止という手段との間には合理的な関連性があり、禁止によって失われる利益よりも得られる利益のほうがはるかに大きく、合理的で必要やむをえない限度を越えるものではないとして、戸別訪問の一律禁止を合憲としている(最判昭56.6.15)。

③ ◯ 判例により妥当である。判例は、立候補の自由も憲法15条1項が保障する重要な基本的人権の一つであり、労働組合が組合員に対して立候補を取りやめることを要求し、これに従わない者を統制違反者として処分することは、統制権の限界を越え、違法であるとしている(最大判昭43.12.4、三井美唄労組事件)。

④ ✕ 「選挙権を所定の期間停止することは、選挙権が主権者としての市民の主権行使の権利であるので、憲法に違反するが」という部分が妥当でない。判例は、一定の選挙犯罪を犯し、選挙の公正を阻害し、選挙に関与させることが不適当とみられる者は、しばらく被選挙権、選挙権の行使から遠ざけて選挙の公正を確保し、本人の反省を促すことが相当であるから、これを以て不当に国民の参政権を奪うものというべきではないとしている(最大判昭30.2.9)。

⑤ ✕ 「投票者の選挙権を侵害し、候補者の立候補の自由と被選挙権を侵害するものであり、憲法に違反する」という部分が妥当でない。判例は、いわゆる拡大連座制について、民主主義の根幹をなす公職選挙の公明、適正を厳粛に保持するという極めて重要な法益を実現するために定められたものであり、立法目的は合理的であり、その規制は、全体としてみれば、立法目的を達成するための手段として必要かつ合理的であるとして、その合憲性を認めている(最判平9.3.13)。

第 7 章

基本的人権Ⅶ ─ 人身の自由・国民の義務

　本章では、人身の自由と国民の義務を学習します。人身の自由は、明治憲法においても規定がありましたが、公務員による人権侵害行為が多発したため、現行憲法では詳細に規定しています。

●人身の自由・国民の義務
- 基本原則　　　　　　　　　　　　　　　　1 節
- 刑事手続上の権利保障①（捜査段階）　　　2 節
- 刑事手続上の権利保障②（公判段階）　　　3 節
- 刑事手続上の権利保障と行政手続　　　　　4 節
- 国民の義務　　　　　　　　　　　　　　　5 節

国般★☆☆／国専★★☆／裁判所★☆☆／特別区★★★／地上★★☆

1 基本原則

本節では、人身の自由の基本原則として、①奴隷的拘束及び苦役からの自由と、②適正手続の保障を扱います。

1 奴隷的拘束及び苦役からの自由

第18条【奴隷的拘束及び苦役からの自由】
　何人も、いかなる奴隷的拘束も受けない。又、犯罪に因る処罰の場合を除いては、その意に反する苦役に服させられない。

意義　奴隷的拘束及び苦役からの自由とは、奴隷的拘束を絶対的に禁止することと、犯罪よる処罰の場合を除いた意に反する苦役を禁止することである。

趣旨　個人の尊厳(13条)を究極の価値とする憲法の立場からは、人間としての尊厳に反するような自由の拘束を根絶しなければならない。この趣旨から、憲法18条は私人間にも直接適用される。とりわけ奴隷的拘束は公共の福祉による例外を許さない絶対的禁止という特徴をもっている。

2 適正手続の保障 ☆

1 総説

第31条【法定の手続の保障】
　何人も、法律の定める手続によらなければ、その生命若しくは自由を奪はれ、又はその他の刑罰を科せられない。

意義　刑罰を科すには法律の定める手続を必要とすることである。

趣旨　国が恣意的に刑罰を科すと、国民の権利自由が大きく侵害されるので、刑罰権の行使から国民の権利自由を守るために、刑罰権を行使する根拠や手続が法律で民主的にコントロールされることを求めた。

374　第7章　基本的人権Ⅶ

2 憲法31条の保障範囲

憲法31条は、文言上は「刑罰」に関して「法律の定める手続」によることを求めている(**手続の法定**)。

問題点 憲法31条は手続の法定のみを求めているのか。

結論 憲法31条は、①手続の法定に加えて、②**手続の適正**(手続が適正であること)、③**実体の法定**、④**実体の適正**(実体が適正であること)もあわせて求めている(通説)。 01

理由 ① 恣意的な刑罰権の行使から国民の権利自由を守るという憲法31条の趣旨に鑑みれば、法定された手続が適正であることも求められる。

② さらに、手続面だけでは国民の権利自由を十分に守ることができないから、憲法31条は実体(犯罪と刑罰)の法定やその適正も求めていると解するべきである。

【憲法31条の保障範囲(通説)】

	法定	適正
手続	❶31条	❷○(解釈)
実体	❸○(解釈)	❹○(解釈)

❶手続の法定	刑事手続(刑罰を科す手続)が法律で定められなければならない
❷手続の適正	法律で定められた手続が合理的でなければならない
❸実体の法定	実体が法律で定められなければならない
❹実体の適正	法律で定められた実体が合理的でなければならない

〈語句〉●**実体法**とは、権利・義務の発生・変更・消滅等について定める法令をいう。例えば、犯罪と刑罰について定める実体法が刑法である。

●**手続法**とは、実体法を実現するための手続について定める法令をいう。例えば、犯罪を認定し刑罰を科すための手続について定める手続法が刑事訴訟法である。

① 手続の法定

手続の法定により、**刑事手続は国会の定める法律によらなければならない**(ex.刑事訴訟法)。ただし、最高裁判所は「訴訟に関する手続」について規則制定権を有するので(77条1項)、刑事手続に関する規則を定めることが可能である(ex.刑事訴訟規則)。

1 基本原則 375

② 手続の適正

手続の適正には告知・聴聞を受ける権利が含まれる。

意義 告知・聴聞を受ける権利とは、刑罰を科すときは、当事者に対して、あらかじめその内容を告知するとともに、弁解と防御をする機会を与えなければならないとするものである。

問題点 告知・聴聞の機会を与えずに、被告人以外の者(第三者)の所有物を没収することは憲法に違反するか。

結論 憲法31条、29条に違反する(最大判昭37.11.28、第三者所有物没収事件)。

理由 告知・聴聞の機会を与えずに第三者の所有物を没収することは、適正な手続によらないで第三者の財産権を侵害する制裁を科すものである。

判例　第三者所有物没収事件(最大判昭37.11.28)

〈事案〉

Aは、韓国への密輸出を企て、税関の輸出免許を受けずに貨物を船舶に積み込んだ。しかし、❶韓国への出発前に密輸の容疑で逮捕・起訴された。その後、❷有罪判決とともに、犯罪に使用されたとされる船舶と犯罪に関わるとされる貨物が没収された。これに対して、Aは、没収された貨物には第三者Bの所有物が含まれており、その第三者Bに告知・聴聞の機会を与えることなく没収したことが憲法に違反すると主張した。

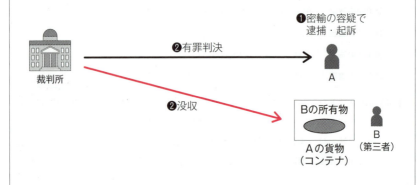

〈判旨〉

● 1　没収に際して所有者である第三者にも告知・聴聞の機会を与えるべきか

▶ 与えなければならない。

結論 第三者の所有物を没収する場合において、その没収に関して当該所有者に対し、何ら告知、弁解、防禦の機会を与えることなく、その所有権を奪うことは、著しく不合理であって、憲法の容認しないところであるといわなければならない。
02

理由 ① なぜなら、第三者の所有物の没収は、被告人に対する附加刑として言い渡され、その刑事処分の効果が第三者に及ぶものであるから、所有物を没収せられる第三者についても、告知、弁解、防禦の機会を与えることが必要であって、

② これなくして第三者の所有物を没収することは、**適正な法律手続によらない**で、**財産権を侵害する制裁を科するに外ならない**からである。

●2 告知・聴聞の機会を与えずにした没収は憲法に違反するか

Ⅲ▶ 憲法31条、29条に違反する（違憲）。

理由 ① 関税法118条1項（当時）は、同項所定の犯罪に関係ある船舶、貨物等が被告人以外の第三者の所有に属する場合においてもこれを没収する旨規定しながら、その所有者たる第三者に対し、告知、弁解、防禦の機会を与えるべきことを定めていない、 `03`

② また、刑事訴訟法その他の法令においても、何らかかる手続に関する規定を設けていないのである。

結論 したがって、関税法118条1項によって第三者の所有物を没収することは、憲法31条、29条に違反するものと断ぜざるをえない。 `03`

●3 第三者の所有物の没収の言渡しを受けた被告人は上告できるか

Ⅲ▶ 上告できる。

理由 没収の言渡しを受けた被告人は、たとえ第三者の所有物に関する場合であっても、被告人に対する附加刑である以上、 `02`

結論 没収の裁判の違憲を理由として上告をなしうる。 `02`

〈解説〉 ① 本判決が法令違憲なのか否かは議論がある。最高裁判所としては、没収という処分を違憲であると判断したにすぎず、法令違憲ではないと考えていたようである。法令違憲については、第10章**4**節「違憲審査権」で扱う。

② ●1により、憲法31条は、手続の適正（適正手続の保障）も含んでいることになる。

〈語句〉●上告とは、基本的には、高等裁判所の判決に不服のある者が最高裁判所に再度の審理を求めることをいう。

●附（付）加刑とは、主刑を言い渡す場合に、これに付加してのみ科すことのできる刑罰をいう。

〈参照〉●刑法9条（刑の種類）：死刑、懲役、禁錮、罰金、拘留及び科料を主刑とし、没収を付加刑とする。

〈参考〉 **発展** 保釈保証金没取決定（保釈保証金の還付請求権を消滅させる決定）に対し、事後に不服申立ての途が認められれば、あらかじめ告知、弁解防御の機会が与えられていなくても、憲法31条、29条の規定に違反するものではないとした判例もある（最決昭52.4.4）。 `A`

手続の適正に関連して、起訴されていない犯罪事実を余罪として認定し、量刑に

考慮することが、不告不理の原則(起訴がない事件について裁判所が審理を行うことはできないとする原則)に反するのではないかが問題となった判例がある。

> **判例 余罪と量刑**(最大判昭42.7.5)
>
> 〈事案〉
>
> ❶郵便局員Aは、郵便物29通を窃取したとして起訴された。❷第一審判決では、郵便物29通の窃取の有罪を認定したうえで、❸以前にも約3000通の郵便物を窃取したという事実を認定し、量刑をするにあたってその事実を考慮した。これに対して、Aは、余罪(起訴されていない犯罪事実)を量刑に考慮するのは、憲法31条に違反すると主張した。
>
>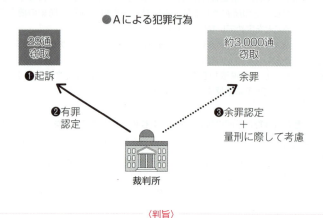
>
> 〈判旨〉
>
> ● 1 余罪として認定し、余罪を処罰する趣旨で量刑の資料に考慮することは許されるのか
>
> ▶ 余罪として認定し、実質上余罪を処罰する趣旨で量刑の資料に考慮することは許されない。
>
> **結論** 刑事裁判において、起訴された犯罪事実のほかに、起訴されていない犯罪事実をいわゆる余罪として認定し、実質上これを処罰する趣旨で量刑の資料に考慮し、これがため被告人を重く処罰することが、不告不理の原則に反し、憲法31条に違反するのみならず、自白に補強証拠を必要とする憲法38条3項の制約を免れることとなるおそれがあって許されない。 04

● 2 余罪を量刑の一情状として考慮することは認められないのか

▶▶▶ 量刑のための一情状としてならば許される。

理由 刑事裁判における量刑は、被告人の性格、経歴および犯罪の動機、目的、方法等すべての事情を考慮して、裁判所が法定刑の範囲内において、適当に決定すべきものであるから、

結論 その量刑のための一情状として、いわゆる余罪をも考慮することは、必ずしも禁ぜられるところでない。[04]

〈解説〉 ① 本判決を簡潔にまとめると、①余罪を認定して、それを処罰するために起訴した犯罪の量刑に余罪を考慮することはできない。②起訴した犯罪の量刑の一情状として余罪を考慮することは許される。

② 自白に補強証拠を必要とする点については、本章 **3** 節 **4** 項「自白強要からの自由」を参照。

③ 実体の法定

実体の法定には罪刑法定主義が含まれる。

意義 罪刑法定主義とは、犯罪と刑罰の制定は法律によらなければならないことである。具体的には、どのような行為が犯罪となり、犯罪とされる行為に対してどのような刑罰を科するのかを、あらかじめ法律で定めておかなければならない、ということである。 法律なければ犯罪なし、犯罪なければ刑罰なし

問題点 法律によって罰則の制定を他の法形式(政令、省令、条例など)に委任すること(法律の委任)ができるかは、第11章 **1** 節「地方自治」で扱う。

④ 実体の適正

実体の適正には、①明確性の原則と②罪刑の均衡が含まれる。

意義 ① 明確性の原則(刑罰法規の明確性)とは、法令の文言が明確でなければならないとする原則であり、特に刑罰法規に関しては、単に実体が法定されるだけでなく、どのような行為が犯罪となるのかが明確に定められなければならないことをいう。 21条、31条

② 罪刑の均衡とは、犯罪行為に対して科される刑罰について、均衡がとれていなければならないとする原則である。

趣旨 ① 刑罰法規が曖昧な文言で定められてしまうと、禁止される犯罪行為とそうでない非犯罪行為との区別ができなくなる結果、国民の行動が制約される(萎縮的効果)。

② 例えば他人の物を盗んだ窃盗罪に対して死刑を科すように、犯罪と

1 基本原則 379

刑罰が合理的に対応できていないと、刑罰が人権侵害となってしまう。

明確性の原則に関する判例として、第3章 **6** 節 **4** 項「不明確な規制（明確性の理論）」で学習した**徳島市公安条例事件**（最大判昭50.9.10）がある。 05

重要事項 一問一答

01 憲法31条は手続の法定のみを求めているか？

手続の法定に加え、手続の適正、実体の法定、実体の適正も求めている。

02 告知・聴聞の機会を与えずに、関税法の規定によって第三者の所有物を没収することは合憲か？

適正な手続によらないで第三者の財産権を侵害する制裁なので、憲法31条、29条に違反する（判例）。

03 余罪を量刑に考慮することはできるか？

余罪として認定し、実質上余罪を処罰する趣旨で量刑の資料に考慮することは許されないが、量刑のための一情状として余罪を考慮することはできる（判例）。

過去問チェック

01 判例、通説に照らすと、憲法の定める法定手続の保障は、手続が法律で定められることだけでなく、その法律で定められた手続が適正でなければならないこと、実体もまた法律で定められなければならないことを意味するが、法律で定められた実体規定も適正でなければならないことまで要求するものではない。

× （区2019改題）「法律で定められた実体規定も適正でなければならないことまで要求するものではない」が誤り。

02 最高裁判所の判例に照らすと、関税法の規定により第三者の所有物を没収する場合に、その没収に関してその所有者に対し、何ら告知、弁解、防御の機会を与えることなく、その所有権を奪うことは著しく不合理であって憲法の容認しないところであり、かかる没収の言渡しを受けた被告人は、たとえ第三者の所有物に関する場合でも被告人に対する付加刑である以上、没収の裁判の違憲を理由として上告しうる。

○ （区2019改題）

03 旧関税法は、同法所定の犯罪に関係ある船舶、貨物等が被告人以外の第三者

の所有に属する場合においてもこれを没収する旨を規定し、その所有者たる第三者に対して、告知、弁解、防御の機会を与えるべきことを定めていないが、当該規定に基づいて第三者の所有物を没収することは、法律に定める手続に従って行われるものであり、憲法第31条に違反するものではない。

× (国般2003)「憲法第31条に違反するものではない」が誤り。

04 刑事裁判において、起訴されていない犯罪事実をいわゆる余罪として認定し、実質上これを処罰する趣旨で量刑の資料に考慮し、これにより被告人を重く処罰することは、憲法第31条に反し許されず、また、量刑のための一事情として、いわゆる余罪を考慮することも許されない。

× (国般2003)「量刑のための一情状として、いわゆる余罪を考慮することも許されない」が誤り。

05 最高裁判所の判例に照らすと、刑罰法規があいまい不明確のゆえに憲法の定める法定手続の保障に違反するかどうかは、通常の判断能力を有する一般人の理解において、具体的場合にその適用を受けるものかどうかの判断を可能ならしめるような基準が読みとれるかどうかによって決定すべきであり、公安条例の交通秩序を維持することという規定は、犯罪構成要件の内容をなすものとして不明確なため、違憲となる。

× (区2013改題)「犯罪構成要件の内容をなすものとして不明確なため、違憲となる」が誤り。

A 被告人以外の者が納付した保釈保証金の没取決定も刑事罰である以上、事後に不服申立てが認められているとしても、事前に告知・弁解・防御の機会を与えられなければ憲法に違反する。

× (労2000)「事前に告知・弁解・防御の機会を与えられなければ憲法に違反する」が誤り。

国般★★★／国専★★★／裁判所★★★／特別区★★★／地上★★★

2 刑事手続上の権利保障①（捜査段階）

本節では、刑事手続上の権利保障①として、捜査段階における被疑者の保護を扱います。

1 刑事手続の流れ

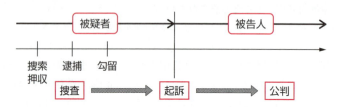

- 被疑者と被告人：捜査段階で被疑者（通称では容疑者）であった者は、起訴により被告人となる
- 逮捕による留置：被疑者段階における最長48時間の身柄拘束
- 勾留：被疑者段階では10日間（10日間延長可）の身柄拘束、被告人段階では2か月（1か月ごとに更新可）の身柄拘束

【刑事手続の流れ】

【刑事手続に関する根拠条文】

基本原則	奴隷的拘束及び苦役からの自由（18条） 適正手続の保障（31条）
捜査段階	不当な逮捕からの自由（33条） 不当な抑留・拘禁からの自由（34条） 住居等の不可侵（35条） 拷問の禁止（36条） 自己負罪拒否特権（38条）
公判段階	公平な裁判所の迅速な公開裁判を受ける権利（37条） 証人審問・証人喚問権（37条） 弁護人依頼権（37条） 自白強要からの自由（38条） 事後法の禁止と一事不再理（39条） 拷問の禁止・残虐刑の禁止（36条）

2 不当な逮捕からの自由

1 原則

第33条【逮捕の要件】
何人も、現行犯として逮捕される場合を除いては、権限を有する司法官憲（裁判官）が発し、且つ理由となつてゐる犯罪を明示する令状によらなければ、逮捕されない。

意義 憲法33条は、現行犯逮捕の場合を除いて、逮捕をするときは、司法官憲（発展 憲法では裁判官）の発する理由を明示した令状（逮捕状）によらなければならないことを規定する（逮捕に関する令状主義）。 A

趣旨 ①司法官憲（憲法では裁判官）による事前の判断を通じて、恣意的な人身の自由の侵害を阻止することと、②逮捕理由の明示を通じて、被疑者の防御権を保護することを趣旨とする。

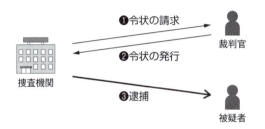

〈語句〉
● **強制処分**とは、逮捕、勾留、捜索、押収、通信傍受など、捜査機関が個人の意思を制圧して行う捜査活動のことをいう。
● **令状主義**とは、裁判官の発する令状によらなければ、強制処分を行うことができないとすることをいう。憲法33条は逮捕に関する令状主義を規定し、憲法35条は捜索と押収に関する令状主義を規定している。
● **司法官憲**とは、司法に関する職務を扱う公務員のことをいう。憲法では、裁判官のことをいうが、広義では、検察官・警察官（司法警察職員）を含む。
● **防御権**とは、自己を防衛する権利を意味し、逮捕から自分を守るための弁護人依頼権、自己負罪拒否特権等のことを指す。

2 例外

逮捕に関する令状主義の例外として、憲法33条は現行犯逮捕の場合のみを規定し

ている。現行犯逮捕とは、現に罪を行っている者又は現に罪を行い終った者を逮捕することである。

その他にも、法律上の制度として、一定の重大な犯罪について緊急性があるときに、逮捕状の請求を逮捕後にすることができるとする緊急逮捕の制度がある（刑事訴訟法210条）。判例は、刑事訴訟法210条の緊急逮捕は憲法33条に違反しないとしている（最大判昭30.12.14）。01

【逮捕に関する令状主義の例外】

例外	例外を認める理由
現行犯逮捕 （憲法33条）	犯罪の嫌疑が明白で、誤認逮捕のおそれがない
緊急逮捕 （刑事訴訟法210条）	刑事訴訟法210条が、犯罪の重大性・緊急性や逮捕後の令状請求を要求するなど、厳格な制約を定めており、総合的に見れば令状による逮捕といえる 01

〈参照〉●刑事訴訟法210条1項：検察官、検察事務官又は司法警察職員は、死刑又は無期若しくは長期3年以上の懲役若しくは禁錮にあたる罪を犯したことを疑うに足りる充分な理由がある場合で、急速を要し、裁判官の逮捕状を求めることができないときは、その理由を告げて被疑者を逮捕することができる。この場合には、直ちに裁判官の逮捕状を求める手続をしなければならない。逮捕状が発せられないときは、直ちに被疑者を釈放しなければならない。

判例　緊急逮捕の合憲性（最大判昭30.12.14）

〈事案〉

❶警察官がA宅において窃盗の容疑があるAに任意出頭を求めたところ、Aが応じないため、緊急逮捕をすると告げたところ、❷警察官に殴りかかってきた。そこで、❸警察官はAを緊急逮捕し、逮捕当日に逮捕状の発付が行われた。その後の公判において、Aは緊急逮捕が憲法33条に違反すると主張した。

〈判旨〉

● 緊急逮捕は憲法33条に違反するか

▶ **違反しない（合憲）**。

結論 刑事訴訟法210条のような**厳格な制約**の下に、罪状の重い一定の犯罪のみについて、**緊急已むを得ない場合**に限り、**逮捕後直ちに裁判官の審査を受けて逮捕状の発行**を求めることを条件とし、被疑者の逮捕を認めることは、憲法33条規定の趣旨に反するものではない。 01

3 不当な抑留・拘禁からの自由

第34条【抑留・拘禁の要件、不法拘禁に対する保障】
　何人も、理由を直ちに告げられ、且つ、直ちに**弁護人に依頼する権利を与へられなければ、抑留又は拘禁されない**。又、何人も、**正当な理由がなければ、拘禁されず、要求があれば、その理由は、直ちに本人及びその弁護人の出席する公開の法廷で示されなければならない**。

意義 憲法34条は、①抑留・拘禁理由の告知、②拘禁理由の開示、③弁護人依頼権を保障している。

趣旨 ①被疑者の防御権を保障するために理由の告知を義務付け、②不当な拘禁を防止するために、正当理由による拘禁であることを公開法廷で示すことを義務付け、③**法律専門家の援助によって捜査機関との対等性を得られるように、弁護人依頼権を保障している。** 被疑者＝弁護人→捜査機関

〈語 句〉●**抑留**とは**一時的**な身体の拘束（逮捕後の留置）のことを指し、**拘禁**とは**継続的**な身体の拘束（勾留）のことを指す。

【不当な抑留・拘禁からの自由】

種類	抑留	拘禁
要件等	理由を直ちに告げられなければ 弁護人に依頼する権利を与えられなければ	} **抑留・拘禁されない** 02
	—	**正当な理由がなければ拘禁されない**ことと、要求をすることにより、直ちに**本人及びその弁護人の出席する公開法廷で拘禁の理由を示される**ことが保障される 02

2　刑事手続上の権利保障①（捜査段階）　385

4 住居等の不可侵

第35条【住居の不可侵】
① 何人も、その住居、書類及び所持品について、侵入、捜索及び押収を受けることのない権利は、第33条の場合を除いては、正当な理由に基いて発せられ、且つ捜索する場所及び押収する物を明示する**令状**がなければ、侵されない。
② 捜索又は押収は、権限を有する**司法官憲**（裁判官）が発する**各別の令状**により、これを行ふ。

意義 本条は、逮捕の場合を除き、正当な理由に基づく捜索場所及び押収物が明示された**令状がなければ**、住居、書類、所持品について、侵入、捜索、押収を受けないことを保障する（捜索・押収に関する**令状主義**）（1項）。令状については、**司法官憲**（憲法では裁判官）が個々の捜索・押収ごとに発したものでなければならない（2項）。 03

趣旨 国民の私生活の自由や財産権に対する不当な侵害を防止する。

① 令状が不要な場合

捜索・押収令状が必要な場合の例外として、**逮捕に伴う捜索・押収は、捜索・押収令状が不要**であり、逮捕には**令状逮捕だけでなく現行犯逮捕・緊急逮捕も含まれる**。逮捕の目的を達成するには、逮捕の現場に存在している可能性が高い証拠品の捜索・押収を認める必要があるからである。 03

② 憲法35条の保障対象 🔖発展

憲法35条の規定の保障対象は、「住居、書類及び所持品」となっているが、これらに準ずる私的領域に「侵入」されることのない権利が含まれるとした判例がある（最大判平29.3.15、GPS捜査と憲法35条）。

5 拷問の禁止（36条）

⇒次節 **6** 項「拷問・残虐な刑罰の禁止」参照。

6 自己負罪拒否特権（38条）

⇒次節 **4** 項「自白強要からの自由」参照。

重要事項 一問一答

01 現行犯逮捕をする場合に令状が必要か？

令状は不要である（33条）。

02 緊急逮捕は憲法33条に反するか？

憲法33条規定の趣旨に反しない（判例）。

03 拘禁理由の開示は必要か？

要求があれば本人や弁護人の出席する公開法廷での開示が必要となる（34条）。

04 捜索・押収をする場合に必ず令状が必要か？

逮捕に伴う捜索・押収の場合は、捜索・押収令状は不要である（35条1項）。

過去問チェック

01 憲法第33条は、「何人も、現行犯として逮捕される場合を除いては、権限を有する司法官憲が発し、且つ理由となつてゐる犯罪を明示する令状によらなければ、逮捕されない。」と規定している。このため、たとえ厳格な制約の下に、罪状の重い一定の犯罪のみについて、緊急やむを得ない場合に限り、逮捕後直ちに裁判官の審査を受けて逮捕状を求めることを条件としても、令状なく緊急に被疑者を逮捕することは認められないとするのが判例である。

×（財2019）「令状なく緊急に被疑者を逮捕することは認められないとするのが判例である」が誤り。

02 何人も、理由を直ちに告げられ、かつ、直ちに弁護人に依頼する権利を与えられなければ、抑留又は拘禁されず、また、何人も、正当な理由がなければ、抑留されず、要求があれば、その理由は、直ちに本人及びその弁護人の出席する公開の法廷で示されなければならない。

×（区2019）「抑留されず」が誤り。

03 憲法は、住居、書類及び所持品について侵入、捜索及び押収を受けることのない権利を保障しており、住居の捜索や所持品の押収については裁判官が発した令状によりこれを行う必要があるが、令状がなくても住居の捜索や所持品の押収が許されるのは、現行犯逮捕の場合に限られる。

×（区2015）「現行犯逮捕の場合に限られる」が誤り。

A 憲法第33条の令状主義の趣旨は、捜査権力が逮捕権を濫用し不当な逮捕を行うことを抑制しようとするものであることから、本条の「権限を有する司法官憲」とは裁判官のみをいい、検察官及び警察官は含まない。

○（労2001）

2 刑事手続上の権利保障①（捜査段階） 387

国般★★★／国専★★★／裁判所★★★／特別区★★★／地上★★★

3 刑事手続上の権利保障②（公判段階）

本節では、刑事手続上の権利保障②として、公判段階における被告人の保護について学習します。

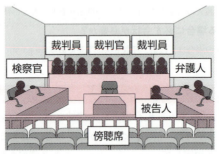

1 公平な裁判所の迅速な公開裁判を受ける権利

第37条【刑事被告人の権利】
① すべて刑事事件においては、被告人は、公平な裁判所の迅速な公開裁判を受ける権利を有する。

意義 憲法37条1項は、刑事事件の裁判について、公平・迅速・公開の要件が充足される必要があることを規定する。

趣旨 ①公平な裁判所による公開裁判を保障して、裁判所による恣意的な判断を防止するとともに、②迅速な裁判を保障して、訴訟遅延による被告人の不利益（身柄拘束の長期化）を防止する。

【公平・迅速・公開の意味】

公平な裁判所による裁判	構成その他において偏頗(偏って不公平であること)のおそれがない裁判所の裁判を意味する(最大判昭23.5.5)。 ※裁判所が検察とは異なる組織であること等を要求するものであり、個々の事件で被告人に不利益な裁判がなされても、それが一々違憲の裁判になるものではない。
迅速な裁判	発展 適正な裁判を確保するのに必要な期間を超えて不当に遅延していない裁判をいう。 A ※ 発展 迅速な裁判の具体的目標として、裁判の迅速化に関する法律では、第一審の訴訟手続を2年以内のできるだけ短い期間内に終局させる(判決を下す)ことが規定されている。 A
公開裁判	対審(裁判官の面前で当事者が口頭で各々の主張を述べること)及び判決が公開法廷で行われる裁判をいう。 ※遮へい措置やビデオリンク方式を採用しても、審理が公開されていることに変わりないから、公開裁判に反しない(後掲、最判平17.4.14)。

憲法37条1項に関しては、**迅速な裁判に違反する状況がある場合に、審理を打ち切って被告人を救済した事件**(最大判昭47.12.20、高田事件)がある。

> **判例　高田事件**(最大判昭47.12.20) ☆
>
> 〈事案〉
>
> 高田事件の被告人Aらの刑事裁判の審理(以下「本件審理」という)が第一審の途中で中断され、その後、再開されるまでの間、約15年にわたり全く本件審理が行われないで経過した。審理の再開に対して、被告人Aらは、迅速な裁判を受ける権利の侵害であると主張した。

3　刑事手続上の権利保障②(公判段階)

〈判旨〉

● 1 憲法の規定を根拠にして審理の打ち切りができるか

▸▸▸ **憲法37条は、一定の場合には審理を打ち切ることも認めている規定である。**

理由 憲法37条1項の保障する迅速な裁判をうける権利は、憲法の保障する基本的な人権の一つであり、当該条項は、単に迅速な裁判を一般的に保障するために必要な立法上および司法行政上の措置をとるべきことを要請するにとどまらず、

結論 さらに個々の刑事事件について、現実にその保障に明らかに反し、審理の著しい遅延の結果、迅速な裁判をうける被告人の権利が害せられたと認められる異常な事態が生じた場合には、これに対処すべき具体的規定がなくても、もはや当該被告人に対する手続の続行を許さず、その審理を打ち切るという非常救済手段がとられるべきことをも認めている趣旨の規定であると解する。 01

● 2 どのような方法で審理を打ち切るのか ✎発展

▸▸▸ **免訴の判決による。**

理由 刑事事件が裁判所に係属している間に迅速な裁判の保障条項に反する事態が生じた場合において、その審理を打ち切る方法については現行法上よるべき具体的な明文の規定はないのであるが、これ以上実体的審理を進めることは適当でないから、 B

結論 判決で免訴の言渡しをするのが相当である。 B

起訴をまぬがれる（グレー）

〈解説〉 ① 高田事件とは、昭和27年に名古屋市にある高田派出所が襲撃された事件とその前後に起きた同時多発事件の総称である。

② 免訴とは、被告人が有罪か無罪かを判断をすることなく、公判の審理を打ち切る判決であり（刑事訴訟法337条）、公訴時効が完成した場合などに言い渡される。

2 証人審問権・証人喚問権

1 証人審問権

第37条【刑事被告人の権利】
② 刑事被告人は、すべての証人に対して審問する機会を充分に与へられ、又、公費で自己のために強制的手続により証人を求める権利を有する。

意義 証人審問権とは、被告人（刑事被告人）が、すべての証人に対して審問する（事情などを問いただす）機会を充分に与えられることをいう（2項前段）。

390 第7章 基本的人権Ⅶ

趣旨 被告人に審問の機会が十分に与えられていない証人の証言を、特に被告人に不利な証拠として認めるべきではない（直接審理の原則）。

　性犯罪の裁判において被害者が証人となる場合など、被告人と対面することによる証人の心理的負担を回避・軽減するための措置として、**発展**①証人尋問中に被告人を退廷させた事案（最判昭35.6.10）、**発展**②公判廷外における聴取書を証人に代えた事案（最判昭25.6.13）、**発展**③ビデオリンク方式や遮へい措置を使用した事案（最判平17.4.14）が問題となる。

2 証人喚問権

第37条【刑事被告人の権利】
② 刑事被告人は、すべての証人に対して審問する機会を充分に与へられ、又、**公費で自己のために強制的手続により証人を求める権利**を有する。

意義 **証人喚問権**とは、被告人が、公費で自己のために強制的手続により証人を求める権利である（2項後段）。

趣旨 被告人に対して防御権を遺憾なく行使させるためには、被告人の無資産などの事情のために、充分に証人の喚問（呼び出し）を請求する自由が妨げられてはならない（最大判昭23.12.27）。

〈語句〉●憲法37条2項後段の「強制的手続」とは、証人として召喚を受け正当な理由がなく出頭しない者に対して罰則を科すことや、身柄を拘束して裁判所に連行（勾引）することである（刑事訴訟法151条、152条参照）。

【証人喚問権に関する判例】

問題点	判　例
証人申請のあった**全ての証人**を喚問する必要があるか	被告人又は弁護人からした証人申請に基づき**全ての証人**を喚問し、不必要と思われる証人までをも全て尋問する必要はなく、事件の裁判を行うのに**必要適切な証人を喚問すればよい**（最大判昭23.7.29）**02**
有罪判決を受けた被告人に**訴訟費用**の負担を命じることはできるか	憲法37条2項の規定は、証人喚問の請求について、**被告人は財産上の出捐（支出）を必要としない**とするものであり、証人の旅費等の費用は国家が支給する。しかし、これは被告人が訴訟の当事者たる地位にある限度で、その防御権を充分に行使させようとするものであって、**被告人が判決において有罪の言渡を受けた場合にも、その被告人に対して訴訟費用の負担を命じてはならないという趣旨の規定ではない**から、有罪判決を受けた被告人に訴訟費用の負担を命ずることは差し支えない（最大判昭23.12.27）**03**

3　刑事手続上の権利保障②（公判段階）　391

3 弁護人依頼権

第37条【弁護人依頼権・国選弁護人】
③ 刑事被告人は、いかなる場合にも、**資格を有する弁護人を依頼**することができる。被告人が自らこれを依頼することができないときは、**国でこれを附する**。

意義 被告人（刑事被告人）に対して弁護人依頼権を保障している（3項前段）とともに、資力不足などのために弁護人を依頼することができない被告人が国の費用で弁護人を選任してもらうことができる権利を保障している（3項後段）。

国（裁判所）が被告人に付けた弁護人のことを国選弁護人という。　*国選弁護人*

殺人などの重大事件（死刑、無期、長期3年を超える懲役・禁錮に当たる事件）については、弁護人を付けなければならない（必要的弁護事件）（刑事訴訟法289条）。

趣旨 法律専門家の援助によって検察との対等性を得られるようにして、刑事訴訟の手続における防御活動を十分に行えるようにする。

被疑者	被告人
抑留・拘禁された被疑者に弁護人依頼権（34条前段）	刑事被告人に弁護人依頼権（37条3項）

〈解説〉　抑留・拘禁されていない被疑者には、憲法上弁護人依頼権の保障はない。

① 国選弁護人の選任 /発展

刑事被告人が、貧困その他の事由により、弁護人を選任することができないときは、裁判所は、刑事被告人の請求により国選弁護人を付さなければならず（37条3項後段、刑事訴訟法36条）、**弁護人の引受けがない場合にも保障が及ぶ**ものと解されている（刑事訴訟法37条5号参照）。 **C**

② 弁護人依頼権に関する判例 /発展

弁護人依頼権に関する最高裁判例としては、①弁護人依頼権などを被告人に告知する義務が問題となった事案（最大判昭24.11.30）、②国選弁護人の選任請求の却下が問題となった事案（最判昭54.7.24）がある。

392　第7章　基本的人権Ⅶ

4 自白強要からの自由

1 自己負罪拒否特権（黙秘権）

第38条【自己に不利益な供述】

① 何人も、自己に不利益な供述を強要されない。　*黙秘できる*

意義　憲法38条1項は、何人も自己が刑事上の責任を問われるおそれのある事項
について供述を強要されないことを保障している（最大判昭32.2.20）。同条項
は、自己の刑事責任に関する不利益な事実の供述を拒否した者に対して、
処罰その他法律上の不利益を与えることを禁止することを意味し、これを
自己負罪拒否特権（黙秘権）という。

趣旨　自己の刑事責任に関する不利益な事実を供述する義務を負わせることは、
人権保障の観点から許されず、被疑者、被告人及び各種の証人に対して供
述の自由を保障することが必要である。

〈**解説**〉　憲法38条1項を受けて、刑事訴訟法311条1項は、被告人に対し、終始
沈黙し、個々の質問に対し供述を拒むことを保障しており、同様の保障が
被疑者にも及ぶと解されている（**包括的な黙秘権**）（刑事訴訟法198条2項参照）。

📖**発展**　自己負罪拒否特権に関連する最高裁判例としては、①氏名が「不利益な事
項」に該当するかが問題となった事案（最大判昭32.2.20）、②呼気を採取してアルコー
ル保有の程度を調査する呼気検査が「供述」に該当するかが問題となった事案（最判平
9.1.30）がある。

問題点❶　被告人の氏名は不利益な事項に該当するか。📖**発展**

結論　被告人の氏名は、原則として不利益な事項ということはできないから、そ
れにつき黙秘する権利があるとはいえず、氏名を黙秘した弁護人選任届を
却下しても憲法38条1項に違反しない（最大判昭32.2.20）。　Ｄ

理由　氏名は自己が刑事上の責任を問われるおそれのある事項ではない。

問題点❷　指紋・足形の採取や呼気検査は「供述」に該当するか。📖**発展**

結論　これらは「供述」に該当しないので、不利益な供述の強要の禁止を定めた
憲法38条1項の保障は及ばない。　Ｅ

理由　憲法38条1項の「供述」とは、裁判所や捜査機関の質問に応じて事実を述
べることである。

2 自白法則（自白排除の法則）

第38条【自白法則】
② 強制、拷問若しくは脅迫による自白又は不当に長く抑留若しくは拘禁された後の自白は、これを証拠とすることができない。

意義 憲法38条2項は、強制・拷問・脅迫による自白や、不当に長く抑留・拘禁された後になされた自白については、証拠として用いることができない（証拠能力が否定される）とする。

同条項は、**任意性のない自白の証拠能力を否定する**自白法則（自白排除の法則）を明らかにしたものである。

趣旨 任意性を欠く自白は虚偽の内容を含むことが多いことに加え、自己負罪拒否権をはじめとする人権保障を確保するには任意性を欠く自白を排除することが必要である。

原因	結果	効果
●強制・拷問・脅迫による ●不当に長く抑留・拘禁された後の	自白	証拠能力の否定

発展 自白法則に関連する最高裁判例としては、不当に長く抑留・拘禁された後の自白で、拘禁と自白の因果関係がないこと明らかであるとして証拠能力を認めた判例（最大判昭23.6.23）がある。

3 補強法則（補強証拠の法則）

第38条【補強法則】
③ 何人も、自己に不利益な唯一の証拠が本人の自白である場合には、有罪とされ、又は刑罰を科せられない。

意義 憲法38条3項は、被告人に不利益となる唯一の証拠が被告人自身の自白である場合には、その被告人を有罪とすることができないとする。

同条項は、たとえ**任意性のある自白であっても、これを補強する別の証拠**（補強証拠）がない限り、その自白を有罪の証拠とすることができない旨を明らかにしたものである。これを補強法則（補強証拠の法則）という。 04

本人の自白＋補強証拠＝有罪判決

趣旨 罪のない者が処罰される危険を排除し、自白偏重と自白強要の弊害を防止し、もって人権保障を図ることを趣旨とする（最大判昭23.7.29参照）。

判例　公判廷における自白と補強証拠（最大判昭23.7.29）

〈事案〉

❶高等裁判所の公判廷で被告人が自白をしたため、❷裁判所は有罪判決を下したが、犯罪事実を認定するのに、被告人の公判廷における自白を唯一の証拠としていたため、被告人は憲法38条3項に違反するとして上告した。捜査段階における取り調べ等と異なり、公正な場である公判廷における自白についても補強証拠を要するかが問題となった。

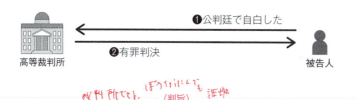

〈判旨〉

● 公判廷における自白には補強証拠を必要とするか

▶ **憲法上は不要である。**

理由　公判廷の自白は、裁判所の直接審理に基づくものであり、裁判所の面前でなされる自白は、その真実に合致するか否か、自発的な任意のものであるか否かは、多くの場合において裁判所が他の証拠を待つまでもなく、自ら判断し得るものである。05

結論　① したがって、公判廷における被告人の自白が、裁判所の自由心証によって真実に合致するものと認められる場合には、公判廷外における被告人の自白とは異なり、更に他の補強証拠を要せずして犯罪事実の認定ができる。
② すなわち、憲法38条3項の「本人の自白」には、公判廷における被告人の自白を含まないと解釈するのを相当とする。05

〈解説〉　刑事訴訟法319条2項・3項は、公判廷における自白であるか否かを問わず、自白（自らが有罪であると認めることも含む）が自己に不利益な唯一の証拠である場合には、被告人が有罪とされない旨を規定する。したがって、公判廷における被告人の自白のみで有罪とすることは**法律違反**にあたる。

5 事後法の禁止と一事不再理

1 事後法の禁止（遡及処罰の禁止）

罪刑法定主義の派生原則

第39条【遡及処罰の禁止】
何人も、実行の時に適法であつた行為又は既に無罪とされた行為については、刑事上の責任を問はれない。又、同一の犯罪について、重ねて刑事上の責任を問はれない。

意義 事後法の禁止（遡及処罰の禁止）は、何人も、実行の時に適法であった行為については、刑事上の責任を問われないことをいう（39条前段）。具体的には、実行時（行為時）に適法であれば、実行後に施行された法律（**事後法**）によって違法とされても、実行時に遡って被告人を処罰することができないことを意味する。

趣旨 国家が刑罰を遡って適用することによって、国民の予測に反した刑事上の不利益を受けないようにすることを趣旨とする。

発展 この趣旨から、事後法によって被告人を実行時の法定刑より重く処罰することも禁止される。 F

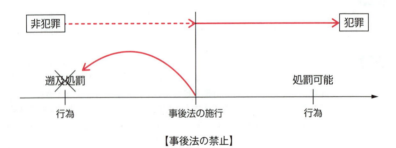

【事後法の禁止】

発展 事後法の禁止に関連する最高裁判例としては、行為後に変更された判例を遡及的に適用して処罰することが憲法39条に違反しないとしたものがある（最判平8.11.18）。

2 一事不再理

第39条【一事不再理】
何人も、実行の時に適法であつた行為又は既に無罪とされた行為については、刑事上の責任を問はれない。又、同一の犯罪について、重ねて刑事上の責任を問はれない。

意義 一事不再理とは、既に無罪とされた行為については、刑事上の責任を問われないことをいう(39条前段)。

趣旨 犯人処罰の必要性と被告人の法的地位の安定との調和の観点から、同じ事件について、被告人が罪の有無に関する裁判を受ける危険にさらされるのは1回限りとすべきであり、2回以上このような危険にさらされるべきものではない(**二重の危険**の禁止)(最大判昭25.9.27参照)。

① 検察官の上訴と一事不再理

> **判例** 検察官の上訴と一事不再理(最大判昭25.9.27)
>
> 〈事案〉
>
> 下級審において無罪とされた事件を検察官が上訴(控訴・上告)することが一事不再理に違反するかどうかが争われた。
>
>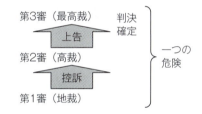
>
> 〈判旨〉
>
> ● 検察官の上訴は一事不再理に違反するか
>
> ▶ 違反しない(合憲)。
>
> **理由** 一事不再理は、何人も同じ犯行について、二度以上罪の有無に関する裁判を受ける危険に曝されるべきものではないという根本思想に基づく。
> そして、その危険とは、同一の事件においては、訴訟手続の開始から終末に至るまでの一つの継続的状態と見るのを相当とするから、同じ事件においては、いかなる段階においても唯一の(一つの)危険があるのみで、そこに二重の危険は存在しない。
>
> **結論** したがって、下級審における無罪又は有罪判決に対し、検察官が上訴をして有罪又はより重い刑の判決を求めることは、被告人を二重の危険に曝すものでもなく、憲法39条に違反して重ねて刑事上の責任を問うものでもない。 06

② 再審手続と一事不再理

再審手続に関しては、無罪確定後の再審手続と有罪確定後の再審手続とで扱いが異なる。

【再審手続】

無罪確定後の 再審手続	**発展** 一事不再理が適用される場面なので、無罪確定後、新たに有罪の証拠が発見されても、再審手続をとることはできず、有罪とすることはできない **G**
有罪確定後の 再審手続	一事不再理が適用されない場面なので、有罪確定後、新たに無罪の証拠が発見されたときは、再審手続によって無罪とすることができる（刑事訴訟法435条）

3 二重処罰の禁止

> **第39条【二重処罰の禁止】**
> 　何人も、実行の時に適法であつた行為又は既に無罪とされた行為については、刑事上の責任を問はれない。又、同一の犯罪について、重ねて刑事上の責任を問はれない。

- **意義** 　二重処罰の禁止とは、何人も、同一の犯罪について、重ねて刑事上の責任を問われないことをいう（39条後段）。
- **趣旨** 　同じ犯罪に対して刑罰を科するのは1回限りとすべきであり、刑罰を繰り返して科するべきものではない。

　発展 二重処罰の禁止に関連する最高裁判例としては、刑罰と追徴税の併科が問題となった事案がある（最大判昭33.4.30）。

❻ 拷問・残虐な刑罰の禁止

> **第36条【拷問及び残虐な刑罰の禁止】**
> 　公務員による拷問及び残虐な刑罰は、絶対にこれを禁ずる。

- **意義** 　憲法36条は、公務員による拷問と残虐な刑罰の絶対的禁止を規定する。絶対的禁止であるから、公共の福祉による例外を許さない。
- **趣旨** 　刑事手続の過程において必要とされる以上の苦痛を被疑者や被告人に与えてはならない。

　発展 残虐な刑罰の禁止に関連する最高裁判例としては、死刑制度の合憲性について、絞首刑は残虐な刑罰に当たらないとした判例がある（最大判昭23.3.12、最大判昭30.4.6）。

重要事項 一問一答

01 刑事事件において被告人にどのような裁判が保障されているか?

公平な裁判所の迅速な公開裁判を受ける権利が保障されている(37条1項)。

02 刑事裁判の審理が著しく遅延している異常な事態が生じた場合、具体的規定がなくても審理を打ち切ることができるか?

憲法37条に違反する異常な事態に立ち至っているので、具体的規定がなくても審理を打ち切ることができる(判例)。

03 証人申請のあった全ての証人を喚問する必要があるか?

全てを喚問する必要はない(判例)。

04 有罪判決を受けた被告人に訴訟費用の負担を命じることはできるか?

命じることができる(判例)。

05 憲法38条1項の自己負罪拒否特権(黙秘権)は何を保障しているか?

自己が刑事上の責任を問われるおそれがある事項について供述を強要されないことを保障している。

06 不当に長く抑留・拘禁された後の自白には証拠能力があるか?

証拠能力がない(38条2項)。

07 公判廷における被告人の自白だけで被告人を有罪にできるか?

公判廷における被告人の自白は、憲法38条3項の「本人の自白」に該当しないので、他の補強証拠がなくても被告人を有罪にできる(判例)。

08 検察官の上訴は、一事不再理に違反しないか?

違反しない(合憲)。

09 公務員による拷問と残虐な刑罰は絶対的禁止か?

絶対的禁止である。

過去問チェック

01 憲法第37条第1項は、「すべて刑事事件においては、被告人は、公平な裁判所の迅速な公開裁判を受ける権利を有する。」と規定しているが、個々の刑事事件について、審理の著しい遅延の結果、被告人の迅速な裁判を受ける権利が害されたと認められる異常な事態が生じた場合であっても、裁判所は、これに対処すべき具体的規定がなければ、その審理を打ち切るという非常救済手段を用いることはできないとするのが判例である。

×(財2019)「その審理を打ち切るという非常救済手段を用いることはできないとするのが判例である」が誤り。

第7章 人身の自由・国民の義務

3 刑事手続上の権利保障②(公判段階) 399

02 憲法第37条第2項の規定により、刑事被告人はすべての証人に対して尋問する機会を十分に与えられることが保障されているから、裁判所は刑事被告人が申請したすべての証人を尋問しなければならない。

× (国般2004)「裁判所は刑事被告人が申請したすべての証人を尋問しなければならない」が誤り。

03 最高裁判所の判例では、憲法は公費で自己のために証人を求める権利を有すると規定しているので、刑事被告人は裁判所に対して証人の喚問を請求するには、なんら財産上の出捐を必要とせず、その被告人が、判決において有罪の言渡を受けた場合にも、その被告人に訴訟費用の負担を命じてはならないとした。

× (区2009)「その被告人に訴訟費用の負担を命じてはならないとした」が誤り。

04 憲法は、強制、拷問若しくは脅迫による自白又は不当に長く抑留若しくは拘禁された後の自白は、これを証拠とすることができないと定め、任意性のない自白の証拠能力を否定しているが、任意性のある自白であれば、これを補強する証拠が別になくても、有罪とすることができる。

× (区2015)「これを補強する証拠が別になくても、有罪とすることができる」が誤り。

05 憲法第38条第3項は、自白に対して補強証拠を必要としているところ、公判廷における被告人の自白は、身体の拘束を受けず、また不当な干渉を受けることなく、任意になされるものであるといっても、常に真実に合致するとは限らないことから、それのみを根拠として裁判所は犯罪事実を認定することはできず、同項の「本人の自白」に含まれる。

× (財2013)「常に真実に合致するとは限らないことから、それのみを根拠として裁判所は犯罪事実を認定することはできず、同項の『本人の自白』に含まれる」が誤り。

06 下級審における無罪又は有罪判決に対し、検察官が上訴をして有罪又はより重い刑の判決を求めることは、被告人を二重の危険にさらすものではなく、憲法第39条に違反して重ねて刑事上の責任を問うものでもない。

○ (財2013)

A 憲法第37条第1項にいう「迅速な」裁判とは、適正な裁判を確保するのに必要な期間を超えて不当に遅延した裁判でない裁判をいうと解されている。裁判の迅速化に関する法律では、裁判の迅速化の具体的な目標として、第一審の訴訟手続については2年以内のできるだけ短い期間内に終局させることが規定されている。

○ (国般2012改題)

B 審理の著しい遅延の結果、迅速な裁判を受ける被告人の権利が害されたと認められる異常な事態が生じた場合であっても、その救済のためには法律で具体的方法が定められている必要があるから、迅速な裁判を受ける権利を保障した憲法第37条第1項に違反する審理に対して、その審理を打ち切るために、判決で免訴の言渡しをすることはできない。

×（国般2021）「その救済のためには法律で具体的方法が定められている必要があるから」「その審理を打ち切るために、判決で免訴の言渡しをすることはできない」が誤り。

C 憲法37条3項後段の国選弁護人制度は、貧困のため弁護人を依頼する資力がない被告人のための制度であり、残虐な事件で弁護人の引き受け手がない場合についてまで、同条項の保障は及ばない。

×（裁2008）「残虐な事件で弁護人の引き受け手がない場合についてまで、同条項の保障は及ばない」が誤り。

D 憲法38条1項は、自己に不利益な供述を強要されないことを保障しているが、本条の保障は、犯罪事実の発見の手がかりを与えるような事実にまで及ぶから、刑事被告人は、本条項によって、自己の氏名を黙秘する権利を有する。

×（裁2006）「刑事被告人は、本条項によって、自己の氏名を黙秘する権利を有する」が誤り。

E 指紋・足形の採取、呼気検査などは、憲法38条1項の「供述」に当たらないから、不利益な供述の強要の禁止を定めた同項の保障は及ばない。

○（裁2013）

F 通説に照らすと、憲法で定める刑罰法規の不遡及は、犯罪実行時に適法であった行為のみならず、実行時に刑罰が法定されていなかった違法行為についても、事後法によって刑罰を科すことを禁止しているが、実行時に刑罰が法定化されている場合であれば、事後法によって実行時の法定刑より重い刑罰を適用することができる。

×（区2015改題）「実行時に刑罰が法定化されている場合であれば、事後法によって実行時の法定刑より重い刑罰を適用することができる」が誤り。

G 憲法39条1項は、既に無罪とされた行為については刑事上の責任を問われないことを保障しているが、ある犯罪事実について無罪が確定した後、新たに有罪となるような証拠が発見された場合には、再審手続により有罪とすることは許される。

×（裁2006）「再審手続により有罪とすることは許される」が誤り。

第7章 人身の自由・国民の義務

3 刑事手続上の権利保障②（公判段階） 401

国般★★★／国専★★★／裁判所★★★／特別区★★★／地上★★★

4 刑事手続上の権利保障と行政手続

本節では、刑事手続上の権利保障が、行政手続にも及ぶか及ばないかを学習していきます。判例学習が中心となる分野です。

1 行政手続に対する憲法31条の保障

適正手続の保障を規定する憲法31条は「**刑罰**」という文言から、**直接的には刑事手続についての規定**である。しかし、国民の自由や財産に対する制限は、行政手続を経て行われることがある。

問題点 行政手続にも憲法31条の保障を及ぼすべきか。

結論 **行政手続を当然に憲法31条の保障の枠外とすべきではないものの、行政処分の相手方に対し、常に告知・聴聞の機会を与える必要があるわけではない**（最大判平4.7.1、成田新法事件）。 01 02

理由 刑事手続においても、行政手続においても、国民の自由や財産が制限される場合がある点は同様である。しかし、**行政手続と刑事手続との差異や行政手続の多種多様性**から、行政手続について常に刑事手続と同様の保障が及ぶわけではない。 02

402 第7章 基本的人権 Ⅶ

判例 成田新法事件（最大判平4.7.1）

〈事案〉

成田空港の開設に反対する闘争の過程で制定された「新東京国際空港の安全確保に関する緊急措置法(当時)」(以下「成田新法」という) 3条1項に基づき、運輸大臣(当時)は、規制区域(成田空港及びその周辺区域)内にあるA所有の工作物について、1年の期限を付して、暴力主義的破壊活動などの用途に供することを禁止する行政処分(以下「工作物使用禁止命令」という)を発し、工作物使用禁止命令を毎年発し続けていた。そこで、Aは、当該処分の取消しを求める訴訟を提起し、成田新法3条1項が憲法31条等に違反すると主張した。

〈判旨〉

● 1 憲法31条の保障は行政手続にも及ぶか

▶ 保障が及ぶ行政手続もある。

結論 憲法31条の定める法定手続の保障は、直接には刑事手続に関するものであるが、**行政手続については、それが刑事手続ではないとの理由のみで、そのすべてが当然に同条による保障の枠外にあると判断することは相当でない。** 01

● 2 行政処分の相手方に常に告知・弁解・防御の機会を与えるべきか

▶ 常に与える必要があるわけではない。

理由 憲法31条による保障が及ぶと解すべき場合であっても、**一般に行政手続は、刑事手続とその性質においておのずから差異があり、また行政目的に応じて多種多様である。** 02

結論 したがって、行政処分の相手方に事前の告知・弁解・防御の機会を与えるかどうかは、行政処分により制限を受ける権利利益の内容・性質、制限の程度、行政処分により達成しようとする公益の内容・程度、緊急性などを総合較量して決せられるべきものであって、常に必ずそのような機会を与えることを必要とするものではない。 02

〈解説〉　成田新法(現在の名称は「成田国際空港の安全確保に関する緊急措置法」である)3条1項は、規制区域内における工作物が下記①〜③に供される、または供されるおそれがあるときは、工作物の使用の禁止を命じることができるとしている。
① 多数の暴力主義的破壊活動者の集合の用
② 暴力主義的破壊活動等に使用され、又は使用されるおそれがあると認められる爆発物、火炎びん等の物の製造又は保管の場所の用
③ 成田国際空港又はその周辺における航空機の航行に対する暴力主義的破壊活動者による妨害の用

2 行政手続に対する憲法35条、38条の保障

住居の不可侵を規定する憲法35条、自白強要からの自由を規定する38条は、刑事手続への適用が前提となっている。

問題点　行政手続にも憲法35条、38条の保障が及ぶか。
結論　行政手続であっても、**憲法35条、38条の保障が及ぶことがある**(最大判昭47.11.22、川崎民商事件)。
理由　刑事責任追及を目的としないからといって、当然に憲法35条、38条の保障の枠外にあるものとすべきではない。

判例　川崎民商事件(最大判昭47.11.22)

〈事案〉

収税官吏(税務署員)が、所得税の過少申告の疑いがあったX(川崎民主商工会会員)に対し、❶旧所得税法の規定に基づいて、令状なしで帳簿書類などの検査や質問を行おうとした。しかし、❷Xは、検査や質問に対する答弁を拒否したので、同法違反の罪で起訴された。Xは、㊀令状なしで強制的に検査を行うことを認める点で憲法35条に違反する、㊁検査や質問を拒否した者を処罰する規定が刑事訴追を受けるおそれのある事項の供述を強要する点で憲法38条1項に違反する、と主張して争った。

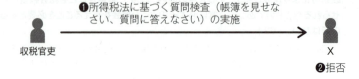

〈判旨〉

● 1 憲法35条1項の保障が行政手続に及ぶか

▶ 保障が及ぶ行政手続もある。

結論 憲法35条1項の規定は、本来、主として刑事責任追及の手続における強制について、それが司法権による事前の抑制の下におかれるべきことを保障した趣旨であるが、当該手続が刑事責任追及を目的とするものでないとの理由のみで、その手続における一切の強制が当然に同条項の規定による保障の枠外にあると判断することは相当ではない。

● 2 旧所得税法上の検査には憲法35条1項の保障が及ぶか

▶ 及ばない。

理由 旧所得税法の規定する収税官吏の検査は、もっぱら所得税の公平確実な賦課徴収のために必要な資料を収集することを目的とする手続であって、その性質上、刑事責任の追及を目的とする手続ではなく、また、そのための資料の取得収集に直接結びつく作用を一般的に有するものでもない。 [03]

結論 したがって、当該検査は、あらかじめ裁判官の発する令状によることをその一般的要件としないからといって、これを憲法35条の法意に反するものとすることはできない（憲法35条の保障が及ばない）。 [03]

● 3 憲法38条1項の保障が行政手続に及ぶか

▶ 及ぶ。

結論 憲法38条1項の規定による保障は、純然たる刑事手続においてばかりではなく、それ以外の手続においても、実質上、刑事責任追及のための資料の取得収集に直接結びつく作用を一般的に有する手続には、ひとしく及ぶ。 [04]

● 4 旧所得税法上の検査、質問には憲法38条1項の保障が及ぶか

▶ 及ばない。

理由 旧所得税法の規定する検査、質問の性質が上述のようなものである（刑事責任の追及を目的とせず、そのための資料の取得収集に直接結びつく作用を一般的に有しない）以上、憲法38条1項にいう「自己に不利益な供述」を強要するものとすることはできない（憲法38条の保障が及ばない）。

結論 したがって、所得税法上の検査や質問を拒否した者を処罰する規定は、憲法38条1項に違反しない。 [05]

発展 別の判例であるが、憲法38条1項の保障が及ぶ手続について、供述拒否権の告知を要するとすべきか否かは立法政策の問題であり、同条項は供述拒否権の告知を義務づけるものではないとしている（最判昭59.3.27）。 [A]

川崎民商事件と同様に、行政上の義務として検査・質問・記録・報告を課したうえで、これに違反した者を処罰する規定があり、このような規定も刑事訴追を受けるおそれのある事項の供述を強要する点で憲法38条1項に違反するかどうかが問題となる。

例えば、 発展 ①麻薬取扱者の記帳義務(最判昭29.7.16)、②交通事故の報告義務(最大判昭37.5.2)、 発展 ③呼気検査に応じる義務(最判平9.1.30)、 発展 ④異状死の届出義務(最判平16.4.13)について、判例は、これらの義務を定めた規定や義務違反者を処罰する規定が憲法38条1項に違反しないとしている。

判例　交通事故の報告義務(最大判昭37.5.2)

〈事案〉

運転手Xは、❶交通事故を起こしたが警察に報告しなかったため、❷報告義務違反で起訴された。そこで、旧道路交通取締法施行令の報告義務は、自己に不利益な供述を強要するものとして憲法38条1項に違反するかどうかが争われた。

　❷報告義務違反で起訴　→　

検察　　　　　　　　　　　　　　　　　　　　　　　運転手X

❶交通事故を起こしたが警察に報告しなかった

〈判旨〉

● 交通事故の報告義務に関する規定は憲法38条1項に違反するか

▶ **違反しない(合憲)**。

理由　旧道路交通取締法施行令の規定は、交通機関の操縦者(運転手)、乗務員その他の従業者は、警察官が交通事故に対する処理をなすにつき必要な限度においてのみ、その内容の報告義務を負担するのであって、それ以上、刑事責任を問われるおそれのある事故の原因その他の事項までも報告義務のある事項の中に含まれるものとは解せられない。 06

結論　したがって、旧道路交通取締法施行令の規定により交通事故の内容の報告を命ずることは、憲法38条1項にいう自己に不利益な供述の強要に当たらない。 06

重要事項 一問一答

01 行政手続にも適正手続を保障する憲法31条の保障が及ぶか？

行政手続のすべてが当然に同条による保障の枠外にあると判断することは相当でない(及ぶものもある)。

02 行政処分の相手方には告知・弁解・防御の機会を常に与えるべきか?

告知・弁解・防御の機会を常に与える必要があるわけではない(判例)。

03 旧道路交通取締法施行令の規定により交通事故の内容の報告を命ずることは、黙秘権を保障する憲法38条1項に反するか?

反しない(判例)。

過去問チェック

01 憲法第31条に定める法律の定める手続とは、当該条文が刑罰を科す場合について規定しているものであることから、刑事手続に限定されるものである。一方、行政手続はその性質において刑事手続とは異なり、また、行政目的に応じて多種多様であることから、当然に憲法第31条の保障の枠外となるものである。

×(労2004)「刑事手続に限定されるものである」「当然に憲法第31条の保障の枠外となるものである」が誤り。

02 憲法第31条の定める法定手続の保障は、直接には刑事手続に関するものであるが、行政手続についても人権保障の観点からそのすべてについて同条による保障が及ぶため、行政処分を行う際は、必ず事前の告知、弁解、防御の機会を与えなければならない。

×(税2007)「行政手続についても人権保障の観点からそのすべてについて同条による保障が及ぶため、行政処分を行う際は、必ず事前の告知、弁解、防御の機会を与えなければならない」が誤り。

03 旧所得税法に定める検査は、あらかじめ裁判官の発する令状によることを一般的要件としていないところ、検査の性質が刑事責任の追及を目的とするものではなく、所得税の公平確実な賦課徴収を図るという公益上の目的を実現するため不可欠のものであるとしても、強制的に行われ、検査の結果として刑事責任の追及につながる可能性があることから、憲法に定める令状主義に反するとするのが判例である。

×(財2019)「憲法に定める令状主義に反するとするのが判例である」が誤り。

04 憲法38条1項は、自己に不利益な供述を強要されないことを定めているが、刑事手続以外でも、実質上、刑事責任追及のための資料の取得収集に直接結びつく作用を一般的に有する手続であれば、同項の保障が及ぶ。

○(裁2013)

4 刑事手続上の権利保障と行政手続 407

05 収税官吏は、「所得税に関する調査について必要があるときは」、納税義務者等に「質問し又は…帳簿書類その他の物件を検査することができる」とし、検査を拒み、妨げ又は忌避した者や質問に対して答弁をしない者を処罰する旧所得税法の規定について、最高裁判所は、答弁すべき事項に自己の犯罪行為を構成すべき事項が含まれているかどうかを問題にしていない。

〇（国般2005改題）

06 旧道路交通取締法に基づく自動車運転者に係る交通事故の報告義務について、報告を要求される事故の内容には刑事上の責任を問われるおそれのある事故の原因その他の事項は含まれていないとしても、結果的に自己の犯罪発覚につながる情報提供を義務付けることになるから、当該報告義務を課すことは、憲法第38条第1項に違反する。

×（税2007）「結果的に自己の犯罪発覚につながる情報提供を義務付けることになるから、当該報告義務を課すことは、憲法第38条第1項に違反する」が誤り。

A 憲法第38条第1項の規定によるいわゆる供述拒否権の保障は、純然たる刑事手続のみではなく、実質上刑事責任追及のための資料の取得・収集に直接結び付く作用を一般的に有する手続には等しく及ぶが、このような保障の及ぶ手続について供述拒否権の告知を要するものとすべきかどうかは立法政策の問題であり、ある手続が告知の規定を欠くからといって違憲となるものではない。

〇（税2001）

国般★★★／国専★★★／裁判所★★★／特別区★★★／地上★★★

5 国民の義務

国民の三大義務として、義務教育の課程で学習している分野です。

1 国民の義務

　日本国憲法では、国民の三大義務として、①教育の義務(子女に普通教育を受けさせる義務)(26条2項)、②勤労の義務(27条1項)、③納税の義務(30条)を規定する。

　🖊発展 明治憲法では「兵役の義務」「納税の義務」が臣民の義務として規定されていた。さらに、「教育の義務」が勅令で規定されていた。これらの義務を臣民の三大義務という。

2 教育の義務

第26条【教育の義務】
②　すべて国民は、法律の定めるところにより、その**保護する子女に普通教育を受けさせる義務**を負ふ。義務教育は、これを無償とする。

意義　本条は、国民は、法律の定めるところにより、その**保護する子女に普通教育を受けさせる義務**を負うことを規定した。詳細は、第5章 **3** 節「教育を受ける権利」を参照。

3 勤労の義務

第27条【勤労の権利及び義務】
①　すべて国民は、勤労の権利を有し、義務を負ふ。

意義　本条は、国民に勤労の権利があるとともに、**勤労の義務があること**を規定した。詳細は、第5章 **4** 節「勤労の権利」を参照。

第7章 人身の自由・国民の義務

5　国民の義務　409

4 納税の義務

第30条【納税の義務】
国民は、法律の定めるところにより、納税の義務を負ふ。

意義 本条は、国民が納税の義務を負うことを規定した。

過去問 Exercise

問題1　日本国憲法に規定する人身の自由に関する記述として、判例、通説に照らして、妥当なのはどれか。

特別区2019［R1］

1　憲法の定める法定手続の保障は、手続が法律で定められることだけでなく、その法律で定められた手続が適正でなければならないこと、実体もまた法律で定められなければならないことを意味するが、法律で定められた実体規定も適正でなければならないことまで要求するものではない。

2　何人も、理由を直ちに告げられ、かつ、直ちに弁護人に依頼する権利を与えられなければ、抑留又は拘禁されず、また、何人も、正当な理由がなければ、抑留されず、要求があれば、その理由は、直ちに本人及びその弁護人の出席する公開の法廷で示されなければならない。

3　何人も、その住居、書類及び所持品について、侵入、捜索及び押収を受けることのない権利が保障されており、住居の捜索や所持品の押収については裁判官が発した令状によりこれを行う必要があるので、令状逮捕の場合以外に住居の捜索や所持品の押収を行うことは許されない。

4　最高裁判所の判例では、憲法の迅速な裁判の保障条項は、迅速な裁判を保障するために必要な措置をとるべきことを要請するにとどまらず、審理の著しい遅延の結果、迅速な裁判を受ける被告人の権利が害せられたと認められる異常な事態が生じた場合、これに対処すべき具体的規定がある場合に限りその審理を打ち切る非常救済手段がとられるべきことを認める趣旨の規定であるとした。

5　最高裁判所の判例では、憲法の定める法定手続の保障が、行政手続に及ぶと解すべき場合であっても、一般に行政手続は刑事手続とその性質においておのずから差異があり、また、行政目的に応じて多種多様であるから、行政処分の相手方に事前の告知、弁解、防御の機会を常に必ず与えることを必要とするものではないとした。

過去問Exercise　411

解説

正解 **5**

❶ ✕ 「法律で定められた実体規定も適正でなければならないことまで要求するものではない」という部分が妥当でない。憲法の定める法定手続の保障内容は、①手続の法定、②手続の適正、③実体の法定のほか、④実体の適正も含まれるとするのが通説である。したがって、通説に照らせば、法律で定められた実体規定も適正でなければならないことまで要求される。

❷ ✕ 「抑留されず」という部分が妥当でない。何人も、理由を直ちに告げられ、かつ、直ちに弁護人に依頼する権利を与えられなければ、抑留又は拘禁されない（34条前段）。また、何人も、正当な理由がなければ、「拘禁」されず、要求があれば、その理由は、直ちに本人及びその弁護人の出席する公開の法廷で示されなければならない（同条後段）。憲法34条後段は、逮捕した身柄を継続的に拘束する場合（拘禁）の規定であって、逮捕した身柄を一時的に拘束する場合（抑留）の規定ではない。

❸ ✕ 「令状逮捕の場合以外に住居の捜索や所持品の押収を行うことは許されない」という部分が妥当でない。憲法35条は、「何人も、その住居、書類及び所持品について、侵入、捜索及び押収を受けることのない権利は、第33条の場合を除いては、正当な理由に基いて発せられ、且つ捜索する場所及び押収する物を明示する令状がなければ、侵されない。」と規定する。そして、令状主義の例外として同条が挙げている「第33条の場合」は、逮捕令状のある逮捕（令状逮捕）の場合のほか、現行犯逮捕の場合も含まれるので、現行犯逮捕の場合であっても令状なしに捜索・押収を行うことができる。

❹ ✕ 「これに対処すべき具体的規定がある場合に限り」という部分が妥当でない。判例は、憲法37条1項の保障する迅速な裁判を受ける権利は、単に迅速な裁判を一般的に保障するために必要な立法上および司法行政上の措置をとるべきことを要請するにとどまらず、さらに個々の刑事事件について、現実に右の保障に明らかに反し、審理の著しい遅延の結果、迅速な裁判を受ける被告人の権利が害せられたと認められる異常な事態が生じた場合には、これに対処すべき具体的規定がなくても、もはや当該被告人に対する手続の続行を許さず、その審理を打ち切るという非常救済手段がとられるべきことをも認めている趣旨の規定であるとしている（最大判昭47.12.20、高田事件）。

412　第7章　基本的人権Ⅶ

❺ ◯　　判例により妥当である。判例は、憲法の定める法定手続の保障が、行政手続に及ぶと解すべき場合であっても、一般に行政手続は刑事手続とその性質においておのずから差異があり、また、行政目的に応じて多種多様であるから、行政処分により制限を受ける権利利益の内容、性質、制限の程度、行政処分によって達成しようとする公益の内容、程度、緊急性等を総合較量して決定されるべきものであって、常に必ずそのような機会を与えることを必要とすべきものではないとしている（最大判平4.7.1、成田新法事件）。

第**7**章

人身の自由・国民の義務

過去問Exercise　413

| 問題2 | 人身の自由に関するア〜オの記述のうち、妥当なもののみを全て挙げているのはどれか。 財務2019［R1］ |

ア 憲法第31条は、「何人も、法律の定める手続によらなければ、その生命若しくは自由を奪はれ、又はその他の刑罰を科せられない。」と規定しているが、これは手続が法律で定められることを要求するものであり、法律で定められた手続が適正であることまでを要求するものではないと一般に解されている。

イ 憲法第33条は、「何人も、現行犯として逮捕される場合を除いては、権限を有する司法官憲が発し、且つ理由となつてゐる犯罪を明示する令状によらなければ、逮捕されない。」と規定している。このため、たとえ厳格な制約の下に、罪状の重い一定の犯罪のみについて、緊急やむを得ない場合に限り、逮捕後直ちに裁判官の審査を受けて逮捕状を求めることを条件としても、令状なく緊急に被疑者を逮捕することは認められないとするのが判例である。

ウ 憲法第37条第1項は、「すべて刑事事件においては、被告人は、公平な裁判所の迅速な公開裁判を受ける権利を有する。」と規定しているが、個々の刑事事件について、審理の著しい遅延の結果、被告人の迅速な裁判を受ける権利が害されたと認められる異常な事態が生じた場合であっても、裁判所は、これに対処すべき具体的規定がなければ、その審理を打ち切るという非常救済手段を用いることはできないとするのが判例である。

エ 旧所得税法に定める検査は、あらかじめ裁判官の発する令状によることを一般的要件としていないところ、検査の性質が刑事責任の追及を目的とするものではなく、所得税の公平確実な賦課徴収を図るという公益上の目的を実現するため不可欠のものであるとしても、強制的に行われ、検査の結果として刑事責任の追及につながる可能性があることから、憲法に定める令状主義に反するとするのが判例である。

オ 刑事事件における証人喚問権は、憲法上明文で認められている権利であるが、裁判所は、被告人又は弁護人からした証人申請に基づき全ての証人を喚問し、不必要と思われる証人までをも全て尋問する必要はなく、当該事件の裁判を行うのに必要適切な証人を喚問すればよいとするのが判例である。

1 ウ

2 オ

3 ア、イ

4 ウ、エ

5 エ、オ

解説

正解 ❷

ア ✕ 「法律で定められた手続が適正であることまでを要求するものではないと一般に解されている」という部分が妥当でない。憲法31条は公権力を手続的に拘束し、人権を保障しようとするものであり、アメリカ合衆国憲法の適正手続条項に由来する。そのため、同条は、①手続が法律で定められていること、②法律で定められた手続が適正であること、③実体が法律で定められていること、④法律で定められた実体が適正であることを要求していると一般に解されている。

イ ✕ 「令状なく緊急に被疑者を逮捕することは認められないとするのが判例である」という部分が妥当でない。判例は、刑事訴訟法210条の定める緊急逮捕は、一定の重大な犯罪について、犯罪の嫌疑が充分であり、かつ緊急性が認められる場合に限り逮捕を認めるものであり、この場合には直ちに逮捕状を求める手続をしなければならず、逮捕状が発せられないときは直ちに被疑者を釈放すべきことを定めている。このような厳格な制約の下に、罪状の重い一定の犯罪のみについて、緊急やむを得ない場合に限り、逮捕後直ちに裁判官の審査を受けて逮捕状の発行を求めることを条件とし、被疑者の逮捕を認めることは、憲法33条の趣旨に反するものではないとしている（最大判昭30.12.14）。

ウ ✕ 「裁判所は、これに対処すべき具体的規定がなければ、その審理を打ち切るという非常救済手段を用いることはできないとするのが判例である」という部分が妥当でない。判例は、憲法37条1項の保障する迅速な裁判を受ける被告人の権利は、迅速な裁判を一般的に保障するために必要な立法上、司法行政上の措置をとるべきことを要請しているのみならず、個々の刑事事件について、審理の著しい遅延の結果、被告人の迅速な裁判を受ける権利が害されたと認められる異常な事態が生じた場合には、これに対処すべき具体的規定がなくても、裁判手続の続行を許さず、その審理を打ち切るという非常救済手段がとられるべきことをも認めている趣旨の規定であるとしている（最大判昭47.12.20、高田事件）。

エ ✕ 「強制的に行われ、検査の結果として刑事責任の追及につながる可能性があることから、憲法に定める令状主義に反するとするのが判例である」という部分が妥当でない。判例は、憲法35条の規定による保障は刑事手続のみならず行政手続についても及ばないわけではないが、旧所得税法の定める検査は、刑事責任の

追及を目的とするものではないこと、強制の度合いが実質上、直接的物理的な強制と同視すべき程度に達していないこと、所得税の公正確実な賦課徴収のために実効性のある検査制度が不可欠であること、検査の結果が刑事責任の追及のための資料取集に直接結びつくものではないことなどから、憲法に定める令状主義に反するものではないとしている（最大判昭47.11.22、川崎民商事件）。

オ　◯　判例により妥当である。被告人には証人喚問権が認められている（37条2項）ところ、被告人が申請した証人を裁判所はすべて喚問しなければならないのかという点について、判例は、証人申請の採否は、各具体的事件の性格、環境、属性、その他諸般の事情を深く斟酌して当該裁判所が決定すべき事柄であり、裁判所の自由裁量に任されているものであるとして、被告人側の申請した証人をすべて喚問しなければならないとの趣旨ではないとしている（最大判昭23.7.29）。

以上より、妥当なのは**オ**のみであり、正解は ❷ となる。

第8章

統治 I
── 統治総論・国会

本章では、統治総論・国会について学習します。国会は、衆・参両議院との違いとからめて、よく出題される傾向にあります。手続に関する事項が多いので、学習の際には、必ず条文に目を通すようにしましょう。

●統治総論・国会
- 統治総論 ───── 1節
- 国会の地位 ──── 2節
- 国会の組織 ──── 3節
- 国会議員の地位 ── 4節
- 国会の活動 ──── 5節
- 国会の権能① ─── 6節
- 国会の権能② ─── 7節
- 国会の権能③ ─── 8節
- 議院の権能 ──── 9節

国般★★★／国専★★★／裁判所★★★／特別区★★★／地上★★★

統治総論

本節では、統治の総論として権力分立を扱います。権力分立が何のためにあるのか、憲法ではどのように表れているのかを確認していきます。権力分立を体現する具体的な制度の確認は、一通りの学習をした後でかまいません。

1 統治機構の位置付け

国民の人権を侵害するのは、主に国民から権力の行使を委ねられた国や地方公共団体といった公権力である。

そこで、人権保障を徹底するには人権条項を定めるだけでは不十分であり、権力が濫用されないような国や地方公共団体の統治のシステムをも憲法で決めておく必要がある。

それが統治機構条項である。

そして、繰り返しになるが、統治機構は、人権保障という目的を達成するための手段にすぎない。

| [人権保障] 目的 | [統治機構] 手段 |

（三権分立）

2 権力分立の原理

意義 権力分立の原理とは、国家権力の作用をその性質に応じて立法、行政、司法に区別・分離し、それを異なる機関に帰属させ、相互に抑制と均衡を保たせる制度である。 チェック・アンド・バランス

趣旨 権力を一か所に集中させた効率的な政治より、あえて権力を分散させ相互に抑制と均衡を保たせることで、権力の一極集中、強大化による濫用を防止し、国民の人権を守ることにある。

420 第8章 統治Ⅰ

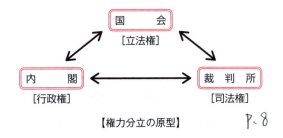

【権力分立の原型】 p.8

権力分立の内容は以下のようになる。

【権力分立の内容】

国会と内閣	国会→内閣	内閣総理大臣の指名、内閣不信任決議
	内閣→国会	国会に対する内閣の連帯責任、衆議院の解散
内閣と裁判所	内閣→裁判所	最高裁判所長官の指名、長官以外の最高裁判所裁判官の任命、下級裁判所裁判官の任命
	裁判所→内閣	違憲審査権（政令に対する）
国会と裁判所	国会→裁判所	法律によって裁判所の構成を定める、弾劾裁判
	裁判所→国会	違憲審査権（法律に対する）

3 権力分立の現代的変容

古典的な権力分立制は、現代に至って国家が積極国家化したことにより大きく変容した。

1 行政国家現象

積極国家化にともない、本来法の執行機関にすぎなかった**行政権が国家の政策の形成・決定に中心的役割を果たすようになった**。しかし、このような**行政国家現象**は、行政権を肥大化させ、権力分立を無意味にするおそれがある。

そこで、行政国家現象の下においては、**行政権の抑制原理として権力分立を捉える**必要が生じてきている。具体的には、議会主義の復権を図るために国会の権限を強化すること、および本節 3 でみる「司法国家現象」である。

【行政権の抑制原理としての権力分立】

2 政党国家現象

政党の発達により、本来の立法権と行政権との抑制均衡関係が、与党と野党との抑制均衡関係に変わってきている。

3 司法国家現象

裁判所が**違憲審査権**を与えられて、司法権が立法権・行政権をコントロールするようになってきている(81条)。

国般★★★／国専★★★／裁判所★★★／特別区★★★／地上★★★

2 国会の地位

本節では、国会の地位を扱います。本試験での出題は少ないですが、専門記述試験では、重要テーマとなっています。

1 概説

　国会は3つの地位を有している。すなわち、①国民が選挙で選ぶことから、国民の代表機関である。したがって、民主国家においては、②国会は国権の最高機関に位置付けられる。また、日本は法治国家なので、③法律は、国会だけが作ることができる（唯一の立法機関）。

2 代表機関

第43条【両議院の組織・代表】
① 両議院は、全国民を代表する選挙された議員でこれを組織する。

意義	憲法43条1項は、国会が国民の代表機関であることを明らかにしている。
問題点	✎発展 「全国民の代表」は、政治的代表の意味か法的代表の意味か。
結論	選挙民の意思に政治的に拘束されるのみである（自由委任）と考えられている（政治的代表）（通説）。 **A** 国会議員が国民に対して不正しても罷免できない

　国民は、代表機関を通じて行動し、代表機関は国民意思を反映するものとみなされる。

| 理由 | 国会は全国家的立場から、全国民にとって最善と考えられる政策を、選挙民の意思に拘束されず自由に選択すべきである。 |

〈語 句〉●みなされるとは、例えば、「Aとみなされる」とされている場合、実際にはBであっても、Aとされることである。

第8章 統治総論・国会

2 国会の地位　423

	政治的代表(通説)	法的代表
議員は誰の代表か	全国民の代表	選挙区、選挙母体の代表
選挙民の意思に拘束されるか	法的には拘束されない（自由委任）	法的に拘束される（命令委任）

【全国民の代表の意味】

3 最高機関

第41条【国会の地位・立法権】
　国会は、国権の最高機関であつて、国の唯一の立法機関である。

意義　憲法41条は、国会が国権の最高機関であること、唯一の立法機関であることを明らかにしている。

問題点　「国権の最高機関」は、国会が内閣や裁判所より上位の機関であることを意味するのか。

《A説》　政治的美称説(通説)　　P.492
「国権の最高機関」は、国会が国民を直接代表する、国政の中心的地位を占める機関であることを表す政治的美称(ほめ言葉)にすぎず、法的意味を有しない。01

理由　三権対等型の三権分立の観点からすると、国会は、他の国家機関に優越する機関ではない。

《B説》　統括機関説　　小数説　P.492
国会が国権を統括する権能を有する機関であるという法的意味を有する。

理由　議会優位型の三権分立に基づいて、国民代表で構成される国会こそが、他の国家機関に優越する機関と捉える。

〈解説〉　この論点は、ここでの出題は非常に少ないが、国政調査権の法的性格と

関連する内容であり、「国政調査権」(本章 **9** 節 **2** 項)では、多く出題されている。各学説の特徴を押さえること。

4 唯一の立法機関

1 「立法」の意味

問題点❶ 憲法41条の「立法」とは形式的意味なのか、実質的意味なのか。

《A説》 形式的意味の立法

法律(国会が制定する法規範)という形式の法規範を定立することをいう。制定すべき法規範の内容は問わない。

批判 同義反復となり無意味となる。内閣が独立命令を制定する権能をもつことが許されてしまう。

《B説》 実質的意味の立法(通説)

特定の内容をもった法規範を定立することをいう **02** 。制定すべき法規範の内容については、見解の対立(**問題点❷**)がある。

問題点❷ 実質的意味の立法の内容は?

《A説》 狭義説(法規説)

国民の権利を直接に制限し、義務を課する法規範をいう。

理由 国民の権利を直接に制限し、義務を課する法規範は、国民の代表である議会のみが制定できる。

《B説》 広義説(通説)

一般的・抽象的法規範をいう。一般的とは、規範の名宛人(受範者)が不特定多数であることをいい、抽象的とは、規範の対象となる場合ないし事件が不特定多数であることをいう。

理由 民主主義の憲法の下では、より広く立法概念を考えるべきである。そして、このように解することにより、法律が誰に対しても平等に適用され、事件処理について予測可能性が充たされることになり、経済社会の発展が促される。

2 国会の地位 **425**

【狭義説と広義説】

狭義説	国民の権利を直接に制限し、義務を課する法規範	
広義説	国民の権利を直接に制限し、義務を課する法規範 ＋ 国民に権利を付与し、義務を免除する法規範 統治機構に関係する法規範	一般的・抽象的 法規範

2 「唯一」の意味

国会が「唯一」の立法機関である、ということには、**国会中心立法の原則**と**国会単独立法の原則**という、2つの意味がある。

① 国会中心立法の原則

理由 **国会中心立法の原則**とは、国による実質的意味の立法は、国会のみが行い、他の機関は行えないことをいう。

趣旨 明治憲法の下では、法律と同じ効力を有する独立命令や緊急勅令が行政権に認められていた（明治憲法8条、9条）。しかし、国民主権原理をとる日本国憲法の下では、すべての立法は国民の代表機関である国会が行わなければならない。 [03]

【国会中心立法の原則の例外】 [04]
・両議院の規則制定権（58条2項）
・最高裁判所の規則制定権（77条1項） [05]
・地方公共団体の条例制定権（94条）　※例外かどうか争いあり
・委任立法（委任命令）（解釈）　※例外かどうか争いあり

問題点 **委任立法**は国会中心立法の原則に違反しないか。

結論 **違反しない**（通説）。もっとも、法律により**個別的・具体的**な委任をすることが必要である。

理由 ① 福祉国家では法内容の専門技術性が要請される。
② 憲法73条6号は委任立法の存在を前提としている。

〈語句〉●**委任立法**とは、法律の委任に基づき、国会以外の機関が法律で定めるべき事項について立法することである。そして、法律の委任に基づいて制定された命令を委任命令という。

●**命令**とは、行政機関が制定する法規範をいう。内閣が制定する命令を政令という。

〈参照〉●憲法73条6号：この憲法及び法律の規定を実施するために、政令を制定するこ

と。但し、政令には、特にその法律の委任がある場合を除いては、罰則を設けることができない。

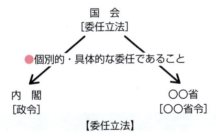

【委任立法】

※例えば、国会が新たな社会保障制度を内閣に委任することになった場合、次のようになる。

○	個別的・具体的な委任	新たな社会保障制度のうちAという制度のBという部分についての立法をお任せする
×	包括的・白紙委任	新たな社会保障制度についての立法をすべてお任せする

② 国会単独立法の原則

意義 国会単独立法の原則とは、国会による立法は、国会以外の機関の関与を必要としないで成立することをいう。 立法制定の手続き

趣旨 明治憲法の下では、法律に国民を拘束する潜在的な効力を付与する「裁可」という権能を天皇に認めていたが(明治憲法6条)、国民主権を宣言した日本国憲法では、かかる権限を否定した。

【国会単独立法の原則】

【国会単独立法の原則の例外】
・地方自治特別法の住民投票 (95条) 06
・内閣の法律案提出権　※例外かどうか争いあり

問題点 発展 内閣の法律案提出権(内閣法5条)は、国会単独立法の原則に違反しないか。

| 結論 | **違反しない**(通説)。国会単独立法の原則の例外とはいえない(通説)。 B |
| 理由 | 法律案の提出は、立法の準備段階であり、また国会がその法律案を修正・否決することも自由である。 |

〈**参照**〉●内閣法5条：内閣総理大臣は、内閣を代表して内閣提出の**法律案**、予算その他の議案を国会に提出し、一般国務及び外交関係について国会に報告する。

重要事項 一問一答

01 国会の地位は (3つ)？

①代表機関、②最高機関、③唯一の立法機関

02 憲法41条にいう最高機関とは (通説は)？

政治的美称(ほめ言葉)にすぎず、法的意味を有しない。

03 実質的意味の立法の内容とは (通説は)？

一般的・抽象的法規範をいう。

04 国会中心立法の原則の例外もしくは原則にかかわるものは (4つ)？

①両議院の規則制定権、②最高裁判所の規則制定権、③地方公共団体の条例制定権、④委任立法

05 国会単独立法の原則の例外もしくは原則にかかわるものは (2つ)？

①地方自治特別法の住民投票、②内閣の法律案提出権

過去問チェック

01 憲法第41条の「国権の最高機関」とは、国会が憲法上国政全般を統括し、ほかの機関に指揮・命令する権能を法的に持つ機関であることを意味すると解するのが通説である。

× (国般2000)「国会が憲法上国政全般を統括し、ほかの機関に指揮・命令する権能を法的に持つ機関であることを意味すると解するのが通説である」が誤り。

02 憲法第41条の「立法」については、実質的意味の法律の定立を指すとする考え方があるが、通説では、形式的意味の法律の定立を指すとされており、例えば内閣が独立命令を制定する権能を持つとしても本条に反しない。

× (国般2000)「通説では、形式的意味の法律の定立を指すとされており、例えば内閣が独立命令を制定する権能を持つとしても本条に反しない」が誤り。

03 大日本帝国憲法(明治憲法)の下で認められていた緊急勅令や独立命令は、国会

単独立法の原則に反して許されないと考えられている。

× (財2012改題)「国会単独立法の原則に反して」が誤り。

[04] 両議院による議院規則の制定、最高裁判所による規則の制定及び一の地方公共団体のみに適用される特別法の制定のための住民投票は、いずれも「国会中心立法の原則」の例外であると一般に解されている。

× (財2015)「及び一の地方公共団体のみに適用される特別法の制定のための住民投票」が誤り。

[05] 国会は、唯一の立法機関であるから、不特定多数の人に対して不特定多数の場合ないし事件に適用される一般的・抽象的な法規範を、国会以外の機関、例えば裁判所が制定することは、いかなる場合であっても許されない。

× (裁2010)「いかなる場合であっても許されない」が誤り。

[06] 一の地方公共団体にのみ適用される特別法についての憲法上の定めは、国会単独立法の原則の例外に当たると解されている。

○ (裁2003改題)

[A] 議会を構成する各議員は、選挙区ないし後援団体など特定の選挙母体の意思を国政に反映させることにより、全国民の代表者としての使命を果たすことができるのであるから、選挙母体である選挙区ないし後援団体等が求める個々の具体的な指示に法的に拘束される。

× (財2015) 全体が誤り。

[B] 法律案の提出権を内閣に認めることは、憲法第41条の「国会単独立法の原則」に違反すると解するのが通説である。

× (国般2000)「憲法第41条の『国会単独立法の原則』に違反すると解するのが通説である」が誤り。

2 国会の地位 **429**

国般★★★／国専★★☆／裁判所★★★／特別区★★★／地上★★★

3 国会の組織

本節では、国会の組織を扱います。その中で衆議院の優越は頻出の分野となっています。

1 二院制

1 両議院の構成

第42条【両院制】
　国会は、衆議院及び参議院の両議院でこれを構成する。

意義　日本国憲法における二院制（両院制）とは、国会は、衆議院と参議院の2つの院で構成されることをいう。

趣旨　① 審議を慎重にすることで、一方の院の軽率な行為・過誤を回避する。
　　　　② 国民の多様な意見や利益をきめ細かに代表させることができる。

【二院制】

	任　期	解　散	被選挙人資格	定　数
衆議院	4年（45条）	あり	25歳以上	465人
参議院	6年（46条）	なし	30歳以上	248人※

（注）**発展** 被選挙人資格と定数については、憲法に定めがなく、公職選挙法（10条、4条）に定められている。 **A**　※ 令和4年7月25日までは245人。

2 相互独立の活動

① 同時活動の原則

原則　両議院は、同時に召集され、閉会する。衆議院が解散されたときは、参議院は同時に閉会となる（54条2項）。 **01**

例外　参議院の緊急集会（54条2項但書）。　内閣が招集

趣旨　同時活動の原則については、憲法54条2項以外に明文の規定はなく、憲法が二院制を採用したことから当然に導き出される原則であるとされている。 **02**

430　第8章　統治Ⅰ

② 独立活動の原則

原則	両議院はそれぞれ**独立**して議事を行い、議決する。
例外	両議院の協議会(両院協議会) 03
趣旨	独立活動の原則については、**憲法に規定はなく**、二院制から当然に導き出される原則であるとされている。

〈語句〉●両議院の協議会(両院協議会)とは、両議院で議案について**意見の対立がある場合**に、両議院の**妥協をめざす**ために設けられるものである。各議院から10名ずつ選ばれた議員によって構成される。

---

2 衆議院の優越 ☆

1 概説

国会の意思は、二院制を採用したことから、両議院の意思の合致(衆議院で可決、参議院でも可決)により成立するが、両議院の意思が合致しない状態が続くと、国政に渋滞を引き起こす危険性がある。 〔国民の選挙が参議員より少ない〕

そこで、一定の場合に、解散もあり任期も短いゆえに国民の意見をより弾力的に反映している衆議院の意思を参議院の意思よりも優越させている。これを**衆議院の優越**という。この衆議院の優越の程度は、当該問題が引き起こす国政の渋滞の重大さによって異なってくる。 04

〈解説〉 「両議院の意思が合致しない状態」とは、例えば、衆議院で可決し参議院では否決もしくは議決に至らない状態のことをいう。このような状態は、一般的には、衆議院では与党が多数の議席を占めているが、参議院では、野党が多数の議席を占めている場合に生じる。

2 権限の有無に関する優越

① 内閣不信任決議権 (69条)

内閣が衆議院を解散するか、総辞職しなければならなくなる**法的効果をもつ内閣不信任決議**(内閣不信任決議案の可決又は内閣信任決議案の否決)は、衆議院だけがすることができる。 05

参議院も内閣不信任決議(実際には内閣総理大臣に対する問責決議)ができるが、決議をしたところで内閣が衆議院を解散するか、総辞職しなければならなくなるような**法的効果は生じない**。 05

② 予算先議権 (60条1項)

---

3 国会の組織 **431**

予算は先に衆議院に提出しなければならない。 06 　決算はちがう
条約はどうでもいい

【二院の権限の優越】

	法的効果をもつ内閣不信任決議権	予算先議権
衆議院	あり	あり
参議院	なし	なし

3 議決の効力に関する優越

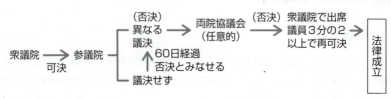

【法律の成立過程】

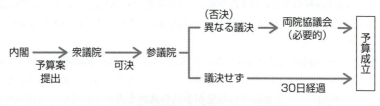

【予算の成立過程】

【衆議院の優越】

優越の種類	衆議院の優越の内容	異なった議決をした場合の両議院の協議会
法律案の議決 (59条)	①衆議院で可決された法律案について、参議院が異なった議決をしたとき ②参議院が、衆議院の可決した法律案を受け取った後、国会休会中の期間を除いて60日以内に、議決しないとき、衆議院は、参議院がその法律案を否決したものとみなすことができる。 →衆議院で出席議員の3分の2以上の多数で再び可決したときは、法律となる 07	任意的 08

予算・条約の議決 (60条・61条)	①参議院で衆議院と異なった議決をした場合に、法律の定めるところにより、両議院の協議会を開いても意見が一致しないとき 09 ②参議院が、衆議院の可決した予算・条約を受け取った後、国会休会中の期間を除いて30日以内に、議決しないとき 10 →衆議院の議決を国会の議決とする 11	必要的 09
内閣総理大臣の指名(67条)	①衆議院と参議院とが異なった指名の議決をした場合に、法律の定めるところにより、両議院の協議会を開いても意見が一致しないとき 12 ②衆議院が指名の議決をした後、国会休会中の期間を除いて10日以内に、参議院が、指名の議決をしないとき →衆議院の議決を国会の議決とする 13	必要的

〈書込み〉"衆議院の優越"が強い"

〈解説〉 ① 予算・条約の議決、内閣総理大臣の指名について、両議院の意見が一致しない場合に両議院の協議会(両院協議会)が必要的とされるのは、**参議院の議決を無視して衆議院の議決が国会の議決となるからである**(優越の程度が強い)。他方、法律案の場合について、両議院の意見が一致しない場合に両議院の協議会が任意的とされるのは、法律案の成立のためには、衆議院で出席議員の3分の2以上の再可決という重い要件を課しているために、その限度で**参議院の議決にも一定の抑止力**が認められている(参議院の議決もまったく無視されるのではなく一定の意味がある)ということによる。

② 憲法改正の発議には、そもそも衆議院の優越の制度がない。 14

重要事項 一問一答

01 同時活動の原則の例外は?

参議院の緊急集会

02 独立活動の原則の例外は?

両議院の協議会(両院協議会)

03 衆議院の優越の趣旨は?

解散もあり任期も短いゆえに国民の意見をより弾力的に反映している。

04 衆議院が権限で参議院に優越する事項は(2つ)?

①内閣不信任決議権、②予算先議権

05 両議院の協議会の開催が必要的な議決は(3つ)?

①予算の議決、②条約の議決、③内閣総理大臣の指名

06 衆議院の優越で、衆議院の議決を国会の議決とするものは(3つ)?

3 国会の組織 **433**

①予算の議決、②条約の議決、③内閣総理大臣の指名

過去問チェック

01 国会は衆議院及び参議院の両議院でこれを構成する二院制をとっているが、衆議院が解散されたときは、参議院は同時に閉会になる。

○（労2003）

02 両議院の召集、開会及び閉会が同時に行われるべきとする両議院の同時活動の原則については、憲法上、これに関連する規定はないが、憲法が二院制を採用していることを踏まえ、法律により明文で規定されている。

×（国般2016）「憲法上、これに関連する規定はないが」「法律により明文で規定されている」が誤り。

03 両院協議会は、各議院が独立して議事を行い、議決することを内容とする両議院の独立活動の原則の例外とされている。

○（国般2016）

04 衆議院議員は、参議院議員より任期が短く、解散による任期短縮の可能性もあって、選挙民の意思をより直接に反映すると見られるから、衆議院の優越が認められている。

○（税2005改題）

05 衆議院で内閣不信任決議案が可決された場合は、内閣は、衆議院を解散するか、又は総辞職しなければならないが、衆議院において内閣信任決議案が否決された場合及び参議院において内閣総理大臣の問責決議案が可決された場合は、内閣は、衆議院を解散し、又は総辞職する必要はない。

×（国般2009）「衆議院において内閣信任決議案が否決された場合及び」が誤り。

06 予算及び条約の締結に必要な国会の承認は、先に衆議院で審議されなければならない。

×（税2019）「及び条約の締結」が誤り。

07 参議院が衆議院の可決した法律案を受け取った後、国会休会中の期間を除いて六十日以内にその法律案の議決をしないときは、直ちに衆議院の議決が国会の議

434　第8章　統治Ⅰ

決となる。

×（区2011）「直ちに衆議院の議決が国会の議決となる」が誤り。

[08] 法律案を衆議院が可決した後、参議院がこれを否決した場合には、必ず両院協議会を開催しなければならない。

×（税2013）「必ず両院協議会を開催しなければならない」が誤り。

[09] 予算について、参議院で衆議院と異なった議決をしたときは、衆議院の議決を直ちに国会の議決とすることができ、両院協議会を開催する必要はない。

×（裁2009）「衆議院の議決を直ちに国会の議決とすることができ、両院協議会を開催する必要はない」が誤り。

[10] 予算について、参議院が衆議院の可決した予算を受け取った後、国会休会中の期間を除いて30日以内に議決しないときは、衆議院は、参議院がその予算案を否決したものとみなし、出席議員の過半数で再びこれを決することができる。

×（区2020）「参議院がその予算案を否決したものとみなし、出席議員の過半数で再びこれを決することができる」が誤り。

[11] 条約の締結に必要な国会の承認について、衆議院で可決し、参議院でこれと異なった議決をした場合、衆議院で出席議員の三分の二以上の多数で再び可決されたときは、衆議院の議決が国会の議決となる。

×（区2011）「衆議院で出席議員の三分の二以上の多数で再び可決されたときは」が誤り。

[12] 内閣総理大臣の指名について、衆議院と参議院とが異なった指名の議決をした場合、衆議院で出席議員の3分の2以上の多数で再び可決したときは、衆議院の議決が国会の議決となる。

×（裁2014）「衆議院で出席議員の3分の2以上の多数で再び可決したときは」が誤り。

[13] 内閣総理大臣の指名の議決について、衆議院が議決をした後、国会休会中の期間を除いて10日以内に参議院が議決しない場合、衆議院の総議員の3分の2以上の多数で再び可決したときは、衆議院の議決が国会の議決となる。

×（区2014）「衆議院の総議員の3分の2以上の多数で再び可決したときは」が誤り。

[14] 憲法改正について、衆議院で発議し、参議院でこれと異なった発議をした場合、衆議院で総議員の三分の二以上の賛成で再び発議したときは、衆議院の発議が

3 国会の組織 435

国会の発議となる。

× (区2011)「衆議院で総議員の三分の二以上の賛成で再び発議したときは、衆議院の発議が国会の発議となる」が誤り。

A 衆議院議員の任期を4年、被選挙権を有する者を25歳以上の者とすること、参議院議員の任期を6年、被選挙権を有する者を30歳以上の者とすることは憲法において定められているが、その他の議員の資格は法律で定められている。

× (国般2009)「被選挙権を有する者を25歳以上の者とすること」「被選挙権を有する者を30歳以上の者とすること」が誤り。

国般★★☆／国専★★★／裁判所★★★／特別区★★☆／地上★☆☆

4 国会議員の地位

本節では、国会議員の地位を扱います。国会議員の特権といわれる分野が中心となります。

1 国会議員の地位

1 兼職禁止

① 両議院の議員の兼職

両議院の議員を兼ねることは禁じられている(48条)。 01

② 議員と公務員の兼職 〈発展〉

議員は、内閣総理大臣その他の国務大臣、内閣官房副長官、内閣総理大臣補佐官、副大臣、大臣政務官、大臣補佐官及び別に法律で定めた場合を除いては、その任期中国又は地方公共団体の公務員と兼ねることができない。ただし、両議院一致の議決に基づき、その任期中内閣行政各部における各種の委員、顧問、参与その他これらに準ずる職に就く場合は、この限りでない(国会法39条)。 A

2 常任委員 〈発展〉

議員は、少なくとも一個の常任委員となる。ただし、議長、副議長、内閣総理大臣その他の国務大臣、内閣官房副長官、内閣総理大臣補佐官、副大臣、大臣政務官及び大臣補佐官は、その割り当てられた常任委員を辞することができる(国会法42条2項)。 B

〈語句〉●常任委員とは、国会法に規定された常設の委員会(常任委員会)の委員をいう。常任委員会は、付託された法律案などの案件の審査や、議長の承認を得てその所管に属する事項につき国政に関する調査を行う。

2 国会議員の特権

国会議員は、全国民の代表として活動するので、その地位には、①歳費受領権、②不逮捕特権、③免責特権、が認められている。

1 歳費受領権（49条）

両議院の議員は、国庫から相当額の歳費を受けることが保障されている（**歳費受領権**）。憲法上、裁判官について同種の定めが置かれているが、裁判官の場合と異なり、在任中に減額できないという定めはない。02

2 不逮捕特権（50条）

第50条【議員の不逮捕特権】
両議院の議員は、法律の定める場合を除いては、国会の会期中逮捕されず、会期前に逮捕された議員は、その議院の要求があれば、会期中これを釈放しなければならない。

意義 憲法50条は、両議院の議員は、「法律の定める場合」を除いては、国会の「会期中」「逮捕」されず、会期前に逮捕された議員は、その「議院の要求があれば、会期中これを釈放しなければならない」として国会議員の**不逮捕特権**を定めている。03

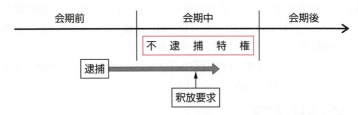

【議員の不逮捕特権】

趣旨 不逮捕特権は、議員の身体の自由を保障して政府の権力によって**議員の職務の執行が妨害されないようにし、また、議員が拘束されることによって議院の審議権が侵害されないようにする**ためのものである。

【不逮捕特権】

原則	両議院の議員は、国会の会期中、逮捕されない
憲法上の例外	法律の定める場合には、国会の会期中でも逮捕される
「法律の定める場合」（国会法33条、34条）	①院外における現行犯罪の場合、国会の会期中でも逮捕される（不当な逮捕でない） ②その院の許諾がある場合、国会の会期中でも逮捕される（審議に不要な議員）

①「法律の定める場合」

国会法によれば、①院外における現行犯罪の場合(33条)、②その院の許諾がある場合(33条、34条)には、国会の会期中でも逮捕することができる。 04

院内における現行犯罪の場合は、議長の警察権にゆだねられる(国会法114条)。

②「会期中」

国会の「会期中」であり、会期外(閉会中)の場合には認められない。したがって、国会閉会中の委員会の継続審議は、国会の会期中ではないから、委員会の継続審議中には、不逮捕特権は認められない。 05

なお、国会と同様の機能を緊急事態において果たす参議院の緊急集会においては、参議院議員に不逮捕特権が認められる(国会法100条)。 05 06

③「逮捕」

「逮捕」とは、広く公権力による身体の拘束を指すから、刑事訴訟法上の逮捕、勾引、勾留をはじめ、警察官職務執行法による保護措置(3条)などの行政措置も含まれる。 07

また、不逮捕特権は、国会議員の身体の自由を保障するものだから、訴追すること自体は可能である。

〈語句〉●保護措置とは、例えば、泥酔者を派出所・警察署等で休憩・介護することである。

●訴追とは、検察官が公訴を提起(起訴)して、それを遂行することをいう。

④「その院の許諾」

「その院の許諾」とは、当該議員の所属する議院が逮捕を許諾する旨の議決をすることを意味する。 08

⑤ 議院の要求による釈放

議院の要求があれば、会期中は会期前に逮捕された議員を釈放しなければならない。「法律の定める場合を除いては」は、「逮捕されず」のみにかかり、「釈放しなければならない」にはかからないので、現行犯逮捕をされていても、議院の要求があれば議員を釈放しなければならない。 09

4 国会議員の地位 **439**

3 免責特権

第51条【議員の発言・表決の免責】
両議院の議員は、議院で行つた演説、討論又は表決について、院外で責任を問はれない。

会期を問わない
逮捕を受けても意味しない

意義 本条は、両議院の議員は、議院で行った演説、討論又は表決について、院外で責任を問われない、として国会議員の免責特権を定めている。*表現の自由を強化*

趣旨 免責特権は、国会における議員の言論活動を最大限に保障し、議員に「全国民の代表」としての任務をよりよく遂行させるために、院外で法的責任を問われないようにしたものである。

〈**語句**〉●表決とは、簡潔にいうと、議題に対して賛成又は反対の意思を表示することをいう。

① 主体
免責特権の主体は、国会議員である。**国務大臣、地方議会議員は、主体とならない。** [10]

ただし、国会議員が国務大臣を兼ねている場合は、国会議員としての演説、討論または表決についてのみ免責特権が及ぶ。

判例 **地方議会議員の免責特権**（最大判昭42.5.24）

〈事案〉

地方議会の議事進行に関連して地方議会議員が犯した刑事犯罪について、地方議会議員に免責特権が及ぶかどうかが問題となった。

〈判旨〉

● **地方議会議員に免責特権が及ぶか**

▮▮▶ 及ばない。

結論 憲法上、国権の最高機関たる国会について、広範な議院自律権を認め、ことに、議員の発言について、憲法51条に、いわゆる免責特権を与えているからといって、その理をそのまま直ちに地方議会にあてはめ、**地方議会についても、国会と同様の議会自治・議会自律の原則を認め、さらに、地方議会議員の発言についても、いわゆる免責特権を憲法上保障しているものと解すべき根拠はない。** [10]

---

440 第8章 統治Ⅰ

② 「議院で行った演説・討論・表決」

　「議院で行った演説・討論・表決」とは、国会議員が議院の活動として、**その職務上行った行為**である。したがって、**院内での活動に限られることはなく**、地方公聴会のような院外での活動であっても、職務上行った行為は、免責の対象となる。 11

　なお、私語、ヤジ、暴力行為などは含まれない。

③ 時期

　会期中に限られない（閉会中の委員会活動における発言も免責の対象となる）。

④ 「免責」の内容

　一般人であれば負うべき**法的責任**を免れる。すなわち、民事上の損害賠償請求、刑事上の名誉毀損罪による処罰、行政上の懲戒処分を受けない。 12

　院内で懲罰の対象とされることはある（58条2項）。また、所属する政党により除名等の処分を受けることはある（**政治的責任**）。 13

【免責の内容】

免責される責任	免責されない責任
・民事上の損害賠償責任 ・刑事上の名誉毀損罪による処罰 ・行政上の懲戒処分	・院内での懲罰 ・政党による処分

判例　国会議員の名誉毀損的発言と免責特権（最判平9.9.9）

〈事案〉

　衆議院議員であったYは衆議院の委員会において、ある精神病院の問題をとりあげ、❶その病院長は女性患者に破廉恥な行為を行っている等の発言をした。❷院長は翌日自殺した。❸妻Xは夫の名誉が毀損されたとしてYに対して民法709条・710条の請求（不法行為に基づく損害賠償請求）を、❹国に対して国家賠償法1条の損害賠償請求をした。

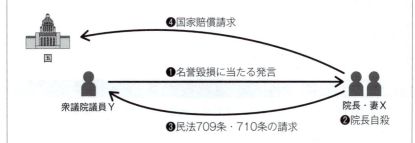

〈判旨〉

● 1 職務行為について国会議員は損害賠償責任を負うか。 /発展

⟹ 被害者に対して損害賠償責任を負わない。

理由 本件発言は、Yが国会議員として職務を行うにつきなされたものであるから、

結論 仮に故意又は過失による違法な行為であるとしても、国が賠償責任を負うことがあるのは格別、公務員であるY個人は、Xに対してその責任を負わないと解すべきである。

● 2 国会議員の職務行為について国の損害賠償責任が発生するのはどのような場合か。

⟹ 国会議員がその付与された権限の趣旨に明らかに背いてこれを行使したものと認め得るような特別の事情がある場合。

理由 国会議員が国会で行った質疑等において、個別の国民の名誉や信用を低下させる発言があったとしても、これによって当然に国家賠償法1条1項の規定にいう違法な行為があったものとして国の損害賠償責任が生ずるものではなく、

結論 当該責任が肯定されるためには、当該国会議員が、その職務とはかかわりなく違法又は不当な目的をもって事実を摘示し、あるいは、虚偽であることを知りながらあえてその事実を摘示するなど、国会議員がその付与された権限の趣旨に明らかに背いてこれを行使したものと認め得るような特別の事情があることを必要とすると解するのが相当である。 14

3 議案発案権 /発展

　国会議員は、立法府の構成員であり当然に発案権を持っているが、お土産法案（選挙区へのアピール法案）の弊害を防止するため、国会法は、議員の発案権を以下のように制限した。 C

【議案発案権】

	法律案を提出する場合	予算を伴う法律案を提出する場合
衆議院	20人以上の賛成	50人以上の賛成
参議院	10人以上の賛成	20人以上の賛成

■ 重要事項 一問一答

01 国会議員の歳費受領権に関し、在任中に減額されないことが憲法上保障されているか？

保障されていない。

02 **国会議員の不逮捕特権とは？**

国会の会期中は逮捕されないこと。

03 **例外的に逮捕される場合は（2つ）？**

①院外の現行犯、②所属議院の許諾のある場合

04 **会期前に逮捕された議員は、会期が始まると常に釈放されるか？**

されない。釈放には、所属議院の要求が必要となる。

05 **「逮捕」の意味は？**

広く公権力による身体の拘束を含む。

06 **免責特権とは？**

議院で行った演説、討論、表決について、院外で法的責任（民事・刑事・行政上の懲戒責任）を問われないこと。

07 **免責特権の及ぶ範囲は院内での活動に限られるのか？**

院内での活動に限られることはなく、地方公聴会のような院外での活動であっても、職務上行った行為は、免責の対象となる。

08 **議院で行った演説等が所属議院の懲罰の対象になるか？**

なる（院内の責任）。

09 **免責特権によって所属政党や団体からの処分は免責されるか？**

免責されない。

10 **国会議員の名誉毀損的発言について国の損害賠償責任が発生するのはどのような場合か？**

国会議員がその付与された権限の趣旨に明らかに背いてこれを行使したものと認め得るような特別の事情がある場合。

▊ 過去問チェック

01 憲法上、衆参両議院の議員を兼ねることも許される。

× （裁2002）全体が誤り。

02 国会議員は、その勤務に対する報酬として、法律の定めるところに従い、会期中相当額の歳費を受領することができるとされ、その歳費は、在任中減額されないことが憲法上保障されている。

× （裁2006）「在任中減額されないことが憲法上保障されている」が誤り。

03 両議院の議員は、法律の定める場合を除いては、国会の会期中、逮捕されない。ただし、会期前に現行犯逮捕された議員は、議院の要求があっても、会期中、

釈放されない。

× (財2018)「議院の要求があっても、会期中、釈放されない」が誤り。

[04] 両議院の議員には会期中の不逮捕特権が認められているが、院内外における現行犯逮捕若しくは所属する議院の許諾がある場合は不逮捕特権の例外とされる。

× (税2014)「院内外における」が誤り。

[05] 国会議員の不逮捕特権は、国会の会期中にのみ認められるため、国会閉会中の委員会における継続審議や衆議院が解散されたときに開催される参議院の緊急集会には認められない。

× (区2019)「衆議院が解散されたときに開催される参議院の緊急集会」が誤り。

[06] 両議院の議員は、院外における現行犯罪の場合及び議員の所属する議院の許諾のある場合を除いては会期中は逮捕されないが、緊急集会中の参議院の議員は、院外における現行犯罪でない場合であっても、参議院の許諾なくして逮捕されることがある。

× (国般2007)「院外における現行犯罪でない場合であっても、参議院の許諾なくして逮捕されることがある」が誤り。

[07] 国会議員は、いかなる場合であっても、国会の会期中には逮捕されないことが保障されているが、この「逮捕」は、広く公権力による身体の拘束を意味するものとされ、刑事訴訟法上の勾引・勾留も含まれる。

× (裁2006)「いかなる場合であっても」が誤り。

[08] 会期中の議員に対する逮捕許諾権は、憲法の定める不逮捕特権の例外であるから、その行使には当該議員の所属する議院の議決のみでは足りず、両議院一致の議決が必要となる。

× (国般2004)「その行使には当該議員の所属する議院の議決のみでは足りず、両議院一致の議決が必要となる」が誤り。

[09] 国会の会期前に逮捕された国会議員は、罪を犯したことが明白で、政治的な不当な逮捕の危険性が極めて少ないため、当該議員の所属する議院の要求があったとしても、会期中釈放されることは一切ない。

× (区2019)「罪を犯したことが明白で、政治的な不当な逮捕の危険性が極めて少ないため、当該議員の所属する議院の要求があったとしても、会期中釈放されることは一切ない」が誤り。

10 国会議員の発言について、いわゆる免責特権が与えられているからといっ
て、それを直ちに地方議会に当てはめ、地方議会議員の発言についても、いわゆる
免責特権を憲法上保障しているものと解すべき根拠はないとするのが判例である。
○（税2003）

11 国会議員に免責特権が認められているのは、院内での言論の自由を確保し、
国会の機能を十分に発揮させるためであるから、国会議員が所属する委員会の地方
公聴会での発言など、国会議員が院外で行った発言には、免責特権は及ばない。
×（国般2015）「国会議員が院外で行った発言には、免責特権は及ばない」が誤り。

12 両議院の議員は、議院で行った演説、討論又は表決について院外で責任を問
われないが、これは、議院における議員の自由な発言・表決を保障するため一般国
民ならば負うべき民事上の法的責任を負わないことを意味するにとどまり、刑事上
の法的責任まで免除するものではない。
×（国般2007）「意味するにとどまり、刑事上の法的責任まで免除するものではない」が誤り。

13 憲法51条は「両議院の議員は、議院で行つた演説、討論又は表決について、
院外で責任を問はれない。」と規定して、国会議員の免責特権を定めていることか
ら、ある国会議員の議院での発言を理由として法的責任を問われることがないのは
もちろんのこと、所属する政党や団体等から制裁や除名処分を受けることもない。
×（裁2012）「所属する政党や団体等から制裁や除名処分を受けることもない」が誤り。

14 国会議員が国会の質疑、演説、討論等の中でした個別の国民の名誉又は信用
を低下させる発言については、国会議員の裁量に属する正当な職務行為とはいえ
ず、免責特権は及ばないことから、これによって当然に国家賠償法第1条第1項の
規定にいう違法な行為があったものとして国の損害賠償責任が生ずるとするのが判
例である。
×（国般2015）全体が誤り。

A ある議院に所属する議員は、同時に他方の議院の議員となることはできず、
また、国又は地方公共団体の公務員や大臣政務官との兼職も禁じられているが、普
通地方公共団体の議会の長や内閣総理大臣その他の国務大臣を兼職することについ
ては、禁止されていない。
×（国般2007）「大臣政務官」「普通地方公共団体の議会の長や」が誤り。

第8章 統治総論・国会

4 国会議員の地位 445

B 国会議員は、少なくとも一個の常任委員会の委員となる。ただし、議長、副議長、内閣総理大臣その他の国務大臣等は、その割り当てられた常任委員を辞することができる。

○（国般2014）

C 議員は、その所属する議院に議案を発議する権能を持っており、予算を伴う法律案については、衆議院では50人以上、参議院では20人以上の議員の賛成があれば発議することができ、それ以外の議案については、衆議院では20人以上、参議院では10人以上の議員の賛成があれば発議することができる。

○（国般2007）

国般★★★／国専★★★／裁判所★★★／特別区★★★／地上★★☆

5 国会の活動

本節では、国会の活動を扱います。国会の会期と緊急集会が頻出のテーマです。また、国会法の条文の一部が出題されています。

1 国会の会期

第52条【常会】
国会の常会は、毎年1回これを召集する。

第53条【臨時会】
内閣は、国会の臨時会の召集を決定することができる。いづれかの議院の総議員の4分の1以上の要求があれば、内閣は、その召集を決定しなければならない。

第54条【衆議院の解散・特別会】
① 衆議院が解散されたときは、解散の日から40日以内に、衆議院議員の総選挙を行ひ、その選挙の日から30日以内に、国会を召集しなければならない。

国会法第2条【常会の召集期】
常会は、毎年1月中に召集するのを常例とする。

国会法第2条の2【特別会・常会の併合】
特別会は、常会と併せてこれを召集することができる。

国会法第2条の3【選挙後の臨時会】
① 衆議院議員の任期満了による総選挙が行われたときは、その任期が始まる日から30日以内に臨時会を召集しなければならない。但し、その期間内に常会が召集された場合又はその期間が参議院議員の通常選挙を行うべき期間にかかる場合は、この限りでない。
② 参議院議員の通常選挙が行われたときは、その任期が始まる日から30日以内に臨時会を召集しなければならない。但し、その期間内に常会若しくは特別会が召集された場合又はその期間が衆議院議員の任期満了による総選挙を行うべき期間にかかる場合は、この限りでない。

第8章 統治総論・国会

5 国会の活動 447

国会法第10条【常会の会期】

　常会の会期は、150日間とする。但し、会期中に議員の任期が満限に達する場合には、その満限の日をもつて、会期は終了するものとする。

国会法第11条【臨時会・特別会の会期】

　臨時会及び特別会の会期は、両議院一致の議決で、これを定める。

国会法第12条【会期の延長】

① 　国会の会期は、両議院一致の議決で、これを延長することができる。

② 　会期の延長は、常会にあつては1回、特別会及び臨時会にあつては2回を超えてはならない。

国会法第13条【会期決定に関する衆議院の優越】

　前2条の場合において、両議院の議決が一致しないとき、又は参議院が議決しないときは、衆議院の議決したところによる。

1 会期の種類

意義　会期とは、国会が活動能力を有する期間のことをいう。

趣旨　①国王の必要に応じて召集され、その任務を終えるとともに閉会したという歴史的事情、②常設制では、国政の効率的運営の見地から必ずしも望ましいものではないという実質的な理由から、議会制度の普及に伴って多くの国で採用されてきた。日本においても、明治憲法下の帝国議会以来、会期制を採用している。

　憲法および国会法は、次の3種類の会期を定める。①**常会**は、必ず**毎年1回召集**され、予算の議決等を行う。②**臨時会**は、常会のほかに必要に応じて臨時に召集され、その性質上、多様な議案を取扱う。③**特別会**は、衆議院の解散による総選挙後に召集され、議長等の選挙など、議院の構成を行う。

【会期の種類】

会期の種類	開かれる場合	注意点
常会 （52条）	毎年1回必ず開かれる	1月中に召集され、会期は150日である。会期の延長は1回だけである 01

448　第8章　統治Ⅰ

臨時会 (53条)	①内閣が召集を決定した場合 [02] ②いずれかの議院の総議員の4分の1以上の要求があった場合、内閣は召集を決定しなければならない [02] ③任期満了による衆議院議員の総選挙の日から30日以内 [03] ④参議院議員の通常選挙の日から30日以内	会期の延長は2回までできる [04]
特別会 (54条1項)	解散の日から40日以内に衆議院議員の総選挙を行い、その選挙の日から30日以内 [05]	常会と併せて召集できる [05] 会期の決定・延長は臨時会と同じである

〈解説〉　国会の会期は、両議院一致の議決で、これを延長することができる。ただし、両議院の議決が一致しないとき、又は参議院が議決しないときは、衆議院の議決したところによる(国会法13条)。 [06]

2 会期不継続の原則

国会法第68条【会期不継続】

　会期中に議決に至らなかつた案件は、後会に継続しない。但し、第47条第2項の規定により閉会中審査した議案及び懲罰事犯の件は、後会に継続する。

国会法第47条【委員会の審査と会期】

①　常任委員会及び特別委員会は、会期中に限り、付託された案件を審査する。
②　常任委員会及び特別委員会は、各議院の議決で特に付託された案件(懲罰事犯の件を含む。)については、閉会中もなお、これを審査することができる。　会期不継続の原則の例外

意義　会期不継続の原則とは、会期中に議決されなかった議案は、後会(次の会期)に継続されないという原則である(国会法68条)。憲法に規定はなく、国会法による原則である。 [07] [08]

　　会期不継続の原則によって、会期中に議決されなかった議案は、審議未了により廃案となり、次の会期で審議をするには、新規議案としての手続をとる必要がある。 [09]

趣旨　国会の活動は会期中に限られ(国会法47条1項)、各会期は独立して活動するのが原則となる(会期独立の原則)。そのため、会期と会期との間に意思の継続性は認められず、会期中に議決されなかった案件は、後会に継続しないとした。

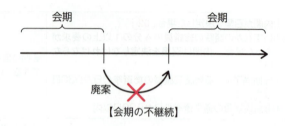

① 閉会中審査
　常任委員会及び特別委員会は、**各議院の議決で特に付託された案件**（懲罰事犯の件を含む）については、**閉会中もなお、これを審査**することができる（国会法47条2項）。08

② 継続審査（会期不継続の原則の例外）
　国会法47条2項の規定により**閉会中審査した議案及び懲罰事犯の件は、後会に継続**する（国会法68条但書）。08

3　一事不再議の原則　/発展

意義　**一事不再議の原則**とは、**一度議決した議案は、同一の会期中には、再び提出することができない**とする原則である。明治憲法には、明文の規定があったが、憲法、国会法には規定がない。もっとも、国会法56条の4は、この原則の存在を前提としていると解されている。

趣旨　いったんなされた議決が不安定な状態に置かれることを回避し、会議の効率的な運営を図るために規定された。

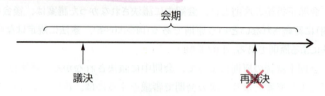

〈例外〉　衆議院における法律案の再議決（59条2項）

❷ 参議院の緊急集会

1 総説

第54条【衆議院の解散・特別会、参議院の緊急集会】 終・同時解散
②　衆議院が解散されたときは、参議院は、同時に閉会となる。但し、内閣は、国に緊急の必要があるときは、**参議院の緊急集会**を求めることができる。衆が解散時のみ
③　前項但書の緊急集会において採られた措置は、臨時のものであつて、次の国会開会の後10日以内に、衆議院の同意がない場合には、その効力を失ふ。

意義　緊急集会とは、衆議院の解散中、国に緊急の必要があるときは、**内閣**が求めることによって参議院が緊急に集会をすることをいう。

趣旨　参議院は衆議院の解散と同時に閉会となるが、この閉会中に国会の議決を要する緊急の問題が発生したときに、参議院が国会の権能を暫定的に代行する制度が参議院の緊急集会である。両院同時活動の原則の例外である。

2 緊急集会の要件・手続その他

① 緊急集会が開かれる場合

緊急集会は、衆議院が**解散**されている間、国に緊急の必要がある場合に開かれる。 **10** **11** **12**

→ ×**任期満了**の場合に開かれる。

(例) **発展** 自衛隊の防衛出動・災害緊急措置、暫定予算の議決等 **A**

② 緊急集会を要求する機関

内閣が緊急集会を求める。 **10** **11** **12**

→ ×天皇が召集する。×参議院・参議院議員、内閣総理大臣が要求する。

③ 緊急集会の期間

緊急集会は、国会の「会期」ではないので、会期をあらかじめ定めて求めるものではない。緊急の案件がすべて議決されたとき、議長が、緊急集会が終わったことを宣告することにより、集会が終了する(国会法102条の2)。

④ 緊急集会の権能

緊急集会は、国会の代行機能を果たすものであるから、国会の権能に属する事項はすべて緊急集会の権能に属するのが原則である。

第8章 統治総論・国会

5　国会の活動　**451**

発展 しかし、緊急集会はそもそも緊急に処理しなければならない問題に対処するために開かれるものであるから、**憲法改正の発議や内閣総理大臣の指名はできない**と解されている。B

緊急集会は、内閣にその開催の要求権があることから、内閣総理大臣から示された案件について審議し、議決する。議員は、内閣総理大臣から示された案件に**関連のあるものに限り、議案を発議**することができる(国会法101条)。13

⑤ 事後措置について

緊急集会でとられた措置は、臨時のものなので、**次の国会(特別会)開会後10日以内に衆議院の同意がないと、「効力を失う」**(54条3項)。これは、将来に向かって効力を失うという意味である(**将来効**)。14

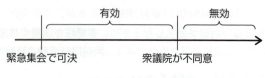

【緊急集会の事後の流れ】

⑥ 緊急集会中の議員の特権

緊急集会中の参議院議員は、会期中の国会議員と同じように、**不逮捕特権**の保障が及ぶ(50条、国会法100条)。また、**免責特権**の保障も及ぶ(51条)。15

3 国会の召集と閉会

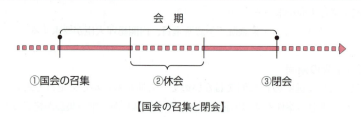

【国会の召集と閉会】

1 国会の召集

国会の開会のことを国会の**召集**という。内閣の「助言と承認」に基づき**天皇が召集**する(7条2号)。

2 休会

国会の休会は両議院の一致により行われる。各議院の休会は、10日以内にかぎり、その院の議決により行われる(国会法15条1項・4項)。

3 閉会

国会は、会期の終了により閉会となるが、閉会は、会期の満了したときのほか、会期中においても衆議院の解散により閉会となる。 16

4 国会の審議

1 定足数

意義 定足数とは、合議体が活動するために必要な最小限度の出席者の数をいう。

国会の審議における定足数は、総議員の3分の1である(56条1項)。「総議員」とは、法定の議員数である(両議院の先例)。 17

2 議決要件

表決は、憲法に特別の定のある場合を除いて、出席議員の過半数で決し、可否同数のときは議長が決するところによる(56条2項)。 18

【議決の要件と種類】

議決要件	議決の種類
出席議員の過半数	・憲法に特別の定のある場合を除いた残りの議事
出席議員の3分の2以上	①・議員の資格争訟の裁判で議員の議席を失わせる議決(55条但書) ②・両議院の会議で秘密会を開く議決(57条1項但書) ③・議員を除名する議決(58条2項但書) ④・衆議院の法律案の再議決(59条2項)
各議院の総議員の3分の2以上	憲法改正の発議(96条1項)

3 公開の原則

両議院の会議は、原則として公開される。公開とは、傍聴の自由はもとより、報道の自由が認められることをいうと解されている。 19

5 国会の活動 453

① 秘密会（公開の原則の例外）

　両議院の会議は、**出席議員の3分の2以上の多数**で議決したときは、秘密会を開くことができる（57条1項）。[19][20]

② 会議録

　両議院は、会議の記録を保存し、秘密会の記録で特に秘密を要すると認められるもの以外は、**公表・頒布**される（57条2項）。[20]

③ 表決の記録 /発展

　出席議員の**5分の1以上**の要求があれば、各議員の表決は会議録に記録される（57条3項）。[C]

④ 会議体による公開の程度の違い

【公開の程度】

会議体	公開の程度
本会議 （57条1項）	原則：公　開 例外：非公開
委員会 （国会法52条1項）	原則：非公開（議員の他、傍聴を許さない） /発展 [D] 例外：委員長の許可があれば報道関係者は傍聴できる
両院協議会 （国会法97条）	非公開 /発展 [E]

■ 重要事項 一問一答

01 国会の会期の種類は（3つ）？

①常会、②臨時会、③特別会

02 会期不継続の原則の例外は？

継続審議

03 参議院の緊急集会とは？

衆議院の解散中、国に緊急の必要があるときに、内閣の求めに応じて参議院が集会すること。

04 緊急集会でとられた措置は？

臨時のものなので、次の国会開会後10日以内に衆議院の同意が必要。

05 衆議院の事後の同意を得られなかった場合の緊急集会でとられた措置の効力は？

将来に向かって効力を失う。

06 緊急集会中の議員の特権は（2つ）？

①不逮捕特権、②免責特権

07　国会の召集の手続は？

内閣の助言と承認に基づき天皇が召集する。

08　国会審議の定足数は？

総議員の3分の1

09　秘密会を開く要件は？

出席議員の3分の2以上の多数の議決

過去問チェック

01　常会は、法律案等の議決のために毎年1回召集される。常会の会期は150日間と定められているが、両議院一致の議決により、何度でも会期を延長することができる。

×（国般2012）「何度でも会期を延長することができる」が誤り。

02　内閣総理大臣は、国会の臨時会の召集を決定することができる。また、いずれかの議院の総議員の4分の1以上の要求があれば、内閣総理大臣は、その召集を決定しなければならない。

×（国般2006）「内閣総理大臣は」が誤り。

03　衆議院議員の任期満了による総選挙が行われたときは、その選挙の日から30日以内に国会の特別会を召集しなければならないが、特別会の会期は両議院一致の議決で定め、会期の延長は2回に限って行うことができる。

×（区2016）「特別会」が誤り。

04　常会、臨時会及び特別会の会期は、両議院一致の議決で延長することができるが、延長できる回数については、常会は2回までであり、臨時会及び特別会はそれぞれ1回とされている。

×（労2003）「常会は2回までであり、臨時会及び特別会はそれぞれ1回とされている」が誤り。

05　衆議院が解散されたときは、解散の日から40日以内に衆議院議員の総選挙を行い、その選挙の日から30日以内に臨時会を召集しなければならないが、臨時会の召集の時期が常会の召集時期と重なる場合には、常会と併せて召集することができる。

×（税2011）「臨時会」が誤り。

第8章　統治総論・国会

5　国会の活動　455

06 国会の会期の延長については、両議院一致の議決が求められることから、会期の延長の決定に関して、両議院の議決が一致しない場合又は参議院が議決しない場合であっても、衆議院の議決をもって国会の議決とすることはできず、会期を延長することはできない。

× (国般2002)「衆議院の議決をもって国会の議決とすることはできず、会期を延長することはできない」が誤り。

07 国会の会期中に議決に至らなかった案件は、原則として後会に継続しない。これを会期不継続の原則といい、憲法上、明文で規定されている。

× (国般2020)「憲法上、明文で規定されている」が誤り。

08 国会の会期中に議決に至らなかった案件は、後会に継続しないが、例外的に議院の議決により特に付託された案件は、閉会中も審査することができ、閉会中に審査された議案は後会に継続する。

○ (税2003改題)

09 衆議院で可決した法律案を参議院で審議中に衆議院が解散された場合であっても、参議院における審議は解散の影響を受けずに継続され、参議院で当該法律案が可決されれば法律は成立する。

× (税2013)「参議院における審議は解散の影響を受けずに継続され、参議院で当該法律案が可決されれば法律は成立する」が誤り。

10 衆議院が解散されたときは、参議院は同時に閉会となる。ただし、参議院は、その出席議員の３分の２以上の多数により緊急の必要があると認めるときに、緊急集会を開くことができる。

× (国般2006)「参議院は、その出席議員の３分の２以上の多数により緊急の必要があると認めるときに、緊急集会を開くことができる」が誤り。

11 憲法は両議院の同時活動の原則を採用しており、衆議院が解散されたときは、参議院は同時に閉会となるが、参議院議員は、国に緊急の必要があるときは、参議院の緊急集会を求めることができる。

× (国般2010)「参議院議員は」が誤り。

12 衆議院が解散されたときは、参議院は、同時に閉会となる。ただし、国に緊急の必要があるときは、内閣総理大臣は、単独で、参議院の緊急集会を求めること

ができる。

×（税2014）「内閣総理大臣は、単独で」が誤り。

13 参議院の緊急集会は、内閣総理大臣から示された案件を審議し、議決するが、議員は、当該案件に関連があるものに限らず、議案を発議することができる。

×（区2018）「当該案件に関連があるものに限らず、議案を発議することができる」が誤り。

14 参議院の緊急集会において採られた措置は、臨時のものであり、次の国会において衆議院の同意がない場合には、当該措置は将来に向かって効力を失うばかりではなく、過去に遡及して効力を失う。

×（区2018）「ばかりではなく、過去に遡及して効力を失う」が誤り。

15 参議院の緊急集会の期間中、参議院議員は、国会の通常の会期中とは異なり、不逮捕特権や免責特権を認められていない。

×（区2018）「国会の通常の会期中とは異なり、不逮捕特権や免責特権を認められていない」が誤り。

16 国会は、会期が満了すれば閉会となり、会期中に期間を定めて一時その活動を休止することはあっても、会期の満了を待たずに閉会することはない。

×（国般2019）「会期の満了を待たずに閉会することはない」が誤り。

17 憲法は本会議の議事及び議決に必要な定足数を総議員の３分の１以上としているが、ここでいう「総議員」の意味について、両議院の先例は、現在の議員数ではなく、法定の議員数であると解している。

○（国般2010）

18 両議院の議事は、憲法に特別の定めのある場合を除いては、総議員の過半数でこれを決し、可否同数のときは、議長の決するところによる。

×（裁2005）「総議員の」が誤り。

19 議会は原則として公開であるが、出席議員の３分の２以上の多数で議決したときは、秘密会を開くことができる。また、公開とは、傍聴の自由のみならず、報道の自由が認められることをいうと一般に解されている。

○（財2015）

20 両議院は、それぞれその会議の出席議員の３分の２以上の多数で議決したと

5 国会の活動 457

きは、秘密会を開くことができ、秘密会の記録はすべて非公開としなければならない。

×（区2006）「秘密会の記録はすべて非公開としなければならない」が誤り。

A 通説に照らすと、緊急集会の要件である、国に緊急の必要があるときとは、総選挙後の特別会の召集を待てないような切迫した場合をいい、その例として自衛隊の防衛出動や災害緊急措置があるが、暫定予算の議決はこれに含まれない。

×（区2021改題）「暫定予算の議決はこれに含まれない」が誤り。

B 通説に照らすと、参議院の緊急集会は、国会の権限を臨時に代行するものであるから、その権限は国会の権限全般に及び、憲法改正の発議や内閣総理大臣の指名を行うこともできる。

×（区2018改題）「憲法改正の発議や内閣総理大臣の指名を行うこともできる」が誤り。

C 両議院は、出席議員の5分の1以上の要求があれば、各議員の表決を会議録に記載しなければならない。

○（裁2005）

D 両議院の会議及び委員会は公開とされるが、総議員の3分の1以上の多数で議決したときは、秘密会を開くことができる。

×（税2014）「及び委員会」「総議員の3分の1以上」が誤り。

E 国会の活動を国民の監視下に置くという観点から、憲法上、両議院の会議は原則として公開されているが、両議院の意見が一致しないときに開かれる両院協議会においても同様である。

×（労2003）「両院協議会においても同様である」が誤り。

国般★★☆／国専★★★／裁判所★★☆／特別区★★☆／地上★☆☆

6 国会の権能①

本節では、財政の監督と予算の議決を除いた国会の権能を扱います。

1 概説

国会の権能(権限)は、原則として両議院の一致により行使する。これに対し、議院の権能は、各議院が単独で行使することができる。

【国会と議院の権能】

【国会の権能】 01	【議院の権能】
1　憲法改正の発議 2　法律の制定 3　条約締結の承認 4　財政の監督 5　予算の議決 6　内閣総理大臣の指名 7　弾劾裁判所の設置	1　議院の自律権 　(1)　組織に関する自律権 　　①　議員の資格争訟の裁判 　　②　役員の選任権 　　③　議員の逮捕の許諾・釈放要求権 　　④　議員の辞職の許可 　(2)　運営に関する自律権 　　①　議院規則制定権 　　②　議員懲罰権 　　③　議長の秩序維持権 2　国政調査権

2 憲法改正の発議（96条1項）

第96条【改正の手続、その公布】
① この憲法の改正は、各議院の総議員の3分の2以上の賛成で、国会が、これを発議し、国民に提案してその承認を経なければならない。この承認には、特別の国民投票又は国会の定める選挙の際行はれる投票において、その過半数の賛成を必要とする。

意義 憲法改正の発議とは、国民に提案される憲法改正案を国会が決定することをいい、発議には**各議院の総議員の3分の2以上の賛成**が必要となり、その後国民投票において過半数の賛成があって初めて憲法改正が成立する。憲法改正の詳細は、第11章 4 節「憲法改正と憲法保障」で扱う。

趣旨 憲法改正という重要な事項であるため、各議院の総議員の3分の2以上という非常に厳しい要件を課した。

【憲法改正手続】

3 法律の制定（59条）

第59条【法律案の議決、衆議院の優越】
① 法律案は、この憲法に特別の定のある場合を除いては、両議院で可決したとき法律となる。

原則 法律案は、両議院で可決したときに法律となる。02

例外 「憲法に特別の定のある場合」には、①両議院の可決がなくても法律となる場合と、②両議院の可決があっても法律とならない場合がある。①の例として、衆議院の再可決による場合（59条2項）、参議院の緊急集会による場合（54条3項）がある。②の例として、地方自治特別法の場合（95条）がある。

02

【法律の制定手続】

法律案の提出要件について、議員提出の場合は一定数の議員の賛成を必要とし、予算を伴う場合は要件が厳しくなる（国会法56条1項）。本章 4 節「国会議員の地位」を参照。

これに対して、内閣は内閣総理大臣が代表して法律案を提出することができる（内閣法5条）。

4 条約締結の承認（73条3号但書）

第73条【内閣の職務】
　内閣は、他の一般行政事務の外、左の事務を行ふ。
三　条約を締結すること。但し、事前に、時宜によつては事後に、国会の承認を経ることを必要とする。

意義　条約の締結は、内閣の権能であるが、原則として事前に、場合によっては事後に、国会の承認を経ることを必要とした。 03

趣旨　条約は国家の運命や国民生活に与える影響が大きいので、国民の代表機関である国会の承認を必要とした。

1 条約承認の手続

① 条約の意義

意義　条約とは、文書による国家間の合意をいう。

② 条約の種類

❶国会の承認が必要な条約	当事国に一定の権利義務関係を設定することを目的とした、国家間の文書による約束をいい、協約、協定等、名称のいかんにかかわらない。ただし、❷を除く
❷国会の承認が不要な条約	既存の条約を執行するための細目的な協定や、条約の具体的委任に基づいて定められる政府間取極め 04

③ 条約を締結する機関

　条約の締結は内閣が行う（73条3号本文）。

趣旨　従来、外交関係は政府（かつては君主）の専権とされてきたという伝統と、実際に相手国との交渉を行うについて最も適しているのは政府だからである。

6　国会の権能①　461

④ 条約締結の流れ

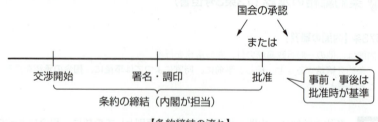

【条約締結の流れ】

　内閣の条約締結行為は、内閣が外国と交渉し、内閣が任命した全権委員が署名・調印し、内閣が批准することによって確定する。批准を留保せず、調印だけで条約が確定することもある。05

　条約の承認は、内閣による批准の時点を基準として、事前に、時宜(場合)によっては事後に、国会の承認を経る必要がある(批准が必要な条約について)。

　条約の承認については、予算の場合と同様の衆議院の優越が認められている(61条)。ただし、予算の場合と異なり、衆議院に先議権はない。06

〈語句〉●批准とは、国家として条約を締結する意思を最終的に確認する内閣の行為である。

2 国会の承認が得られない場合

① 国会の事前承認が得られなかった場合
　条約は有効に成立しない。

② 国会の事後承認が得られなかった場合　発展

問題点	国会の事後承認が得られない場合の条約の効力
《A説》	国際法的にも無効(国内法的には無効)　民主的コントロール重視
理由	憲法の定める要件を満たしていない。
批判	相手国にとっては知りにくい国内事情により条約の効力が左右されることになる。
《B説》	国際法的には有効(国内法的には無効)　相手国の立場の尊重
理由	相手国にとってわからない国内法上の手続の瑕疵により、国際法の安定性が阻害されるのは妥当でない。
批判	条約の承認が必要であるということは、現代の民主国家では共通にみられるところであり、相手国も当然に承知しているはずであるから、法的安定性が阻害されるおそれはない。
《C説》	条件付き無効説(有力説) A　民主的コントロールの重視と相手国の立場の尊重のバランス

| 結論 | 国会の承認権の規定の具体的な意味が諸外国にも「周知の」要件と解されているような場合には、国際法的にも無効である。 |
| 理由 | 条約承認権の意義を重視しつつ、国内法と国際法のバランスをとるべきである。 |

3 国会の条約修正権 /発展

問題点	国会に条約修正権があるのか。
結論	否定説(多数説)
理由	条約の修正には相手国の同意が必要であり、国会には相手国との交渉権がない(国会の修正の要望は、一部不承認として扱い、内閣に再交渉を促すだけ)。

5 財政の監督（83条、84条、85条）

⇒本章 **7** 節「国会の権能②」で扱う。

6 予算の議決（86条）

⇒本章 **8** 節「国会の権能③」で扱う。

7 内閣総理大臣の指名

第67条【内閣総理大臣の指名、衆議院の優越】
① 内閣総理大臣は、国会議員の中から国会の議決で、これを指名する。この指名は、他のすべての案件に先だつて、これを行ふ。

| 意義 | 内閣総理大臣は、国会議員の中から、国会の議決で指名する。[07] |
| 趣旨 | 国会と内閣との関係について、議院内閣制の表れとなる規定である。 |

1 議決方法

両議院がそれぞれ指名の議決を行い、両議院の指名が一致すると国会の議決があったことになる。両議院の指名が一致しない場合などには、**衆議院の優越**がある（67条2項）。[07]

2 先決案件性 /発展

「他のすべての案件に先だつて」とは、緊急を要する議案が存在しても、指名の議

決を優先させることを意味する。もっとも、国会が有効に活動するための前提となる案件(議長の選出・会期の決定等)は、内閣総理大臣の指名の議決に先立って審議・議決される。 B

8 弾劾裁判所の設置

第64条【弾劾裁判所】
① 国会は、罷免の訴追を受けた裁判官を裁判するため、**両議院の議員で組織する弾劾裁判所を設ける。**
② 弾劾に関する事項は、法律でこれを定める。

意義 国会が、弾劾裁判所を設置する権限を有し、弾劾裁判所は両議院の議員で組織される。

趣旨 公の弾劾を公正に行うため、弾劾裁判所を国会により設置させ、裁判所の構成員も両議院の議員とすることで、公の弾劾が国民の意思に基づくことを規定した。

1 弾劾裁判所　　憲法が例外を認められる
P.585

① 弾劾裁判所の意義

弾劾裁判所とは、一定の事由に該当する**裁判官を罷免する**ための裁判を行う裁判所である。弾劾事由については、第10章 **2** 節 **1** 項「司法権の独立」で扱う。

〈**解説**〉　弾劾裁判所で罷免された本人の請求に基づき、資格回復の裁判をすることも弾劾裁判所の権限である(裁判官弾劾法38条)。

② 弾劾裁判所の裁判員

弾劾裁判所の裁判員は、**両議院の議員で組織**されなければならない(64条1項)。一方の議院の議員のみで裁判員を組織することもできないし、議員以外の者を裁判員に加えることもできない。 08

2 罷免の訴追

罷免の訴追とは、訴追委員会が弾劾裁判所に対して起訴状を提出することをいう。

訴追委員会は、両議院の議員で組織される(国会法126条1項)。**弾劾裁判所の裁判員は、同時に訴追委員になることはできない**(国会法127条)。 09

重要事項 一問一答

01 条約の承認の手続は?

内閣が締結し、国会が承認する(原則として事前承認が必要)。

02 細目的な協定について国会の承認は必要か?

国会の承認は不要である。

03 国会の事後不承認の条約は国際法的に有効か(有力説)?

国会の承認権の具体的な意味が諸外国にも「周知の」要件と解されている場合は無効である。

04 内閣総理大臣は、誰がどのような者を指名するのか?

国会が国会議員の中から指名する。

05 弾劾裁判所の裁判員は誰が?

両議院の議員である。

過去問チェック

01 憲法上認められている国会の権能としては、条約承認権、内閣総理大臣の指名権、予算議決権、弾劾裁判所の設置などが挙げられる。

○(裁2010)

02 法律案は、両議院で可決したとき法律となるが、参議院が、衆議院の可決した法律案を受け取った後、国会休会中の期間を除いて60日以内に議決しないときは、直ちに衆議院の議決を国会の議決とする。

×(区2016)「直ちに衆議院の議決を国会の議決とする」が誤り。

03 条約の締結は、内閣の職務として憲法上規定されているが、必ず事後に国会の承認を経ることが必要である。

×(税2018)「必ず事後に」が誤り。

04 通説に照らすと、条約の意味には、条約を執行するために必要な技術的及び細目的協定や、条約の具体的な委任に基づいて具体的個別的問題について細部の取極めを行うものも含まれるので、それらの協定や取極めについても国会の承認を必要とする。

×(区2015改題)「それらの協定や取極めについても国会の承認を必要とする」が誤り。

05 内閣の条約締結行為は内閣が任命した全権委員が条約に署名調印し、国会が

6 国会の権能① 465

批准することによって完了する。

× (財2012)「国会が」が誤り。

[06] 条約の締結に必要な国会の承認についての議案は、予算の提出と同様に衆議院の先議権が認められるので、先に衆議院に提出し、その議決を経なければならない。

× (区2015)「予算の提出と同様に衆議院の先議権が認められるので、先に衆議院に提出し、その議決を経なければならない」が誤り。

[07] 内閣総理大臣は、衆議院議員の中から国会の議決で指名され、衆議院と参議院で異なった指名の議決をした場合に、両議院の協議会を開いても意見が一致しないときは、衆議院の議決が国会の議決となることが憲法で規定されている。

× (税2009)「衆議院議員の中から」が誤り。

[08] 国会が罷免の訴追を受けた裁判官を裁判するために設置する弾劾裁判所は、両議院の議員で組織されるのが原則であるが、法律で定めれば、その裁判員に両議院の議員以外の者を加えることができる。

× (税2019)「法律で定めれば、その裁判員に両議院の議員以外の者を加えることができる」が誤り。

[09] 国会の権能として弾劾裁判所の設置権があり、弾劾裁判所の裁判員は、同時に、裁判官の罷免事由の調査等を行う訴追委員となることができる。

× (税2006)「同時に、裁判官の罷免事由の調査等を行う訴追委員となることができる」が誤り。

[A] 通説に照らすと、条約の効力について、条約の国会における事後承認の手続で承認を得られなかった場合は、国会の承認権の規定の具体的な意味が諸外国にも周知の要件と解されているような場合であっても、国際法的には必ず有効である。

× (区2015改題)「国際法的には必ず有効である」が誤り。

[B] 内閣総理大臣を指名する必要が生じた場合、国会は他のすべての案件に先立ってこれを行うものとされているが、議長の選挙や会期の議決等のいわゆる院の構成に関する事項については、内閣総理大臣の指名の前に行うことができる。

○ (国般2005)

7 国会の権能②

本節では、国会の権能②として、財政民主主義、租税法律主義、国費の支出等を扱います。

1 財政民主主義

第83条【財政民主主義】
国の財政を処理する権限は、国会の議決に基いて、これを行使しなければならない。

意義 財政民主主義とは、国の財政は、国民の代表機関である国会の議決を経なければならないとの考えである(83条)。財政立憲主義又は財政国会中心主義と呼ばれることもある。

趣旨 国の財政活動は国民生活に重大な影響を及ぼすことから、国民が直接選出した代表者(国会議員)で構成された国会の議決に基づかせることによって、財政への民主的コントロールを確保するものである。

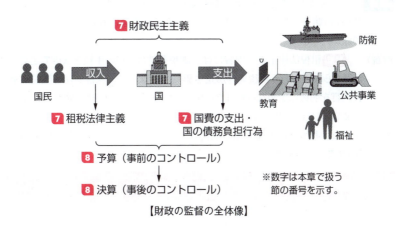

【財政の監督の全体像】

❷ 租税法律主義

1 総説

第84条【租税法律主義】
　あらたに租税を課し、又は現行の租税を変更するには、**法律又は法律の定める条件に**よることを必要とする。

> **意義**　**租税法律主義**とは、新たに租税（税金）を課す場合、又は現行の租税を変更する場合には、国民の代表機関である国会が制定する**法律又は法律の定める条件によらなければならない**とする考えである（84条）。**01**

> **趣旨**　財政民主主義を財政収入面から具体化したもので、近代憲法の「**代表なければ課税なし**」の思想に基づいている。国民が国会の制定した法律に基づいて納税の義務を負う（30条）反面として、租税法律主義の原則により恣意的な課税を防ぐことによって、**国民の経済生活における法的安定性及び予測可能性の確保**を趣旨とする。

> **問題点**　租税の新設及び変更に当たって何を「法律」で定めるべきか（租税法律主義の内容）。

> **結論**　①**課税要件**（納税義務者、課税標準、課税物件、税率など）、②**徴税の手続**（税の賦課・徴収の手続）を全て法律で定めなければならない（最大判昭30.3.23）。**01**

> 〈**解説**〉　**発展**　租税法律主義の内容には、**課税要件と徴税の手続を法律で定めなければならない**という**課税要件法定主義**だけではなく、課税要件と徴税の手続の内容を明確に定めなければならないという**課税要件明確主義**も含むと解されている（仙台高判秋田支部昭57.7.23参照）。
>
> 　また、租税に関する事項の細目について命令に委任（個別的・具体的な委任）することは租税法律主義に反するものではない。**A**

> **判例**　**租税法律主義の内容**（最大判昭30.3.23）
>
> ──────────〈事案〉──────────
>
> 　地方税法が固定資産税の納税義務者を決定するのに「1月1日現在において土地所有者として登録されている者」という形式的な標準を採用していることが憲法違反であるかどうかが争われた。

● 租税の新設及び変更に当たって「法律」で定めるべきものは何か

▶▶▶ 課税要件と徴税の手続を全て法律で定めなければならない。

理由 ① 民主政治の下では国民は国会におけるその代表者を通して、自ら国費を負担することが根本原則であって、国民はその総意を反映する租税立法に基づいて自主的に納税の義務を負うものとされ（憲法30条参照）、

② その反面においてあらたに租税を課し又は現行の租税を変更するには法律又は法律の定める条件によることが必要とされているのである（憲法84条）。

結論 されば日本国憲法の下では、租税を創設し、改廃するのはもとより、納税義務者、課税標準、徴税の手続はすべて法律に基づいて定められなければならないと同時に、法律に基づいて定めるところに委せられていると解すべきである。 01

〈解説〉 本判決は「1月1日現在において土地所有者として登録されている者」を納税義務者と確定し、その年の4月1日に始まる年度の納期における所有権者であるか否かを問わないとする地方税法の規定は憲法に違反しないと結論付けており、この制度は現在も維持されている。

2 条例による課税

問題点 憲法84条は「法律」と規定しているので、条例による課税が許されるのか。

結論 憲法84条にいう「法律」には条例が含まれるので、条例による課税は許される（通説）。 02

理由 条例は、住民代表機関である地方議会が制定することから、法律に準じるといえる。

〈解説〉 //発展 地方公共団体は、地方税法の定めにより地方税の賦課徴収を行うが（地方税法2条）、地方税の税目、課税客体、課税標準、税率その他賦課徴収について定めるには条例によらなければならない（地方税法3条1項）旨を規定しており、これらの規定が憲法の趣旨を確認している B 。なお、関連する判例として神奈川県臨時特例企業税事件（最判平25.3.21）がある（第11章 1 節 4 項 3 「法律留保事項」で扱う）。

3 通達による課税

通達とは、上級行政機関が、関係下級行政機関及びその職員に対して、その職務権限の行使を指揮し、職務に関して命令するために発する文書であり、国民は直接

7 国会の権能② 469

通達に拘束されるわけではない(最判昭43.12.24)。詳細は、行政法で学習する。

しかし、通達が国民の権利義務に重大な関わりをもつ場合がある。その代表例が、**通達によって非課税の扱いから課税の対象に含まれるようになったことが争われた**パチンコ球遊器事件(最判昭33.3.28)である。

判例　パチンコ球遊器事件(最判昭33.3.28)

〈事案〉

遊戯具であるパチンコ球遊器について、課税対象ではあったが非課税の扱いがされていたところ、❶国税局長の通達により、旧物品税法上の「遊戯具」として課税されることになった。そこで、❷通達による課税が租税法律主義に反し無効であることを理由に、パチンコ球遊器の製造業者Aが課税処分(以下「本件課税処分」という)の無効を求める訴えを提起した。

税務署

❶通達により課税 →

← ❷通達による課税は租税法律主義に反し無効である

製造業者A

〈判旨〉

● 通達を機縁とする課税は憲法に違反しないか

▶▶▶ **通達の内容が法の正しい解釈に合致するものであれば違反しない(合憲)**。

理由　論旨は、通達課税による憲法違反を主張しているが、本件の課税がたまたま所論通達を機縁として行われたものであっても、通達の内容が法の正しい解釈に合致するものである以上、本件課税処分は法の根拠に基づく処分と解するに妨げがない。 03

結論　したがって、本件課税処分は憲法に違反しない。 03

〈解説〉　物品税は、主に贅沢品や嗜好品に課税する制度であったが、1989年(平成元年)の消費税導入に伴って廃止された。

4　「租税」の定義

憲法84条の「租税」の定義は、**旭川国民健康保険条例事件**(最大判平18.3.1)によって示されている。同判例は、**「租税」に当たらないものには憲法84条が直接適用されない**ものの、租税以外の公課であっても、賦課徴収の強制の度合いなどの点において**「租税」に類似するものであれば、憲法84条の趣旨が及ぶ**としている。

問題点　憲法84条の「租税」とは何か。

結論 国又は地方公共団体が、その経費を調達するため、対価なしに国民から強制的に徴収する金銭である。具体的には、国又は地方公共団体が、課税権に基づき、その経費に充てるための資金調達を目的として、特別の給付に対する反対給付としてではなく、一定の要件に該当する全ての者に対して課する金銭給付については、その形式にかかわらず、憲法84条の「租税」に当たる（最大判平18.3.1、旭川国民健康保険条例事件）。 04

〈解説〉 **発展** 学説では、一方的・強制的に徴収される負担金、手数料、国又は地方公共団体の独占事業の事業料金も、国民の経済生活における法的安定性及び予測可能性を確保する必要性があるから、憲法84条の「租税」に含めて、同条を適用すべきとするのが従来の通説である。 C

判例　旭川国民健康保険条例事件（最大判平18.3.1）

〈事案〉

旭川市国民健康保険条例（以下「本件条例」という）では、保険料率の決定を市長が定める告示（行政機関が一定の事項を広く伝える行為）に委任している。❶旭川市から保険料の賦課処分を受けた市民Aは、❷本件条例において保険料率を定めず、これを市長が定める告示に委任している点が、憲法84条又はその趣旨に反することを理由に、賦課処分の取消しを求める訴えを提起した。

```
旭川市  ❶国民健康保険料の賦課処分 →  市民A
       ← ❷条例で保険料を定めず、市長が定める告示に
         委任するのは憲法84条に違反する
```

〈判旨〉

● 1　憲法84条にいう「租税」とは何か

▶ 国又は地方公共団体が、課税権に基づき、その経費に充てるための資金を調達する目的をもって、特別の給付に対する反対給付としてでなく、一定の要件に該当するすべての者に対して課する金銭給付は、その形式のいかんにかかわらず、憲法84条に規定する租税に当たるというべきである。 04

● 2　市町村が行う国民健康保険の保険料に憲法84条が直接適用されるか

▶ 直接には適用されない。

理由 市町村が行う国民健康保険の保険料は、租税と異なり、被保険者において保険給付を受け得ることに対する反対給付として徴収されるものである。

結論 したがって、上記保険料に憲法84条の規定が直接に適用されることはないというべきである。 05

● 3 租税以外の公課には憲法84条の趣旨が及ぶか

■▶ 租税に類似する性質を有するものについては、憲法84条の趣旨が及ぶ。

理由 国、地方公共団体等が賦課徴収する租税以外の公課であっても、その性質に応じて、法律又は法律の範囲内で制定された条例によって適正な規律がされるべきものと解すべきであるから、

結論 租税以外の公課であっても、賦課徴収の強制の度合い等の点において租税に類似する性質を有するものについては、憲法84条の趣旨が及ぶと解すべきである。 [05]

● 4 市町村が行う国民健康保険の保険料に憲法84条の趣旨が及ぶか

■▶ 及ぶ。

理由 市町村が行う国民健康保険は、保険料を徴収する方式のものであっても、強制加入とされ、保険料が強制徴収され、賦課徴収の強制の度合いにおいては租税に類似する性質を有するものであるから、

結論 これについても憲法84条の趣旨が及ぶと解すべきである。 [05]

〈解説〉 本判決は、結論として本件条例は憲法84条の趣旨に違反しないとしている。また、国民健康保険税は、目的税であって、反対給付として徴収されるものであるが、形式が税である以上は、憲法84条の規定が適用されるとも述べている。

---

5 ▶ 一年税主義と永久税主義 /発展

　租税には、毎年議会の承認を必要とする**一年税主義**と、一度議会の議決を経れば変更がない限り議会の議決を経ることなく継続するという**永久税主義**がある。明治憲法は永久税主義による旨を明示していた(63条)。これに対して、日本国憲法には明文規定がないものの、永久税主義を排除するものではないとするのが通説である。

3 国費の支出・国の債務負担

第85条【国費の支出・国の債務負担】
　国費を支出し、又は国が債務を負担するには、国会の議決に基くことを必要とする。

意義 国費の支出や国が債務負担行為をするには、国民の代表機関である国会の議決を要する(85条)。国費の支出とは、国が現金を支出する行為を指す(/発展 法令に基づくものか、私法上の契約に基づくものかを問わない)。

国の債務負担行為とは、国が金銭給付を目的とする債務を負担する行為を指す。 06 07 D

趣旨 財政民主主義(83条)を支出面から具体化したもので、国費の支出や国の債務負担行為は国民全体の財産の減少を意味することから、これらに対して民主的コントロールを及ぼす必要がある。

4 皇室財産・皇室費用

第88条【皇室財産の帰属・皇室費用の議決】
すべて皇室財産は、国に属する。すべて皇室の費用は、予算に計上して国会の議決を経なければならない。

意義 **皇室財産**とは、天皇及び皇族の財産であり、その全てが国に帰属する。**皇室費用**とは、主として天皇及び皇族の生活費や公的活動費であり、その全てを予算に計上して、国会の議決を経ることを要する(88条)。 08

趣旨 戦前のように皇室に財産が集中するのを防ぐため、皇室財産や皇室費用に対して民主的コントロールを及ぼすことを趣旨とする。

5 公金支出の禁止

1 総説

第89条【公金支出の禁止】
公金その他の公の財産は、宗教上の組織若しくは団体の使用、便益若しくは維持のため、又は公の支配に属しない慈善、教育若しくは博愛の事業に対し、これを支出し、又はその利用に供してはならない。

意義 本条は、公金その他の公の財産を、①宗教上の組織・団体の使用・便益・維持のために支出・利用してはならないこと(89条前段)、及び、②公の支配に属しない慈善・教育・博愛の事業に対して支出・利用してはならないこと(同条後段)を規定している。

趣旨 ①は政教分離原則を財政面で保障することを趣旨とする。②は、慈善・教育・博愛の事業における公の財産の濫費を防止すること、又は、私的事業の自主性を確保すること、又は、国家の中立性を確保することを趣旨とする(趣旨に争いあり)。

第8章 統治総論・国会

7 国会の権能② 473

2 「宗教上の組織若しくは団体」の意義

問題点 戦没者遺族会は「宗教上の組織若しくは団体」に該当するか。

結論 該当しない（最判平5.2.16、箕面忠魂碑訴訟）。 **09**

理由 憲法89条前段の「宗教上の組織若しくは団体」とは、宗教と何らかの関わり合いのある行為をしている組織・団体の全てを意味するものではなく、特定の宗教の信仰・礼拝・普及などの宗教的活動を行うことを本来の目的とする組織・団体を意味するから。 **09**

3 私学助成の合憲性 /発展

憲法89条後段によれば、公の支配に属する慈善・教育・博愛の事業に対する公の財産の支出・利用は許されるところ、私立学校に対する公的助成が憲法89条後段に違反しないのかが問題となる。 緩和説（通説）

重要事項 一問一答

01 租税法律主義は、課税要件の法定のみを要求しているか？

課税要件だけではなく、徴税の手続も法律で定めることを要求している（判例）。

02 条例による課税は許されるか？

条例は「法律」に含まれるので、条例による課税は許される（通説）。

03 地方公共団体の課税権はどの範囲内で行使すべきか？

法律で定められた準則の範囲内で行使すべきである（判例）。

04 通達を機縁とする課税は許されるか？

通達が法の正しい解釈に合致していれば許される（判例）。

05 国民健康保険の保険料には憲法84条が適用されるか？

憲法84条は適用されないが、同条の趣旨は及ぶ（判例）。

06 国が債務を負担する場合、国会の議決を要するか？

国会の議決を要する（85条）。

07 皇室費用は予算に計上しなければならないか？

皇室費用の全てを予算に計上しなければならない（88条）。

08 公の支配に属さない教育の事業に公金を支出できるか？

公金の支出はできない（89条後段）。

過去問チェック

01 日本国憲法は、あらたに租税を課し又は現行の租税を変更するには、法律又は法律の定める条件によることを必要とすると定めているが、納税義務者、課税標準、徴税の手続はすべて法律に基づいて定めなければならないと同時に法律に基づいて定めるところにまかせられているとするのが判例である。

○（国般2008）

02 憲法第84条は、「あらたに租税を課し、又は現行の租税を変更するには、法律又は法律の定める条件によることを必要とする」と規定しているところ、この「法律」には条例が含まれないため、条例によって地方税を定めることはできないと一般に解されている。

×（税2016）「条例が含まれないため、条例によって地方税を定めることはできないと一般に解されている」が誤り。

03 憲法84条が租税法律主義を採用している以上、仮に通達の内容が法の定めに合致するものであったとしても、通達を機縁として課税を行うことは許されない。

×（裁2016）「通達を機縁として課税を行うことは許されない」が誤り。

04 国又は地方公共団体が、課税権に基づき、その経費に充てるための資金を調達する目的をもって、特別の給付に対する反対給付としてではなく、一定の要件に該当する全ての者に対して課する金銭給付は、その形式のいかんにかかわらず、憲法第84条に規定する租税に当たるとするのが判例である。

○（税2017）

05 形式的には租税ではないとしても、一般国民に対して一方的・強制的に賦課徴収する金銭は、実質的には租税と同視できることから、市町村が行う国民健康保険の保険料には、その形式にかかわらず、租税法律主義について定めた憲法第84条の規定が直接適用されるとするのが判例である。

×（財2019）「その形式にかかわらず、租税法律主義について定めた憲法第84条の規定が直接適用されるとするのが判例である」が誤り。

06 国が債務を負担するには、国会の議決に基づく必要があり、その場合の債務とは金銭債務を意味するが、それは直接に金銭を支払う義務に限られ、債務の支払の保証や損失補償の承認は債務の負担に含まれない。

7　国会の権能②　475

× (区2015)「それは直接に金銭を支払う義務に限られ、債務の支払の保証や損失補償の承認は債務の負担に含まれない」が誤り。

07 日本国憲法は、国費の支出は国会の議決に基づかなければならないと定めているが、国が債務を負担することについてはそのような定めをしていない。
× (国般2008)「国が債務を負担することについてはそのような定めをしていない」が誤り。

08 全て皇室の費用は、予算に計上して国会の議決を経なければならない。
○ (税2017改題)

09 憲法第89条にいう「宗教上の組織若しくは団体」とは、宗教と何らかの関わり合いのある行為をしている組織又は団体の全てを意味するため、戦没者遺族会は特定の宗教の信仰、礼拝又は普及等の宗教的活動を行うことが本来の目的ではない団体であるとしても、これに対する公金の支出は違憲であるとするのが判例である。
× (国般2017) 全体が誤り。

A 通説に照らすと、あらたに租税を課し、又は現行の租税を変更するには、法律又は法律の定める条件によることを必要とし、租税に関する事項の細目については、明示的・個別的・具体的な法律の委任に基づき、命令で定めることができる。
○ (区2019改題)

B 条例により新たに租税を課し、又は現行の租税を変更することが憲法上認められるかどうかについて、憲法第30条及び第84条にいう法律には条例が含まれるとの解釈を採る場合、地方税法第2条及び第3条の規定は、憲法の趣旨を確認した規定ということになる。
○ (国般2006)

C 通説に照らすと、憲法で定める租税法律主義とは、租税の新設及び税制の変更が法律の形式によって国会の議決を必要とする原則をいい、実質的に租税と同様に強制的に徴収される負担金や手数料はその適用を受けない。
× (区2015改題)「実質的に租税と同様に強制的に徴収される負担金や手数料はその適用を受けない」が誤り。

D 国費の支出のうち、支払の原因が法令の規定によるものは国会の議決に基づくことを必要とするが、支払の原因が私法上の契約によるものは、国会の議決を経

ずに、内閣の責任においてこれを支出することができる。

× (財2014)「国会の議決を経ずに、内閣の責任においてこれを支出することができる」が誤り。

国般★★★／国専★★★／裁判所★★★／特別区★★★／地上★★★

8 国会の権能③

本節では、国会の権能③として、予算、予備費、決算等を扱います。

1 予算 ☆

1 総説

> **第86条【予算の作成・提出権】**
> 内閣は、毎会計年度の予算を作成し、国会に提出して、その審議を受け議決を経なければならない。

意義 予算とは、一会計年度における国の財政行為の準則であり、本予算とも呼ばれる。国の一会計年度は4月1日から翌年3月31日までである（財政法11条）。毎会計年度の予算の作成・提出権は内閣に専属するので（86条）、国会には予算の作成・提出権がない。 01

趣旨 予算は極めて専門的・技術的なものであるため、現実の財政運営に携わる内閣に作成・提出させるのが適切であるものの、財政民主主義（83条）の立場から、国民の代表機関である国会の審議・議決を要するとして、予算に対する民主的コントロールを及ぼすことにした。

〈解説〉 予算は先に衆議院に提出しなければならず（60条1項）、「予算の成立過程」（図参照）においても衆議院の優越が認められる（同条2項）。 02

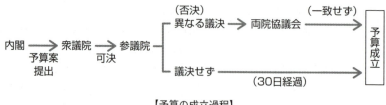

【予算の成立過程】

2 予算の種類

予算の種類には、予算(本予算)、暫定予算、補正予算がある。本予算に限らず、暫定予算も補正予算も「予算の成立過程」(図参照)を経る必要がある。 03 04

例えば、会計年度の開始時までに当該年度の本予算が成立しない場合、必要に応じて、内閣は、暫定予算を作成して国会に提出することができる(財政法30条1項)。なお、暫定予算は、当該年度の本予算の成立時に失効するが、暫定予算に基づく支出又はこれに基づく債務の負担は、当該年度の本予算に基づいてなしたとみなされる(同条2項)。 05

【予算の種類】

種類	意義	特徴など
予算 (本予算)	一会計年度における国の財政行為の準則のこと	有効期間は当該会計年度のみである
暫定予算	会計年度開始時までに予算が成立しない場合など、必要に応じて、内閣が作成・提出するもの 04	会計年度開始時までに本予算も暫定予算も成立しない事態を現行法は想定しておらず、前年度の本予算の執行もできない※ 06
補正予算	当初の本予算に基づいた執行が困難になった場合、その予算に変更を加えるために内閣が作成・提出するもの	本予算の成立後に臨時的な支出を要する事由(災害復旧、感染症の大流行など)が生じた場合に、補正予算が作成・提出される 03

※ 明治憲法の下では、会計年度開始時までに本予算が成立しない場合は、自動的に前年度の本予算が施行(執行)されたので(明治憲法71条)、暫定予算は不要であった。

3 会計年度独立の原則 /発展

予算に関する原則の一つとして、各会計年度の経費を当該年度の歳入をもって支弁すべきという会計年度独立の原則がある(財政法12条)。

この会計年度独立の原則の例外として継続費がある。継続費とは、工事、製造その他の事業で、その完成に数年度を要するものについて、特に必要がある場合においては、経費の総額及び年割額を定め、予め国会の議決を経て、その議決するところに従い、数年度にわたって支出することができるもので(財政法14条の2)、継続費については年度毎の国会の議決が不要である。

4 予算の法的性格

予算については、その法的性格について学説が分かれている。予算法形式説と予

8 国会の権能③ 479

算法律説は、予算の法規範性を肯定する（予算の法的拘束力を認める）点では共通するが、どのような法形式であると見るかで違いが生じる。**通説は予算法形式説であるとされている。** 07

《A説》　予算行政説（承認説）（明治憲法下での通説）

① 予算の法規範性を否定する。 08

② 予算は国会が政府の財政計画を承認する意思表示である。

③ 予算は国会と政府の間に効力を有するにすぎない。

理由　予算は国会が政府の財政計画を承認する意思表示であり、国会と政府との間に効力を生じさせ政府の権限を拘束するにすぎない。

《B説》　予算法形式説（予算法規範説）（通説）

① 予算の法規範性を肯定する。 08

② 予算は法律とは異なる独自の法形式である。

③ 予算は政府を拘束する法規範であり、一般国民を直接拘束しない。

理由　① 予算の有効期間は一会計年度に限られる。

　　　　② 内容的に計算のみを取り扱っている。

　　　　③ 予算は法律とは成立手続が異なる。 09

《C説》　予算法律説

① 予算の法規範性を肯定する。

② 予算は法律である。

③ 予算が成立したときは署名（74条）と公布（7条1号）が必要である。

理由　① 法律にも有効期間が限定された限時法がある。 10

　　　　② 特別な成立手続を経る法律を憲法は認めている（95条参照）。

5 予算と法律の不一致

予算法形式説・予算行政説によれば、①予算が成立したのにその支出を認める（命じる）法律が成立していない、②法律は成立したのにその執行に必要な予算が成立していない、というように予算と法律の不一致の問題が生じる 09 。この場合、不一致を解消させるために、内閣が次表のような措置を講じることになる。

これに対して、予算法律説によれば、「後法は前法を破る」の原則により、後に成立した方が優先するので、予算と法律の不一致は生じない。

【予算と法律の不一致（予算法形式説・予算行政説）】

①予算：成立 法律：不成立	/発展 内閣は、**法律案を提出し、国会の議決を求めなければならない**（国会には法律を成立させる義務がない）**A**
②予算：不成立 法律：成立	内閣は、**法律を誠実に執行する義務**を負うので(73条１号)、**補正予算**(財政法29条)、**予備費の支出**(87条)、経費の流用(財政法33条２項)などの方法により対応しなければならない

6 国会による予算の修正

　財政民主主義の観点から、**国会による予算の減額修正・増額修正はともに可能**であると解されている(通説)。減額修正は原案を廃除削減すること、増額修正は原案の款項や金額を増やすことを指す。**11**

　/発展 予算の修正に、内閣の同意は不要である。**B**

　そして、国会は予算の否決ができることから、一般に減額修正には限界がないと解されている。これに対して、増額修正に関しては、一定の限界があるかどうかが問題となる。

【予算の増額修正の限界】

予算行政説	否定説	国会には予算の作成・提出権がないので、予算の増額修正はできないと解されている **12**
予算法形式説	限界説 (通説)	一般には、憲法が内閣に予算の作成・提出権を専属させている趣旨から、予算の同一性を損なうような大幅な修正はできないと解されている **13**
	無限界説	財政民主主義を重視して、増額修正にも限界がないと解する立場もある
予算法律説	無限界説	予算が法律であることの当然の帰結として、**増額修正も限界がないと解する**のが論理的である
	限界説	内閣に予算の作成・提出権が専属する点から、増額修正には一定の限界があると解する立場もある **14**

　/発展 増額修正を予想する規定として、財政法19条、国会法57条の３があるが、この場合に限って予算の増額修正ができるとする考えは、予算は法律それ自体であるとする予算法律説よりも、国会による予算修正を限定して考えようとする予算行政説(承認説)に整合的である。**C**

8　国会の権能③　481

【予算の法的性格のまとめ】

	予算行政説	予算法形式説	予算法律説
法規範性	法規範性を否定	法規範性を肯定	
予算と法律の不一致	不一致が生じる		不一致は生じない
減額修正	限界なし		
増額修正	否定	・限界説 ・無限界説	・限界説 ・無限界説

2 予備費

第87条【予備費】
① 予見し難い予算の不足に充てるため、国会の議決に基いて予備費を設け、内閣の責任でこれを支出することができる。※注意
② すべて予備費の支出については、内閣は、事後に国会の承諾を得なければならない。

意義 予備費とは、予見し難い予算不足に充てるため、国会の議決に基づいて設けられる使途が定められていない財源である(87条1項)。内閣が使途を定めて支出した全ての予備費は、事後に国会の承諾を必要とする(同条2項)。国会の承諾は両議院一致の議決を必要としない。 [15]

趣旨 年度途中の予期せぬ事態の発生により、予算不足や新たな経費の必要が生じることがあるため、内閣の責任において機動的な対応ができるようにするとともに、財政民主主義の観点から事後的に国会による民主的コントロールが及ぶようにした。

〈**解説**〉 国会の承諾が得られなくても予備費の支出は法的には有効であり、内閣の政治的責任の問題が生じるにとどまる。 [16]

 発展 予備費を設ける場合の「国会の議決」とは、予備費として相当と認める金額を予備費に計上することの承認であり、具体的な支出をすることの承認ではない。 [D]

3 決算

第90条【決算、会計検査院】
① 国の収入支出の決算は、すべて毎年会計検査院がこれを検査し、内閣は、次の年度に、その検査報告とともに、これを国会に提出しなければならない。
② 会計検査院の組織及び権限は、法律でこれを定める。

意義 　決算とは、一会計年度における国の収入支出の実績を示す確定的計数書である。決算は、全て会計検査院が毎年検査した後、内閣が次の年度に検査報告とともに国会に提出することが必要である（90条）。決算に関する国会の審査は各議院において別々に行われ、他院への送付は行わないことが先例となっている。 17

趣旨 　現実の収入収支が予算に沿って行われたかどうかを検討し、予算執行者である内閣の責任を明らかにすることにある。

〈解説〉 　国会が決算を否認しても既になされた収入支出は有効であり、内閣の政治的責任の問題が生じるにとどまる。 17 　法的責任負わない

〈語句〉●会計検査院とは、国会や裁判所に属さず、内閣からも独立した憲法上の機関として、国や法律が定める機関の会計を検査し、会計経理が正しく行われるように監督することを職責とする機関である。

※決算は衆・参どっちに先に出してもいい

4 財政状況の報告

第91条【財政状況の報告】
　内閣は、国会及び国民に対し、定期に、少くとも毎年１回、国の財政状況について報告しなければならない。

意義 　財政状況の報告は、内閣が、国会と国民に対し、毎年1回以上、定期的に行うことが必要である（91条）。 18

趣旨 　財政に対する国会の民主的コントロールの前提として、国民の財政状況の理解が必要となることから、財政の国会や国民への報告を義務とした。

重要事項 一問一答

01 予算の作成・提出権はどの機関に専属するか?

内閣に専属する（86条）。

8　国会の権能③　483

02 **暫定予算と補正予算も国会の議決を要するか?**

どちらも予算の一種なので、本予算と同様に国会の議決を要する。

03 **予算の法的性格について予算法形式説に立つと、予算の増額修正に限界があるか?**

予算の同一性を大きく損なうような大幅な修正はできない(通説)。

04 **予備費を設けるのに国会の議決は必要か?**

国会の議決が必要である(87条1項)。

05 **決算を検査するのはどの機関か?**

会計検査院である(90条1項)。

06 **定期に行う国の財政状況の報告の頻度は?**

少なくとも毎年1回以上である(91条)。

過去問チェック

01 予算の作成・提出権は、内閣に専属するものではなく、法律案の作成・提出権と同様、国会議員も保有している。

× (労2000)「内閣に専属するものではなく、法律案の作成・提出権と同様、国会議員も保有している」が誤り。

02 予算について参議院で衆議院と異なった議決をした場合において、法律の定めるところにより両院協議会を開いても意見が一致しないとき、又は、参議院が衆議院の可決した予算を受け取った後、国会休会中の期間を除いて30日以内に議決しないときは、衆議院の議決が国会の議決となる。また、予算は先に衆議院に提出しなければならない。

○ (財2020)

03 内閣は、毎会計年度の予算を作成し、国会に提出して、その審議を受け議決を経なければならないが、災害復旧その他緊急の必要がある場合においては、補正予算を作成し、国会の議決を経ることなくこれを支出することができる。

× (区2019)「国会の議決を経ることなくこれを支出することができる」が誤り。

04 内閣は、会計年度が開始する時までに当該年度の予算が成立しない場合、一会計年度のうちの一定期間に係る暫定予算を作成することができるが、暫定予算の成立に国会の議決は必要ない。

× (区2015)「暫定予算の成立に国会の議決は必要ない」が誤り。

05 内閣は、必要に応じて、一会計年度のうちの一定期間に係る暫定予算を作成し、これを国会に提出することができる。暫定予算は、当該年度の予算が成立した場合は失効し、暫定予算に基づく支出又はこれに基づく債務の負担は、当該年度の予算に基づいてなしたものとみなされる。

○（財2015）

06 予算が会計年度開始までに成立しなかった場合には、暫定予算によることになるが、暫定予算も会計年度開始までに成立しなかったときは、暫定予算が成立するまでの間、内閣は、当然に前年度の予算を執行することができると解されている。

×（国般2012）「内閣は、当然に前年度の予算を執行することができると解されている」が誤り。

07 予算は、一会計年度内の国家の具体的な財政行為のみを規律し、法律のように一般国民の行為を一般的に規律しないことから、予算の法規範性を否定する見解が通説となっている。

×（区2013）「予算の法規範性を否定する見解が通説となっている」が誤り。

08 予算の法的性格について、予算は国会が政府の財政計画を承認する意思表示であり、国会と政府の間に効力を有し、政府の権限を拘束するにすぎないとする説及び予算は法律とは異なった国法の一形式であるとする説は、予算の法規範性を否定する。

×（裁2008改題）「及び予算は法律とは異なった国法の一形式であるとする説」が誤り。

09 予算が法律と異なる特殊の法形式であるとする考え方は、衆議院に先議権があり、衆議院の再議決が認められていないなどの議決手続の点で法律とは異なった特別の手続がある点を根拠とするものであるが、この考え方によると、予算と法律との不一致の問題が生じ得る。

○（裁2016）

10 予算の法的性格について、予算は法律それ自体であるとする立場から、予算は法律とは異なる独自の法形式であるとする立場への反論としては、予算に限らず、法律にも期間が限定された限時法があるとの主張が当てはまる。

○（財2015）

11 予算は内閣によって作成され、内閣のみが国会への予算提出権を有するた

8 国会の権能③ 485

め、国会は、予算の議決に際して、原案の減額修正はできるが、原案に新たな項を設けたり原案の増額修正を行ったりすることはできないと一般に解されている。

× (財2019)「原案に新たな項を設けたり原案の増額修正を行ったりすることはできないと一般に解されている」が誤り。

[12] 予算に法規範性を認めないいわゆる承認説ないし予算行政説によれば、国会は予算に新たな款項を加え、又は款項の金額を増額することには限界がないとするのが論理的である。

× (国般2005)「限界がないとするのが論理的である」が誤り。

[13] 予算は内閣によって作成され、内閣のみが国会への予算提案権を有しているが、国会は国権の最高機関であることから、国会による予算修正は、国会における審議の結果であれば、内閣の予算提案権を損なうようなものであっても、可能であると一般に解されている。

× (財2020)「内閣の予算提案権を損なうようなものであっても、可能であると一般に解されている」が誤り。

[14] 予算は法律それ自体であるとするいわゆる予算法律説を採る場合には、予算の増額修正に限界があるとする見解を採ることは論理的に不可能である。

× (国般2005)「予算の増額修正に限界があるとする見解を採ることは論理的に不可能である」が誤り。

[15] 予算に予備費を計上し、内閣総理大臣の責任でこれを支出することができるが、その支出については、事後に国会の承諾を得なければならない。

× (国般2013)「内閣総理大臣の」が誤り。

[16] 通説に照らすと、内閣は、予備費の支出について、事後に国会の承諾を得なければならないが、承諾が得られない場合においても、すでになされた予備費支出の法的効果には影響を及ぼさない。

○ (区2015改題)

[17] 国の収入支出の決算は、全て毎年会計検査院が検査し、内閣は、次の年度に、その検査報告とともに、これを国会に提出しなければならない。国会に提出された決算は、両議院一致の議決を経る必要があり、当該議決を経なければ予算執行の効力が失われる。

486　第8章　統治Ⅰ

× (財2020)「両議院一致の議決を経る必要があり、当該議決を経なければ予算執行の効力が失われる」が誤り。

[18] 国の財政に対する国会の監督の実効性を確保するため、日本国憲法は、内閣は国会に対し、少なくとも四半期ごとに、国の財政状況について報告しなければならないと定めている。

× (国般2008)「国会に対し、少なくとも四半期ごとに」が誤り。

[A] 予算と法律は、憲法上それぞれ異なる手続を経て成立するものとされているため、「予算は成立したのにその支出を認める法律が制定されない」といった不一致の状態も生じ得るが、このような場合は、内閣は法律案を提出して国会の議決を求め、国会はその法律を制定する義務を負うと一般に解されている。

× (国般2017)「国会はその法律を制定する義務を負うと一般に解されている」が誤り。

[B] 通説に照らすと、国会は、内閣の提出した予算について、その減額修正又は増額修正を行う場合には、必ず内閣の同意を得なければならない。

× (区2007改題)「必ず内閣の同意を得なければならない」が誤り。

[C] 財政法第19条に規定される場合に限って予算の増額修正ができるという見解は、予算に法規範性を認めないいわゆる予算承認説ないし予算行政説よりも、予算は法律それ自体であるとする予算法律説に整合的である。

× (国般2005)「予算に法規範性を認めないいわゆる予算承認説ないし予算行政説よりも、予算は法律それ自体であるとする予算法律説に整合的である」が誤り。

[D] 予備費を設ける場合の国会の議決は、歳出予算の他の費目についての国会の議決とはその性質を異にし、一定の金額を予備費として計上することの承認であって、具体的な支出を承認する意味をもつものではない。

○ (区2013)

第8章

統治総論・国会

8 国会の権能③ 487

国般★★★／国専★★★／裁判所★★★／特別区★★★／地上★★★

9 議院の権能

議院の権能は国会の権能と異なり、各議院が独自に行使することができます。

1 議院の自律権

意義 議院の自律権とは、各議院が、他の国家機関（内閣・裁判所）や他の議院からの干渉を受けずに自らの職責を全うできるように、その組織や運営について自主的に決定することができることをいう。

趣旨 各議院の自主性を尊重する。

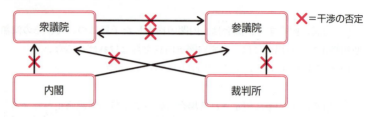

【議院の自律権】

1 組織に関する自律権

① 議員の資格争訟の裁判（55条）

第55条【資格争訟の裁判】
　両議院は、各々その議員の資格に関する争訟を裁判する。但し、議員の議席を失はせるには、出席議員の3分の2以上の多数による議決を必要とする。

意義 各議院は、その議員の資格に関する争訟を裁判する。

趣旨 議院の自律権の内容として、各議院がその構成員（議員）の資格の有無を自主的に判断する権限を定める。

(ｱ)「資格」

　議員に当選した者が、①被選挙権を有していたか、②兼職を禁じられた公職に就いていないか、等の資格のことである。

(ｲ) 手続

　議員の議席を失わせる（資格がないと議決する）には、出席議員の3分の2以上の

多数による議決が必要である(55条但書)。 01

(ウ) 裁判による救済

　資格争訟の裁判により資格を失うとされた議員は、これに不服があっても、司法裁判所に救済を求めることはできない。 02

② 役員の選任権（58条1項） /発展

第58条【役員の選任】
① 両議院は、各々その議長その他の役員を選任する。

意義 各議院は、議長その他の役員を選任する。

趣旨 議院の自律権の内容として、各議院による役員選任権を規定した。

③ 議員の逮捕の許諾および釈放要求権（50条）

第50条【議員の不逮捕特権】
　両議院の議員は、法律の定める場合を除いては、国会の会期中逮捕されず、会期前に逮捕された議員は、その議院の要求があれば、会期中これを釈放しなければならない。

国会法第33条【不逮捕特権】
　各議院の議員は、院外における現行犯罪の場合を除いては、会期中その院の許諾がなければ逮捕されない。

意義 国会議員には、国会の会期中における不逮捕特権があることから、①その例外として議院の許諾による逮捕がある。また、②会期前に逮捕されていた議員の会期中の釈放を議院は要求することができる。 03

趣旨 議院の自律権の内容として、各議院がその活動の自由を確保する手段として規定された。

④ 議員の辞職の許可 /発展

　憲法上明文の規定はないが、国会法は、各議院はその議員の辞職を許可することができるとする。国会閉会中は議長が許可する(国会法107条)。

2 運営に関する自律権

① 議院規則制定権（58条2項）

第58条【議院規則・懲罰】

② 両議院は、各々その会議その他の手続及び内部の規律に関する規則を定め、又、院内の秩序をみだした議員を懲罰することができる。…（略）

意義 各議院は、①会議その他の手続、②内部の規律に関する規則を定めることができる。

（例）議事手続、質疑応答の方法、議員の懲罰事由（憲法や国会法の明文による限定はない）**04**

発展 各議院の議決のみで成立し、公布を必要としない **A**。議院規則制定権は、国会中心立法の例外である。

趣旨 各議院が独立して議事を進行し、議決をしていく以上、内部の規則についても国会が制定する法律によるのではなく、議院が自主的に定めることができるのは当然であるとして規定された。

問題点 **発展** 実際には、国会法が制定されて、両議院の内部事項についても定めがある。そこで、国会法のような法律と、議院規則が矛盾・抵触した場合に、どちらが優先するのか。

結論 法律が優先すると解されている（通説）。 **B**

理由 議院規則は一議院で制定するが、法律は両議院で制定するので、効力も法律が優先すると解するべきである。

批判 衆議院の議決のみで参議院を規律する法律の制定が可能となり（59条2項）、参議院の自主性が損なわれるとの批判がある。 **B**

② 議員懲罰権（58条2項）

第58条【懲罰】

② …又、院内の秩序をみだした議員を懲罰することができる。但し、議員を除名するには、出席議員の3分の2以上の多数による議決を必要とする。

意義 各議院は、院内の秩序を乱した議員を懲罰することができる。

趣旨 議院が組織体として、その機能を十分に果たすためには、議事の運営を円滑に行わなければならない。そこで、この議事の円滑な運営を乱す者がいれば、議院が独自の判断で懲罰を科してよいとした。

(ア)「院内」

「院内」とは、**物理的な議事堂内に限らず、議事の円滑な運営を乱すといえる限り、議場の外も含まれる**と考えられている。 [05]

(イ)「秩序をみだした」

「秩序をみだした」とは、議事の運営に関するもので、正当な理由なく会議に出席しない、暴力行為、暴言を吐くなどの行為である。 [06]

(ウ) 懲罰の種類

懲罰の種類として、①公開議場における**戒告**、②公開議場における**陳謝**、③一定期間の**登院停止**、④**除名**の４つがある(国会法122条)。 [07]

(エ) 手続

議員を**除名**するには、**出席議員の３分の２以上の多数による議決**が必要である(58条２項但書)。 [08]

(オ) 裁判による救済

懲罰の種類を問わず、裁判所の審査権は及ばないと解されている(通説)。

③ 議長の秩序保持権 (国会法19条)

各議院の議長は、議場の秩序を乱す議員に対して制止するなどの適当な措置を講じることができるほか、国会内の秩序維持のため、内閣の派出する警察官を指揮する権限等も有する。

2 国政調査権 (62条) ☆

第62条【議院の国政調査権】
　両議院は、各々国政に関する調査を行ひ、これに関して、証人の出頭及び証言並びに記録の提出を要求することができる。

意義	国政調査権とは、両議院が国政に関する調査を行い、証人の出頭・証言や記録の提出を求める権限をいう。 [09]
趣旨	議院がその権能(立法・行政監督権等)を有効・適切に行使するために必要な情報を収集する手段を認めた。

1 国政調査権の手段

国政調査権の行使に当たっては、証人の出頭及び証言並びに記録の提出を要求することができるが、**強制力を有する捜索・押収などの手段によることは認められない**。 [10]

なお、正当の理由がなくて、証人が出頭せず、現在場所において証言すべきこと

9　議院の権能　**491**

の要求を拒み、若しくは要求された書類を提出しないとき、又は証人が宣誓若しく
は証言を拒んだときは、1年以下の禁錮又は10万円以下の罰金に処するとされて
いる(議院証言法7条1項)。

2 国政調査権の方法

国政調査権の主体は、**両議院**であるが、その調査の全部又は一部をそれぞれの**常
任委員会又は特別委員会に付託して行わせることができる。** 11

3 国政調査権の法的性質

問題点 国政調査権の法的性質は。

《A説》 補助的権能説(通説)　　P.424

議院がその権能を有効・適切に行使するための補助的権能である。 12

理由 「国権の最高機関」を政治的美称と捉える。

批判 調査できる範囲が狭すぎる。

反論 国会の権能、とくに立法権は広範な事項に及んでいるので、国政に関連
しない純粋に私的な事項を除き、国政調査権の及ぶ範囲は**国政のほぼ全般**
にわたる。 13

《B説》 独立権能説　　P.424

国会が**国権を統括する**ための独立の権能である。

理由 「国権の最高機関」として、国政を統括し調整する地位にある(**統括機関**)
から認められる権能である。

批判 国会を統括機関とみるのは日本国憲法が採用する**三権同格型の権力分立**
原則と相容れない。

4 国政調査権の範囲と限界 (補助的権能説から)

国政調査権は補助的権能であるから、調査の目的は立法、予算審議、行政監督な
ど、**議院の憲法上の権能を実効的に行使するためのものでなければならない。** そし
て、調査の対象と方法にも、権力分立と人権の原理からの制約がある。

① 行政権との関係

(ア) 行政権一般との関係 🖉**発展**

国会は行政権を監督するから、行政権全般について調査の範囲は、**適法性のみな
らず妥当性についても広く及ぶ。** C

もっとも、**公務員の職務上の秘密に関する事項**には、公務員本人又は当該公務所
から職務上の秘密に関するものであることを申し立てたときは、当該公務所又はそ

492　第8章　統治 I

の監督庁の承認がなければ、証言又は書類の提出を求めることができない(議院証言法5条1項)。 D

(イ) 検察権との関係 能動的機関

検察事務は、行政権の作用に属するが、検察権が裁判と密接に関連する**準司法作用**の性質を有することから、調査に当たっては司法権に準じた扱いが必要である。 14 受動的機関

したがって、①**起訴・不起訴**について、検察権の行使に政治的圧力を加えることが「**目的**」と考えられる調査、②起訴事件に直接関係する事項や、公訴追行の内容を「**対象**」とする調査、③捜査の続行に重大な支障を及ぼすような「**方法**」による調査などは、**違法ないし不当**である。

発展 議院が検察権の行使と並行して調査することの是非が争われた下級審判決がある(東京地判昭55.7.24、日商岩井事件)。

② 司法権との関係 少数者の人権確保

司法権の独立の要請から、調査が裁判官に対して及ぼす影響力を十分に配慮しなければならず、裁判官の裁判活動に事実上重大な影響を及ぼすような調査は許されない。

(ア) 裁判所で係属中の事件について ☆

裁判官の訴訟指揮や、裁判の内容の当否について調査することは**許されない**が、議院が裁判所と**異なる目的**で、裁判と並行して調査することは**許される**(**並行調査**)。 15

発展 裁判との並行調査が問題となった下級審判決がある(東京地判昭31.7.23、二重煙突事件)。

(イ) 判決確定後の事件について

議院が裁判内容の当否を調査することや、その事件を再審理するような方法で調査することは**許されない**。 16

発展 刑事事件の判決をめぐって、参議院の法務委員会と最高裁判所が対立した事件がある(浦和事件)。

③ 基本的人権との関係 **発展**

基本的人権を侵害するような調査はできない。例えば、思想の露顕を求めるような質問については、証人は証言を拒絶することができる。また、黙秘権の保障は、国政調査の領域においても妥当すると解されている。 E

■ 重要事項 一問一答

01 議院の資格争訟裁判で議員の資格を失わせるための要件は?

出席議員の3分の2以上の多数による議決が必要となる。

02 資格争訟の裁判により資格を失うとされた議員は司法裁判所に訴えることができるのか?

できない。

03 会期前に逮捕された国会議員を釈放させるには?

所属する議院が釈放の要求をする。

04 議院規則制定権で規定できる内容は(2つ)?

①会議その他の手続、②内部の規律に関する規則

05 院内の秩序をみだした議員を除名するためには?

出席議員の3分の2以上の多数による議決が必要となる。

06 国政調査権の手段として強制的な方法は?

証人の出頭及び証言並びに記録の提出を要求することができるが、強制力を有する捜索・押収などの手段によることは認められない。

07 国政調査権の法的性質は(通説)?

議院の諸権能を実効的に行使するための補助的な権能である(通説)。

08 国政調査権の限界(検察権との関係)は?

起訴・不起訴について、検察権の行使に政治的圧力を加えることが「目的」と考えられる調査はできない。

09 国政調査権の限界(司法権との関係)は?

裁判に事実上重大な影響を及ぼすような調査はできない(裁判所と異なる目的での並行調査は可能)。

■ 過去問チェック

01 両議院は、各々その議員の資格に関する争訟を裁判することができるが、この争訟の「裁判」は、憲法第76条の例外であって、司法裁判所の管轄外とされているため、議員の資格を失わせるには、特に厳格な手続が求められており、総議員の3分の2以上の多数による議決が必要である。

×(税2016)「総議員の」が誤り。

02 両議院は、それぞれその議員の資格に関する争訟を裁判するが、議員は、その裁判に不服がある場合には、司法裁判所に救済を求めて出訴することができる。

× (区2006)「司法裁判所に救済を求めて出訴することができる」が誤り。

03 国会の会期前に逮捕された国会議員は、当該議員の所属する議院の要求があれば、会期中釈放される。
○ (区2010)

04 両議院は、各々その会議その他の手続及び内部の規律に関する規則を定める権能を有するが、憲法上、その権能は憲法及び国会法の規定する内容を除く範囲に明文で限定されている。
× (国般2018)「憲法上、その権能は憲法及び国会法の規定する内容を除く範囲に明文で限定されている」が誤り。

05 両議院は、院内の秩序をみだした議員を懲罰することができる。この「院内」とは、議事堂という建物の内部に限られず、議場外の行為でも、議員として活動中の行為で、議員の品位を傷つけ、院内の秩序をみだすものは、懲罰の対象となる。
○ (裁2017)

06 両議院は、議場外の行為で会議の運営と関係のない個人的行為を事由として、それぞれその議員を懲罰することができる。
× (区2002) 全体が誤り。

07 両議院は、院内の秩序を乱した議員を懲罰することができるが、選挙によって選ばれた議員の身分を剥奪することは許されないため、懲罰として議員を除名することはできない。
× (税2019)「選挙によって選ばれた議員の身分を剥奪することは許されないため、懲罰として議員を除名することはできない」が誤り。

08 両議院は、それぞれ院内の秩序をみだした議員を懲罰することができるが、議員を除名するには、所属議院の総議員の3分の2以上の多数による議決を必要とする。
× (区2006)「総議員の」が誤り。

09 両議院は、各々国政に関する調査を行い、これに関して、証人の出頭及び証言並びに記録の提出を要求することができる。
○ (財2018)

9　議院の権能　495

10 国政調査権は、その行使に当たって、証人の出頭及び証言並びに記録の提出の要求のほか、住居侵入、捜索、押収も強制力を有する手段として認められている。

× (区2017)「住居侵入、捜索、押収も強制力を有する手段として認められている」が誤り。

11 国政調査権は、議院の保持する権能を実効的に行使するためのものでなければならず、議院は、調査を特別委員会又は常任委員会に付託して行わせることはできない。

× (区2017)「調査を特別委員会又は常任委員会に付託して行わせることはできない」が誤り。

12 各議院の持つ国政調査権は、憲法第41条によって国会が唯一の立法機関であると定められたことに基づき、憲法の他の条項によって各議院に与えられた諸権能とは独立した権能であると一般に解されている。

× (国般2004改題) 全体が誤り。

13 国政調査権の性質につき、議院に与えられた権能を実効的に行使するために認められた補助的権能であるという見解をとった場合でも、国政に関連のない純粋に私的な事項を除き、国政のほぼ全体が調査の対象となる。

○ (裁2004)

14 判例、通説に照らすと、検察事務は、行政権の作用に属するが、検察権が裁判と密接に関連する準司法作用の性質を有することから、司法権に類似した独立性が認められなくてはならないので、国政調査権の対象となることはない。

× (区2012改題)「国政調査権の対象となることはない」が誤り。

15 裁判所で審理中の事件の事実について、国政調査権により議院が裁判所と並行して調査をすることは、たとえ裁判所と異なる目的であっても、司法権の独立を侵害し、国政調査権の範囲を逸脱するものとなる。

× (税2006)「たとえ裁判所と異なる目的であっても、司法権の独立を侵害し、国政調査権の範囲を逸脱するものとなる」が誤り。

16 通説に照らすと、裁判所で係争された事件については、判決確定後であれば、議院が裁判内容の当否を調査し批判することや、その事件を再審理するような方法で調査することが認められる。

× (区2005改題) 全体が誤り。

A 通説に照らすと、両議院は、それぞれその会議その他の手続及び内部の規律に関する規則を定めることができるが、その規則は、各議院の議決のみで成立し、公布を必要としない。
○（区2006改題）

B 各議院が定める議院規則と国会法との優劣についての学説のうち、議院規則が国会法上の制約に服すると説く学説に対しては、参議院の自主性が損なわれるとの批判が可能である。
○（国般2004）

C 行政権の作用については、その合法性と妥当性について、原則として全面的に国政調査権の対象となる。
○（裁2004）

D 国政調査権は、公務員が職務上知りえた事実について、本人から職務上の秘密に関するものであることを申し立てたときは、当該公務所の承認がなければ、証言を求めることができないが、書類の提出を求めることはできる。
×（区2017）「書類の提出を求めることはできる」が誤り。

E 議院により証人として喚問されたものは、思想の露顕を求めるような質問を受けた場合であっても、証言を拒むことはできない。
×（裁2004）「証言を拒むことはできない」が誤り。

9　議院の権能　497

過去問 Exercise

問題1　　衆議院の優越に関する次のA〜Dの記述の正誤の組合せとして最も適当なものはどれか。　　裁判所2014［H26］

A　衆議院で可決し、参議院でこれと異なった議決をした予算は、衆議院で出席議員の3分の2以上の多数で再び可決したときは、衆議院の議決が国会の議決となる。

B　内閣は、衆議院又は参議院で、不信任の決議案を可決し又は信任の決議案を否決したときは、総辞職をしなければならない。

C　条約の締結に必要な国会の承認については、先に衆議院で審議しなければならない。

D　内閣総理大臣の指名について、衆議院と参議院とが異なった指名の議決をした場合、衆議院で出席議員の3分の2以上の多数で再び可決したときは、衆議院の議決が国会の議決となる。

	A	B	C	D
①	正	正	正	正
②	正	誤	正	誤
③	誤	正	誤	誤
④	誤	誤	正	正
⑤	誤	誤	誤	誤

解説

正解 **5**

A ✕ 「衆議院で出席議員の3分の2以上の多数で再び可決したときは、衆議院の議決が国会の議決となる」という部分が誤っている。予算について、参議院で衆議院と異なった議決をした場合に、法律の定めるところにより、両議院の協議会を開いても意見が一致しないときは、衆議院の議決を国会の議決とするのであって(60条2項)、衆議院での再可決制度を認めていない。

B ✕ 全体が誤っている。内閣は、衆議院で不信任の決議案を可決し、又は信任の決議案を否決したときは、10日以内に衆議院が解散されない限り、総辞職をしなければならない(69条)。したがって、参議院における決議を総辞職の要件としておらず、不信任の決議案を可決し又は信任の決議案を否決したときに、内閣が衆議院の解散を選択することも認められている。

C ✕ 「先に衆議院で審議しなければならない」という部分が誤っている。憲法61条は、条約の締結に必要な国会の承認については、前条第2項の規定を準用すると規定し、予算の先議権を定めた憲法60条1項は準用していないので、条約の承認については衆議院の先議権を認めていない。

D ✕ 「衆議院で出席議員の3分の2以上の多数で再び可決したときは、衆議院の議決が国会の議決となる」という部分が誤っている。衆議院と参議院とが異なった指名の議決をした場合に、法律の定めるところにより、両議院の協議会を開いても意見が一致しないときは、衆議院の議決を国会の議決とするのであって(67条2項)、衆議院での再可決制度を認めていない。

以上より、**A**−誤、**B**−誤、**C**−誤、**D**−誤であり、正解は **5** となる。

第8章 統治総論・国会

過去問Exercise **499**

問題2 国会議員の不逮捕特権及び免責特権に関する次の記述のうち、妥当なのはどれか。

国Ⅱ2015［H27］

1 国会議員の不逮捕特権は、国会の会期中であっても、議院の許諾がある場合と、院内及び院外における現行犯罪の場合には、認められない。

2 国会議員に不逮捕特権が認められるのは国会の会期中に限られるが、参議院の緊急集会中は会期中と同様に取り扱われ、参議院の緊急集会が開催されている場合の参議院議員についても、不逮捕特権が認められる。

3 国会議員に免責特権が認められているのは、院内での言論の自由を確保し、国会の機能を十分に発揮させるためであるから、国会議員が所属する委員会の地方公聴会での発言など、国会議員が院外で行った発言には、免責特権は及ばない。

4 国会議員は、議院で行った演説、討論又は表決について、院外で責任を問われることはなく、院内においても、その責任を問われ、懲罰の対象とされることはない。

5 国会議員が国会の質疑、演説、討論等の中でした個別の国民の名誉又は信用を低下させる発言については、国会議員の裁量に属する正当な職務行為とはいえず、免責特権は及ばないことから、これによって当然に国家賠償法第1条第1項の規定にいう違法な行為があったものとして国の損害賠償責任が生ずるとするのが判例である。

解説

正解 ❷

❶ ✕ 「院内及び」という部分が妥当でない。憲法50条は「法律の定める場合を除いては」国会の会期中逮捕されないと定めるが、これを受け、国会法は「院外における現行犯」の場合と「その院の許諾」のある場合を、国会の会期中逮捕される場合として挙げている(国会法33条)。院内における現行犯の場合は議長の内部警察権に服する(国会法114条)。

❷ ◯ 条文により妥当である。憲法50条は法律の定める場合を除いては国会の「会期」中逮捕されないと定める。参議院の緊急集会(54条2項但書)は、国会の職務を代行するものであるから、会期に準じて扱われ、参議院の緊急集会中の参議院議員にも不逮捕特権の保障がある(国会法100条)。

❸ ✕ 「免責特権は及ばない」という部分が妥当でない。両議院の議員は、議院で行った演説、討論、または表決について、院外で責任を問われない(51条、免責特権)。この免責特権は、院内における言論の自由を特に保障することによって議員の自由な活動を確保するとともに、議会制度の適正を確保しようとすることが趣旨である。したがって、議員の自由な活動を確保するという趣旨からすると、憲法51条にいう「議院で行った」とは、本会議のみならず、委員会、緊急集会、両院協議会での行為が含まれるほか、地方公聴会のような議事堂外における行為も含まれると解されている。

❹ ✕ 「院内においても、その責任を問われ、懲罰の対象とされることはない」という部分が妥当でない。憲法51条の「院外で責任を問われない」とは、院外で一般に負わされる刑事上・民事上の法的責任、公務員の懲戒責任、弁護士会による懲戒責任を問われないことを意味する。したがって、同一の行為を院内で懲罰の対象とすることは同条に反しない。

❺ ✕ 全体が妥当でない。判例は、国会議員が国会で行った質疑等において、個別の国民の名誉や信用を低下させる発言があったとしても、これによって当然に国家賠償法1条1項の規定にいう違法な行為があったものとして国の損害賠償責任が生ずるものではないとする。そして、当該責任が肯定されるためには、当該国会議員が、その職務とはかかわりなく違法又は不当な目的をもって事実を摘示し、あ

過去問Exercise 501

るいは、虚偽であることを知りながらあえてその事実を摘示するなど、国会議員が
その付与された権限の趣旨に明らかに背いてこれを行使したものと認め得るような
特別の事情があることを必要とすると解するのが相当であるとしている（最判平
9.9.9、札幌病院長自殺事件）。

問題3	財政に関するア～オの記述のうち、妥当なもののみを全て挙げているのはどれか。

財務2019［令和1］

ア　行政権を担う内閣は、社会経済情勢の変化に対して迅速に対応することが求められることから、予見し難い予算の不足に充てるため、予備費を設けることができる。その場合、内閣は、予備費を支出するに当たり、事前に国会の承諾を得ることが憲法上義務付けられている。

イ　予算は内閣によって作成され、内閣のみが国会への予算提出権を有するため、国会は、予算の議決に際して、原案の減額修正はできるが、原案に新たな項を設けたり原案の増額修正を行ったりすることはできないと一般に解されている。

ウ　形式的には租税ではないとしても、一般国民に対して一方的・強制的に賦課徴収する金銭は、実質的には租税と同視できることから、市町村が行う国民健康保険の保険料には、その形式にかかわらず、租税法律主義について定めた憲法第84条の規定が直接適用されるとするのが判例である。

エ　法律上は課税できる物品であるにもかかわらず、実際上は非課税として取り扱われてきた物品に対する課税が、たまたま通達を機縁として行われたものであっても、通達の内容が法の正しい解釈に合致するものである以上、当該課税処分は法の根拠に基づく処分であるとするのが判例である。

オ　予算は一会計年度における国の財政行為の準則であり、会計年度が開始するまでに当該年度の予算が成立しない場合は、内閣は、一会計年度のうちの一定期間に係る暫定予算を作成し、国会に提出することができるが、暫定予算は当該年度の本予算が成立したときに失効する。

1　ア、イ
2　ア、オ
3　イ、ウ
4　ウ、エ
5　エ、オ

第8章　統治総論・国会

過去問Exercise　503

解説

正解 ⑤

ア ✕ 「事前に国会の承諾を得ることが憲法上義務付けられている」という部分が妥当でない。内閣は、予見し難い予算の不足に充てるため、国会の議決に基づいて予備費を設けることができる(87条1項)。そして、すべて予備費の支出については、内閣は、「事後に」国会の承諾を得なければならない(同条2項)。

イ ✕ 「原案に新たな項を設けたり原案の増額修正を行ったりすることはできないと一般に解されている」という部分が妥当でない。予算は内閣が作成し、国会の審議を受け議決を経なければならない(86条)。予算の議決に際し国会の予算修正権に限界があるかという点について、国会は予算原案にあるものを廃棄削除する修正と、予算原案に新たな款項を設けたり、金額を増額したりする修正を行うことができると一般に解されている(財政法19条、国会法57条の3参照)。なお、減額修正については限界がないが、増額修正においては、予算の同一性を損なうような大幅な修正はできないと一般に解されている。

ウ ✕ 「その形式にかかわらず、租税法律主義について定めた憲法第84条の規定が直接適用されるとするのが判例である」という部分が妥当でない。判例は、憲法84条の規定する租税とは、その形式のいかんにかかわらず、国又は地方公共団体が、課税権に基づき、その経費に充てるための資金を調達する目的をもって、特別の給付に対する反対給付としてではなく、一定の要件に該当するすべての者に対して課する金銭給付をいうとして、市町村が行う国民健康保険の保険料は租税にはあたらず、同条が直接に適用されることはないとする。もっとも、憲法84条に規定する租税ではないという理由だけから、そのすべてが当然に同条に現れた法原則のらち外にあると判断することは同条の趣旨に照らし相当ではなく、国民健康保険の保険料にも同条の趣旨が及ぶとしている(最大判平18.3.1、旭川市国民健康保険条例事件)。

エ ◯ 判例により妥当である。判例は、法律上課税の対象であったが、実際には非課税として取り扱われてきた物品を通達によって課税物件とすることが憲法84条の規定する租税法律主義に反しないかという点について、課税がたまたま所論通達を機縁として行われたものであっても、通達の内容が法の正しい解釈に合致するものである以上、課税処分は法の根拠に基く処分と解するに妨げがないとして

いる(最判昭33.3.28、パチンコ球遊器事件)。

オ ◯ 条文により妥当である。予算とは、一会計年度における国の財政行為の準則である(86条参照)。また、内閣が暫定予算を作成、提出できること(財政法30条1項)、暫定予算は当該年度の本予算が成立したときに失効する(同条2項)。明治憲法(大日本帝国憲法)においては、会計年度開始前に当該年度の予算が成立しない場合は前年度の予算を施行するとされていたが(明治憲法71条)、財政民主主義(83条)の観点から、日本国憲法の下では、財政法において暫定予算制を採用している。

　以上より、妥当なものは**エ**、**オ**であり、正解は **5** となる。

第 9 章

統治 II ─ 内閣

　本章では、内閣について学習します。内閣の権能と内閣総理大臣の権限は混同しやすいので、よく出題されています。類似の事項については、条文をよく読んで、きちんと区別できるようにしておきましょう。

●内閣─┬─内閣の組織・議院内閣制　　1節
　　　　├─内閣総理大臣　　　　　　　2節
　　　　├─内閣の権能と責任　　　　　3節
　　　　└─独立行政委員会　　　　　　4節

1 内閣の組織・議院内閣制

本節では、内閣の組織・議院内閣制を扱います。

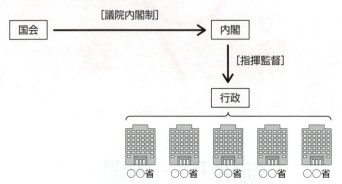

1 行政の概念

第65条【行政権】
　行政権は、内閣に属する。

　日本国憲法においては、**行政権は内閣に属する**と規定しており(65条)、内閣において行政全般に統括権をもつことを要求している。憲法65条にいう**行政**の概念には、多様なものが含まれており、それゆえ積極的に行政を定義付けることは困難であるので、現在では、**行政**とは**国家作用のなかから立法作用と司法作用を除いた残りの作用をいう**と解されている(**行政控除説**)。

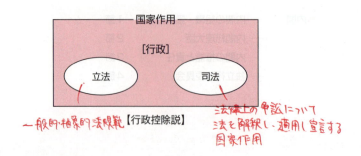

2 憲法上の内閣の組織

1 総説

内閣に**行政権の主体**としての地位を認めている(65条)。また、**内閣総理大臣に首長**としての地位と権能を与えており(66条1項等)、**内閣総理大臣は任意に国務大臣を罷免**することができるなどの権限をもつ(68条2項)。 01

〈解説〉 明治憲法においては、**内閣についての規定が置かれておらず**、また、内閣総理大臣は**同輩中の首席**にすぎなかったことから、内閣の一体性を図ることができなかった。このことを踏まえ、内閣総理大臣が強いリーダーシップを発揮できるようにしたものである。 01

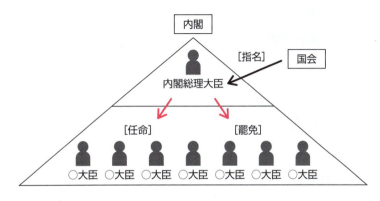

【内閣の組織①】

2 内閣の組織

第66条【内閣の組織、文民】
① 内閣は、法律の定めるところにより、その首長たる内閣総理大臣及びその他の国務大臣でこれを組織する。

意義 内閣は、**首長たる内閣総理大臣及びその他の国務大臣で組織される**(66条1項)。**内閣法**は、国務大臣の数を**14人以内**とし、特別の必要があるときは**17人以内**まで増員ができるとしている(内閣法2条2項)[※1]。 [※1] 復興庁が廃止されるまで1名、国際博覧会推進本部が置かれる間で1名、オリンピック・パラリンピック推進本部の解散(2022年3月31日)まで1名増員されている。

問題点 憲法上の国務大臣は誰を指すのか。

結論 憲法上は、行政事務を分担管理する**主任の大臣(行政大臣)** を念頭に置いているが(74条参照)、憲法は行政事務を分担管理しない**無任所大臣**[※2]が存在することを妨げるものではないと解されており、内閣法にも同様の規定がある(内閣法3条2項)。02 ※2「無任所大臣」という用語は、法令上のものではなく、広義では、国務大臣のうち「主任の大臣」以外の国務大臣、つまり内閣総理大臣及び各省大臣以外の国務大臣を指し、狭義では、これからさらに国家公安委員長など特定の行政機関の長や内閣官房長官を除き、いずれの行政機関にも属さない国務大臣をいう。一般に、後者を無任所大臣ということが多い(首相官邸HPより)。

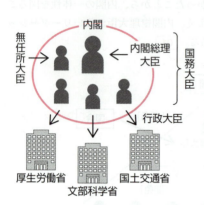

	内閣の構成員	行政事務
主任の大臣	○	○
無任所大臣	○	×

【内閣の組織②】

3 文民規定

第66条【内閣の組織、文民】
② 内閣総理大臣その他の国務大臣は、文民でなければならない。

意義 内閣構成員の資格の一つとして、内閣総理大臣その他の国務大臣は、**文民**でなければならない(66条2項)。03

趣旨 軍の独走を抑止するため、政治部門が軍事に関する重要決定を行い、軍を政治部門の統制下に置くという**文民統制**(シビリアンコントロール)の見地から規定されたものである。

問題点 🖉発展 「文民」とは誰のことを指すのか。

結論 政府見解によると、①旧帝国陸海軍の職業軍人の経歴を有する者であって軍国主義的思想に深く染まっていると考えられるもの、②現在自衛官の職にある者、のいずれにも該当しない者を指す。A

4 国務大臣

① 国務大臣の任命手続

国務大臣の任命は内閣総理大臣が行う(68条1項本文)。国務大臣となるための憲法上の資格制限は、文民である(66条2項)。また、国務大臣の任命に際しては、その過半数が国会議員の中から選ばれなければならない(68条1項但書)。

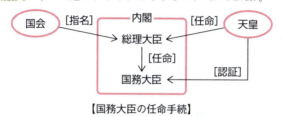

【国務大臣の任命手続】

② 国務大臣の在職要件

内閣総理大臣の場合(67条1項)と異なり、国会議員であることは在職要件ではない。国会議員であることは、国務大臣の過半数が国会議員であることとする内閣総理大臣の国務大臣任命権に対する制約にすぎない(68条1項但書)。 04

③ 閣僚の議院出席の権利と義務

> **第63条【閣僚の議院出席の権利と義務】**
> 内閣総理大臣その他の国務大臣は、両議院の一に議席を有すると有しないとにかかはらず、何時でも議案について発言するため議院に出席することができる。又、答弁又は説明のため出席を求められたときは、出席しなければならない。

意義 内閣総理大臣その他の国務大臣は、議席の有無に関係なく、いつでも議案について発言するため議院に出席する権限と、答弁又は説明のため出席を求められた場合の出席義務がある。

趣旨 憲法が立法権と行政権の分離を前提にその協働を認める議院内閣制を採用したことに由来する。

問題点 議院への出席の権利と義務の主体は誰か。

結論 憲法上は「内閣総理大臣その他の国務大臣」であるが、ここでの内閣総理大臣は例示であり、「国務大臣」は、内閣総理大臣を含むことから、閣僚を意味する。なお、「両議院の一に議席を有すると有しないとにかかはらず」とあることから、国会議員の資格を有しない国務大臣も議院への出席の権利と義務を有する。 05

1 内閣の組織・議院内閣制

3 議院内閣制

1 総説

意義 議院内閣制とは、議会(立法)と政府(行政)が❶一応分離し、❷政府が議会に対して責任を負うもの(責任を追及されるもの)をいう。アメリカなどの大統領制は、議会と政府がそれぞれ完全に分離しており、政府が議会に対して責任を負うということはない。

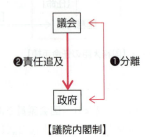

【議院内閣制】

2 憲法上の表れ

憲法が議院内閣制を採っていることは、以下の条文に表れている。06

【議院内閣制の憲法上の表れ】※注意
① 内閣総理大臣は国会議員の中から国会の議決で指名される(67条1項)。
② 国務大臣の過半数は国会議員である(68条1項但書)。
③ 内閣が行政権の行使について国会に対して連帯責任を負う(66条3項)。
④ 内閣の不信任決議案が可決(または信任決議案が否決)された場合における内閣の総辞職又は衆議院の解散(69条)。
⑤ 内閣総理大臣と国務大臣の国会への出席(63条)。

3 議院内閣制の本質 /発展

問題点 大統領制と区別される議院内閣制の本質とは何か。
結論 内閣が国会に対して責任を負うことを本質的要素と考える**責任本質説**が通説である。これに対して、内閣が議会に対して自由な解散権を有することを本質的要素と見る立場もあり、それが**均衡本質説**である。

【両説の相違点】

	責任本質説(通説)	均衡本質説
議院内閣制の要素	①分離　②責任	①分離　②責任　③解散

4 衆議院の解散

第7条【天皇の国事行為】
　天皇は、内閣の助言と承認により、国民のために、左の国事に関する行為を行ふ。
　三　衆議院を解散すること。

第69条【内閣不信任決議の効果】
　内閣は、衆議院で不信任の決議案を可決し、又は信任の決議案を否決したときは、10日以内に衆議院が解散されない限り、総辞職をしなければならない。

【衆議院の解散】

意義　衆議院の解散とは、衆議院議員の任期満了前に、その全員の議員としての身分を失わせる行為をいう。07

趣旨　①衆議院の内閣不信任決議に対する対抗手段としての自由主義的な側面と、②解散後の総選挙を通して主権者である国民の意思を問う民主主義的な側面があると一般に理解されている。

1 衆議院を解散すべき場合

　内閣は、衆議院で不信任の決議案を可決し、または信任の決議案を否決したときは、10日以内に衆議院を解散するか、解散せずに総辞職をするか、いずれかを選択しなければならない(69条)。内閣の不信任決議案の可決(または信任決議案の否決)に、このような内閣に二者択一を迫る法的効果が生じるのは、衆議院が行った場合だけである。08

　これらを参議院が行っても問責決議として内閣の政治的責任を問う効果が生じるにすぎない。したがって、内閣は、参議院で問責決議があっても、衆議院を解散する必

要もないし（参議院にはそもそも解散の制度がない）、総辞職をする必要もない。 09

2 解散権の所在と根拠

衆議院の解散は天皇が行うが（7条3号）、他方で天皇は国政に関する権能を有しないことから（4条1項）、天皇の解散権は形式的なものにすぎない 10 。また、衆議院が解散される場合について言及しているのは憲法69条のみである。

そこで、実質的に衆議院の解散を決定するのは誰なのか、そして解散権の根拠をどこに求めるのか、解散権の所在とその根拠が問題となる。

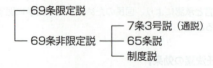

【解散権の所在と根拠】

問題点 解散権の所在とその根拠についてどのように解するか。
結論 衆議院の解散が憲法69条の場合に限定されない（69条非限定説）ことを前提に、憲法7条3号を根拠として、天皇への助言と承認を通じて、内閣が解散の実質的決定権を有すると解するのが通説であり（7条3号説）、このような慣行が確立している。 11 12 13

　🔖発展 判例は、統治行為論を援用して、解散権の所在とその根拠についての判断を避けている（最大判昭35.6.8、苫米地事件）。 B

理由 議会の解散権は、議会に対する国王の懲罰に由来し、元来政治的権能であるが、これが天皇の国事行為として形式的・儀礼的行為となるのは、内閣の助言と承認のもとに行われるからである。 12

〈語句〉●**国事行為**とは、天皇が国家の機関として行う行為である。天皇の非政治化の要請から、天皇の独断ではできず、常に内閣の助言と承認が必要となる。

【衆議院の解散─69条限定説と69条非限定説】

	69条限定説	69条非限定説
結論	解散は憲法69条の場合に限られる	解散は憲法69条の場合に限られない [13]
理由	憲法上、解散される場合を規定しているのは憲法69条だけである	総選挙を通じて民意を問う機会を確保するため、解散できる場合を限定すべきではない
備考	**発展** 69条非限定説から、総選挙を通じて民意を問う機会が極端に限定されるとの批判が向けられている [C]	**発展** 69条非限定説でも、解散できるのは、選挙の際に直接の争点とならなかった重大問題が生じた場合等、国民の意思を問う必要がある場合に限られ、党利党略のための解散は許されないとする見解がある(有力説) [D]　(通説)

【衆議院の解散─69条非限定説の各説】

	7条3号説(通説)	65条説	制度説
結論	天皇の解散の宣言(国事行為)への助言と承認を通じて、**内閣が実質的に解散を決定している**	憲法65条の行政権が内閣に属するとの規定から、内閣に解散権がある	憲法上の制度全体から見て内閣に解散権がある
理由	本来的に解散は政治的なものであるが、内閣の助言と承認により、天皇の国事行為として形式的・儀礼的なものとなる [12]	解散は立法作用でも司法作用でもないので、行政作用である	議院内閣制と権力分立制の採用など全制度の趣旨から見て、内閣に実質的な解散権が認められる
批判	天皇の国事行為は、もとから非政治的なものである	**発展** 65条説が前提とする控除説は、特定の国家作用を国権のいずれかに分類するための説明にすぎず、解散権の根拠とならない [E]	**発展** 権力分立や議院内閣制は、一義的な原則とはいえないので、これらに内閣の解散権の根拠を求めることはできない [F]

3 衆議院の自律解散

　内閣に衆議院の解散権があるのみならず、**衆議院自身**にも解散権がある(自律解散が許される)とする見解があるものの、少数説にとどまる。この見解は、多数派議員によって少数派議員の地位を失わせるには、憲法の明文規定が必要であると批判されている。[14]

第9章　内閣

1　内閣の組織・議院内閣制　515

重要事項 一問一答

01 憲法65条の「行政権」の意味は?

すべての国家作用から立法作用と司法作用を控除した残りの作用である。

02 内閣の組織構成は?

首長たる内閣総理大臣とその他の国務大臣から構成される。

03 行政事務を分担管理しない無任所大臣を置くことができるのか?

できる。

04 内閣総理大臣その他の国務大臣は議会に出席する義務があるか?

答弁又は説明のため出席を求められたときに出席義務が生じる。

05 国務大臣の過半数が国会議員であることは議院内閣制の憲法上の表れか?

議院内閣制の憲法上の表れである。

06 衆議院の解散とは何か?

衆議院議員の任期満了前に、その全員の議員としての身分を失わせる行為をいう。

07 衆議院の解散は憲法69条の場合に限定されるか?

限定されない(69条非限定説)。

08 衆議院の実質的解散権の所在と憲法上の根拠は (通説)?

内閣にあり、憲法7条3号を根拠とする(7条3号説)。

過去問チェック

01 明治憲法においては、内閣についての規定がなく、また内閣総理大臣は同輩中の首席にすぎなかった。一方、日本国憲法においては、内閣に行政権の主体としての地位を認めており、また内閣総理大臣に首長としての地位と権能を与え、内閣総理大臣は任意に国務大臣を罷免することができる。

○ (税2015)

02 内閣総理大臣及びその他の国務大臣は、合議体としての内閣の構成員である。また、行政事務を分担管理しない無任所の大臣が存在することは想定されていない。

× (財2020)「行政事務を分担管理しない無任所の大臣が存在することは想定されていない」が誤り。

03 内閣は、法律の定めるところにより、その首長たる内閣総理大臣及びその他の国務大臣で組織され、内閣総理大臣は文民でなければならないが、その他の国務大臣は文民である必要はない。

516　第9章　統治Ⅱ

×（区2018）「その他の国務大臣は文民である必要はない」が誤り。

04 国務大臣は、国会議員の地位を失ったときには、辞職しなければならない。

×（裁2004）「辞職しなければならない」が誤り。

05 憲法上、国会議員でない国務大臣は両議院に出席することができないから、答弁又は説明のため出席を求められたときは、内閣総理大臣が当該国務大臣に代わって出席し答弁又は説明を行わなければならない。

×（裁2008）全体が誤り。

06 日本国憲法においては、議院内閣制を採用している旨の明文はないものの、内閣の連帯責任の原則（第66条第3項）、内閣不信任決議権（第69条）及び内閣総理大臣による行政各部の指揮監督権（第72条）の規定はいずれも、日本国憲法が議院内閣制を採用している根拠であると一般に解されている。

×（税2015）「及び内閣総理大臣による行政各部の指揮監督権（第72条）」が誤り。

07 衆議院が解散された場合であっても、衆議院議員は、次の国会が召集されるまで、議員としての身分を失わない。

×（区2006）「衆議院議員は、次の国会が召集されるまで、議員としての身分を失わない」が誤り。

08 内閣について、衆議院で不信任の決議案を可決し、参議院でその決議案を否決した場合に、衆議院で出席議員の3分の2以上の多数で不信任の決議案を再び可決したときは、内閣は総辞職しなければならない。

×（区2020）全体が誤り。

09 衆議院で内閣不信任決議案が可決された場合は、内閣は、衆議院を解散するか、又は総辞職しなければならないが、衆議院において内閣信任決議案が否決された場合及び参議院において内閣総理大臣の問責決議案が可決された場合は、内閣は、衆議院を解散し、又は総辞職する必要はない。

×（国般2009）「衆議院において内閣信任決議案が否決された場合及び」が誤り。

10 通説に照らすと、衆議院の解散は、内閣の助言と承認によって天皇が行う国事行為であり、解散を実質的に決定する権限は天皇にある。

×（区2006改題）「解散を実質的に決定する権限は天皇にある」が誤り。

第9章

内閣

1　内閣の組織・議院内閣制　517

[11] 衆議院の解散の実質的決定権の所在に関する憲法上の明文規定は存在しないが、憲法7条3号により、天皇の国事行為に対して助言と承認を行う内閣総理大臣に解散の実質的決定権が存するという慣行がある。

×（裁2011）「内閣総理大臣に」が誤り。

[12] 衆議院の解散の実質的決定権が内閣にあるとする根拠を憲法7条3号に求める見解は、天皇の国事行為は本来すべて形式的・儀礼的行為であり、内閣の助言・承認の結果として形式的・儀礼的行為になるものではないという考え方に結びつきやすい。

×（裁2009）「憲法7条3号に求める見解は」が誤り。

[13] 内閣が実質的な衆議院の解散決定権を有しているわけではないため、衆議院の解散は、憲法第7条のみならず憲法第69条にも基づく場合でなければ行うことができないと一般に解されており、実際に憲法第69条に基づかない衆議院の解散は行われていない。

×（税2020）全体が誤り。

[14] 憲法第7条が定める天皇の国事行為の一つとして、衆議院の解散が挙げられており、内閣には実質的な衆議院の解散権があるとされているが、衆議院自身にも解散決議による自律的な解散権があるとする点で学説は一致している。

×（税2009）「衆議院自身にも解散決議による自律的な解散権があるとする点で学説は一致している」が誤り。

[A] 憲法第66条第2項の「文民」の意味を「現役軍人以外の者」をいうとする見解によれば、憲法第9条第2項が一切の戦力の不保持を定めたものと解する場合には、外国の軍隊の軍人であるというような極めて特殊な例を除き、この規定は意味のない規定となる。

○（国般2002改題）

[B] 衆議院解散の実質的決定権者及びその根拠について、最高裁判所は、天皇の国事行為の一つとして衆議院の解散を規定する憲法第7条第3号により、内閣に実質的な解散決定権が存すると解すべきであるとしている。

×（国般2017）「最高裁判所は、天皇の国事行為の一つとして衆議院の解散を規定する憲法第7条第3号により、内閣に実質的な解散決定権が存すると解すべきであるとしている」が誤り。

518　第9章　統治Ⅱ

C （衆議院の解散権の所在について）憲法69条に根拠を求める見解は、解散の有する民主主義的機能を十分に生かすことができないという批判がある。

○（裁2012改題）

D 憲法第69条の場合を除き、衆議院が解散される場合を明示した規定はなく、内閣が衆議院を解散することができるのは、衆議院と参議院とで与野党の議席数が逆転した場合及び議員の任期満了時期が近づいている場合に限られると一般に解されている。

×（国般2017）「衆議院と参議院とで与野党の議席数が逆転した場合及び議員の任期満了時期が近づいている場合に限られると一般に解されている」が誤り。

E （衆議院の解散権の所在について）憲法65条に根拠を求める見解は、解散権を行使できる場合が著しく限定されてしまうという批判がある。

×（裁2012改題）「解散権を行使できる場合が著しく限定されてしまうという批判がある」が誤り。

F （衆議院の解散権の所在について）権力分立制・議院内閣制を採用している憲法の全体的な構造に根拠を求める見解は、その根拠とする概念が一義的な原則ではないという批判がある。

○（裁2012改題）

1　内閣の組織・議院内閣制　519

国般★★★／国専★★★／裁判所★★★／特別区★★★／地上★★☆

2 内閣総理大臣

本節では、内閣総理大臣を扱います。内閣の首長として、憲法上・内閣法上、様々な権限を与えられています。

1 内閣総理大臣の任命手続

第67条【内閣総理大臣の指名、衆議院の優越】
① 内閣総理大臣は、国会議員の中から国会の議決で、これを指名する。この指名は、他のすべての案件に先だつて、これを行ふ。
② 衆議院と参議院とが異なつた指名の議決をした場合に、法律の定めるところにより、両議院の協議会を開いても意見が一致しないとき、又は衆議院が指名の議決をした後、国会休会中の期間を除いて10日以内に、参議院が、指名の議決をしないときは、衆議院の議決を国会の議決とする。

第6条【天皇の任命権】
① 天皇は、国会の指名に基いて、内閣総理大臣を任命する。

1 任命手続と資格

意義 内閣総理大臣は、国会議員の中から国会の議決で指名し（67条1項）、天皇が任命する（6条1項）。指名の議決については、衆議院の優越が認められるが（67条2項）、衆議院が先議することは求められていない（第8章 **3** 節 **2** 項「衆議院の優越」参照）。 01

趣旨 内閣総理大臣の不在によって政治空白が生じるのを避けるため、国会に対して速やかな指名を要求している。

〈解説〉 🖊**発展**「他のすべての案件に先だつて」とは、緊急を要する議案が存在しても、指名の議決を優先させることを意味する。もっとも、国会が有効に活動するための前提となる案件（議長の選出・会期の決定等）は、内閣総理大臣の指名の議決に先立って審議・議決される。

2 内閣総理大臣に求められる資格

内閣総理大臣にはその資格として、**国会議員**であること（67条1項）の他、**文民**で

あること(66条2項)が求められる。 02

2 内閣総理大臣の権限

内閣の一体性を確保し、首長たる地位を有する内閣総理大臣の権限を強化するため、憲法は内閣総理大臣に対して以下の権限を付与している。

1 国務大臣の任免 (68条1項、2項)

第68条【国務大臣の任命及び罷免】
① 内閣総理大臣は、国務大臣を任命する。但し、その過半数は、国会議員の中から選ばれなければならない。
② 内閣総理大臣は、任意に国務大臣を罷免することができる。

意義 内閣総理大臣は、国務大臣を任命し、任意に罷免する権限を有する(68条)。 03 04

趣旨 憲法は議院内閣制を採用し、内閣は行政権の行使につき国会に対して連帯責任を負うことから(66条3項)、その前提として、内閣の一体性と統一性を確保するためのものである。

問題点 国務大臣の任免を閣議にかけて決定する必要があるか。

結論 国務大臣の任免を閣議にかけて決定する必要はないし、国会の意向を考慮する必要もない。 05

理由 過半数を国会議員とすることや(68条1項但書)、文民であること(66条2項)といった任命に関する憲法上の制約があるものの、国務大臣の任免は内閣総理大臣の専権事項である。

なお、国務大臣の任免に関する天皇の認証(7条5号)は儀礼的なものなので、任免の効果は認証を待たずに生じる。 06

ただし、天皇の認証は内閣の助言と承認を必要とするので(7条柱書)、国務大臣の任免の認証については閣議にかける必要がある(閣議によるとする明文規定があるわけではない)。 07

【内閣総理大臣の権限】

2 内閣の代表（72条）

第72条【内閣総理大臣の職務】
内閣総理大臣は、**内閣を代表して**議案を国会に提出し、一般国務及び外交関係について国会に報告し、並びに行政各部を指揮監督する。 08

① 議案提出権

意義 内閣総理大臣は、**内閣を代表して**、議案を国会に提出する（72条）。ここでの「議案」には、内閣の締結権が及ぶ条約や、その作成提出権が及ぶ予算が含まれる。 *憲法ていていの提出案*

趣旨 一体性と統一性を確保された内閣の意思を国会に対し議案提出を通じて示すものである。

問題点 **国会中心立法の原則**(41条)との関係で、憲法72条の「議案」に法律案が含まれるか。

結論 **法律案が含まれる**（第8章 2 節 4 項「唯一の立法機関」参照）。なお、内閣法では法律案についての内閣の提出権を認めている（内閣法5条）。 09

理由 ① 議院内閣制の下では、国政の基本政策の決定は、内閣と国会の協働作業によってなされることが要請されている。

② 法律案の提出は、**立法の準備段階**であり、また国会がその法律案を修正・否決することも自由である。

② 行政各部の指揮監督権

意義 内閣総理大臣は、**内閣を代表して**、**行政各部を指揮監督**する（72条）。内閣法6条は、このことを具体化して、「内閣総理大臣は、**閣議にかけて決定した方針に基いて、行政各部を指揮監督する**」と規定している。

趣旨 一体性と統一性を確保された内閣の意思を行政各部にも及ぼさせるものである。したがって、内閣としての方針決定がないのに、内閣総理大臣が独自の見解に基づいて指揮監督することは、内閣総理大臣の権限を越えることになる。

判例　ロッキード事件（内閣総理大臣の職務権限）（最大判平7.2.22）

〈事案〉

アメリカ航空機会社であるロッキード社の意向を受け、丸紅（商社）の社長は、総理大臣（当時）に対して、ロッキード社製航空機購入を航空会社（全日空）に勧奨するように、運輸大臣（当時）に働きかけることを依頼し、❶これに応じた総理大臣が運輸大臣に働きかけを行い、❷運輸大臣が航空会社に勧奨した結果、❸航空会社がロッキード社の航空機を購入した。❹そこで、成功報酬として5億円の資金提供がなされた。総理大臣は受託収賄罪容疑で起訴されたところ、同罪が成立するには当該公務員が請託案件について職務権限を有することが必要であるため、総理大臣が、運輸大臣に対して働きかけをすることに職務権限を有するかが争点となった。

閣議にかけてない

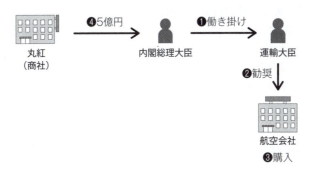

〈判旨〉

●1　総理大臣の地位・権限はどのようなものか

▶ **内閣を統率し、行政各部を統括調整する地位にある。**

　理由　内閣総理大臣は、憲法上、行政権を行使する内閣の首長として(66条)、国務大臣の任免権(68条)、内閣を代表して行政各部を指揮監督する職務権限(72条)を有するなど、内閣を統率し、行政各部を統轄調整する地位にあるものである。そして、内閣法は、閣議は内閣総理大臣が主宰するものと定め(内閣法4条)、内閣総理大臣は、閣議にかけて決定した方針に基づいて行政各部を指揮監督し(内閣法6条)、行政各部の処分又は命令を中止させることができるものとしている(内閣法8条)。

●2　閣議にかけて決定した方針が存在しない場合に、内閣総理大臣が行政各部に対して指揮監督する職務権限があるのか

▶ **指示を与える権限を有する。**

理由 このように、内閣総理大臣が行政各部に対し指揮監督権を行使するためには、閣議にかけて決定した方針が存在することを要するが、閣議にかけて決定した方針が存在しない場合においても、内閣総理大臣の右のような地位及び権限に照らすと、流動的で多様な行政需要に遅滞なく対応するため、10

結論 内閣総理大臣は、少なくとも、内閣の明示の意思に反しない限り、行政各部に対し、随時、その所掌事務について一定の方向で処理するよう指導、助言等の指示を与える権限を有するものと解するのが相当である。したがって、内閣総理大臣の運輸大臣に対する前記働き掛けは、一般的には、内閣総理大臣の指示として、その職務権限に属することは否定できない。10

※閣議にかけてない

③ 一般国務・外交関係の国会への報告

意義 内閣総理大臣は、内閣を代表して、一般国務及び外交関係について国会に報告する (72条、内閣法5条)。

趣旨 一般国務及び外交関係についての一体性と統一性を確保された内閣の意思を、国会に対し、報告という形式で示すものである。

3 内閣総理大臣の訴追に対する同意 (75条)

第75条【国務大臣の訴追の制約】
国務大臣は、その在任中、内閣総理大臣の同意がなければ、訴追されない。但し、これがため、訴追の権利は、害されない。

意義 国務大臣は、国会の会期中であるか否かを問わず、その在任中は、内閣総理大臣の同意がなければ訴追されない (75条)。11 ※但しは時効と進行

この規定は、内閣総理大臣に国務大臣の訴追に対する同意権を付与したものであり、同意がなければ有効に公訴を提起することができない。12 13

趣旨 国務大臣が訴追されることによって、内閣の一体的な職務遂行に支障をきたすことを防止するものである。

【国務大臣の訴追の制約】

問題点❶	「訴追」には起訴することのみが含まれるのか。
結論	訴追とは、在宅起訴(身柄を拘束されないで起訴されること)を含む起訴(公訴の提起)を意味するが、これに加えて、**起訴の前提となる逮捕・勾留も含む。** 13
理由	訴追は、身体を拘束する逮捕・勾留とは異なるが、本条の趣旨からすると、起訴の前提となる逮捕・勾留も、内閣の一体的な職務遂行に支障をきたすおそれがあり、内閣総理大臣の同意を要するとすべきである。
問題点❷	「訴追の権利は、害されない」とは、どのような意味か。
結論	訴追につき内閣総理大臣の同意がない場合には、**時効の進行が停止し、国務大臣を退職するとともに訴追可能となる、**という意味である。 13

4 法律・政令への連署(74条)

> **第74条【法律・政令の署名】**
> 法律及び政令には、すべて主任の国務大臣が署名し、内閣総理大臣が連署することを必要とする。

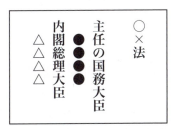

意義	法律・政令には、すべて**主任の国務大臣が署名し、内閣総理大臣が連署**することが必要である(74条)。 14
趣旨	内閣の**法律執行責任**と**政令制定・執行責任**を明らかにするものである。
問題点❶	発展 署名や連署を拒否することができるか。
結論	署名や連署は義務であるから、拒否することはできない。例えば、国務大臣や内閣総理大臣が、法律・政令の執行が不可能で責任を負えないと判断したとしても、署名や連署を拒否することはできないと解されている。 A
問題点❷	署名や連署のない法律・政令は効力を生じないのか。
結論	署名や連署は法律・政令の**効力発生要件**ではないから、**署名や連署を欠いた法律・政令であっても、その効力に影響はない**(通説)。 15

重要事項 一問一答

01 内閣総理大臣に求められる資格は (2つ)？

①国会議員であること、②文民であること

02 内閣総理大臣が国務大臣を任免するときに閣議にかける必要があるか？

必要ない。国務大臣の任免権は内閣総理大臣の専権事項である。

03 内閣総理大臣は閣議にかけて決定した方針がない場合は行政各部を指揮監督できないか？

少なくとも内閣の明示の意思に反しない限り、行政各部に対し、随時、その所掌事務について一定の方向で処理するよう指導助言等の指示を与える権限を有する(判例)。

04 内閣総理大臣が内閣を代表して国会に報告するべきものは (2つ)？

①一般国務、②外交関係

05 訴追につき内閣総理大臣の同意がない場合、「訴追の権利は、害されない」とは、どのような意味か？

時効の進行が停止し、国務大臣を退職するとともに訴追可能となるという意味。

06 署名や連署のない法律・政令は効力を生じないか？

効力に影響はない(署名や連署は法律・政令の効力発生要件ではない)。

過去問チェック

01 内閣総理大臣の指名については、衆議院のみが内閣不信任案を提出できることに鑑み、衆議院が先議することとされている。

×(裁2009)「衆議院が先議することとされている」が誤り。

02 内閣総理大臣は、衆議院議員の中から、国会の議決で、これを指名する。

×(裁2011)「衆議院議員の中から」が誤り。

03 国務大臣の任免権は内閣に属する。

×(税2014)「内閣に属する」が誤り。

04 内閣総理大臣は、やむを得ない事由があるときに限り、国務大臣を罷免することができる。

×(裁2011)「やむを得ない事由があるときに限り」が誤り。

05 内閣総理大臣は、国務大臣の任免権を有するが、これは内閣総理大臣の専権

事項であるので、閣議にかけて決定する必要はない。

○（税2013）

06 国務大臣の任命は内閣総理大臣が行うが、これを天皇が認証することにより初めて合議体としての内閣が成立する。

×（国般2016）「これを天皇が認証することにより初めて合議体としての内閣が成立する」が誤り。

07 国務大臣の罷免を天皇が認証するには、「内閣の助言と承認」によらなければならないことから、憲法上、国務大臣の罷免は閣議によることと規定されている。

×（裁2008）「憲法上、国務大臣の罷免は閣議によることと規定されている」が誤り。

08 内閣総理大臣の職務として、内閣を代表して議案を国会に提出し、一般国務及び外交関係について国会に報告し、行政各部を指揮監督することが、憲法上規定されている。

○（税2018）

09 議院内閣制の下では、国政の基本政策の決定は、内閣と国会の協働作業によってなされることが要請されているから、憲法は内閣が法律案提出権を有することを明文で規定している。

×（裁2009）「憲法は内閣が法律案提出権を有することを明文で規定している」が誤り。

10 内閣総理大臣が行政各部に対し指揮監督権を行使するためには、閣議にかけて決定した方針が存在することが必要であるから、これが存在しない場合に、内閣の明示の意思に反しない範囲で、内閣総理大臣が行政各部に対して一定の方向で処理するよう指導、助言等の指示をすることはあり得るが、それは内閣総理大臣としての権限に属するものではないとするのが判例である。

×（国般2013）「それは内閣総理大臣としての権限に属するものではないとするのが判例である」が誤り。

11 国務大臣は、各議院から答弁又は説明のため出席を求められたときは、議院に出席する義務があることから、国会の会期中に限り、内閣総理大臣の同意がなければ訴追されない。

×（国般2016）「国会の会期中に限り」が誤り。

12 国務大臣の訴追について同意することは、憲法上、内閣の権限又は事務とさ

第9章 内閣

2 内閣総理大臣　527

れている。

× (国般2018改題)「憲法上、内閣の権限又は事務とされている」が誤り。

13 国務大臣は、その在任中に、内閣の同意がなければ訴追されず、当該同意に基づかない逮捕、勾留は違法であり、当該訴追は無効となる。ただし、訴追の権利は害されないとされていることから、訴追に内閣の同意がない場合には公訴時効の進行は停止し、国務大臣を退職するとともに訴追が可能となると一般に解されている。

× (国般2015)「内閣の同意がなければ訴追されず」「訴追に内閣の同意がない場合には」が誤り。

14 法律及び政令には、すべて主任の国務大臣が署名し、内閣総理大臣が連署することを必要とする。

○ (裁2011)

15 法律及び政令には、その執行責任を明確にする趣旨から、憲法74条により、内閣総理大臣及びすべての国務大臣の署名が必要となるが、この署名は効力発生要件と解されており、署名を欠いた法律及び政令は、効力が生じないとするのが通説的見解である。

× (裁2006)「及びすべての国務大臣の」「この署名は効力発生要件と解されており、署名を欠いた法律及び政令は、効力が生じないとするのが通説的見解である」が誤り。

A 法律及び政令には、すべて主任の国務大臣が署名し、内閣総理大臣が連署することが必要とされている。この署名及び連署は、行政の執行責任を明確にするために行われるものであるから、国務大臣又は内閣総理大臣が、法律等の執行が不可能で責任を負えないと判断した場合には、これを拒否することも可能であると解されている。

× (労1999)「これを拒否することも可能であると解されている」が誤り。

国般★★★／国専★★★／裁判所★★★／特別区★★★／地上★★☆

内閣の権能と責任

本節では、内閣の権能と責任を扱います。行政権の主体として内閣は、多様な権能を行使します。

1 内閣の行政機関としての固有の権能

第73条【内閣の職務】
　内閣は、他の一般行政事務の外、左の事務を行ふ。
一　**法律を誠実に執行**し、**国務を総理**すること。
二　**外交関係**を処理すること。
三　**条約**を締結すること。但し、事前に、時宜によつては事後に、国会の承認を経ることを必要とする。
四　法律の定める基準に従ひ、**官吏**に関する事務を掌理すること。
五　**予算**を作成して国会に提出すること。
六　この憲法及び法律の規定を実施するために、**政令**を制定すること。但し、政令には、特にその法律の委任がある場合を除いては、罰則を設けることができない。
七　**大赦、特赦、減刑、刑の執行の免除及び復権**を決定すること。

1 ▶ 総説

意義　憲法73条は、内閣の行政機関としての固有の権能を列挙している。
趣旨　①明治憲法において天皇大権に属したものを日本国憲法では内閣に属すると明示するとともに、②内閣の権能のうち重要なものを例示したものである。

2 ▶ 法律の誠実な執行と国務の総理（73条1号）

意義　内閣には、**法律を誠実に執行**し、**国務を総理**する権能がある。
趣旨　法律の執行は、内閣の中心的な職務であり、たとえ内閣が賛成できない法律であっても、法律の目的にかなった執行を行うことを**義務付けるもの**である。
問題点❶　内閣は違憲の疑義があると判断した法律を執行する義務を負うか。
結論　国会で合憲として制定した以上、内閣はその判断に拘束され、後述するように**最高裁判所が違憲と判断しない限り**、**憲法上の疑義を理由に法律の**

3　内閣の権能と責任　529

執行を拒否することができないと解されている（通説）。 01

理由 内閣は法律を誠実に執行し、また、国務大臣は憲法を尊重し擁護する義務を負うが（99条）、法律の違憲性の判断については立法権を有する国会が内閣に優先する。

問題点❷ 内閣は最高裁判所が違憲と判断した法律を執行する義務を負うか。

結論 最高裁判所が法律を違憲と判断した場合、内閣は、その法律の執行義務を解除されると解されている（通説）。 02

理由 法律の違憲性を終審的に判断するのは最高裁判所である（81条）。

問題点❸ 🖉発展 「国務」を「総理する」とはどのような意味か。

結論 「国務」とは、行政事務のことであり、それを「総理する」とは、内閣が最高の行政機関として行政事務を統括し、行政各部を指揮監督することを意味すると解されている。

3 外交関係の処理（73条2号）

意義 内閣は、外交関係を処理する権能を有する 03 。ここでの「外交関係」とは、全権委任状及び大使及び公使の信任状の発行、批准書及び法律の定めるその他の外交文書の発行等、外交関係に関するすべての事務を含む。

趣旨 不断の地道な情報収集と分析に基づいた外交政策の定立、調節、実行が必要であることから内閣の事務としたものである。

4 条約の締結（73条3号）

意義 内閣は、条約を締結する権能を有するが、事前あるいは事後に国会の承認を経ることが必要となる。 03

趣旨 条約の締結も外交関係の処理に含まれるが、条約は国家の運命や国民の権利義務に影響するので、国会による民主的コントロールが必要と考え、別個に規定したものである。

5 官吏に関する事務（73条4号）

意義 内閣は、法律の定める基準に従い、官吏に関する事務を掌理する。これを受けて国家公務員法が制定され、人事行政の公正の確保等に関する事務をつかさどるために、内閣の所轄の下にいわゆる独立行政委員会である人事院が設置されている。 04

趣旨 行政権の活動に多くの公務員が必要であることから、行政権を担当する内閣が公務員の任免権、人事権を当然に有することを確認したものである。

問題点 「官吏」とは誰を指すか。

結論 行政部の国家公務員を指すので、国会や裁判所の公務員(国会議員、国会職員、裁判官、裁判所職員など)は含まれず、憲法93条にいう「地方公共団体の長、その議会の議員及び法律の定めるその他の吏員」も含まれない。 05

公務員の方が「官吏」より範囲が広い

理由 「官吏」とは一般的には公務員のことをいうが、権力分立(41条、65条、76条1項)の観点から解釈する必要がある。「吏員」とは、地方公務員のことをいい、官吏には含まれない。 06

6 予算の作成・提出(73条5号)

意義 内閣は、予算を作成して国会に提出する権能を有する。 07

　　　もっとも、国会の議決がなければ予算は成立しない(83条)(第8章 **8** 節 **1** 項「予算」参照)。その場合の国会の議決については、衆議院の先議権と議決の効力の優越が認められている(60条)(第8章 **3** 節 **2** 項「衆議院の優越」参照)。

趣旨 予算はすべての国家機関の活動ないし国の政策遂行の原資であり、その作成には専門的・技術的な判断能力が求められることから、内閣に予算の作成・提出権を与えたものである。

7 政令の制定(73条6号本文)

意義 内閣は、憲法及び法律の規定を実施するために、政令を制定する権能を有する。

趣旨 専門技術的な事柄に関する立法の必要性があることから、政令制定権を与えたものである。

問題点❶ 〘発展〙憲法を直接実施するために政令を制定することができるか。

結論 制定することはできない(通説)。

理由 ① 憲法を直接実施するのは法律制定権を有する国会なので、内閣が法律を飛び越えて直接憲法を具体化してはならない。

　　② 「『憲法及び法律』の規定を実施」と一体的に捉えるべきであり、「憲法の規定を実施」「法律の規定を実施」と分離して捉えるべきではない。

問題点❷ 政令※を制定する際には、どの程度の委任を必要とするか(政令制定権の限界、法律による委任を要する点については第8章 **2** 節 **4** 項「唯一の立法機関」を参照)。※詳細は、行政法で学習する。

結論 執行命令は抽象的な委任(一般的な授権)で足りるが、委任命令は個別的・具体的な委任が必要となる。 08

理由 特に委任命令の場合、白紙委任では国会が「唯一の立法機関」(41条)であること、特に国会中心立法の原則に反することから、委任の範囲の限定が

3 内閣の権能と責任 531

必要となる。

【制定する内容に応じた命令の分類】

命令	・行政機関が制定する法規 ・内閣が定める政令、各省大臣が定める省令などがある
執行命令	・法律を執行するための細目的事項について制定する
委任命令	・法律の委任を受けた事項について制定する ・制定する内容は国民の権利義務に関わる事項である

8 政令に罰則を設けること（73条6号但書）

意義 内閣が制定することができる政令には、特に法律の委任がある場合を除いては、罰則を設けることができない。 09 設けることができるのは側則 法律

趣旨 罰則という直接国民の自由を制限し義務を課す問題を、直接国民を代表していない機関に対して白紙委任をすることはできないことから、特に法律の委任を必要としたものである。

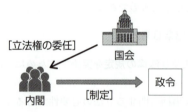

【政令：法律の委任】

9 恩赦の決定（73条7号） 発展

意義 恩赦は伝統的に君主の権能とされてきたが、憲法はこれらを内閣の権能とした。

趣旨 栄典の授与が内閣の権能として明示されていないのは、憲法が国事行為として天皇が授与するものとしているからである（7条7号）。これに対して、恩赦は天皇の国事行為として認証するのみであることから（7条6号）、その決定を内閣の権能として明示したものである。 A

問題点 内閣は、訴訟法上の手続により、公訴権や有罪宣告（有罪言渡し）の効力を消滅させることができるか。

結論 公訴権や有罪宣告の効力を訴訟法上の手続によって消滅させることはできない。 B

理由 憲法73条7号は、内閣の権能として「大赦、特赦、減刑、刑の執行の免

除及び復権を決定すること」を認めているにすぎない。

〈語句〉●恩赦とは、訴訟法上の正規の手続によらないで、公訴権を消滅させ、又は刑罰権の全部若しくは一部を消滅させる作用のことである。大赦、特赦、減刑、刑の執行の免除及び復権の5種類がある。恩赦法に規定がある。

2 他の機関との関係における内閣の権能

1 天皇の国事行為に対する助言と承認（3条、7条）

天皇は国政に関する権能を有しないとされている（4条1項）ので、天皇が行う国事行為については、内閣が「助言と承認」（3条、7条）という形で**実質的にコントロール**し、それゆえその結果についても責任を負う（3条）とするものである。

2 国会との関係

① 臨時会召集の決定（53条）

内閣は、国会の臨時会の召集を**決定**することができる。なお、召集するのは天皇である（7条2号）。

② 衆議院の解散の決定（7条3号、69条）

衆議院の実質的な解散権は、**内閣**にあると解されている。その根拠を憲法7条3号に求めるのが通説である。

③ 参議院の緊急集会の要求（54条2項）

内閣は、衆議院の解散中、緊急の必要があるときには、**参議院の緊急集会**を求めることができる。

3 裁判所との関係

① 最高裁判所長官の指名権（6条2項）

内閣は、最高裁判所長官の**指名権**を有する。なお、最高裁判所長官を**任命**するのは**天皇**である。

② 最高裁判所の長官以外の任命権（79条1項、80条1項）

内閣は、最高裁判所長官以外の最高裁判所裁判官、及び下級裁判所の裁判官の**任命権**を有する。

3 内閣の権能と責任 **533**

3 内閣の意思決定（閣議）

1 意思決定方式

意義 　内閣は行政権の中枢として広範な行政権を行使するが、その意思決定を行うのは**閣議**による（内閣法4条1項）。閣議は憲法上の制度ではなく、**内閣法によって規定**されている。

問題点 　閣議ではいかなる方式で意思決定をするのか。

結論 　内閣の定足数や表決等の議事に関しては、**憲法にも内閣法にも規定がない**ため、多くは明治憲法時代からの**慣例**による。**議決方式は全員一致**が要求され、閣議の内容について高度の秘密が要求されることになり、閣議と異なる意見をもつ大臣はそれを外に向かって発表することは許されず、これに反する場合、または閣議決定において反対する国務大臣がいた場合、当該国務大臣は辞職するほかない。 [10]

→ ×多数決で決定・憲法に規定あり・内閣法に規定あり

2 閣議に関係する重要な内閣法の規定 /発展

① 閣議の主宰

意義 　閣議は、**内閣総理大臣がこれを主宰**する。この場合において、内閣総理大臣は、内閣の重要政策に関する基本的な方針その他の**案件を発議**することができる（内閣法4条2項）。 [C]

② 閣議の要求権

意義 　各大臣は、**案件の如何を問わず**、内閣総理大臣に提出して、閣議を求めることができる（内閣法4条3項） [C] 。したがって、国務大臣のうち主任の大臣に任命された者は、各省の大臣として行政事務を分担管理しているが、閣議への議案提出はその**分担管理する行政事務の範囲に限られない**。 [D]

③ 裁定権

意義 　主任の大臣の間における権限についての疑義は、内閣総理大臣が、**閣議にかけて、これを裁定**する（内閣法7条）。 [E]

　例えば、社会保障関係について、財務大臣と厚生労働大臣が自ら権限として争いとなった場合に、内閣総理大臣が、閣議にかけて裁定する。

④ 中止権

意義 　内閣総理大臣は、行政各部の処分又は命令を中止せしめ、内閣の処置を待つことができる(内閣法8条)。 F

4 憲法上の内閣の責任

1 国会に対する連帯責任

第66条【国会に対する連帯責任】
③ 　内閣は、行政権の行使について、国会に対し連帯して責任を負ふ。

意義 　本条は、内閣が、**行政権の行使**について、国会に対して **連帯責任** を負う旨を規定し、**内閣の責任についての一般原則**を示している。

趣旨 　 **発展** 明治憲法下では、天皇に対して **国務各大臣が単独で負う** ものとされており(明治憲法55条1項)、民主的責任政治の実現は困難であったことから規定されたものである。 G

問題点❶ 　 **発展** 国会に対する連帯責任にはどのような法的性格があるか。

結論 　責任の原因や責任の内容を憲法上明らかにしていないことから、国会に対する **政治的責任** と解されている。したがって、その責任追及の原因は内閣の違法な行為に限られない。 H

問題点❷ 　国会に対する連帯責任の具体的な相手方は誰か。

結論 　「国会」に対し責任を負うとされているが、**各議院が個別的に内閣に対して責任を追及することを排除する趣旨ではない。**しかし、各議院の責任追及は性質が異なる。例えば、内閣不信任決議案は、衆議院と参議院のいずれも提出することができる(参議院では、内閣総理大臣の問責決議案)。しかし、衆議院での決議は憲法69条が適用され、**衆議院の解散か内閣総辞職かの二者択一を内閣に迫るもの**であるのに対し、参議院での決議は憲法69条の適用がなく、内閣の **政治的責任** を追及する問責決議となる。 11

問題点❸ 　「内閣が連帯して」責任を負うとは、どのような意味か。

結論 　① 　内閣は自発的に総辞職をすることが可能である。 12

　　② 　憲法上、特定の国務大臣がその所管する事項に関して **単独で責任を負うことも否定されない**ので、特定の国務大臣が **自発的に辞職** することも可能である。

　　③ 　憲法上、**各国務大臣の単独の責任を追及することも妨げられず**、各議院で特定の国務大臣の不信任決議をすることが可能である。ただし、

3　内閣の権能と責任 　535

不信任決議は政治的責任の追及にとどまり、当該国務大臣が**辞職**する必要はない。`13` `14`

2 天皇の国事行為についての助言と承認についての責任

第3条【天皇の国事行為に対する内閣の助言と承認】
　天皇の国事に関するすべての行為には、内閣の助言と承認を必要とし、内閣が、その責任を負ふ。

意義　本条は、天皇の**国事行為**については、内閣の助言と承認を必要とし、内閣がその責任を負うものとした。

問題点　🖉**発展**　内閣の「責任」とは何か。

結論　天皇の国事行為について助言と承認を行うことについての**内閣の自己責任**である。この責任が法的な責任ではなく、**政治的責任**を意味することは前の `1` と同じである。`I`

❺ 内閣の総辞職

第69条【内閣不信任決議の効果】
　内閣は、衆議院で不信任の決議案を可決し、又は信任の決議案を否決したときは、10日以内に衆議院が解散されない限り、**総辞職**をしなければならない。

第70条【内閣総理大臣の欠缺・新国会の召集と内閣の総辞職】
　内閣総理大臣が欠けたとき、又は衆議院議員総選挙の後に初めて国会の召集があつたときは、内閣は、**総辞職**をしなければならない。

意義　内閣の**総辞職**とは、内閣の全ての構成員が同時に辞職することである。

1 総辞職ができる場合

　内閣は、その存続が適当でないと考えるときは、いつでも自発的に総辞職をすることができる。`12`

2 総辞職をしなければならない場合

　憲法では、内閣が総辞職をしなければならない場合として、次の3つを規定している。

【内閣が総辞職をしなければならない場合】
① 衆議院の内閣不信任決議案が可決され、又は内閣信任決議案が否決された場合において、10日以内に衆議院が解散されないとき（69条） 15 16
② 内閣総理大臣が欠けたとき（70条前段） 16 17
③ 衆議院議員総選挙の後に初めて国会の召集があったとき（70条後段） 17

①「内閣総理大臣が欠けた」の意味

問題点 憲法70条前段の「内閣総理大臣が欠けた」には、どのような場合が含まれるか。

結論 ①死亡、②失踪、③亡命、④辞職、⑤国会議員の地位を失った場合（被選挙権の喪失、除名、資格争訟の裁判による失職など）が含まれる。 18 19

これに対して、**病気や生死不明の場合**は、内閣総理大臣に事故のあるとき（内閣法9条参照）なので**含まれない**。

発展 なお、総辞職の効果が発生するのは、①〜⑤に該当する事由が発生した時である。 J

②「衆議院議員総選挙」の意味

問題点 憲法70条後段の「衆議院議員総選挙」は、衆議院の解散による総選挙に限られるか。

結論 衆議院の解散による総選挙に加え、衆議院議員の任期満了による総選挙が含まれる。そして、総選挙後に国会が**召集された日**に総辞職をしなければならない。 17

【内閣の総辞職】

衆議院議員総選挙後の		参議院議員通常選挙後の臨時会
臨時会	特別会	
総辞職が必要		総辞職は不要

③ 総辞職すべき事由が重複した場合 *発展*

衆議院議員総選挙後の新国会召集時に総辞職を予定されている内閣において、内閣総理大臣が欠けたとき（総辞職すべき事由が重複した場合）には、総辞職をいつするのかが問題となる。新しい国会の召集時に総辞職となるという見解も存在するが、1980年の衆議院解散による総選挙期間中に内閣総理大臣が急死した際には、内閣は総理大臣が死亡した時点で総辞職をした。これが先例である。 K

3 内閣の権能と責任 537

3 総辞職後の内閣

第71条【総辞職後の内閣】
　前２条の場合には、内閣は、あらたに内閣総理大臣が任命されるまで引き続きその職務を行ふ。

意義　本条は、総辞職をした内閣は、新たに内閣総理大臣が任命されるまで引き続き職務を行うことにした。[20]

趣旨　行政事務の空白期間が生じないようにするためである。

重要事項 一問一答

01 内閣は違憲の疑義があると判断した法律の執行義務を負うか？

負う（法律の執行を拒否することはできない）。

02 内閣は最高裁判所が違憲と判断した法律の執行義務を負うか？

負わない（法律の執行義務を解除される）。

03 内閣は地方公務員に関する事務を掌理するか？

掌理しない（地方公務員は内閣が事務を掌理する「官吏」に該当しない）。

04 予算の作成・提出権は誰にあるか？

内閣にある。

05 内閣が政令として委任命令を制定する際に法律の委任は必要か？

法律の個別的具体的な委任を必要とする。

06 大赦や特赦の決定は誰が行うのか？

内閣が行う（天皇はこれを認証する）。

07 閣議による内閣の意思決定は多数決によるか？

全会一致によるのが慣例である。

08 内閣の国会に対する連帯責任の法的性格は？

政治的責任である。

09 特定の国務大臣に対して各議院が不信任決議をすることは可能か？

可能である（ただし、当該国務大臣は辞任する必要はない）。

10 衆議院で内閣不信任決議案が可決された場合、内閣は必ず総辞職しなければならないか？

10日以内に衆議院が解散されない場合に、総辞職をしなければならない。

11 内閣総理大臣が死亡した場合は必ず総辞職しなければならないか？

「内閣総理大臣が欠けたとき」に該当するので、必ず総辞職しなければならない。

12 衆議院議員の任期満了による総選挙後に国会が召集された場合、内閣は必ず総辞職しなければならないか?

必ず総辞職しなければならない。

13 総辞職をした内閣は、職務を継続する義務を負うか。

新たに内閣総理大臣が任命されるまで、引き続き職務を行う義務を負う。

過去問チェック

01 内閣は、法律を誠実に執行し、また、憲法を尊重し擁護すべき義務を負っていることから、最高裁判所が違憲と判断しなくとも、憲法上の疑義を理由に法律の執行を拒否することができると一般に解されている。

×(国般2015)「最高裁判所が違憲と判断しなくとも、憲法上の疑義を理由に法律の執行を拒否することができると一般に解されている」が誤り。

02 国会が合憲として制定したある法律について、最高裁判所が憲法に違反すると判決した場合でも、判決の効力としてその法律は当然に効力を失うと考えるか否かにかかわらず、国会がその法律について改廃の手続をとるまでは、内閣はその法律を執行しなければならない。

×(税2012改題)「国会がその法律について改廃の手続をとるまでは、内閣はその法律を執行しなければならない」が誤り。

03 内閣の行う事務としては、他の一般行政事務のほか、外交関係を処理すること、条約を締結すること等がある。ただし、条約の締結に当たっては、事前に、場合によっては事後に、国会の承認を経ることが必要である。

○(労2008)

04 人事行政の公正の確保等に関する事務をつかさどるために、内閣の所轄の下にいわゆる独立行政委員会である人事院が設置されている。

○(税2012改題)

05 内閣は、法律に定める基準に従い、官吏に関する事務を掌理する。この権限については、権力分立構造における相互のけん制のために、内閣に国会及び裁判所の公務員に関する事務の掌理をも認めたものと解するのが通説である。

×(税1998)「内閣に国会及び裁判所の公務員に関する事務の掌理をも認めたものと解するのが通説である」が誤り。

3 内閣の権能と責任 539

06 「官吏」には、憲法第93条で規定する「吏員」は含まれない。

○（税2012改題）

07 内閣及び国会議員は予算提出権を有する。

×（裁2013）「及び国会議員」が誤り。

08 内閣は法律を執行するために必要な細則である執行命令のみならず、法律の個別的・具体的な委任に基づく委任命令も制定することができる。

○（税2012改題）

09 極めて高度に専門的・技術的な分野及び事情の変化に即応して機敏に適応することを要する分野に関しては、法律の委任がなくとも、内閣は、政令で罰則を定めることができる。

×（税2012改題）「法律の委任がなくとも」が誤り。

10 内閣は国会に対し連帯責任を負うため、内閣を組織する国務大臣は一体となって行動しなければならず、ゆえに、日本国憲法上、閣議の決定は全員一致によらなければならないと明文で定められている。したがって、閣議と異なる意見を持つ大臣は、それを外に向かって発表することは許されず、辞職すべきである。

×（裁2007）「日本国憲法上、閣議の決定は全員一致によらなければならないと明文で定められている」が誤り。

11 内閣は、国会に対し責任を負うとされているが、各議院が個別的に内閣に対して責任を追及することを排除する趣旨ではなく、例えば、内閣に対して、総辞職か議院の解散かの二者択一を迫る決議案は、衆議院及び参議院のいずれにおいても提出することができる。

×（国般2015）「及び参議院のいずれ」が誤り。

12 内閣は、自発的に総辞職することは許されないが、衆議院で不信任の決議案を可決し、又は信任の決議案を否決し、10日以内に衆議院が解散されない場合、必ず総辞職しなければならない。

×（税2015改題）「自発的に総辞職することは許されないが」が誤り。

13 内閣が国会に対し連帯して責任を負うだけでなく、特定の国務大臣がその所管する事項に関して単独の責任を負うことも否定されていないが、個別の国務大臣

に対する不信任決議は、参議院はもとより、衆議院においても行うことができない。

× (税2018)「参議院はもとより、衆議院においても行うことができない」が誤り。

[14] 内閣は国会に対し連帯して責任を負うものとされているが、衆議院又は参議院が、個別の国務大臣に対し、その所管事項又は個人的理由に関して責任を問うために不信任決議を行うことまで否定するものではなく、かかる決議が可決された場合には、当該国務大臣は辞職しなければならない。

× (税2001)「かかる決議が可決された場合には、当該国務大臣は辞職しなければならない」が誤り。

[15] 内閣は、衆議院が内閣不信任の決議案を可決した場合、10日以内に衆議院が解散されない限り、総辞職をしなければならないが、衆議院が内閣信任の決議案を否決した場合については、この限りでない。

× (財2020)「この限りでない」が誤り。

[16] 内閣は、衆議院で不信任の決議案を可決し、又は信任の決議案を否決したときは、10日以内に衆議院が解散されない限り、総辞職しなければならない。また、たとえ内閣総理大臣が欠けたとしても必ずしも総辞職する必要はない。

× (労2008)「たとえ内閣総理大臣が欠けたとしても必ずしも総辞職する必要はない」が誤り。

[17] 内閣総理大臣が欠けたときや、衆議院議員総選挙又は参議院議員通常選挙の後に初めて国会の召集があったときは、内閣は、総辞職しなければならない。

× (財2017)「又は参議院議員通常選挙」が誤り。

[18] 憲法は、内閣総理大臣が欠けたときは、内閣は総辞職をしなければならないと定めているが、ここにいう「欠けた」には、死亡した場合のほか、除名や資格争訟の裁判などによって内閣総理大臣が国会議員たる地位を失った場合も含まれる。

○ (税2013)

[19] 憲法70条は、内閣総理大臣が欠けたときは内閣は総辞職しなければならないと規定しているところ、「内閣総理大臣が欠けたとき」とは、死亡、失踪、亡命などがこれに含まれるが、国会議員の地位を失った場合は含まれない。

× (裁2013)「国会議員の地位を失った場合は含まれない」が誤り。

[20] 内閣は、内閣総理大臣が欠けたとき、又は衆議院議員総選挙の後に初めて国

会の召集があったときは、総辞職をしなければならず、あらたに内閣総理大臣が任命されるまで引き続きその職務を行うことは許されない。

×（区2018）「あらたに内閣総理大臣が任命されるまで引き続きその職務を行うことは許されない」が誤り。

A　内閣総理大臣は、恩赦を決定し、天皇がこれを認証する。

×（国般2013）「内閣総理大臣は」が誤り。

B　内閣は、大赦、特赦、減刑、刑の執行の免除及び復権を決定し、訴訟法上の手続によって、公訴権や有罪宣告の効力を消滅させたり、減刑もしくは刑の執行を免除したりすることができる。

×（区2009）「訴訟法上の手続によって、公訴権や有罪宣告の効力を消滅させたり、減刑もしくは刑の執行を免除したりすることができる」が誤り。

C　各大臣は、案件を内閣総理大臣に提出して、閣議を求めることができる。他方、内閣総理大臣は、閣議を主宰するが、自ら案件を発議することはできない。

×（国般2013）「自ら案件を発議することはできない」が誤り。

D　国務大臣のうち主任の大臣に任命された者は、各省の大臣として行政事務を分担管理するから、閣議への議案提出はその分担管理する行政事務の範囲に限られる。

×（国般2005）「閣議への議案提出はその分担管理する行政事務の範囲に限られる」が誤り。

E　主任の大臣の間における権限について疑義があり、内閣総理大臣がこれを裁定する場合、閣議にかけることが必要である。

○（国般2013）

F　内閣総理大臣は、行政各部の処分又は命令を中止させることはできない。

×（国般2005改題）全体が誤り。

G　日本国憲法では、行政権の行使について、内閣が国会に対し連帯して責任を負うこととなっているが、大日本帝国憲法では、国務各大臣が天皇に対し連帯して責任を負うこととなっていた。

×（裁2007）「国務各大臣が天皇に対し連帯して責任を負うこととなっていた」が誤り。

H 責任原因が違法な行為に限定され、かつ責任内容が法定されているものを法的責任といい、それ以外の責任を政治的責任というとすると、日本国憲法上、内閣が国会に対して負う責任は、法的責任ではなく政治的責任ということになる。

○（裁2007）

I 日本国憲法では、天皇の国事行為に関して、内閣は責任を負うこととなっているが、この責任は天皇の国事行為について天皇に代わって負う責任である。

×（裁2007）「天皇に代わって負う責任である」が誤り。

J 内閣は、内閣総理大臣が死亡した場合や除名又は資格争訟の裁判により国会議員の地位を失った場合には、総辞職をしなければならない。この総辞職の効果が生ずるのは、内閣法によると、内閣総理大臣の臨時代理が主宰する臨時閣議において総辞職の決定がなされた後である。

×（労1999）「内閣法によると、内閣総理大臣の臨時代理が主宰する臨時閣議において総辞職の決定がなされた後である」が誤り。

K 衆議院の解散又は衆議院議員の任期満了のときから、衆議院議員総選挙を経て初めて国会が召集されるまでの期間において内閣総理大臣が欠けた場合、内閣は、衆議院議員総選挙の後に初めて国会の召集があったときではなく、直ちに総辞職するのが先例である。

○（国般2015）

3　内閣の権能と責任　543

国般★★★／国専★★★／裁判所★★★／特別区★★★／地上★★★

4 独立行政委員会

本節では、独立行政委員会を扱います。独立行政委員会は、あくまでも法律上の機関であって、憲法上の根拠をもっていません。

1 独立行政委員会の意義

第65条【行政権】
　行政権は、内閣に属する。

意義　独立行政委員会とは、特定の行政作用につき内閣から独立して職権を行使する合議制の行政機関である。人事院、公正取引委員会、国家公安委員会などがこれにあたる。

趣旨　行政作用の中には、高度の政治的中立性や専門的・技術的能力が要求されるものがあり、このような行政作用においては、内閣から独立した国家機関がその任務にあたることが望ましいことから、法律上制定された。

【独立行政委員会にあたる行政機関】

人事院	国家公務員の人事の中立公正を確保するため、内閣に属するが、独立してその職権を行使する行政機関である
公正取引委員会	日本経済における公正かつ自由な競争を促進するため、内閣府の外局として設置され、独立してその職権を行使する行政機関である
国家公安委員会	都道府県単位の警察組織を統括する国の機関である警察庁を民主的に管理し、警察行政の政治的中立性を確保するため、内閣府の外局として設置され、独立してその職権を行使する行政機関である

2 独立行政委員会の合憲性 発展

1 憲法65条との関係（内閣との関係）

問題点　人事院や公正取引委員会などは、行政の政治的中立性を実現する必要から、内閣が人事権と予算権を有する程度の監督権（所轄）しかないので、

544　第9章　統治Ⅱ

これらの独立行政委員会が憲法65条に反しないか。

《A説》

憲法65条は**一定の例外**（内閣のコントロール下にない行政機関）**を認めている**から合憲である（65条例外説）（通説）。 A

理由　① 特に政治的中立性が必要とされる行政作用については、政治的な影響を受ける内閣のコントロールの下に置くべきではない。

② 権力分立において行政権を内閣に与えるのは民主的責任行政の確保にあるから、内閣のコントロールが及ばなくても**最終的に国会による直接のコントロールが及ぶのであれば**、民主的責任行政の原理と矛盾せず、例外的に行政作用を他の機関に委ねても問題ない。 B

③ 憲法65条には「唯一」「すべて」など、行政権の帰属を内閣に限定する文言がない。 A

《B説》

独立行政委員会は**内閣のコントロール下にある**から合憲である（65条適合説）。

理由　内閣は、独立行政委員会の委員の任命権と、予算の編成権を掌握している。

批判　裁判所も、内閣に裁判官の任命と予算編成を委ねているので、内閣のコントロール下にあると扱われかねない。

2 ▶ 憲法41条との関係（国会との関係）

問題点　独立行政委員会が準立法作用（規則の制定など）を行うことが、国会が「唯一の立法機関」（41条）であることに反しないか。　*人事院規則*

結論　法律の委任に基づいて立法を行うこと（**委任立法**）は可能である。

理由　特に専門的・技術的能力が要求される事項について、委任立法を認める必要性がある。

3 ▶ 憲法76条１項との関係（裁判所との関係）

問題点　独立行政委員会が準司法作用（裁決、審決など）を行うことが、「すべて司法権」が裁判所に属すること（76条１項）に反しないか。

結論　前審として準司法作用を行うことは可能である。

理由　行政機関が終審として裁判を行うことを禁止しているので（76条２項後段）、その**反対解釈**により、前審としてならば行政機関による裁判が許される（裁判所法３条２項）。　*裁判所にゆだねられているのは合憲*

4　独立行政委員会　545

重要事項 一問一答

01 独立行政委員会とは？

特定の行政作用につき内閣から独立して職権を行使する合議制の行政機関のことである。

過去問チェック

A 「行政権は、内閣に属する」と規定する憲法65条はすべての実質的行政を内閣に帰属させることを要求するものではないとする立場に立てば、独立行政委員会は同条に反しないと説明することが可能である。

○（裁2009）

B 内閣は行政全般に直接の指揮監督権を有しているため、内閣の指揮監督から独立している機関が行政作用を担当することは、その機関に国会のコントロールが直接に及ぶとしても、憲法第65条に違反すると一般に解されている。

×（税2020）「憲法第65条に違反すると一般に解されている」が誤り。

過去問 Exercise

問題1　内閣の職務に関するア～オの記述について、関連する①と②の記述がある。このうち、①は正しいが②は誤っているもののみを全て挙げているのはどれか。

労基・財務・国税2012［H24］

ア　法律を誠実に執行し、国務を総理すること。

① 国会が合憲として制定したある法律について、最高裁判所が憲法に違反すると判決した場合でも、判決の効力としてその法律は当然に効力を失うと考えるか否かにかかわらず、国会がその法律について改廃の手続をとるまでは、内閣はその法律を執行しなければならない。

② 国会が合憲として制定したある法律について、内閣が憲法に違反すると判断した場合でも、内閣は、その法律を執行しなければならず、その法律を廃止する議案を国会に提出することはできない。

イ　予算を作成して国会に提出し、その議決に基づいて予算を執行すること。

① 予見し難い予算の不足に充てるため、国会の議決に基づいて予備費を設け、内閣の責任で支出することができる。この場合、内閣は、すべて予備費の支出について、事後に国会の承諾を得なければならない。

② 予算によって立てられた国の収入支出の計画が適正に実施されたかについては、毎年、会計検査院が検査し、会計検査院は、その検査報告を決算として、翌年度の国会に提出する。

ウ　条約を締結すること。

① 内閣の条約締結行為は内閣が任命した全権委員が条約に署名調印し、国会が批准することによって完了する。

② 条約の締結については、事前に、時宜によっては事後に、国会の承認を経ることが必要である。

エ　法律の定める基準に従って、官吏に関する事務を掌理すること。

① 「官吏」には、憲法第93条で規定する「吏員」は含まれない。

② 人事行政の公正の確保等に関する事務をつかさどるために、内閣の所轄の下

にいわゆる独立行政委員会である人事院が設置されている。

オ　政令を制定すること。

① 内閣は法律を執行するために必要な細則である執行命令のみならず、法律の個別的・具体的な委任に基づく委任命令も制定することができる。

② 極めて高度に専門的・技術的な分野及び事情の変化に即応して機敏に適応することを要する分野に関しては、法律の委任がなくとも、内閣は、政令で罰則を定めることができる。

1　ア、ウ

2　ア、エ

3　イ、エ

4　イ、オ

5　ウ、オ

解説

正解 ④

ア ✕ ①は誤っていて②も誤っている。

① 「内閣はその法律を執行しなければならない」という部分が妥当でない。最高裁判所の法令違憲判決の効力については、議会による廃止の手続なくして客観的に無効となるとする一般的無効説、当該事件に限って適用が排除されるとする個別的効力説などがある。一般的無効説によれば、法律は廃止されたのと同一だと考えるので、内閣は法律の執行義務を免れる。個別的効力説からも、裁判所の法令違憲判決を尊重し、内閣は当該法律の執行を差し控えるべきと解されている。

② 「その法律を廃止する議案を国会に提出することはできない」という部分が妥当でない。法律を誠実に執行する義務を負う内閣には法律の違憲審査を行う権限はないと解されている。しかし、その法律を廃止する議案を国会に提出することはできる(内閣法5条)。

イ ◯ ①は正しいが②は誤っている。

① 条文により妥当である。憲法87条1項、2項のとおりである。

② 「会計検査院は、その検査報告を決算として、翌年度の国会に提出する」という部分が妥当でない。国の収入支出の決算は、すべて毎年会計検査院がこれを検査する(90条1項)。そして、内閣は、次の年度に検査報告とともに、これを国会に提出しなければならない(同条項)。

ウ ✕ ①は誤っているが②は正しい。

① 「国会が批准することによって完了する」という部分が妥当でない。内閣の条約締結行為は、内閣が外国と交渉し、その任命する全権委員が署名・調印し、内閣が批准(国家として条約を締結する旨の意思を最終的に確認する行為)することによって完了する。批准を留保せず、調印によって内閣の条約締結行為が完了することもある。

② 条文により妥当である。憲法73条3号但書のとおりである。

エ ✕ ①は正しく②も正しい。

① 通説により妥当である。憲法73条4号の官吏に関する掌理については、指揮監督権のみを指すのか、任命権も含めて解するのかについて争いがある。地

方公共団体の住民が直接選挙することが認められる「吏員」(93条)には、内閣の任免権は及ばないので、官吏(73条4号)には吏員(93条)は含まれないと解される。

② 条文により妥当である。国家公務員法3条2項のとおりである。

オ ○ ①は正しいが②は誤っている。

① 通説により妥当である。内閣はこの憲法及び法律の規定を実施するために政令を制定することができる(73条6号本文)。実施するためとは、法律の存在を前提とするということであり、議会を通さない緊急命令や独立命令は認められない。同条によって認められるのは、法律の執行に必要な細則を定める執行命令と、法律の個別的・具体的な委任に基づく委任命令である。

② 「法律の委任がなくとも、内閣は、政令で罰則を定めることができる」という部分が妥当でない。政令には、特にその法律の委任がある場合を除いては、罰則を設けることができない(73条6号但書)。罰則という直接国民に義務を課す問題であることに鑑み、その委任の程度は、個別的・具体的な委任でなければならないと解されている。

　以上より、①は正しいが②は誤っているものは**イ**、**オ**であり、正解は **4** となる。

| 問題2 | 内閣総理大臣に関する次のア〜オの記述のうち、適当なもののみをすべて挙げているのはどれか。 |

裁判所2011［H23］

ア 内閣総理大臣は、衆議院議員の中から、国会の議決で、これを指名する。

イ 内閣総理大臣は、国務大臣を任命する。ただし、その過半数は、国会議員の中から選ばれなければならない。

ウ 内閣総理大臣は、やむを得ない事由があるときに限り、国務大臣を罷免することができる。

エ 法律及び政令には、すべて主任の国務大臣が署名し、内閣総理大臣が連署することを必要とする。

オ 衆議院の解散の実質的決定権の所在に関する憲法上の明文規定は存在しないが、憲法7条3号により、天皇の国事行為に対して助言と承認を行う内閣総理大臣に解散の実質的決定権が存するという慣行がある。

1 ア、ウ

2 ア、エ

3 イ、エ

4 イ、オ

5 ウ、オ

第9章

内閣

過去問Exercise　551

解説

正解 **3**

ア ✕ 「衆議院議員の中から」という部分が適当でない。憲法67条1項前段は、内閣総理大臣は、国会議員の中から国会の議決で、これを指名すると定めているので、内閣総理大臣は参議院議員の中から指名することもできる。

イ 〇 条文により適当である。憲法68条1項が、内閣総理大臣は、国務大臣を任命する。但し、その過半数は、国会議員の中から選ばれなければならないと定めている通りである。

ウ ✕ 「やむを得ない事由があるときに限り」という部分が適当でない。憲法68条2項は、内閣総理大臣は、任意に国務大臣を罷免することができると定めているので、内閣総理大臣は、やむを得ない事由の有無を問わず、自由に国務大臣を罷免することができる。

エ 〇 条文により適当である。憲法74条が、法律及び政令には、すべて主任の国務大臣が署名し、内閣総理大臣が連署することを必要とすると定めている通りである。

オ ✕ 「天皇の国事行為に対して助言と承認を行う内閣総理大臣に解散の実質的決定権が存するという慣行がある」という部分が適当でない。衆議院の解散の実質的決定権の所在に関しては、憲法上明文規定がないので学説の対立があるが、衆議院の解散に関する現在の慣行は、憲法7条3号により、内閣に実質的解散権があるとするものである。

以上より、適当なものは**イ**、**エ**であり、正解は **3** となる。

552　第9章　統治Ⅱ

第 10 章

統治Ⅲ— 裁判所

　本章では、司法権と裁判所について学習します。違憲審査権(81条)を有している裁判所は「人権保障の最後の砦」と呼ばれています。司法権は判例を中心に、裁判所は条文を中心に学習しましょう。

●裁判所─┬─司法権　　　　　　　　1節
　　　　　├─司法権の独立・裁判所①　2節
　　　　　├─裁判所②　　　　　　　3節
　　　　　└─違憲審査権　　　　　　4節

国般★★★／国専★★★／裁判所★★★／特別区★★★／地上★☆☆

1 司法権

本節では、司法権の意義・範囲・限界を扱います。判例の出題が中心となる分野です。

1 司法権の意義 （法律上の争訟）　　　解釈

　司法権とは、具体的な争訟が生じているときに、法を適用（宣言）することによって、これを解決（裁定）する国家作用であると定義されており、司法権の意義の中核をなしているのが法律上の争訟である。

〈語句〉●争訟とは、当事者間の具体的な法律上の紛争のことをいう。

2 司法権の範囲

> **第76条【司法権の帰属、特別裁判所の禁止、行政機関の終審裁判の禁止】**
> ①　すべて司法権は、最高裁判所及び法律の定めるところにより設置する下級裁判所に属する。
> ②　特別裁判所は、これを設置することができない。行政機関は、終審として裁判を行ふことができない。

　明治憲法では、民事・刑事の裁判のみを司法権の範囲として通常裁判所に帰属させ、行政裁判は通常裁判所とは別系統の行政裁判所に帰属させていた。この行政裁判所のように、通常裁判所の系列に属しない裁判所のことを特別裁判所という。

　しかし、日本国憲法では、特別裁判所の設置を禁止する（76条2項前段）とともに、行政機関による終審裁判を禁止している（76条2項後段）ことから、民事・刑事・行政の全ての裁判を司法権の範囲に含め、最高裁判所を頂点とする通常裁判所に帰属させている。

554　第10章　統治Ⅲ

【司法権の範囲】

明治憲法	民事裁判・刑事裁判	行政裁判所が別であった ※大陸法
日本国憲法	民事裁判・刑事裁判・行政裁判	※英米法

民事裁判	私法上の権利義務に関する争いに関する裁判 (例) BがAを被告として損害賠償請求訴訟を提起し、裁判所がこれを認めるかどうかを判断する
刑事裁判	刑事法を適用して刑罰を科する裁判 (例) 検察官がAを過失運転致傷の罪で起訴し、裁判所がAの有罪又は無罪を判断する
行政裁判	行政処分(課税処分等)によって違法に権利・利益を害された者と行政機関との間の公法上の権利義務に関する争いについての裁判 (例) Aが免許取消処分の取消訴訟を提起し、裁判所が免許取消処分の取消しを認めるかどうかを判断する

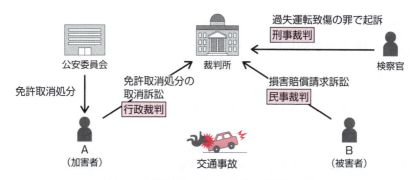

【1つの交通事故から3つの裁判に発展する図】

3 法律上の争訟

裁判所法第3条【裁判所の権限】
① 裁判所は、日本国憲法に特別の定のある場合を除いて**一切の法律上の争訟を裁判し**、その他法律において特に定める権限を有する。

意義　**法律上の争訟**とは、①当事者間の具体的な権利義務ないし法律関係の存否に関する紛争であって、かつ、②それが法令の適用により終局的に解決することができるものをいう(最判昭56.4.7、**板まんだら事件**)。裁判所法3条1項の「一切の法律上の争訟」も同じ意味である。したがって、司法権は法律上の争訟を解決する国家作用ということができるから、**司法権(裁判所の審査権)**が及

※①・②がそろって司法審査可能

ぶのは**法律上の争訟**※に該当する場合に限定される。※ 法律上の争訟は、事件性の

要件ともいわれる。

趣旨 　裁判所も国家権力の一つであり、強制力を有する判決の言渡しができる

から、国民生活に対する過剰な干渉を抑止するため、**具体的事件性**が必要

である。さらに、司法権は法を適用しこれを解決する国家作用であるから、

終局的解決可能性も必要である。

【法律上の争訟（事件性の要件）に該当するための2つの要件】

①**具体的事件性**	**具体的な争訟**（当事者間の具体的な権利義務又は法律関係の存否に関する争い）であること →具体的な争訟が存在しない場合は、法律上の争訟に該当せず、裁判所の審査権が及ばない
②**終局的解決可能性**	具体的な争訟が**法を適用する**ことにより終局的に解決することができるものであること →法の適用により終局的な解決ができない場合は、法律上の争訟に該当せず、裁判所の審査権が及ばない

4 法律上の争訟に該当しない場合

1 具体的事件性がない場合

① 裁判所の審査権が及ばない（原則）

　具体的事件性がない場合には、裁判所の審査権が及ばない（司法権が発動しない）のが原則である。その代表例が、具体的な争訟が存在しないにもかかわらず、警察予備隊の違憲性を主張する訴えを提起した**警察予備隊違憲訴訟**（最大判昭27.10.8）である。

P.613

> **判例** 警察予備隊違憲訴訟（最大判昭27.10.8）
>
> 〈事案〉
>
> 国会議員Aは、警察予備隊が憲法9条に違反することを理由に、直接最高裁判所に対して、昭和26年以降、国がなした警察予備隊の設置及び維持に関する一切の行為が無効であることの確認を求める訴えを提起した。
>
> 　　警察予備隊の設置及び維持に
> 　　関する一切の行為の無効確認を求める　→　
> 国会議員A　　　　　　　　　　　　　　　　　　最高裁判所
>
> 〈判旨〉
>
> ● **具体的な争訟事件が提起されない場合に裁判所が法律命令等の審査を行うことができるか**
>
> ▶ 行うことはできない。
>
> **理由** 裁判所が現行の制度上与えられているのは**司法権を行う権限**であり、そして司法権が発動するためには**具体的な争訟事件**が提起されることを必要とする。
>
> **結論** 我が裁判所は具体的な争訟事件が提起されないのに将来を予想して憲法及びその他の法律命令等の解釈に対し存在する疑義論争に関し**抽象的な判断**を下すごとき権限を行い得るものではない。 01　　抽象的審査の否定

② 裁判所の審査権が及ぶ場合（例外）　発展　P.147

裁判所は「その他法律において特に定める権限」（裁判所法3条1項）を有する。この点から、具体的事件性がない場合であっても、法律の規定により、裁判所の審査権を及ぼすことができる場合がある。行政法で学習する。

代表的なものが、国や地方公共団体の機関の法令に反する行為の是正を求める民衆訴訟（行政事件訴訟法5条）である。選挙の効力に関する訴訟（公職選挙法203条、204条）、住民訴訟（地方自治法242条の2）などが民衆訴訟に該当する。 A

2 具体的事件性も終局的解決可能性もない場合

① 学問上・技術上の論争、事実の存否、主観的意見の当否

学問上・技術上の論争、単なる事実の存否、個人の主観的意見の当否は、具体的事件性もなく、終局的解決可能性もないから、裁判所の審査権が及ばない。

判例 技術士国家試験事件（最判昭41.2.8）

〈事案〉

❶技術士国家試験に不合格であったAは、当該試験の結果の判定に誤りがあるとして、❷合格への変更と損害賠償を求める訴えを提起した。

❶技術士国家試験に不合格 ❷合格への変更と損害賠償の請求 → 裁判所

〈判旨〉

● 1　裁判所の審査対象である「法律上の争訟」とは何か

▶ 法令を適用することによって解決することができる権利義務に関する当事者間の紛争

結論　司法権の固有の内容として裁判所が審判しうる対象は、裁判所法3条にいう「**法律上の争訟**」に限られる。そして、法律上の争訟とは、**法令**を適用することによって解決し得べき権利義務に関する当事者間の紛争をいう。 02

● 2　国家試験の合否判定は法律上の争訟に該当するか

▶ 該当しない。

理由　① 法令の適用によって解決するに適さない単なる政治的または経済的問題や技術上または学術上に関する争いは、裁判所の裁判を受けうべき事柄ではない。

② 国家試験における合格、不合格の判定も学問または技術上の知識、能力、意見等の優劣、当否の判断を内容とする行為であるから、その試験実施機関の最終判断に委せられるべきものであって、その判断の当否を審査し具体的に法令を適用して、その争を解決調整できるものとはいえない。 03

結論　したがって、国家試験の合否判定は法律上の争訟に該当しないから、Aは裁判所の審査できない事項について救済を求めるものにほかならない。 03

② **純粋な宗教上の紛争** 発展

信仰対象の価値又は宗教上の教義の判断自体を求める訴えなど、純粋な宗教上の紛争は、具体的事件性も終局的解決可能性も欠いており、裁判所の審査権が及ばない。 B

3 具体的事件性はあるが、終局的解決可能性がない場合

① 宗教上の紛争と終局的解決可能性

宗教上の紛争であっても、純粋な宗教上の紛争ではなく、寄付金の返還を求める訴えや建物の明渡しを求める訴えなど、具体的な争訟である場合は、具体的事件性が認められるので、法律上の争訟に該当するとしてよいだろうか。

問題点 具体的な争訟である宗教上の紛争は法律上の争訟に該当するか。

結論 具体的な争訟の当否を判断する前提として**信仰対象の価値又は宗教上の教義の判断が必要不可欠**であり、それが**当事者間の紛争の核心であるとき**は、**裁判所の審査権が及ばない**（判例）。

理由 信仰対象の価値又は宗教上の教義が紛争の核心であるときは、法の適用による終局的解決が不可能なので、終局的解決可能性を欠いている。

② 終局的解決可能性がない場合に関する判例

終局的解決可能性を欠くことを理由に裁判所の審査権を否定した主な判例として、**板まんだら事件**（最判昭56.4.7）、**日蓮正宗事件**（最判平5.9.7）、**蓮華寺事件**（最判平1.9.8）がある。

判例　板まんだら事件（最判昭56.4.7）

〈事案〉
❶宗教法人Sの元会員であるAが、「正本堂」建立のために寄付をしたが、❷そこに安置すべき本尊である「板まんだら」が偽物であったとし、❸錯誤による寄付の無効（当時）等を主張して寄付金の返還を求める訴え（以下「本件訴訟」という）を提起した。

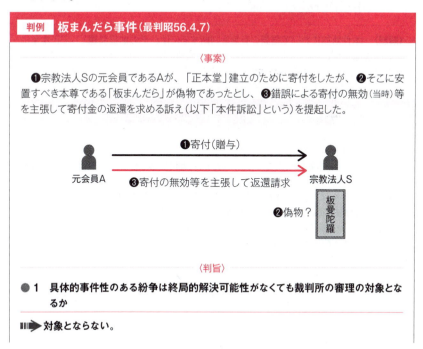

〈判旨〉
● 1　具体的事件性のある紛争は終局的解決可能性がなくても裁判所の審理の対象となるか

▶対象とならない。

理由 裁判所がその固有の権限に基づいて審判することのできる対象は、裁判所法3条にいう「法律上の争訟」、すなわち当事者間の具体的な権利義務ないし法律関係の存否に関する紛争であって、かつ、それが法令の適用により終局的に解決することができるものに限られる。 **04**

結論 したがって、具体的な権利義務ないし法律関係に関する紛争であっても、法令の適用により解決するのに適しないものは裁判所の審判の対象となりえない。 **04**

● 2 **本件訴訟は法律上の争訟に該当するか**

■■▶ **該当しない。**

理由 ① 本件訴訟は、具体的な権利義務ないし法律関係に関する紛争の形式をとっており、その結果、信仰の対象の価値又は宗教上の教義に関する判断は請求の当否を決するについての前提問題であるにとどまるものとされてはいるが、 **05**
② 本件訴訟の帰すうを左右する必要不可欠のものと認められ、また、本件訴訟の争点及び当事者の主張立証も当該判断に関するものがその核心となっていると認められる。 **05**

結論 したがって、本件訴訟は、その実質において法令の適用による終局的な解決の不可能なものであって、裁判所法3条にいう法律上の争訟にあたらないものといわなければならない。 **05**

〈解説〉 本件訴訟において錯誤の有無を判断するには、その前提問題として正本堂に安置されている「板まんだら」の宗教上の価値に関する判断が必要不可欠であることが、法令の適用による解決を不可能とした根拠である。

判例 日蓮正宗事件（最判平5.9.7）

〈事案〉

Aら（B宗教法人の教師の資格を有する僧侶で、Bに包括される各末寺の住職、主管又は在勤教師）は、管長CがBの代表役員及び管長の地位にないことの確認を求める訴え（以下「本件訴え」という）を提起した。Bにおいては、代表役員は管長の職にある者を充て、管長は法主の職にある者を充てる旨を規定しているところ、法主は宗祖以来の血脈を相承するものであるとされていることから、代表役員及び管長の地位にあるか否かは、血脈相承について判断しなければならない事案である。

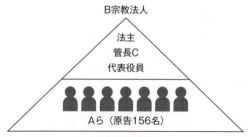

〈判旨〉

● 1 宗教活動上の地位にあるか否かを審理・判断できないのはどのような場合か

▶ **当該宗教団体の教義ないし信仰の内容に立ち入って審理、判断することが必要不可欠である場合。**

理由 ① 特定の者が宗教団体の宗教活動上の地位にあることに基づいて宗教法人である当該宗教団体の代表役員の地位にあることが争われている場合には、裁判所は、原則として、その者が宗教活動上の地位にあるか否かを審理、判断すべきものであるが、
② 他方、宗教上の教義ないし信仰の内容にかかわる事項についてまで裁判所の審判権が及ぶものではない。

結論 したがって、特定の者の宗教活動上の地位の存否を審理、判断するにつき、当該宗教団体の教義ないし信仰の内容に立ち入って審理、判断することが必要不可欠である場合には、裁判所は、その者が宗教活動上の地位にあるか否かを審理、判断することができない。 06

● 2 宗教活動上の地位にあるか否かを審理・判断できない場合は法律上の争訟性を欠くことになるか

▶ **法律上の争訟性を欠く。**

理由 宗教法人の代表役員の地位の存否についても審理、判断することができない場合には、特定の者の宗教法人の代表役員の地位の存否の確認を求める訴えは、裁判所が法令の適用によって終局的な解決を図ることができない訴訟として、

結論 裁判所法3条にいう「法律上の争訟」に当たらない。 06

〈解説〉　① 血脈相承は、法主の地位を受け継がせるために前法主から次期法主に対して行われる宗教上の儀式であるが、一切が秘密であるため、血脈相承が行われたか、その内容がどのようなものかは、前法主と次期法主の2人しか分からない。そこで、法主の地位の存否を審理・判断するには、宗教上の教義・信仰などの内容に立ち入って審理・判断することが必要不可欠と判断したと考えられる。
　　　　　② 発展 判例は、Bの教義ないし信仰の内容に立ち入って審理、判断することが避けられないとして、**本件訴えは、法律上の争訟性を欠き、不適法として却下を免れない**としている。

判例　蓮華寺事件（最判平1.9.8）

〈事案〉
❶B寺の包括宗教法人Cが住職Aの僧籍をはく奪する擯斥処分（以下「本件擯斥処分」という）を行ったことに伴い、AがB寺の住職たる地位を失った。そこで、❷B寺は、Aを被告として、B寺所有の建物（以下「本件建物」という）の明渡しを求める訴訟（以下「本件訴訟」という）を提起した。これに対して、Aは、本件擯斥処分はCの管長（最高位の宗教指導者）たる地位を有しない者によってされ、C宗規所定の懲戒事由に該当しない無効な処分であると主張して争った。

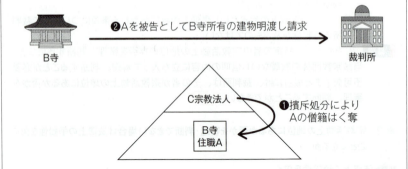

〈判旨〉

● 宗教上の教義・信仰の判断が必要不可欠な場合であっても法律上の争訟に該当するか

▶▶▶ 該当しない。

理由 当事者間の具体的な権利義務ないし法律関係に関する訴訟であっても、宗教団体内部においてされた懲戒処分の効力が請求の当否を決する前提問題となっており、その効力の有無が当事者間の紛争の本質的争点をなすとともに、それが宗教上の教義、信仰の内容に深くかかわっているため、その教義、信仰の内容に立ち入ることなくしてその効力の有無を判断することができず、しかも、その判断が訴訟の帰趨（きすう）を左右する必要不可欠のものである場合には、 07

結論 当該訴訟は、その実質において法令の適用による終局的解決に適しないものとして、裁判所法3条にいう「法律上の争訟」に当たらない。 07

〈解説〉 **発展** 判例は、Cの教義、信仰の内容に立ち入ることなくして判断することができないとして、本件訴訟は、その実質において法令の適用により終局的に解決することができないものといわざるを得ず、裁判所法3条にいう「法律上の争訟」に該当しないとしている。

---

4 **法規の適用の適正ないし一般公益の保護を目的とする訴訟** **発展**

　国又は地方公共団体が専ら行政権の主体として国民に対して行政上の義務の履行を求める訴訟は、法規の適用の適正ないし一般公益の保護を目的とし、自己の権利利益の保護救済を目的としていないから、法律上の争訟として当然に裁判所の審判の対象となるものではなく、法律に特別の規定がある場合に限り提起することができるとした判例がある（最判平14.7.9、宝塚市パチンコ条例事件） C 。行政法で学習する。

5 司法権の限界

意義 司法権の限界とは、法律上の争訟に該当するとしても、事柄の性質上、裁判所の審査権を及ぼすことが適切でない場合があるかという問題である。大きく分けて、明文上の限界と解釈上の限界がある。

第10章 裁判所

1 司法権 563

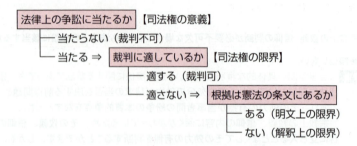

【司法権の意義と限界の関係】

1 明文上の限界

　明文上の限界は、①議員の資格争訟の裁判(55条)、②裁判官の弾劾裁判(64条)の2つである。憲法が明文をもって裁判所以外の機関が裁判を行うことを認めたものであるから、これを不服として裁判所に訴えることはできない。

【明文上の限界】

①議員の資格争訟の裁判(55条)	議院が出席議員の3分の2以上の多数による議決によって所属する議員の資格を失わせた場合、失職した議員が裁判所に対して議決の無効や取消しを求めることはできない 08
②裁判官の弾劾裁判(64条)	弾劾裁判所が裁判官を罷免にするとの裁判をした場合、罷免された裁判官が裁判所に対してその無効や取消しを求めることはできない 09

2 解釈上の限界

　解釈上の限界には、①議院の自律権に属する行為、②自由裁量行為、③統治行為、④団体の内部事項に関する行為がある。

【解釈上の限界】

種類	関連判例
①議院の自律権に属する行為	警察法改正無効事件
②自由裁量行為	朝日訴訟
③統治行為	苫米地事件、砂川事件
④団体の内部事項に関する行為	富山大学事件、地方議会の議員の除名処分と出席停止処分、共産党袴田事件

① 議院の自律権に属する行為

意義 議院の自律権とは、国会議員の懲罰や議事手続などの議院の内部事項について、他の機関の干渉を受けずに決定することができる権能のことをいう。

問題点 議院の自律権に属する行為に裁判所の審査権が及ぶか。

結論 議院の自律権に属する行為には裁判所の審査権が及ばない。例えば、裁判所が議事手続の適法性を判断すべきではないとした判例がある（最大判昭37.3.7、警察法改正無効事件）。

理由 議院の内部的自律・自主性を尊重する。

判例　警察法改正無効事件（最大判昭37.3.7）

〈事案〉

警察法改正が国会の2日間の会期延長の期間中に成立した。これに対して、大阪府在住のAは、議場が混乱している最中に行われた会期延長の決議が無効である結果、警察法改正の決議は国会閉会中に行われた無効なものであると主張し、改正後の新しい警察法に基づいた大阪府の公金支出の禁止を求める住民訴訟を提起した。

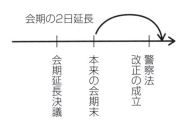

〈判旨〉

● 裁判所の審査権が両院における法律制定の議事手続を審理して法律の有効無効を判断することができるか

▶ 有効無効を判断することはできない（法律は無効とならない）。

理由 警察法は両院において議決を経たものとされ適法な手続によって公布されている以上、裁判所は両院の自主性を尊重すべく同法制定の議事手続に関する所論のような事実を審理してその有効無効を判断すべきでない。 [10]

結論 したがって、所論のような理由によって警察法を無効とすることはできない。

---

② 自由裁量行為

意義 自由裁量行為とは、政治部門（立法府や行政府）の自由な裁量に委ねられている行為のことである。

問題点 自由裁量行為について裁判所の審査権が及ぶか。

結論 自由裁量行為については、裁量権の範囲を逸脱した場合か、又は裁量権を濫用した場合を除き、裁判所の審査権が及ばない。**発展** 自由裁量行為の代表例として、厚生労働大臣が定める生活保護法上の保護基準の設定(最大判昭42.5.24、朝日訴訟)、児童扶養手当法の併給調整条項(最判昭57.7.7、堀木訴訟)がある。 D

理由 自由裁量行為は政策的、技術的判断を必要とするものなので、裁判所の判断になじまず、政治部門の判断を尊重することが望まれている。

③ 統治行為

ア）総説

意義 統治行為とは、直接国家統治の基本に関する高度に政治性のある国家行為のことである(最大判昭35.6.8、苫米地事件)。

問題点 統治行為について裁判所の審査権が及ぶか。

結論 統治行為には裁判所の審査権が及ばない。判例が統治行為として認めているのは、衆議院の解散、日米安全保障条約の2つである。

理由 **発展** 統治行為については、主権者である国民に対して政治的責任を負う政府、国会などの政治部門の判断に委ねられ、最終的には国民の政治判断に委ねられるべきものであって、政治部門ではない裁判所の審査にはなじまない(判例)。 E

イ）統治行為に関する判例

苫米地事件判決(最大判昭35.6.8)は、衆議院の解散について、例外を設けることなく裁判所の審査権が及ばないと判断している。

判例 苫米地事件（最大判昭35.6.8）

〈事案〉

❶憲法7条に基づく衆議院の解散（いわゆる抜き打ち解散）が行われ、これによって衆議院議員の資格を失ったTが、衆議院の解散が違憲であるとして、❷衆議院議員としての資格確認と任期満了までの歳費を請求する訴えを提起した。

❶解散により資格を失う
前衆議院議員T

❷衆議院議員の資格確認と歳費の請求 →

裁判所

〈判旨〉

● 1　衆議院の解散について裁判所の審査権が及ぶか

▮▮▶ 裁判所の審査権に服しない。

結論　現実に行われた**衆議院の解散**が、その依拠する憲法の条章について適用を誤ったが故に、法律上無効であるかどうか、これを行うにつき憲法上必要とせられる内閣の助言と承認に瑕疵があったが故に無効であるかどうかのごときことは**裁判所の審査権に服しない**ものと解すべきである。[11]

● 2　統治行為とは何か

▮▮▶ 直接国家統治の基本に関する高度に政治性のある国家行為のこと。

理由　わが憲法の三権分立の制度の下においても、司法権の行使についておのずからある限度の制約は免れないのであって、あらゆる国家行為が無制限に司法審査の対象となるものと即断すべきでない。

結論　直接**国家統治**の基本に関する**高度**に政治性のある国家行為のごときはたとえそれが法律上の争訟となり、これに対する有効無効の判断が法律上可能である場合であっても、かかる国家行為は裁判所の審査権の外にあり、その判断は主権者たる国民に対して政治的責任を負うところの政府、国会等の政治部門の判断に委され、最終的には国民の政治判断に委ねられているものと解すべきである。[12]

● 3　統治行為を認める根拠はどこにあるのか　/発展

▮▮▶ 司法権の憲法上の本質に内在している。　＊内在的制約権

結論　この司法権に対する制約は、結局、三権分立の原理に由来し、当該国家行為
理由　の高度の政治性、裁判所の司法機関としての性格、裁判に必然的に随伴する手続上の制約等にかんがみ、特定の明文による規定はないけれども、**司法権の憲法上の本質に内在する制約**と理解すべきものである。[F]

● 4　衆議院の解散が訴訟の前提問題となっている場合も裁判所の審査権が及ばないのか

▮▮▶ 及ばない。

理由　衆議院の解散は、極めて政治性の高い国家統治の基本に関する行為であって、かくのごとき行為について、その法律上の有効無効を審査することは司法裁判所の権限の外にありと解すべきことは、既に説示するところによってあきらかである。そして、この理は、本件のごとく、当該衆議院の解散が訴訟の前提問題として主張されている場合においても同様であって、

結論　ひとしく裁判所の審査権の外にありといわなければならない。[13]

- -

〈解説〉　統治行為を認める根拠について、統治行為が三権分立に由来しており、明文の規定はないが、司法権の憲法上の本質に内在する制約であると解する立場は内在的制約説と呼ばれている。

これに対して、**砂川事件**判決(最大判昭34.12.16)は、**日米安全保障条約**について、「**一見極めて明白に違憲無効であると認められない限りは、裁判所の司法審査権の範囲外**」と述べて、**裁判所の審査権が及ぶ余地を認めている**。日米安全保障条約は国の存立の基礎に深く関わるため政治部門の判断を尊重しつつも、例外的に司法審査の余地を認めたものと考えられる。

判例　砂川事件(最大判昭34.12.16)

〈事案〉

　駐留軍が使用している基地に無断で立ち入ったデモ隊が刑事特別法(当時)違反の罪で起訴された。第一審は、駐留軍が憲法に違反することから、刑事特別法の規定も違憲であるとして無罪の判決をしたため、最高裁判所は、駐留軍が日米安全保障条約に基づく関係上、駐留軍について憲法判断をする前提として、日米安全保障条約に対する司法審査のあり方について判断を示した。

〈判旨〉

● 日米安全保障条約には裁判所の審査権が及ばないのか

▶▶▶ **一見極めて明白に違憲無効であると認められない限りは、裁判所の司法審査権の範囲外のものである。** 例外・原則

理由 ① **日米安全保障条約**は、主権国としてのわが国の存立の基礎に極めて重大な関係をもつ**高度の政治性**を有するものというべきであって、その内容が違憲なりや否やの法的判断は、その条約を締結した内閣およびこれを承認した国会の高度の政治的ないし自由裁量的判断と表裏をなす点がすくなくない。 14

② 日米安全保障条約が違憲なりや否やの法的判断は、**純司法的機能をその使命とする司法裁判所の審査には、原則としてなじまない性質のもの**であるから、 14 15

結論 ① **一見極めて明白に違憲無効であると認められない限りは、裁判所の司法審査権の範囲外のもの**であり、それは第一次的には、その条約の締結権を有する内閣およびこれに対して承認権を有する国会の判断に従うべく、終局的には、主権を有する国民の政治的批判に委ねられるべきものである。 15

② 発展 このことは、日米安全保障条約またはこれに基づく政府の行為の違憲なりや否やが、本件のように前提問題となっている場合であると否とにかかわらないのである。

〈解説〉 ① 本判決は、アメリカ駐留軍が憲法9条などに反して違憲無効であることが一見極めて明白であるとは認められないと述べている。また、「政治的ないし自由裁量的判断」に言及し、一見極めて明白に違憲無効の場合に裁判所の審査権が及ぶことを認めており、修正統治行為(変形的統治行為)と呼ばれることがある。
② 日米安全保障条約に裁判所の審査権が及ぶかどうかを判断しているに留まり、条約一般に対する司法審査の可否について判断しているわけではない。

④ 団体の内部事項に関する行為（部分社会の法理）
ア）総説

意義 自律的な法規範を有する団体や社会（部分社会）の内部紛争に対して、裁判所の審査権を及ぼすべきではないという考え方を部分社会の法理という。

趣旨 団体や社会の自治や自律性を尊重することにある。人権侵害の可能性低い

問題点 内部紛争に対しては裁判所の審査権が及ばないのか。

結論 内部紛争が一般市民法秩序と直接の関係を有する場合には、裁判所の審査権が及ぶ（最判昭52.3.15、富山大学事件）。人権侵害の可能性が高い場合

理由 部分社会の法理を貫くと、内部紛争に対して裁判所の審査権が一切及ばないことになるが、団体や社会の自治や自律性の尊重と裁判所の人権救済機能との調和を考慮する必要がある。

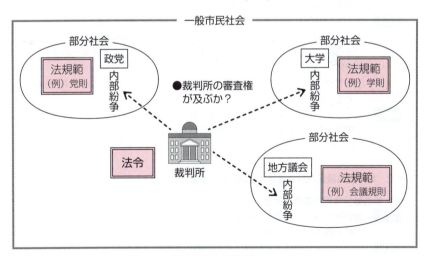

【部分社会の法理】

イ）団体の内部事項に関する行為に関する判例

　判例で司法審査の可否が争われた団体の内部事項に関する行為として、①地方議会の議員の除名処分・出席停止処分、②国立大学の単位授与認定・専攻科修了認定、③政党の党員の除名処分がある。

判例　地方議会の議員の除名処分と出席停止処分（最大判昭35.10.19）

〈事案〉

　❶議会への出席を3日間停止するとの懲罰を受けた地方議会議員が、❷当該懲罰の無効を求める訴訟を提起した。本判決は、出席停止処分と対比する形で除名処分に言及しているが、出席停止処分の判旨については、最大判令2.11.25により判例変更されているため、割愛している。

❶出席を3日間停止するとの懲罰を受けた

❷出席停止処分の無効確認

地方議会議員

裁判所

〈判旨〉

● 1　自律的な法規範をもつ社会・団体における当該規範の実現は裁判所の司法審査の対象となるか

▶ 司法審査の対象とならない場合もある。

結論　①　司法裁判権が、憲法又は他の法律によってその権限に属するものとされているものの外、一切の法律上の争訟に及ぶことは、裁判所法3条の明定するところであるが、ここに一切の法律上の争訟とはあらゆる法律上の係争という意味ではない。
　　　　②　法律上の係争の中には事柄の特質上司法裁判権の対象の外におくを相当とするものがある。

理由　なぜなら、自律的な法規範をもつ社会ないし団体に在っては、当該規範の実現を内部規律の問題として自治的措置に任せ、必ずしも、裁判にまつのを適当としないものがあるからである。[16]

● 2　地方議会議員の除名処分は裁判所の司法審査の対象となるか

▶ 除名処分は司法審査の対象となる。

理由　地方議会議員の**除名処分**は、その身分の喪失に関する**重大事項**で、単なる内部規律の問題にとどまらないのであって、

結論　地方議会議員の**除名処分**は、**司法裁判の権限内の事項**とすべきである。[16]

判例 地方議会の議員の出席停止処分（最大判令2.11.25）

〈事案〉

B市議会の議員であったAが、❶市議会から科された23日間の出席停止の懲罰（以下「本件処分」という）が違憲であるとして、❷B市を被告として、本件処分の取消しを求めるとともに、議員報酬のうち本件処分による減額分の支払いを求める訴えを提起した。

❶23日間の出席停止の懲罰

B市議会議員A

❷出席停止処分の取消し請求 →

裁判所

〈判旨〉

● 1 　地方議会議員の出席停止の懲罰の適否の判断は議会の自主的解決に委ねられるべきものか

▶ 議会の自主的・自律的な解決に委ねられるべきものではない。

理由　① 出席停止の懲罰は、公選の議員に対し、議会がその権能において科する処分であり、
② これが科されると、当該議員はその期間、会議及び委員会への出席が停止され、議事に参与して議決に加わるなどの議員としての中核的な活動をすることができず、住民の負託を受けた議員としての責務を十分に果たすことができなくなる。

結論　このような出席停止の懲罰の性質や議員活動に対する制約の程度に照らすと、これが議員の権利行使の一時的制限にすぎないものとして、その適否が専ら議会の自主的、自律的な解決に委ねられるべきであるということはできない。 17

● 2 　地方議会議員の出席停止の懲罰は裁判所の司法審査の対象となるか

▶ 対象となる。

理由　出席停止の懲罰は、議会の自律的な権能に基づいてされたものとして、議会に一定の裁量が認められるべきであるものの、裁判所は、常にその適否を判断することができるというべきである。

結論　したがって、普通地方公共団体の議会の議員に対する出席停止の懲罰の適否は、司法審査の対象となるというべきである。これと異なる趣旨をいう判例（最大判昭35.10.19）は変更すべきである。 17

判例 富山大学事件（最判昭52.3.15）

〈事案〉

❶富山大学は、授業担当停止の措置を受けたX教授の授業を履修した学生の単位認定を行わなかった。これに対して、❷X教授の授業を履修した学生Aが単位認定を、❸学生Bが単位認定及び専攻科修了認定を求めて訴えを提起した。なお、富山大学の専攻科は学部卒業者を対象とする1年制の課程であった。

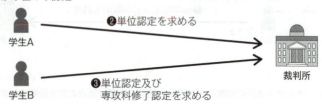

〈判旨〉

● 1　大学の内部的な問題は司法審査の対象となるか

▶ 一般市民法秩序と直接の関係のない問題は対象とならない。

理由　① 大学は、国公立であると私立であるとを問わず、学生の教育と学術の研究とを目的とする教育研究施設であって、[18]
② その設置目的を達成するために必要な諸事項については、法令に格別の規定がない場合でも、学則等によりこれを規定し、実施することのできる自律的、包括的な権能を有し、一般市民社会とは異なる特殊な部分社会を形成している。[18]

結論　このような特殊な部分社会である大学における法律上の係争のすべてが当然に裁判所の司法審査の対象になるものではなく、一般市民法秩序と直接の関係を有しない内部的な問題は司法審査の対象から除かれる。[19]

● 2　単位授与行為は裁判所の司法審査の対象となるか

▶ 特段の事情のない限り、司法審査の対象とならない。

理由　単位授与（認定）行為は、学生が当該授業科目を履修し試験に合格したことを確認する教育上の措置であり、卒業の要件をなすものではあるが、当然に一般市民法秩序と直接の関係を有するものでないことは明らかである。[20]

結論　したがって、単位授与（認定）行為は、他にそれが一般市民法秩序と直接の関係を有するものであることを肯認するに足りる特段の事情のない限り、純然たる大学内部の問題として大学の自主的、自律的な判断に委ねられるべきものであって、裁判所の司法審査の対象にはならない。[18][20]

●3 専攻科修了認定行為は裁判所の司法審査の対象となるか

▶ 司法審査の対象となる。

理由 ① 学生が専攻科修了の要件を充足したにもかかわらず大学が専攻科修了の認定をしないときは、学生は専攻科を修了することができず、専攻科入学の目的を達することができないので、
② 国公立の大学において大学が専攻科修了の認定をしないことは、実質的にみて、一般市民としての学生の国公立大学の利用を拒否することにほかならず、その意味において、学生が一般市民として有する公の施設を利用する権利を侵害するものである。 21

結論 したがって、専攻科修了の認定、不認定に関する争いは司法審査の対象になるものというべきである。 21

〈解説〉 判例は、単位授与行為も特段の事情があれば司法審査の対象となる余地を認めており、その具体例として、特定の授業科目の単位の取得それ自体が一般市民法上一種の資格要件(国家資格取得の前提要件)とされる場合を挙げている。

判例 共産党袴田事件（最判昭63.12.20）

〈事案〉

❶B政党は、党幹部であるAを除名処分としたことに伴い、AがB所有の建物の占有権原を失ったとして、❷Aを被告として当該建物の明渡しを求める訴えを提起した。これに対して、Aは除名処分が無効であるとして争った。

〈判旨〉

●1 政党の党員に対する処分は裁判所の司法審査の対象となるか

▶ 原則として対象とならない。

理由 ① 政党は、議会制民主主義を支える上においてきわめて重要な存在であるといえるから、政党に対しては、高度の自主性と自律性を与えて自主的に組織運営をなしうる自由を保障しなければならない。
② 政党の結社としての自主性にかんがみると、政党の内部的自律権に属する行為は、法律に特別の定めのない限り尊重すべきであるから、
③ 政党が組織内の自律的運営として党員に対してした除名その他の処分の当否については、原則として自律的な解決に委ねるのを相当とする。

結論 したがって、政党が党員に対してした処分が一般市民法秩序と直接の関係を有しない内部的な問題にとどまる限り、裁判所の審判権は及ばないというべきである。 22

● 2 政党の党員に対する処分の当否について審理の範囲が限定されるか

▶▶▶ 手続の適否に限定される。

結論 政党が党員に対してした処分が一般市民としての権利利益を侵害する場合であっても、当該処分の当否は、当該政党の自律的に定めた規範が公序良俗に反するなどの特段の事情のない限り当該規範に照らし、当該規範を有しないときは条理に基づき、適正な手続に則ってされたか否かによって決すべきであり、審理もその点に限られるものといわなければならない。 22 手続面についてのみ可能

〈**解説**〉 本判決は、当該建物の明渡しを認めるべきか否かは司法審査の対象になるが、明渡請求の原因としての除名処分は、政党の内部規律の問題として自治的措置に委ねられるべきであり、その当否は適正な手続を履践したか否かの観点から審理判断されなければならないと述べている。

【団体の内部事項に関する行為に裁判所の審査権が及ぶか (判例)】

地方議会の議員に対する処分	議会からの除名	○
	議会への出席停止	○
国立大学の学生に対する処分	専攻科修了認定（又は不認定）	○
	単位授与認定（又は不認定）	×[※1]
政党の党員に対する処分	政党からの除名（一般市民法秩序と直接の関係を有する場合）	△[※2]

○：及ぶ　×：及ばない　△：部分的に及ぶ

[※1] 一般市民法秩序と直接の関係を有するに足りる特段の事情がある場合は、例外的に裁判所の審査権が及ぶ。

[※2] 適正な手続を履践したか否かという点に裁判所の審査権の範囲が限定される。

【司法権の限界のまとめ】

司法権の限界の類型			例外的に裁判所の審査権が及ぶ場合
明文上の限界	議員の資格争訟の裁判		なし
	裁判官の弾劾裁判		なし
解釈上の限界	議院の自律権に属する行為		なし
	自由裁量行為		裁量権の逸脱・濫用の場合
	統治行為	衆議院の解散	なし
		日米安全保障条約	一見極めて明白に違憲無効の場合
	団体の内部事項に関する行為		一般市民法秩序と直接関係する場合

重要事項 一問一答

01 司法権とは何か?

具体的な争訟が生じているときに、法を適用することによって、これを解決(裁定)する国家作用のこと。

02 具体的な争訟事件が提起されていない場合に裁判所が法令の違憲審査を行うことはできるか?

法律上の争訟に該当しないので、裁判所が法令の違憲審査を行うことはできない(判例)。

03 学問上・技術上の論争には裁判所の審査権が及ぶか?

及ばない(判例)。

04 具体的な争訟である宗教上の紛争には裁判所の審査権が及ぶか?

判断するのが不可欠である信仰の対象又は宗教上の教義が紛争の核心である場合は及ばない(判例)。

05 司法権の限界のうち明文上の限界は(2つ)?

議員の資格争訟の裁判(55条)、裁判官の弾劾裁判(64条)

06 議院の議事手続の適法性について裁判所の審査権が及ぶか?

及ばない(判例)。

07 衆議院の解散には裁判所の審査権が及ぶか?

及ばない(判例)。

08 日米安全保障条約には裁判所の審査権が及ぶか?

一見極めて明白に違憲無効と認められない限り、裁判所の審査権は及ばない(判例)。

09 自律的な法規範を有する団体の内部紛争には裁判所の審査権が及ぶか?

一般市民法秩序と直接の関係を有する場合は、裁判所の審査権が及ぶ(判例)。

1 司法権 575

10 **地方議会の議員の出席停止処分には裁判所の審査権が及ぶか？**

及ぶ(判例)。

11 **大学の単位授与行為には裁判所の審査権が及ぶか？**

特段の事情がない限り及ばない(判例)。

12 **政党の党員に対する除名処分に関する裁判所の審査権は、どの点に限られるか？**

適正な手続に則って除名処分がなされたか否かという点に限られる(判例)。

過去問チェック

01 裁判所は、国会で制定された法律に対して法令審査権を有していることから、具体的争訟が提起されていない法律についても、違憲の疑いがある場合には、自ら審理を行うことができるとするのが判例である。

× (税2010)「具体的争訟が提起されていない法律についても、違憲の疑いがある場合には、自ら審理を行うことができるとするのが判例である」が誤り。

02 裁判所法第3条第1項にいう「法律上の争訟」として裁判所の司法審査の対象となるのは、法令を適用することによって解決し得べき権利義務に関する当事者間の紛争をいうと解され、裁判所は、具体的事件を離れて法令の合憲性を判断することができない。

○ (労2012)

03 国家試験における合格・不合格の判定は、学問又は技術上の知識、能力、意見等の優劣、当否の判断を内容とする行為であるから、その試験実施機関の最終判断に委せられるべきものであって、その判断の当否を審査し具体的に法令を適用して、争いを解決調整できるものとはいえず、裁判の対象にならないとするのが判例である。

○ (労2011)

04 裁判所がその固有の権限に基づいて審判することのできる対象は、当事者間の具体的な権利義務ないし法律関係の存否に関する紛争であって、かつ、それが法令の適用により終局的に解決することができるものに限られ、具体的な権利義務ないし法律関係に関する紛争であっても、法令の適用により終局的に解決するのに適しないものは、裁判所の審査判断の対象とならない。

○ (国般2011)

576 第10章 統治 III

05 訴訟が具体的な権利義務ないし法律関係に関する紛争の形式をとっており、その結果信仰の対象の価値又は宗教上の教義に関する判断は請求の当否を決するについての前提問題にとどまるものとされていても、それが訴訟の帰すうを左右する必要不可欠のものであり、紛争の核心となっている場合には、当該訴訟は法律上の争訟に当たらないとするのが判例である。

◯（国般2017）

06 特定の者の宗教法人の代表役員たる地位の存否の確認を求める訴えは、その者の宗教活動上の地位の存否を審理、判断するにつき、当該宗教団体の教義ないし信仰の内容に立ち入って審理、判断することが必要不可欠である場合であっても、法律上の争訟に当たるとするのが判例である。

×（国般2020）「法律上の争訟に当たるとするのが判例である」が誤り。

07 具体的な権利義務ないし法律関係に関する訴訟であっても、宗教団体内部でされた懲戒処分の効力が請求の当否を決する前提問題となっており、その効力の有無が当事者間の紛争の本質的争点をなすとともに、それが宗教上の教義、信仰の内容に深く関わっているため、当該教義、信仰の内容に立ち入ることなくその効力の有無を判断することができず、しかも、その判断が訴訟の帰すうを左右する必要不可欠のものである場合には、当該訴訟は裁判所法第3条にいう法律上の争訟に当たらないとするのが判例である。

◯（税2017）

08 両議院は、各々その議員の資格に関する争訟を裁判するが、当該裁判により議員の資格を失うこととなった者は、これに不服がある場合、その結論を司法裁判所で争うことができる。

×（国般2020）「その結論を司法裁判所で争うことができる」が誤り。

09 全て司法権は最高裁判所及び下級裁判所に属するという原則の例外に弾劾裁判所の裁判があるが、弾劾裁判所で罷免の裁判を受けた裁判官は、これに不服がある場合、通常の裁判所に訴訟を提起することができる。

×（財2019）「通常の裁判所に訴訟を提起することができる」が誤り。

10 最高裁判所の判例に照らすと、裁判所は、法令の形式的審査権をもつので、両院において議決を経たものとされ適法な手続によって公布されている法について、法制定の議事手続に関する事実を審理してその有効無効を判断することができ

る。

×（区2012改題）「法制定の議事手続に関する事実を審理してその有効無効を判断することができる」
が誤り。

11 一切の法律上の争訟に対する司法権を認めている我が国の法治主義の下においては、現実に行われた衆議院の解散が、その依拠する憲法の条章の適用を誤ったために法律上無効であるかどうかといった問題を、単に高度に政治性を有するものであるという一事をもって司法審査の対象から除外することは適切ではなく、これに対する有効無効の判断が法律上可能である場合は、裁判所の審査判断の対象となる。

×（国般2011）「単に高度に政治性を有するものであるという一事をもって司法審査の対象から除外
することは適切ではなく、これに対する有効無効の判断が法律上可能である場合は、裁判所の審査
判断の対象となる」が誤り。

12 直接国家統治の基本に関する高度に政治性のある国家行為は、原則として司法審査の対象とはならないが、それが法律上の争訟となり、これに対する有効無効の判断が法律上可能である場合は、例外的に司法審査の対象となるとするのが判例である。

×（財2019）「これに対する有効無効の判断が法律上可能である場合は、例外的に司法審査の対象と
なるとするのが判例である」が誤り。

13 衆議院の解散は、極めて政治性の高い国家統治の基本に関する行為であって、その法律上の有効無効を審査することは、衆議院の解散が訴訟の前提問題として主張されている場合においても、裁判所の審査権の外にある。

○（区2012）

14 日米安保条約のように、主権国としての我が国の存立の基礎に重大な関係を持つ高度の政治性を有する条約が違憲であるか否かの判断は、内閣と国会の高度の政治的ないし自由裁量的判断に従うべきであり、終局的には主権を有する国民の政治的批判に委ねられるべきものであるから、純司法的機能を使命とする裁判所の審査にはおよそなじまない性質のものであり、裁判所の司法審査の対象にはならない。

×（財2012）「およそなじまない性質のものであり、裁判所の司法審査の対象にはならない」が誤り。

15 最高裁判所の判例に照らすと、安全保障条約のような、主権国としての我が

国の存立の基礎に重大な関係を持つ高度の政治性を有するものが、違憲であるか否かの法的判断は、純司法的機能を使命とする司法裁判所の審査になじまない性質のものであるから、一見極めて明白に違憲無効であると認められるとしても、裁判所の司法審査権の範囲外にある。

×（区2019改題）「一見極めて明白に違憲無効であると認められるとしても、裁判所の司法審査権の範囲外にある」が誤り。

[16] 自律的な法規範を持つ社会ないし団体にあっては、当該規範の実現を内部規律の問題として自主的措置に任せるのが適当であるから、地方公共団体の議会の議員に対する懲罰議決の適否については、それが除名処分である場合も含めて、裁判所の審査権の外にあるとするのが判例である。

×（国般2020）「それが除名処分である場合も含めて、裁判所の審査権の外にあるとするのが判例である」が誤り。

[17] 最高裁判所の判例では、自律的な法規範をもつ社会ないし団体にあっては、当該規範の実現を内部規律の問題として自治的措置に任せ、必ずしも、裁判にまつを適当としないものがあり、地方議会議員の出席停止処分は、権利行使の一時的制限に過ぎず、司法審査の対象とならないとした。

×（区2018）「地方議会議員の出席停止処分は、権利行使の一時的制限に過ぎず、司法審査の対象とならないとした」が誤り。

[18] 大学は、私立大学である場合に限り、一般市民社会とは異なる特殊な部分社会を形成しているということができるため、単位授与（認定）行為は、一般市民法秩序と直接の関係を有すると認められる特段の事情のない限りは、大学の自主的な判断に委ねられるべきものであり、司法審査の対象にはならないとするのが判例である。

×（国般2017改題）「私立大学である場合に限り」が誤り。

[19] 大学は、一般市民社会とは異なり自律的な法規範を有する特殊な部分社会を形成しており、大学における法律上の係争は、自主的、自律的な解決に委ねるのが適当であるから、裁判所の司法審査の対象にはなり得ない。

×（裁2007）「大学における法律上の係争は、自主的、自律的な解決に委ねるのが適当であるから、裁判所の司法審査の対象にはなり得ない」が誤り。

[20] 最高裁判所の判例では、大学の単位授与行為は、常に一般市民法秩序と直接

の関係を有するものであり、純然たる大学内部の問題として大学の自主的、自律的な判断に委ねられるべきものではないため、裁判所の司法審査の対象になるとした。

×（区2018）全体が誤り。

[21] 最高裁判所の判例に照らすと、国公立大学の学生の専攻科修了認定は、大学内部の問題としてその自主的、自律的判断に委ねられるべきものであり、それが、学生が公の施設である大学を一般市民として利用する権利に関係するものであっても、司法審査の対象にならない。

×（区2007改題）全体が誤り。

[22] 政党が党員に対してした処分については、それが一般市民法秩序と直接の関係を有しない内部的な問題にとどまる限り、裁判所の審判権は及ばないが、当該処分が一般市民としての権利利益を侵害する場合には、裁判所の審判権が及び、その範囲も、当該処分が適正な手続にのっとってなされたか否かという点に限定されず、当該処分の内容にも常に及ぶとするのが判例である。

×（税2017）「限定されず、当該処分の内容にも常に及ぶとするのが判例である」が誤り。

[A] 法律上の争訟は、当事者間の具体的な権利義務ないし法律関係の存否に関する紛争であって、かつ、それが法律を適用することにより終局的に解決することができるものに限られるため、具体的事件性を前提とせずに出訴できる制度を法律で設けることはできない。

×（国般2020）「具体的事件性を前提とせずに出訴できる制度を法律で設けることはできない」が誤り。

[B] 司法権の発動のためには具体的な争訟であることは必要とされておらず、抽象的な法令の解釈について争うものや宗教上の教義の判断自体などを求める訴えについても原則として司法権は及ぶ。

×（労2009）全体が誤り。

[C] 国又は地方公共団体が専ら行政権の主体として国民に対し行政上の義務の履行を求める訴訟は、法律上の争訟に当たらず、不適法である。

○（裁2007）

[D] 判例、通説に照らすと、国会が行う立法については、立法機関としての自由

裁量に委ねられているため、国会がその裁量権を著しく逸脱、濫用した場合にも、裁判所の審査権が及ぶことはない。

× (区2018改題)「裁判所の審査権が及ぶことはない」が誤り。

E 司法権が民主的基盤に乏しいことは、国の統治の基本に関する高度に政治性のある国家行為を「統治行為」と観念し、それについては法的判断が可能であっても司法審査をすべきでないという見解の根拠になる。

○ (裁2018)

F 憲法の三権分立の制度の下においては、司法権は無制限に行使することが許容され、また、そのことが期待されるから、衆議院の解散についても、法律上の争訟として、司法審査の対象となる。

× (裁2017)「司法権は無制限に行使することが許容され、また、そのことが期待されるから」「司法審査の対象となる」が誤り。

国般★★★／国専★★★／裁判所★★☆／特別区★★☆／地上★★★

2 司法権の独立・裁判所①

本節では、司法権の独立と裁判所①を扱います。司法権の独立も裁判所①も条文事項の整理が中心となります。

1 司法権の独立

1 総説

意義 司法権の独立とは、裁判に対する諸々の圧力や干渉を排除することをいう。司法権の独立には、①司法権が立法権・行政権から独立していることである司法府の独立と、②裁判官が裁判をするに際して独立して職権を行使することである裁判官の職権の独立、という2つの意味がある。

趣旨 公正な裁判を実現して国民の権利を守るためには、裁判所が他の国家機関から不当な圧力や干渉を受けないことが必要である。さらに、事件を担当するのは個々の裁判官であることから、裁判官個人が司法府内部を含めた外部からの不当な圧力や干渉を受けないことも必要である。

※少数者の人権確保のため

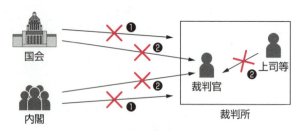

❶司法府の独立　❷裁判官の職権の独立

【司法権の独立】

【司法権の独立の憲法での具体化】

司法権の独立の2つの意味	憲法での具体化
司法府の独立 （広義の司法権の独立）	・最高裁判所による下級裁判所裁判官の指名権（80条1項前段） ・最高裁判所の規則制定権（77条1項）
裁判官の職権の独立 （裁判官の独立）	・行政機関（他の国家機関）による懲戒の禁止（78条後段） ・裁判官の職権行使の独立（76条3項） ・裁判官の身分保障（行政機関による懲戒の禁止、罷免事由の限定、報酬の保障）

2 裁判官の職権の独立① （裁判官の職権行使の独立）

　司法権の独立の核心となるのが裁判官の職権の独立である。裁判官の職権の独立を守るため、憲法は**裁判官の職権行使の独立**と**裁判官の身分保障**について規定している。

① 裁判官の職権行使の独立

> **第76条【裁判官の職権行使の独立】**
> ③ 　すべて裁判官は、その良心に従ひ**独立してその職権を行ひ**、この**憲法及び法律にのみ拘束される**。

意義　**裁判官の職権行使の独立**とは、全ての裁判官が、自らの良心に従い独立して職権を行使し、憲法及び法律にのみ拘束されることをいう（76条3項）。

趣旨　裁判の公正を確保するため、裁判官に対して不当な影響を与える一切の外部的行為を排除することにある。

問題点　憲法76条3項の「良心」は、憲法19条の「良心」（主観的良心）と同じ意味であるか。

結論　裁判官個人の主観的良心ではなく、**裁判官としての客観的良心**（裁判官としての職業倫理）**を意味する**（通説）。 01

理由　裁判官は、いくつかの解釈可能性の中から法の客観的意味と思われるところを探求し、それに従って裁判するという職責を果たすことが求められており、裁判官の個人的な価値観によって裁判の結果が左右されてはならないため。

②「独立してその職権を行ひ」の意味

　裁判するに際して、**裁判官が外部**（司法部内の上司や管理者なども含む）**から**指

2　司法権の独立・裁判所①　**583**

示・命令を受けないことに加え、裁判官が外部から事実上重大な影響を受けないことも含まれる。 02

③「法律」の意味 /発展

　形式的意味の法律(国会が制定する法規範)に加え、政令、府省令、条例、慣習法なども含まれる。 A

【裁判官の職権行使の独立が問題となった主な事件】 /発展

大津事件 (明治24年)	殺意をもってロシア皇太子を斬り付けて負傷させた者に対し、政府が死刑判決を言い渡すように圧力を加えたが、大審院(現在の最高裁判所に相当)は、死刑判決ではなく無期徒刑(現在の無期懲役に相当)判決を言い渡した
浦和事件 (昭和24年)	参議院法務委員会が国政調査権を行使して、母が子を殺害して無理心中を図ったが実行できずに自首した事件に関する判決が軽すぎる(量刑不当)との決議をしたのに対し、最高裁判所は、当該決議が司法権の独立を侵害し、国政調査権の範囲を超えると抗議した
平賀書簡事件 (昭和44年)	札幌地方裁判所の所長が、所属する裁判官に対して、当該裁判官が担当する長沼ナイキ事件について自衛隊の違憲判断を避けるべきであるとの具体的示唆を与える書簡を送った。札幌高裁裁判官会議は、裁判に対する干渉であるとして所長を厳重注意処分にした B

3 裁判官の職権の独立②(裁判官の身分保障)

　裁判官の身分保障について、憲法では、①行政機関(他の国家機関)による懲戒処分の禁止、②罷免事由の制限、③報酬の保障を規定している。

① 行政機関(他の国家機関)による懲戒処分の禁止

第78条【行政機関による懲戒処分の禁止】

　裁判官は、裁判により、心身の故障のために職務を執ることができないと決定された場合を除いては、公の弾劾によらなければ罷免されない。**裁判官の懲戒処分は、行政機関がこれを行ふことはできない。**

意義　憲法78条後段は、**行政機関**が裁判官の懲戒処分を行うことを禁止する旨を規定している。さらに、**立法機関による懲戒処分も禁止される**と解されている 03 。したがって、裁判官の懲戒処分は、専ら**司法府内部の分限裁判**によって行われる。

趣旨　懲戒処分に名を借りた裁判官の職権の独立の侵害を防止することにある。

584　第10章　統治Ⅲ

【裁判官の懲戒処分】

懲戒事由 (裁判所法49条)	①職務上の義務に違反したこと [04] ②職務を怠ったこと ③品位を辱める行状があったこと
懲戒処分の内容 (裁判官分限法2条)	①戒告 ②1万円以下の過料 ※罷免(免職)、減給、停職などは含まれない [04]

② 罷免事由の制限

(ア) 裁判官の罷免事由 (78条前段)

第78条【罷免事由の制限】

　裁判官は、裁判により、**心身の故障のために職務を執ることができないと決定された場合**を除いては、**公の弾劾**によらなければ**罷免されない**。…

憲法上、裁判官が罷免されるのは、下表の①～②の場合(最高裁判所裁判官は①～③の場合)に限定されている。

【裁判官の罷免事由】

罷免事由	手続	備考	該当	
①**心身の故障**のために職務を執ることができないと決定された場合(78条前段)	司法府内部の分限裁判による罷免(裁判所分限法1条1項) [05]	回復困難な心身の故障による職務執行不能以外の事由で分限裁判による罷免はできない	下級裁判所の裁判官	最高裁判所の裁判官
②**公の弾劾**による場合(78条前段)	弾劾裁判所の弾劾裁判による罷免(裁判官弾劾法37条) [06]	①職務上の義務に著しく違反し、職務を甚だしく怠ったときか、②職務の内外を問わず裁判官としての威信を著しく失うべき非行があったときに罷免(裁判官弾劾法2条) [07]		
③最高裁判所裁判官の**国民審査**(79条2項、3項)	衆議院議員総選挙の際に行われる国民審査で投票者の多数が罷免を可とする場合に罷免 [06]	・最高裁判所裁判官に限定される ・参議院議員通常選挙の際には行われない [08]	—	

2　司法権の独立・裁判所①　585

（イ）最高裁判所の裁判官の国民審査

第79条【国民審査】
② 最高裁判所の裁判官の任命は、その任命後初めて行はれる衆議院議員総選挙の際国民の審査に付し、その後10年を経過した後初めて行はれる衆議院議員総選挙の際更に審査に付し、その後も同様とする。
③ 前項の場合において、投票者の多数が裁判官の罷免を可とするときは、その裁判官は、罷免される。
④ 審査に関する事項は、法律でこれを定める。

意義 国民審査とは、国民が直接投票することで最高裁判所の裁判官を解職する制度であり（判例）、直接民主制の表れである。国民審査は、任命後初めて行われる衆議院議員総選挙の際に実施され、その後は10年経過ごとに初めて行われる衆議院議員総選挙の際に実施される（79条2項）。したがって、裁判官全員が同一のタイミングで国民審査を受けるとは限らない。 09

趣旨 最高裁判所の地位と権能の重要性にかんがみ、最高裁判所裁判官の内閣による恣意的任命を防止するため、最高裁判所裁判官に対する民主的コントロールを及ぼす制度である。

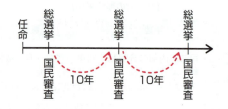

【国民審査の実施】

問題点 国民審査はどのような制度なのか（国民審査の法的性質）。
結論 国民審査は解職の制度（リコール制）であり、国民が裁判官を罷免すべきか否かを決定するものであるから、裁判官の任命を完成させるか否かを審査するものでない（最大判昭27.2.20）。

| 判例 | 国民審査の法的性質（最大判昭27.2.20） |

〈事案〉

　国民審査の投票では、「罷免を可とする」裁判官には×印を記載し、「罷免を可としない」裁判官には何も記載しないことになっている。したがって、国民審査の対象となる裁判官が複数の場合、投票者が一部の裁判官に×印を記入して罷免する旨の投票を行い、他の裁判官は棄権しようとしても、その旨の投票ができない結果、×印のない裁判官は「罷免を可としない」投票となる。このような制度を採用する最高裁判所裁判官国民審査法の規定が棄権の自由を奪うものであって、憲法19条に違反すると主張して、国民審査の無効を求める訴えを提起した。

「罷免を可としない投票」と扱われる

×	×		
A裁判官	B裁判官	C裁判官	D裁判官

〈判旨〉

● 1　国民審査はどのような制度なのか（国民審査の法的性質）

▶▶▶ 解職の制度である。

| 結論 | 最高裁判所裁判官任命に関する国民審査の制度は、その実質においていわゆる解職の制度と見ることができる。 [10] |

| 理由 | 憲法79条2項の字句だけを見ると一見そうでない様にも見えるけれども、これを同条3項の字句と照らし合わせて見ると、国民が罷免すべきか否かを決定する趣旨であって、任命そのものを完成させるか否かを審査するものでないことは明瞭である。 [11] |

● 2　×印がない投票を「罷免を可としない投票」とすることは思想・良心の自由を侵害しないか

▶▶▶ 思想・良心の自由を侵害しない（合憲）。

| 理由 | 罷免する方がいいか悪いかわからない者は、積極的に「罷免を可とする」という意思を持たないこと勿論であり、かかる者の投票に対し「罷免を可とするものではない」との効果を発生せしめることは、何ら意思に反する効果を発生せしめるものではない。 |

| 結論 | したがって、×印がない投票を「罷免を可としない投票」とする最高裁判所裁判官国民審査法の規定は、投票者の思想の自由や良心の自由を制限するものでない。 [10] |

第10章

裁判所

2　司法権の独立・裁判所① 587

③ 報酬の保障

第79条【相当額の報酬の保障、報酬の減額禁止】
⑥　最高裁判所の裁判官は、すべて定期に相当額の報酬を受ける。この報酬は、**在任中、これを減額することができない。**

第80条【相当額の報酬の保障、報酬の減額禁止】
②　下級裁判所の裁判官は、すべて定期に相当額の報酬を受ける。この報酬は、**在任中、これを減額することができない。**

意義　全ての裁判官は、**定期に相当額の報酬を受ける。**報酬の保障は、裁判官の在任中に及ぶので、たとえ病気やケガのため長期間職務を行うことができない状況であっても、さらには懲戒処分によっても、**在任中は報酬を減額することができない。** 12　国会議員のさいひについては憲法上減額可能である

趣旨　報酬面で裁判官の身分を保障している。

② 裁判所の組織

1 最高裁判所と下級裁判所

第76条【司法権の帰属】
①　すべて司法権は、**最高裁判所**及び**法律**の定めるところにより設置する**下級裁判所**に属する。

意義　憲法76条1項は、裁判所は**最高裁判所**と**下級裁判所**で構成され、**下級裁判所の設置については法律事項である**と規定している（76条1項）。この規定を受けて、裁判所法2条1項は、**高等裁判所、地方裁判所、家庭裁判所、簡易裁判所**の4つが下級裁判所であると規定している。

趣旨　憲法上、最高裁判所の設置は明文規定を設けたのに対し、下級裁判所の種類や機構などは明文規定を設けないことで、統一的な法解釈の運用が図られる限り、これらを法律の定めに委ねる趣旨であると解されている。
13

　本条が、最高裁判所と下級裁判所の存在を規定していることから、2階層以上の審級制度をとる必要があると考えられるが、**三審制**（第一審から第三審までの3つの審級の裁判所を設け、原則3回まで審理を受けられる制度）そのものを憲法上明文で保障してはいない。 14

2 裁判官の任命手続・任期・定年

第6条【最高裁判所長官の任命】

② 天皇は、内閣の指名に基いて、**最高裁判所の長たる裁判官**を任命する。

第79条【最高裁判所の構成、最高裁判所判事の任命、定年】

① 最高裁判所は、その長たる裁判官及び法律の定める員数のその他の裁判官でこれを構成し、その長たる裁判官以外の裁判官は、内閣でこれを任命する。

⑤ 最高裁判所の裁判官は、法律の定める年齢に達した時に退官する。

第80条【下級裁判所の裁判官の任命・任期・定年】

① 下級裁判所の裁判官は、最高裁判所の指名した者の名簿によつて、内閣でこれを任命する。その裁判官は、任期を10年とし、再任されることができる。但し、法律の定める年齢に達した時には退官する。

裁判官の任命手続・任期・定年は、下表のとおりである。 **発展** なお、**下級裁判所の裁判官の再任**は、指名・任命権者の自由裁量であり、再任されるのが原則ではないと解されている。 **C**

【裁判官の任命手続・任期・定年の比較】

裁判所	任命手続	任期・定年
最高裁判所	最高裁判所**長官**[*1]（1名） →**内閣の指名に基づき天皇が任命**（6条2項） **15** 最高裁判所**判事**[*1]（裁判所法5条3項で14名と規定する） **16** →**内閣が任命して天皇が認証**（79条1項、7条5号） **15**	・**任期はなし 17** ・**法律の定める年齢に達した時に退官**（79条5項）[*2] **17**
下級裁判所	・最高裁判所の**指名**した者の名簿によって内閣が**任命**（80条1項前段）[*3] ・高等裁判所長官のみ天皇が認証（裁判所法40条2項）	・**任期は10年で再任されることができる**（80条1項後段本文） **17** ・**法律の定める年齢に達した時に退官**（80条1項後段但書）[*4] **17**

※**1** 憲法上、長官は「**長たる裁判官**」、判事は「**長たる裁判官以外の裁判官**」と規定されている（79条1項）。

※**2** 最高裁判所の裁判官の定年は70歳と規定されている（裁判所法50条）。

※**3** **発展** 指名された者について、任命資格要件の明白な欠如がある場合を除いて、内閣は任命を拒否できないと解されている。 **D**

※**4** 高等裁判所・地方裁判所・家庭裁判所の裁判官の定年は65歳、簡易裁判所の裁判官の定年は70歳と規定されている（裁判所法50条）。

2 司法権の独立・裁判所① 589

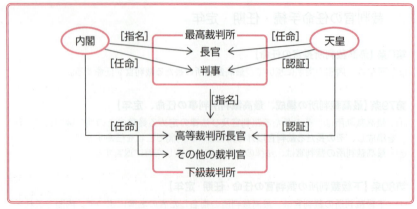

【裁判官の任命手続】

3 最高裁判所の構成

　最高裁判所には、裁判官全員で構成される<u>大法廷</u>と、3人以上の裁判官（通常は5名の裁判官）で構成される<u>小法廷</u>がある（裁判所法9条2項）。

　/発展/ 事件の審理・判断を大法廷で行うか小法廷で行うかは、最高裁判所の定めるところによるのを原則とする。例外として、①法律・命令・規則・処分について初めて憲法判断をするとき、②法令・命令・規則・処分の<u>違憲判決</u>をするとき、③<u>判例変更</u>をする（意見が前に最高裁判所のした裁判に反する）ときは、必ず大法廷によらなければならない（裁判所法10条）。 E

3 最高裁判所の権限

　最高裁判所は、本来の司法権の作用に加えて、①規則制定権、②下級裁判所の裁判官の指名権、③司法行政監督権を有している。これらの権限は、司法権の独立のうちの司法府の独立を具体化したものである。 18

1 規則制定権

① 総説

第77条【最高裁判所の規則制定権】
① 最高裁判所は、訴訟に関する手続、弁護士、裁判所の内部規律及び司法事務処理に関する事項について、規則を定める権限を有する。
② 検察官は、最高裁判所の定める規則に従はなければならない。
③ 最高裁判所は、下級裁判所に関する規則を定める権限を、下級裁判所に委任することができる。

意義 1項は、①訴訟に関する手続、②弁護士、③裁判所の内部規律、④司法事務処理という4つの事項について、最高裁判所が独自に規則を制定することができる権限(規則制定権)を有することを規定する。[19]

最高裁判所が立法権を行使する場合であるため、国会中心立法の例外にあたる。[20]

2項は、最高裁判所の定める規則に、検察官は従わなければならないことを規定する。

3項は、最高裁判所が、下級裁判所に関する規則を定める権限を下級裁判所に委任することができることを規定する。[21]

趣旨 権力分立の見地から、裁判所の自主性・自律性を確保し、裁判実務に通じた裁判所の専門的判断を重視するとともに、司法府内部における最高裁判所の統制権と監督権を強化することにある。

🖊発展 最高裁判所規則の制定をめぐる訴訟において、当該規則の制定に関する裁判官会議に参加したことを理由に、当該参加した裁判官を忌避することはできないとした判例がある(最判平3.2.25)。

② 規則事項を法律で定めることの可否

問題点 上記①〜④の事項(規則事項)を法律で定めることができるか。定めることができる場合、裁判所規則と法律が競合するときは、どちらを優先すべきか。

結論 規則事項は法律で定めることもできる(最判昭30.4.22)。[19]

そして、裁判所規則と法律が競合した場合は法律を優先すべきである(通説)。

理由 法律は国民の代表機関が制定しており、特に刑事手続については憲法31条(適正手続の保障)の趣旨により法律を優先させることが要請されるからである。

2 司法権の独立・裁判所① 591

2 下級裁判所の裁判官の指名権

下級裁判所の裁判官は、最高裁判所の指名した者の名簿によって、内閣で任命する(80条1項前段)。任期は10年で、再任されることができるが(80条1項後段本文)、再任が拒否されることもある。 17

3 司法行政監督権

最高裁判所は最高監督権者として監督権を行使する。具体的には、最高裁判所は、①最高裁判所の職員、②下級裁判所、③下級裁判所の職員を監督する(裁判所法80条1号) 18 。なお、下級裁判所も管轄区域内で監督権を行使する。

発展 ここでの「職員」には裁判官を含むので、裁判官も司法行政監督権の対象となるが、裁判官の裁判権に影響を及ぼし、又はこれを制限することはない(裁判所法81条)。裁判官の職権の独立を侵害しないためである。 F

重要事項 一問一答

01 司法権の独立にはどのような意味があるか?

司法府の独立と裁判官の職権の独立の2つの意味がある。

02 裁判官の職権行使の独立を規定する憲法76条3項の「良心」の意味は?

職業裁判官としての客観的良心を意味する(通説)。

03 立法機関による裁判官の懲戒処分は禁止されるか?

禁止される(通説)。

04 分限裁判による罷免事由は?

心身の故障のために職務を執ることができない場合である(78条前段)。

05 参議院議員通常選挙の際に国民審査を行えるか?

行えない。国民審査は衆議院議員総選挙の際に行われる(79条2項)。

06 国民審査の法的性質は何か?

解職の制度である(判例)。

07 国民審査で裁判官に×印をしなかった場合はどのように扱われるか?

裁判官の罷免を可としない投票として扱われる。

08 最高裁判所長官と最高裁判所判事はそれぞれ何名か?

最高裁判所長官は1名、最高裁判所判事は14名である。

09 下級裁判所の裁判官は誰が任命するのか?

内閣が任命する(80条1項前段)。

10 最高裁判所の裁判官には任期があるか。

任期はないが、定年はある(79条5項)。

11 最高裁判所の規則制定権の対象となる4つの事項は?

①訴訟に関する手続、②弁護士、③裁判所の内部規律、④司法事務処理(77条1項)

12 下級裁判所の裁判官の指名権は誰にあるのか?

最高裁判所にある(80条1項前段)。

▌過去問チェック

01 通説に照らすと、憲法は、すべて裁判官はその良心に従い独立してその職権を行うことを定めているが、ここでいう裁判官の良心とは、裁判官としての客観的な良心をいうのではなく、裁判官個人の主観的な良心をいうと解する。

×(区2013改題)「裁判官としての客観的な良心をいうのではなく、裁判官個人の主観的な良心をいうと解する」が誤り。

02 日本国憲法においては司法権の独立が著しく強化されているが、司法権の独立とは、司法権が立法権や行政権から独立していることを意味するにとどまり、裁判官が裁判を行う際には、裁判所の組織の秩序維持の観点から、司法部内における上司や管理者からの指示や命令に従う必要がある。

×(税2007)「司法権が立法権や行政権から独立していることを意味するにとどまり、裁判官が裁判を行う際には、裁判所の組織の秩序維持の観点から、司法部内における上司や管理者からの指示や命令に従う必要がある」が誤り。

03 通説に照らすと、裁判官に、職務上の義務に違反し、若しくは職務を怠り、又は品位を辱める行状があったとき、行政機関が懲戒処分を行うことはできないが、立法機関である国会は懲戒処分を行うことができる。

×(区2017改題)「立法機関である国会は懲戒処分を行うことができる」が誤り。

04 裁判官に職務上の義務違反がある場合には、裁判によって懲戒処分に付すことができるところ、懲戒処分の種類は、裁判官分限法で免職、戒告、過料の三つが定められている。

×(税2014)「免職」「三つ」が誤り。

05 裁判官は、分限裁判により、回復の困難な心身の故障のために職務を執ることができないと決定された場合には、罷免される。

○(区2013)

第10章 裁判所

2 司法権の独立・裁判所① 593

06 最高裁判所の裁判官については、下級裁判所の裁判官と同様に両議院の議員
で組織される弾劾裁判所の弾劾の対象となり得るほか、特に国民審査の制度が設け
られており、国民審査の結果、投票者の多数が裁判官の罷免を可とするときは、そ
の裁判官は罷免される。

○（国般2009）

07 最高裁判所の裁判官は、罷免すべきか否かを決定する国民審査に付されるの
で、職務を甚だしく怠った場合であっても、弾劾裁判により罷免されることがな
い。

×（区2002）「弾劾裁判により罷免されることがない」が誤り。

08 最高裁判所の裁判官の任命は、任命後に初めて行われる衆議院議員総選挙又
は参議院議員通常選挙の際、国民の審査に付し、その後10年を経過後に初めて行
われる衆議院議員総選挙又は参議院議員通常選挙の際、更に審査に付する。

×（区2017）「又は参議院議員通常選挙」「又は参議院議員通常選挙」が誤り。

09 最高裁判所裁判官は、衆議院議員総選挙のたびごとに、15人の裁判官全員に
ついて、国民審査に付される。国民審査は、罷免を可とすべき裁判官に×印を付
し、罷免をすべきでない裁判官及び可否を保留する裁判官には何も記入しない方法
により行われる。

×（労2011）「15人の裁判官全員について」が誤り。

10 最高裁判所裁判官の国民審査制度の実質はいわゆる解職の制度とみることが
できるから、白票を罷免を可としない票に数えても思想良心の自由に反しない。

○（裁2019）

11 最高裁判所の裁判官がその任命後初めて行われる衆議院議員総選挙の際に国
民審査に付される趣旨は、内閣による任命の可否を国民に問い、当該審査により任
命行為を完成又は確定させるためであるとするのが判例である。

×（国般2005）「当該審査により任命行為を完成又は確定させるためであるとするのが判例である」
が誤り。

12 裁判官は、定期に相当額の報酬を受けると定められているが、行政機関は、
懲戒処分として、その報酬を減額することができる。

×（区2013）「行政機関は、懲戒処分として、その報酬を減額することができる」が誤り。

13 憲法においては、最高裁判所の設置について明示がある一方、下級裁判所の種類、機構等については直接明示するところがないことから、統一的な法令解釈の運用が図られる限り、これらの事項については法律に委ねられているものと一般に解されている。

○（国般2015）

14 憲法は、歴史的に確立された近代的裁判制度を前提とした裁判を受ける権利を人権として保障し、裁判制度として、裁判の公開や三審制の審級制度を明文で規定している。

×（国般2018）「や三審制の審級制度」が誤り。

15 最高裁判所の長たる裁判官は、国会の指名に基づいて天皇が任命し、長たる裁判官以外の裁判官は、国会でこれを任命する。

×（裁2019）「国会の指名に基づいて」「国会でこれを任命する」が誤り。

16 憲法は、最高裁判所の長たる裁判官以外の裁判官の人数については法律でこれを定めることとしており、裁判所法が、その人数を14人と定めている。

○（裁2020）

17 最高裁判所の裁判官は、任期は定められていないが、法律の定める年齢に達した時に退官し、下級裁判所の裁判官は、任期を10年とし、再任されることができるが、法律の定める年齢に達した時には退官する。

○（区2017）

18 最高裁判所は、本来の裁判権のほかに、規則制定権、下級裁判所裁判官の指名権、下級裁判所及び裁判所職員に対する監督などの司法行政の監督権を有する。

○（税2014）

19 憲法第77条第1項において、最高裁判所は、訴訟に関する手続、弁護士、裁判所の内部規律及び司法事務処理に関する事項について規則を定める権限を有するものと定められているから、これらの事項について法律で定めることはできない。

×（裁2019）「これらの事項について法律で定めることはできない」が誤り。

20 最高裁判所による規則の制定は、「国会中心立法の原則」の例外であると一般に解されている。

2　司法権の独立・裁判所①　595

○（財2015改題）

21 最高裁判所は、裁判所の内部規律に関する事項について規則を制定する権限を有しているが、下級裁判所に関する規則を定める権限を下級裁判所に委任してはならない。

×（労2009）「下級裁判所に関する規則を定める権限を下級裁判所に委任してはならない」が誤り。

A 憲法第41条は、国会は、「国の唯一の立法機関である」旨を定めているが、憲法改正について国会は発議ができるに過ぎないことから、同条にいう「立法」は、「すべて裁判官は、その良心に従ひ独立してその職権を行ひ、この憲法及び法律にのみ拘束される」と規定する第76条第3項の「法律」と同義である。

×（労2005）「同義である」が誤り。

B 裁判官の職権の独立は、各裁判官に対する外部からの干渉や圧力の排除を目的とするものであるから、地方裁判所の所長が当該裁判所に所属する裁判官の担当する事件の内容について具体的示唆を与えることは、裁判官の職権の独立の侵害には当たらない。

×（国般2001）「裁判官の職権の独立の侵害には当たらない」が誤り。

C 下級裁判所の裁判官は、司法権の独立の観点から最高裁判所が任命することとされている。また、任命された裁判官の任期は10年とされているが、心身の故障に基づく職務不能の場合のほか、成績不良など不適格であることが客観的に明白である場合でない限り、再任されるのが原則である。

×（国般2005）「司法権の独立の観点から最高裁判所が任命することとされている」「心身の故障に基づく職務不能の場合のほか、成績不良など不適格であることが客観的に明白である場合でない限り、再任されるのが原則である」が誤り。

D 通説に照らすと、下級裁判所の裁判官は、最高裁判所の指名した者の名簿によって内閣が任命するが、明白に任命資格が欠如する場合であっても、内閣は任命を拒否することができない。

×（区2002改題）「内閣は任命を拒否することができない」が誤り。

E 憲法その他法令の解釈適用について、意見が前に最高裁判所の行った裁判に反するときは、最高裁判所の小法廷における審理及び裁判により判例を変更することができる。

×（区2010）「最高裁判所の小法廷における審理及び裁判により判例を変更することができる」が誤り。

F 行政機関の場合と同様に、下級審の裁判所は、上級審の裁判所の一般的な指揮命令に服することから、下級審の裁判に不服のある訴訟当事者が上級審に不服申立てをした場合に、上級審は、理由ありと認めるときは、下級審の裁判を取り消したり、変更したりする裁判ができる。

×（国般2015）「行政機関の場合と同様に、下級審の裁判所は、上級審の裁判所の一般的な指揮命令に服することから」が誤り。

国般★★★／国専★★★／裁判所★★★／特別区★★★／地上★★★

3 裁判所②

本節では、特別裁判所の禁止、行政機関による終審裁判の禁止、裁判の公開を扱います。裁判の公開は頻出のテーマです。

1 特別裁判所の禁止

1 総説

第76条【特別裁判所の禁止】
② 特別裁判所は、これを設置することができない。行政機関は、終審として裁判を行ふことができない。

意義 本条は、司法権は通常裁判所が行使するので、特別裁判所の設置は禁止されることを規定した(76条2項前段)。 01

　　明治憲法下では、特別裁判所の設置が禁止されておらず、軍法会議、皇室裁判所、行政裁判所といった特別裁判所が存在していた。

趣旨 平等原則の観点や法解釈の統一性の確保にある。平等原則の観点とは、特定の地域、身分、事件などに限り、通常裁判所への救済を申し立てることができないという不平等性を排除することを意味する。

① 特別裁判所とは

特別裁判所とは、特定の地域、身分、事件などに関して、最高裁判所を頂点とする通常裁判所の系列の外(裁判に不服があっても通常裁判所に不服申立てをすることができない)に独立して設置される裁判所である。

② 憲法が認める特別裁判所

憲法が例外的に認めている特別裁判所として、①裁判官の弾劾裁判を国会の設ける弾劾裁判所(裁判官弾劾裁判所)で行うこと(64条)、②国会議員の資格争訟についての裁判を当該議員が所属する議院で行うこと(55条)が挙げられる。 01

司法裁判所に救済が求められない

598 第10章 統治Ⅲ

【通常裁判所と特別裁判所】

2 家庭裁判所は特別裁判所に当たるか

家事事件や少年事件の審判を扱う家庭裁判所のように特別の人又は事件を扱う裁判所は、通常裁判所の系列に属している限り、特別裁判所には該当しない（最大判昭31.5.30）。02

判例　家庭裁判所と特別裁判所（最大判昭31.5.30）

〈事案〉

A（20歳以上）は、2名の少女（18歳未満）に売春をさせたとして、❶児童福祉法60条違反の罪（児童に淫行をさせる行為に関する罪）により家庭裁判所に起訴された。これに対して、❷Aは、家庭裁判所が特別裁判所に該当すると主張して争った。

〈判旨〉

● 家庭裁判所は特別裁判所に該当するか

▶ 該当しない。

理由　すべて司法権は最高裁判所及び法律の定めるところにより設置する下級裁判所に属するところであり、家庭裁判所はこの一般的に司法権を行う通常裁判所の系列に属する下級裁判所として裁判所法により設置されたものに外ならない。03

結論　したがって、家庭裁判所は一般的に司法権を行う通常裁判所であって、憲法76条2項にいう特別裁判所ではない。03

〈解説〉　2008年成立の少年法改正により少年法37条が削除されたため、現在では、児童福祉法60条違反の罪を犯した場合の第一審は、原則として地方裁判所となる。

2 行政機関による終審裁判の禁止

第76条【終審裁判の禁止】
② 特別裁判所は、これを設置することができない。行政機関は、終審として裁判を行ふことができない。

意義 行政機関は終審として裁判を行うことができない（76条2項後段）。このように、憲法上は終審としての裁判を禁止するだけなので、前審として行政機関が裁判をすることは妨げられない（裁判所法3条2項）。 `04`

具体例として、課税処分の不服申立の審判をする国税不服審判所や海難審判所による海難審判などがある。

趣旨 通常裁判所への不服申立てを可能とする限り、専門技術性が高い事件については、まずは行政機関に判断をさせてもよいという趣旨である。

3 裁判員制度 /発展

平成21年（2009年）から国民が刑事裁判に参加する制度として裁判員制度が導入されている。根拠法が「裁判員の参加する刑事裁判に関する法律」（裁判員法）であることからわかるように、民事裁判は裁判員制度の対象外である。

裁判員制度は陪審制度とは異なる。陪審制度とは、被告人の有罪又は無罪の判断を国民から選ばれた陪審員のみで行い、法解釈と量刑を職業裁判官のみで行う制度である。我が国でも陪審制度を採用することは可能である（裁判所法3条3項参照）。 `A`

【裁判員制度の概要】

対象事件	一定の重大犯罪（殺人罪、強盗致死傷罪、現住建造物等放火罪、身代金目的誘拐罪、危険運転致死罪等）に係る事件について地方裁判所（第一審）で行われる刑事裁判
裁判員の資格	衆議院議員の選挙権を有する者
合議体の構成	6名の裁判員と3名の職業裁判官で構成されるのが原則
合議体で行うこと	裁判員と職業裁判官が共同して被告人の有罪又は無罪と有罪とする場合の量刑について決定するが、法解釈については職業裁判官のみで決定する
有罪判決の言渡しの要件	合議体の過半数が有罪と意見し、かつ、裁判員及び職業裁判官のそれぞれ1人以上が有罪と意見している

/発展 裁判員制度については、憲法31条、32条、37条1項、76条1項、3項等

の各規定に違反するのではないかが争われているが、**違反しないとするのが判例で**ある（最大判平23.11.16）。

4 裁判の公開

1 総説

第82条【裁判の公開】
① 裁判の対審及び判決は、公開法廷でこれを行ふ。

意義 本条は、裁判の対審や判決を公開された法廷において行うこと（裁判の公開）を規定している。

趣旨 裁判を一般に公開して裁判が公正に行われることを制度として保障する（制度的保障）ことによって、裁判に対する国民の信頼を確保しようとすることにある（最大判平1.3.8、レペタ事件）。

〈解説〉 判例は、裁判所の許可を得なければ公判廷における写真撮影ができないとする刑事訴訟規則の規定が、公開の法廷における対審及び判決を定めた憲法の規定に違反しないとしている（最大決昭33.2.17、北海タイムス事件）。**05**

【対審と判決の意味】

対審	裁判官の面前で当事者が口頭で各々の主張を述べること ・民事裁判・行政裁判→口頭弁論手続 ・刑事裁判→公判手続（**発展** 公判期日前の被告人の訊問、再審を開始するかどうかを定める手続は当たらない **B** **C**）
判決	裁判所が対審を経たうえで示す最終的な判断のこと ・民事裁判・行政裁判→原告の勝訴・敗訴の判断 ・刑事裁判→被告人の有罪・無罪、有罪とする場合の刑罰の判断

2 「裁判」の意味

公開・対審・判決の手続を必要とする「裁判」の意味については、憲法32条（裁判を受ける権利）の「裁判」との関係で問題となる。

問題点 憲法82条1項の「裁判」はどのような意味であるか。

結論 憲法82条1項の「裁判」とは、憲法32条の「裁判」と同じ意味であって、当事者間の実体的権利義務の存否に争いがあり、これを終局的に確定することを目的とする訴訟事件（純然たる訴訟事件）についての裁判のことを意味する（最大決昭40.6.30）。**06**

3 裁判所② 601

理由 実体的権利義務の存否の確定は司法権の主たる作用で、最も公正に判断しなければならないので、公開・対審・判決の手続を必要とする。

しかし、家事審判などの非訟事件は、当事者のプライバシー保護や実情に沿った妥当な解決が要請され、しかも実体的権利義務の存在を前提とした争いであるから、必ずしも公開・対審・判決の手続を必要としない。

発展 他にも、少年保護事件の審判、秩序罰として過料を科す場合とこれに対する不服申立てについても、公開・対審・判決の手続は不要とされている(秩序罰、過料については行政法で学習する)。 D E

〈解説〉 訴訟事件は、公開・対審・判決の手続が必要となり、裁判所で国民が傍聴することができる裁判で、原告・被告の形で争っているもので、最終的には勝訴・敗訴という結論が出るものである。

【訴訟事件と非訟事件(判例による分類)】

訴訟事件 (純然たる訴訟事件)	実体的権利義務の**存否自体の争い**を終局的に解決することを目的とする事件 06 07 (例)夫婦同居の義務の存否に争いがある、婚姻費用の分担義務の存否に争いがある、相続権の存在について争いがある場合に、その存否を終局的に確定するための事件
非訟事件	実体的権利義務の**存在を前提**として、その具体的な実現方法などの争いを解決することを目的とする事件 (例)**夫婦同居の審判**(同居の義務が存在することを前提として同居の時期、場所、態様等について具体的内容を定める事件)、**遺産分割審判**(相続権、相続財産等の存在を前提にして、遺産の分割を定める事件)、**婚姻費用分担審判**(婚姻費用の分担義務の存在を前提として、その分担額を定める事件) 08 09

| 判例 | 夫婦同居や婚姻費用分担に関する審判と裁判の公開(最大決昭40.6.30) |

〈事案〉

夫婦同居の審判、婚姻費用分担に関する審判を受けた者が、これらの審判が非公開の審理を受けて行われたことについて、憲法上の裁判の公開原則に違反するから取り消されるべきと主張した。家事審判法(当時)は、夫婦の同居その他夫婦間の協力扶助に関する事件及び婚姻費用の分担等の事件を審判事項としており、非公開の審判手続により審判の形式をもって裁判すべき旨を規定していた。

以下の判旨は「婚姻費用分担に関する審判」についてである。

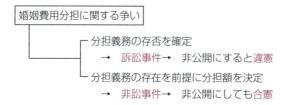

〈判旨〉

● 1 憲法32条、82条1項にいう「裁判」とは何か

▶ 当事者間の実体的権利義務の存否に争いがあり、これを終局的に確定することを目的とする訴訟事件(純然たる訴訟事件)をいう。

理由 憲法32条が基本的人権として裁判請求権を認めると同時に、憲法82条が法律上の実体的権利義務自体を確定する純然たる訴訟事件の裁判については公開の原則の下における対審及び判決によるべき旨を定めたものであって、これにより近代民主社会における人権の保障が全うされる。

結論 したがって、性質上純然たる訴訟事件につき当事者の意思いかんに拘らず、終局的に事実を確定し、当事者の主張する実体的権利義務の存否を確定するような裁判が、憲法所定の例外の場合を除き、公開の法廷における対審及び判決によってなされないとするならば、それは憲法82条に違反すると共に憲法32条が基本的人権として裁判請求権を認めた趣旨をも没却する。 07

● 2 婚姻費用分担に関する審判の手続は公開法廷による対審・判決によるべきか

▮▮▷ 公開法廷による対審・判決によってなされる必要はない。

理由 ① 家事審判法（当時）の婚姻費用分担に関する審判は、民法760条を受けて婚姻から生ずる費用の分担額を具体的に形成決定し、その給付を命ずる裁判であって、

② 家庭裁判所が一切の事情を考慮して、後見的立場から、合目的の見地に立って、裁量権を行使して、その具体的分担額を決定するものであるから、その性質は非訟事件の裁判であり、純然たる訴訟事件の裁判ではない。

結論 したがって、公開の法廷における対審及び判決によってなされる必要はなく、家事審判法の規定に従ってした本件審判は何ら憲法の規定に反するものではない。

〈解説〉 判例は、夫婦の同居義務等に関する審判についても、当該審判が夫婦に同居義務等があることを前提としてなされるので、その性質は非訟事件の裁判であって、純然たる訴訟事件の裁判ではないから、憲法32条、82条に違反しないとしている（最大決昭40.6.30）。 08

〈参照〉 ●民法752条（同居、協力及び扶助の義務）：

夫婦は同居し、互いに協力し扶助しなければならない。

●民法760条（婚姻費用の分担）：

夫婦は、その資産、収入その他一切の事情を考慮して、婚姻から生ずる費用を分担する。

3 裁判の公開に関する判例

　裁判の公開に関連して、**憲法82条１項は、裁判の傍聴を要求する権利や法廷でメモを取る自由を保障するものではない**とした判例がある（最大判平1.3.8、レペタ事件）。

　また、同判例などの趣旨から、**憲法21条、82条の各規定が刑事確定訴訟記録**（確定した刑事裁判の訴訟記録）**の閲覧を権利として要求できることまでを認めたものでない**とした判例もある（最決平2.2.16）。 10

判例 レペタ事件（最大判平1.3.8） P.185

〈事案〉

●第3章 **5** 節「表現の自由①」参照。

604 第10章 統治Ⅲ

〈判旨〉

● 1 　裁判の公開の趣旨は何か

▮▮▶ **公開を制度として保障して、裁判に対する国民の信頼を確保する（制度的保障）。**

結論 　憲法82条1項の趣旨は、裁判を一般に公開して裁判が公正に行われることを制度として保障し、ひいては裁判に対する国民の信頼を確保しようとすることにある。 [11]

● 2 　憲法82条の規定により裁判の傍聴や法廷でメモを取ることは権利として保障されるか

▮▮▶ **権利としては保障されない。**

結論 　裁判の公開が制度として保障されていることに伴い、各人は、裁判を傍聴することができることとなるが、憲法82条1項の規定は、各人が裁判所に対して傍聴することを権利として要求できることまでを認めたものでないことはもとより、傍聴人に対して法廷においてメモを取ることを権利として保障しているものでないことも、いうまでもないところである。 [11] [12] 憲法21条の精神に照し保障される

発展 裁判長が法廷の秩序を維持するために退廷を命じるなどの必要な措置をとる（裁判所法71条2項）ことも公開原則に反しない。 [F]

発展 主に性犯罪の被害者に対して証人尋問を行う場合、プライバシーを保護するために、裁判所が遮へい措置やビデオリンク方式を採用する場合がある（刑事訴訟法157条の5、157条の6）。判例は、これらの措置を採用することが裁判の公開に違反しないとしている（最判平17.4.14）。

4 裁判の公開の例外

第82条【裁判の公開】
① 　裁判の対審及び判決は、公開法廷でこれを行ふ。
② 　裁判所が、裁判官の全員一致で、公の秩序又は善良の風俗を害する虞があると決した場合には、対審は、公開しないでこれを行ふことができる。但し、政治犯罪、出版に関する犯罪又はこの憲法第3章で保障する国民の権利が問題となつてゐる事件の対審は、常にこれを公開しなければならない。

　裁判官全員の一致によって、公の秩序又は善良の風俗を害するおそれがあると決定した場合は、対審を非公開とすることができる（82条2項本文）。ただし、①政治犯罪、②出版に関する犯罪、③憲法第3章で保障する国民の権利が問題となっている事件は、たとえ公の秩序や善良な風俗を害するとしても、対審を非公開とすることができない（82条2項但書）。 [13]

　これに対して、判決には憲法82条2項本文のような例外がないので、判決は非

第10章 裁判所

3　裁判所② 605

公開とすることができない（判決は常に公開）。 14

【裁判の公開】

	政治犯罪、出版に関する犯罪、憲法第3章で保障する国民の権利が問題となっている事件	その他の事件
対審	常に公開	裁判官全員の一致で非公開にできる
判決	常に公開	常に公開

重要事項 一問一答

01 憲法上設置が禁止される特別裁判所とは何か？

最高裁判所を頂点とする通常裁判所の系列の外に独立して設置される裁判所である。

02 行政機関が裁判を行うことは一切できないか？

終審として裁判を行えないにとどまる（76条2項後段）から、前審としてなら行える。

03 裁判員制度による裁判体は特別裁判所に該当するか？

特別裁判所には該当しない（判例）。

04 裁判の公開の法的性格は？

制度的保障である（判例）。

05 裁判の公開を規定する憲法82条1項の「裁判」とは何か？

当事者間の実体的権利義務の存否に争いがあり、これを終局的に解決することを目的とする訴訟事件についての裁判（判例）。

06 裁判の公開を規定する憲法82条1項は、法廷でメモを取る自由を保障しているか？

保障していない（判例）。

07 政治犯罪の対審は、公の秩序を害するとしても公開しなければならないか？

常に公開しなければならない（82条2項但書）。

過去問チェック

01 憲法は特別裁判所の設置を禁止するが、その憲法上の例外として弾劾裁判所の設置が認められている。

○（裁2004）

02 司法権は全て通常の司法裁判所が行使するため、特別裁判所は設置することができないとされており、最高裁判所の系列下に所属させる場合であっても、特定

606 第10章 統治Ⅲ

の人や種類の事件について裁判をするための裁判機関を設けることは認められていない。

×（国般2017改題）「最高裁判所の系列下に所属させる場合であっても、特定の人や種類の事件について裁判をするための裁判機関を設けることは認められていない」が誤り。

[03] 憲法上、すべて司法権は最高裁判所及び法律の定めるところにより設置する下級裁判所に属し、特別裁判所を設置することはできないとされているが、家庭裁判所はその例外として設置されており、特別裁判所に該当するが、終審の裁判所ではないことから合憲であるとするのが判例である。

×（税2010）「家庭裁判所はその例外として設置されており、特別裁判所に該当するが、終審の裁判所ではないことから合憲であるとするのが判例である」が誤り。

[04] 全て司法権は、最高裁判所及び法律の定めるところにより設置する下級裁判所に属するため、行政機関による裁判は一切認められないと一般に解されている。

×（税2017）「行政機関による裁判は一切認められないと一般に解されている」が誤り。

[05] 最高裁判所の判例に照らすと、新聞が真実を報道することは、憲法の認める表現の自由に属し、また、そのための取材活動も認められなければならず、公判廷における写真の撮影は裁判所の許可を得なければすることができないとの刑事訴訟規則の規定は、公開の法廷における対審及び判決を定めた憲法の規定に違反する。

×（区2009改題）「公開の法廷における対審及び判決を定めた憲法の規定に違反する」が誤り。

[06] 裁判を受ける権利（憲法32条）の「裁判」とは、憲法82条が定める公開・対審・判決という原則が保障される訴訟事件の裁判に限らず、家庭裁判所で行われる家事審判のような非訟事件の裁判も含まれると解されている。

×（裁2013）「に限らず、家庭裁判所で行われる家事審判のような非訟事件の裁判も含まれると解されている」が誤り。

[07] 終局的に事実を確定し当事者の主張する実体的権利義務の存否を確定することを目的とする純然たる訴訟事件については、原則として公開の法廷における対審及び判決によらなければならない。

○（裁2021）

[08] 家事事件手続法に基づく夫婦同居の審判は、夫婦同居の義務等の実体的権利義務自体を確定する趣旨のものではないとしても、これら実体的権利義務の存する

第10章 裁判所

3 裁判所② 607

ことを前提として、同居の時期、場所、態様等について具体的内容を定め、また必要に応じてこれに基づき給付を命ずる処分であると解されるから、これを公開しないことは憲法第82条第1項に違反する。

× (裁2018)「これを公開しないことは憲法第82条第1項に違反する」が誤り。

[09] 家事事件手続法に基づく遺産分割審判は、公開の法廷における対審及び判決によらなくても憲法第82条第1項に反しない。

○ (区2021改題)

[10] 刑事事件の確定訴訟記録の閲覧は、裁判の公開を定めた憲法第82条から当然に保障される権利であることから、閲覧記録の公開につき例外を定めた刑事確定訴訟記録法は違憲であるとするのが判例である。

× (税2010)「裁判の公開を定めた憲法第82条から当然に保障される権利であることから、閲覧記録の公開につき例外を定めた刑事確定訴訟記録法は違憲であるとするのが判例である」が誤り。

[11] 憲法82条1項の趣旨は、裁判を一般に公開して裁判が公正に行われることを制度として保障し、ひいては裁判に対する国民の信頼を確保しようとすることにあるから、憲法82条1項は、各人が裁判所に対して傍聴することを権利として要求できることを認めたものと解される。

× (裁2014)「各人が裁判所に対して傍聴することを権利として要求できることを認めたものと解される」が誤り。

[12] 憲法第82条により、裁判の公開が制度として保障されていることに伴い、何人も裁判を傍聴することを権利として要求することが認められ、また、傍聴人には、法廷においてメモを取ることが権利として保障されているとするのが判例である。

× (税2007)「何人も裁判を傍聴することを権利として要求することが認められ」「法廷においてメモを取ることが権利として保障されているとするのが判例である」が誤り。

[13] 憲法第3章で保障する国民の権利が問題となっている事件の対審は、原則として公開して行う必要があるが、裁判官の全員一致で、公の秩序又は善良な風俗を害するおそれがあると決した場合には、公開しないで行うことができ、これに係る判決についても公開しないで行うことができる。

× (国般2015) 全体が誤り。

14 裁判所が、裁判官の全員一致で、公の秩序又は善良の風俗を害するおそれがあると決定した場合には、対審及び判決は、公開しないでこれを行うことができる。

×（財2017改題）「及び判決」が誤り。

A 全て司法権は最高裁判所及び下級裁判所に属するため、一般国民の中から選任された陪審員が審理に参加して評決するような制度は、職業裁判官が陪審の評決に拘束されないとしても憲法上認められないが、一般国民の中から選任された裁判員が職業裁判官と合議体を構成して裁判を行う制度は、憲法上認められるとするのが判例である。

×（国般2017）「職業裁判官が陪審の評決に拘束されないとしても憲法上認められないが」が誤り。

B 最高裁判所の判例に照らすと、裁判所が公判期日における取調べを準備するため、公判期日前に被告人を訊問することは、公判そのものではないとしても、公判の審理が完全に行われるための準備であり、判決に至る「裁判の対審」に当たるため、公開の法廷における対審によってなされない限り、憲法に違反する。

×（区2009改題）「判決に至る『裁判の対審』に当たるため、公開の法廷における対審によってなされない限り、憲法に違反する」が誤り。

C 最高裁判所の判例に照らすと、刑事裁判については、刑罰権の存否並びに範囲を定める手続だけではなく、再審を開始するかどうかを定める手続についても、公開法廷における対審及び判決によらなければならない。

×（区2003改題）「再審を開始するかどうかを定める手続についても、公開法廷における対審及び判決によらなければならない」が誤り。

D 少年保護事件の審判を非公開で行うことは、憲法82条に定める裁判の公開の原則に反する。

×（裁2002改題）「憲法82条に定める裁判の公開の原則に反する」が誤り。

E 民事上の秩序罰としての過料を科する作用は、その実質においては、一種の行政処分としての性質を有するものであるから、法律上、裁判所がこれを科することにしている場合でも、公開の法廷における対審及び判決による必要はないが、過料の裁判に対する不服申立ての手続は、最終的には純然たる訴訟事件として処理すべきものであり、公開の法廷における対審及び判決による必要がある。

×（国般2000）「最終的には純然たる訴訟事件として処理すべきものであり、公開の法廷における対

第**10**章

裁判所

3　裁判所② 609

審及び判決による必要がある」が誤り。

F 法廷で大声で騒ぐ傍聴人に対し、裁判長が退廷を命じその傍聴を禁止することは、憲法82条に定める裁判の公開の原則に反する。

×（裁2002改題）「憲法82条に定める裁判の公開の原則に反する」が誤り。

国般★★☆／国専★★★／裁判所★★★／特別区★★★／地上★☆☆

違憲審査権

本節では、違憲審査権の法的性格が、違憲審査の可否や違憲判決の効力にどのように影響するのかを学習します。

1 違憲審査権の意義と法的性格

1 総説

第81条【法令審査権と最高裁判所】
最高裁判所は、一切の法律、命令、規則又は処分が憲法に適合するかしないかを決定する権限を有する終審裁判所である。

意義 本条は、最高裁判所が、違憲審査権を行使する終審裁判所であることを規定する。
違憲審査制とは、裁判所が法律、命令、規則、処分が憲法に適合するかどうかを審査したうえで、憲法に違反すると判断したものを無効とする制度である。違憲審査制は法の支配の表れであるといわれている。 01

趣旨 憲法の最高法規性（98条1項）を裁判所の違憲審査を通じて担保し、国民の憲法上の権利の保障及び憲法規範の一般的保障（憲法秩序の維持）を行おうとするとともに、権力分立の観点から政治部門（立法府・行政府）の統制・監視を行おうとすることを趣旨とする。 01

2 違憲審査制の法的性質

違憲審査制には、抽象的違憲審査制と付随的違憲審査制がある。ドイツなどのヨーロッパ大陸の一部は抽象的違憲審査制を採用し（ヨーロッパ大陸型）、アメリカは付随的違憲審査制を採用している（アメリカ型）。

【抽象的違憲審査制と付随的違憲審査制】

	抽象的違憲審査制 （ヨーロッパ大陸型）	付随的違憲審査制 （アメリカ型）
意義	特別に設置された憲法裁判所（憲法判断を行うために設置を認められた裁判所）が、具体的事件を離れて一般的・抽象的に法令の違憲審査を行うことができるとする立場 02	通常裁判所が、具体的な争訟を裁判する際に、その前提として具体的事件を解決するのに必要な限度において、適用する法令の違憲審査を行うことができるとする立場 02
要件	法律上の争訟は不要	法律上の争訟が必要
主たる目的	違憲の法令を排除して、**憲法を頂点とする法体系の整合性を確保する**ことを主たる目的とする（憲法保障型）	個人の権利保護を主たる目的とする（私権保障型）

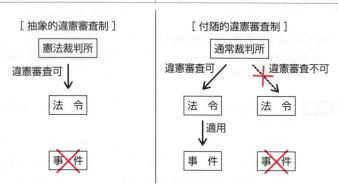

問題点	我が国の違憲審査制はどちらを採用しているか。
結論	我が国の違憲審査制は**付随的違憲審査制**を採用している（最大判昭27.10.8、**警察予備隊違憲訴訟**）。したがって、裁判所が違憲審査を行うための前提として、提起された訴訟が法律上の争訟に該当することが必要である。 02 03
理由	① 違憲審査制がアメリカの判例法理の影響を受けて設けられた。 ② 憲法81条が「第6章　司法」の章にあるから、**違憲審査権は司法権の作用（具体的事件を法の適用によって解決する国家作用）に付随するものとして設けられた**。 ③ 抽象的違憲審査制であれば、憲法に提訴権者や判決の効力に関する特別の規定が存在するはずであるが、そのような特別の規定が存在しない。

P.557

| 判例 | **警察予備隊違憲訴訟**(最大判昭27.10.8) |

〈事案〉

●本章 **1** 節 **4** 項「法律上の争訟に該当しない場合」参照。

〈判旨〉

● **具体的事件を離れて法律命令等の違憲審査を行うことができるか**

▶▶▶ **できない。**

| 理由 | ① 最高裁判所は法律命令等に関し違憲審査権を有するが、この権限は司法権の範囲内において行使されるものであり、この点においては最高裁判所と下級裁判所との間に異なるところはないのである(憲法76条1項参照)。
② 現行の制度の下においては、特定の者の具体的な法律関係につき紛争の存する場合においてのみ裁判所にその判断を求めることができるのであり、 03 |

| 結論 | 裁判所がかような具体的事件を離れて抽象的に法律命令等の合憲性を判断する権限を有するとの見解には、憲法上及び法令上何等の根拠も存しない。 03 |

抽象的審査性の否定

2 違憲審査権の主体

　憲法81条が「**最高裁判所は、…**」と規定しており、違憲審査の主体が最高裁判所のみであるかのように読めることから、下級裁判所も違憲審査権を行使することができるかどうかが問題となる。

| 問題点 | 下級裁判所も違憲審査権を行使することができるか。 |

| 結論 | 憲法81条は、最高裁判所が違憲審査権を有する終審裁判所であることを明らかにした規定であって、下級裁判所が違憲審査権を有することを否定する趣旨ではない(最大判昭25.2.1)。 04 |

| 理由 | 裁判官は、憲法及び法律に拘束され(76条3項)、憲法尊重擁護義務を負うので(99条)、具体的事件に法令を適用して裁判するに際し、その法令の憲法適合性を判断することは、**憲法が裁判官に課した職務と職権**であって、これは最高裁判所の裁判官であるか下級裁判所の裁判官であるかを問わない。 04 |

〈解説〉　✎**発展** 簡易裁判所が民事裁判の第一審の場合、簡裁(第一審)→地裁(控訴審)→高裁(上告審)となり、高等裁判所で裁判は終結する。下級裁判所が違憲審査権を行使できるとしても、最高裁判所が違憲審査権を有する終審裁判所であるから、高等裁判所が上告審としてした判決に対しては、当該判決の違憲を理由とするのであれば、最高裁判所への上訴を認めなければな

4　違憲審査権　613

らない。これを認める制度が特別上告である(民事訴訟法327条)。 A

3 違憲審査の対象

憲法81条は、違憲審査の対象が「一切の**法律、命令、規則又は処分**」であると規定していることから、憲法では明示していないものが違憲審査の対象になるかどうかが問題となる。

1 裁判・条例に対する違憲審査

問題点 裁判は違憲審査の対象に含まれるか。
結論 **違憲審査の対象に含まれる**(最大判昭23.7.8) 05 。なお、行政機関や立法機関の行為も「処分」に含まれるので、違憲審査の対象になる。
理由 裁判は、個々の事件に具体的処置をつけるもので、その本質は「**処分**」の一種である。 05

発展 違憲審査制は憲法秩序の維持を趣旨とするので、**憲法の下にある国内法規範は全て違憲審査の対象となる**と解されている(通説)。したがって、「法律」に準じるものか、それとも「命令」に含まれるのかは争いがあるものの、**条例は違憲審査の対象となる**。

2 条約に対する違憲審査

条約は、国内法規範としての性質のみならず、外国との間で締結される国際的な法規範という性質も有する。したがって、条約に対する違憲審査については、①憲法と条約の優劣関係、②条約に対する違憲審査の可否が問題になる。

問題点❶ 憲法と条約はどちらが優位にあるか。
《A説》 **憲法優位説**(通説)
憲法が条約に優越する。 06
理由 ① 条約締結権・承認権は憲法の授権に基づくもので(73条3号)、内閣・国会の構成員は憲法尊重擁護義務を負っている(99条)。
② 憲法98条1項は、国内法秩序における憲法の最高法規性を宣言した規定であって、国際的な法規範でもある条約が除かれているのは当然である。
③ 条約優位説を採用すると、法律より簡易な手続(61条)で成立する条約により憲法が改正されることになり、**国民主権**と**硬性憲法**の建前に反する。
〈解説〉 条約に対する違憲審査は、**可とも不可とも結論付けることができる**。

《B説》 条約優位説

　条約が憲法に優越する。

理由　①　憲法が採用する**国際協調主義**(前文第３段、98条２項)を重視すべきである。

　　　　②　憲法の最高法規性を宣言している**憲法98条１項から条約が除外され**ている。 07

〈解説〉　条約に対する違憲審査は、当然に不可と結論付けることになる。

問題点❷　条約に対して違憲審査ができるか。

《A説》 違憲審査を可とする説(通説)

　条約の違憲審査ができる。

理由　条約は、日本国内では国内法として通用するので、国内法としての側面に関しては、憲法81条の「**法律**」に準じるものとして違憲審査ができる。 08

〈解説〉　①　日米安全保障条約に関し、一見極めて明白に違憲無効であると認められる場合に違憲審査の可能性を認めた判例がある(最大判昭34.12.16、**砂川事件**)。 09

　　　　②　同判例は条約一般の違憲審査については言及していない。

《B説》 違憲審査を不可とする説

　条約の違憲審査ができない。

理由　①　憲法81条が「条約」を除外している。

　　　　②　条約は国家間の合意であり、一方の国家の意思だけでその効力を失わせることはできない。

〈解説〉　①　条約優位説を採用すると、条約に対する違憲審査が当然に不可となる。

　　　　②　憲法優位説を採用しても、条約に対する違憲審査を不可と結論付けることもできる。

　　　　憲法優位説 ――――――→ 条約に対して違憲審査可能

　　　　条約優位説 ――――――→ 条約に対して違憲審査不可

3 立法不作為に対する違憲審査

　憲法81条の列挙事由は作為を想定しているが、**立法不作為**も違憲審査の対象になる。例えば、在外国民の選挙権行使を認める措置を講じないという立法不作為を違憲とした判例がある(最大判平17.9.14)。問題となるのは、立法不作為を違憲とした

4　違憲審査権　615

場合、直ちに国会議員による立法不作為が国家賠償法において違法と評価されるかである。この点、国会議員の立法行為（立法不作為を含む）は、**立法の内容が憲法の一義的な文言に違反するのに国会があえて立法をしないような容易に想定し難い例外的な場合でない限り、違法の評価を受けない**とした判例がある（最判昭60.11.21、在宅投票制度廃止事件）。10

判例　在宅投票制度廃止事件（最判昭60.11.21）

〈事案〉

❶公職選挙法の改正によって在宅投票制度が廃止され、その後も復活されることがなかった（以下「本件立法行為」という）。❷Aは、本件立法行為によって複数回の選挙に際して投票できず、それにより精神的損害を被ったとして、❸国を被告とする国家賠償請求訴訟を提起した。

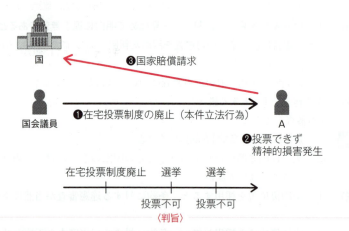

〈判旨〉

● 1　国会議員の立法行為の違法性と立法内容の違憲性は区別すべきか

▶ **区別すべきである。**

理由　国会議員の**立法行為**（**立法不作為**を含む。以下同じ）が国家賠償法 1 条 1 項の適用上違法となるかどうかは、国会議員の立法過程における行動が個別の国民に対して負う職務上の法的義務に違背したかどうかの問題であって、

結論　当該立法の内容の違憲性の問題とは区別されるべきである。したがって、当該立法の内容が憲法の規定に違反する廉があるとしても、その故に国会議員の立法行為が直ちに違法の評価を受けるものではない。

●2　国会議員は立法に関して法的義務を負っているのか

▐▐▶原則として法的義務は負わない。

理由　憲法51条が国会議員の発言・表決につきその法的責任を免除しているのは、国会議員の立法過程における行動は政治的責任の対象とするにとどめるのが国民の代表者による政治の実現を期するという目的にかなうからである。

結論　したがって、国会議員は、立法に関しては、原則として、国民全体に対する関係で政治的責任を負うにとどまり、個別の国民の権利に対応した関係での法的義務を負うものではない。 10

●3　国会議員の立法行為はどのような場合に違法の評価を受けるか

▐▐▶容易に想定しがたい例外的な場合でない限り、違法の評価を受けない。

結論　国会議員の立法行為は、立法の内容が憲法の一義的な文言に違反しているにもかかわらず国会があえて当該立法を行うというごとき、容易に想定し難いような例外的な場合でない限り、国家賠償法1条1項の規定の適用上、違法の評価を受けない。 10

〈解説〉　①　本判決は、本件立法行為について、容易に想定しがたい例外的な場合に当たると解すべき余地がないとして、国家賠償法1条1項の適用上違法の評価を受けないと結論付けている。

②　●1の立法内容の違憲性の問題とは区別されるべきであるとは、以下の通りである。

憲法上の評価――――立法内容の違憲性⇒違憲でも、
国家賠償法上の評価―立法行為の違法性⇒違法とならないことがある

4　違憲審査権　617

| 判例 | **在外日本人選挙権訴訟**(最大判平17.9.14) |

〈事案〉

従来、在外国民は選挙人名簿に登録されていなかったため、在外国民であるAは、❶平成8年に実施された衆議院議員総選挙(以下「本件選挙」という)において一切の投票ができなかった。❷Aは、これにより精神的苦痛を受けたとして、❸国を被告として国家賠償請求訴訟を提起した。

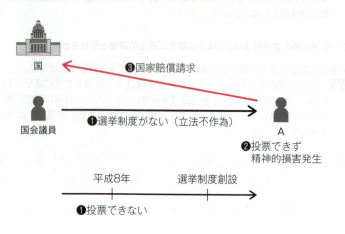

〈判旨〉

● 1 立法行為や立法不作為が違法の評価を受けるのはどのような場合か

▶ **立法措置を執ることが必要不可欠で、かつそれが明確であるにもかかわらず、国会が正当な理由なく長期にわたってこれを怠る場合。**

原則 国会議員の立法行為又は立法不作為が国家賠償法1条1項の適用上違法となるかどうかは、国会議員の立法過程における行動が個別の国民に対して負う職務上の法的義務に違背したかどうかの問題であって、当該立法の**内容又は立法不作為の違憲性**の問題とは区別されるべきであり、仮に当該立法の内容又は立法不作為が憲法の規定に違反するものであるとしても、そのゆえに国会議員の立法行為又は立法不作為が直ちに違法の評価を受けるものではない。

例外 しかしながら、立法の内容又は立法不作為が国民に憲法上保障されている権利を違法に侵害するものであることが明白な場合や、国民に憲法上保障されている権利行使の機会を確保するために所要の**立法措置を執ることが必要不可欠であり、それが明白であるにもかかわらず、国会が正当な理由なく長期にわたってこれを怠る場合**などには、**例外的に**、国会議員の立法行為又は立法不作為は、国家賠償法1条1項の規定の適用上、違法の評価を受ける。最高裁昭和60年11月21日第一小法廷判決は、以上と異なる趣旨をいうものではない。

● 2　在外国民に投票を認めなかったことを理由とする国家賠償請求は認められるか

▮▮▶ 認められる。

理由　① 昭和59年に在外国民の投票を可能にするための法律案が閣議決定されて国会に提出されたものの、これが廃案となった後、本件選挙の実施に至るまで10年以上の長きにわたって何らの立法措置も執られなかったのであるから、

② このような著しい不作為は上記の例外的な場合に当たり（**違法の評価を受ける**）、このような場合においては、**過失の存在を否定することはできない。** 11

③ このような立法不作為の結果、Aは本件選挙において投票をすることができず、これによる精神的苦痛を被ったというべきである。

結論　したがって、上記の違法な立法不作為を理由とする国家賠償請求はこれを認容すべきである。 11

〈解説〉　本判決では、在宅投票制度の廃止に関する判例（最判昭60.11.21）と同じく、国会議員の立法行為又は立法不作為の違法性（国家賠償法1条1項の適用上違法の評価を受けるか）の問題と、立法の内容又は立法不作為の違憲性の問題とは区別されることを述べている。

4　違憲判決の方法・効力

1　憲法判断の方法 /発展

① 憲法判断回避の準則

意義　裁判所が憲法上の争点に触れずに事件を解決することができるならば、憲法判断をする必要はないとする理論を**憲法判断回避の準則**という。恵庭事件（札幌地判昭42.3.29）がこの方法を用いたと解されている。 B

② 合憲限定解釈

徳島市公安条例事件

意義　文字通り読めば違憲になる可能性がある法文の文言を限定的に捉え、違憲判断を避ける解釈を**合憲限定解釈**という。例えば、公務員の争議行為の制限については、東京都教職員組合事件判決（最大判昭44.4.2、第2期の判例）で合憲限定解釈が用いられたが、その後、全農林警職法事件判決（最大判昭48.4.25、第3期の判例）によって否定されている。 C

2 違憲判決の方法

① 法令違憲判決

意義 **法令違憲判決**は**争われた法令それ自体を違憲である**と判断する**方法**である。これまで学習してきたほとんどの違憲判決がこれである。

付随的違憲審査制を採用しても、具体的事件に適用する法令について法令違憲判決ができる。12

② 適用違憲判決

意義 **適用違憲判決**は、**法令自体を違憲とはせず、当該事件における法令の具体的な適用を違憲である**と判断する**方法**である。

適用違憲の例として「第三者所有物没収事件」(最大判昭37.11.28)がある(法令違憲とする見解もある)。これは、関税法自体は合憲としつつも、密輸品の所有者に告知、弁解、防御の機会を与えることなく、関税法を適用して没収した処分のみが違憲であると判断したものである。

③ 運用違憲判決 🖊発展

意義 法令そのものの合憲性を前提として、その運用の在り方を憲法上問題とし、違憲の運用が行われている場合にその一環として現れた処分を違憲であると判断するものである。個別の事件について法令の具体的な適用を直接問題とするのではなく、それ以前の法令の一般的な運用について判断する点に特徴がある。D

5 違憲判決の効力

第98条【最高法規】
① この憲法は、国の最高法規であつて、その条規に反する法律、命令、詔勅及び国務に関するその他の行為の全部又は一部は、その効力を有しない。

1 合憲判決や適用違憲判決の場合 🖊発展

合憲判決及び適用違憲判決の場合は、その効力が当該事件にとどまるとする点で争いがない。E

2 法令違憲判決の場合

これに対して、**法令違憲判決**の場合は、違憲とされた法令が「その効力を有しない」(98条1項)と規定されているので、**法令違憲判決の効力がどの程度の範囲にまで及ぶのかが問題になる。**

問題点　法令違憲判決の効力

《A説》　個別的効力説(通説)

① 法令違憲判決の効力は**当該事件の範囲にとどまる**ので、違憲と判断された法令は**当該事件においてのみ無効となる。** 13　（国会）

② 違憲とされた法令を一般的に無効とするには、**制定機関(法律の場合は国会)による廃止の手続が必要である。** 14

理由　① 我が国の違憲審査制は**付随的違憲審査制**なので、**具体的事件の解決に必要な限度で効力を生じさせればよい。**

　　　　② 違憲とされた法令は、制定機関が改廃し、行政もその適用(執行)を控えることが期待されうるので、個別的効力説を採用しても法的安定性・予見性を害しない。

〈批判〉　同じ法令が、ある場合は違憲無効であるが、他の場合は違憲無効でないことになって、法的安定性・予見性を著しく欠き、不公平を生じさせる。 15

〈解説〉　行政が違憲とされた法令の適用(執行)を控えた例として、最高裁判所が尊属殺重罰規定違憲判決(最大判昭48.4.4)を行った後、平成7年(1995年)に尊属殺人罪が刑法の規定から削除されるまで、検察官が尊属殺人罪による起訴を一切行わなかったというものがある。

《B説》　一般的効力説

① 法令違憲判決の効力は**当該事件の範囲にとどまらない**ので、違憲とされた法令は**一般的に無効となる。** （国会）

② 違憲とされた法令は、**制定機関による廃止の手続を経ることなく、その効力が失われる。**

理由　① 違憲とされた法令を一般的に無効とすることで、法的安定性・予見性を確保できる。

　　　　② 憲法98条1項により、違憲の法令はおよそ効力を持ち得ないと解するべきである。

〈批判〉　① 違憲とされた法令を一般的に無効とするのは**消極的立法作用**であり、**国会を唯一の立法機関とする憲法41条に違反する。** 16

　　　　② 法令違憲判決をした後の判例変更が不可能になる。

抽象的審査制説だと事件を離れて審査するため、必ず**一般的効力説**に至る。 17

4　違憲審査権　**621**

付随的審査制説でも、公平性や予測可能性などを確保する見地から、一般的効力説を採用する立場もある。

【違憲審査権の法的性質と法令違憲判決の効力との関係】

重要事項 一問一答

01 我が国が採用する違憲審査制は？

付随的違憲審査制である(判例)。

02 付随的違憲審査制の要件・主たる目的は？

法律上の争訟が必要。個人の権利保護を主たる目的とする。

03 下級裁判所にも違憲審査権があるのか？

ある(判例)。

04 在外国民に選挙権を認めていなかったことは違法と評価されるか？

国家賠償法1条1項の適用上違法と評価される(判例)。

05 違憲判決の効力に関する一般的効力説によると、違憲とされた法律は国会による廃止の手続が必要か？

国会による法律の廃止手続は不要である。

06 国会が唯一の立法機関であることを規定する憲法41条に反するとの批判は、違憲判決の効力に関する個別的効力説に対する批判となるか？

ならない。一般的効力説に対する批判となる。

過去問チェック

01 憲法第81条に規定する違憲審査制の趣旨には、三権分立の理念に基づき、立法府及び行政府の行為の憲法適合性を監視することが含まれる。

○ (税2002改題)

02 違憲審査制には、憲法裁判所が争訟と関係なく違憲審査を行う付随的違憲審査制と、通常の裁判所が訴訟事件を裁判する際に違憲審査を行う抽象的違憲審査制があり、日本は抽象的違憲審査制を採用している。

× (区2008) 全体が誤り。

03 現行の制度の下において、裁判所は、特定の者の具体的な法律関係につき紛争の存する場合に限らず、具体的事件を離れて抽象的に法律命令等の合憲性を判断する権限を有する。

×（裁2017）全体が誤り。

04 最高裁判所の判例に照らすと、裁判官が、具体的訴訟事件に法令を適用して裁判するに当たり、その法令が憲法に適合するか否かを判断することは、憲法によって裁判官に課せられた職務と職権であって、憲法は最高裁判所が違憲審査権を有する終審裁判所であることを明らかにしており、違憲審査権は、最高裁判所のみに与えられているとして、下級裁判所の違憲審査権を否定することとなる。

×（区2014改題）「違憲審査権は、最高裁判所のみに与えられているとして、下級裁判所の違憲審査権を否定することとなる」が誤り。

05 裁判は、一般的抽象的規範を制定するものではなく、個々の事件について、具体的措置をつけるものであって、その本質は一種の処分であるが、これは行政行為とは異なるものであり、憲法第81条にいう処分には当たらず、裁判所の違憲審査権の対象とはならない。

×（国般2003）「憲法第81条にいう処分には当たらず、裁判所の違憲審査権の対象とはならない」が誤り。

06 通説に照らすと、憲法は、国の最高法規であって、その条規に反する法律、命令、詔勅及び国務に関するその他の行為の全部又は一部は、その効力を有しないとしており、条約が除外されていることから、条約は憲法に優位する。

×（区2015改題）「条約は憲法に優位する」が誤り。

07 憲法81条及び同98条1項の文言上「条約」がないことは、憲法優位説の根拠となる。

×（裁2010改題）「憲法優位説の根拠となる」が誤り。

08 条約は、憲法81条の列挙事項から除外されているので、違憲審査の対象とならないと一般に解されている。

×（裁2009改題）「違憲審査の対象とならないと一般に解されている」が誤り。

09 日米安保条約のような、主権国としての我が国の存立の基礎に重大な関係を持つ高度の政治性を有するものが、違憲であるか否かの法的判断は、純司法的機能

を使命とする司法裁判所の審査におよそなじまない性質のものであり、それが一見極めて明白に違憲無効であるとしても、裁判所の司法審査権の範囲外にあるとするのが判例である。

×（税2014）「およそなじまない性質のものであり、それが一見極めて明白に違憲無効であるとしても、裁判所の司法審査権の範囲外にあるとするのが判例である」が誤り。

10 最高裁判所の判例に照らすと、国会議員は、立法に関して、国民全体に対する関係で政治的責任を負うものであるから、国会議員の立法行為は、立法の内容が憲法の一義的な文言に違反しているにもかかわらず国会があえて立法を行うという容易に想定し難いような例外的な場合でない限り、国家賠償法の規定の適用上、違法の評価を受けるものといわなければならない。

×（区2019改題）「違法の評価を受けるものといわなければならない」が誤り。

11 最高裁判所の判例に照らすと、在外国民の投票を可能にするための法律案が廃案となった後10年以上の長きにわたって何らの立法措置も執られなかったとしても、国民に憲法上保障されている権利が違法に侵害されていることが明白なわけではなく、著しい不作為とまではいえないから過失の存在を認定することはできず、違法な立法不作為を理由とする国家賠償請求は認められない。

×（区2019改題）「国民に憲法上保障されている権利が違法に侵害されていることが明白なわけではなく、著しい不作為とまではいえないから過失の存在を認定することはできず、違法な立法不作為を理由とする国家賠償請求は認められない」が誤り。

12 裁判所における違憲審査は、法令そのものを違憲とする判決をすることはできず、法令自体が当事者に適用される限度において違憲とする判決をすることができるにとどまるとするのが判例である。

×（労2011改題）全体が誤り。

13 最高裁判所によって、ある法律の規定が違憲と判断された場合、違憲とされた法律の規定は、当該事件に限らず、一般的に無効となるとするのが個別的効力説である。

×（区2010）「個別的効力説である」が誤り。

14 最高裁判所によって違憲と判断された法律について、当該事件についてのみその適用を排除されるにとどまるとする説によると、違憲と判断された法律は、国会による廃止の手続を経ることなく、その存在を失うこととなる。

×（裁2004改題）「国会による廃止の手続を経ることなく、その存在を失うこととなる」が誤り。

15 最高裁判所により違憲と判断された法律は、当該事件に限って適用が排除されるとする説は、国会を唯一の立法機関とする憲法41条に反することになると批判される。

×（裁2011改題）「国会を唯一の立法機関とする憲法41条に反することになると批判される」が誤り。

16 最高裁判所により違憲と判断された法律は、一般的に効力を失うとする説は、法的安定性や予見性を著しく欠くことになると批判される。

×（裁2011改題）「法的安定性や予見性を著しく欠くことになると批判される」が誤り。

17 違憲審査権行使の方法について、いわゆる抽象的違憲審査制を採ると、違憲判決の効力については個別的効力説を採ることになる。

×（裁2002改題）「個別的効力説を採ることになる」が誤り。

A 違憲審査権は、最高裁判所だけでなく下級裁判所も当然に行使することができるのであるから、高等裁判所が上告審としてした判決に対しては、当該判決の違憲を理由とする場合であっても、もはや最高裁判所への上訴を認める必要はない。

×（国般2007）「もはや最高裁判所への上訴を認める必要はない」が誤り。

B 裁判所が憲法上の争点に触れずに事件を解決することができるならば、憲法判断をしないとする憲法判断回避の準則は、日本では採用されていない。

×（区2008）「日本では採用されていない」が誤り。

C 公務員の争議行為を一律かつ全面的に制限することは許されないとしつつ、法律の規定は、可能なかぎり、憲法の精神に即し、これと調和しうるように合理的に解釈されるべきものであるという観点から、公務員の争議権を制限する法律の規定を合憲的に限定解釈して、憲法に違反しないとするのが判例である。

×（国般2008）全体が誤り。

D 法令そのものの合憲性を前提にしながらも、その運用の在り方を憲法上問題とし、違憲の運用が行われている場合にその一環として現れた当該処分は違憲であると判断する方法は、当該事件に法令が違憲的に適用されたか否かを直接問題として判断しているわけではない点に特色がある。

○（裁2005改題）

4　違憲審査権　625

E 最高裁判所が、ある法律について一度憲法に違反しないと判示した場合、その法律は、その後、改正されない限り、違憲となることはない。

×（裁2009）「その後、改正されない限り、違憲となることはない」が誤り。

過去問 Exercise

問題1 司法権に関するア～オの記述のうち、妥当なもののみを全て挙げているのはどれか。

国Ⅱ2013［H25］

ア すべて司法権は、最高裁判所及び法律の定めるところにより設置する下級裁判所に属するとされているが、国会議員の資格争訟の裁判は各々の議院が行うものとされ、罷免の訴追を受けた裁判官の弾劾裁判は国会の設ける弾劾裁判所が行うものとされている。

イ 最高裁判所の長たる裁判官以外の最高裁判所の裁判官の任命権は内閣にあるが、下級裁判所の裁判官の任命権は最高裁判所にあり、下級裁判所の裁判官の任命権を通じて裁判官の人事に関する司法権の自主性が認められている。

ウ 裁判官の職権の独立を実効性のあるものにするため、裁判官の身分は保障されており、裁判官の罷免は、弾劾裁判所の裁判によるものに限られる。

エ 裁判の公開を定める憲法第82条は、裁判の公開を制度として保障しているのみならず、裁判所に対して裁判を傍聴することを権利として要求できることを各人に保障したものであるとするのが判例である。

オ 憲法は、行政機関による終審裁判を禁止しているが、終審としてではなく前審としてならば、行政機関による裁判も認められる。

1 ア

2 ウ

3 ア、オ

4 イ、ウ

5 エ、オ

解説

正解 **3**

ア ◯ 条文により妥当である。権力分立原則のもと、司法権は最高裁判所及び下級裁判所に属する(76条1項)。もっとも、憲法の明文での例外として、議員の資格争訟裁判(55条)及び裁判官の弾劾裁判(64条)がある。

イ ✕ 「下級裁判所の裁判官の任命権は最高裁判所にあり、下級裁判所の裁判官の任命権を通じて裁判官の人事に関する司法権の自主性が認められている」という部分が妥当でない。最高裁判所の長たる裁判官以外の裁判官は、内閣が任命するが(79条1項)、下級裁判所の裁判官は、最高裁判所の指名した者の名簿から内閣が任命する(80条1項第1文)。なお、最高裁判所の長たる裁判官は、内閣の指名に基づいて天皇が任命する(6条2項)。

ウ ✕ 「裁判官の罷免は、弾劾裁判所の裁判によるものに限られる」という部分が妥当でない。全ての裁判官が罷免されうる場合として、職務上の義務違反等を事由として行われる弾劾裁判(64条)の他に、心身の故障のために職務を執ることができない場合に行われる分限裁判による罷免(78条、裁判官分限法参照)がある。さらに、最高裁判所の裁判官が罷免されうる場合として、国民審査による罷免(79条2項、3項)がある。

エ ✕ 「裁判所に対して裁判を傍聴することを権利として要求できることを各人に保障したものであるとするのが判例である」という部分が妥当でない。判例は、憲法82条は裁判を一般に公開して裁判が公正に行われることを制度として保障するが、各人が裁判所に対して傍聴することを権利として要求できることまでを認めたものではないとする(最大判平1.3.8、レペタ事件)。なお、同判例は、傍聴人に対して法廷でメモを取ることを権利として保障しているものでもないとしている。

オ ◯ 条文により妥当である。憲法76条2項後段は、行政機関は、終審として裁判を行うことができないと定める。このことから、前審であれば、行政機関による裁判も認められる(裁判所法3条2項参照)。なお、行政機関による裁判の具体例としては、国家公務員法に基づく人事院の裁定などがある。

　以上より、妥当なものは**ア**、**オ**であり、正解は **3** となる。

| 問題2 | 日本国憲法に規定する違憲審査権に関する記述として、最高裁判所の判例に照らして、妥当なのはどれか。 |

特別区2014［H26］

1 警察予備隊の設置並びに維持に関する一切の行為の無効の確認について、現行の制度の下においては、特定の者の具体的な法律関係につき紛争の存する場合においてのみ裁判所にその判断を求めることができるのであり、裁判所が具体的事件を離れて抽象的に法律命令等の合憲性を判断する権限を有するとの見解には、憲法上及び法令上何等の根拠も存しないとした。

2 衆議院の解散は、直接国家統治の基本に関する高度に政治性のある国家行為であるが、それが法律上の争訟となり、これに対する有効無効の判断が法律上可能である場合には、かかる国家行為に対しても、裁判所の審査権が及ぶとした。

3 在外国民の投票を可能にするための法律案が廃案となった後10年以上の長きにわたって何らの立法措置も執られなかったとしても、国民に憲法上保障されている権利が違法に侵害されていることが明白なわけではなく、著しい不作為とまではいえないから過失の存在を認定することはできず、違法な立法不作為を理由とする国家賠償請求は認められないとした。

4 安全保障条約のような、主権国としての我が国の存立の基礎に重大な関係を持つ高度の政治性を有するものが、違憲であるか否かの法的判断は、純司法的機能を使命とする司法裁判所の審査になじまない性質のものであるから、一見極めて明白に違憲無効であっても、裁判所の司法審査権は及ばないとした。

5 裁判官が、具体的訴訟事件に法令を適用して裁判するに当たり、その法令が憲法に適合するか否かを判断することは、憲法によって裁判官に課せられた職務と職権であって、憲法は最高裁判所が違憲審査権を有する終審裁判所であることを明らかにしており、違憲審査権は、最高裁判所のみに与えられているとして、下級裁判所の違憲審査権を否定した。

解説

正解 **1**

1 ◯ 　判例により妥当である。判例は、わが現行の制度のもとにおいては、特定の者の具体的な法律関係につき紛争の存する場合においてのみ裁判所にその判断を求めることができるのであり、裁判所がかような具体的事件を離れて抽象的に法律命令等の合憲性を判断する権限を有するとの見解は、憲法上および法令上の何ら根拠も存しないとしている（最大判昭27.10.8、警察予備隊違憲訴訟）。

2 ✕ 　「かかる国家行為に対しても、裁判所の審査権が及ぶとした」という部分が妥当でない。判例は、直接国家統治の基本に関する高度に政治性のある国家行為のごときはたとえそれが法律上の争訟となり、これに対する有効無効の判断が法律上可能である場合であっても、かかる国家行為は裁判所の審査権の外にあるとしたうえで、衆議院の解散は、極めて政治性の高い国家統治の基本に関する行為であり司法審査は及ばないとした（最大判昭35.6.8、苫米地事件）。

3 ✕ 　全体が妥当でない。判例は、①在外国民による投票を可能にするための法律案が廃案となった後、10年以上の長きにわたって国会が何らの措置も執らなかった立法不作為は、在外国民の選挙権を制限するやむを得ない事由があったとはいえないので、違憲であるとしている（最大判平17.9.14）。そして同判例は、②在外国民の選挙権行使の機会を確保するために立法措置を執ることが必要不可欠かつ明白であったにもかかわらず、国会が正当な理由なく長期にわたってこれを怠る場合は、過失の存在を否定することはできず、国家賠償請求が認められるとしている。

4 ✕ 　「一見極めて明白に違憲無効であっても、裁判所の司法審査権は及ばないとした」という部分が妥当でない。判例は、安全保障条約は、主権国としてのわが国の存立の基礎に極めて重大な関係をもつ高度の政治性を有するものであり、これに関する違憲であるか否かの法的判断は、原則として司法審査になじまないとしたが、一見極めて明白に違憲無効であると認められない限りは、裁判所の司法審査権の範囲外であるとして、例外的に司法審査が及ぶ場合があり得ることを認めている（最大判昭34.12.16、砂川事件）。

5 ✕ 　「違憲審査権は、最高裁判所のみに与えられているとして、下級裁判所の違憲審査権を否定した」という部分が妥当でない。判例は、裁判官が、具体的訴

訟事件に法令を適用して裁判するに当り、その法令が憲法に適合するか否かを判断することは、憲法によって裁判官に課せられた職務と職権であって、このことは最高裁判所の裁判官であると下級裁判所の裁判官であるとを問わないとして、下級裁判所にも違憲審査権を認めている（最大判昭25.2.1）。

第 11 章

統治Ⅳ─ 地方自治・その他

　本章では、地方自治や天皇などについて学習します。出題の多い分野ではありませんが、地方自治では条例と法律との関係を、天皇では任命・指名を、憲法改正では、改正手続を中心に学習しましょう。

●地方自治・その他─┬─地方自治　　　　1節
　　　　　　　　　　├─天皇　　　　　　2節
　　　　　　　　　　├─前文・平和主義　3節
　　　　　　　　　　└─憲法改正と憲法保障　4節

国般★★☆／国専★★★／裁判所★☆☆☆／特別区★★★／地上★☆☆

1 地方自治

地方自治は、近年、出題が増加しつつある分野です。地方自治の本旨・条例を整理しましょう。

1 地方自治の意義・法的性質

1 総説

第92条【地方自治の基本的原則】
　地方公共団体の組織及び運営に関する事項は、<mark>地方自治の本旨</mark>に基いて、法律でこれを定める。

意義 ①　本条は、地方公共団体の組織及び運営に関する事項は法律によって定めるが、それは地方自治の本旨に基づいたものでなければならないことを規定している。 01

②　地方自治とは、地方における政治・行政を地域の住民の意思に基づき、国から独立した団体がその権限と責任において自主的に処理することをいう。

趣旨 地方自治が「地方自治の本旨」に基づいて行われなければならないことを明らかにした地方自治の総則的な規定である。

2 法的性質

問題点 地方自治はいかなる性質をもつか。

《A説》 固有権説

個人が国家に対して不可侵の権利をもつのと同様に、前国家的存在として地方公共団体の固有の自治権を有する。 02

《B説》 承認説

地方自治権は国家に由来するものであり（伝来説）、地方自治は、国家が承認する限りにおいて認められるものであって、地方自治制度を廃止することは憲法に反しない。 02

《C説》 <mark>制度的保障説</mark>（通説）

634 第11章 統治Ⅳ

地方自治権は国家に由来するものであるが(伝来説)、地方自治という歴史的・伝統的・理念的な公法上の制度を保障したものであり、「**地方自治の本旨**」とは、法律をもってしても侵すことのできない**地方自治制度の本質的内容ないしは核心的部分**を意味する。03

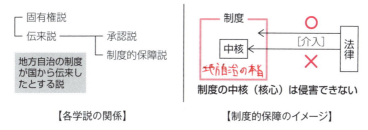

【各学説の関係】　　　【制度的保障のイメージ】

2 地方自治の本旨

問題点 憲法92条にいう「地方自治の本旨」の内容は何か。
結論 ①**住民自治**と②**団体自治**の２つの要素を内容とする。04
　①　**住民自治**とは地方の政治と行政が、その地域の**住民の意思に基づいて自主的に行われる**こと(**民主主義の要請**)。
　②　**団体自治**とは地方の政治と行政は、**国から独立した団体が自らの意思により自らの責任の下でなされる**こと(**自由主義の要請＝地方分権**)。

【住民自治と団体自治の憲法上の表れ】

	憲法上の表れ
住民自治 (民主主義の要請)	・地方公共団体の長及び議会の議員の**直接選挙**(93条2項) 05 ・地方自治特別法の**住民投票**(95条) 06
団体自治 (自由主義の要請)	・**地方議会の設置**(93条1項) ・財産管理権・事務処理権・行政執行権・**条例制定権**(94条)

〈解説〉　①　**発展** 地方自治の法的性質について制度的保障説に立った場合、上表の事項に関しては「地方自治の本旨」にあたるため、法律では侵すことができない。例えば、法律で「市町村長を都道府県知事が任命する」と規定することは憲法93条2項に反し許されない。A
　　　　②　**発展** 判例は、住民訴訟の制度を設けるか否かは立法政策の問題であって、これを設けないからといって、地方自治の本旨に反するとはいえない(違憲ではない)とする(最大判昭34.7.20)。B

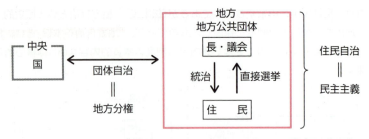

【住民自治と団体自治のイメージ】

3 地方公共団体

1 憲法上の地方公共団体の意義

憲法上、「地方公共団体」の意義は明記されていないが、都道府県と市町村という標準的な二段階の地方公共団体のことをいうと解されている。

〈解説〉 憲法は、地方公共団体の定義を規定していない。地方自治法が以下のように分類しており、憲法上の地方公共団体とは、普通地方公共団体のことを指す。

【「地方公共団体」の意義】

普通地方公共団体	都道府県・市町村
特別地方公共団体	特別区(東京23区)・組合・財産区

問題点　東京都の特別区(東京23区)は憲法上の地方公共団体といえるか。
結論　憲法上の地方公共団体とはいえない(最大判昭38.3.27)。 07
理由　憲法上の地方公共団体といえるためには、①住民が密接な共同生活を営み、共同体意識をもっているという社会的基盤が存在し、②相当程度の自主立法権、自主行政権、自主財産権など、地方自治の基本的権能を付与された地域団体であることを必要とするが、東京都の特別区は①②の要件を充足しない。

判例 特別区長公選制廃止事件（最大判昭38.3.27）

〈事案〉

地方自治法の改正により、特別区の区長公選制が廃止され、一定の要件を充たす者について特別区の議会が都知事の同意を得て選任するという区長選任制が採用された。その後に行われた区長選任に関して議会の議員の贈収賄事件が発生し、この刑事裁判において区長選任制の合憲性が問題となった。

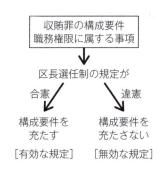

〈判旨〉

● 1　憲法上の地方公共団体というための要件

▶ 地方自治の基本的権能を付与された地域団体であることを必要とする。

結論　地方公共団体といい得るためには、単に法律で地方公共団体として取り扱われているということだけでは足らず、①事実上住民が経済的文化的に密接な共同生活を営み、共同体意識をもっているという社会的基盤が存在し、②沿革的にみても、また現実の行政の上においても、相当程度の自主立法権、自主行政権、自主財政権等地方自治の基本的権能を附与された地域団体であることを必要とするものというべきである。08

● 2　東京都の特別区は憲法上の地方公共団体といえるか

▶ いえない。

理由　① 東京都の特別区は、地方団体としての長い歴史と伝統を有するものではあるが、未だ市町村のごとき完全な自治体としての地位を有していたことはなく、そうした機能を果たしたこともなかった。
② また、東京都の特別区は、ただ都の条例の定めるところにより都の課することのできる税の全部または一部を区税として課することが認められているに過ぎず、さらに税目を起こして独立税を課する場合においても、都の同意を必要とする。

結論 したがって、東京都の特別区は憲法93条2項の地方公共団体とはいえない。 **07**

〈解説〉 本判例は、特別区について上記の判断を前提とし、区長公選制を廃止したことは憲法に反しないとした。なお、昭和50年施行の地方自治法改正により、区長は公選制となっている。

2 地方公共団体の機関

第93条【地方公共団体の機関、その直接選挙】
① 地方公共団体には、法律の定めるところにより、その議事機関として議会を設置する。
② 地方公共団体の長、その議会の議員及び法律の定めるその他の吏員は、その地方公共団体の住民が、直接これを選挙する。

意義 ① 地方公共団体には議会を設置しなければならない(93条1項)。
② 地方公共団体の長、議会の議員等は住民の直接選挙によって選出されなければならない(93条2項)。 **09**

趣旨 議決機関としての議会と、執行機関としての長とを住民の直接意思による代表機関とすることで地方自治の民主化を徹底するものである。

〈解説〉 町村については、条例によって、議会の設置に代えて町村総会(選挙権を有する町村民が直接参加する総会)を置くことができる(地方自治法94条)。 **10**

発展 「法律の定めるその他の吏員」の選挙とは、直接選挙による吏員を法律で定め得るとの趣旨であり、必ずそのような吏員を設けよという意味ではないと解されている。 **C**

直接選挙とされていた吏員として、旧教育委員会法における教育委員会の公選委員があった(現在は任命制)。

【国会・国会議員と地方公共団体の議会・議員の異同】 **発展**

	最高機関性の規定	議員の特権	他の公職との兼職禁止規定
国会・国会議員	○(41条)	○(50条、51条等)	○(48条、国会法39条等)
地方公共団体の議会・議員	×(規定なし) **D**	×(規定なし) **E**	○(地方自治法92条) **E**

638 第11章 統治IV

| 問題点 | 憲法93条２項にいう「住民」には定住外国人も含まれるか。 |

結論 含まれない(最判平7.2.28)。

理由 🖊**発展** 国民主権の原理、憲法15条１項の規定の趣旨や、地方公共団体が国の統治機構の不可欠の要素を成すものであることからすれば、憲法93条２項にいう「住民」とは、地方公共団体の区域内に住所を有する**日本国民**を意味するものと解するのが相当である。 F

4 条例

1 条例の意義

第94条【地方公共団体の権能】
　地方公共団体は、その財産を管理し、事務を処理し、及び行政を執行する権能を有し、法律の範囲内で条例を制定することができる。

意義 地方公共団体は、**法律**の範囲内で条例を制定することができる。**条例**とは、地方公共団体がその自治権に基づいて制定する自主法をいう。具体的には、①議会の制定する条例(狭義)、②長の制定する規則(広義)、③各種委員会の定める規則(広義)をいう。 11

　　(例)公害防止、街の景観維持、生活環境維持など地域の実状に応じて制定される。

趣旨 地方自治の本旨の内容の一つである**団体自治**の原理に基づき、地方公共団体の権能として、立法的権能を保障したものである。

2 条例による人権制約

　条例は地方公共団体の自主法であり、**住民の基本的人権に制約を課すことも認め**られる。 12

問題点 条例による処罰に地域的な差異があることは、憲法14条の法の下の平等に違反しないか。

結論 違反しない(最大判昭33.10.15)。 13

理由 憲法が各地方公共団体に条例制定権を認める以上、地域による差異が生じることは当然に予想されるのであり、憲法はこのような差異を容認しているといえるから。

1　地方自治　**639**

> **判例** 東京都売春等取締条例事件（最大判昭33.10.15）

〈事案〉

　東京都内で料亭を経営していたXは、料亭内において複数の女中に客を相手に売春をさせ、その報酬の一部を取得したとして、❶売春等取締条例違反で起訴された。❷裁判においてXは、売春の取締りに関する罰則を条例で定めることは、地域によって異なる取扱いを受けることになり、憲法の定める平等原則に違反すると主張した。

 ❶売春等取締条例違反で起訴 → ❷地域によって異なる取扱いは憲法14条違反である

検察　　　　　　　　　　　　　　　　　　　　　X

〈判旨〉

● 条例による処罰に地域的な差異があることは憲法14条に反するか

▶ 反しない。

理由　① 憲法94条が、地方公共団体は「法律の範囲内で条例を制定することができる」と定めているのは、社会生活の法的規律の中には各地方の特殊性に応じその実情に即して規律するためにこれを各地方公共団体の自治に委ねる方が一層合目的的なものもあり、またときにはいずれの方法によって規律しても差支えないものもあるからである。
　　　　② 憲法が各地方公共団体の条例制定権を認める以上、**地域によって差別を生ずることは当然に予期される**ことであるから、**かかる差別は憲法みずから容認するところであると解すべきである**。13

結論　それ故、地方公共団体が売春の取締について各別に条例を制定する結果、その取扱に差別を生ずることがあっても、**地域差の故をもって違憲ということはできない**。13

3 法律留保事項

第29条【財産権】
② 財産権の内容は、公共の福祉に適合するやうに、**法律**でこれを定める。

第31条【法定の手続の保障】
　何人も、**法律の定める手続**によらなければ、その生命若しくは自由を奪はれ、又はその他の刑罰を科せられない。

第84条【租税法律主義】

あらたに租税を課し、又は現行の租税を変更するには、**法律又は法律の定める条件に**よることを必要とする。

問題点 憲法上、「法律で」と規定されている事項(**法律留保事項**)について、条例で規制することが許されるか。

結論

	財産権(29条2項)	罰則(31条)	課税(84条)
条例による規制の可否	**可能**(通説)	**可能**(通説・判例)	**可能**(通説・判例)
法律の委任の要否	不要(通説)	**必要**(判例)	不要(通説)
委任の程度	—	相当程度具体化されていれば足りる(判例)	—

① 条例による財産権の制限

条例と財産権との関係については、第4章 **3** 節 **2** 項「財産権の制約」中「奈良県ため池条例事件」(最大判昭38.6.26)もあわせて参照。

問題点 憲法29条2項は、「財産権の内容は、公共の福祉に適合するやうに、法律でこれを定める」と規定しているが、この「法律」に条例が含まれるか問題となる。

《A説》 否定説

法律の個別的な委任がある場合を除いて、条例で財産権を制限することはできない。 14

理由 財産権は多くの場合全国的な取引の対象となるものであるから、財産権の内容を定め、あるいはそれを制限するのは、統一的に法律によることが合理的である。 14

《B説》 肯定説(通説)

条例で財産権を規制することができる。 14

理由 ① 憲法94条は、立法を国会の専属管轄とした憲法41条の例外である。
② 条例は地方議会という**民主的基盤に立った機関が制定**するものであるから、実質的には法律と差異がない。

第**11**章 地方自治・その他

1 地方自治 **641**

② 条例による罰則

問題点 法律によって罰則の制定を他の法形式（政令、省令、条例など）に委任すること（法律の委任）ができるか。

結論 他の法形式への委任は、個別的・具体的な委任を必要とするのが原則である。ただし、条例への委任は、その内容が相当な程度に具体的であり限定されていれば足りる（最大判昭37.5.30）。15

理由 条例は住民の代表機関である議会の議決によって制定されるので、他の法形式よりも委任の程度が緩和される。内閣は国民が直接選挙でえらんでないため内閣があやつ行為は法律による委任が必要

判例　大阪市売春取締条例事件（最大判昭37.5.30）

〈事案〉

❶Aは、大阪市売春取締条例（以下「本件条例」という）に違反するとして起訴された。Aは、❷条例に罰則を制定することを認めた地方自治法の規定が、条例への不特定かつ抽象的な委任（包括的委任）をしているから、地方自治法の規定および本件条例の規定が憲法31条に違反すると主張して争った。

検察

❶大阪市売春取締条例違反で起訴

A

❷地方自治法の規定が包括的委任をしているので憲法31条違反である

〈判旨〉

● 1　罰則の制定を法律以下の法令に委任することができるか

▶ 白紙委任的なものは許されない。

理由 憲法31条はかならずしも刑罰がすべて法律そのもので定められなければならないとするものでなく、法律の授権によってそれ以下の法令によって定めることもできると解すべきで、このことは憲法73条6号但書によっても明らかである。15

結論 ただ、法律の授権が不特定な一般的の白紙委任的なものであってはならないことは、いうまでもない。

● 2　条例への委任はどの程度に具体的なものであればよいか

▶▶▶ 相当程度に具体的で限定されていればよい。

理由　①　地方自治法に規定された事項は相当に具体的な内容のものであるし、同法14条5項(当時)による罰則の範囲も限定されている。

②　しかも、条例は、法律以下の法令といっても、**公選の議員をもって組織する地方公共団体の議会の議決を経て制定される** 自治立法 であって、行政府の制定する命令等とは性質を異にし、**むしろ国民の公選した議員をもって組織する国会の議決を経て制定される法律に類するものである。**

結論　したがって、条例によって刑罰を定める場合には、法律の授権が 相当な程度 に具体的であり、限定されておればたりると解するのが正当である。　[15]

● 3　地方自治法の規定および本件条例の規定は違憲か　/発展

▶▶▶ 合憲である。

理由　地方自治法に規定された相当に具体的な内容の事項につき、同法14条5項のように限定された刑罰の範囲内において、条例をもって罰則を定めることができるとしたのは、憲法31条の意味において法律の定める手続によって刑罰を科するものということができるのであって、

結論　同条に違反するとはいえない。したがって、地方自治法14条5項に基づく大阪市売春取締条例の条項も憲法31条に違反するものということができない。

- -

〈解説〉　判決当時の地方自治法14条5項は、現在の同法14条3項に対応しており、同条項は「普通地方公共団体は、法令に特別の定めがあるものを除くほか、その条例中に、条例に違反した者に対し、2年以下の懲役若しくは禁錮、100万円以下の罰金、拘留、科料若しくは没収の刑又は5万円以下の過料を科する旨の規定を設けることができる」と規定している。なお、大阪市売春取締条例は、昭和33年（1957年）の売春防止法の施行に伴って廃止されている。

③ 条例による課税

　憲法84条にいう「法律」に条例が含まれるので、条例による課税は許される（通説）（第8章 **7** 節 **2** 項 **2** 「条例による課税」参照）。

第11章　地方自治・その他

1　地方自治　**643**

判例 神奈川県臨時特例企業税事件（最判平25.3.21）

〈事案〉

自動車の製造・販売を業とするXは、神奈川県臨時特例企業税条例に基づき道府県法定外普通税である臨時特例企業税を課された。Xは、当該条例は法人の行う事業に対する事業税の課税標準である所得の金額の計算につき欠損金の繰越控除を定めた地方税法の規定に違反し、違法、無効であるなどと主張して、Xが納付した平成15年度分及び同16年度分の特例企業税、過少申告加算金等の還付等を求めて提訴した。

❶臨時特例企業税を課され納税した X ❷臨時特例企業税等の還付等請求 神奈川県

〈判旨〉

● 1 普通地方公共団体は課税権の主体となることができるのか

▶ 課税権の主体となることが憲法上予定されている。

理由 ① 普通地方公共団体は、地方自治の本旨に従い、その財産を管理し、事務を処理し、及び行政を執行する権能を有するものであり（憲法92条、94条）、
② その本旨に従ってこれらを行うためにはその財源を自ら調達する権能を有することが必要であることからすると、

結論 普通地方公共団体は、地方自治の不可欠の要素として、その区域内における当該普通地方公共団体の役務の提供等を受ける個人又は法人に対して国とは別途に課税権の主体となることが憲法上予定されているものと解される。 16

● 2 地方公共団体の課税権の行使が認められる範囲は

▶ 法律において定められた準則の範囲内で課税権を行使する。

理由 ① 憲法は、普通地方公共団体の課税権の具体的内容について規定しておらず、普通地方公共団体の組織及び運営に関する事項は法律でこれを定めるものとし（92条）、普通地方公共団体は法律の範囲内で条例を制定することができるものとしていること（94条）、
② さらに、租税の賦課については国民の税負担全体の程度や国と地方の間ないし普通地方公共団体相互間の財源の配分等の観点からの調整が必要であることに照らせば、

結論	① 普通地方公共団体が課することができる租税の税目、課税客体、課税標準、税率その他の事項については、憲法上、租税法律主義(84条)の原則の下で、**法律において地方自治の本旨を踏まえてその準則を定めることが予定されており**、
	② これらの事項について法律において準則が定められた場合には、普通地方公共団体の課税権は、これに従ってその範囲内で行使されなければならない。 **16**

〈解説〉 本判例は、本件条例の特例企業税の課税標準を定めた規定は、地方税法の規定との関係において、その趣旨、目的に反し、その効果を阻害する内容のものであって、法人事業税に関する同法の強行規定と矛盾抵触するものとしてこれに違反し、違法、無効であるとしている。

4 > 条例制定権の限界

憲法94条は、地方公共団体が「**法律の範囲内**」で条例を制定できると規定し、また地方自治法14条1項も「**法令に違反しない限りにおいて**」条例を制定できるとする。

問題点	憲法94条の「法律の範囲内」とは、どのような基準で判断するか。 ~~形式面~~
結論	条例と国の法令が対象とする事項の規定文言を対比するのみではなく、それぞれの**趣旨、目的、内容及び効果を比較**し、両者の間に矛盾抵触があるかどうかによって判断する(最大判昭50.9.10)。 **17** ~~実質面~~ ~~条例が法律と 無効となる~~
	→**上乗せ条例**や**横出し条例**も有効となる余地がある。
理由	法律により全国一律に規制すべきとする要請と、条例により各地方公共団体ごとに個別に規制すべきとする要請との調和を図る。

〈語句〉●**上乗せ条例**とは、国の法令で定める規制基準よりも厳しい基準を定める条例をいい、**横出し条例**とは、法令が規制対象としていない事項について規制する条例をいう。

| 判例 | **徳島市公安条例事件**（最大判昭50.9.10） |

〈事案〉

　事案は、第3章 **6** 節 **4** 項「不明確な規制」を参照。

　裁判においては、本条例の規定の明確性判断の前提問題として、本条例の規定が道路交通法に違反するかが争われた。

〈判旨〉

● **1　条例が国の法令に違反するかどうかの一般的な判断基準は**

■■▶ **趣旨、目的、内容及び効果を比較する。**

| 結論 | 条例が国の法令に違反するかどうかは、両者の対象事項と規定文言を対比するのみでなく、それぞれの趣旨、目的、内容及び効果を比較し、両者の間に矛盾牴触があるかどうかによってこれを決しなければならない。 [17] |

● **2　具体的事案における判断基準（横出し条例の場合）**

■■▶ **法令全体からみて、規制をしないという趣旨かどうか。**

| 基準 | ある事項について国の法令中にこれを規律する明文の規定がない場合でも、当該法令全体からみて、その規定の欠如が特に当該事項についていかなる規制をも施すことなく放置すべきものとする趣旨であると解されるときは、 [18] |

| 結論 | これについて規律を設ける条例の規定は国の法令に違反することとなりうる。 [18] |

● **3　具体的事案における判断基準（上乗せ条例の場合）**

■■▶ **別目的→法令の目的・効果を阻害しないか。同一目的→法令が全国一律の規制を施さない趣旨か。**

| 基準 | 特定事項についてこれを規律する国の法令と条例とが併存する場合でも、 |

　　① 　後者が前者とは**別の目的**に基づく規律を意図するものであり、その適用によって前者の規定の意図する**目的と効果**をなんら**阻害**することがないときや、 [19]

　　② 　両者が**同一の目的**に出たものであっても、国の法令が必ずしもその規定によって**全国的に一律**に同一内容の規制を施す趣旨ではなく、それぞれの普通地方公共団体において、その地方の実情に応じて、別段の規制を施すことを容認する趣旨であると解されるときは、 [19]

| 結論 | 国の法令と条例との間にはなんらの矛盾牴触はなく、条例が国の法令に違反する問題は生じえない。 [19] |

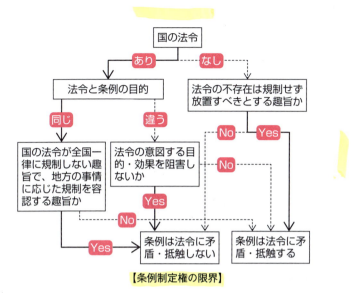

【条例制定権の限界】

5 地方自治特別法に対する住民投票

1 総説

第95条【特別法の住民投票】
　一の地方公共団体のみに適用される特別法は、法律の定めるところにより、その地方公共団体の住民の投票においてその過半数の同意を得なければ、国会は、これを制定することができない。

意義　本条は、一の地方公共団体のみに適用される特別法(**地方自治特別法**)は、その地方公共団体の**住民**の投票においてその**過半数**の同意を得なければ、国会は制定することができないことを規定する。 20

趣旨　適用範囲が特定の地方公共団体に限定されることから、①地方自治権の侵害の危険を防止し、②住民意思を尊重するため(**住民自治**の表れ)、通常の法律と異なり、国会の議決のほかに、当該法律が適用される地方公共団体の住民の投票において過半数の同意を必要としたものである。 06

1　地方自治　647

2 地方自治特別法の制定要件

① 一の地方公共団体

「一の地方公共団体」とは（一つの地方公共団体の意味ではなく）、「特定の地方公共団体」を意味する。 21

② 住民投票

地方自治特別法の制定には、適用範囲となる地方公共団体の住民投票において過半数の同意を得なければならない。 20

→ 国会単独立法の原則(41条)の例外にあたる。

3 地方自治特別法の実例 🖋発展

地方自治特別法としては、広島平和記念都市建設法、首都建設法(昭和31年に廃止)、旧軍港市転換法など昭和24年から26年にかけて建設関係の法律が、18都市15件について制定された。 G

■ 重要事項 一問一答

01 地方自治制度の法的性質は？

制度的保障である(通説)。

02 住民自治とは？

地方の政治と行政が、その地域の住民の意思に基づいて自主的に行われること(民主主義の要請)。

03 団体自治とは？

地方の政治と行政は、国から独立した団体が自らの意思により自らの責任の下でなされること(自由主義の要請＝地方分権)。

04 東京都の特別区は憲法上の地方公共団体か？

憲法上の地方公共団体ではない(区長公選制廃止も合憲)。

05 町村において議会の代わりに町村総会を置くことは可能か？

可能である(地方自治法94条)。

06 条例による処罰に地域的な差異があることは憲法14条に違反するか？

違反しない(判例)。憲法は地域的な差異を容認している。

07 法律によって罰則の制定を条例に委任することは？

委任の内容が相当程度に具体的であり限定されていれば可能(判例)。

08 憲法94条の「法律の範囲内」の判断基準は？

法律と条例の趣旨・目的・内容・効果を比較し、両者間に実質的に矛盾抵触があるかどうかによ

り判断する(判例)。

09 一の地方公共団体のみに適用される特別法の成立要件は?

国会の議決と当該地方公共団体の住民の住民投票において過半数の同意が必要。

過去問チェック

01 地方公共団体は、その自主性及び自律性が最大限に尊重されているので、地方公共団体の組織及び運営に関する事項は、地方自治の本旨に基づいて、それぞれの地方公共団体が自主立法たる条例をもって定めることができると憲法上規定されている。

×(国般2004)「それぞれの地方公共団体が自主立法たる条例をもって定めることができると憲法上規定されている」が誤り。

02 地方自治権の性質として、個人が国家に対して不可侵の権利をもつのと同様に地方自治体も基本権を有するという承認説と、国は地方自治の廃止を含めて地方自治保障の範囲を法律によって定めることができるという固有権説がある。

×(区2015)「承認説」「固有権説」が誤り。

03 通説に照らすと、憲法は、地方自治の章を設け地方自治を保障しているが、この保障の性質は、地方自治という歴史的、伝統的、理念的な公法上の制度の保障ではなく、地方自治が国の承認する限りにおいて認められるという保障である。

×(区2017改題)「地方自治という歴史的、伝統的、理念的な公法上の制度の保障ではなく、地方自治が国の承認する限りにおいて認められるという保障である」が誤り。

04 通説に照らすと、憲法は、地方公共団体の組織及び運営に関する事項は、地方自治の本旨に基づいて、法律でこれを定めると規定しており、この地方自治の本旨には、住民自治と団体自治の2つの要素がある。

○(区2017改題)

05 団体自治の原則とは、地域の住民が地域的な行政需要を自己の意思に基づき自己の責任において充足することをいい、地方公共団体の長、その議会の議員及び法律の定めるその他の吏員は、その地方公共団体の住民が、直接これを選挙するとの憲法の規定は、当該原則を具体化したものである。

×(区2020)「団体自治の原則」が誤り。

第11章 地方自治・その他

1 地方自治 **649**

06 憲法第95条は、特定の地方公共団体のみに適用される特別法は、その地方公共団体の住民の投票においてその3分の2以上の同意を得なければ、国会は、これを制定することができないと定めているが、これは地方自治の本旨の一内容である団体自治のあらわれであると一般に解されている。

×（財2013）「3分の2以上」「団体自治」が誤り。

07 東京都の特別区は、その沿革や実質に鑑みて、憲法93条2項にいう「地方公共団体」に含まれる。

×（裁2016）「憲法93条2項にいう『地方公共団体』に含まれる」が誤り。

08 憲法上の地方公共団体といい得るためには、単に法律で地方公共団体として取り扱われているということだけでは足りず、事実上住民が経済的文化的に密接な共同生活を営み、共同体意識をもっているという社会的基盤が存在することが必要であるが、相当程度の自主立法権、自主行政権、自主財政権等地方自治の基本的権能を付与された地域団体である必要はないとするのが判例である。

×（財2013）「相当程度の自主立法権、自主行政権、自主財政権等地方自治の基本的権能を付与された地域団体である必要はないとするのが判例である」が誤り。

09 内閣総理大臣は国会議員の中から国会の議決で指名することとされているが、地方公共団体の長についてもこれと同様に、当該地方議会の議員の中から当該地方議会の議決でこれを決する旨の法律を制定しても、憲法に違反するものではない。

×（国般2003）「憲法に違反するものではない」が誤り。

10 憲法は、地方公共団体には、法律の定めるところにより、その議事機関として議会を設置すると規定しており、町村において、条例で議会を置かず、選挙権を有する者の総会を設けることは、この憲法の規定に違反する。

×（区2017）「この憲法の規定に違反する」が誤り。

11 憲法は、地方公共団体は、法律の範囲内で条例を制定することができると規定しているが、この条例には、議会の議決によって制定される条例及び長の制定する規則は含まれるが、各種委員会の定める規則は含まれない。

×（区2017）「各種委員会の定める規則は含まれない」が誤り。

12 地方公共団体はその自治権に基づき当該地方公共団体の事務の実施に際し

て、自主立法である条例を制定する権能を有しているが、憲法上保障されている基本的人権については、条例によって制約を課すことはできないとされている。

× (国般2004)「条例によって制約を課すことはできないとされている」が誤り。

13 最高裁判所の判例に照らすと、憲法では各地方公共団体の条例制定権は、法律の範囲内で許されることを規定している以上、売春取締条例によって地域差が生じるような場合には、その条例の規定は、憲法に違反し無効である。

× (区2010改題)「その条例の規定は、憲法に違反し無効である」が誤り。

14 憲法第29条第2項は、「財産権の内容は、公共の福祉に適合するやうに、法律でこれを定める」と規定しているところ、この「法律」には条例は含まれないため、法律の個別的な委任がある場合を除いて、条例で財産権を規制することはできないと一般に解されている。

× (税2016)「この『法律』には条例は含まれないため、法律の個別的な委任がある場合を除いて、条例で財産権を規制することはできないと一般に解されている」が誤り。

15 憲法第31条は必ずしも刑罰が全て法律そのもので定められなければならないとするものでなく、法律の授権によってそれ以下の法令によって定めることもできると解すべきであるところ、条例によって刑罰を定める場合には、法律の授権が相当な程度に具体的であり、限定されていれば足りるとするのが判例である。

○ (税2016)

16 地方公共団体は、その区域内における当該地方公共団体の役務の提供等を受ける個人又は法人に対して国とは別途に課税権の主体となることまで憲法上予定されているものではないが、法律の範囲内で条例を制定することができるものとされていることなどに照らすと、地方公共団体が法律の範囲内で課税権を行使することは妨げられないとするのが判例である。

× (国般2018)「国とは別途に課税権の主体となることまで憲法上予定されているものではないが」が誤り。

17 最高裁判所の判例では、条例が国の法令に違反する場合には効力を有しないことは明らかであり、条例が国の法令に違反するかどうかは、それぞれの趣旨、目的、内容及び効果を比較し、両者の間に矛盾抵触があるかどうかによってこれを決する必要はなく、両者の対象事項と規定文言を対比するのみで足りるとした。

× (区2020)「両者の間に矛盾抵触があるかどうかによってこれを決する必要はなく、両者の対象事

第11章 地方自治・その他

1 地方自治 **651**

項と規定文言を対比するのみで足りるとした」が誤り。

[18] ある事項について国の法令中にこれを規律する明文の規定がない場合には、当該事項については地方公共団体がその地方の実情に応じて別段の規制を施すことを容認する趣旨であると解されるから、当該事項について条例により規律を設けても、憲法第94条に違反することはない。

×（国般2002）「当該事項については地方公共団体がその地方の実情に応じて別段の規制を施すことを容認する趣旨であると解されるから、当該事項について条例により規律を設けても、憲法第94条に違反することはない」が誤り。

[19] 地方公共団体は法律の範囲内で条例を制定することを認められているのであり、ある事項について既にこれを規律する国の法律がある場合、法律とは別の目的に基づく条例であれば、法律の定める規制基準よりも厳しい基準を定める条例を制定することも認められるが、法律と同一目的の規制については、これを制定することは許されないとするのが判例である。

×（国般2004）「法律とは別の目的に基づく条例であれば、法律の定める規制基準よりも厳しい基準を定める条例を制定することも認められるが」「これを制定することは許されないとするのが判例である」が誤り。

[20] 法律は、原則として、国会の議決のみで制定されるが、特定の地方公共団体のみに適用される特別法を制定するには、その地方公共団体の住民の投票においてその過半数の同意を得なければならない。

○（裁2010）

[21] 通説に照らすと、憲法は、一の地方公共団体のみに適用される特別法を規定しているが、この一の地方公共団体とは一つの地方公共団体のことであり、複数の地方公共団体を当該特別法の対象とすることはできない。

×（区2017改題）「この一の地方公共団体とは一つの地方公共団体のことであり、複数の地方公共団体を当該特別法の対象とすることはできない」が誤り。

[A] 地方自治保障の性質について、地方自治という歴史的・伝統的制度を保障したものだとするいわゆる制度的保障説に立った場合、地方議会を諮問機関とすること及び、市町村長を都道府県知事が任命するとすることは、明らかに「地方自治の本旨」に反するとはいえない。

×（裁2003改題）「明らかに『地方自治の本旨』に反するとはいえない」が誤り。

652　第11章　統治Ⅳ

B 最高裁判所の判例では、憲法が、地方公共団体の組織及び運営に関する事項は地方自治の本旨に基づいて法律でこれを定めると規定しているため、住民訴訟の制度を設けるか否かは立法政策の問題とはいえず、かかる制度を地方自治法に設けていないことは、地方自治の本旨に反するとした。

×（区2020）「住民訴訟の制度を設けるか否かは立法政策の問題とはいえず、かかる制度を地方自治法に設けていないことは、地方自治の本旨に反するとした」が誤り。

C 通説に照らすと、憲法では、地方公共団体の長、その議会の議員及び法律の定めるその他の吏員は、その地方公共団体の住民が、直接これを選挙すると定めており、法律の定めるその他の吏員を必ず設けなければならない。

×（区2015改題）「法律の定めるその他の吏員を必ず設けなければならない」が誤り。

D 地方公共団体には、住民が直接選出した議員によって構成される議会が置かれるが、憲法は、国会については、国会が国権の最高機関であると定めているのに対し、地方公共団体の議会については、議会が自治権の最高機関である旨の定めを置いていない。

○（財2013）

E 地方公共団体の長、その議会の議員及び法律の定めるその他の吏員は、その地方公共団体の住民により直接選挙される。また、地方公共団体の議会の議員は、地方自治法において、不逮捕特権や免責特権が認められているが、国会議員や他の地方公共団体の議会の議員との兼職は禁止されている。

×（国般2021）「地方自治法において、不逮捕特権や免責特権が認められているが」が誤り。

F 国民主権の原理にかんがみ、また、地方公共団体が我が国の統治機構の不可欠の要素を成すものであることをも併せ考えると、憲法第93条第2項にいう「住民」とは、地方公共団体の区域内に住所を有する日本国民を意味すると解される。

○（税2002改題）

G 一の地方公共団体のみに適用される特別法は、法律の定めるところにより、その地方公共団体の住民の投票においてその過半数の同意を得なければ、国会はこれを制定することができず、現在まで特別法が成立した事例はない。

×（区2010）「現在まで特別法が成立した事例はない」が誤り。

国般★★★／国専★★★／裁判所★★★／特別区★★★／地上★★★

2 天皇

本節では、天皇を扱います。国事行為の内容、責任の所在が中心となります。

❶ 天皇の地位 /発展

1 象徴天皇制

第1条【象徴天皇制】
　天皇は、日本国の象徴であり日本国民統合の象徴であつて、この地位は、主権の存する日本国民の総意に基く。

意義　象徴天皇制とは、天皇が国政において日本国及び日本国民統合の象徴としての役割を果たすことである（1条）。

趣旨　大日本帝国憲法の下では、天皇は絶対不可侵の存在かつ統治権の総攬者であったが（大日本帝国憲法3条、4条）、日本国憲法の下ではこれらが否定され、象徴以外の役割を果たさないことが強調されたものである（天皇の非政治化）。

2 皇位の継承の世襲制

第2条【皇位の継承】
　皇位は、世襲のものであつて、国会の議決した皇室典範の定めるところにより、これを継承する。

意義　本条は、皇位の継承が世襲制であることだけを定め、詳細は法律の一種である皇室典範の定めに委ねている。皇位の継承の世襲制とは、皇位（天皇の地位）につく資格が、現に皇位にある人の血統に属する者に限定されることである。

趣旨　天皇制を維持するために世襲制が必要であると考えたことによる。

〈解説〉　現在の皇室典範では、皇位継承権を皇統（天皇の血筋）に属する男系男子の皇族に限定する（皇室典範1条、2条）。しかし、世襲制を維持する限り、女性や女系に皇位継承権を与えることも憲法上禁止されない。

654　第11章　統治Ⅳ

2 国事行為

1 総説

第3条【天皇の国事行為に対する内閣の助言と承認】
　天皇の国事に関するすべての行為には、内閣の助言と承認を必要とし、内閣が、その責任を負ふ。

第4条【天皇の権能の限界】
①　天皇は、この憲法の定める国事に関する行為のみを行ひ、国政に関する権能を有しない。

意義　国事行為（国事に関する行為）とは、内閣の助言と承認の下で、天皇が国家機関として行う形式的・儀礼的な行為である。
　　　天皇の権能は国事行為を行うことに限定され、天皇は国政に関する権能を有しない（4条1項）。また、天皇が行う国事行為は、内閣が助言と承認によって実質的に決定し、内閣がその責任を負う（3条）。

趣旨　天皇が象徴としての地位にふさわしい形式的・儀礼的な国事行為だけを担当することにして、その権能を厳格に制限するとともに、国事行為に関する責任の所在を明確にしたものである。

〈解説〉　憲法3条の「責任」は、内閣自身の政治的責任であって、天皇の責任を肩代わりするものではない。 01 02
　　　天皇は、内閣の助言と承認を拒否することはできないが、国事行為に関しては無答責（法的責任を負わない）とされる。
　　　📝**発展**　なお、明治憲法下においては、天皇は、議会の協賛（補佐制度）の下に立法権を行使し（5条）、また、国務大臣の輔弼（助言制度）によって行政権を行使するとされていた（55条）。 A

3 国事行為の種類

1 憲法6条による国事行為

第6条【天皇の任命権】
①　天皇は、国会の指名に基いて、内閣総理大臣を任命する。
②　天皇は、内閣の指名に基いて、最高裁判所の長たる裁判官を任命する。

意義　天皇は、**内閣総理大臣及び最高裁判所長官**（最高裁判所の長たる裁判官）の**任命権**を有する（6条）。 [03]

　　　これらの任命も国事行為であるから、**内閣の助言と承認が必要である**（3条）。

趣旨　個別的な国事行為を規定した。

〈解説〉 **発展** 内閣の総辞職後の新内閣総理大臣の任命については、旧内閣（総辞職した内閣）が助言と承認を行う。 [B]

2 憲法7条による国事行為

第7条【国事行為】
　天皇は、内閣の助言と承認により、国民のために、左の国事に関する行為を行ふ。
一　憲法改正、法律、政令及び条約を**公布**すること。
二　国会を**召集**すること。
三　衆議院を**解散**すること。
四　国会議員の**総選挙の施行**を公示すること。 [C]
五　国務大臣及び法律の定めるその他の官吏の任免並びに全権委任状及び大使及び公使の信任状を**認証**すること。 [04]
六　大赦、特赦、減刑、刑の執行の免除及び復権を認証すること。
七　**栄典を授与**すること。 [D]
八　批准書及び法律の定めるその他の外交文書を認証すること。
九　外国の大使及び公使を接受すること。
十　儀式を行ふこと。

　憲法7条は、天皇が行う10種類の国事行為を規定している。これらの国事行為についても**内閣の助言と承認が必要である**。ここでは、いくつか注意すべきところを解説する。

① 国会の召集（2号） **発展**

　天皇による召集の対象である「国会」は、**常会、臨時会、特別会**の3つである。**参議院の緊急集会は含まれない**。 [E]

② 衆議院の解散（3号）

　天皇は国政に関する権能を有しないことから（4条1項）、天皇の解散権は形式的なものにすぎず、解散の実質的決定権は内閣が有すると解するのが通説である（詳しくは、第9章 **1** 節 **4** 項「衆議院の解散」を参照）。 [05]

③ 総選挙の施行の公示（4号）〔発展〕

天皇による公示の対象である「総選挙」は、衆議院議員の任期満了又は解散による総選挙及び参議院議員の通常選挙である。補欠選挙や再選挙は含まれない。[C]

④ 官吏の任免などの認証（5号）

天皇が認証する「法律の定めるその他の官吏」は、副大臣、最高裁判所判事（最高裁判所の長たる裁判官以外の裁判官）、高等裁判所長官、検事総長などである。内閣総理大臣や最高裁判所長官は天皇が任命するので、認証の対象に含まれない。[06]

また、**全権委任状**とは、条約の締結に関して全権を有している旨を公的に証明する文書である。

⑤ 恩赦の認証（6号）

大赦、特赦、減刑、刑の執行の免除、復権の5種類をあわせて**恩赦**といい（恩赦法1条）、恩赦を決定するのは**内閣**である（73条7号）[07]。恩赦の詳細については恩赦法が規定している。

【任命に際して指名・認証をする国家機関】

			指名	任命	認証
内閣	内閣総理大臣		国会	天皇	——
	国務大臣		——	内閣総理大臣	天皇
裁判所	最高裁判所	長官	内閣	天皇	——
		判事	——	内閣	天皇
	下級裁判所の裁判官		最高裁判所	内閣	——※

※ 高等裁判所長官のみ天皇が認証する（裁判所法40条2項）。

3 国事行為の委任〔発展〕

第4条【国事行為の委任】
② 天皇は、法律の定めるところにより、その**国事に関する行為を委任**することができる。

意義 天皇は、**国事行為を委任**することができる。詳細は「国事行為の臨時代行に関する法律」が規定している。

2 天皇 **657**

趣旨 天皇が海外旅行に出かけるときや一時的な入院をするときなど、摂政を置くべき状況ではない場合に、国事行為の委任を認めたものである。なお、国事行為の委任に際しては、**内閣の助言と承認が必要である**(憲法3条、国事行為の臨時代行に関する法律2条)。 **F**

4 ▷ 摂政による国事行為 ✎発展

第5条【摂政】
　皇室典範の定めるところにより摂政を置くときは、摂政は、**天皇の名**でその国事に関する行為を行ふ。この場合には、前条第1項の規定を準用する。

意義 **摂政**は、天皇の名で、憲法が規定する**国事行為のみを行い、国政に関する権能を有しない**(5条、4条1項)。摂政についての詳細は**皇室典範**による。

趣旨 天皇自ら国事行為を行えない場合に、天皇の名で国事行為を行う機関の設置を認めたものである。

〈解説〉　皇室典範では、摂政を置くべき場合は、①天皇が成年に達しないとき、又は、②天皇が重患又は重大な事故により国事行為を自らすることができないとき(皇室会議の議を経ることが必要)である旨を規定する(皇室典範16条)。

5 ▷ 天皇の公的行為 ✎発展

　国事行為の他にも、天皇は、学術研究活動などの純粋な私的活動を行うことができる。さらに、国会開会式に参列して「おことば」を述べる、国内の各種大会に出席する、園遊会を主催する、外国を公式訪問するなど、公的な意味合いを有する行為もしている。

　このような公的行為は、天皇の象徴としての地位に基づいた行為として、内閣のコントロールの下で許容されると解するのが多数説である。 **G**

❹ 皇室の財産の授受 ✎発展

第8条【皇室の財産授受】
　皇室に財産を譲り渡し、又は皇室が、財産を譲り受け、若しくは賜与することは、国会の議決に基かなければならない。

意義 **皇室の財産の授受**とは、皇室(天皇及び皇族)に財産(私有財産)を**譲り渡す**ことや、皇室が財産を**譲り受け**、又は**賜与**することである。皇室の財産の授

受は、国会の議決に基づかなければならない（8条）。 H

趣旨 皇室に財産が集中することや、財産の授受を通じて皇室が特定の個人や団体と特別な関係を築くことを防止するものである。

〈語句〉●賜与とは、皇室が皇室外の者に対して財産を無償で贈与することである。

重要事項 一問一答

01 天皇の国事行為に対して誰が責任を負うのか。

内閣が責任を負う（3条）。

02 国務大臣の任免の認証は天皇の国事行為か？

国事行為である（7条5号）。

03 栄典の授与は天皇の国事行為か？

国事行為である（7条7号）。

04 天皇は内閣総理大臣の任命を認証するか？

認証しない。天皇は、国会の指名に基づき、内閣総理大臣を任命する（6条1項）。

05 皇室が財産を賜与することは、国会の議決に基づかなければならないか？

国会の議決に基づかなければならない（8条）。

過去問チェック

01 日本国憲法では、天皇の国事行為に関して、内閣は責任を負うこととなっているが、この責任は天皇の国事行為について天皇に代わって負う責任である。

×（裁2007）「この責任は天皇の国事行為について天皇に代わって負う責任である」が誤り。

02 天皇の国事行為については内閣がその責任を負うが、国事行為が国民のために行われることから、この責任は、政治的責任として国民を代表する国会に対して負うこととなる。

○（国般2002）

03 最高裁判所の長たる裁判官を任命することは、憲法上、内閣の権限又は事務とされている。

×（国般2018改題）「内閣の権限又は事務とされている」が誤り。

04 内閣総理大臣は任意に国務大臣を罷免することができ、その罷免に関して天皇の認証は必要ない。

第11章 地方自治・その他

2 天皇 659

×（区2011）「その罷免に関して天皇の認証は必要ない」が誤り。

[05] 通説に照らすと、衆議院の解散は、内閣の助言と承認によって天皇が行う国事行為であり、解散を実質的に決定する権限は天皇にある。
×（区2006改題）「解散を実質的に決定する権限は天皇にある」が誤り。

[06] 最高裁判所長官は、内閣の指名及び国会の承認に基づいて天皇が任命するとされ、最高裁判所判事は内閣が任命し天皇が認証するとされる。
×（税2007改題）「国会の承認に基づいて」が誤り。

[07] 内閣総理大臣は、恩赦を決定し、天皇がこれを認証する。
×（国般2013）「内閣総理大臣は」が誤り。

[A] 国民主権を採る日本国憲法の下では、天皇の国事にかかわるすべての行為には、内閣の助言と承認を必要とするが、天皇主権を採る明治憲法の下では、内閣又は国務大臣が天皇に対して何らかの補佐又は助言を行う制度は存在しなかった。
×（国般2002）「内閣又は国務大臣が天皇に対して何らかの補佐又は助言を行う制度は存在しなかった」が誤り。

[B] 内閣が総辞職した後は、助言と承認を行うべき内閣は存在しないから、天皇は、内閣の助言と承認を得ることなく、新たな内閣総理大臣を任命することができる。
×（国般2002）「助言と承認を行うべき内閣は存在しないから、天皇は、内閣の助言と承認を得ることなく、新たな内閣総理大臣を任命することができる」が誤り。

[C] 憲法上、天皇の国事行為として定められているものとして、国会議員の総選挙の施行を公示することが挙げられる。
○（裁2005改題）

[D] 憲法上、天皇の国事行為として定められているものとして、栄典を授与することが挙げられる。
○（裁2005改題）

[E] 参議院の緊急集会を求めることは、国会の召集とは異なり、天皇の国事行為を必要としない。

○（区2018改題）

F 天皇が心身の故障又は事故により国事行為を行うことができない場合には、内閣総理大臣が天皇に代わって国事行為を行い、当該国事行為については、内閣の助言と承認を必要としない。

×（国般2002）「内閣総理大臣が天皇に代わって国事行為を行い、当該国事行為については、内閣の助言と承認を必要としない」が誤り。

G 天皇が行う公的行為は、憲法の定める国事行為のみに限られるから、それ以外の行為については、公の場においてなされたものであっても、すべて天皇の私的行為となると解するのが通説である。

×（国般2002）「公の場においてなされたものであっても、すべて天皇の私的行為となると解するのが通説である」が誤り。

H 皇室に財産を譲り渡し、又は皇室が、財産を譲り受け、若しくは賜与することは、国会の議決に基づかなければならない。

○（税2017改題）

国般★★★／国専★★★／裁判所★★★★／特別区★★★／地上★★★

3 前文・平和主義 /発展

本節では、前文と平和主義を扱います。

1 前文

1 前文の構成

憲法の前文は、大きく4つの段落に分けることができる。主として、第1段(1項)では**国民主権、代表民主制**、第2段(2項)では**平和主義**、第3段(3項)では**国際協調主義**について述べており、これらを崇高な理想と目的としてその**達成を誓う**のが第4段(4項)である。

> **前文第1段【国民主権、代表民主制】**
>
> 日本国民は、**正当に選挙された国会における代表者を通じて行動し**、われらとわれらの子孫のために、諸国民との協和による成果と、わが国全土にわたつて自由のもたらす恵沢を確保し、政府の行為によつて再び戦争の惨禍が起ることのないやうにすることを決意し、ここに**主権が国民に存すること**を宣言し、この憲法を確定する。そもそも国政は、国民の厳粛な信託によるものであつて、その**権威は国民に由来**し、その**権力は国民の代表者がこれを行使**し、その**福利は国民がこれを享受**する。これは人類普遍の原理であり、この憲法は、かかる原理に基くものである。われらは、**これに反する一切の憲法、法令及び詔勅を排除する。** Ⓐ

> **前文第2段【平和主義】**
>
> 日本国民は、**恒久の平和を念願し、**人間相互の関係を支配する崇高な理想を深く自覚するのであつて、**平和を愛する諸国民の公正と信義に信頼して、われらの安全と生存を保持しようと決意した。**われらは、**平和を維持し、**専制と隷従、圧迫と偏狭を地上から永遠に除去しようと努めてゐる国際社会において、名誉ある地位を占めたいと思ふ。われらは、全世界の国民が、ひとしく恐怖と欠乏から免かれ、**平和のうちに生存する権利を有することを確認する。**

> **前文第3段【国際協調主義】**
>
> われらは、**いづれの国家も、自国のことのみに専念して他国を無視してはならない**のであつて、政治道徳の法則は、普遍的なものであり、この法則に従ふことは、自国の主権を維持し、他国と対等関係に立たうとする各国の責務であると信ずる。

662 第11章 統治Ⅳ

前文第4段【達成の誓い】
　日本国民は、国家の名誉にかけ、全力をあげてこの崇高な理想と目的を達成することを誓ふ。

2 前文の法的性質

　前文は、憲法の一部を構成しているので、本文（憲法1条からの条文）と同様に**法規範性**を備えている。しかし、抽象的な原理を宣言するにとどまるので、**前文を直接の根拠として裁判所に救済を求めることはできない**と解されている（このことを**前文には裁判規範性がない**という）。

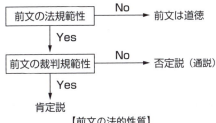

【前文の法的性質】

　問題となるのが「平和のうちに生存する権利」（前文第2段、**平和的生存権**）であるが、平和的生存権の主体・内容・性質などが不明確なので、裁判で争えるだけの具体的内容は備えていない（裁判規範性がない）と解されている（通説）。判例も、平和的生存権として主張する平和とは、**理念ないし目的としての抽象的概念**であって、それ自体が独立して具体的訴訟において私法上の行為の効力の判断基準になるものとはいえないとしている（最判平1.6.20、百里基地訴訟）。

3 主権の意味

　前文などで登場する「主権」には、下表のように3つの意味があると解されている。

【主権の意味】

意味	具体例
国家の統治権（国家権力そのもの）	・国会は、**国権**の最高機関であって（41条）　B ・日本国ノ**主権**ハ本州、北海道、九州及四国（ポツダム宣言8項）　C
国家権力の最高独立性	・自国の**主権**を維持し（前文第3段）　D

国政の最高決定権	・ここに**主権**が国民に存することを宣言し（前文第1段） 　E ・**主権**の存する日本国民の総意に基く（1条）

4 権力的契機と正当性の契機

　国民主権の原理には、①国の政治のあり方を最終的に決定する権力を国民自身が行使するという主権の権力性（**権力的契機**＝権力性の側面）、②国家の権力行使を正当付ける究極的な権威が国民にあるという主権の正当性（**正当性の契機**＝正当性の側面）、という2つの要素が含まれるとの見解がある。

　この見解によると、主権の保持者としての「国民」は、①の要素では有権者を指し、②の要素では全国民を指すことになる。　F

2 平和主義

1 総説

　憲法は人権保障の体系であるが、平和でなければ人権保障が無に帰するおそれがあるので、前文で**平和主義**の原理について定めた。この平和主義の実現手段として、憲法9条は、①**戦争の放棄**（1項）、②**戦力の不保持**（2項前段）、③**交戦権の否認**（2項後段）を定めている。

2 戦争の放棄

第9条【戦争放棄】
① 　日本国民は、正義と秩序を基調とする国際平和を誠実に希求し、**国権の発動たる戦争**と、**武力による威嚇**又は**武力の行使**は、国際紛争を解決する手段としては、**永久にこれを放棄する。**

意義　国権の発動たる**戦争**と武力による威嚇又は**武力の行使**を、**永久に放棄**した**戦争放棄**の規定である。

趣旨　徹底した非軍事化を目指したポツダム宣言を受けて、日本の恒久的な非武装化を憲法規範とした。

〈解説〉　憲法9条1項の「戦争」とは、**侵略戦争**のことを指し、**自衛戦争は含まない**とするのが政府見解である。判例も、憲法9条1項において永久に放棄したのは侵略戦争であって、我が国が主権国として持つ固有の自衛権は何

ら否定されていないとしている（最大判昭34.12.16、砂川事件）。

3 戦力の不保持

第9条【戦力の不保持、交戦権の否認】
② 前項の目的を達するため、陸海空軍その他の戦力は、これを保持しない。国の交戦権は、これを認めない。

意義 本条は、戦力の不保持と国の**交戦権の否定**を規定した。
問題点 憲法9条2項前段の「戦力」とは何か。
結論 「戦力」とは、**自衛のための必要最小限度を超える実力**を意味するので、我が国の自衛権の行使を裏付ける自衛のための必要最小限度の実力を保持することは憲法上許容され、**自衛隊は合憲**と解する（政府見解）。
〈解説〉 自衛隊が「戦力」に該当して違憲であると述べた判決として、長沼ナイキ基地訴訟の第1審判決（札幌地判昭48.9.7）がある。しかし、上告審である**最高裁判所は自衛隊の合憲性に関して何も言及しなかった**（最判昭57.9.9）。

4 交戦権の否認

政府見解によれば、「交戦権」とは、戦いを交える権利ではなく、**交戦状態に入った交戦国が国際法上有する種々の権利**（相手国兵力の殺傷・破壊、相手国の領土の占領など）を意味する。そして、自衛権の行使と交戦権の行使とを区別し、我が国が自衛権の行使として相手国兵力の殺傷・破壊を行う場合、それは交戦権の行使ではないから、憲法9条2項後段に違反しないと解している。

5 憲法9条に関する判例

憲法9条に関する主な判例として、①我が国に駐留する外国の軍隊が「戦力」に該当しないとした判例（最大判昭34.12.16、砂川事件）、②国が一方当事者として行う私法上の契約に対する憲法9条の直接適用を原則否定した判例（最判平1.6.20、百里基地訴訟）がある。

重要事項 一問一答

01 前文では「主権が国民に存する」ことに言及しているか？

第1段で言及している。

02 前文では「平和を愛する諸国民の公正と信義に信頼して、われらの安全と生存を保持しようと決意した」ことに言及しているか？

3 前文・平和主義 665

第2段で言及している。

03 前文第2段の「平和のうちに生存する権利」には裁判規範性があるか？

裁判規範性はない。

04 前文第1段の「ここに主権が国民に存することを宣言し」の「主権」は、どのような意味か？

国政の最高決定権

05 政府見解によると、憲法は自衛戦争を放棄しているか？

放棄していない。放棄しているのは侵略戦争だけである。

06 政府見解によると、「戦力」とは、どのような意味か？

自衛のための必要最小限度を超える実力のこと。

07 政府見解によると、「交戦権」とは、どのような意味か？

交戦状態に入った交戦国が国際法上有する種々の権利のこと。

08 我が国に駐留する外国の軍隊は「戦力」にあたるか？

あたらない(判例)。

過去問チェック

A 日本国憲法は、その前文において、国民主権とそれに基づく代表民主制の原理を宣言した上で、これらの諸原理を人類普遍の原理であると説き、これらの原理に反する一切の憲法、法令及び詔勅を排除する旨を明らかにしている。
○(裁2016)

B 主権の概念は、国家の統治権、最高独立性、最高決定権の3つの異なる意味に用いられることがあるが、最高決定権を意味する主権とは、国家が有する支配権を包括的に示す言葉であり、日本国憲法41条にいう「国権」がそれにあたる。
×(裁2016)「国家が有する支配権を包括的に示す言葉であり、日本国憲法41条にいう『国権』がそれにあたる」が誤り。

C ポツダム宣言8項における「日本国ノ主権ハ、本州、北海道、九州及四国並ニ吾等ノ決定スル諸小島ニ局限セラルベシ」という場合の主権は、憲法41条における「国権」と同じ意味であり、国家権力の最高独立性を意味する。
×(裁2015)「国家権力の最高独立性を意味する」が誤り。

D 憲法前文3項における「自国の主権を維持し」という場合の主権は、国家権力そのものを意味する。

666 第11章 統治Ⅳ

×（裁2015）「国家権力そのものを意味する」が誤り。

E 憲法前文1項における「ここに主権が国民に存することを宣言し」という場合の主権は、国政についての最高の決定権を意味する。
○（裁2015）

F 国民主権の原理には、「国の政治のあり方を最終的に決定する権力を国民自身が行使する」という主権の権力性と、「国家の権力行使を正当づける究極的な権威は国民に存する」という主権の正当性の二つの要素が含まれるとの見解があるが、この見解を前提とすると、主権の権力性の側面において、主権の保持者としての「国民」とは、有権者のことを指すと解される。
○（裁2016）

国般★★☆／国専★★★／裁判所★★★／特別区★★★／地上★★★

4 憲法改正と憲法保障

本節では、憲法改正と憲法保障を扱います。憲法改正は、改正の手続とともに改正の限界の有無についての整理が重要です。

1 憲法改正の総説

意義 　憲法改正とは、憲法所定の手続に従い、個別の条項の修正、削除、追加や新しい条項の増補などによって憲法の内容に変更を加えることをいう。例えば、憲法45条が規定する衆議院議員の任期を４年から３年に修正する場合や、プライバシー権に関する新しい条項を増補する場合が考えられる。

〈解説〉 　**/発展** 憲法所定の手続による条項の変更をしないままに、その条項の意味に変更が生じることがあり、これを**憲法の変遷**というが、**憲法の変遷と憲法改正は異なる概念である**。また、元の憲法を廃止して新しい憲法を作る**憲法制定も憲法改正とは異なる概念である**。 **A**

2 硬性憲法と軟性憲法

意義 　改正手続の要件が法律のそれよりも厳格な憲法のことを**硬性憲法**という。したがって、日本国憲法は硬性憲法である。 **01**

　反対に、改正手続の要件が法律のそれと共通する憲法のことを**軟性憲法**という。

趣旨 　憲法は、最高法規としての**高度の安定性**が要請される一方で、時代・社会の変化に適応するための**可変性**も要請される。そこで、我が国の憲法は、改正手続を定めつつも、その要件を法律のそれと比べて非常に厳格にする（96条）ことによって、両要請の調和を図っている。

3 憲法改正の手続

　憲法改正の手続は、①国会の発議、②国民投票による国民の承認、③天皇の公布という過程をたどる。

668　第11章　統治Ⅳ

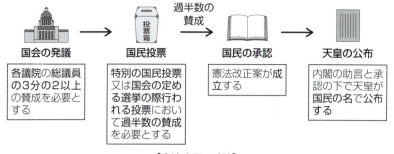

【憲法改正の手続】

発展 日本国憲法における改正手続とは異なるが、明治憲法においても憲法改正の手続は規定されていた(明治憲法73条)。 **B**

1 国会の発議

> **第96条【憲法改正の発議、国民投票】**
> ① この憲法の改正は、各議院の総議員の3分の2以上の賛成で、国会が、これを発議し、国民に提案してその承認を経なければならない。この承認には、特別の国民投票又は国会の定める選挙の際行われる投票において、その過半数の賛成を必要とする。

意義 憲法改正の発議は国会の権限であり、憲法改正の発議をするには、各議院の総議員の3分の2以上の賛成を必要とする(96条1項前段)。 **02**

趣旨 最高法規として高度の法的安定性を図るため非常に厳格な改正手続を要求したものである。

① 憲法改正案の原案 **発展**

憲法改正の発議をするには、その対象になる憲法改正案が必要であり、憲法改正案の原案(憲法改正原案)が国会に提出される。そして、**衆議院では100人以上、参議院では50人以上の議員の賛成**がなければ、国会への憲法改正原案の提出ができない(国会法68条の2)。 **C**

② 審議の定足数 **発展**

憲法改正案の審議の定足数について憲法は何も定めていない。定足数に関する主な学説として、①他の議事と同様に総議員の3分の1以上(56条1項)で足りるとする説、②憲法改正の重要性に鑑みて定足数も発議の要件と同じく総議員の3分の2

以上を必要とする説がある。 D

③ 審議の方法 📝発展

　審議の方法についても憲法や法律上の定めはなく、法律案の審議に準じて審議できると解されており、国会は発案権を有することから、改正案の修正も無制限になしうると解されている。 E

2 国民投票による国民の承認

意義　国会が発議した憲法改正案は国民投票に付される。国民投票は**特別の国民投票又は国会の定める選挙の際行われる投票**によって行われ、憲法改正案の承認には、過半数の賛成を得なければならない(96条1項後段)。

趣旨　国の最高法規である憲法の改正について、特に国民投票を要求したのは、改正権が国民にあることを示すことにより国民主権原理を徹底させるためである。

① 特別の国民投票又は国会の定める選挙の際行われる投票

　特別の国民投票とは、「日本国憲法の改正手続に関する法律」(国民投票法)による投票のことをいう。

　国会の定める選挙の際行われる投票とは、**衆議院議員の総選挙又は参議院議員の通常選挙の際に行われる投票**のことをいう。 03

② 国民投票の手続

　国民投票の手続は「日本国憲法の改正手続に関する法律」(国民投票法)で規定されている。例えば、「過半数」とは、賛成票の数が賛成票と反対票の合計数の2分の1を超えることを意味すること(国民投票法126条1項)、投票権者が18歳以上の日本国民であること(国民投票法3条)などを規定している。 04

有権者総数

賛成票	反対票	無効票	棄権

賛成票と反対票の合計数⇒このうち賛成票が2分の1超であればよい

【国民投票における過半数】

③ 有効投票総数 `発展`

賛成票と反対票の合計数を有効投票総数といい、無効票を含めた全ての投票の合計を投票総数というのが一般的である。しかし、国民投票法では賛成票と反対票の合計数を「投票総数」と定義している(国民投票法98条2項)。

3 天皇の公布

第96条【憲法改正の公布】
② 憲法改正について前項の承認を経たときは、天皇は、国民の名で、この憲法と一体を成すものとして、直ちにこれを公布する。

意義 国民投票で承認された憲法改正は、天皇が国民の名で公布する(96条2項)。憲法改正の公布は天皇の国事行為なので(7条1号)、内閣の助言と承認に基づいて行われる(3条)。 `05`

趣旨 「国民の名で」とすることにより、憲法改正権が国民にあることを明確にするとともに、「この憲法と一体を成すもの」とすることで、憲法改正が日本国憲法の一部として同じ最高法規性を有することを確認したものである。

4 憲法改正の限界

1 限界説と無限界説

問題点 憲法改正の限界の有無について、憲法では何も言及していない。そこで、憲法改正には何らかの限界があるのか、具体的には、どのような内容の改正を行うことができるのかが問題となる。

《A説》 限界説(通説)

憲法改正には法的な限界があるので、基本原理(国民主権、平和主義、基本的人権の尊重)の変更が許されない[1]など、改正が許されない内容が存在する `06`。 [1]憲法改正手続(96条)は憲法制定権力の具体化なので、これを廃止する旨の改正も許されないと解されている。 `07`

理由 ① 憲法改正権は、憲法制定権力(憲法を作る力)によって生み出された力にすぎず[2]、両者は区別される。 [2]限界説は、憲法改正権のことを「憲法によって作られた力」もしくは「制度化された憲法制定権力」と表現している。

② 憲法制定権力によって定められた基本原理が憲法改正の限界を画する。

4 憲法改正と憲法保障 **671**

《B説》　無限界説

　憲法改正には**法的な限界がないので**、憲法改正手続を経れば、どのような内容の改正であっても許されるので、基本原理の変更も許される。 06

理由　①　憲法改正権は、憲法制定権力と同質であり、制定された憲法の枠に拘束されない(国民の主権の絶対性)。 08

　　　　②　法律などと同様に、憲法も社会の変化に応じて変わるべきものである。 08

2 ▶ 8月革命説 / 発展

　限界説に立脚すると、天皇主権を基本原理とする明治憲法から国民主権を基本原理とする日本国憲法への全面的改正を明治憲法73条の憲法改正手続を経て行ったことは、憲法改正の限界を超えるもので、理論的には許されないことになる。

　そこで、1945年8月のポツダム宣言の受諾により天皇主権から国民主権への法学的意味での革命が行われ、この革命で主権者となった国民が制定したのが日本国憲法であると説明されている。これを**8月革命説**という。 F

5 憲法保障 / 発展

1 ▶ 総説

意義　憲法秩序の中には、反憲法的な行為を排除し、**憲法の最高法規性を守るための制度**が設けられている。これを**憲法保障**という。憲法保障は、①憲法の定めがあるものと、②憲法の定めがないもの(憲法を超える性質を有するもの)に分類されている。

【憲法保障】

	憲法の定めあり	憲法の定めなし
予防的	①憲法の最高法規性の宣言(98条1項) G ②公務員の憲法尊重擁護義務(99条) ③権力分立制(41条、65条、76条) ④硬性憲法(96条)	①抵抗権 ②国家緊急権
事後的	⑤違憲審査制(81条)	

672　第11章　統治Ⅳ

2 抵抗権と国家緊急権

抵抗権	国家権力による重大な人権侵害があり、自らの自由を守るための他の合法的手段が全くない国民が、実定法上の義務を拒否するという抵抗行為をする権利のこと
国家緊急権	戦争や災害などの緊急事態の発生時に国家の存立を維持するため、国家が憲法秩序を一時停止して非常措置をとる権限のこと ※明治憲法下では国家緊急権に関する規定があった（戒厳大権、非常大権）

3 公務員の憲法尊重擁護義務

第99条【公務員の憲法尊重擁護義務】
　天皇又は摂政及び国務大臣、国会議員、裁判官その他の**公務員**は、この**憲法を尊重し擁護する義務を負ふ。**

意義　憲法を遵守し、憲法違反には抵抗するなど、**憲法の規定やその精神を守る義務**のことを**憲法尊重擁護義務**という。憲法では、天皇、摂政、公務員（国務大臣、国会議員、裁判官など）に対して憲法尊重擁護義務を課しているが（99条）、国民には**憲法尊重擁護義務**を課していない。[H]

趣旨　憲法は国家権力による国民の権利侵害を防ぐための規範であるから、国家権力の側にいる天皇、摂政、公務員に対して憲法尊重擁護義務を課したものである。

重要事項 一問一答

01　硬性憲法とは何か？
改正手続の要件が法律のそれよりも厳格な憲法のこと。

02　国会が行う憲法改正の発議の要件は？
各議院の総議員の3分の2以上の賛成である（96条1項前段）。

03　国民投票は衆議院議員総選挙の場合に限定されるか？
限定されない。①特別の国民投票、②国会の定める選挙の際行われる投票、のいずれかで行われる（96条1項後段）。

04　国民投票の手続について法律は存在するか？
「日本国憲法の改正手続に関する法律」（国民投票法）が存在する。

05　天皇は憲法改正を自己の名で公布するか？

しない。国民の名で公布する(96条2項)。

06 憲法改正の限界についての通説は?

憲法改正には法的な限界があるとする限界説である。

07 憲法尊重擁護義務は国民にも課しているか?

課していない。

■ 過去問チェック

01 憲法改正手続を一般の法改正よりも厳格にすることで憲法保障を高めようとする憲法を硬性憲法といい、日本国憲法はこれに属する。
○ (区2009)

02 憲法改正について、衆議院で発議し、参議院でこれと異なった発議をした場合、衆議院で総議員の三分の二以上の賛成で再び発議したときは、衆議院の発議が国会の発議となる。
× (区2011)「衆議院で総議員の三分の二以上の賛成で再び発議したときは、衆議院の発議が国会の発議となる」が誤り。

03 憲法を改正するのに必要な国民の承認は、特別の国民投票によって行わなければならず、国会議員の選挙の際に国民投票を行うことはできない。
× (裁2011)「特別の国民投票によって行わなければならず、国会議員の選挙の際に国民投票を行うことはできない」が誤り。

04 憲法改正についての国民の承認には、特別の国民投票又は国会の定める選挙の際に行われる投票において、有権者総数の過半数の賛成が必要とされている。
× (財2018)「有権者総数の」が誤り。

05 憲法改正について、国会が発議し、国民に提案してその承認を経たときは、天皇は、国民の名で、日本国憲法と一体を成すものとして直ちにこれを公布するが、この公布に関する行為には内閣の助言と承認を必要とし、内閣がその責任を負う。
○ (区2020)

06 通説に照らすと、憲法には、明文で改正禁止規定が設けられていないため、憲法所定の改正手続に基づくものである限り、国民主権、人権保障及び平和主義の

674　第11章　統治Ⅳ

基本原理そのものに変更を加えることも法的に認められる。

× (区2020改題)「国民主権、人権保障及び平和主義の基本原理そのものに変更を加えることも法的に認められる」が誤り。

07 通説に照らすと、憲法に規定する憲法改正の国民投票制は、国民の憲法制定権力を具体化したもので、これを廃止することは、国民主権の原理をゆるがすため認められない。

○ (区2009改題)

08 通説に照らすと、憲法改正に関して、憲法改正権と憲法制定権力は同質であり、制定された憲法の枠には拘束されず、法は社会の変化に応じて変化すべきであり、憲法もその例外でないことから、法的な限界はない。

× (区2016改題) 全体が誤り。

A 憲法改正とは、個別の条項の修正、削除追加や新しい条項の増補などにより、成文憲法の内容について、憲法所定の手続に従い意識的な変更を加えることをいうが、元の憲法を廃止して新しい憲法を作る憲法制定や、明文の条項の形式的変更をしないままにその規範の意味に変更が生じる憲法の変遷も、この憲法改正の概念に含まれる。

× (国般2001)「元の憲法を廃止して新しい憲法を作る憲法制定や、明文の条項の形式的変更をしないままにその規範の意味に変更が生じる憲法の変遷も、この憲法改正の概念に含まれる」が誤り。

B 明治憲法には、改正に関する規定は存在しておらず、改正は天皇の勅命のみによって行われることとされていた。

× (財2016) 全体が誤り。

C 憲法改正は、各議院の総議員の3分の2以上の賛成で、国会がこれを発議するが、議員が憲法改正案の原案を発議するには、衆議院においては議員100人以上、参議院においては議員50人以上の賛成を要する。

○ (区2016)

D 憲法改正の発議が成立するためには、各議院においてそれぞれ総議員の三分の二以上の賛成を必要とするため、審議の定足数については、憲法上は三分の二以上である。

× (区2009)「憲法上は三分の二以上である」が誤り。

4 憲法改正と憲法保障 **675**

E 憲法改正の手続は国会議員の発案によって開始され、国会に提出された憲法改正案の審議は、憲法及び国会法に特別の規定がないことから、法律案の審議に準じて行うことができるが、国会は、提出された改正案を修正することはできず、その内容の是非を審議することができるにとどまると解されている。

× (国般2001)「国会は、提出された改正案を修正することはできず、その内容の是非を審議することができるにとどまると解されている」が誤り。

F 憲法改正限界説に立脚する8月革命説は、ポツダム宣言の受諾により天皇主権から国民主権への法学的意味での革命が行われ、この革命によって主権者となった国民が制定したのが日本国憲法であるとした。

○ (区2020)

G 憲法は、国の最高法規であって、その条規に反する法律、命令、詔勅及び国務に関するその他の行為の全部又は一部は、その効力を有しない。また、我が国が締結した条約及び確立された国際法規は、これを誠実に遵守することを必要とする。

○ (財2018)

H 憲法は、憲法の最高法規としての性格に鑑み、天皇又は摂政並びに国務大臣、国会議員、裁判官その他の公務員及び一般国民について、憲法を尊重し擁護する義務を負うことを明文で規定している。

× (国般2019)「及び一般国民」が誤り。

過去問 Exercise

問題1 条例に関するア～オの記述のうち、妥当なもののみを全て挙げているのはどれか。 労基・国税・財務2016［H28］

ア 憲法第31条は必ずしも刑罰が全て法律そのもので定められなければならないとするものでなく、法律の授権によってそれ以下の法令によって定めることもできると解すべきであるところ、条例によって刑罰を定める場合には、法律の授権が相当な程度に具体的であり、限定されていれば足りるとするのが判例である。

イ 憲法第29条第2項は、「財産権の内容は、公共の福祉に適合するやうに、法律でこれを定める」と規定しているところ、この「法律」には条例は含まれないため、法律の個別的な委任がある場合を除いて、条例で財産権を規制することはできないと一般に解されている。

ウ 特定事項についてこれを規律する国の法令と条例とが併存する場合において、両者が同一の目的に出たものであっても、国の法令が必ずしもその規定によって全国的に一律に同一内容の規制を施す趣旨ではなく、それぞれの普通地方公共団体において、その地方の実情に応じて、別段の規制を施すことを容認する趣旨であると解されるときは、条例が国の法令に違反する問題は生じ得ないとするのが判例である。

エ 憲法が各地方公共団体の条例制定権を認める以上、地域によって差別を生ずることは当然に予期されることであるから、かかる差別は憲法自ら容認するところであると解すべきであり、地方公共団体が各別に条例を制定する結果、その取扱いに差別を生ずることがあっても、地域差を理由に違憲ということはできないとするのが判例である。

オ 憲法第84条は、「あらたに租税を課し、又は現行の租税を変更するには、法律又は法律の定める条件によることを必要とする」と規定しているところ、この「法律」には条例が含まれないため、条例によって地方税を定めることはできないと一般に解されている。

1 　ア、ウ

2 　イ、エ

3 　ア、イ、オ

4 　ア、ウ、エ

5 　イ、ウ、オ

解説

正解 **4**

ア ◯　判例により妥当である。判例は、憲法31条はかならずしも刑罰がすべて法律そのもので定められなければならないとするものでなく、法律の授権によってそれ以下の法令によって定めることもできると解すべきであるとしたうえで、条例によって刑罰を定める場合には、法律の授権が相当な程度に具体的であり、限定されておればたりると解するのが正当であるとしている（最大判昭37.5.30）。

イ ✕　「この『法律』には条例は含まれないため、法律の個別的な委任がある場合を除いて、条例で財産権を規制することはできないと一般に解されている」という部分が妥当でない。憲法29条2項の「法律」に条例が含まれると一般に解されている。条例は地方議会という民主的基盤に立って制定されるものである点において法律と異ならないからである。

ウ ◯　判例により妥当である。判例は、条例が国の法令に違反するかどうかは、両者の対象事項と規定文言を対比するのみでなく、それぞれの趣旨、目的、内容及び効果を比較し、両者の間に矛盾牴触があるかどうかによってこれを決しなければならないとしている（最大判昭50.9.10、徳島市公安条例事件）。

　そのうえで、（Ⅰ）法律が規制の対象としていない事項については、当該法令全体からみて、右規定の欠如が特に当該事項についていかなる規制をも施すことなく放置すべきものとする趣旨であると解されるときは、これについて規律を設ける条例の規定は国の法令に違反することとなりうるし、逆に、（Ⅱ）特定事項についてこれを規律する国の法令と条例とが併存する場合でも、①後者が前者とは別の目的に基づく規律を意図するものであり、その適用によって前者の規定の意図する目的と効果をなんら阻害することがないときや、②両者が同一の目的に出たものであっても、国の法令が必ずしもその規定によって全国的に一律に同一内容の規制を施す趣旨ではなく、それぞれの普通地方公共団体において、その地方の実情に応じて、別段の規制を施すことを容認する趣旨であると解されるときは、国の法令と条例との間にはなんらの矛盾牴触はなく、条例が国の法令に違反する問題は生じえないのである、としている。

エ ◯　判例により妥当である。判例は、憲法が各地方公共団体の条例制定権を認める以上、地域によって差別を生ずることは当然に予期されることであるから、

過去問Exercise　679

かかる差別は憲法みずから容認するところであると解すべきである。それ故、地方公共団体が売春の取締について各別に条例を制定する結果、その取扱に差別を生ずることがあっても、地域差の故をもって違憲ということはできないとしている（最大判昭33.10.15）。

オ ✕　「この『法律』には条例が含まれないため、条例によって地方税を定めることはできないと一般に解されている」という部分が妥当でない。憲法84条の租税法律主義において、「法律」には条例も含まれると一般に解されている。地方税法3条1項も、地方団体は、その地方税の税目、課税客体、課税標準、税率その他賦課徴収について定をするには、当該地方団体の条例によらなければならないと規定している。

　以上より、妥当なものは**ア、ウ、エ**であり、正解は**④**となる。

680　第11章　統治Ⅳ

問題2 日本国憲法に規定する憲法改正に関するA～Dの記述のうち、通説に照らして、妥当なものを選んだ組合せはどれか。

特別区2016［H28］

A 憲法改正に関して、憲法改正権と憲法制定権力は同質であり、制定された憲法の枠には拘束されず、法は社会の変化に応じて変化すべきであり、憲法もその例外でないことから、法的な限界はない。

B 憲法改正は、各議院の総議員の３分の２以上の賛成で、国会がこれを発議するが、議員が憲法改正案の原案を発議するには、衆議院においては議員100人以上、参議院においては議員50人以上の賛成を要する。

C 憲法改正案は、特別の国民投票又は国会の定める選挙の際に行われる投票に付され、憲法改正案に対する賛成の投票の数が賛成の投票の数及び反対の投票の数を合計した数の２分の１を超えた場合は、当該憲法改正について国民の承認があったものとする。

D 憲法改正について国民の承認を経たときは、国会は天皇の名で、この憲法と一体を成すものとして、直ちにこれを公布する。

1. A、B
2. A、C
3. A、D
4. B、C
5. B、D

過去問Exercise 681

解説

正解 **4**

A ✕ 全体が妥当でない。憲法改正の限界については、憲法上明文の規定はなく学説上争いがあるが、憲法改正には限界があると考えるのが通説である(限界説)。この限界説からは、憲法の基本原理(国民主権、人権尊重主義、平和主義等)に関するものについては、憲法自らの同一性を維持できないことから、改正できないと考えられている。また、憲法改正権と憲法制定権力は同質であるかという点についても争いがあるが、限界説の立場では、憲法改正権は憲法制定権力により授けられたものであるので、同質ではないと考えている。

B ◯ 条文により妥当である。憲法の改正は、各議院の総議員の3分の2以上の賛成で国会がこれを発議する(96条1項)。また、議員が憲法改正案の原案を発議するには通常の議案の発議(国会法56条1項)とは異なり、衆議院においては議員100人以上、参議院においては議員50人以上の賛成を要する(国会法68条の2)。

C ◯ 条文により妥当である。憲法改正案は国民の承認を経なければならず、その承認は、特別の国民投票又は国会の定める選挙の際に行われる投票において、その過半数の賛成を必要とする(96条1項)。同条にいうその過半数の賛成とは、憲法改正案に対する賛成の投票の数が賛成の投票の数及び反対の投票の数を合計した数の2分の1を超えることをいう(国民投票法126条1項、98条2項)。

D ✕ 「国会は天皇の名で」という部分が妥当でない。憲法改正について国民の承認を経たときは、天皇は、国民の名で、この憲法と一体を成すものとして、直ちにこれを公布する(96条2項)。

　以上より、妥当なものはB、Cであり、正解は **4** となる。

索　引

あ

明らかな差し迫った危険
　　　　　　　234,237
アクセス権 174
上尾市福祉会館事件 236
旭川学力テスト事件
　　　　　　　166,313,315
旭川国民健康保険条例事件 471
朝日訴訟 306
新しい人権 70
あん摩師等法違反事件 260

い

違憲状態 105
違憲審査基準 275
違憲審査権 611
違憲審査権の主体 613
違憲審査制 611
違憲審査制度 12
違憲審査制の法的性質 611
違憲審査の対象 614
違憲判決の効力 620
違憲判決の方法 620
違憲判決の方法・効力 619
石井記者事件 180
石に泳ぐ魚事件 197
萎縮的効果 379
異常死の届出義務 406
泉佐野市民会館事件 236
板まんだら事件 559
一事不再議の原則 450
一事不再理 396
一年税主義 472
一の地方公共団体 648
一般国務・外交関係の国会への
　報告 524
一般的・抽象的法規範 425
一般的行為自由説 71
一般的効力説 621
一般法と特別法の関係 71
委任命令 531
委任立法 426

う

浦和事件 493,584
上乗せ条例 645
運営に関する自律権 490
運用違憲判決 620

え

永久税主義 472
営業の自由 252,257
栄典に伴う特権の廃止 88
営利的言論 186
閲読の自由 48,49
愛媛玉串料訴訟 153
エホバの証人輸血拒否事件 80
エルアールエー（ＬＲＡ）の基
　準 218

お

大阪地蔵訴訟 150
大阪市売春取締条例事件 642
大津事件 584
オービス撮影事件 77
公の支配 473
屋外広告物条例違反事件 218
恩赦 533,657
恩赦の決定 532
恩赦の認証 657

か

海外渡航（外国旅行）の自由
　　　　　　　269
会期 448
会議体による公開の程度の違い
　　　　　　　454
会期の種類 448
会期不継続の原則 449
会議録 454
会計検査院 483
会計年度独立の原則 479
外交関係の処理 530

インターネット上の名誉毀損表
現 215

外国移住の自由 268
外国人 21
外国人の－経済活動の自由 30
外国人の－公務就任権 24
外国人の－再入国の自由 28
外国人の－在留の自由 28
外国人の－参政権 22
外国人の－社会権 25
外国人の－自由権 27
外国人の－出国の自由 28
外国人の－精神活動の自由 29
外国人の－その他の人権 30
外国人の－入国の自由 27
解散権の所在と根拠 514
概算控除制度 106
解散の学説－65条説 514
解散の学説－69条限定説 514
解散の学説－69条非限定説
　　　　　　　514
解散の学説－7条3号説 514
外務省機密電文漏洩（西山記者）
　事件 183
下級裁判所裁判官の指名権 592
閣議 534
閣議に関する重要な内閣法の規
　定 534
閣議の主宰 534
閣議の要求権 534
学習権 313
学習指導要領 316
学生無年金訴訟 109,306
学問研究の自由 164
学問の自由 164
閣僚の議員出席の権利と義務
　　　　　　　511
鹿児島県大嘗祭事件 155
加持祈祷事件 137
課税要件 468
課税要件法定主義 468
課税要件明確主義 468
河川附近地制限令事件 283,288
家庭裁判所と特別裁判所 599

索引　683

神奈川県臨時特例企業税事件
········ 644

川崎民商事件 ········ 404

管轄違いの裁判所がした判決の
　合憲性 ········ 346

環境権 ········ 81

間接選挙 ········ 362

間接適用説 ········ 50,131

間接民主制 ········ 10

完全補償説 ········ 284

管理職選考受験資格確認等請求
　事件 ········ 24

官吏に関する事務 ········ 530

官吏の任免などの認証 ········ 657

慣例 ········ 534

■き

議案提出権 ········ 522

議院規則制定権 ········ 490

議員懲罰権 ········ 490

議院で行った演説・討論・表決
········ 441

議院内閣制 ········ 512

議院内閣制の憲法上の表れ ·· 512

議院内閣制の本質 ········ 512

議員の資格訴訟の裁判 ········ 488

議員の辞職の許可 ········ 489

議院の自律権 ········ 488,565

議員の逮捕の許諾 ········ 489

議員発案権 ········ 442

議決の効力に関する優越 ········ 432

議決要件 ········ 453

技術士国家試験事件 ········ 558

規制の態様（職業選択の自由）
········ 253

規則制定権 ········ 591

貴族制度の廃止 ········ 88

議長の秩序保持権 ········ 491

喫煙の禁止 ········ 47

岐阜県青少年保護育成条例事件
········ 202

君が代起立斉唱命令事件 ········ 130

義務教育の無償（26条2項後
　段） ········ 317

客観的良心 ········ 583

休会 ········ 453

教育権の所在 ········ 313

教育の義務 ········ 409

教育を受けさせる義務（26条
　2項前段） ········ 317

教育を受ける権利 ········ 312

教育を受ける権利の法的性格
········ 312

教科書検定 ········ 165

共産党袴田事件 ········ 573

教授の自由 ········ 164,166,315

行政 ········ 508

行政各部の指揮監督権 ········ 522

強制加入団体 ········ 239

行政機関による終審裁判の禁止
········ 600

行政機関による懲戒処分の禁止
········ 584

行政控除説 ········ 508

行政国家現象 ········ 421

強制処分 ········ 383

行政手続に対する憲法31条の
　保障 ········ 402

行政手続に対する憲法35条，
　38条の保障 ········ 404

行政の概念 ········ 508

行政法 ········ 4

京都府学連デモ事件 ········ 78

較量 ········ 44

許可制 ········ 233

居住・移転の自由 ········ 268

居住・移転の自由の性格 ········ 268

緊急集会 ········ 451

緊急集会中の議員の特権 ········ 452

緊急逮捕 ········ 384

緊急逮捕の合憲性 ········ 384

均衡本質説 ········ 512

欽定憲法 ········ 14

勤労者 ········ 324

勤労条件の基準（27条2項）
········ 321

勤労の義務 ········ 409

勤労の権利 ········ 321

勤労の権利及び義務（27条1
　項） ········ 321

■く

具体的権利説 ········ 305

具体的事件性 ········ 556

具体的な権利 ········ 70,71

国の行為と私人間効力 ········ 56

国の債務負担行為 ········ 473

群馬司法書士会事件 ········ 36

■け

経済的自由権 ········ 17

警察法改正無効事件 ········ 565

警察予備隊違憲訴訟 ········ 557,613

形式的意味の憲法 ········ 13

形式的意味の立法 ········ 425

形式的最高法規性 ········ 11

形式的平等（機会の平等） ········ 88

刑事被告人の権利 ········ 388

刑事補償請求権 ········ 350

刑事補償法 ········ 350

刑事免責 ········ 324

継続審査 ········ 450

継続費 ········ 479

警備公安警察活動 ········ 168

刑法 ········ 4

刑法230条（名誉毀損） ········ 213

刑法230条の2（公共の利害
　に関する場合の特例） ········ 213

月刊ペン事件 ········ 213

決算 ········ 483

結社の自由 ········ 238

検閲の禁止 ········ 198

検閲の定義 ········ 198

限界説 ········ 671

減額修正 ········ 481

厳格な基準 ········ 254

厳格な合理性の基準 ········ 254

研究発表の自由 ········ 164

現行犯逮捕 ········ 383

検察官の上訴と一事不再理 ·· 397

兼職禁止 ········ 437

限定解釈（合憲限定解釈） ·· 206

剣道実技拒否事件 ········ 141

憲法13条後段の法的性質 ···· 70

憲法13条説 ········ 269

憲法 14 条 1 項後段列挙事由
　……………………………………… 90
憲法 22 条 1 項説 ……………… 269
憲法 22 条 2 項説 ……………… 269
憲法 31 条の保障範囲 ………… 375
憲法 32 条の「裁判」の意味
　……………………………………… 345
憲法 7 条による国事行為 …… 656
憲法 84 条の「租税」の定義
　……………………………………… 470
憲法改正 ………………………… 668
憲法改正の限界 ………………… 671
憲法改正の国民投票 …………… 364
憲法改正の手続 ………………… 668
憲法改正の発議 ………………… 459
憲法が認める特別裁判所 …… 598
憲法上の地方公共団体の意義
　……………………………………… 636
憲法上の内閣の責任 …………… 535
憲法尊重擁護義務 …… 128,673
憲法の構造 ……………………… 6
憲法の最高法規性 ……………… 11
憲法の変遷 ……………………… 668
憲法の目的 ……………………… 7
憲法に基づく直接請求の可否
　……………………………………… 287
憲法の役割 ……………………… 6
憲法判断回避の準則 …………… 619
憲法判断の方法 ………………… 619
憲法保障 ………………………… 672
憲法優位説 ……………………… 614
権力性の側面 …………………… 9
権力的契機 ………………… 9,664
権力的契機と正当性の契機 … 664
権力分立の現代的変容 ………… 421
権力分立の原理 ………………… 420
権力分立の内容 ………………… 421

■こ
皇位の継承の世襲制 …………… 654
公開の原則（議院の公開）…… 453
合議制 …………………………… 544

「公共のために用ひる」の意味
　……………………………………… 286

公共の福祉 ……………………… 43
公共の福祉の意味 ……………… 43
公共の福祉の概念 ……………… 43
拘禁 ……………………………… 385
公金支出の禁止 ………………… 473
合憲限定解釈 …………………… 619
皇室財産 ………………………… 473
皇室典範 ………………………… 654
皇室の財産の授受 ……………… 658
皇室費用 ………………………… 473
孔子廟訴訟 ……………………… 150
麹町中学校内申書事件 ………… 129
公衆浴場距離制限事件 ………… 260
硬性憲法 …………………… 14,668
公正取引委員会 ………………… 544
交戦権の否認 …………………… 665
皇族 ……………………………… 21
交通事故の報告義務 …………… 406
公判廷における自白と補強証拠
　……………………………………… 395
幸福追求権 ……………………… 70
幸福追求権の意義 ……………… 70
幸福追求権の保障の意味 ……… 71
公平で迅速な公開裁判を受ける
　権利 …………………………… 344
公平な裁判所の迅速な公開裁判
　を受ける権利 ………………… 388
公法 ……………………………… 49
公務員に対する労働基本権の制
　限 ……………………………… 330
公務員の憲法尊重擁護義務 … 673
公務員の職務上の秘密 ………… 492
公務員の人権制約 ……………… 46
公務員の政治活動の制限 ……… 222
公務就任権 ……………………… 364
拷問・残虐な刑罰の禁止 ……… 398
小売市場 ………………………… 258
小売市場距離制限事件 ………… 257
合理性の基準 …………………… 254
合理的関連性の基準 …………… 219
勾留 ……………………………… 382
呼気検査に応じる義務 ………… 406
国際協調主義 …………………… 21
国事行為 …………………… 514,655
国事行為の委任 ………………… 657

国事行為の種類 ………………… 655
国政調査権 ……………………… 491
国政調査権の手段 ……………… 491
国政調査権の範囲と限界 ……… 492
国政調査権の法的性質 ………… 492
国政調査権の方法 ……………… 492
国政の最高決定権 ……………… 664
国籍 ……………………………… 271
国籍の喪失 ……………………… 271
国籍法 3 条 1 項違憲判決 …… 95
国籍離脱の自由 ………………… 271
国選弁護人 ……………………… 392
告知・聴聞を受ける権利 ……… 376
国費の支出 ……………………… 472
国民教育権説 …………………… 314
国民主権 ………………………… 9
国民審査 …………………… 363,586
国民審査の法的性質 …………… 587
国民投票による国民の承認 … 670
国民の義務 ……………………… 409
国務大臣の在職要件 …………… 511
国務大臣の任命手続 …………… 511
国務大臣の任免 ………………… 521
国有農地売払特措法事件 ……… 281
国労広島地本事件 ……………… 328
個人の尊厳 ……………………… 7
戸籍法の規定の合憲性 ………… 101
国会議員の地位 ………………… 437
国会議員の特権 ………………… 437
国会議員の名誉毀損的発言と免
　責特権 ………………………… 441
国会単独立法の原則 …………… 427
国会単独立法の原則の例外 … 427
国会中心立法の原則 …………… 426
国会中心立法の原則の例外 … 426
国会に対する連帯責任 ………… 535
国会による予算の修正 ………… 481
国会の会期 ……………………… 447
国会の召集 ………………… 452,656
国会の承認が得られない場合（条
　約）…………………………… 462
国会の条約修正権 ……………… 463
国会の代行機能 ………………… 451
国会の地位 ……………………… 423
国会の発議 ……………………… 669

索引　685

国家からの自由 ･･････････････ 17
国家教育権説 ･･････････････ 314
国家緊急権 ･･････････････ 673
国家権力の最高独立性 ･･････ 663
国家公安委員会 ･･････････････ 544
国家による自由 ･･････････････ 17
国家の統治権 ･･････････････ 663
国家賠償請求権 ･･････････････ 347
国家賠償法 ･･････････････ 348
国家賠償法の法的性格 ･･････ 348
国家への自由 ･･････････････ 18
国家無答責の原則 ･･････････････ 348
個別的・具体的な委任 ･･････ 426
個別的効力説 ･･････････････ 621
戸別訪問の一律禁止 ･･････････････ 220
固有権説 ･･････････････ 634
固有性 ･･････････････ 16
固有の意味の憲法 ･･････････････ 13

■さ
在外日本人選挙権訴訟 ･･･ 361,618
罪刑の均衡 ･･････････････ 379
罪刑法定主義 ･･････････････ 379
最高機関 ･･････････････ 424
最高裁判所長官以外の任命権
　･･････････････ 533
最高裁判所長官の指名権 ･･････ 533
最高裁判所と下級裁判所 ･･････ 588
最高裁判所の権限 ･･････････････ 590
最高裁判所の構成 ･･････････････ 590
最高裁判所の裁判官の国民審査
　･･････････････ 586
最高法規性 ･･････････････ 12,611
再婚禁止期間の合憲性 ･･････ 99
財産権 ･･････････････ 274
財産権の違憲審査基準 ･･････ 275
財産権の制約 ･･････････････ 274
財産権の制約に対する補償 ･･ 282
再審手続と一事不再理 ･･････ 398
財政状況の報告 ･･････････････ 483
財政民主主義 ･･････････････ 467
財政面での結び付きの禁止（89
　条前段） ･･････････････ 156
在宅投票制度廃止事件 ･･･ 360,616
裁定権 ･･････････････ 534

裁判・条例に対する違憲審査
　･･････････････ 614
裁判員制度 ･･････････････ 600
裁判官懲戒処分事件 ･･････････････ 226
裁判官任命手続・任期・定年
　･･････････････ 589
裁判官の職権行使の独立 ･･････ 583
裁判官の職権の独立 ･･････ 582
裁判官の懲戒処分 ･･････････････ 585
裁判官の罷免事由 ･･････････････ 585
裁判所の組織 ･･････････････ 588
「裁判」の意味 ･･････････････ 601
裁判の公開 ･･････････････ 601
裁判の公開の例外 ･･････････････ 605
裁判を受ける権利 ･･････････････ 344
歳費受領権 ･･････････････ 438
サラリーマン税金訴訟 ･･････ 105
猿払事件 ･･････････････ 222
参議院の緊急集会 ･･････････････ 451
参議院の緊急集会の要求 ･･････ 533
サンケイ新聞事件 ･･･ 175,176
三審制 ･･････････････ 344,588
参政権 ･･････････････ 18,356
暫定予算 ･･････････････ 479

■し
ジーピーエス（ＧＰＳ）捜査と
　憲法 35 条 ･･････････････ 386
自衛官合祀事件 ･･････････････ 138
自衛戦争 ･･････････････ 664
塩見訴訟 ･･････････････ 26
私学助成の合憲性 ･･････････････ 474
死刑制度の合憲性 ･･････････････ 398
自己決定権 ･･････････････ 80
自己実現の価値 ･･････････････ 173
自己統治の価値 ･･････････････ 173
自己負罪拒否特権（黙秘権）
　･･････････････ 393
事後法による財産権制約の可否
　･･････････････ 280
事後法の禁止（遡及処罰の禁止）
　･･････････････ 396
自作農創設特別措置法事件 ･･ 284
事情判決の法理 ･･････････････ 104

私人間における人権保障と限界
　･･････････････ 49
事前抑制 ･･････････････ 194
事前抑制の原則的禁止（事前抑
　制禁止の理論） ･･････････････ 194
思想・良心の自由 ･･････････････ 124
思想・良心の自由の保障内容
　･･････････････ 128
思想及び良心の意味 ･･････ 125
思想の自由市場論 ･･････････････ 194
執行命令 ･･････････････ 531
実質的意味の憲法 ･･････････････ 13
実質的意味の立法 ･･････････････ 425
実質的最高法規性 ･･････････････ 12
実質的平等（条件又は結果の平
　等） ･･････････････ 88
実体の適正 ･･････････････ 375
実体の法定 ･･････････････ 375
実体法 ･･････････････ 375
児童酷使の禁止（27 条 3 項）
　･･････････････ 322
自白法則（自白排除の法則）
　･･････････････ 394
渋谷暴動事件 ･･････････････ 216
私法 ･･････････････ 49
司法官憲 ･･････････････ 383
司法行政監督権 ･･････････････ 592
司法警察活動 ･･････････････ 168
司法権 ･･････････････ 554
司法権の意義 ･･････････････ 554
司法権の解釈上の限界 ･･････ 564
司法権の限界 ･･････････････ 563
司法権の独立 ･･････････････ 582
司法権の範囲 ･･････････････ 554
司法権の明文上の限界 ･･････ 564
司法国家現象 ･･････････････ 422
司法書士法違反事件 ･･････ 263
司法審査の排除 ･･････････････ 46
司法府の独立 ･･････････････ 582
指紋押捺義務を内容とする外国
　人登録制 ･･････････････ 31
社会権 ･･････････････ 17
社会権の誕生 ･･････････････ 302
社会権的側面 ･･････････････ 72
社会国家的公共の福祉 ･･････ 44

社会的身分の意味	91	純然たる訴訟事件	345,601	信条説	124,125
釈放要求権	489	賜与	659	信条の意味	90
謝罪広告事件	126	常会	448	人身の自由	17,374
自由委任	423	消極国家（夜警国家）	302	侵略戦争	664
集会の自由	232	消極国家から積極国家へ	302	森林法共有林事件	276
「衆議院議員総選挙」の意味		消極的な内在的制約	253		
	537	消極的立法作用	621	■す	
衆議院議員定数不均衡訴訟	102	上告	377	砂川事件	568
衆議院の解散	513,656	上告理由の制限と裁判を受ける			
衆議院の解散の決定	533	権利	347	■せ	
衆議院の自律解散	515	肖像権	77,78	生活保護法に基づく保護受給権	
衆議院の優越	431	象徴天皇制	654		27
衆議院を解散すべき場合	513	常任委員	437	請願権	350
住基ネット訴訟	76	証人喚問権	391	税関検査訴訟	200,206
宗教教育の禁止	149	証人審問権	390	政教分離	146
「宗教上の組織もしくは団体」の		承認説	634	政教分離原則	146
意義	474	小法廷	590	政教分離原則の法的性格	146
宗教団体	149	情報プライバシー権	72	「政教分離」の在り方	147
宗教的活動	149	条約	461	政見放送削除事件	199
宗教的活動の禁止	149	条約締結の承認	461	政策的制約（積極目的規制）	
宗教的結社の自由	136	条約に対する違憲審査	614		253,275
宗教的行為の自由	136	条約の締結	530	生産管理	329
宗教法人オウム真理教解散命令		条約優位説	615	政治上の権利を行使することの	
事件	139	将来効	452	禁止	149
終局的解決可能性	556	条理	177	政治スト	329
住居等の不可侵	386	条例	639	性質説	21
自由権	17	条例制定権の限界	645	政治的社会的活動	169
自由権的側面	72	条例による課税	469	政治的責任	535,536,655
自由国家的公共の福祉	44	条例による財産権の制約	279	政治的代表	423
私有財産制度	274	条例による人権制約	639	政治的中立性	223
自由裁量行為	565	条例の意義	639	政治的美称説	424
自由主義	7,8	昭和女子大事件	55	精神的自由権	17
自由選挙	360,363	職業選択の自由	252	生存権	303
集団行動の自由	232	所得の捕捉率	107	生存権の社会権的側面（請求権	
住民自治	635	知る権利	174,179	的側面）	304
受益権	18	知る権利の複合的性質	174	生存権の自由権的側面	303
受益権（国務請求権）	344	白タク営業事件	260	生存権の法的性質	303
主権の意味	663	人格権	81	政党	359
取材活動の自由	182	人格的利益説	71	政党国家現象	422
取材源秘匿の自由	180	信教の自由	135	正当性の契機	9,664
取材の自由	178,179	人権	6,7	正当性の側面	9
手段の合理性	93	人権享有主体	20	正当な補償	282
主任の大臣	510	人権制約の合憲性判断基準	44	「正当な補償」の意味	284
酒類販売免許制事件	262	人事院	544	制度説	514
準司法作用の性質	493	人種の意味	90	制度的保障	146,274

索引　687

制度的保障説 ……………… 146,634	総則的権利 …………………… 16	地方公共団体 ………………… 636
静謐な宗教的環境の下で信仰生	相対的平等 …………………… 89	地方公共団体の機関 ………… 638
活を送るべき利益 ……… 139	相当分離説 …………………… 147	地方自治 ……………………… 634
性表現の規制 ………………… 212	相当補償説 …………………… 284	地方自治特別法 ……………… 647
成文憲法 ……………………… 14	総評サラリーマン税金訴訟 … 306	地方自治特別法に対する住民投
性別の意味 …………………… 91	組織に関する自律権 ………… 488	票 ………………………… 647
生命、自由及び幸福追求の権利	租税法律主義 ………………… 468	地方自治特別法の実例 ……… 648
………………………………… 70	租税法律主義の内容 ………… 468	地方自治特別法の住民投票 … 364
政令に罰則を設けること … 532	訴追 …………………… 439,525	地方自治特別法の制定要件 … 648
政令の制定 …………………… 531	空知太神社訴訟 ……………… 156	地方自治の本旨 …………… 634,635
責任本質説 …………………… 512	損失補償制度 ………………… 282	中止権 ………………………… 535
世田谷事件 …………………… 226	尊属 …………………………… 93	抽象的違憲審査制 …………… 611
積極国家 ……………………… 302	尊属殺重罰規定違憲判決 …… 94	抽象的権利説 ………………… 305
積極的な政策的制約 ………… 253	尊属傷害致死事件 …………… 95	抽象的な権利 ………………… 71
摂政 …………………………… 658		徴税の手続 …………………… 468
摂政による国事行為 ………… 658	■た	町村総会 ……………………… 638
絶対的平等 …………………… 89	第1次教科書訴訟 ……… 165,202	直接選挙 …………… 360,362,638
折衷説 ………………………… 314	大学の自治 …………………… 167	直接適用説 …………………… 50
全員一致 ……………………… 534	大学の自治の法的性質 ……… 168	沈黙の自由 …………………… 129
前科照会事件 ………………… 72	第三者所有物没収事件 ……… 376	
選挙及び被選挙権の停止 …… 357	対審と判決の意味 …………… 601	■つ
選挙権 ………………………… 356	大統領制 ……………………… 512	通常裁判所 …………………… 599
選挙に関する諸原則 ………… 360	代表機関 ……………………… 423	通信の秘密 …………………… 239
全権委任状 …………………… 657	逮捕 …………………………… 439	通信傍受の合憲性 …………… 240
戦争の放棄 …………………… 664	大法廷 ………………………… 590	通達 …………………………… 469
せん動 ………………………… 216	逮捕に関する令状主義 ……… 383	通達による課税 ……………… 469
全農林警職法事件 …………… 331	高田事件 ……………………… 389	津地鎮祭事件 ………………… 150
前文 …………………………… 662	宝塚市パチンコ条例事件 …… 563	
前文の構成 …………………… 662	たばこ小売販売業の許可制 … 257	■て
前文の法的性質 ……………… 663	弾劾裁判所 …………………… 464	ティービーエス（TBS）事件
戦力の不保持 ………………… 665	弾劾裁判所の設置 …………… 464	………………………………… 180
	短期売買利益返還請求事件 … 278	定義付け較量論 ……………… 212
■そ	団結権 ………………………… 325	抵抗権 ………………………… 673
増額修正 ……………………… 481	団体交渉権 …………………… 329	抵抗権と国家緊急権 ………… 673
相互保証主義 ………………… 348	団体行動権 …………………… 329	定住外国人と地方自治体選挙の
捜索・押収に関する令状主義	団体自治 ……………………… 635	選挙権 ……………………… 23
………………………………… 386	団体の内部事項に関する行為（部	定数配分規定 ………………… 102
総辞職ができる場合 ………… 536	分社会の法理） …………… 569	訂正放送等請求事件 ………… 177
総辞職後の内閣 ……………… 538		定足数 ………………………… 453
総辞職すべき事由が重複した場	■ち	適正手続の保障 ……………… 374
合 ………………………… 537	地方議会議員の出席停止処分	適正配置規制 ………………… 256
総辞職をしなければならない場	………………………………… 571	適用違憲判決 ………………… 620
合 ………………………… 536	地方議会議員の免責特権 …… 440	手続の適正 …………………… 375
争訟 …………………………… 554	地方議会の議員の除名処分と出	手続の法定 …………………… 375
総選挙の施行の公示 ………… 657	席停止処分 ………………… 570	手続法 ………………………… 375

鉄道営業法違反事件 ……… 221
伝習館高校事件 ……………… 316
天皇 ………………………… 21,654
天皇の公的行為 ……………… 658
天皇の公布 …………………… 671
天皇の国事行為の対する助言と
　承認 ………………………… 533
天皇の国事行為の対する助言と
　承認についての責任 ……… 536
伝来説 ………………………… 635

■と
統括機関説 …………………… 424
東京都公安条例事件 ………… 235
東京都の特別区 ……………… 636
東京都売春等取締条例事件
　…………………………… 110,640
同時活動の原則 ……………… 430
東大ポポロ事件 ……………… 168
統治行為 ……………………… 566
投票価値の平等 ……………… 103
徳島市公安条例事件 … 204,646
特別会 ………………………… 448
特別区長公選制廃止事件 …… 637
特別権力関係論 ………………… 45
特別裁判所 …………………… 554,598
特別裁判所の禁止 …………… 598
特別の犠牲 …………………… 282
独立活動の原則 ……………… 431
独立行政委員会 ……………… 544
独立行政委員会の意義 ……… 544
独立行政委員会の合憲性 …… 544
独立行政委員会の合憲性－65
　条適合説 …………………… 545
独立行政委員会の合憲性－65
　条例外説 …………………… 545
独立権能説 …………………… 492
土地収用法事件 ……………… 285
特権付与の禁止 ……………… 148
届出制 ………………………… 233
苫米地事件 …………………… 566
冨平神社訴訟 ………………… 158
富山大学事件 ………………… 572
奴隷的拘束及び苦役からの自由
　……………………………… 374

■な
「内閣総理大臣が欠けた」の意味
　……………………………… 537
内閣総理大臣に求められる資格
　……………………………… 520
内閣総理大臣の権限 ………… 521
内閣総理大臣の指名 ………… 463
内閣総理大臣の専権事項 …… 521
内閣総理大臣の訴追に対する同
　意 …………………………… 524
内閣総理大臣の任命手続 …… 520
内閣の意思決定（閣議）…… 534
内閣の意思決定方式 ………… 534
内閣の行政機関としての固有の
　権能 ………………………… 529
内閣の総辞職 ………………… 536
内閣の組織 …………………… 509
内閣の代表 …………………… 522
内閣の法律案提出権 ………… 427
内閣不信任決議権 …………… 431
内在的制約（消極目的規制）
　…………………………… 253,275
内心説 ………………………… 125
内心における信仰の自由 …… 135
中嶋学資保険訴訟 …………… 306
長良川事件報道訴訟 ………… 178
奈良県ため池条例事件 … 279,284
成田新法事件 ………… 232,403
軟性憲法 …………………… 14,668

■に
新潟県公安条例事件 ………… 234
二院制 ………………………… 430
西陣ネクタイ訴訟 …………… 259
二重煙突事件 ………………… 493
二重処罰の禁止 ……………… 398
二重の危険の禁止 …………… 397
二重の基準（二重の基準論）
　……………………………… 192
二重の基準の役割 …………… 192
二重の基準論 ………………… 45
日蓮正宗事件 ………………… 560
日産自動車事件 ……………… 54
日商岩井事件 ………………… 493

日本国憲法の改正手続に関する
　法律（国民投票法）……… 670
認知 …………………………… 95
任命手続と資格 ……………… 520

■の
納税の義務 …………………… 410
ノンフィクション「逆転」事件
　……………………………… 74

■は
陪審制度 ……………………… 600
博多駅事件 …………………… 178
パターナリスチックな制約 …… 20
パターナリズム ………………… 20
8月革命説 …………………… 672
パチンコ球遊器事件 ………… 470
パブリシティ権 ………………… 79
パブリック・フォーラム …… 222
反論権 ………………………… 175
反論文掲載請求権 ……… 175,176

■ひ
比較考量 ……………………… 44
比較衡量論 …………………… 44
被疑者 ………………………… 382
被告人 ………………………… 382
被収容者の人権制約 ………… 46
批准 …………………………… 462
非訟事件 ……………………… 602
被選挙権（立候補の自由）… 359
非嫡出子相続分規定事件 …… 97
筆記行為の自由 ……………… 185
ビデオリンク方式 …………… 389
秘密会 ………………………… 454
秘密選挙 ………………… 360,363
罷免事由の制限 ……………… 585
罷免の訴追 …………………… 464
百里基地訴訟 ………………… 56
表決 …………………………… 440
表決の記録 …………………… 454
表現活動への萎縮的効果 …… 203
表現内容に対する規制 ……… 212
表現の自由 …………………… 173
表現の自由を支える価値 …… 173

索引　689

表現の時・場所・方法の規制（表現の内容中立規制） ……… 218
平等 …………………………………………… 89
平等主義 ……………………………………… 8
平等選挙 …………………………………… 360
平賀書簡事件 ……………………………… 584
広島県教職員組合事件 ………………… 238
広島市暴走族追放条例事件 … 205
ピンクレディー事件 ……………………… 79

■ふ
夫婦同氏規定の合憲性 … 100
夫婦同居や婚姻費用分担に関する審判と裁判の公開 … 603
附（付）加刑 ……………………………… 377
不可侵性 ……………………………………… 16
福祉主義 ……………………………………… 8
複選制（準間接選挙） ………………… 362
不告不理の原則 ………………………… 378
付随的違憲審査制 ……………………… 611
不逮捕特権 ………………………………… 438
普通教育 …………………………………… 166
普通選挙 …………………………………… 360
不当な逮捕からの自由 ……………… 383
不当な抑留・拘禁からの自由 …………………………………………… 385
船橋市西図書館事件 …………………… 82
不文憲法 ……………………………………… 14
部分社会の法理 ………………………… 569
普遍性 ………………………………………… 16
プライバシーの権利 …………………… 72
プログラム規定説 ……………………… 304
文民規定 …………………………………… 510
文民統制（シビリアンコントロール） …………………………………………… 510
分類の相対性 ……………………………… 19

■へ
閉会 ………………………………………… 453
閉会中審査 ………………………………… 450
並行調査 …………………………………… 493
平和主義 …………………………………… 8,664
平和的生存権 …………………………… 663
弁護人依頼権 …………………………… 392

■ほ
帆足計事件 ………………………………… 270
包括的支配 ………………………………… 46
防御権 ……………………………………… 383
報酬の保障 ………………………………… 588
法人 ………………………………………… 32
法治主義 …………………………………… 10
法治主義の排除 ………………………… 46
法的権利説 ………………………………… 304
法的代表 …………………………………… 424
法適用の平等 …………………………… 89
報道の自由 …………………………… 177,179
法内容の平等 …………………………… 89
法の支配 …………………………………… 10
法の支配の原理 ………………………… 46
「法の下に」平等の意味 …………… 89
法の下に「平等」の意味 …………… 89
法の下の平等 …………………………… 88
法律・政令への連署 ………………… 525
法律上の争訟 …………………………… 555
法律上の利益 …………………………… 347
法律の誠実な執行と国務の総理 …………………………………………… 529
法律の制定 ……………………………… 460
法律扶助制度 …………………………… 346
法律留保事項 …………………………… 640
法令違憲判決 …………………………… 620
補強法則（補強証拠の法則） …………………………………………… 394
保護措置 …………………………………… 439
補償の時期 ……………………………… 286
補償の要否 ……………………………… 282
補助的権能説 …………………………… 492
ポストノーティス命令事件 … 127
補正予算 …………………………………… 479
北海タイムス事件 ………… 184,601
北方ジャーナル事件 ………………… 195
堀木訴訟 …………………………… 108,307
堀越事件 …………………………………… 225
本予算 ……………………………………… 479

■ま
マクリーン事件 ………………………… 29
松川事件 …………………………………… 169
麻薬取扱者の記帳義務 ……………… 406

■み
未成年者 …………………………………… 20
三井倉庫港運事件 …………………… 326
三井美唄労組事件 …………………… 327
三菱樹脂事件 …………………………… 52
みなされる ……………………………… 423
南九州税理士会事件 ………………… 35
箕面忠魂碑訴訟 ………………………… 152
民事事件における取材源の秘匿 …………………………………………… 181
民事免責 …………………………………… 325
民主主義 …………………………………… 8
民主政の過程 ……………………… 45,193
民定憲法 …………………………………… 14
民法 ………………………………………… 4

■む
無限界説 …………………………………… 672
無効力説 …………………………………… 50
無国籍になる自由 …………………… 271
無答責 ……………………………………… 655
無任所大臣 ……………………………… 510

■め
明確性の原則 …………………………… 379
明確性の理論（明確性の基準） …………………………………………… 203
明白かつ現在の危険の法理 … 212
明白性の原則 …………………………… 254
名誉毀損的表現の規制 ……………… 212
名誉権 ……………………………………… 81
命令 ………………………………………… 426
命令委任 …………………………………… 424
免責特権 …………………………………… 440
免責特権の「免責」の内容 … 441
免責特権の主体 ………………………… 440
免訴 ………………………………………… 390

■も
目的効果基準 ……………………… 148,150
目的二分論 ……………………………… 254
目的二分論の限界 …………………… 260
目的の合理性 …………………………… 93
森川キャサリーン事件 ……………… 28
問責決議 …………………………… 431,535

門地の意味 ······················· 91

■や
役員の選任権 ····················· 489
薬事法距離制限事件 ·············· 255
八幡製鉄政治献金事件 ··········· 33
山田鋼業所事件 ··················· 333

■ゆ
「唯一」の意味 ···················· 426
唯一の立法機関 ············· 423,425
夕刊和歌山事件 ··················· 214
郵便法違憲判決 ··················· 348
ユニオン・ショップ協定 ······· 325
緩やかな違憲審査基準 ·········· 254
緩やかな基準 ······················ 254

■よ
抑留 ·································· 385
横出し条例 ························· 645
余罪と量刑 ························· 378
予算 ·································· 478
予算行政説 ························· 480
予算先議権 ························· 431
予算と法律の不一致 ············· 480
予算の作成・提出 ················ 531
予算の種類 ························· 479
予算の法的性格 ··················· 479
予算法形式説 ······················ 480
予算法律説 ························· 480
よど号ハイジャック新聞記事抹
　消事件 ···························· 48
予備費 ······························ 482
予防接種禍 ························· 288

■り
リコール制 ························· 586
立憲的意味の憲法 ················ 13
立法者拘束説 ······················ 89
「立法」の意味 ···················· 425
立法不作為 ························· 305
立法不作為に対する違憲審査
　································· 615
立法不作為の違憲確認訴訟 ··· 305
留置 ·································· 382

両議院の協議会（両院協議会）
　································· 431
臨時会 ······························ 448
臨時会召集の決定 ················ 533

■れ
令状主義 ···························· 383
例示列挙説 ························· 90
レペタ事件 ············· 185,601,604
蓮華寺事件 ························· 562
連座制 ······························ 358
連座制の合憲性 ··················· 358

■ろ
労働基本権 ························· 323
労働基本権の基本的性格 ······· 324
労働基本権の社会権としての性
　格 ································ 324
労働基本権の自由権としての性
　格 ································ 324
労働基本権の使用者に対する民
　事上の権利 ····················· 325
労働基本権の内容 ················ 325
労働組合の統制権 ················ 326
労働法 ······························· 4
老齢加算廃止訴訟 ················ 306
ロッキード事件 ··················· 523

■わ
早稲田大学名簿無断提出事件
　································· 75

判例索引

最大判→最高裁判所大法廷判決
最大決→最高裁判所大法廷決定
最　判→最高裁判所判決
最　決→最高裁判所決定
（地名）高判→各高等裁判所判決
（地名）地判→各地方裁判所判決

[昭和 23 ～ 30 年]
最大判昭 23.3.12 ………………398
最大判昭 23.6.23 ………………394
最大判昭 23.7.8………………614
最大判昭 23.7.29（証人申請）
………………………………391
最大判昭 23.7.29（補強証拠）
………………………………395
最大判昭 23.12.27 ……………391
最大判昭 24.3.27 ………………346
最大判昭 24.7.13 ………………286
最大判昭 24.11.30 ……………392
最大判昭 25.2.1………………613
最大判昭 25.6.13 ………………391
最大判昭 25.9.27 ………………397
最大判昭 25.11.15 ……329,333
最大判昭 25.11.22 …………71
最大判昭 25.12.28 ……………22
最大判昭 27.2.20 ………129,587
最大判昭 27.8.6………………180
最大判昭 27.10.8 ……557,613
最大判昭 28.12.23（皇居外苑）
………………………………238
最大判昭 28.12.23（自作農）
………………………………284
最大判昭 29.1.22 ………………287
最大判昭 29.7.16 ………………406
最大判昭 29.11.24 ……………234
最大判昭 30.1.26 ………………261
最大判昭 30.2.9………………357
最大判昭 30.3.23 ………………468
最大判昭 30.4.6………………398
最大判昭 30.4.22 ………………591
最大判昭 30.12.14 ……………384

[昭和 31 ～ 40 年]
最大判昭 31.5.30 ………………599

最大判昭 31.7.4…………………126
東京地判昭 31.7.23 …………493
最大決昭 31.12.24 ……………350
最大判昭 32.2.20 ………………393
最大判昭 32.12.25 ……………28
最大決昭 33.2.17 ………184,601
最大判昭 33.3.28 ………………470
最大判昭 33.4.30 ………………398
最大判昭 33.9.10 ………………270
最大判昭 33.10.15
………………110,639,640
最大判昭 34.7.20 ………………635
最大判昭 34.12.16 ……568,665
最大判昭 35.6.8………514,566
最大判昭 35.6.10 ………………391
最大判昭 35.7.20 ………………235
最大判昭 35.10.19 ……………570
最大判昭 35.12.7 ………………347
最大判昭 36.2.15 ………………187
最大判昭 37.3.7…………………565
最大判昭 37.5.2…………………406
最大判昭 37.5.30 ………………642
最大判昭 37.11.28 ……376,620
最大判昭 38.3.27 ………………637
最大判昭 38.5.15 ………………137
最大判昭 38.5.22 ………………168
最大判昭 38.6.26 …279,284,641
最大判昭 38.12.4 ………………260
最大判昭 39.2.26 ………………317
最大判昭 39.5.27 …………91
東京地判昭 39.9.28 …………72
最大決昭 40.6.30 …345,601,603

[昭和 41 ～ 50 年]
最判昭 41.2.8……………………558
最判昭 41.6.23 …………………213
札幌地判昭 42.3.29 …………619
最大判昭 42.5.24 …306,440,566
最大判昭 42.7.5…………………378
最大判昭 43.11.27 ……283,288
最大判昭 43.12.4 ………327,359
最判昭 43.12.18 ………………218
最判昭 43.12.24 ………………470

最大判昭 44.4.2…………………619
最大判昭 44.6.25 ………………214
最大決昭 44.11.26 ……………178
最大判昭 44.12.24 …………78
最大判昭 45.6.24 ……33,359
最大判昭 45.9.16 …………47
最大判昭 47.11.22（小売市場）
………………………………257
最大判昭 47.11.22（川崎民商）
………………………………404
最大判昭 47.12.20 ……………389
最大判昭 48.4.4………94,621
最大判昭 48.4.25 …329,331,619
札幌地判昭 48.9.7………………665
最判昭 48.10.18 ………………285
最大判昭 48.12.12 ……52,131
最判昭 49.7.19 ……………55
最判昭 49.9.26 ……………95
最大判昭 49.11.6 ………………222
最大判昭 50.4.30 …193,252,255
最大判昭 50.9.10
………204,380,645,646
最判昭 50.11.28 ………………328

[昭和 51 ～ 60 年]
最大判昭 51.4.14 ………………102
最大判昭 51.5.21 …166,313,315
最判昭 52.3.15 …………569,572
最大判昭 52.7.13 …146,149,150
最決昭 53.5.31 …………………183
最大判昭 53.7.12 ………………281
最大判昭 53.10.4 …………29
最判昭 54.7.24 …………………392
東京地判昭 55.7.24 …………493
最判昭 56.3.24 ……………54
最判昭 56.4.7……………555,559
最判昭 56.4.14 ……………72
最判昭 56.6.15 …………………220
最判昭 56.4.16 …………………213
最大判昭 56.12.16 …………81
最大判昭 57.7.7………108,307,566
仙台高判秋田支部昭 57.7.23
………………………………468

最判昭 57.9.9······················665
最大判昭 58.6.22····················48
最判昭 59.5.17····················105
東京地判昭 59.5.18··········288
最大判昭 59.12.12····200,206
最判昭 59.12.18··········221
最大判昭 60.3.27··········106
最大判昭 60.10.23··········110
最判昭 60.11.21········360,616

[昭和 61 ～ 63 年]
最判昭 61.2.14·················77
最大判昭 61.6.11········81,195
最大判昭 62.4.22··········276
最判昭 62.4.24·········175,176
最判昭 63.2.5·················131
最大判昭 63.6.1··········138
最判昭 63.7.15··········129
最判昭 63.12.20（とらわれの聞
き手）·················82
最判昭 63.12.20（共産党）···573

[平成 1 ～ 10 年]
最判平 1.1.20·················260
最判平 1.2.7···················306
最判平 1.3.2········26,108,308
最判平 1.3.7···················261
最大判平 1.3.8···185,601,604
最判平 1.6.20···········56,665
最判平 1.9.8·················562
最判平 1.9.19·················202
最判平 1.12.14··········326
最判平 2.1.18·················316
最判平 2.2.6·················259
最決平 2.2.16·················604
最判平 2.3.6·················127
最判平 2.4.17·········198,199
最決平 2.7.9·················180
最判平 2.9.28·················216
最判平 3.2.25·················591
最判平 4.4.28·················108
最大判平 4.7.1·········232,403
最判平 4.11.16（キャサリーン）
·····························28,271
最判平 4.11.16（地蔵）·····150

最判平 4.12.15·················262
最判平 5.2.16·········152,474
最判平 5.2.25·················81
最判平 5.2.26·················22
最判平 5.3.16·········165,202
最判平 5.6.25·················257
最判平 5.9.7·················560
最判平 6.2.8·················74
最大判平 7.2.22·············523
最判平 7.2.28···········23,639
最判平 7.3.7·················236
最判平 7.12.15···········31,76
最決平 8.1.30·················139
最判平 8.3.8·················141
最判平 8.3.15·················236
最判平 8.3.19·················35
最判平 9.1.30·········393,406
最判平 9.3.13·················358
最大判平 9.4.2·················153
最判平 9.9.9·················441
最大決平 10.12.1·············226

[平成 11 ～ 20 年]
最大判平 11.11.10···········359
最決平 11.12.16·············240
最判平 12.2.8·················263
最判平 12.2.29·················80
最判平 12.12.19·············105
最判平 13.2.13·················347
最大判平 14.2.13·············278
最判平 14.4.25·················36
最判平 14.7.9·················563
最判平 14.7.11·················155
最大判平 14.9.11·············348
最判平 14.9.24·········76,197
最判平 15.3.14·················178
最判平 15.9.12·················75
最大判平 16.1.14·············359
最判平 16.3.16·················306
最判平 16.4.13·················406
最判平 16.11.25·············177
最大判平 17.1.26·······24,105
最判平 17.4.14·········391,605
最判平 17.7.14·················82
最大判平 17.9.14···356,361,618

最判平 18.2.7·················238
最大判平 18.3.1·············471
最決平 18.10.3·················181
最判平 19.2.27·················129
最判平 19.9.18·················205
最判平 19.10.9·········109,306
最判平 20.3.6·················76
最大判平 20.3.23·············105
最判平 20.4.11·················221
最大判平 20.6.4·················96

[平成 21 ～ 30 年]
最大判平 22.1.20（空）······157
最大判平 22.1.20（冨）······158
最判平 21.4.23·················275
最決平 22.3.15·················215
最判平 23.3.6·················76
最判平 23.5.30·················130
最大判平 23.11.16···········601
最判平 24.2.2·················79
最判平 24.2.28·················306
最大判平 24.10.17···········105
最判平 24.12.7·················225
最判平 25.3.21·········469,644
最大決平 25.9.4·················97
最判平 25.9.26·················101
最判平 26.7.18·················27
最大判平 27.11.25·············105
最大判平 27.12.16（再婚禁止期
間）·························99
最大判平 27.12.16（夫婦同氏）
·····························101
最大判平 29.3.15·············386

[令和 1 年～]
最大判令 2.11.25·············571
最大判令 3.2.24·············150

判例索引　693

MEMO

MEMO

MEMO

【執　筆】
北條 薫（TAC公務員講座）
横瀬 博徳（TAC公務員講座）
平川 哲也（TAC公務員講座）
田代 英治（TAC公務員講座）

【校　閲】
北條 薫（TAC公務員講座）
横瀬 博徳（TAC公務員講座）
平川 哲也（TAC公務員講座）
田代 英治（TAC公務員講座）
戸ノ崎 宗宏（TAC公務員講座）

◎本文デザイン／黒瀬 章夫（ナカグログラフ）
◎カバーデザイン／河野 清（有限会社ハードエッジ）

公務員試験　過去問攻略Vテキスト　3　憲法　第2版

2019年6月15日　初　版　第1刷発行
2022年2月10日　第2版　第1刷発行

編 著 者	T A C 株 式 会 社	
		（公務員講座）
発 行 者	多　　田　　敏　　男	
発 行 所	T A C株式会社　出版事業部	
		（TAC出版）

〒101-8383
東京都千代田区神田三崎町3-2-18
電話　03（5276）9492（営業）
FAX　03（5276）9674
https://shuppan.tac-school.co.jp

組　　版	株式会社　明　昌　堂
印　　刷	株式会社　ワコープラネット
製　　本	東京美術紙工協業組合

© TAC 2022　　Printed in Japan

ISBN 978-4-300-10089-9
N.D.C. 317

本書は，「著作権法」によって，著作権等の権利が保護されている著作物です。本書の全部または一部につき，無断で転載，複写されると，著作権等の権利侵害となります。上記のような使い方をされる場合，および本書を使用して講義・セミナー等を実施する場合には，あらかじめ小社宛許諾を求めてください。

乱丁・落丁による交換，および正誤のお問合せ対応は，該当書籍の改訂版刊行月末日までといたします。なお，交換につきましては，書籍の在庫状況等により，お受けできない場合もございます。
また，各種本試験の実施の延期，中止を理由とした本書の返品はお受けいたしません。返金もいたしかねますので，あらかじめご了承くださいますようお願い申し上げます。

公務員講座のご案内

大卒レベルの公務員試験に強い!

2020年度 公務員試験

公務員講座生[1]
最終合格者延べ人数[2]

4,675名

国家公務員（大卒程度）	計	**1,957**名
地方公務員（大卒程度）	計	**2,521**名
国立大学法人等	大卒レベル試験	**167**名
独立行政法人	大卒レベル試験	**2**名
その他公務員		**28**名

※1 公務員講座生とは公務員試験対策講座において、目標年度に合格するために必要と考えられる、講義、演習、論文対策、面接対策等をパッケージ化したカリキュラムの受講生です。単科講座や公開模試のみの受講生は含まれておりません。
※2 同一の方が複数の試験種に合格している場合は、それぞれの試験種に最終合格者としてカウントしています。(実合格者数は3,010名です。)
＊2021年3月14日時点で、調査にご協力いただいた方の人数です。

1位 全国の公務員試験で合格者を輩出!

詳細は公務員講座(地方上級・国家一般職)パンフレットをご覧ください。

2020年度 国家総合職試験

公務員講座生[1]

最終合格者数 162名

法律区分	60名	経済区分	20名
政治・国際区分	38名	教養区分	23名
院卒/行政区分	15名	その他区分	6名

※1 公務員講座生とは公務員試験対策講座において、目標年度に合格するために必要と考えられる、講義、演習、論文対策、面接対策等をパッケージ化したカリキュラムの受講生です。各種オプション講座や公開模試など、単科講座のみの受講生は含まれておりません。
＊ 上記は2021年3月14日時点で調査にご協力いただいた方の人数です。

2020年度 外務専門職試験

最終合格者総数51名のうち40名がWセミナー講座生[1]です。

合格者占有率[2] 78.4%

外交官を目指すなら、実績のWセミナー

※1 Wセミナー講座生とは、公務員試験対策講座において、目標年度に合格するために必要と考えられる、講義、演習、論文対策、面接対策等をパッケージ化したカリキュラムの受講生です。各種オプション講座や公開模試など、単科講座のみの受講生は含まれておりません。また、Wセミナー講座生はそのボリュームから他校の講座生と掛け持ちすることは困難です。
※2 合格者占有率は「Wセミナー講座生(※1)最終合格者数」を、「外務省専門職試験の最終合格者総数」で除して算出しています。また、算出した数字の小数点第二位以下を四捨五入して表記しています。
＊ 上記は2020年11月3日時点で調査にご協力いただいた方の人数です。

WセミナーはTACのブランドです

資格の学校 TAC

合格できる3つの理由

1 必要な対策が全てそろう！ ALL IN ONEコース

TACでは、択一対策・論文対策・面接対策など、公務員試験に必要な対策が全て含まれているオールインワンコース（＝本科生）を提供しています。地方上級・国家一般職／国家総合職／外務専門職／警察官・消防官／技術職など、試験別に専用コースを設けていますので、受験先に合わせた最適な学習が可能です。

▶ カリキュラム例：地方上級・国家一般職 総合本科生

※上記は2022年合格目標コースの内容です。カリキュラム内容は変更となる場合がございます。

2 環境に合わせて選べる！ 多彩な受講メディア

※上記は2022年合格目標コースの一例です。年度やコースにより変更となる場合がございます。

3 頼れる人がそばにいる！ 担任講師制度

TACでは教室講座開講校舎ごとに「担任講師制度」を設けています。最新情報の提供や学習に関する的確なアドバイスを通じて、受験生一人ひとりを合格までアシストします。

▶ **担任カウンセリング**

学習スケジュールのチェックや苦手科目の克服方法、進路相談、併願先など、何でもご相談ください。担任講師が親身になってお答えします。

▶ **ホームルーム(HR)**

時期に応じた学習の進め方などについての「無料講義」を定期的に実施します。

パンフレットのご請求は

TACカスタマーセンター **0120-509-117** (ゴウカク イイナ)

受付時間
平日 9:30～19:00
土曜・日曜・祝日 9:30～18:00

TACホームページ https://www.tac-school.co.jp/

公務員講座のご案内

無料体験のご案内
3つの方法でTACの講義が体験できる!

教室で体験
迫力の生講義に出席　予約不要!　3回連続出席OK!

1. 校舎と日時を決めて、当日TACの校舎へ
TACでは各校舎で毎月体験入学の日程を設けています。

2. オリエンテーションに参加(体験入学1回目)
初回講義「オリエンテーション」にご参加ください。終了後は個別にご相談をお受けいたします。

3. 講義に出席(体験入学2・3回目)
引き続き、各科目の講義をご受講いただけます。参加者には講義で使用する教材をプレゼントいたします。

- ●3回連続無料体験講義の日程はTACホームページと公務員パンフレットでご覧いただけます。
- ●体験入学はお申込み予定の校舎に限らず、お好きな校舎でご利用いただけます。
- ●4回目の講義前までに、ご入会手続きをしていただければ、カリキュラム通りに受講することができます。

※地方上級・国家一般職・警察官・消防官レベル以外の講座では、2回連続体験入学を実施しています。

ビデオで体験
校舎のビデオブースで体験視聴

TAC各校の個別ビデオブースで、講義を無料でご視聴いただけます。(要予約)

各校のビデオブースでお好きな講義を視聴できます。視聴前日までに視聴する校舎受付窓口にてご予約をお願い致します。

ビデオブース利用時間 ※日曜日は④の時間帯はありません。
① 9:30～12:30　② 12:30～15:30
③ 15:30～18:30　④ 18:30～21:30

※受講可能な曜日・時間帯は一部校舎により異なります。
※年末年始・夏期休業・その他特別な休業以外は、通常平日・土日祝祭日にご覧いただけます。
※予約時にご希望日とご希望時間帯を合わせてお申込みください。
※基本講義の中からお好きな科目をご視聴いただけます。(視聴できる科目は時期により異なります)
※TAC提携校での体験視聴につきましては、提携校各校へお問合せください。

Webで体験
スマートフォン・パソコンで講義を体験視聴

TACホームページの「TAC動画チャンネル」で無料体験講義を配信しています。時期に応じて多彩な講義がご覧いただけます。

TACホームページ　https://www.tac-school.co.jp/

※体験講義は教室講義の一部を抜粋したものになります。

資格の学校 TAC

2021年度 本試験データリサーチ【予告!】

参加無料!
10 試験種以上実施予定!
スマホP.C.対応!

本試験結果がわかります!

本試験データリサーチとは?

Web上でご自身の解答を入力(選択)いただくと、全国の受験者からのデータを集計・分析した試験別の平均点、順位、問題別の正解率が確認できるTAC独自のシステムです。多くの受験生が参加するTACのデータリサーチによる詳細なデータ分析で、公務員試験合格へ近づきましょう。

※データリサーチは択一試験のみ対応しております。論文・専門記述・面接試験等の結果は反映されません。予めご了承ください。
※順位判定・正解率等の結果データは、各本試験の正答公表日の翌日以降に閲覧可能の予定です。　※上記画面はイメージです。

2020年度 データリサーチ参加者 国家一般職(行政) 1,570名

多彩な試験種で実施予定!

国家総合職／東京都I類B(行政[一般方式・新方式])／特別区I類／裁判所一般職(大卒)
国税専門官／財務専門官／労働基準監督官A／国家一般職(行政・技術職)／外務専門職
警視庁警察官I類／東京消防庁消防官I類

※実施試験種は諸般の事情により変更となる場合がございます。
※上記の試験種内でもデータリサーチが実施されない区分もございます。

本試験データリサーチの活用法

■ 相対的な結果を知る!

「手応えは悪くないけれど、周りの受験生はどうだったんだろう?」そんなときに本試験データリサーチを活用すれば、自分と他の受験生の結果を一目瞭然で比べることができます。

■ 併願対策に!

問題ごとの正解率が出るため、併願をしている受験生にとっては、本試験結果を模試のように参考にすることができます。自分の弱点を知って、その後の公務員試験対策に活用しましょう。

データリサーチの詳細は、

➡ TACホームページ　https://www.tac-school.co.jp/
➡ TAC WEB SCHOOL　https://portal.tac-school.co.jp/

等で各種本試験の1週間前から告知予定です。

クリック

TAC出版 書籍のご案内

TAC出版では、資格の学校TAC各講座の定評ある執筆陣による資格試験の参考書をはじめ、資格取得者の開業法や仕事術、実務書、ビジネス書、一般書などを発行しています！

TAC出版の書籍

*一部書籍は、早稲田経営出版のブランドにて刊行しております。

資格・検定試験の受験対策書籍

- 日商簿記検定
- 建設業経理士
- 全経簿記上級
- 税理士
- 公認会計士
- 社会保険労務士
- 中小企業診断士
- 証券アナリスト
- ファイナンシャルプランナー(FP)
- 証券外務員
- 貸金業務取扱主任者
- 不動産鑑定士
- 宅地建物取引士
- 賃貸不動産経営管理士
- マンション管理士
- 管理業務主任者
- 司法書士
- 行政書士
- 司法試験
- 弁理士
- 公務員試験(大卒程度・高卒者)
- 情報処理試験
- 介護福祉士
- ケアマネジャー
- 社会福祉士　ほか

実務書・ビジネス書

- 会計実務、税法、税務、経理
- 総務、労務、人事
- ビジネススキル、マナー、就職、自己啓発
- 資格取得者の開業法、仕事術、営業術
- 翻訳ビジネス書

一般書・エンタメ書

- ファッション
- エッセイ、レシピ
- スポーツ
- 旅行ガイド (おとな旅プレミアム/ハルカナ)
- 翻訳小説

(2021年7月現在)

書籍のご購入は

1 全国の書店、大学生協、ネット書店で

2 TAC各校の書籍コーナーで

資格の学校TACの校舎は全国に展開！
校舎のご確認はホームページにて

資格の学校TAC ホームページ
https://www.tac-school.co.jp

3 TAC出版書籍販売サイトで

TAC出版書籍販売サイト
CYBER BOOK STORE

24時間ご注文受付中

TAC出版 で 検索

https://bookstore.tac-school.co.jp/

- 新刊情報をいち早くチェック！
- たっぷり読める立ち読み機能
- 学習お役立ちの特設ページも充実！

TAC出版書籍販売サイト「サイバーブックストア」では、TAC出版および早稲田経営出版から刊行されている、すべての最新書籍をお取り扱いしています。

また、無料の会員登録をしていただくことで、会員様限定キャンペーンのほか、送料無料サービス、メールマガジン配信サービス、マイページのご利用など、うれしい特典がたくさん受けられます。

サイバーブックストア会員は、特典がいっぱい！（一部抜粋）

通常、1万円（税込）未満のご注文につきましては、送料・手数料として500円（全国一律・税込）頂戴しておりますが、1冊から無料となります。

専用の「マイページ」は、「購入履歴・配送状況の確認」のほか、「ほしいものリスト」や「マイフォルダ」など、便利な機能が満載です。

メールマガジンでは、キャンペーンやおすすめ書籍、新刊情報のほか、「電子ブック版TACNEWS（ダイジェスト版）」をお届けします。

書籍の発売を、販売開始当日にメールにてお知らせします。これなら買い忘れの心配もありません。

公務員試験対策書籍のご案内

TAC出版の公務員試験対策書籍は、独学用、およびスクール学習の副教材として、各商品を取り揃えています。学習の各段階に対応していますので、あなたのステップに応じて、合格に向けてご活用ください!

INPUT

『みんなが欲しかった!
公務員
合格へのはじめの一歩』
A5判フルカラー
- 本気でやさしい入門書
- 公務員の"実際"をわかりやすく紹介したオリエンテーション
- 学習内容がざっくりわかる入門講義

・法律科目(憲法・民法・行政法)
・経済科目
(ミクロ経済学・マクロ経済学)

『過去問攻略Vテキスト』
A5判
TAC公務員講座
- TACが総力をあげてまとめた公務員試験対策テキスト

全21点
・専門科目:15点
・教養科目:6点

『新・まるごと講義生中継』
A5判
TAC公務員講座講師
新谷 一郎 ほか
- TACのわかりやすい生講義を誌上で!
- 初学者の科目導入に最適!
- 豊富な図表で、理解度アップ!

・郷原豊茂の憲法
・郷原豊茂の民法Ⅰ
・郷原豊茂の民法Ⅱ
・新谷一郎の行政法

『まるごと講義生中継』
A5判
TAC公務員講座講師
渕元 哲 ほか
- TACのわかりやすい生講義を誌上で!
- 初学者の科目導入に最適!

・郷原豊茂の刑法
・渕元哲の政治学
・渕元哲の行政学
・ミクロ経済学
・マクロ経済学
・関野喬のパターンでわかる数的推理
・関野喬のパターンでわかる判断整理
・関野喬のパターンでわかる
　空間把握・資料解釈

要点まとめ

『一般知識
出るとこチェック』
四六判
- 知識のチェックや直前期の暗記に最適!
- 豊富な図表とチェックテストでスピード学習!

・政治・経済
・思想・文学・芸術
・日本史・世界史
・地理
・数学・物理・化学
・生物・地学

記述式対策

『公務員試験論文答案集
専門記述』A5判
公務員試験研究会
- 公務員試験(地方上級ほか)の専門記述を攻略するための問題集
- 過去問と新作問題で出題が予想されるテーマを完全網羅!

・憲法〈第2版〉
・行政法

地方上級・国家一般職(大卒程度)・国税専門官 等 対応　**TAC出版**

過去問学習

『ゼロから合格 基本過去問題集』
A5判
TAC公務員講座
●「解ける」だから「つづく」／充実の知識まとめでこの1冊で知識「ゼロ」から過去問が解けるようになる。独学で学習を始めて完成させたい人のための問題集です。

全12点
・判断推理　・数的推理　・空間把握・資料解釈
・憲法　・民法Ⅰ　・民法Ⅱ
・行政法　・ミクロ経済学　・マクロ経済学
・政治学　・行政学　・社会学

『一問一答で論点総チェック』
B6判
TAC公務員講座講師 山本 誠
●過去20年の出題論点の95%以上を網羅
●学習初期の確認用にも直前期のスピードチェックにも

全4点
・憲法　・民法Ⅰ
・民法Ⅱ　・行政法

『出るとこ過去問』 A5判
TAC出版編集部
●本試験の難問、奇問、レア問を省いた効率的なこの1冊で、合格ラインをゲット！速習に最適

全16点
・憲法　・民法Ⅰ　・民法Ⅱ
・行政法　・ミクロ経済学　・マクロ経済学
・政治学　・行政学　・社会学
・国際関係　・経営学　・数的処理(上・下)
・自然科学　・社会科学　・人文科学

直前対策

『小論文の秘伝』
A5判
年度版 2022年2月刊
TAC公務員講座講師 山下 純一
●頻出25テーマを先生と生徒のブレストで噛み砕くから、解答のツボがバッチリ！

『面接の秘伝』
A5判
年度版 2022年3月刊
TAC公務員講座講師 山下 純一
●どんな面接にも通用する「自分のコア」づくりのノウハウを大公開！

『時事問題総まとめ＆総チェック』
A5判
年度版
TAC公務員講座
●知識整理と問題チェックが両方できる！
●試験種別の頻出テーマが一発でわかる！

『過去問＋予想問題集』
B5判 **年度版**
TAC公務員講座
●過去3年分＋αの本試験形式の問題を解いて志望試験種の試験に慣れる
●問題は便利な抜き取り式、丁寧な解答解説付

・国家一般職(大卒程度・行政)
・東京都Ⅰ類B(行政・一般方式)
・国税専門官
・特別区Ⅰ類(事務)
・裁判所職員一般職(大卒程度)

TAC出版の書籍はこちらの方法でご購入いただけます

❶ 全国の書店・大学生協
❷ TAC各校 書籍コーナー
❸ インターネット　**CYBER BOOK STORE** TAC出版書籍販売サイト　**アドレス** https://bookstore.tac-school.co.jp/

(2022年1月現在・刊行内容、刊行月、表紙等は変更になることがあります／**年度版**マークのある書籍は、毎年、新年度版が発行される予定です)

書籍の正誤についてのお問合わせ

万一誤りと疑われる箇所がございましたら、以下の方法にてご確認いただきますよう、お願いいたします。

なお、正誤のお問合わせ以外の書籍内容に関する解説・受験指導等は、**一切行っておりません。**
そのようなお問合わせにつきましては、お答えいたしかねますので、あらかじめご了承ください。

1 正誤表の確認方法

TAC出版書籍販売サイト「Cyber Book Store」の
トップページ内「正誤表」コーナーにて、正誤表をご確認ください。

CYBER TAC出版書籍販売サイト
BOOK STORE

URL:https://bookstore.tac-school.co.jp/

2 正誤のお問合わせ方法

正誤表がない場合、あるいは該当箇所が掲載されていない場合は、書名、発行年月日、お客様のお名前、ご連絡先を明記の上、下記の方法でお問合わせください。
なお、回答までに1週間前後を要する場合もございます。あらかじめご了承ください。

文書にて問合わせる	
●郵 送 先	〒101-8383 東京都千代田区神田三崎町3-2-18 TAC株式会社 出版事業部 正誤問合わせ係

FAXにて問合わせる	
●FAX番号	**03-5276-9674**

e-mailにて問合わせる	
●お問合わせ先アドレス	**syuppan-h@tac-school.co.jp**

※お電話でのお問合わせは、お受けできません。また、土日祝日はお問合わせ対応をおこなっておりません。
※正誤のお問合わせ対応は、該当書籍の改訂版刊行月末日までといたします。

乱丁・落丁による交換は、該当書籍の改訂版刊行月末日までといたします。なお、書籍の在庫状況等により、お受けできない場合もございます。
また、各種本試験の実施の延期、中止を理由とした本書の返品はお受けいたしません。返金もいたしかねますので、あらかじめご了承くださいますようお願い申し上げます。

TACにおける個人情報の取扱いについて
■お預かりした個人情報は、TAC(株)で管理させていただき、お問い合わせへの対応、当社の記録保管および当社商品・サービスの向上にのみ利用いたします。お客様の同意なしに業務委託先以外の第三者に開示、提供することはございません(法令等により開示を求められた場合を除く)。その他、個人情報保護管理者、お預かりした個人情報の開示等及びTAC(株)への個人情報の提供の任意性については、当社ホームページ(https://www.tac-school.co.jp)をご覧いただくか、個人情報に関するお問い合わせ窓口(E-mail:privacy@tac-school.co.jp)までお問合せください。

(2020年10月現在)